utb 5441

utb.

D1922526

Eine Arbeitsgemeinschaft der Verlage

Brill | Schöningh – Fink · Paderborn
Brill | Vandenhoeck & Ruprecht · Göttingen – Böhlau · Wien · Köln
Verlag Barbara Budrich · Opladen · Toronto
facultas · Wien
Haupt Verlag · Bern
Verlag Julius Klinkhardt · Bad Heilbrunn
Mohr Siebeck · Tübingen
Narr Francke Attempto Verlag – expert verlag · Tübingen
Psychiatrie Verlag · Köln
Psychosozial-Verlag · Gießen
Ernst Reinhardt Verlag · München
transcript Verlag · Bielefeld
Verlag Eugen Ulmer · Stuttgart
UVK Verlag · München
Waxmann · Münster · New York
wbv Publikation · Bielefeld
Wochenschau Verlag · Frankfurt am Main

Dr. Falk Ostermann ist wissenschaftlicher Mitarbeiter am Fachbereich Politikwissenschaft, Institut für Sozialwissenschaften der Christian-Albrechts-Universität zu Kiel. Er ist Außenpolitikforscher und spezialisiert auf Sicherheits- und Verteidigungspolitik im europäischen und transatlantischen Raum. Er forscht außerdem zur Rolle von Parteien und Parlamenten in der Außenpolitik und zu außenpolitischer Identität.

Falk Ostermann

Die NATO

Institution, Politiken und Probleme kollektiver Verteidigung und Sicherheit von 1949 bis heute

2., überarbeitete und erweiterte Auflage

UVK Verlag

Umschlagabbildung: © Uncle Bob · Shutterstock · iStock
Autorenbild: © privat

Bibliografische Information der Deutschen Nationalbibliothek
Die Deutsche Nationalbibliothek verzeichnet diese Publikation in der Deutschen Nationalbibliografie; detaillierte bibliografische Daten sind im Internet über http://dnb.dnb.de abrufbar.

2., überarbeitete und erweiterte Auflage 2025
1. Auflage 2020

DOI: https://doi.org/10.36198/9783838560908

– Ein Unternehmen der Narr Francke Attempto Verlag GmbH + Co. KG
Dischingerweg 5 · D-72070 Tübingen

Internet: www.narr.de
eMail: info@narr.de

Einbandgestaltung: siegel konzeption | gestaltung
Druck: Elanders Waiblingen GmbH

utb-Nr. 5441
ISBN 978-3-8252-6090-3 (Print)
ISBN 978-3-8385-6090-8 (ePDF)
ISBN 978-3-8463-6090-3 (ePub)

MIX
Papier | Fördert gute Waldnutzung
FSC® C016368

Inhalt

Vorwort zur 2. Auflage

Die zweite Auflage dieses NATO-Lehrbuches wurde mit Blick auf das Erscheinungsdatum (und davor den Zeitschreibraum) der ersten Auflage grundlegend überarbeitet. Die erste Auflage war im Herbst 2020 nach einem Schreibprozess seit Sommer 2019 erschienen. Daraus folgt, dass die erste Auflage stark unter dem Eindruck der transatlantischen Probleme unter Donald Trump stand und in der Korrekturphase noch erste Entwicklungen der Coronakrise eingefügt werden konnten, aber weder der Abzug aus Afghanistan noch die Vorbereitungen auf die zweite russische Invasion der Ukraine ab Herbst/Winter 2021 Berücksichtigung fanden.

Seit Sommer 2020 ist viel passiert in der Welt, in Europa, den transatlantischen Beziehungen im Allgemeinen und der NATO im Besonderen. Nach der schwierigen ersten Trump-Präsidentschaft (2017-2021) zog im Januar 2021 ein NATO-zugewandter und Transatlantik erfahrener Präsident Biden in das Weiße Haus ein, sodass sich die rhetorischen Probleme der Allianz in Luft auflösten und damit viele der fortbestehenden Probleme (strategische Divergenzen, China burden-sharing et al.) in normalem Ton miteinander bearbeitet werden konnten. Mit dem Vorteil der historischen Rücksicht hielt also die westlich-liberale Werteorientierung der Allianz Trump besser aus, als ich damals dachte. Es hat sich gezeigt, dass die NATO doch wie ein Phönix *auferstehen* konnte – was nicht darüber hinwegtäuschen sollte, dass Illiberalismus von unten in beinahe allen NATO-Mitgliedstaaten in einer auf liberalen Prinzipien und liberaler Geschichte fußenden Allianz immer noch ein erhebliches politisches Problem darstellt. Diese Entwicklungen werden in diese Ausgabe ausführlich diskutiert und besser als vorher in die jeweiligen Themenkapitel integriert. (Daher ist auch das Kapitel 7 in dieser Auflage in den anderen Kapiteln aufgegangen.) Dies geschah nicht zuletzt mit Blick auf den erneuten Wahlsieg Donald Trumps im November 2024, der die Allianz erneut in unsicheres Fahrwasser führt – wenngleich wir aus Trumps erster Amtszeit gelernt haben, dass die Tage der NATO unter Trump II auch nicht von Vornherein als gezählt angesehen werden müssen und Vieles, sei es auf den Ukrainekrieg oder zukünftiges burden-sharing bezogen, von konkreten politischen Entscheidungen in den kommenden Monaten abhängen wird. Die jüngsten Äußerungen von Vizepräsident J.D. Vance auf der Münchner Sicherheitskonferenz im Februar 2025 (MSC 2025) verheißen allerdings nichts Gutes, genauso wenig wie Trumps Einlassungen zur Übernahme Grönlands oder zu Kanada.

Das Ende der Afghanistanmission der Allianz – und mit Ausnahme der Anti-Terrorkomponente ihr Scheitern auf breiter Front – findet in dieser Ausgabe nun ebenfalls seinen Platz in der Diskussion der Mission in Kapitel 5. Die Konsequenzen dieses Fehlschlags gehen über die Mission hinaus und stellen die generelle Frage, inwieweit die NATO zukünftig noch gewillt ist/sein wird, kollektive Sicherheitsmissionen *out of area* zu übernehmen. Zwar ist nicht von einem vollständigen Rückzug der NATO auf Europa auszugehen, wenn konkrete Sicherheitsprobleme ein Eingreifen erfordern, doch wird wohl ein so umfangreiches *state/nation-building*, wie es in Afghanistan stattgefunden hat, erst einmal nicht auf der Tagesordnung der Allianz stehen,...

...zumal diese sich jetzt durch den russischen Angriffskrieg in der Ukraine (diese Formulierung hat sich eingebürgert und wird in diesem Buch meist genutzt) und somit die zweite Invasion derselben in acht Jahren klar auf kollektive Verteidigungsaufgaben an den eigenen Grenzen konzentriert. Diese werden in einem deutlich erweiterten Kapitel 4 zu kollektiver Verteidigung nach dem Ende des Kalten Kriegs in einem komplett neu geschriebenen Abschnitt (Kap. 4.5, teils 4.6) ausführlich besprochen, nebst Ausführungen zum finnischen und schwedischen NATO-Beitritt, zur Unterstützung der Ukraine und zur so genannten *Zeitenwende* in der deutschen Außenpolitik.

Dies sind die größten Veränderungen in dieser Auflage, die ansonsten eine Menge kleinerer enthält: Die Zahlenwerke zu NATO- und Verteidigungsbudgets sind genauso aktualisiert worden wie Abteilungsbezeichnungen in den Hauptquartieren. Des Weiteren haben wir ein paar kleinere Fehler in der DSACEUR-Tabelle (Nr. 5) beseitigt. Es wurde eine beträchtliche Menge neuer Literatur hinzugefügt und die institutionellen NATO-Quellen wurden auf ihren neuen Stand gebracht. So steht auch diese zweite Auflage gut in ihrer Zeit, wenngleich an vielen Stellen bestimmt auch noch mehr hätte geschrieben werden können. Das wird aber immer so sein. Viel ist in Bewegung. Ich hoffe, dass diese zweite Auflage in der Lage ist, zumindest ein paar informierte Antworten auf die NATO in unseren bewegten Zeiten zu geben.

Kiel und Bonn, im Februar 2025
Falk Ostermann

Danksagung (2. Auflage)

Die 2. Auflage dieses Buches wurde auf meiner neuen Position als Wissenschaftlicher Mitarbeiter an der Christian-Albrechts-Universität zu Kiel verfasst. Die entfristete Stelle hat mir die notwendige Ruhe gegeben, mich der Verbesserung des *Erstlingswerks* zu widmen. Ich bin unseren drei Kieler Hilfskräften Merle Mohrhagen, Niko Quade und Jana Voß zu enormem Dank verpflichtet. Sie haben einen Großteil der formalistischen Handarbeit hinter der Neuauflage übernommen, Tabellen und Grafiken überarbeitet und das Literaturverzeichnis aktuell gehalten. Neben Merle, Niko und Jana haben auch Alexander Pries und Gesche Sienknecht über Jahre hinweg Recherchearbeit zur NATO gelistet, wodurch der Schreibprozess enorm erleichtert wurde. Seit dem Erscheinen der ersten Auflage habe ich eine Menge positives Feedback von Kolleg*innen bekommen, wofür ich enorm dankbar bin. Ihr habt mich motiviert, weiter an Verbesserungen zu arbeiten und standet mir stets mit Vorschlägen zur Seite. Damit ich niemanden vergesse, geht an Euch alle an dieser Stelle anonym ein ganz herzliches Dankeschön. Ihr seid academia at its best!

Verschiedene Personen in der NATO und im BMVG sind mir behilflich gewesen, Informationen zu beschaffen, die nicht direkt auf der (wirklich guten) NATO-Homepage verfügbar waren. Ein Dank hierfür geht an Botschafter Boris Ruge, NATO Assistant Secretary General for Political Affairs and Security Policy; den Deutschen Militärischen Vertreter bei SHAPE; die NATO Public Diplomacy Division (PDD) und den International Military Staff; Stefan Siegelmann, NATO-Referent im BMVG; sowie an Tobias Bunde von der Hertie School/ Münchener Sicherheitskonferenz. Das *Institute for the Study of War* in Washington D.C. war so freundlich, Karten des Ukrainekriegs kostenlos zu überlassen, sodass die Ausführungen in Kapitel 4.5 besser verständlich sind. Gleiches gilt für das *Zentrum für Militärgeschichte und Sozialwissenshaften der Bundeswehr* für die Überlassung der Karte zur Vorwärtsverteidigung der Allianz während des Kalten Kriegs. Auch die NATO stellte dankenswerterweise Grafiken von AWACS und Truppenaufstellungen an der Ostflanke bereit.

Beim UVK Verlag hat mich dieses Mal Rainer Berger als Lektor betreut. Ihm gebührt für seine Geduld mit mir und seine verlässliche, stets zuvorkommende, prompte und verlässliche Betreuung großer Dank. Barbara

Landwehr aus der Verlagsherstellung sei Anerkennung für den flüssigen Produktionsprozess gezollt. Erneut möchte ich meine Familie und Freunde in diesen Dank mit einbeziehen. Trotz der geringeren Arbeitslast der Neuauflage im Verhältnis zur Erstauflage waren erneut einige Überstunden an Abenden und Wochenenden notwendig, um den Schreibprozess zu bewältigen – Zeit, die ich für Euch nicht hatte. Das letzte Güteurteil hat wie immer meine Frau, Katharina Monaco, mit getroffen, obwohl ihre eigene Arbeitslast zur Zeit der Neubearbeitung nicht gerade gering war. *Merci beaucoup, ma chérie!*

Danksagungen (1. Auflage)

Ein Buch trägt am Ende zwar den Namen des Autors, ist aber jenseits des Schreibprozesses immer ein Gemeinschaftswerk, bei dem Viele mithelfen oder die Rahmenbedingungen dafür schaffen, dass man in Ruhe schreiben kann. Ich bin daher an dieser Stelle zuerst meinem Chef, Helmut Breitmeier, zu Dank verpflichtet, der mir die Zeit und den Raum gegeben hat, mich diesem Unterfangen zu widmen. Ein Buch über das älteste, größte und aktivste Verteidigungsbündnis der Welt zu schreiben erfordert eine Sach- und Literaturkenntnis, bei der man sich manchmal Hilfe suchen muss. Daher geht mein Dank an Lusine Badalyan, Helmut Breitmeier, Denis Cenusa, Christopher Finke, Andrea Gawrich, Annemarie Ickler, Katarzyna (Kasia) Kubiak, Sebastian Mayer, Stéfanie von Hlatky und Valerio Vignoli für die Unterstützung bei der Literatursuche. John Deni (American University, US Army War College), Michael O'Hanlon und Adam Twardowski (Brookings) waren hilfreich bei Fragen zu Truppenstärken. Bei der NATO halfen Mitarbeiter*innen aus ACT, Multimedia Team, Public Diplomacy und ACO/SHAPE zur Klärung institutioneller Fragen und bei der Materialbeschaffung. Ein herzlicher Dank geht an das Zentrum für Militärgeschichte und Sozialwissenschaften der Bundeswehr für die Überlassung von Abbildung 7 sowie Diego Ruiz Palmer von der NATO für zusätzliche Informationen dazu. Michal Onderco war eine verlässliche Hilfe in nuklearen Fragen. Florian Böller und Alexander Reichwein haben vereinzelte Kapitel und Abschnitte kommentiert und so zu ihrer Verbesserung beigetragen. Außerordentlicher Dank gilt außerdem meiner Hilfskraft Stephan Friebe für die kontinuierliche Unterstützung bei der Literaturrecherche sowie Tabellen und Grafiken, die das Buch besser gemacht haben. Alle verbliebenen Fehler sind die meinigen!

Des Weiteren fühle ich mich dem Team des UVK-Verlags verbunden. Frau Verena Artz gebührt der Dank dafür, mich *geheadhuntet* und von diesem Projekt überzeugt zu haben. Jürgen Schechler war ein verlässlicher und verständnisvoller Ansprechpartner in der Verlagsleitung. Der Verdienst, dieses Manuskript zu einem Buch gemacht zu haben, gebührt meiner Lektorin Uta Preimesser, die bereits während des Schreibprozesses eine ständige Hilfe und danach eine erste, kritische Leserin war. Weiterhin bedanke ich mich bei Arkin Keskin für den professionellen Produktionsprozess.

Schließlich möchte ich mich bei Familie und Freunden bedanken. Ich habe während des Schreibprozesses, vor allem während der letzten Monate, nicht immer so viel Zeit für Euch aufbringen können wie sonst und war häufig kurz angebunden. Ich gelobe jetzt wieder Besserung! Ohne den kontinuierlichen Beistand meiner Frau, Katharina Monaco, wäre das Buch ganz bestimmt nicht zustande gekommen: Du hast mir neben Deinem Job stets den Rücken freigehalten und musstest mehr als einmal meine Ausbrüche wegen langsamer Datenbankprogramme oder Zeitproblemen ertragen. Ich hatte viel weniger Zeit an Abenden und Wochenenden, die Dir und der Familie gehört hätten. Am Ende hast Du trotzdem noch das Manuskript gelesen und mit Deinem professionellen Blick besser gemacht. Ohne Dich hätte ich das nicht geschafft. *Mille grazie!*

Einbeck, im Juni 2020

Allgemeiner Hinweis zum Sprachgebrauch

Dieses Buch nutzt dort, wo es der Leserlichkeit dienlich ist, einfach verständliche und gängige englische Bezeichnungen der NATO-Organe. Für einen besseren Lesefluss sind in diesem Einführungswerk kurze direkte Zitate aus dem Englischen oder Französischen vom Autor selbst übersetzt worden, der in beiden Sprachen fließend kommuniziert. Zur Wahrung einer hohen Genauigkeit, z. B. bei Seminararbeiten, empfiehlt es sich jedoch, die (meist englische) Originalquelle zu nutzen.

Aus Rücksicht auf eine gleichberechtigte Ansprache verschiedener Gender nutzt das Buch die *-Schreibweise. Wo sie nicht genutzt wird, ist dies i. d. R. ein historischer Bezug zu einer männlichen Person in männlich dominierten militärischen Strukturen. Außerdem wird aus Gründen der Übersichtlichkeit auf das Gendern von Funktionsbeschreibungen verzichtet.

Abkürzungsverzeichnis

Abkürzung	Bedeutung	Träger/ Institution
ABC(-Waffen)	atomare, biologische und chemische Waffen	
ABM*	Anti-Ballistic Missile Treaty (Vertrag zur Begrenzung anti-ballistischer Raketensysteme)	Sowjetunion, USA
ACLANT*	Allied Command Atlantic (Norfolk, VA, USA) (nun ACT) (Alliiertes Atlantikkommando)	NATO
ACO (SHAPE)	Allied Command Operations (Mons, Belgien) ([Strategisches] Alliiertes Oberkommando Operationen)	NATO
ACT	Allied Command Transformation (Norfolk, VA, USA) ([Strategisches] Alliiertes Oberkommando Streitkräfte-/Kriegstransformation)	NATO
AGS	Allied Ground Surveillance (Alliiertes Bodenüberwachungssystem [Drohnen])	NATO
ANA	Afghan National Army (Afghanische Nationalarmee)	Afghanistan
ARF	Allied Reaction Force (Sehr schnelle alliierte Reaktionsstreitmacht; VJTF-Nachfolger)	NATO
ASEAN	Association of Southeast Asian Nations (Vereinigung Südostasiatischer Nationen)	
AU	Afrikanische Union	
AWACS	Airborne Warning and Control System (Luftgestütztes Luftraumüberwachungs- und Kontrollsystem [Radarflugzeug])	NATO
BIP	Bruttoinlandsprodukt	
BMVG	Bundesministerium für Verteidigung	BRD
BND	Bundesnachrichtendienst	BRD
BRD	Bundesrepublik Deutschland	
C2	command and control (Kommando- und Führungsfähigkeiten)	

Abkürzung	Bedeutung	Träger/ Institution
CFE (VKSE)	Conventional Forces Europe Treaty (Vertrag über konventionelle Streitkräfte in Europa)	
CIA	Central Intelligence Agency (US-Auslandsgeheimdienst)	USA
CJTF	Combined Joint Task Forces (Teilstreitkraft-übergreifende multinationale Einsatztruppe)	NATO, WEU
CTBT	Comprehensive Test Ban Treaty (Umfassender Teststoppvertrag [für Atomwaffen])	
DDR	Deutsche Demokratische Republik	
DIANA	Defence Innovation Accelerator for the North Atlantic (Agentur für die Beschleunigung von Verteidigungsinnovation)	NATO
DSACEUR	Deputy Supreme Commander Allied Forces Europe (Stellvertretender Alliierter Oberbefehlshaber Europa)	NATO
DSACT	Deputy Supreme Allied Commander Transformation (Stellvertretender Alliierter Oberbefehlshaber Transformation)	NATO
EAPC	Euro-Atlantic Partnership Council (Euro-Atlantischer Partnerschaftsrat)	NATO
EDI	European Deterrence Initiative	USA
eFP	Enhanced Forward Presence (NATO-Truppen im Baltikum und Polen)	NATO
EG*	Europäische Gemeinschaften (Vorläuferorganisation der EU)	(EU)
EGKS*	Europäische Gemeinschaft für Kohle und Stahl (Vorläuferorganisation der EG/EU)	(EG/EU)
ERI*	European Reassurance Initiative (nun EDI)	USA
ESVP* (ESDP)	Europäische Sicherheits- und Verteidigungspolitik (jetzt GSVP)	EU
EU	Europäische Union	
EUPOL	European Union Police Mission (Polizeimission der Europäischen Union)	EU

Abkürzung	Bedeutung	Träger/ Institution
EVG*	Europäische Verteidigungsgemeinschaft	
FCAS	Future Combat Air System (Zukünftiges Luftkampfsystem – Jagdflugzeug der 6. Generation u. a. Begleitsysteme)	Deutschland, Frankreich, Spanien
GG	Grundgesetz der Bundesrepublik Deutschland (Verfassung)	Deutschland
GIZ	Deutsche Gesellschaft für Internationale Zusammenarbeit	
GSVP (CSDP)	Gemeinsame Sicherheits- und Verteidigungspolitik (Common Security and Defence Policy)	EU
GUS (CIS)	Gemeinschaft Unabhängiger Staaten (Commonwealth of Independent States)	
HQ AIRCOM	Allied Air Command (Rammstein, Deutschland) (Alliiertes Luftkommando)	NATO
HQ LANDCOM	Allied Land Command (Izmir, Türkei) (Alliiertes Landkommando)	NATO
HQ MARCOM	Allied Maritime Command (Northwood, Großbritannien) (Alliiertes Marinekommando)	NATO
IAEA	International Atomic Energy Agency (International Atomenergiebehörde)	UN
ICBM	Inter-Continental Ballistic Missile (Ballistische Interkontinentalrakete) Reichweite mind. 5.500 km	
ICI	Istanbul Cooperation Initiative (Istanbuler Kooperationsinitiative)	NATO
IFOR	Implementation Force (Bosnien-Herzegowina) (Internationale Schutztruppe/ Umsetzungstruppe)	NATO
IMS	International Military Staff (Internationaler Militärstab)	NATO
INF	Intermediate-Range Nuclear Forces Treaty (Vertrag über nukleare Mittelstreckensysteme)	Sowjetunion, USA
IPAP	Individual Partnership Action Plan (Individueller Partnerschaftstätigkeitsplan)	NATO

Abkürzung	Bedeutung	Träger/ Institution
IPCP	Individual Partnership and Cooperation Programme (Individuelles Partnerschafts- und Kooperationsprogramm)	NATO
IPP*	Individual Partnership Programme (PfP) (Individuelle Partnerschaftsprogramme)	NATO
IRBM	Intermediate-Range Ballistic Missile (Ballistische Mittel-/Langstreckenstreckenrakete) Reichweite 3.000–5.500 km	
IS	International Staff (Internationaler Stab/ Personal der NATO)	NATO
ISIS	s.g. *Islamischer Staat* (Internationale Terrororganisation)	
ISAF	International Security Assistance Force (Internationale Sicherheitstruppe [Afghanistan])	NATO
JALLC	Joint Analysis and Lessons Learned Centre (Lissabon, Portugal) (Gemeinsames Analyse und Lessons Learned-Zentrum)	NATO
JCPoA	Joint Comprehensive Plan of Action (Nuklearabkommen mit dem Iran)	China, Deutschland, EU, Iran, Russland, USA, UK
JFC	Joint Force Command	NATO
JFTC	Joint Force Training Centre (Bydgoszcz, Polen) (Gemeinsames Truppentrainingszentrum)	NATO
JSEC	Joint Support and Enabling Command (Ulm, Deutschland) (Unterstützungskommando)	NATO
JWC	Joint Warfare Centre (Stavanger, Norwegen) (Gemeinsames Kriegsentwicklungszentrum)	NATO
KFOR	Kosovo Force (Kosovo-Truppe)	NATO
KSZE	Konferenz für Sicherheit und Zusammenarbeit in Europa (Helsinki, 1975)	
LIO	liberal international order (liberale Weltordnung)	

Abkürzung	Bedeutung	Träger/ Institution
LTBT (PTBT)	Limited Test Ban Treaty (Vertrag über das Verbot von Kernwaffenversuchen in der Atmosphäre, im Weltraum und unter Wasser)	
M.A.D.	Mutually Assured Destruction (Garantierte gegenseitige Auslöschung [nuklear])	
MAP	Membership Action Plan	NATO
MC	Military Committee (Militärkomitee)	NATO
MD	Mediterranean Dialogue (Mittelmeerdialog)	NATO
MILREP	Permanent Military Representative (Ständiger militärischer Repräsentant der Mitgliedstaaten)	NATO
MIRV	Multiple Independently Targetable Re-entry Vehicles (Unabhängig lenkbare Wiedereintrittsvehikel)	
MLF*	Multilateral Force (Multilaterale Atomstreitmacht)	NATO
MRBM	Medium-Range Ballistic Missile (Ballistische Mittelstreckenrakete) Reichweite 1.000–3.000 km	
MSC	Munich Security Conference (Münchener Sicherhetiskonferenz)	
NACC* (NAKR)	North Atlantic Cooperation Council (jetzt EAPC) (Nordatlantischer Kooperationsrat)	NATO
NATO	North Atlantic Treaty Organization (Nordatlantikpaktorganisation)	
NCIA	NATO Communications and Information Agency (Kommunikations- und IT-Behörde)	NATO
NCISG	NATO Communication Information Systems Group (Belgien) (Kommunikationssystemgruppe des ACO)	NATO
NDPP	NATO Defence Planning Process (NATO-Verteidigungsplanungsprozess)	NATO
NGO (NRO)	Non-Governmental Organization (Nichtregierungsorganisation)	

Abkürzung	**Bedeutung**	**Träger/ Institution**
NPG	Nuclear Planning Group (Nukleare Planungsgruppe)	NATO
NPT	Treaty on the Non-Proliferation of Nuclear Weapons (Atomwaffensperrvertrag)	
NRC	NATO-Russia Council (NATO-Russland-Rat)	NATO, Russland
NRF	NATO Response Force (Schnelle Eingreiftruppe)	NATO
NSATU	NATO Security Assistance and Training for Ukraine (Hilfs- und Trainingsprogramm/-einheit für die Ukraine)	NATO
NSIP	NATO Security Investment Programme (NATO-Sicherheitsinvestitionsprogramm [Infrastruktur])	NATO
NSO	NATO Standardization Office (Standardisierungsbehörde)	NATO
NSPA	NATO Support and Procurement Agency (Unterstützungs- und Anschaffungsbehörde)	NATO
NTM-A	NATO Training Mission Afghanistan (NATO-Trainingsmission Afghanistan [Sicherheitskräfte])	NATO
OEF	Operation Enduring Freedom (Afghanistan, Horn von Afrika, Philippinen)	USA, NATO
OSZE	Organisation für Sicherheit und Zusammenarbeit in Europa	
(NATO-)PA	NATO Parliamentary Assembly (Parlamentarische Versammlung der NATO)	NATO
PARP	Partnership for Peace Planning and Review Process (Partnerschaft für den Frieden Planungs- und Begutachtungsprozess)	NATO
PfP	Partnership for Peace (Partnerschaft für den Frieden-Programm)	NATO
PJC*	Permanent Joint Council (Ständiger Gemeinsamer Rat, NATO-Russland)	NATO, Russland

Abkürzung	Bedeutung	Träger/ Institution
PRT	Provincial Reconstruction Team (Afghanistan) (Regionales Wiederaufbauteam)	NATO
R2P	Responsibility to Protect (Humanitäre Schutzverantwortung)	
SAC	Strategic Airlift Capability (Strategische Lufttransporteinheit)	ausgewählte NATO-Staaten
SACEUR	Supreme Commander Allied Forces Europe (Alliierter Oberbefehlshaber Europa)	NATO
SACLANT*	Supreme Allied Commander Atlantic (nun SACT) (NATO-Oberbefehlshaber Atlantik)	NATO
SACT	Supreme Allied Commander Transformation (Alliierter Oberbefehlshaber Transformation)	NATO
SALT I, II	Strategic Arms Limitation Talks (Gespräche zum Abbau strategischer Waffen)	USA-Sowjetunion
SDI	Strategic Defense Initiative (Strategische Verteidigungsinitiative [Ronald Reagans, Raketenabwehrprogramm])	USA
SFOR	Stabilisation Force (Bosnien-Herzegowina) (Stabilisierungstruppe)	NATO
SHAPE (ACO)	Supreme Headquarters Allied Powers Europe (Mons, Belgien) (Hauptquartier der Alliierten Mächte in Europa)	NATO
SITCEN	Situation Centre (Frühwarnzentrum)	NATO
SLBM	Submarine-Launched Ballistic Missile (U-Boot-basierte ballistische Rakete)	
SORT (START III)	Strategic Offensive Reduction Treaty (Vertrag zur Reduzierung von Offensivwaffen)	Russland-USA
SPD	Sozialdemokratische Partei Deutschlands	
SRBM	Short-Range Ballistic Missile (Ballistische Kurzstreckenrakete) Reichweite unter 1.000 km	
SSR	Security Sector Reform (Maßnahmen zur Reform von staatlichen Sicherheitsinstitutionen)	

Abkürzung	Bedeutung	Träger/ Institution
START (I, II, III, New)	Strategic Arms Reduction Talks (Gespräche zur Verringerung Strategischer Waffen) ▸ START I: 1991 (1994) ▸ START II: 1993 ▸ START III (SORT): 2002 ▸ New Start: 2010/11	Kasachstan, Russland, Ukraine, USA, Weißrussland
STO	NATO Science and Technology Organization (Wissenschafts- und Technologiebüro)	NATO
TPNW	Treaty on the Prohibition of Nuclear Weapons (Atomwaffenverbotsvertrag)	
TTIP*	Transatlantic Trade and Investment Partnership (Transatlantische Handels- und Investitionspartnerschaft [Freihandelsvertrag])	EU, USA
UAE	United Arab Emirates (Vereinigte Arabische Emirate)	
UÇK (KLA)	Ushtria Çlirimtare e Kosoves (Kosovarische Befreiungsarmee)	
UdSSR	Union der Sozialistischen Sowjetrepubliken	
UNAMA	United Nations Assistance Mission in Afghanistan (UN-Hilfsmission Afghanistan)	UN
UNMIK	United Nations Mission in Kosovo (UN-Mission im Kosovo)	UN
UN(O)	United Nations Organization (Vereinte Nationen)	
UNPROFOR	United Nations Protection Force (UN-Schutztruppe in Jugoslawien)	UN
UNSCR	United Nations Security Council Resolution (UN-Sicherheitsratsresolution)	UN
USEUCOM	United States European Command (Stuttgart, DE) (US-Regionalkommando Europa)	USA
VJTF*	Very High Readiness Joint Task Force (ab 2025: ARF) (Sehr schnelle gemeinsame Eingreiftruppe)	NATO
WEU*	Westeuropäische Union (2011 in EU aufgegangen)	

Abkürzung	Bedeutung	Träger/ Institution
WHO	World Health Organization (Weltgesundheitsorganisation)	UN
WMD	Weapons of Mass Destruction (Massenvernichtungswaffen)	
WTO	World Trade Organization (Welthandelsorganisation)	
* nicht mehr aktive Institution bzw. nicht mehr aktuelle Abkürzung		

1 Einleitung: Die NATO zwischen kollektiver Verteidigung, Sicherheit und demokratischer Identität

Die Nordatlantikvertragsorganisation (*North Atlantic Treaty Organization*, NATO)[1] ist mit einem Alter von mehr als 75 Jahren sowohl die älteste als auch die am stärksten institutionalisierte multilaterale Militärallianz der Welt. Seit ihrer Gründung am 4. April 1949 in Washington D.C. ist es ihre Hauptaufgabe, ihre Mitglieder gegen Angriffe Dritter zu schützen und so „die Sicherheit des nordatlantischen Gebiets wiederherzustellen und zu erhalten" (NATO 1949a, Art. 5). Ihre anfangs 12 und heute 32 Mitglieder haben sich zu gegenseitigem politischen und militärischen Beistand verpflichtet und sichern diesen durch ihre militärische Kapazitäten, gemeinsame Verteidigungsplanung in politischen und militärischen Strukturen, gemeinsame Missionen sowie kooperative Praktiken untereinander und mit Partnern, die zusammen Sicherheit im nordatlantischen Raum herstellen sollen. Die breite Hauptquartierstruktur (militärisch und zivil) mit ca. 10.850 Mitarbeiter*innen (zzgl. Agenturen) ist für ein Militärbündnis einzigartig (s. Kap. 2.3).

Während des *Kalten Kriegs*, der die Weltsicherheitspolitik der zweiten Hälfte des 20. Jahrhunderts bestimmte, hatte die NATO einen klaren Auftrag: die Verteidigung gegen einen Angriff auf das Bündnisgebiet durch die Sowjetunion (UdSSR) und die Staaten des Warschauer Pakts (1955-1991). Dieser Auftrag hat seit dem Beginn des russischen Angriffskriegs gegen die Ukraine im Februar 2022 erneut an zentraler Bedeutung gewonnen. Damals wurde der Konflikt durch den ideologischen Gegensatz zwischen Kommunismus in der UdSSR und (meist) liberalen Demokratien innerhalb der NATO angetrieben. Die Atlantische Allianz versuchte, durch eine Politik der militärischen und politischen Stärke und des gesellschaftlichen Engagements gegenüber anderen Staaten den Einfluss der Sowjetunion einzudämmen (*containment*). Zur Verteidigung entwickelten die NATO-Staaten bedeutende konventionelle Kapazitäten, waren dem Warschauer Pakt allerdings zahlenmäßig stark unterlegen, sodass Nuklearwaffen eine wichtige Rolle als Abschreckungsmittel spielten. Die gesammelten Militärausgaben der Alliierten lagen bei 4,3 % ihres

---

1 Zur Vereinfachung des Leseflusses werden *NATO, Allianz, Atlantische Allianz* oder *Bündnis* synonym genutzt.

Bruttoinlandsprodukts (BIP, 1990), in der Russischen Föderation bei ca. 4,4 % (1992). Lord Ismay, der erste Generalsekretär der NATO (1952-1957), fasste den Auftrag des Bündnisses pointiert zusammen: „to keep the Russians out, the Americans in, and the Germans down." (Meier-Walser 2017, 1). Damit brachte er die Dynamiken europäischer Sicherheitspolitik der Nachkriegszeit auf den Punkt, für die es wichtig war, die USA als Sicherheitsanker in Europa zu halten, eine neue friedliche Rolle für (West-)Deutschland zu finden und dadurch russische Aggression abzuwehren. Diese Auseinandersetzung war von 1949 bis 1991 die bestimmende Bruchlinie internationaler Politik (Bockenförde 2013, 30). Sie sorgte für eine Bipolarität des internationalen Systems, der sich nur wenige Staaten machtpolitisch entziehen konnten. Zwar blieb der Kalte Krieg ultimativ doch kalt, er kannte jedoch Episoden der gegenseitigen Beinahe-Zerstörung und unsäglichen menschlichen Leids in Stellvertreterkriegen um Einfluss.

NATO-Staaten alphabetisch sortiert, mit Beitrittsjahr				
Land	**Beitrittsjahr**		**Land**	**Beitrittsjahr**
Albanien	2009		Luxemburg	1949
Belgien	1949		Montenegro	2017
Bulgarien	2004		Niederlande	1949
Dänemark	1949		Nordmazedonien	2020
Deutschland	1955		Norwegen	1949
Estland	2004		Polen	1999
Finnland	2023		Portugal	1949
Frankreich	1949		Rumänien	2004
Griechenland	1952		Schweden	2024
Großbritannien	1949		Slowakei	2004
Island	1949		Slowenien	2004
Italien	1949		Spanien	1982
Kanada	1949		Tschechien	1999
Kroatien	2009		Türkei	1952
Lettland	2004		Ungarn	1999
Litauen	2004		USA	1949

Tabelle 1: NATO-Mitglieder (Quelle: NATO o. J.-d, eigene Darstellung)

Diese Blockkonfrontation endete vorerst mit dem Fall des *Eisernen Vorhangs* in Europa durch die deutsche Wiedervereinigung (1989/90) und den Zusammenbruch der Sowjetunion im Dezember 1991. Die NATO versuchte danach, mit Partnern (inkl. Russland) ein institutionalisiertes Sicherheitssystem mit sich selbst im Zentrum aufzubauen (z. B. *Partnership for Peace*, s. Kap. 5.2.2), um für Stabilität zu sorgen und Sicherheit kooperativ zu organisieren. Nach einer Übergangsphase traten aber viele ehemalige Mitglieder des Warschauer Pakts und frühere Teilrepubliken der UdSSR der NATO (und der Europäischen Union, EU) bei, weil sie sich der durch die NATO und EU verkörperten westlichen Lebensweise und ihren liberal-demokratischen Grundlagen zugehörig fühlten und ihre neue Unabhängigkeit von Russland absichern wollten. Aus russischer Perspektive hat sich die NATO seit dem Ende des Kalten Krieges immer weiter in die post-sowjetische Einflusssphäre hineinbewegt, auf die es nach wie vor Hegemonialansprüche erhebt (Mearsheimer 2014). Hierin besteht aus russischer Perspektive letztlich die Ursünde der Neuordnung seit dem Ende des Kalten Kriegs, die Russland ab 2007 zu einer erneuten Gegenmachtbildung, Kriegen in Georgien und der Ukraine sowie der Einmischung in die inneren Angelegenheiten der NATO-Staaten führte (s. Kap. 4), sodass seit 2014 wieder von einer beginnenden Blockkonfrontation gesprochen werden kann.

Obwohl der Verteidigungsauftrag der NATO 1991 zunächst zu Ende war, transformierte sich die Allianz in den 1990er Jahren bald zu einer Sicherheitsmanagementinstitution, die im Namen der UN (und im Kosovo illegal auf eigene Rechnung) in den Konflikten auf dem Balkan versuchte, Frieden und Sicherheit herzustellen. Durch ihr militärisches Engagement in diesen *neuen Kriegen* (Kaldor und Vashee 1997; Münkler 2002), die durch innerstaatliche, z. B. ethische und nicht mehr zwischenstaatliche Gewalt geprägt waren, wurde die NATO zur wichtigsten Sicherheitsinstitution in Europa. Nach den terroristischen Attentaten des 11. September 2001 in den USA etablierte sich die Allianz mit ihrer Intervention in und dem Wiederaufbau von Afghanistan zudem als ein globaler Akteur und verstetigte ihre neue *raison d'être* als Stabilitätsexporteur. Kollektive Verteidigung entfiel zwar nicht als formaler Auftrag der NATO, stand aber bis zur russischen Invasion und Annexion der ukrainischen Halbinsel Krim 2014 eindeutig nicht im Fokus der sicherheitspolitischen Aufmerksamkeit. Mit dem russischen Angriffskrieg in der Ukraine seit Februar 2022 steht die Konfrontation um Ordnung und Hegemonie in Europa erneut im Vordergrund der Ost-West-Beziehungen, die dadurch erneut stark konfliktiv geprägt und durch Unsicherheit und Unfrieden geprägt sind. Kollektive Verteidigung wurde dadurch erneut zur Kernaufgabe der NATO.

Exkurs | Der erweiterte Sicherheitsbegriff

Im Zuge der gesellschaftlichen Debatten um Krieg und Frieden hat sich auch der Sicherheitsbegriff selbst verändert. Während Gegenstand der Sicherheitspolitik bis in die 1960er Jahre hinein quasi ausschließlich das war, was einen Nationalstaat militärisch bedrohte, sollte sich der Fokus danach öffnen. Wo früher Friede rein *negativ* als die Abwesenheit von Krieg angesehen wurde, sprechen wir heute von ganz anderen Sicherheitsfragen unterhalb oder außerhalb der militärischen „Sachdimension" (Daase 2009, 138), z. B. Umweltsicherheit, wirtschaftlicher Sicherheit, *Human Security* (Glasius und Kaldor 2005) oder sogar planetarer Sicherheit (z. B. Asteroideneinschläge). Der Sicherheitsbegriff hat sich also erweitert und wurde zunehmend *positiv*, d. h. mit zu erfüllenden Eigenschaften oder Zuständen jenseits der Abwesenheit von Krieg, besetzt (s. z. B. Galtung 1969; Senghaas 2004).
Christopher Daase (2009) unterscheidet vier Dimensionen des Sicherheitsbegriffs:

- *Sachdimension*: militärische, ökonomische, ökologische, humanitäre Sicherheit;
- *Raumdimension*: nationale, regionale, internationale, globale Sicherheit;
- *Gefahrendimension*: Umgehen mit Bedrohungen, Verwundbarkeiten, Risiken;
- *Referenzdimension*: Bezug auf Staat, Gesellschaft, Individuum.

Zu verstehen sind diese Unterscheidungen als historische Entwicklungen von eng nach weit oder von traditionell zu modern. D. h., dass der engste Sicherheitsbegriff der ist, der sich mit militärischen (Sachd.) Bedrohungen (Gefahrend.) des National-(Raumd.) Staats (Referenzd.) befasst. Das Konzept der ökologischen Sicherheit wird heutzutage i. d. R. auf der regionalen (z. B. EU) oder globalen Ebene behandelt, als ein gesellschaftliches Problem angesehen und beschäftigt sich nicht ausschließlich mit konkreten Bedrohungen (wie z. B. einem Tsunami), sondern langfristigen Risiken (z. B. einem *point of no return* des Klimawandels). Gleichzeitig findet sich ein Fokus auf individuelle Sicherheit nicht gleichermaßen in allen Gesellschaften oder Politiken von Staaten wieder, was mit gesellschaftlichen Begebenheiten (z. B. Freiheitsgrad des Individuums) und politischen Prozessen (und somit Machtbeziehungen) zu tun hat.

Das Positive am erweiterten Sicherheitsbegriff ist, dass er Dinge ins Zentrum des gesellschaftlichen Diskurses stellt, die früher selten oder gar nicht unter Sicherheitsgesichtspunkten diskutiert wurden, wie z. B. Umweltschutz. Gleichzeitig unterstreicht aber die s.g. *Kopenhagener Schule*, die die Theorie der Versicherheitlichung (*securitization*) gesellschaftlicher Prozesse aufgestellt hat (Balzacq 2011; Buzan 1998; Wæver 1995), dass so das Risiko besteht, Lösungsmöglichkeiten eines Problems zu beschränken, da Sicherheitsdenken in eher engen, kurzfristigen Gefahr-Antwort-Mustern abläuft, die sodann allzu gerne nur auf die Sicherheit der Nation bezogen und mit militärischen Mitteln durchgesetzt werden. Beispielsweise führt die Versicherheitlichung der *Flüchtlingskrise* (2015) dazu, dass der Fokus politischen Handelns eher auf dem Schutz der nationalen oder europäischen Grenzen lag als auf dem Beseitigen der Fluchtursachen in den Herkunftsländern, wofür entwicklungs- oder wirtschaftspolitische Ansätze vielversprechender sind. Ein erweiterter Sicherheitsbegriff entgrenzt Sicherheit somit auch (Daase 2009, 143).

Der Gründungsauftrag der NATO gehört in der Sachdimension zum eher engen, militärischen Problembereich, der jedoch als regionale Verantwortung bereits jenseits des Nationalstaats institutionalisiert wurde. Andere Aspekte des Handelns der NATO, wie z. B. die Kooperationsprogramme mit Partnern oder ein großer Teil ihrer Auslandsinterventionen, befinden sich jedoch in anderen Sicherheitsdimensionen.

Weder das kollektive Verteidigungshandeln noch die kollektiven Sicherheitstätigkeiten liefen in der NATO ohne interne Konflikte ab. Einzelne Alliierte hatten Konflikte untereinander (z. B. Griechenland-Türkei, Frankreich-USA), die NATO-Staaten deswegen miteinander, während sie sich ebenfalls nicht immer adäquat außenpolitisch koordinierten (Suez-, Kubakrise, s. Kap. 3) oder über Strategie, Missionen und Gelder stritten. In den USA kam bald nach 1949 eine wachsende Unzufriedenheit ob der ungleichen Lastenverteilung (*burden-sharing*) für die gemeinsame Verteidigung zu ihren Ungunsten auf – ein Problem, das bis heute zu teils heftigen Diskussionen führt und unter Donald Trump die Allianz an die Belastungsgrenze führt (Deni 2021, 196 ff.). Die USA gaben 2019 3,42 % ihres (großen) BIP für Verteidigung aus, während zum selben Zeitpunkt nur acht weitere Alliierte über 2 % (worauf man sich als Ziellinie geeinigt hatte) und viele teils weit darunter lagen, u. a. Deutschland (NATO 2024k). Da die US-Amerikaner*innen bis 2020 zudem 22 % (ca. $685 Mio.) der direkten NATO-Ausgaben schultern und insgesamt ca. $6,86 Mrd. für NATO-Kapazitäten und europäische Verteidigung ausgaben (Kosten für US-Truppen in Europa nicht mitgerechnet), sind die Finanzen ein bedeutender Stolperstein in den transatlantischen Beziehungen geworden. Trump nutzte diese Schieflage und andere Konflikte zur grundsätzlichen Infragestellung der Allianz, ihrer Beistandsverpflichtung, ihres Handelns und ihres Fortbestands. Damals sprachen Riddervold und Newsome (2018, 507) daher von einem „perfekten Sturm" in der NATO. Durch die erneut aktuelle russische Bedrohung für die Allianz seit Russlands Angriffskrieg in der Ukraine haben allerdings viele NATO-Staaten ihre Verteidigungsausgaben teils deutlich angehoben (s. dazu Kap. 2.5). Dadurch war die ungleiche Lastenverteilung eine Zeit lang weniger virulent als zuvor, bis die zweite Amtszeit Donald Trumps begann. Diese Entwicklung zeigt exemplarisch, dass die Alliierten stets unterschiedliche Vorstellung über Politiken hatten und auch immer wieder Vertrauensprobleme bewältigen mussten (s. die bekannte Debatte aus der 2000er Dekade in Cox 2005a; Pouliot 2006; Risse 2003). Die NATO hat sich in ihrer 75-jährigen Geschichte als erstaunlich widerstandsfähig in der Bewältigung solcher Probleme erwiesen.

Durch die neue Aggressivität Russlands, das sich mit dem Krieg in der Ukraine seit 2014 wieder mit eigenen Großmachtansprüchen in Europa positioniert und dass sich in die demokratischen Prozesse von NATO-Mitgliedern aktiv einmischt, muss sich die Atlantische Allianz seit 2014 wieder um kollektive Verteidigungsplanungen kümmern. Somit ist das Bündnis heute wieder mit einem externen Sicherheitsproblem konfrontiert, das die Fortsetzung der seit den 1990er Jahren entwickelten kooperativen Agenda mit Russland unmöglich macht. Gleichzeitig muss die Allianz bedeutende interne Konflikte lösen, die vielschichtig sind und sowohl strategische (z. B. Ausrichtung gegenüber China, Russland) als auch kulturelle (Einstellungen zu Krieg und Gewalt) und wertebasierte Aspekte (Liberalismus) betreffen, die nicht leicht zu lösen sind. Diesen Problemen und den damit zusammenhängenden Politiken, Strukturen und Akteuren wollen wir uns in diesem Buch widmen.

Aufbau des Buches

Um die NATO als Akteur der Weltsicherheitspolitik einerseits und Regierungsorganisation mit ihren komplexen politischen Prozessen andererseits zu verstehen, wird dieses Buch separat die verschiedenen Funktionen und Eigenschaften der NATO herausarbeiten, um Komplexität zu reduzieren, aber gleichzeitig ein umfassendes Bild der Atlantischen Allianz zu vermitteln. Während Forschungsliteratur notwendigerweise meist eine bestimmte Perspektive einnimmt, sollen in diesem Lehrbuch Wege in verschiedene Theorien und Zugänge sowie ihre Erklärungen und Interpretationen aufgezeigt werden. In Anbetracht ihres beträchtlichen Alters und vielfältigen Wirkens gibt es kaum einen Ansatz, der nicht auf die Atlantische Allianz angewendet wurde – von vorherrschenden realistischen (Kap. 3) und institutionalistischen Interpretationen (Kap. 2) über die English School (Buzan und Gonzalez-Pelaez 2005), den Feminismus (Hardt und von Hlatky 2020; Ruohonen 2014) oder den Konstruktivismus (Kap. 6). Vor diesem Hintergrund kann dieses Buch nur ein Einstieg sein und nicht allen Strömungen gerecht werden, aber vier Zugänge sollen helfen, einen ersten, aber dennoch umfänglichen Überblick über die Allianz zu bekommen:

- ein *institutioneller Ansatz*, der Basisdaten vermittelt und institutionalisierte politische Prozesse seit 1949 diskutiert (Kap. 2 und teilweise Kap. 5);
- eine Befassung mit *kollektiver Verteidigung* während und nach dem Kalten Krieg, die neorealistische und institutionalistische Theorie diskutiert (Kap. 3, 4);
- eine Darstellung zweier Arenen *kollektiver* und *kooperativer Sicherheitspolitiken* der NATO außerhalb des Bündnisgebiets und mit verschiedenen Partnern (Kap. 5); sowie
- ein konstruktivistischer, *identitätsbezogener Zugang*, in dem die NATO als kulturelles Bündnis liberaler Staaten westlicher Prägung diskutiert wird (Kap. 6). In diesem Zusammenhang wird ebenfalls kurz Illiberalismus adressiert.

Diese vier Zugänge sollen theoretischen Pluralismus vorleben und verschiedene Interpretationswerkzeuge an die Hand geben, um Entwicklungen in alliierten Verteidigungspolitiken differenziert beurteilen zu können. Die Kapitel führen dabei zunächst in Theorien ein, die als Rahmung für empirische Entwicklungen in der Allianz dienen. Bei Bedarf werden spezifische politische Krisen oder Konzepte in Exkursen dargestellt, um den Lesefluss zu erleichtern. Schlussbetrachtungen fassen die theoretischen und empirischen Ergebnisse zusammen. Um Anregungen für die weitere Bearbeitung im Vorlesungs-, Seminar- und Hausarbeitskontext zu geben, schließen die Kapitel mit einer Auswahl von Diskussionsfragen und Vorschlägen für weiterführende Literatur.

2 Die Allianz als Institution: Strukturen, Geld und Macht

Die NATO ist eine Organisation mit einer gewachsenen Struktur und einer beträchtlichen Anzahl von Mitarbeiter*innen. Dadurch ist sie in ihrem Institutionalisierungsgrad als Militärallianz einzigartig in der Welt. Bevor wir uns ein Verständnis über das Handeln der NATO *(policies)* erarbeiten können, müssen zunächst institutionelle (*polity*) und Verfahrensgrundlagen (*politics*) erörtert werden, auf Basis derer die NATO funktioniert. Dazu werden in diesem Kapitel sechs verschiedene Sach- und Problembereiche angesprochen. Abschnitt 2.1 führt zunächst in den Neoliberalen Institutionalismus ein, der es uns erlaubt, ein grundlegendes Verständnis über das Funktionieren einer internationalen Institution zu erzielen. In den Folgekapiteln wird dieses Wissen ebenfalls genutzt, um Entwicklungen, z. B. die von kollektiver Verteidigung zu kollektiver Sicherheit, einordnen zu können. Abschnitt 2.2 beschäftigt sich mit der Gründung der NATO und dem Vertragswerk, bevor die verschiedenen Erweiterungen der Allianz thematisiert werden. Abschnitt 2.3 wirft einen Blick auf die politischen und militärischen NATO-Strukturen. Abschnitt 2.4 erklärt den Unterschied zwischen nationalen und alliierten Kapazitäten. Die NATO-Budgets und weitere Finanzfragen werden im Abschnitt 2.5 besprochen. Abschnitt 2.6 schließt mit Betrachtungen zur hegemonialen Rolle der USA im Bündnis.

2.1 Theorie: Institutionen und Sicherheit

Der (Neoliberale) Institutionalismus ist eine der Basistheorien der Internationalen Beziehungen, die zur Erklärung von Kooperation zwischen Staaten herangezogen wird. Er wurde maßgeblich von den US-amerikanischen Politikwissenschaftler*innen Robert O. Keohane und Joseph S. Nye (Keohane 1984, 1989; Keohane und Nye 2012) sowie Celeste Wallander (Wallander 2000, 1999) beeinflusst. Im deutschsprachigen Raum gelten Helga Haftendorn und Otto Keck (Haftendorn und Keck 1997; Haftendorn et al. 1999) sowie Helmut Breitmeier (Breitmeier et al. 2006), Bernhard Zangl (Rittberger et al. 2019) oder Michael Zürn (2018) als prominente Vertreter*innen.[2] Nach allgemeiner Auffassung sind internationale Institutionen, um die es mit der NATO in diesem Buch geht, „dauerhafte und verbundene Regelwerke, häufig mit Organisationen einhergehend, die über internationale Grenzen hinweg agieren" (Wallander et al. 1999, 1 f.). Nach diesem Verständnis zählen zu Institutionen sowohl internationale Organisationen wie die UN oder die EU als auch Regelwerke wie der Atomwaffensperrvertrag (NPT), die zum Ziel haben, politische Interaktion zwischen verschiedenen Akteuren (Staaten, internationale Organisationen u. v. a. m.) dauerhaft zu gestalten/beeinflussen.[3] Institutionen wie der NPT, die keine Organisationsstruktur haben, sondern nur aus Verträgen oder (impliziten/ expliziten) Absprachen und Verhaltensnormen bestehen, die ein spezifisches internationales Politikfeld (z. B. die Verbreitung von Massenvernichtungswaffen) verregeln, werden als *Regime* bezeichnet (Breitmeier et al. 2006, 3; Krasner 1982, 186). Organisationen als Subtyp von Institutionen sind tiefer in eigenen Strukturen und Politikprozessen verwurzelt und können ursprünglich staatliche Funktionen ausüben (z. B. EU). Die NATO ist mit ihren vielen Strukturen ebenfalls tief institutionalisiert, in ihrer Aufgabenwahrnehmung aber stark an Vorgaben der Mitglieder gebunden. Sie ist daher keine *supranationale* Organisation wie die EU, sondern eine *internationale* Organisation zwischenstaatlicher (*intergouvernementaler*) Prägung.

2.1.1 Basiskonzepte des Institutionalismus

Der Institutionalismus teilt die Basisannahme des Neorealismus, dass Staaten die primären Akteure in der globalen Ordnung sind, die grundsätzlich anarchisch aufgebaut ist. Das heißt, dass es keine den Staaten übergeordnete Instanz gibt, die ein bestimmtes Staatshandeln erzwingen kann. Somit agieren Staaten stets unter Bedingungen der Unsicherheit – darüber, wie andere Staaten auf das eigene Handeln reagieren, ob Kooperationsvereinbarungen Folge geleistet wird bzw. Kooperation von Dauer ist (Mearsheimer 2001, 3; Wallander et al. 1999, 3; Waltz 1979, Kap. 6, 8). Im Gegensatz zur neorealistischen Denkschule gehen Institutionalist*innen jedoch davon aus,

---

2 Der Neoliberale Institutionalismus (teils auch als Rationaler Institutionalismus bezeichnet) ist der grundlegendste Vertreter einer Theorieströmung, die sich mittlerweile in viele Unterschulen ausdifferenziert hat. Einen guten Überblick gibt Schieder (2017).

3 In einem noch breiteren Verständnis kann man z. B. auch Familien, Universitäten oder die Allgemeinen Studierendenausschüsse als Institutionen ansehen.

dass Kooperation verstetigt und die Anarchie des internationalen Systems somit zwar nicht überwunden, aber *bewältigt* werden kann (*mitigation logic*). Dabei verändern sie zwei Grundannahmen realistischer Theorien: In Anlehnung an liberale Wirtschaftstheorie (auch Vertragstheorie) streben Staaten nach institutionalistischer Auffassung zum einen nicht nach relativen Gewinnen (z. B. stärker als der Nachbarstaat zu sein), sondern bevorzugen absolute Gewinne – unabhängig davon, wie der Gewinn des Kooperationspartners aussieht (Wallander 1999, 20 ff.). Kooperation kann also trotz relativer Machtunterschiede beständig sein, solange ein absoluter Gewinn entsteht. Diesen Annahmen liegt keine Gutgläubigkeit zugrunde, dass Staaten nur harmonisch miteinander interagierten oder nie ein Sicherheitsproblem bestünde. Vielmehr bauen sie auf der Einsicht auf, dass Staaten ein Interesse daran haben, das Sicherheitsproblem zu überwinden oder zumindest zu bearbeiten und dass dazu mehr als nur militärische Mittel genutzt werden können (Wallander et al. 1999, 3 ff.).

Diese Beständigkeit von Kooperation kann durch verschiedene Wirkmechanismen erreicht werden. Der einfachste davon ist Informationsgewinn. Durch die Schaffung einer gemeinsamen Institution – z. B. eines Vertrags mit Konsultationsmechanismus – treffen Akteure zusammen und können so Informationen über Motivationen, Politiken etc. der anderen Seite erhalten. Unsicherheit wird so teilweise reduziert – teilweise, weil die Möglichkeit der Nichterfüllung der Kooperationsabsicht bestehen bleibt. Verschiedene andere Mechanismen sind jedoch in der Lage, auch dieses Problem des Betrugs oder der Untreue – in spieltheoretischer Sprache (*game theory*) *cheating* genannt – zu bewältigen. So fand Robert Axelrod (1984, Kap. 1) heraus, dass der so genannte *shadow of the future* die Wahrscheinlichkeit von cheating verringert: Da bei wiederholtem Handeln die Wahrscheinlichkeit besteht, erneut auf dieselben Akteure zu treffen, würde unnötiges cheating zu einer Belastung zukünftiger Interaktionen führen, deren Kosten erhöhen und somit den eigenen Interessen zuwiderlaufen.[4] Ebenfalls besteht bei wiederholter Kooperation in Institutionen ein Transaktionskostenvorteil, da die Institution nicht jedes Mal wieder neu aufgebaut werden muss, wenn sie einmal geschaffen wurde – die Kosten für Zusammenarbeit sind *versunken* („*sunk costs*", Stinchcombe zitiert nach Keohane 1984, 102). Somit haben Institutionen langfristig das Potential, Kosten-Nutzen-Kalkulationen

4 Grundlage dieser theoretischen Spielmodelle ist häufig das sogenannte *Gefangenendilemma* (Axelrod 1984; Jervis 1978; Stein 1990).

der in ihr organisierten Akteure zu verändern. Mehr noch: Aus soziologischer Perspektive kann sich durch wiederholte Kooperation auch eine Kooperationsnorm entwickeln, die wiederum normkonformes Verhalten der Akteure fördert und nicht-normkonformes Verhalten sozial bestraft. Langfristig ist es so also denkbar, dass Staaten ihre Interessen zunehmend so formulieren, dass sie von vornherein kooperationskompatibel sind (Peters et al. 2012, 13 ff.; Wallander et al. 1999, 9 f.). Gerade mit Bezug zur deutschen Außenpolitik wurde eine derartige Erklärung ihres kooperativen und multilateral-integrativen Impetus über die vergangenen Jahrzehnte immer wieder vorgebracht (Hellmann 2007; Wallander 1999, 148 ff.).

2.1.2 Institutionen und Sicherheit

Es gibt eine offene Debatte zwischen Institutionalismus und Realismus über die Anwendungsfähigkeit des Institutionalismus auf Sicherheitsfragen. Während die institutionalistische Schule (auch unterstützt durch liberale Ansätze, s. Moravcsik 1997) die Auffassung vertritt, dass der Anwendung ihrer Theorie auch im Feld Sicherheit nichts Prinzipielles entgegensteht und sich viele Analysen von Sicherheitsphänomenen und Sicherheitsorganisationen des Institutionalismus bedienen (Dembinski und Hasenclever 2010; Wallander 1999), ist der Neorealismus der Auffassung, dass Kooperation im Feld Sicherheit zu unbeständig ist, vermeintlich institutionalistische Erklärungen in Wirklichkeit auf andere Faktoren zurückzuführen sind und Institutionen somit im Feld Sicherheit *epiphänomenal* seien, also keine oder nur eine marginale Relevanz hätten (s. Kap. 3.1).[5]

Die bedeutendste Kritik der Anwendbarkeit des Institutionalismus auf Sicherheit wurde von Mearsheimer geschrieben, dem wichtigsten Vertreter des (offensiven) Neorealismus. In seiner Brandschrift *The False Promise of International Institutions* vertritt Mearsheimer die Auffassung, dass der Institutionalismus lediglich auf Kooperationssituationen anwendbar sei, in denen zwei (oder mehr) Seiten gegenseitig kompatible Interessen haben. Dies sei gerade bei Fragen von Krieg und Frieden nicht der Fall, deren fundamentale Unsicherheitsbedingung sich nicht wie ökonomische Wechselbeziehungen institutionalisieren lasse. Cheating habe hier im Zweifelsfall

---

5 Wichtige Beiträge zur Debatte finden sich in *International Security* (Mearsheimer 1990; Hoffmann et al. 1990; Russett et al. 1990) oder bei Keohane (1986), Lebow und Risse-Kappen (1995), Wohlforth (1994).

die Konsequenz, die territoriale und politische Integrität eines Staates zu beenden bzw. ihn schlichtweg auszulöschen. Daher könne man in Sicherheitsbeziehungen nicht das Problem relativer Gewinne bzw. relativer Machtkalkulationen ausblenden. Findet Kooperation in Sicherheits- und Kriegsfragen statt, seien Machtbeziehungen und relative Gewinne stets ausschlaggebend (s. Kap. 3.1). Von einer Relevanz von Institutionen könne nur dann gesprochen werden, wenn Staaten eine Politik betrieben, bei denen sie relative Gewinne missachteten oder wenn Institutionen trotz relativer Machtprobleme erfolgreich seien. Für beides gäbe es nur schwache empirische Befunde (Mearsheimer 1994, 14 ff.).

Mearsheimers Fundamentalopposition wurde von verschiedenen Seiten kritisiert. Bereits früher hat Keohane darauf hingewiesen, dass Institutionen die Befolgung von gemeinsamen Entscheidungen als soziale, normative Verhaltenserwartung hervorrufen. Außerdem sei es unlogisch für Staaten, sich einer Institution anzuschließen und die Interessen, deren Erreichung zur Gründung der Institution geführt haben, dann nicht zu verfolgen (Keohane 1984, 98 ff.). Sozialisations-, Identitäts- und Normbefolgungsargumente wurden danach vielfach von Konstruktivist*innen empirisch analysiert (Lebow und Risse-Kappen 1995; Katzenstein 1996), gerade auch mit Bezug zur NATO (Behnke 2000; Risse-Kappen 1996) oder zu den Außenpolitiken ihrer Mitgliedstaaten (Duffield 1999; Hemmer und Katzenstein 2002; Ostermann 2019b). Gewissermaßen als Antwort auf Mearsheimer formulieren Haftendorn, Keohane und Wallander (1999) in *Imperfect Unions – Security Institutions over Time and Space*, wie der Einfluss einer Sicherheitsinstitution gemessen werden kann:

1. Feststellen der normativen Gemeinsamkeiten;
2. Spezifizität von Normen und internen Regeln, die Kooperation steuern;
3. funktionale Differenzierung von Aufgaben zwischen Mitgliedern, durch die gegenseitige Abhängigkeitsverhältnisse entstehen (Wallander und Keohane 1999, 24 ff.).

So argumentieren McCalla (1996, 456 ff.), Wallander und Keohane (1999, 41 ff.) sowie Tuschhoff (1999) mit Bezug zur NATO, dass ein zunehmender Institutionalisierungsgrad, normative Konvergenz, die Existenz von klaren Verhaltensregeln und funktionale Vielfalt sowie Anpassungsfähigkeit maßgeblich für das Fortbestehen der Allianz und ihren politischen Erfolg, Sicherheit und Verteidigung im nordatlantischen Raum zu organisieren, gesorgt haben. Wallander (1999, 19 ff.) weist zudem darauf hin, dass Interaktionen zwischen Staaten sowohl aus machtbezogenen als auch kompatiblen Interessen bestehen können – beide können in Institutionen bearbeitet werden. Ungeachtet der immer wieder offen zutage tretenden Meinungsverschiedenheiten zwischen den beiden Seiten des Atlantiks hat die NATO ihre Fähigkeit zu dieser Konfliktbearbeitung bisher meist unter Beweis gestellt.

2.1.3 Institutioneller Wandel und die NATO

Die NATO hat sich seit ihrer Gründung im Jahr 1949 fundamental verändert. Dies drückt sich nicht nur im Wandel ihrer Mitgliederstruktur aus, sondern auch in den Machtverhältnissen innerhalb der Allianz, vor allem aber in der Verschiebung ihres Aufgabenspektrums von kollektiver Verteidigung gegen die UdSSR hin zu kollektivem Sicherheitshandeln im Namen der Weltgemeinschaft/ UN und seit 2014 (russische Kriminvasion) sowie 2022 (russischer Krieg in der Ukraine) wieder zurück Richtung Verteidigung. Wie konnte eine Allianz, die sich erfolgreich verteidigt und ihren Gegner 1991 verloren hat, diesen Wandel überleben, ohne sich aufzulösen oder ineffektiv zu werden, wie es realistische Allianztheorie vorhersagt? Institutionalist*innen argumentieren, dass der einzigartig hohe Institutionalisierungsgrad der Atlantischen Allianz, die Existenz von Regeln sowie ihre normativ-ideologischen Gemeinsamkeiten die Transformationsfähigkeit der NATO erklären (s. auch Kap. 6, Konstruktivismus). Tuschhoff (1999, 146 ff.) unterstreicht, dass trotz der Macht der USA eine Machtverschiebung zugunsten Europas stattgefunden hat, weil sie durch die integrierte Militärstruktur sowie die Beteiligung an gemeinsamen Missionen Einfluss auf Politiken der USA gewannen (s. auch Smith 2023).

Diese Erkenntnis hebt gleichzeitig Keohanes (1984, Kap. 6) früheres Argument hervor, dass Akteure innerhalb einer Institution an ihr festhalten, wenn sie die Interessen des Akteurs repräsentiert, auch wenn diese sich in der Zwischenzeit gewandelt haben mögen. Wegen der hohen Kosten, die mit der Initiierung einer neuen Institution verbunden sind, ist es zudem u. U. sinnvoll, eine Institution zu erhalten und anzupassen, anstelle eine neue aufzusetzen (s. auch Peters et al. 2012, 11 f.). Auch in Zeiten geringeren institutionellen *Ertrags* fallen zudem nicht die Informationsvorteile und der Aspekt der geringeren Transaktionskosten weg. Ein psychologischer Grund für den Erhalt einer Institution kann zudem die Bevorzugung von Stabilität gegenüber Unsicherheit sein (ibid., 100 ff.). Damit deutet Keohane das in der Organisationstheorie entwickelte und im Institutionalismus übernommene Argument der Pfadabhängigkeit (*path dependency*) an (Keohane 1989, 169f.; March und Olsen 1984, 745). Pfadabhängigkeit bedeutet, dass einmal Geschaffenes die Tendenz hat, entweder zukünftige Lösungswege vorzugeben – z. B. eher kooperative Lösungen als konfrontative – und sich selbst nicht abschaffen zu wollen. Somit muss man internationale Organisationen auch als Bürokratien verstehen, in denen internationale Beamt*innen ein Eigeninteresse am Fortbestand ihres Wirkens haben und u. U. unabhängig von politischen Vorgaben[6] oder Krisen handeln (Barnett und Finnemore 2004; March und Olsen 1989; McCalla 1996, 456ff.). Je höher der Institutionalisierungsgrad, desto größer ist auch die Wahrscheinlichkeit, dass eine Organisation Krisen und weltpolitische Wandelprozesse, wie das Ende des Kalten Krieges, überleben können und dabei ihre Aufgaben verändern (s. Kap. 5).

Diese theoretischen Überlegungen zum Institutionalismus zeigen, dass seine Anwendung auf Sicherheitsorganisationen keinesfalls so abwegig ist, wie Mearsheimer impliziert. Wenngleich seine Kritikpunkte, vor allem mit Blick auf das Problem relativer versus absoluter Machtgewinne, Grund zum Nachdenken geben und zu einer vorsichtigen Analyse von politischen Interessenlagen und Konfliktdynamiken anhalten, so erscheint eine institutionalistische Perspektive zumindest als *eine* valide Betrachtungsweise der NATO *unter anderen.* Ökonomisch inspirierte, rationalistisch geprägte Konzepte zu Kostenvorteilen und absoluten Gewinnen durch Kooperation sowie zur Regelbefolgung sind ein fundiertes Gerüst zum Begreifen von Vorgängen in Sicherheitsinstitutionen. Bei der folgenden Befassung mit der NATO als Organisation können uns diese theoretischen Überlegungen hilfreich sein.

2.2 Verträge und Erweiterungen

2.2.1 Gründungsmitglieder: Brüsseler Vertrag 1948 und Nordatlantikpakt 1949

Von Jalta und Berlin nach Brüssel

Nach dem Ende des Zweiten Weltkriegs wurde den westlichen Siegermächten und den Verantwortlichen der von ihnen befreiten Staaten schnell

6 S. dazu die *Principal-Agent Theory* (Jensen und Meckling 1976).

klar, dass die gemeinsamen Absprachen über die europäische Nachkriegsordnung und Kooperation in den neuen Vereinten Nationen, die in Jalta zwischen der UdSSR, den USA und dem Vereinigten Königreich ausgehandelt wurden, keinen Bestand haben würden (Deni 2024, 210 f.). Die Sowjetunion verfolgte angesichts eines schwachen Westeuropas eine Expansions- und Annexionsstrategie und mischte sich in die internen Prozesse anderer Staaten, z. B. Bulgariens, Polens, Rumäniens oder der Tschechoslowakei, offensiv oder subversiv ein (Harbutt 2010; Schöllgen 2013a, 250 ff.; von Gersdorff 2009, 74 f.). Durch das Verlassen des Alliierten Kontrollrats Anfang 1948 bildete sich ein westlich-liberales und ein östlich-kommunistisches Lager (ibid., 92 ff.). Dass die politische Ideologie als fundamentaler Unterschied zwischen den beiden Lagern angesehen wurde, wurde am besten durch das *Long Telegram* illustriert, die Fundamentalkritik des politischen und gesellschaftlichen Systems der Sowjetunion durch den amerikanischen Diplomaten George F. Kennan (1946). In seinem langen, analytischen Telegramm an den damaligen amerikanischen Außenminister identifizierte Kennan den sowjetischen Expansionismus als Hauptgefahr für die freie, westlich geprägte Welt.[7] So nahm die Politik des Containment, der militärischen, ökonomischen und politisch-ideologischen Eingrenzung der Sowjetunion, ihren Lauf. Die Blöcke des Kalten Krieges begannen, sich zu konstituieren (Combs 2012, 210 ff.; Czempiel und Witzel 1998; Welch Larson 1985). Die Teilung Europas wurde durch die Gründung der westgebundenen Bundesrepublik Deutschland am 23. Mai 1949 und der Deutschen Demokratischen Republik als Satellitenstaat der Sowjetunion am 7. Oktober 1949 besiegelt.

In Anbetracht der wahrgenommenen Gefahr von Osten, verdeutlicht durch den Staatsstreich der Kommunistischen Partei in der Tschechoslowakei im Februar 1948, wurde am 17. März 1948 von Belgien, Frankreich, Irland, den Niederlanden und dem Vereinigten Königreich der *Brüsseler Vertrag* unterzeichnet, der die *Westunion* begründete (Kaplan 1984, 63 f.). Das Abkommen sah sowohl Aspekte der wirtschaftlichen, sozialen und kulturellen Kooperation als auch der kollektiven Selbstverteidigung vor, wobei letztere in Anbetracht der politischen Ereignisse zunehmend im Zentrum der Verhandlungen standen (Grosser 1986, 95 ff.; Georgantzis 1998, 27 ff.; von Gersdorff 2009, 94 ff.). Dazu bestimmt Art. 4 unter Verweis auf Art. 51 der UN-Charta (Recht auf individuelle und kollektive Selbstverteidigung,

7 Diese Einschätzung beruhte durchaus auf Gegenseitigkeit, wie von Gersdorff (2009, 73) berichtet.

United Nations 2013), dass ein angegriffener Unterzeichnerstaat „alle militärische und andere Hilfe und Unterstützung“ (NATO o. J.-a) der anderen Staaten erhalten soll.[8] Somit ist die Formulierung bereits nah an die späteren Ausführungen des Nordatlantikvertrags angelehnt, implizierte jedoch im Gegensatz zu letzterem einen Automatismus (Georgantzis 1998, 29; Raflik 2011, 212). Der Wille zur Schaffung eines langfristigen Bündnisses spiegelte sich in der 50-jährigen Vertragslaufzeit wider (Art. 9, s. auch Grosser 1986). Im September 1948 richteten die Brüsseler Vertragsstaaten ein eigenes Hauptquartier in Fontainebleau bei Paris, einen Ministerrat und einen Rat der militärischen Stabschefs ein, die als Vorbild für die NATO-Strukturen dienten (Georgantzis 1998, 29; Ismay 1955, Kap. 1; Kaplan 1984, 102).

Im Verlauf der kommenden Monate hatte sich die politische Lage in Europa so verschlechtert, dass immer deutlicher wurde, dass eine gemeinsame kollektive Verteidigungslösung mit den USA erarbeitet werden musste, um sich gegen sowjetische Einmischung, Expansion und Machtgebaren (s. Exkurs *Berlin-Krise(n)* Kap. 3) zu wehren (Grosser 1986, 96; Schöllgen 2013b, 24 ff.). Diese Aktionen machten klar, dass der UdSSR nicht an einer gemeinsamen Neuorganisation von Europa gelegen war. Vielen Verantwortlichen, allen voran US-Präsident Truman, war daher bewusst, dass der vom Krieg zerstörte Kontinent weiterhin starke Partner nötig hatte, um sich gegenüber der Sowjetunion zu behaupten (Combs 2012, 210 ff.; Kaplan 1984, 65 ff.).[9] Durch das Europäische Wiederaufbauprogramm – den Marshall-Plan – unterstützten die USA seit April 1948 zwar schon massiv die westeuropäischen Wirtschaften, aber es setzte sich die Einsicht durch, dass dies nicht reichen würde, um den Frieden zu sichern. Letztlich ging es den US-Amerikaner*innen auch darum, dass die europäischen Staaten in Anbetracht der Nähe zu Russland und seiner militärischen Präsenz in Westeuropa nicht ein kommunistisches *rapprochement* eingehen würden. So wurde die *Truman-Doktrin* geboren, die allen demokratischen Staaten Unterstützung gegen innere und äußere Feinde zusicherte (Combs 2012, 210 ff.; Kaplan 1984, 49 ff.; von Gersdorff 2009; Schöllgen 2013b, 24). Der republikanische US-Senator Arthur H. Vandenberg und der kanadische Außen- und spätere

---

8 Selbstverteidigung und eine durch den UN-Sicherheitsrat genehmigte Maßnahme zur Wiederherstellung von Frieden und Sicherheit sind die einzigen beiden Ausnahmen vom Gewaltverbot der UN-Charta.

9 Lord Ismay schreibt unmissverständlich, dass „es nichts Anderes gab, außer den amerikanischen Besitz der Atombombe, um die Sowjets abzuschrecken, Westeuropa zu überrennen“ (Ismay 1955, 7).

Premierminister Louis Saint Laurent brachten schließlich erfolgreich Resolutionen in ihren Parlamenten ein, die den Startschuss zu Verhandlungen für eine Sicherheits- und Verteidigungsallianz markierten. Die USA traten aus militärischen Gründen außerdem dafür ein, dass die Allianz nicht nur die Brüsseler Vertragsstaaten und sich selbst umfassen sollte, sondern auch Kanada sowie die weiteren NATO-Gründungsmitglieder, um territoriale und somit auch im Angriffsfall logistische Kontinuität herzustellen. Frankreich wollte durch die Einbeziehung Italiens die Südflanke der Allianz bedacht wissen. Es dauerte daher eine Weile, bis man sich auf den genauen Zuschnitt des Bündnisses geeinigt hatte (Kaplan 1984, 42, 70 ff.; Ismay 1955, Kap. 1; von Gersdorff 2009).

Der Nordatlantikvertrag von 1949: Die Gründung der NATO

Unter dem Eindruck einer immer noch andauernden Berlin-Blockade (bis 12. Mai 1949) und sowjetischer Gegendiplomatie (Kaplan 1984, 96) wurden die Verhandlungen für einen transatlantischen Pakt fortgesetzt. Die NATO wurde schließlich am 4. April 1949 in Washington D.C. mit der Unterzeichnung des *Nordatlantikvertrags* – auch *Washingtoner Vertrag* genannt – durch Belgien, Dänemark, Frankreich, Island, Italien, Luxemburg, Kanada, die Niederlande, Norwegen, Portugal, das Vereinigte Königreich und die USA gegründet. In der Präambel verpflichten sich die Unterzeichner sowohl auf die Prinzipien der UN, darunter das Ziel der friedlichen Konfliktbeilegung, als auch auf die „Grundsätze[n] der Demokratie, der Freiheit der Person und der Herrschaft des Rechts" (NATO 1949a).[10] Damit wird gleich zu Beginn deutlich, dass das Wertefundament der Atlantischen Allianz und der Unterzeichnerstaaten demokratisch-liberal geprägt ist. Ohne jemals die UdSSR direkt zu erwähnen positioniert sich der Nordatlantikvertrag klar gegen das gesellschaftliche und politische System des kommunistischen Feindes im Osten, ganz im Sinne von Kennans *Long Telegram*. Die Staaten bekennen sich des Weiteren zu einer friedlichen Konfliktbeilegung (Art. 1) sowie zur Intensivierung ihrer wirtschaftlichen Zusammenarbeit (Art. 2, s. von Gersdorff 2009, 396 ff., 407 ff.). Der Vertrag spricht ebenfalls gegenseitige

10 Artikelnennungen beziehen sich stets auf den angegebenen Nordatlantikvertrag. Portugal unter Salazar war keine Demokratie, aber die Bedeutung der Azoren als Militärbasis im Atlantik wurde als zu wichtig angesehen, um es außen vor zu lassen. Des Weiteren bestand der Eindruck, dass Portugal nicht totalitär sei (Kaplan 1984, 109 f.; von Gersdorff 2009, 124, 362 ff.).

Kooperation und Unterstützung beim Aufbau von Verteidigungskapazitäten (Art. 3) als notwendige Bedingung einer gemeinsamen Verteidigung an.

Als Kern des Vertrags gilt Art. 5. Dieser führt unmissverständlich aus, dass

> „Die Parteien vereinbaren, daß ein bewaffneter Angriff gegen eine oder mehrere von ihnen in Europa oder Nordamerika als ein Angriff gegen sie alle angesehen werden wird; sie vereinbaren daher, daß im Falle eines solchen bewaffneten Angriffs jede von ihnen in Ausübung des in Artikel 51 der Satzung der Vereinten Nationen anerkannten Rechts der individuellen oder kollektiven Selbstverteidigung der Partei oder den Parteien, die angegriffen werden, Beistand leistet, indem jede von ihnen unverzüglich für sich und im Zusammenwirken mit den anderen Parteien die Maßnahmen, einschließlich der Anwendung von Waffengewalt, trifft, die sie für erforderlich erachtet, um die Sicherheit des nordatlantischen Gebiets wiederherzustellen und zu erhalten. [...]“ (NATO 1949a, Artikel 5)

Dieser Artikel beinhaltet zwei deutliche Formulierungen: zum einen die Formel, dass ein Angriff auf ein Mitglied als ein Angriff auf alle Mitglieder zu zählen ist und zum anderen die Verpflichtung zum militärischen Beistand. Gleichwie ist dies nicht als Beistandsautomatismus misszuverstehen (Grosser 1986, 96 f.; von Gersdorff 2009, 436 ff.; Sloan 2024, 213 f.). Der Antrag auf Ausrufung des Bündnisfalls bedarf des einstimmigen Votums der Mitglieder. Seine Akzeptanz prä*judiziert* nicht die automatische Entsendung von Truppen (Georgantzis 1998, 31; Raflik 2011, 210). Er *impliziert* jedoch indirekt genau das (Kaplan 1984, 26). Staaten entscheiden in Übereinstimmung mit ihren verfassungsgemäßen Bestimmungen über die konkrete Art der Reaktion und Form der Hilfe (ibid., 84 ff., 113 ff.). Lord Ismay (1955, Kap. 2) weist zudem darauf hin, dass schon in den Verhandlungen klar war, dass Alliierte unterschiedliche (militärische, wirtschaftliche, logistische) Beiträge zur „gegenseitigen Unterstützung“ (Art. 3) leisten würden, je nach ihren eigenen ökonomischen Fähigkeiten und geografischen Gegebenheiten. Art. 9 führt weiter aus, dass Entscheidungen eines Rats bedürfen, der später den Namen *Nordatlantikrat* (NAC) erhielt und seit 1952 wöchentlich tagt – i. d. R. auf Botschafter/ Permanente Repräsentanten-Niveau sowie zweimal jährlich mit Außenministern, dreimal mit Verteidigungsministern und bei Bedarf (i. d. R. einmal jährlich als Gipfeltreffen) mit den Staats- und Regierungschefs

(NATO 2024g).[11] Obgleich kürzer als beim Brüsseler Vertrag (s. Kaplan 1984, 118 f.), legt Art. 13 eine mindestens zwanzigjährige Vertragsdauer fest.

Mit der Unterzeichnung des Nordatlantikvertrags konstituierte sich somit vier Jahre nach dem Ende des Zweiten Weltkriegs eine neue europäische Sicherheitsordnung. Im westlichen Block waren die demokratisch-liberalen Staaten vereinigt, während die Länder des Ostblocks vor allem kommunistisch geprägt waren, der Sowjetunion angehörten oder ihre abhängigen Satellitenstaaten waren. Diese Blockbildung sollte bis zur Zeitenwende 1989-1991 eine der bestimmenden Größen der Weltpolitik sein und auch Konflikte in anderen Teilen der Welt durch den ideologischen Gegensatz der beiden Blöcke und ihren Kampf um eine jeweilige Vormachtstellung beeinflussen. Seit 2014 und vor allem 2022 können wir wieder eine deutliche Blockbildung im transatlantischen Raum erkennen, diesem Mal jedoch aufgrund der Ereignisse seit 1989 mit anderen Blockzugehörigkeiten sowie einem Gegensatz zwischen westlich geprägten Demokratien und (vor allem russischer) Autokratie (s. auch Walt 2023).

Bald nach der Unterzeichnung wurde den Vertragsstaaten jedoch bewusst, dass zur Erreichung des Vertragszwecks ein vertraglich vorgesehener gemeinsamer Rat und Verteidigungsausschuss nicht ausreichen würden und weitere Integrationsschritte gegangen werden mussten. Das Jahr 1950 stand somit am Beginn des Aufbaus gemeinsamer Planungs-, Trainings- und Kommandostrukturen der Allianz, die vorsahen, dass die Staaten ihre Truppen unter das Kommando international bestimmter Militärs stellten. Lord Ismay erklärt, dass „diese Allianzprinzipien niemals in der Geschichte zu Friedenszeiten auf so eine Stufe gebracht wurden“ (Ismay 1955, 14). Mindestens genauso zentral war aber die Organisation der Militärhilfe und die Erstellung von Plänen zum Aufbau der nationalen Armeen (Kaplan 1984, Kap. 7; von Gersdorff 2009, 229 ff.).

Bereits seit Ende 1949 liefen amerikanische Waffenlieferungen für europäische Vertragsstaaten, um die Verteidigungsfähigkeit der Alliierten zu erhöhen. Auf seinem ersten Zusammentreffen am 17. September 1949 beschloss der NAC zudem die Einrichtung eines Verteidigungskomitees, eines Militärkomitees, regionaler Verteidigungsplanungsgruppen und einer *Standing Group* der Vertreter der Stabschefs von Frankreich, Großbritannien und der USA, die permanent in Washington angesiedelt war. Die

11 Die Bestimmungen führen des Weiteren aus, dass der NAC unabhängig von der zusammentretenden Formation stets die gleichen Beschlussrechte hat (NATO 2024g).

Gründung weiterer technischer Komitees folgte, die in London angesiedelt wurden. Diese Schritte führten zum ersten Strategischen Konzept von 1949 (s. Kap. 3.2) und Aktivitäten zur Bestandsaufnahme von Verteidigungsausgaben sowie Ressourcenmanagement. Da dieser dezentrale Prozess sehr schleppend lief, beschlossen die Alliierten bald, ein permanentes ziviles Hauptquartier einzurichten, in dem die Aktivitäten durch politische Vertreter besser koordiniert werden sollten (Kaplan 1984, 139 ff.). Dies geschah mit einem Gefühl der Dringlichkeit, da die russischen Kräfte östlich der Elbe weit stärker und einheitlicher organisiert waren, als die der Alliierten, bei denen nicht einmal eine Verteidigungslinie an der deutsch-deutschen Grenze bestand (ibid., 142 f.; ähnlich Ismay 1955, Kap. 3).

Der Ausbruch des Koreakriegs am 25. Juni 1950 hatte zwei Effekte auf die NATO: Zum einen zeigte er durch die Intervention der USA und anderer Alliierter zugunsten Südkoreas, dass liberale Staaten füreinander einstehen konnten. Die *Vertrauenssache Artikel 5* erhielt somit indirekt Substanz. Zum anderen bestätigte der Angriff Nordkoreas die Gefahr, die von einem nicht-eingegrenzten Kommunismus ausging. Ein Dominoeffekt wurde gefürchtet, der Pläne zum Aufbau der gemeinsamen Verteidigung beschleunigte (Kaplan 1984, 145 ff., 150 ff.; Schöllgen 2013b, 35 f.). Der NAC beschloss daher, dass eine integrierte Kommandostruktur unter einem gemeinsamen Truppenkommandeur geschaffen werden sollte, um einer möglichen sowjetischen Aggression besser begegnen zu können.

Als erster gemeinsamer Kommandeur – den *Supreme Allied Commander Europe*, oder SACEUR – wurde der hoch-dekorierte US-Armeegeneral und Oberbefehlshaber der Befreiung Europas, Dwight D. Eisenhower bestimmt, der den Respekt aller Alliierten genoss[12] und am 2. April 1951 sein Amt antrat. Eisenhower erhielt daraufhin den Oberbefehl über alliierte Einheiten in Europa, z. B. auch der drei französischen Divisionen in Deutschland (Ismay 1955, Kap. 4), und baute in der Folge das neue militärische NATO-Hauptquartier zuerst in Paris und dann in Versailles auf, das *Supreme Headquarters Allied Powers Europe* (SHAPE).

Mit der Etablierung von SHAPE nahm die Institutionalisierung der NATO als Militärallianz ihren Lauf. Sie wurde über die Jahre mit einer Intensität durchgeführt, die in der modernen Militärgeschichte ihres Gleichen sucht.

12 Alfred Grosser (1986, 110) schreibt, dass Eisenhower als „Befreier Frankreichs“ verehrt wurde.

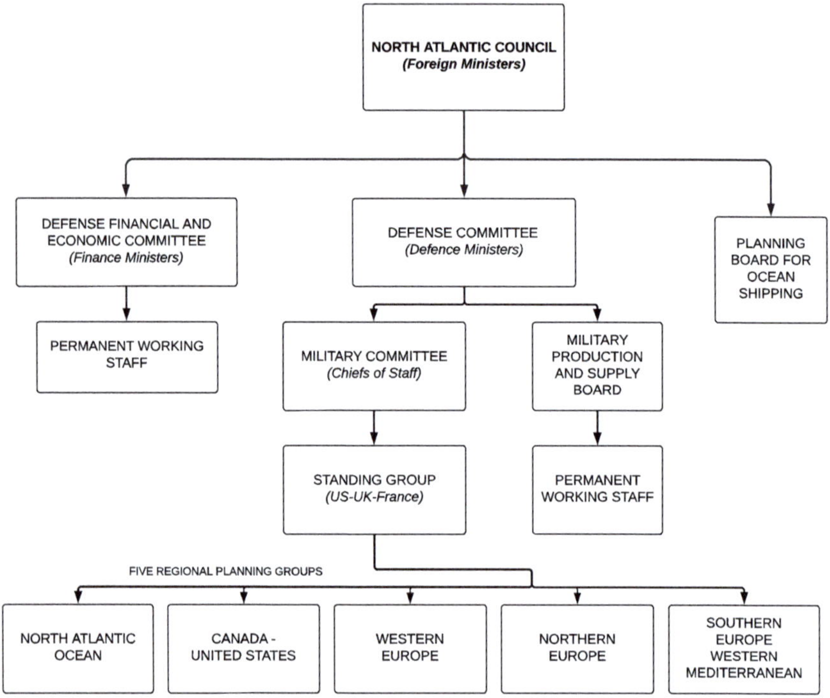

Abbildung 1: NATO-Strukturen 1950 (Quelle: Pedlow 1997, eigene Darstellung)

Kapitel 2.3 wird sich hiermit genauer befassen, während wir uns jetzt zunächst der weiteren Mitgliederentwicklung der NATO widmen.

2.2.2 Beitritte in den 1950ern: Griechenland, Türkei, Deutschland und die Pariser Verträge 1954/55: Kampf dem Kommunismus

Die bereits während der Gründung der NATO geführten Diskussionen zum Umfang der Mitgliedschaft (s. von Gersdorff 2009, 326 ff.) wurden auch nach der Aufnahme der täglichen Arbeit durch das Bündnis fortgesetzt. Verhandlungen ab 1951 führten zum Beitritt Griechenlands und der Türkei am 18. Februar 1952, um so die antikommunistische Zone in Europa auszuweiten. Die USA hatten den beiden Ländern bereits in den 1940er Jahren wirtschaftliche und militärische Unterstützung zukommen lassen, um sie an den Westen zu binden, sodass der NATO-Beitritt eine logische Konsequenz war, um die Südflanke der Allianz militärisch und politisch abzusichern (Brenner 2017, 20ff.; CSIA European Security Working Group 1978; İldem 2024, 260f.; McGhee 1990; Moustakis 2003, 48ff., 64). Diese Beitritte waren also stark strategisch motiviert, sodass über die demokratischen Schwächen der griechischen und türkischen Politik hinweggesehen wurde, jedoch nicht ohne Konflikte darüber in der Allianz auszulösen (Bunde 2023, 72). Verschiedene bilaterale Abkommen der USA mit Alliierten sorgten zudem für eine erhöhte und konsolidierte Truppenpräsenz der US-Amerikaner*innen. 1952 waren so bereits 400.000 US-amerikanische Soldat*innen in Europa stationiert und auch Kanada entsandte Truppen (Ismay 1955, Kap. 5).

Um die Koordination in den NATO-Strukturen weiter zu verbessern, wurden die verschiedenen Komitees unter der Ägide des Nordatlantikrats neu organisiert, sodass seit Mai 1951 der Rat auch die Verteidigungs- und Finanzminister sowie bei Bedarf weitere Vertreter einschloss. Die Permanenten Stellvertreter/ Botschafter wurden das Rückgrat der zivilen Organisationsstruktur (Ismay 1955, 41). Ein wichtiger Beschluss war, die zivilen Komitees der NATO alle in Paris zusammenzubringen und unter die Führung eines Generalsekretärs zu stellen, der die Geschicke der Allianz leiten sollte. So stellt der spätere erste Generalsekretär Ismay dann auch fest, dass der bis dahin größte Erfolg der NATO zu der Zeit nicht militärischer Natur war, sondern darin lag, die „NATO-Methode" zu entwickeln, „eine Technik, nach der die Repräsentanten der zwölf (später vierzehn) souveränen Regierungen einstimmige Einigkeit erreichten, ohne formal abzustimmen" (Ismay 1955, 48).[13] Bereits auf dem ersten Pariser Nordatlantikrat am 28. April 1952 wurde ein neuer Oberbefehlshaber bestimmt, da Eisenhower sich für eine US-Präsidentschaftskandidatur interessierte, und die Regel eingeführt, dass dies stets ein US-amerikanischer General/ Admiral sein sollte. Man entschied sich auch für eine Doppelstruktur aus formellen und informellen Zusammenkünften des nun permanenten Rats, um verschiedene Arten vertraulicher Kommunikation und der Entscheidungsvorbereitung zu etablieren bzw. um sich über Fragen allgemeiner Natur auszutauschen. Später sollte Informalität eine wichtige Rolle bei der Lösung komplexer Probleme der Allianz spielen, z. B. im International Staff (Mayer und Theiler 2014).

13 Ismay (1955, 62) berichtet, dass am 1. Juli 1954 189 Offiziere im militärischen Bereich ihren Dienst taten und 596 Zivilist*innen den International Staff bildeten.

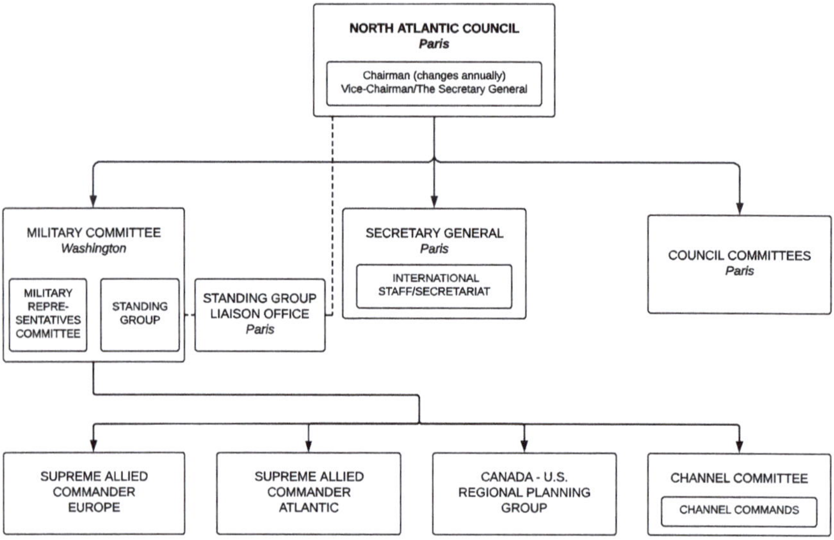

Abbildung 2: NATO-Strukturen nach April 1952 (Quelle: Pedlow 1997, eigene Darstellung)

Problematisch war in den 1950er Jahren vor allem die Einbeziehung Deutschlands in die Verteidigungsplanungen. Die Gründung einer Europäischen Verteidigungsgemeinschaft (EVG) mit neuen, vollintegrierten deutschen Kräften scheiterte am Widerstand Frankreichs. Als Alternativlösung wurde Deutschland am 6. Mai 1955 in die NATO aufgenommen, nachdem Großbritannien und die USA weitere Sicherheitsgarantien für Europa abgegeben hatten. So konnte Deutschland an der Verteidigung Westeuropas, die auf seinem Territorium erfolgen musste, beteiligt werden, aber verblieb gleichzeitig unter Kontrolle (s. ausführlich Kap. 3.3). In den folgenden Jahren baute die NATO sowohl die Anzahl verfügbarer Streitkräfte als auch die militärische Infrastruktur (Kommunikation, Luftwaffenbasen, Pipelines), die für die gemeinsame Verteidigung benötigt wurde, stark aus (Kaplan 1984, 170 ff.).

Durch den Beitritt der BRD zur NATO und WEU wurde das Grundproblem der Verteidigung Westeuropas mit/ohne Deutschland gelöst und die BRD fest im Westen verankert, was der politischen Mehrheitsmeinung entsprach. Gleichzeitig wurde so die Teilung Deutschlands und Europas zementiert (Kaplan 1984, 173). Die Unterzeichnung der Pariser Verträge und der Beitritt der BRD zur NATO waren auch der Anlass, dass im Osten am 14. Mai 1955 der Warschauer Pakt zwischen der Sowjetunion und Albanien, Bulgarien, der Tschechoslowakei, Ungarn, Polen und Rumänien gegründet wurde (Schöllgen 2013b, 56 f.). Der Verteidigungspakt schuf ein vereintes Oberkommando aller Streitkräfte unter sowjetischer Führung. Die *Breschnew-Doktrin*, benannt nach dem damaligen Generalsekretär der Kommunistischen Partei der Sowjetunion, sah für die Ostblockstaaten nur noch eine beschränkte Souveränität vor (Dembinski 2013).

2.2.3 Die späteren Erweiterungen seit 1982

Zu Zeiten des Kalten Kriegs erfuhr die Mitgliederstruktur der NATO kaum eine Veränderung und auch der Warschauer Pakt blieb mit Ausnahme des Austritts Albaniens im Jahr 1968 (Protest gegen den Einsatz von Warschauer Pakt-Truppen im Prager Frühling, s. bpb 2016) ebenfalls stabil. Frankreich war von 1966/67 bis 2009 nicht Teil der integrierten Militärstruktur, da es seine Unabhängigkeit wahren wollte (s. Exkurs Kap. 3), blieb aber aktives Mitglied. 1982 trat Spanien bei, nachdem es nach dem Tod Francos unter König Juan Carlos I. wieder zu einer parlamentarischen Monarchie wurde. So endete die iberische Spaltung der NATO und es entstand territoriale Kontinuität von der amerikanischen Seite des Atlantiks nach Europa bis ans Mittelmeer und die Ostgrenze der Türkei, der nur die Balkanstaaten mit Ausnahme Griechenlands nicht angehörten. Portugal, Mitglied seit 1949, wurde zwischen 1974 und 1976 durch die *Nelkenrevolution* wieder ein demokratischer Staat. Auch in Griechenland begann mit dem Ende der siebenjährigen Militärdiktatur der Junta in 1974 eine Stabilisierung demokratischer Strukturen, während der letzte Militärputsch in der Türkei (vor dem erfolglosen von 2016) nach einer zweijährigen Militärherrschaft 1982 in einem demokratischen System endete.

Das Ende des Kalten Krieges nach der deutschen Wiedervereinigung 1989/90 sowie dem Zusammenbruch der Sowjetunion 1991 stellte per dato das einschneidendste Ereignis der Geschichte der NATO dar, da der Feind aufhörte zu existieren. Die Allianz setzte daraufhin einen tiefgreifenden Transformationsprozess um (s. Kap. 4, 5). In vielen der ehemaligen Sowjet- und Warschauer Paktstaaten gab es nach den Revolutionen um 1990 klare politische Mehrheiten, die eine Anbindung an die westlichen Institutionen suchte, denen sie sich kulturell und wertebasiert verbunden fühlten (Alamir und Pradetto 1998). Dies geschah nicht zuletzt aufgrund der Unterdrückung demokratischer Prozesse während der UdSSR-Zeit. Daher dauerte es nicht lange, bis viele Staaten Beitrittsgesuche zur NATO (und für Wirtschaftsfragen zur EU) stellten, um sich den Beistand der Allianz – und der USA als einzig verbliebener Supermacht – zu sichern und nie wieder in eine Abhängigkeits- und Unterdrückungssituation wie vor 1989/90 zu geraten (ibid., s. ausführlich Kap. 4.2). Die Beitritte erfolgten in drei Etappen. Am 12. März 1999 wurden die Tschechische Republik, Ungarn und Polen Mitglieder. Am 29. März 2004 (Prag-Gipfel) folgten Bulgarien, Estland, Lettland, Litauen, Rumänien, die Slowakei und Slowenien (NATO 2024m). Nach dieser größten Beitrittswelle der Allianz waren somit alle Warschauer Pakt-Staaten mit Ausnahme Albaniens (Beitritt 2009) und drei Staaten der ehemaligen Sowjetunion Mitglieder der NATO, sodass es nun 26 Bündnisstaaten gab. Mit den Demokratisierungswellen in Südeuropa (1970er) und in mittel- und Osteuropa (1990er) bekam auch das liberale Wertefundament des Bündnisses erneute Bedeutung.

Zwischen 2004 und 2020 gab es noch fünf weitere Beitritte bzw. Beitrittswellen. 2009 wurden zeitgleich Albanien und Kroatien aufgenommen. Nach Slowenien war Kroatien somit bereits die zweite ehemalige jugoslawische Teilrepublik, die sich der NATO angeschlossen hatte. Montenegro und Nordmazedonien[14] traten der Atlantischen Allianz 2017 bzw. 2020 bei. So wurde die Adria zu einem NATO-Binnenmeer (NATO o. J.-d).

Im Zuge des russischen Angriffskriegs gilt dasselbe im Grunde für die Ostsee. Durch den Krieg überdachten Finnland und Schweden ihre trotz des 1995er EU-Beitritts immer noch im Wesentlichen neutralen, eigenständigen Verteidigungspolitiken (Forsberg et al. 2022, Lawrence et al. 2024, 4). Nach kurzen nationalen Debatten entschlossen sich beide Staaten schnell für ein Beitrittsgesuch zur Allianz im Mai 2022. Nach einigen Querelen mit der Türkei und Ungarn (s. Kap. 4.5.3) nebst breiter Unterstützung durch alle anderen Alliierten traten Finnland im März 2023 und Schweden im April 2024 bei. Somit änderten diese zwei Staaten der transatlantischen Sicherheitsgemeinschaft die Dualität ihrer Politik von enger Kooperation mit dem Bündnis ohne Beitritt hin zu einer Vollmitgliedschaft, um mit der gemeinsamen Stärke der Allianz – und ihren eigenen, wegen der langen verteidigungspolitischen Eigenständigkeit fähig aufgestellten Armeen – Russland zu begegnen.

Mit ihren 32 Mitgliedern und ihrer mehr als 75-jährigen Geschichte ist die Nordatlantikvertragsorganisation die größte und beständigste multilaterale Militärallianz der Welt. Ihr Auftrag hat sich über die Jahre gewandelt (mehr

---

14 Bis 2019 wegen Namensstreitigkeiten mit Griechenland meist als *Ehemalige Jugoslawische Republik Mazedonien* (FYROM) bezeichnet.

in Kap. 4, 5), doch kollektive Verteidigung spielt immer noch eine große Rolle in der NATO – das erste Mal wieder nach den Terroranschlägen vom 11. September 2001 in den USA, beginnend seit der russischen Annexion der Krim 2014 und wieder zentral seit Russland am 24. Februar 2022 in der gesamten Ukraine einmarschierte und seitdem dort einen Angriffskrieg führt. Bis 2014 erlebte Europa so im Wesentlichen eine Epoche ohne Großmachtkonfrontation. Alte, jüngere und wieder unabhängige Demokratien haben sich dabei nicht nur in der NATO zusammengeschlossen, sondern auch in der EU und OSZE, um ihre gegenseitigen Beziehungen zu verstetigen. Damit wurde die demokratische Friedenszone ausgeweitet.[15] Es gibt immer noch politische Konflikte zwischen den Mitgliedern, aber ihre Austragung mit Gewalt ist quasi undenkbar. Kooperation ist sowohl interessenbasiert (Schutz) als auch durch eine gemeinsame demokratische Kultur untermauert, die nicht zuletzt seit dem Krieg in der Ukraine wieder deutlicher als zuvor zutage tritt. Wie diese westlich-liberale Wertebasis Kooperation und Konflikt strukturiert, werden die Kapitel 5 und 6 genauer aufzeigen.

2.3 Strukturen

<table>
<tr><th colspan="2">Struktur</th><th>Anzahl (2024)</th></tr>
<tr><td colspan="2">International Staff in Brüssel</td><td>ca. 1.350</td></tr>
<tr><td colspan="2">International Military Staff in Brüssel</td><td>ca. 500</td></tr>
<tr><td colspan="2">nationale Delegationsmitglieder (national representatives)</td><td>ca. 2.000</td></tr>
<tr><td rowspan="2">militärische Kommandostruktur</td><td>ACO</td><td>ca. 5.800</td></tr>
<tr><td>ACT</td><td>ca. 1.200</td></tr>
<tr><td colspan="2">GESAMT</td><td><u>ca. 10.850</u>
(zzgl. Agenturen)</td></tr>
</table>

Tabelle 2: Mitarbeiter NATO-Strukturen (Quelle: NATO 2018b; 2024ad, 138 ff.; persönliche Anfragen; eigene Darstellung)

15 Zur Theorie des *Demokratischen Friedens* s. Doyle (1983a, 1986), Morgan und Campbell (1991), Müller (2008).

Seit dem Aufbau der NATO-Strukturen hat sich innerhalb der Atlantischen Allianz ein umfangreiches, weit verzweigtes institutionelles und organisatorisches Geflecht entwickelt. Zum Ende des Kalten Kriegs arbeiteten 32.000 Militärs in NATO-Strukturen (plus 500-1.000 Zivilist*innen, NATO 2018b). 2019 belief sich diese Zahl nach diversen Wandelprozessen auf ca. 10.500 Beschäftigte. Angesichts der gestiegenen sicherheits- und verteidigungspolitischen Herausforderungen arbeiten heute (August 2024) wieder ca. 10.850 Personen (Soldat*innen und Zivilist*innen) in den NATO-Strukturen (zzgl. Agenturen, NATO 2024ad, 138 ff.).

2.3.1 Politische Führung und Komitees

Als Militärallianz von meist liberalen Demokratien herrscht in der NATO trotz des hohen Grades militärischer Integration ein Primat der Politik gegenüber dem Militär. Dieses Primat reicht bis zum Kern der Allianz, dem Beistandsartikel, der nur durch eine einstimmige politische Entscheidung des Nordatlantikrats (NAC) ausgerufen werden kann (Michel 2014, 107 ff.; NATO 2024g; Pouliot 2016, 90). Der NAC ist das einzige Organ, das explizit im Text des Nordatlantikpakts erwähnt wird (Art. 11) und dem es freisteht, weitere Organe einzusetzen. Es gibt keine formalen Regelungen zum Abstimmungsverhalten. Lord Ismay schreibt hierzu:

> „The Council have no written rules of procedure; nor has the need for such rules ever been felt. [...] Decisions are unanimous; there is no voting. When governments hold divergent views, negotiation continues until unanimous agreement has been attained. There is no question of, say, ten nations forcing four to do what they do not want to do. The Council are no supranational body; their members are representatives of sovereign states. It is true that unanimity is not always achieved without considerable patience and a good deal of give and take; but it has always been reached in the end. That is because the interests and objectives of all NATO countries are fundamentally the same, and because the habit of thinking alike and acting alike for the common good is growing daily." (Ismay 1955, 60).

Aus Gründen der Übersichtlichkeit wird die folgende Darstellung den heutigen Stand der NATO-Strukturen wiedergeben. Dort, wo es notwendig ist, werden bedeutende historische Aspekte angesprochen.

Der Generalsekretär weist in dieser Beobachtung zum einen auf die Erleichterung von Kooperation durch gemeinsame Interessen hin und spricht

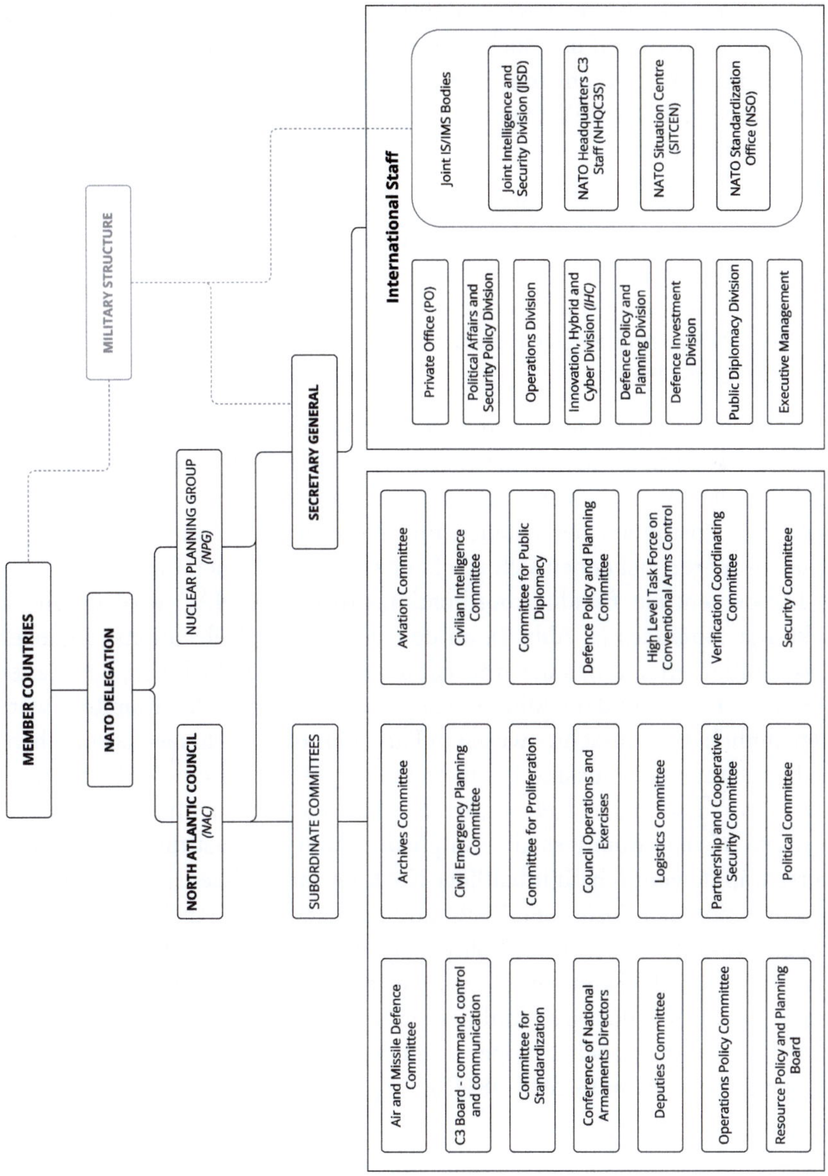

Abbildung 3: Politische Struktur der NATO (Quelle: NATO 2023b, o. J.-d, eigene Darstellung)

zum anderen die Existenz von Sozialisationsmechanismen an (Michel 2014, 107 ff.), die im Verlauf des Buches weiter thematisiert werden.

Die Zusammensetzung und Tagungsweise des Rats hat sich seit der Gründung gewandelt. Heute finden Sitzungen in vier Formaten statt, nämlich als Zusammenkünfte

- der ansässigen NATO-Botschafter (*permanent representatives*, wöchentlich mind. 1x inoffiziell[16] und 1x offiziell);
- der Außenminister (2x jährlich);
- der Verteidigungsminister (3x jährlich);
- der Staats- und Regierungschefs im Gipfelformat (i. d. R. 1x jährlich, s. NATO 2024g).

Der Nordatlantikrat spiegelt somit die Struktur der NATO als intergouvernementale Institution wider, in der alle Macht von den Mitgliedstaaten ausgeht. Daher ist der Austausch enorm wichtig, um gegenseitiges Verständnis über nationale Positionen herzustellen und diese in gemeinsame Politiken zu transformieren, bei denen sich alle Staaten mitgenommen fühlen.

Dieser zentrale Bündniskoordinationsprozess im NAC wird durch 21 sektorale Komitees (s. Abb. 3), an denen nationale Delegationsmitglieder sowie Mitarbeiter*innen des International Staff (IS) teilnehmen, den Generalsekretär (s. u.) und die Militärstruktur unterstützt. In den Komitees werden ähnlich dem Ausschusswesen in Parlamenten Fachthemen besprochen, sodass daraus gemeinsame Politiken hervorgehen. Durch die Zusammenarbeit von nationalen Delegierten mit internationalen Mitarbeiter*innen werden in den Komitees die Mitglieder- und die institutionelle Ebene verschränkt, wodurch für inhaltliche Kohärenz und Wissenstransfer gesorgt sowie nationalen Positionen Rechnung getragen wird. Auch transaktional sind die Komitees wichtig, da Politiken durch ständige Strukturen einfacher umgesetzt werden können, als das bei ad hoc-Zusammenarbeit möglich wäre. Genau wie der NAC funktionieren diese Komitees und alle anderen untergeordneten Arbeitsgruppen nach dem Konsensprinzip (NATO 2023b; Mayer 2023, 150; Smith 2023, 385 ff.).

16 Lord Ismay weist auf die wichtige Funktion der informellen Treffen auf Botschafterebene hin, die i. d. R. ohne Beteiligung Dritter stattfänden und so eine direkte Austausch- und Vorbereitungsfunktion für spätere Entscheidungen hätten (Ismay 1955, Kap. 6; s. auch Mayer und Theiler 2014).

Der NAC nimmt also im Handeln der Allianz eine zentrale Rolle ein, weil er für politische Direktion auf Basis nationaler Interessen der Mitgliedstaaten sorgt und daraus Leitlinien für gemeinsames Handeln beschließt. Diese werden dann von den Hauptquartieren umgesetzt. Das einzige Gremium, das auf einer ähnlichen Ebene wie der NAC angesiedelt ist, ist die *Nuclear Planning Group* (NPG). Die NPG ist für Fragen zur nuklearen Verteidigung, die Koordination der Nuklearpolitiken der Mitglieder mit Atomwaffen (USA, Frankreich, Großbritannien), sowie Abrüstung und Rüstungskontrolle zuständig (NATO 2022b). Der NAC hat nuklearstrategische Diskussionen komplett in die NPG verschoben.[17]

2.3.2 Das Generalsekretariat und der International Staff

Der NATO-Generalsekretär – eine Funktion, die bisher ausschließlich von Männern ausgeübt wurde – steht im Zentrum des Politikprozesses der Allianz zwischen nationalen Regierungen, International Staff (IS) und Militärstruktur. Nach den ersten militärischen Integrationsschritten wurde deutlich, dass es einer umfangreicheren politischen Koordination der Allianzmitglieder bedurfte. Daher wurde 1952 das Generalsekretariat geschaffen. Es ist mit weitreichenden Befugnissen ausgestattet, um sicherzustellen, dass Entscheidungen der Allianz umgesetzt werden. Es stößt ebenfalls neue Politiken und Prozesse an, hat aber nur eine begrenzte formale Macht (Hendrickson 2010, 52). Damit ist der Generalsekretär de facto das Gesicht und der Sprecher der NATO nach außen und ihr oberster politischer Beamter nach innen, der dem IS vorsteht (NATO 2024x). Um die regionale Balance zu wahren, wird das Generalsekretariat durch einen Europäer bekleidet, während der Posten des obersten Militärbefehlshabers (SACEUR) – in Personalunion ist dies der Kommandeur des strategischen[18] Kommandos *Allied Command Operations* (ACO) in Mons (Belgien) – durch einen US-Amerikaner besetzt wird (s. auch Ismay 1955, Kap. 6).

---

17 Auch nach seiner Reintegration in die Militärstruktur (2009) nimmt Frankreich nicht an der NPG teil, sodass die Koordinationsfunktion nur eingeschränkt wahrgenommen werden kann (von Hlatky 2014).

18 Unter dem Begriff *Strategie* wird die Gesamtheit aller planerischen Aspekte um ein Problem verstanden, während *Taktik* konkretes Handeln auf Schlachtfeldern ausgestaltet (Strachan 2005, 35). Barry Posen unterscheidet im militärischen Bereich *grand strategy* – die Gesamtheit aller politisch-militärischen „Mittel-Ziele-Ketten", die nötig sind, um Sicherheit zu gewährleisten – von *military doctrine*, die sich mit den militärischen Mitteln zur Umsetzung der politischen Ziele befasst (Posen 1984, 13). Atomwaffen werden wegen ihrer enormen Zerstörungskraft heute meist als strategische Waffen aufgefasst (Brodie 1959, Introduction, 325 f.).

General-sekretär	Nat.	Amts-zeit
Mark Rutte	NLD	2024- ~
Jens Stoltenberg	NOR	2014-2024
Anders Fogh Rasmussen	DNK	2009-2014
Jaap de Hoop Scheffer	NLD	2004-2009
Lord Robertson of Port Ellen	GB	1999-2003
Javier Solana	ESP	1995-1999
Willy Claes	BEL	1994-1995
Manfred Wörner	DEU	1988-1994
Lord Carrington	GBR	1984-1988
Joseph Luns	NLD	1971-1984
Manlio Brosio	ITA	1964-1971
Dirk U. Stikker	NLD	1961-1964
Paul-Henri Spaak	BEL	1957-1961
Lord Ismay	GBR	1952-1957

Stellvertretende/r General-sekretär*in	Nat.	Amts-zeit
Mircea Geoană	ROU	2019- ~
Rose Gottemoeller	USA	2016-2019
Alexander Vershbow	USA	2012-2016
Claudio Bisogniero	ITA	2007-2012
Alessandro Minuto Rizzo	ITA	2001-2007
Sergio Balanzino	ITA	1994-2001
Amedeo de Franchis	ITA	1989-1994
Marcello Guidi	ITA	1985-1989
Eric da Rin	ITA	1981-1985
Rinaldo Petrignani	ITA	1978-1981
Paolo Pansa Cedronio	ITA	1971-1978
Osman Olcay	TUR	1969-1971
James A. Roberts	CAN	1964-1968
Guido Colonna di Paliano	ITA	1962-1964
Alberto Casardi	ITA	1958-1962
Baron Adolph Bentinck	NLD	1956-1958
Jonkheer van Vredenburch	NLD	1952-1956

Tabelle 3: NATO-Generalsekretäre und Stellvertreter (Quelle: NATO 2024x, eigene Darstellung). Zeitliche Darstellung nur annähernd, formal nicht zusammenhängend.

Bis heute gab es 14 Generalsekretäre und 17 Stellvertretende Generalsekretär*innen. Neben dem Generalsekretär und seinem Stellvertreter gibt es weitere *Assistant Secretary Generals*, die den Fachabteilungen vorstehen. Generalsekretäre sollen nach heutiger Praxis zuvor wichtige nationale Posten (ab Ministerebene) bekleidet haben, um die nötige Versiertheit mit dem Thema und vor allem diplomatische Erfahrungen und Kontakte zu haben.

Um diesen Rollen gerecht zu werden, steht der NATO-Generalsekretär nicht nur dem IS als verantwortlicher Beamter vor, sondern leitet auch die Sitzungen des NAC sowie weiterer untergeordneter Gremien wie der NPG oder von Kooperationsräten (NATO 2024x). Die Kombination der bürokratischen Kapazitäten und Expertise des IS mit dem eigenen politischen Gewicht versetzt den Generalsekretär in die Lage, die Geschicke der Allianz maßgeblich zu beeinflussen bzw. Debatten zu lenken. Er wird bei Konflikten zwischen Alliierten zum Diplomaten und Vermittler.

Vor allem nach dem Ende des Kalten Kriegs ist der Einfluss der Generalsekretäre auf die Strategiedebatte gestiegen. Während der erste Generalsekretär, der britische Lord Ismay, im Wesentlichen eine koordinierende Rolle im Hintergrund des NAC spielte und kaum politische Akzente setzte, entwickelte der Belgier Paul-Henri Spaak eigene Vorstellungen, die sich jedoch zunächst nicht durchsetzen. Die folgenden Generalsekretäre Stikker, Brosio, Luns und Carrington setzten daher wieder auf eine moderierende Rolle, die mit Blick auf die starken Ungleichgewichte zwischen den Alliierten schwer genug war. In Anbetracht dieser Rolle besagt ein Sprichwort, „dass der Generalsekretär weniger General und mehr Sekretär sei" (Giegerich 2012a, 24). Nach dem Kalten Krieg gab die Notwendigkeit eines strategischen Wandels den Generalsekretären mehr Möglichkeiten, die Strategieentwicklung zu lenken (zur Entwicklung s. Mayer 2023, 154 ff.). Der Deutsche Manfred Wörner hatte mit seiner Erfahrung als Verteidigungsminister zwischen 1988 und 1994 einen prägenden Einfluss auf das 1991er Strategische Konzept, der Gestaltung kooperativer Sicherheitsinstitutionen, auf Osterweiterung und Bosnieneinsatz. Dem Belgier Willy Claes kam danach die Aufgabe der Durchführung des Bosnieneinsatzes zu, die ebenfalls die Amtszeit des Spaniers Javier Solana prägte. Beide bleiben als Moderatoren im Gedächtnis, die persönliche Autorität gegenüber den Alliierten genossen, und auch bei taktischen Entscheidungen in Bosnien und im Kosovo mitwirkten. Der Brite George Robertson setzte die Kapazitätsdebatte auf die Bündnisagenda und spielte eine wichtige Rolle in der Ausweitung des NATO-Mandats im Kampf gegen den Terror nach 9/11. Der Niederländer Jaap de Hoop Scheffer führte diese Ziele fort und fokussierte sich stark auf Afghanistan (Hendrickson 2010).

Die drei Nachfolger, der Däne Anders Fogh Rasmussen, der Norweger Jens Stoltenberg und der aktuelle Generalsekretär, der Niederländer Mark Rutte, brachten jeweils ihr politisches Gewicht als ehemalige Ministerpräsidenten sehr aktiver NATO-Staaten mit ins Amt. Rasmussen zeigte zwischen 2009 und 2014 eine bisher nie gesehene Unabhängigkeit im Amt und pflegte einen direkten, öffentlichen und teils forschen „Maverick"-Stil (Hendrickson 2014, 132 ff.), der die an Diplomatie und Konsens gewöhnten Botschafter*innen herausforderte. Trotzdem genossen Rasmussen und Stoltenberg mit ihrem diplomatischen Geschick hohe Autorität unter den Alliierten. Beiden kam die Aufgabe zu, die NATO wieder stärker auf kollektive Verteidigungsfragen zu trimmen und über zunehmende strategische Divergenzen zu präsidieren. Rasmussen gelang trotz seines eigenwilligen Stils die Verabschiedung des 2010er Strategischen Konzepts, das seine Handschrift trug (Giegerich 2012a, 24 f.). Jens Stoltenberg schaffte es nach allgemeiner Auffassung in herausragender Art und Weise, den für die NATO schwierigen US-Präsidenten Donald Trump während seiner ersten Amtszeit zu *managen.* Er vertrat dabei Trumps Forderung nach Aufstockung der Verteidigungsetats gegenüber den anderen Alliierten – meist erfolgreich – und sorgte für eine leicht veränderte finanzielle Lastenverteilung zugunsten der USA im zivilen NATO-Budget, während er gleichzeitig die zahlreichen rhetorischen Spitzen Trumps ausbügelte. Als der russische Angriffskrieg in der Ukraine im Februar 2022 begann, sollte Stoltenberg eigentlich aus dem Amt ausscheiden, er blieb jedoch aus Pflichtgefühl in dieser für die NATO stark herausfordernden Zeit noch weitere zwei Jahre im Amt, bis mit Mark Rutte ein Nachfolger gefunden worden war. In diese zwei Jahre fielen zahlreiche politische und militärische Wandelprozesse, die Stoltenberg weiter steuerte, darunter das Verabschieden des 2022er Strategischen Konzepts, das Russland erstmals seit 1989/91 wieder als Gegner auswies, sowie die Neuaufstellung der Verteidigung und Abschreckung der Allianz im Osten als Antwort auf den Krieg in der Ukraine.

Auch der International Staff (IS) der NATO, dem der Generalsekretär vorsteht, nimmt seit 1951 eine wichtige Rolle im Politikprozess des Bündnisses ein. Wie jede Bürokratie hat er die Fähigkeit, durch institutionelles Wissen und materielle Durchführungsressourcen das Handeln der Allianz zu gestalten. Durch seine Komposition aus primär zivilen, aber auch militärischen Mitarbeiter*innen und seine Stärke von ca. 1.350 Personen bildet er das politische und militärische Aufgabenspektrum der NATO ab. Der Brüsseler IS steht allen Allianzakteuren als Experte zur Verfügung, arbeitet den NATO-Komitees zu und implementiert Entscheidungen (NATO 2024e). Momentan ist der IS in sieben Abteilungen (*divisions*), fünf unabhängige Büros, das Büro des Generalsekretärs (*Private Office*) sowie weitere gemeinsame (*joint*) Einrichtungen mit dem Internationalen Militärstab (IMS, s. folgender Abschnitt) eingeteilt. Im Private Office sind sowohl der Stellvertretende Generalsekretär untergebracht als auch eine Repräsentantin für Frauen, Frieden und Sicherheit, die Genderaspekte von Sicherheit und Verteidigung sowie Fragen der Gleichberechtigung bearbeitet. Angegliedert ist dem Private Office das NAC-Sekretariat sowie eine Politikplanungseinheit. Diese Organisation verdeutlicht die zentrale Position des Generalsekretärs zwischen NAC und anderen NATO-Strukturen. Neben den Abteilungen gibt es außerdem Büros für juristische Angelegenheiten, Finanzkontrolle und gemeinsame Ressourcen, die zur Wahrung administrativer Neutralität formal vom Generalsekretär weisungsunabhängig sind.

Die sieben Abteilungen des International Staffs (s. Abb. 3) nehmen aktuell die folgenden Aufgaben wahr:[19]

- *Political Affairs and Security Policy*: Sicherheitskooperation mit regionalen Partnerinstitutionen oder Partnerstaaten; Rüstungskontrolle, Abrüstung und Nicht-Verbreitung von Massenvernichtungswaffen; politische Konfliktprävention;
- *Defence Policy and Planning*: Planung der konventionellen und nuklearen Bündnisverteidigung in Koordination mit den Mitgliedstaaten (Tuschhoff 2014, 195 ff.);
- *Innovation, Hybrid and Cyber*: moderne Gefahren (cyber security, hybrid warfare, nichtstaatliche Akteure, Anti-Terror, Energiesicherheit), strategische Analyse, Einholen wissenschaftlicher Expertise;
- *Operations*: Durchführung aller militärischen oder zivilen Aktivitäten im Bereich kollektiver Verteidigung und Krisenmanagement;
- *Defence Investment*: Koordination der Verteidigungsaufgaben der Mitgliedstaaten, NATO-Ausgaben bzgl. Bereitstellung, Betrieb oder Erneuerung gemeinsamer Kapazitäten;

19 Die folgenden Funktionsbeschreibungen orientieren sich notwendigerweise eng an den zur Verfügung gestellten Informationen der NATO.

- *Public Diplomacy*: Medien-/ Presse- und Öffentlichkeitsarbeit;
- *Executive Management*: Personal- und Finanzwesen (NATO 2024e).

Trotz dieser Ausdifferenzierung (Funktionsweise s. Mayer 2023, 157) bleibt der IS bei der Erfüllung seiner Aufgaben auf die Kooperationsbereitschaft der Mitglieder angewiesen, da das Konsensprinzip gilt, die Umsetzung der Planungsprozesse in nationaler Kompetenz verbleibt und es mit Ausnahme einiger weniger integrierter Einheiten keine gemeinsame NATO-Armee gibt. Die NATO bleibt somit eine durch Intergouvernementalität geprägte Organisation, deren Mitglieder teils eigene politische Ziele verfolgen und deren Verteidigungsorganisation bis hin zur Material- und Führungsebene unterschiedlich bleibt. Negativ könnte man daher formulieren, dass bedeutende Integrationsschritte (stärker standardisierte Streitkräftestrukturen, technische Standards) teils unterblieben sind. Positiv ist anzuführen, dass durch die NATO-Planungen, gemeinsame Übungen und Missionen eine Interoperabilitätsfähigkeit entstanden ist, die weltweit einzigartig ist (Tuschhoff 2014). Außerdem haben sich die NATO-Strukturen in ihrer 75-jährigen Existenz angepasst, um neuen sicherheitspolitischen Entwicklungen Rechnung zu tragen. Somit haben die Strukturen im Sinne institutionalistischer Theorie Anpassungsfähigkeit und Nützlichkeit bewiesen. Aufgrund des intergouvernementalen Charakters der Zusammenarbeit sind Präferenzanpassungsprozessen Grenzen gesetzt. Sie sind aber nicht unmöglich, da die permanente Repräsentation der Mitgliedstaaten durch Botschafter sowie das Konsensprinzip für Sozialisations- und Angleichungsprozesse sorgen können (Mayer und Theiler 2014; Michel 2014; Pouliot 2016, Kap. 4; Smith 2023).

2.3.3 Die militärische Struktur: Komitees und Hauptquartiere

Die militärische Kommandostruktur der NATO sucht in ihrer Größe und funktionalen Breite/Tiefe ihresgleichen. Es gibt nur wenige andere Allianzen, die begrenzte gemeinsame Einrichtungen mit Alliierten unterhalten.[20]

---

20 Beispiele sind die USA und Südkorea; NORAD, das North-American Aerospace Defense Command zwischen Kanada und den USA; oder die Admiralty Benelux, das gemeinsame Marinehauptquartier Belgiens und der Niederlande). Die EU betreibt erst seit 2017 permanent ein kleines Hauptquartier, die *Military Planning and Conduct Capability* mit ca. 60 Soldat*innen (EEAS 2018).

Somit stellt die Militärstruktur ein beeindruckendes Bekenntnis zu gemeinsamem Handeln dar und soll eine permanente und schnelle Reaktionsfähigkeit sichern.

Das Militärkomitee und der International Military Staff

In das zivile Hauptquartier in Brüssel sind das Militärkomitee (MC) und der International Military Staff (IMS) integriert. Das NATO-Militärkomitee existiert genau wie der NAC bereits seit 1949 und berät den NAC sowie andere NATO-Institutionen in militärischen Aspekten (NATO 2024n, 2024s). In der militärischen Hierarchie steht der Vorsitzende (*Chairman*) des MC, ein für drei Jahre bestimmter Drei- oder Vier-Sterne-General, als oberster Militärdienstposten noch oberhalb der Kommandeure der beiden strategischen Hauptquartiere (ACO, ACT, s. u.). Er sorgt für die militärische Umsetzung politischer Entscheidungen bzw. trägt in den Hauptquartieren entwickelte Themen und Positionen an den NAC heran (NATO 2021a). Dreimal im Jahr leitet der Vorsitzende Komiteesitzungen mit den Militärstabschefs der Mitgliedstaaten, dem jeweils höchsten Offizier der nationalen Armeen. Das MC tagt regelmäßig, mindestens einmal wöchentlich und bei Bedarf häufiger, auf Ebene der Permanenten Militärischen Repräsentanten (MILREP), von den Mitgliedstaaten abgeordnete Drei-Sterne-Generale (NATO 2024n).[21] Neben der Beratung des NAC gibt das MC Empfehlungen zur Verbesserung der Verteidigungsfähigkeiten und zur Durchführung von NATO-Operationen ab, zu denen es vor einem möglichen Durchführungsbeschluss gehört wird. Das MC ist des Weiteren in alle relevanten Operationsprozesse eingebunden, die eine Koordinierung zwischen politischer und militärischer Ebene verlangen, inklusive Themen wie der Erstellung von Einsatzrichtlinien oder den Schwellen zur Nutzung militärischer Gewalt.

---

21 Da Island kein eigenes Militär unterhält, stellt es im MC eine/n Zivilist*in als MILREP (NATO 2024n).

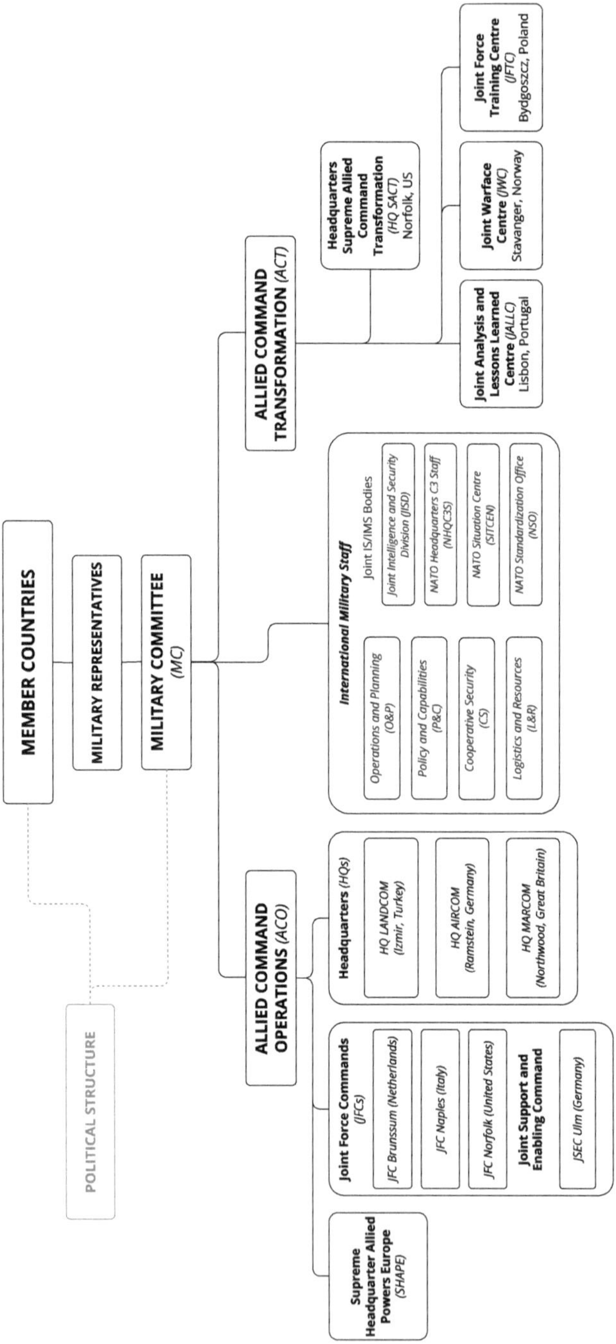

Abbildung 4: NATO-Militärstruktur (Quelle: NATO 2024s, 2024d, eigene Darstellung)

Das MC ist auch an der Erstellung der strategischen Konzepte der Allianz beteiligt und verfasst einen jährlichen Gefahrenbericht (NATO 2024n; Ivanov 2023). Um diese Aufgaben schultern zu können, steht dem MC der ca. 500 Mitarbeiter*innen starke IMS zur Seite, der das notwendige militärische Fachwissen zur Verfügung stellt. Durch seinen Arbeitsplatz im Brüsseler Hauptquartier hat der IMS gleichermaßen Zugriff auf politische wie militärische Organe der Allianz und auf die nationalen Delegationen mit den MILREPs, sodass der Austauschprozess von Informationen und Positionen zwischen der zentralen Allianz- und Mitgliederebene erleichtert wird (NATO 2024d).

Ähnlich wie der zivile International Staff ist die Arbeit des IMS in vier thematischen Abteilungen organisiert:

- *Operations and Planning* (O&P): Missionsplanung, Übungen/ Training, Monitoring- und lessons learned-Prozesse; Koordination Luftraumverteidigungsmaßnahmen (z. B. über dem Baltikum), Luftraumüberwachung, Raketenabwehr
- *Policy and Capabilities* (P&C): strategische Verteidigungsplanung, ABC-Abwehr, Rüstungskontrolle und Nicht-Verbreitung;
- *Cooperative Security* (CS): Partnerschaften, Kontakte zu internationalen Organisationen, NGOs;
- *Logistics and Resources* (L&R): Personalmanagement, Verwaltung gemeinsamer Kapazitäten, logistische Koordination/ Voraussetzungen (NATO 2024d).

Neben diesen militärischen Planungsabteilungen unterhält der IMS gemeinsam mit dem IS vier Zentren oder Abteilungen von übergeordneter Bedeutung für die Allianz. Dies sind ein Standardisierungsbüro (*NATO Standardization Office*, NSO), das einheitliche Operationsprozeduren für Missionen entwickelt, um so Interoperabilität zwischen den Kräften aus verschiedenen Staaten herzustellen; eine gemeinsame Geheimdienstabteilung (*Joint Intelligence and Security Division*, JISD), die für den entsprechenden Informationsaustausch zwischen Alliierten und Bündnisorganen verantwortlich ist; ein gemeinsamer Stab für Kommando-, Kontroll- und Konsultationsfragen (*NATO Headquarters C3 Staff*, NHQC3S), der die Entwicklung von Standardprozeduren und Technologien für Konsultation, Kommandofunktionen und Streitkräfte-/ Operationskontrolle vorantreibt und damit verbundenen Analysen durchführt; sowie das Situationszentrum (*Situation Centre*, SITCEN), das Beobachtungs- und (Früh-)Warnaufgaben für den Nordatlantikrat und das Militärkomitee wahrnimmt, um diesen Organen im Krisenfall schnelles Handeln zu ermöglichen (NATO 2024d).

Militärische Hauptquartierstruktur

Die NATO-Kommandostruktur ist seit ihrer Gründung im Jahr 1950 starken Veränderungen unterworfen gewesen. Dies erklärt sich durch die unterschiedlichen Herausforderungen an die Allianz während und nach dem Kalten Krieg sowie heute einer erneuten Aufwertung kollektiver Verteidigungsfragen. Gegen Ende des Kalten Kriegs leisteten ca. 22.000 Soldat*innen in 33 alliierten Kommandos Dienst (78 mit Unterkommandos), während es im Jahr 2018 *nur noch* 6.800 und heute (August 2024) wieder ca. 7.000 waren (NATO 2018b; 2024ad, 138 ff.). Diese drastische Reduktion ist der geringeren Bedeutung von Territorialverteidigung zwischen 1989 und 2014 sowie der subsequenten, massiven Verkleinerung der nationalen Armeen nach dem Ende der Blockkonfrontation geschuldet. Das sich seit Mitte der 1990er Jahre abzeichnende Engagement im Krisenmanagement erforderte weniger Planungskapazitäten als die Organisation einer umfänglichen Territorialverteidigung. Mit Blick auf die gestiegene Gefahr durch Russland sind eine leichte Aufstockung der Mitarbeiter*innenzahl und ein erneuter Umbau der Kommandostruktur geplant.

An der Spitze der Militärstruktur stehen die zwei strategischen Hauptquartiere, die eine leitende Funktion gegenüber den anderen Kommandos einnehmen:

- *Allied Command Operations* (ACO, Mons, Belgien);
- *Allied Command Transformation* (ACT, Norfolk, Virginia, USA).

Das ACO wird im allgemeinen Sprachgebrauch auch als *Supreme Headquarters Allied Powers Europe*, kurz SHAPE, bezeichnet. Dies liegt daran, dass sein kommandierender General, der SACEUR, gleichzeitig Kommandeur des *United States European Command* (USEUCOM Stuttgart) ist (NATO ACO o. J.-c). (Er ist *double-hatted* oder *dual-hatted*, hat also sprichwörtlich *zwei Hüte* auf.) Hiermit erklärt sich ebenfalls die Tradition, dass der SACEUR von den USA gestellt wird.

Supreme Allied Commander Europe (SACEUR)					
Nr.	**Name**	**Amtszeit**	**Nr.**	**Name**	**Amtszeit**
1.	Dwight D. Eisenhower	1951-1952	11.	George A. Joulwan	1993-1997
2.	Matthew B. Ridgway	1952-1953	12.	Wesley K. Clark	1997-2000
3.	Alfred M. Gruenther	1953-1956	13.	Joseph W. Ralston	2000-2003
4.	Lauris Norstad	1956-1963	14.	James L. Jones	2003-2006
5.	Lyman L. Lemnitzer	1963-1969	15.	Bantz J. Craddock	2006-2009
6.	Andrew J. Goodpaster	1969-1974	16.	James G. Stavridis	2009-2013
7.	Alexander M. Haig, Jr.	1974-1979	17.	Philip M. Breedlove	2013-2016
8.	Bernard W. Rogers	1979-1987	18.	Curtis M. Scaparrotti	2016-2019
9.	John R. Galvin	1987-1992	19.	Tod D. Wolters	2019-2022
10.	John M. Shalikashvili	1992-1993	20.	Christopher G. Cavoli	seit 2022
(alle USA)					

Tabelle 4: Supreme Allied Commanders Europe (Quelle: NATO 2000, NATO ACO o. J.-e, NATO SHAPE o. J.-b, eigene Darstellung).

Der SACEUR und somit das ACO haben das Oberkommando über alle NATO-Operationen – gleichgültig, ob es sich hierbei um die Territorialverteidigung oder das Krisenmanagement handelt.[22] Daher muss das ACO strategische Antizipations- und Planungsarbeit leisten, d. h. Krisen in der Welt und Gefahren für die Allianz erkennen, die militärischen Verteidigungs- und Eingriffskapazitäten in Kooperation mit den Mitgliedstaaten sicherstellen, Szenarien planen und ultimativ NATO-Missionen durchführen. Dabei wird

22 Während des Kalten Kriegs standen Teile der nationalen Armeen unter direktem Kommando (*assigned forces*) des SACEUR, um eine effektive Organisation und schnelle Befehlskette sicherzustellen (Ismay 1955). Heute wird sich verstärkt auf vorher definierte Truppenkontingente (*earmarked forces*) verlassen, die Mitgliedstaaten auf fester Basis für die Allianz bereithalten (Deni 2017, 27 ff.). Darüber hinaus gibt es von Staat zu Staat unterschiedliche Arrangements für den Transfer von Truppenkontingenten unter alliiertes Kommando (NATO 2021a).

es von drei operativen Kommandos unterstützt: Dies sind die drei streitkräfteübergreifenden *Joint Force Commands* (JFC) in Brunssum (Niederlande), Neapel (Italien) sowie Norfolk (Virginia, USA; NATO ACO 2019). Diese Hauptquartiere planen Einsätze und fungieren als entfernte Kommandoposten für Missionen. Sie können aber auch operative Hauptquartiere im Einsatzgebiet bereitstellen. Die JFCs kommandieren ebenfalls die seit 2005 bestehende *NATO Response Force* (NRF) und die im Zuge der Kriminvasion eingerichtete neue *Very High Readiness Joint Task Force* (VJTF), die extrem schnell in Einsätze geschickt werden kann. Momentan wird die *enhanced Forward Presence* (eFP) aus Brunssum geführt, die unter den Mitgliedstaaten rotierend die östlichen Bündnisstaaten schützt (NATO JFC Brunssum o. J.). Früher wurde die *Resolute Support Mission* (RSM) in Afghanistan aus Brunssum heraus geführt. JFC Neapel ist darüber hinaus für die Dialoginitiativen der Allianz verantwortlich und führt die Irak-Trainingsmission (s. 5.2, NATO 2023i; NATO JFC Naples o. J.-b).

Deputy Supreme Allied Commander Europe (DSACEUR)			
Nr.	**Name**	**Nat.**	**Amtszeit**
1.	Bernard Montgomery	GBR	1951-1958
2.	Sir Richard Gale	GBR	1958-1960
3.	Sir Hugh Stockwell	GBR	1960-1964
4.	Sir Thomas G. Pike	GBR	1964-1967
5	Sir Robert Bray	GBR	1967-1970
6.	Sir Desmond Fitzpatrick	GBR	1970-1973
7.	Sir John Mogg	GBR	1973-1976
8.	Sir Harry Tuzo	GBR	1976-1978
zwei DSACEURs von Januar 1978 bis Juni 1993			
9.	Gerd Schmueckle	DEU	1978-1980
10.	Sir Jack Harman	GBR	1978-1981
11.	Günter Luther	DEU	1980-1982
12.	Sir Peter Terry	GBR	1981-1984
13.	Günter Kiessling	DEU	1982-1984

Deputy Supreme Allied Commander Europe (DSACEUR)			
14.	Hans-Joachim Mack	DEU	1984-1987
15.	Sir Edward Burgess	GBR	1984-1987
16.	Sir John Akehurst	GBR	1987-1990
17.	Eberhard Eimler	DEU	1987-1990
18.	Sir Brian Kenny	GBR	1990-1993
19.	Dieter Clauss	DEU	1990-1993
ein DSACEUR ab Juli 1993			
20	Sir John Waters	GBR	1993-1994
21.	Sir Jeremy Mackenzie	GBR	1994-1998
22.	Sir Rupert Smith	GBR	1998-2001
23.	Dieter Stöckmann	DEU	2001-2002
24.	Rainer Feist	DEU	2002-2004
25.	Sir John Reith	GBR	2004-2007
26.	Sir John McColl	GBR	2007-2011
27.	Sir Richard Shirreff	GBR	2011-2014
28.	Sir Adrian Bradshaw	GBR	2014-2017
29.	Sir James Everard	GBR	2017-2020
30.	Sir Tim Radford	GBR	2020-2023
31.	Sir Keith Blount	GBR	seit 2023

Tabelle 5: Deputy Supreme Allied Commanders Europe (Quelle: NATO 2000, NATO ACO o. J.-b, Wikipedia 2024 (Verweis durch NATO), persönliche Kommunikation; eigene Darstellung)

Dem ACO sind außerdem drei Hauptquartiere für die Land-, Luft- und Seestreitkräfte der NATO-Staaten unterstellt, die Aufgaben der Führung, Planung und Beratung übernehmen:

- HQ MARCOM (Northwood, Großbritannien): Führung Marineeinheiten;
- HQ AIRCOM (Ramstein, Deutschland): Führung Luftwaffeneinheiten, Raketenabwehr sowie Luftraumüberwachung (*air policing*)
- HQ LANDCOM (Izmir, Türkei): Führung Landstreitkräfte.

Im Zuge des wiedererstarkten Fokus auf die Bündnisverteidigung wurde im Oktober 2019 zudem das *Joint Support and Enabling Command* (JSEC) in Ulm eingerichtet, das seit 2021 im Bündnisfall die Planung, Durchführung und Sicherung militärischer Bewegungen in Europa übernehmen soll (BMVG 2019; NATO JSEC 2019). Zusätzlich zu diesen Kommandos gibt es eine *NATO Communication Information Systems Group* (NCISG), die übergreifende Aufgaben in der Kommunikationstechnik wahrnimmt und dabei auch für Operationen zuständig ist (NATO 2018b; Ivanow 2023, 166). Wegen des Fehlens einer eigenen NATO-Armee ist ACO natürlich nach wie vor auf die Mitarbeit der Mitgliedstaaten angewiesen, die beim Beschluss eines Einsatzes der Allianz Truppen zur Verfügung stellen müssen, die dann mit der oben beschriebenen Kommandostruktur geführt werden.

Das zweite strategische Kommando der NATO, das deutlich kleinere Allied Command Transformation (ACT, ca. 1.250 Mitarbeiter*innen, Giegerich 2012a, 29), hat im Gegensatz zum ACO keine operativen Aufgaben, sondern soll den permanenten Transformationsprozess der Allianz begleiten und Impulse zur Weiterentwicklung in einem sich ständig verändernden internationalen Umfeld geben. Daher beschäftigt sich ACT mit Fortbildung, lessons learned-Prozessen aus allen Allianzaktivitäten, Gefahrenantizipation und der damit verbundenen Kapazitäts- und Doktrinentwicklung (NATO 2024h). Wegen des Aufgabenschwerpunktes in der Streitkräfteentwicklung spielen in ihm auch die Entwicklung neuer Technologien und die dafür notwendigen Forschungsschritte (Forschung und Entwicklung, FuE) eine Rolle, genauso wie das Sichern und Vorantreiben von Interoperabilität zwischen den alliierten Streitkräften (Terriff 2013, 97 ff.). Bei Übungen der Allianz nimmt ACT eine Beobachterrolle ein (NATO 2024h; NATO ACT o. J.-b).

Supreme Allied Commander Transformation (SACT)				Deputy Supreme Allied Commander Transformation (DSACT)			
	Name	**Nat.**	**Amtszeit**		**Name**	**Nat.**	**Amtszeit**
1.	Edmund P. Giambastiani	USA	2003-2005	1.	Ian Forbes	GBR	2003-2004
2.	Lance L. Smith	USA	2005-2007	2.	Mark Stanhope	GBR	2004-2007
3.	James N. Mattis	USA	2007-2009	3.	Luciano Zappata	ITA	2007-2010
4.	Stéphane Abrial	FRN	2009-2012	4.	Mieczysław Bieniek	POL	2010-2013
5.	Jean-Paul Paloméros	FRN	2012-2015	5.	Mirco Zuliani	ITA	2013-2016
6.	Denis Mercier	FRN	2015-2018	6.	Manfred Nielson	DEU	2016-2019
7.	André Lanata	FRN	2018-2021	7.	Paolo Ruggiero	ITA	2019-2022
8.	Philippe Lavigne	FRN	2021-2025	8.	Chris Badia	DEU	seit 2022
9.	Pierre Vandier	FRN	seit 2025				

Tabelle 6: (Deputy) Supreme Allied Commanders Transformation (Quelle: NATO 2021b, NATO ACT o. J.-a, eigene Kommunikation; eigene Darstellung)

Als einziges Kommando der NATO in den USA war das Hauptquartier ursprünglich als Atlantikkommando für die USA, Kanada und die Sicherung des Atlantischen Ozeans zuständig (Allied Command Atlantic, ACLANT, s. NATO 2024h). Im Zuge der 2002 in Prag angestoßenen Kommandoreform wurde es im Juni 2003 mit seinen neuen Aufgaben als ACT betraut (Terriff 2013, 94ff.). Mit Ausnahme eines geschäftsführenden britischen Admirals wurde der Posten des *Supreme Allied Commander Atlantic* (SACLANT) ausnahmslos von US-Amerikanern besetzt. Erst mit dem Wiedereintritt Frankreichs in die integrierte Militärstruktur im Jahr 2009 wurde diese Tradition beendet, um die militärischen Verantwortlichkeiten besser aufzuteilen. Somit wird das ACT seit September 2009 von französischen Generalen geleitet, die den Posten des *Supreme Allied Commander Transformation* (SACT) bekleiden (NATO ACT o. J.-a) und genau wie der SACEUR von einem *Deputy Supreme Allied Commander Transformation* (DSACT) unterstützt werden, der ebenfalls Viersterner ist.

Dem ACT unterstehen keine weiteren Hauptquartiere, sondern drei thematische Zentren, die sich mit verschiedenen Aspekten der Streitkräfteentwicklung befassen:

- *Joint Analysis and Lessons Learned Centre* (JALLC, Lissabon, Portugal);
- *Joint Force Training Centre* (JFTC, Bydgoszcz, Polen);
- *Joint Warfare Centre* (JWC, Stavanger, Norwegen).

Die Zentren koordinieren spezifische Teile der ACT-Kernaufgaben. Vor allem Übungen und Training kommen dabei eine große Bedeutung zu, da die Armeen der Mitgliedstaaten lernen müssen, effektiv zusammenzuarbeiten. Im Zuge dieses Übungs- und Trainingsprozesses kooperiert das ACT mit 30 *Centres of Excellence* der Mitgliedstaaten und 33 *Partner Training and Education Centres* von Nichtmitgliedern, die zusammen ein Angebot von über 750 Themenkursen bereitstellen. Die NATO hält zudem bis zu 250 Übungen verschiedener Natur und Größe jährlich ab (NATO ACT o. J.-b; NATO ACO 2024a). Das Transformationskommando kooperiert außerdem mit dem *NATO Defense College* in Rom oder der Industrie in der Entwicklung neuer Technologien.

Mit diesem Aufgabenspektrum in der Operationsführung und Reform/ Transformation decken die beiden strategischen Hauptquartiere die wesentlichen Aufgabenfelder ab, denen sich die Allianz in ihrem täglichen Handeln, aber auch mit Blick auf die Zukunft und neue Sicherheitsherausforderungen widmen muss. Wenngleich viele Implementierungskompetenzen auf der Ebene der Nationalstaaten verbleiben, sorgt die militärische und zivile Hauptquartierstruktur für einen intensiven Politikkoordinationsprozess, der über die tagtägliche Zusammenarbeit in Hauptquartieren Bindungswirkungen hat und Sozialisationsmechanismen zwischen den Alliierten in Gang setzt.

2.3.4 Agenturen und Organisationen / Gruppen

Neben den bisher vorgestellten Strukturen wurden vom Bündnis weitere Agenturen, Programme, Gruppen und Organisationen gegründet, die zentrale Dienstleistungsaufgaben bereitstellen und/ oder für konkrete Politikkoordination unter den Mitgliedstaaten sorgen. Seit der letzten Reform im Jahr 2011 gibt es ca. 25 Organisationen und Agenturen, die diese Zentralaufgaben wahrnehmen und bestimmte Programme koordinieren. An verschiedenen Standorten im Bündnis gibt es neben multinationalen programmspezifischen Agenturen vier übergreifende Agenturen: *die NATO*

Communications and Information Agency (NCIA: IT-Systeme, Cyberabwehr, C2); die *NATO Support and Procurement Agency* (NSPA: gemeinsame Beschaffungsverfahren, Lufttransportkoordination); die *NATO Science and Technology Organization* (STO: Forschungskooperation, wissenschaftliche Beratung); und der *Defence Innovation Accelerator for the North Atlantic* (DIANA: Begegnung/Bekämpfung von Herausforderungen durch neue Technologien). Das NATO Standardization Office (NSO) zur Implementierung von Standardisierungsverfahren war zuvor eine eigenständige Agentur, wurde mittlerweile aber in das Hauptquartier in Brüssel integriert. Die verschiedenen Agenturen haben teils sehr große Mitarbeiterzahlen (über 1.000) und Netzwerke, die aber nur teilweise von der NATO selbst stammen (NATO 2024ad, 147 ff.) und hier deswegen nicht in den Strukturstammdaten eingerechnet werden. Die NATO-Agenturen sollen zu mehr Kohärenz im Handeln der NATO-Institutionen und Mitgliedstaaten sorgen und dienen als ermöglichender Akteur in ihren jeweiligen Aufgabenbereichen (NATO 2024a). Neben den Agenturen gibt es weitere Organisationen, Gruppen und Programme, die stark spezialisierten Aufgaben nachgehen. So unterhalten die NATO oder einige ihrer Mitgliedstaaten fähigkeits- oder materialspezifische Agenturen (z. B. Luftverteidigungs- oder Helikopterdesign, Frühwarnung), Katastrophenzentren, Meteorologie- und Ozeanografiegruppen und das *NATO Defence College* in Rom oder die NATO-Schule in Oberammergau (NATO 2020c). Diese Organisation von Aufgaben, Themen und Fähigkeiten zeigt, wie vielfältig Zusammenarbeit in der Atlantischen Allianz ist und welche Komplexität dabei gemanagt werden muss/ wird.

2.3.5 Kooperationsgremien: Der NATO-Russland-Rat und der NATO-Ukraine-Rat

Nach dem Ende des Kalten Kriegs hat die NATO im Zuge der Verlagerung auf kollektive Sicherheitsaufgaben Kooperationsinitiativen mit Drittstaaten etabliert, um Sicherheit im transatlantischen Raum herzustellen oder im Rahmen von konkreten Missionen zusammenzuarbeiten. Dabei sind auch verschiedene bilaterale Kooperationsgremien entstanden (s. Kap. 5.2). Aufgrund der historischen Umstände nahm die Kooperation mit Russland zwischen 1997 und 2022 eine besondere Stellung ein. Russland wurde nach dem Ende des Kalten Krieges sowohl Mitglied im *Euro-Atlantic Partnership Council* (EAPC) als auch in dessen *Partnership for Peace* (PfP)-Programm (Hill 2018, Kap. 4). Es nahm in den 1990er Jahren ebenfalls an NATO-geführten UN-Peacekeeping-Missionen auf dem Balkan teil und gewährte für die späteren Afghanistaneinsätze der Allianz logistische Unterstützung (NATO 2024p). Im Jahr 1997 unterzeichneten die NATO und Russland eine sogenannte Grundakte (*Founding Act*) über ihre Beziehungen, die festhält, dass sie sich nicht mehr als Gegner ansehen, sie Demokratie und kooperative Sicherheit stärken wollen, strategisch-doktrinale Transparenz herrschen und das Denken in Einflusssphären samt seiner Missachtung von nationaler Souveränität enden soll (NATO 1997a, b). Ein Ständiger Gemeinsamer Rat (*Permanent Joint Council*, PJC) sollte monatlich auf Botschafter- und zweimal jährlich auf Ministerialebene unter Beteiligung von Militärs tagen und Themen gegenseitigen Interesses, u. a. Konfliktbearbeitung, Anti-Terror, gemeinsame Operationen, Rüstungskontrolle oder WMD-Proliferation, bearbeiten. Der PJC war somit auf Zusammenarbeit und das Bilden von Vertrauen ausgerichtet, wobei die unabhängige Entscheidungsfähigkeit nicht beeinträchtigt werden sollte (Hill 2018, 136 f.; Peterson Ulrich 2003, 32 f.).

2002 löste der aufgewertete NATO-Russland-Rat (*NATO-Russia Council*, NRC) das PJC ab (NATO 2024o). Während die NATO und Russland im Bereich des Terrorismus durchaus produktiv kooperierten, zeugten Debatten um die von der Bush Jr.-Regierung initiierten Raketenabwehr (*missile defense*, Stationierung von neuen Abfangsystemen in Polen, Rumänien) davon, dass Russland zwar informiert, ihm aber keine Mitentscheidungsrechte eingeräumt wurden. Ideen zu einer russischen Beteiligung am neuen Verteidigungssystem, das gegen Staaten wie Iran gerichtet sein und nicht etwa das russische Nuklearpotential lahmlegen sollte, wurde von den Alliierten letztlich ausgeschlagen, da dies als ein zu tiefer Einblick in militärische Fähigkeiten gesehen wurde (Ratti 2013, 266 ff.). Es entstand der Eindruck, dass die Kooperation mit der NATO nicht auf Augenhöhe stattfand und alte Konfrontationsmuster nicht vollends überwunden werden konnten (Hill 2018, 253 f.; s. auch Wæver 2014, 54 ff.). (Man muss sich wohl auch fragen, ob dies so kurz nach dem Ende des Kalten Kriegs eine realistische Annahme war.)

Die Beziehungen zwischen Russland und den NATO-Staaten verschlechterten sich seit 2006 im Zuge der russischen Unterstützung von Unabhängigkeitsbewegungen in zwei georgischen Teilrepubliken, Abchasien und Südossetien, die bis zum militärischen Eingreifen Moskaus zum Zurückschlagen georgischer Kräfte im Jahr 2008 führte. Die USA favorisierten eine NATO-Mitgliedschaft Georgiens (und der Ukraine), worauf Russland nicht gut zu sprechen war (Hill 2018, Kap. 8). NRC-Treffen wurden bis zum Frühjahr 2009 eingestellt. Zu einer noch deutlicheren Verschlechterung der Beziehungen führte die Invasion der Krim ab Februar 2014 mit ihrer völkerrechtswidrigen Annexion und der darauf aufbauende kriegerische Konflikt im Osten der Ukraine. Durch die gewaltsame Veränderung von Grenzen auf der Krim (bzw. des Versuchs im Konflikt im ukrainischen Donbas) hat sich eine neue Bedrohungsperzeption in der Allianz entwickelt. Alle Kooperationsformate mit Russland wurden von April 2014 bis 2016 komplett eingestellt. Die Arbeit des NRC lief danach ab 2016 mit wenigen Sitzungen pro Jahr und der Feststellung gegenseitiger Uneinigkeit bzgl. der Ukraine, Syriens und Rüstungskontrolle langsam wieder an (NATO 2024o, p). Seit den russischen Einmischungsversuchen in politische Prozesse der NATO-Staaten waren die gegenseitigen Beziehungen bereits auf einem Tiefpunkt angelangt sind. (s. Kap. 4.4, 7; Hill 2018, 370 ff.) – bevor der russische Angriff auf die Ukraine seit dem 24. Februar 2022 diese vollends begrub. Wenngleich der Rat formal nicht aufgelöst ist, tagt er seit Januar 2022 nicht mehr, da der seit 2022 andauernde Konflikt Versuche von Partnerschaftlichkeit und kooperativer Sicherheit bis auf Weiteres beendete (NATO 2024o). Als Konsequenz des Krieges erfolgte am 12. Juli 2023 eine Aufwertung der seit 1997 bestehenden *NATO-Ukraine-Kommission*, die zum damaligen Zeitpunkt deklaratorisch und praktisch nicht auf derselben Ebene wie die Zusammenarbeit mit Russland angesiedelt wurde, zum *NATO-Ukraine-Rat*. Die Kommission begleitete die Partnerschaft auf Basis einer besonderen Kooperationscharta mit der Ukraine (*NATO-Ukraine Charter on a Distinctive Partnership*) seit 1997 zusätzlich zum EAPC und dem PfP-Programm. Kooperation wurde in einer Vielzahl von Bereichen vereinbart, z. B. in der Abrüstung und Rüstungskontrolle, bei Rüstungskäufen, Anti-Drogen- und Anti-Terrorpolitiken, der Streitkräfteinteroperabilität (die Ukraine nahm an Missionen in Jugoslawien teil), der zivilen Kontrolle des Militärs, Verteidigungsplanung oder der Teilnahme an Übungen. Das neue Ratsformat bezieht stets alle Alliierten und das Partnerland ein, wodurch ein höherer Bindungswert an Absprachen und Beschlüsse entsteht, die einstimmig und gemeinsam getroffen werden. Aufgrund der Vielschichtigkeit der Herausforderung, die der Krieg in der Ukraine für das angegriffene Land und die Atlantische Allianz mit sich bringt, ist der Rat heute mit fünf Unterkomitees ausgestattet, die sehr gezielt Aspekte der alliierten Militärhilfe, der strategischen Kommunikation oder hybrider Kriegsführung genauso wie allgemeinen (sicherheits)politischen Dialog betreffen (NATO 2024i).

2.3.6 Die Parlamentarische Versammlung

Wenngleich formal nicht Teil der NATO-Strukturen, existiert seit 1955 eine Parlamentarische Versammlung (NATO-PA) aus Mitgliedern der nationalen Parlamente der NATO-Mitgliedstaaten. Seit 1979 tagt die Parlamentarische Versammlung an rotierenden Orten zweimal jährlich und arbeitet ähnlich nationaler Volksvertretungen auch dazwischen in Ausschüssen. Die Grundsatzidee ist, Parlamentarier*innen in NATO-Themen einzubinden und den transatlantischen Austausch demokratisch legitimierter Vertreter*innen zu fördern, womit die Versammlung das in der Präambel und Art. 2 des Nordatlantikvertrags vorgesehene Wertefundament und transatlantische Solidarität betont. Seit 1967 bestehen formale Kontakte zur NATO durch Besuche des Generalsekretärs, der zu den Empfehlungen der Versammlung Stellung nimmt. Die Versammlung war eine Vorreiterin der Integration der östlichen Staaten Europas nach 1991, die früh einen Beobachterstatus bekamen (Flanagan, 346 f.; Flockhart 2004). Die NATO-PA unterhält auch Kontakte zu weiteren Staaten und Versammlungen anderer Organisationen (EU, OSZE, Europarat; Marschall 2005, 164 f., 198 ff.; NATO-PA o. J.-a, b).

Die Parlamentarische Versammlung der NATO ist eine so genannte *interparlamentarische Versammlung*. Das heißt, dass ihre Mitglieder ein parlamentarisches Mandat auf höchster nationaler Ebene ausüben und in die PA proportional zu ihrer Vertretung in nationalen Parlamenten entsandt werden (Habegger 2005, 20; Marschall 2005, 22 f.). 2024 gehören der NATO-PA 281 Mitglieder an, wobei die verschiedenen Nationen je nach Bevölkerungsstärke unterschiedlich starke Delegationen entsenden (Marschall 2005, 237 f.; NATO-PA o. J.-b).[23] Die fachliche Arbeit wird im Wesentlichen in fünf Ausschüssen geleistet:

- Demokratie und Sicherheit (*Democracy and Security*);
- Verteidigung und Sicherheit (*Defence and Security*);
- Wirtschaft und Sicherheit (*Economics and Security*);
- Politischer Ausschuss (*Political Committee*);
- Wissenschaft und Technologie (*Science and Technology*).

23 Die Plenumssitzungen sind öffentlich und sollen Transparenz erzeugen. Ausschüsse tagen geschlossen, es sei denn, die jeweiligen Gremien beschließen abweichend. Abgeordnete sind frei in ihrer Stimme und nicht an Positionen ihrer nationalen Delegationen gebunden – umgekehrt bindet ihre Positionierung so die Staaten nicht politisch (Marschall 2005, 264, 286 f.).

Diese Ausschüsse sind teils weiter unterteilt und befassen sich mit Herausforderungen und Politiken der Allianz in ihren jeweiligen Kompetenzbereichen. Wie in Parlamenten üblich, verfassen diese Ausschüsse Berichte zu spezifischen Themen sowie auf der *Annual Session* im Herbst Handlungsempfehlungen, die an den Nordatlantikrat, den NATO-Generalsekretär und die nationalen Regierungen weitergeleitet werden (NATO-PA o. J.-b). Der NAC kann ebenfalls Anfragen zu Stellungnahmen an die NATO-PA stellen (Marschall 2005, 165). In der Regel spricht der NATO-Generalsekretär vor der Versammlung, antwortet für die Allianz auf deren Handlungsempfehlungen und unterstützt die NATO-PA mit seiner Expertise (ibid., 200 f.). Die Versammlung führt zudem Seminare und Dialogforen mit Partnerinstitutionen und -ländern durch (Flockhart 2004, 371 ff.; NATO-PA o. J.-b). Die PA erfüllt die wichtige Funktion, die Volksvertretungen an einer gemeinsamen Meinungsbildung im transatlantischen Raum teilhaben zu lassen und so das gesellschaftliche Fundament der Allianz zu untermauern (kritisch s. Šabič 2013, 2016).

2.4 NATO-Kapazitäten und Verteidigungsplanung: Getrennt und gemeinsam

Im Gründungsmoment der NATO wurde die Schaffung gemeinsamer militärischer Kapazitäten zwar angedacht (s. Art. 3, 5 Nordatlantikvertrag), die akuten Umstände führten aber zunächst zum Rückgriff auf vorhandene Kapazitäten der Alliierten und deren Koordination. Bis heute entscheiden Nationalstaaten zwar NATO-koordiniert, aber meist unabhängig, welche militärischen Kapazitäten sie vorhalten wollen, ob sie z. B. Fähigkeiten entlang des kompletten militärischen Aufgabenspektrums – also von Landesverteidigung über Krisenmanagementmissionen bis hin zur Expeditions- und Kriegsfähigkeit[24] – haben oder Atomwaffen besitzen wollen. Einerseits wird so das Demokratieprinzip umgesetzt, das vor allem in der Bundesrepublik Deutschland die Streitkräfte einer strikten parlamentarischen Kontrolle unterzieht und das Budgetrecht bei den nationalen Parlamenten belässt. Andererseits entstehen durch diese nationalen Entscheidungsprozesse aber Probleme für eine gemeinsame Verteidigungsplanung. Dies kann z. B. das Fehlen bestimmter Fähigkeiten sein (europäische Lufttransportkapazitäten sind lange schon ein wunder Punkt), eine starke Unterentwicklung von

24 Deutschland ist das Führen von Angriffskriegen nach Art. 26 GG verboten.

Teilstreitkräften (wie Panzer gegenüber Russland) oder im umgekehrten Fall die Duplizierung von Kapazitäten (z. B. die Existenz verschiedener Waffensysteme für denselben Zweck, wie Jagdflugzeuge). Nicht zuletzt stecken dahinter nationale industriepolitische Entscheidungen oder Sorgen um die Wahrung nationaler Souveränität. Letzterer Punkt ist vor allem für Mächte wie Frankreich, Großbritannien oder die USA relevant, die sich entschlossen haben, das volle Spektrum militärischer Fähigkeiten aufrechtzuhalten.

Verschiedene Staaten haben sich mittlerweile entschlossen, Fähigkeiten gar nicht vorzuhalten, zu *poolen* oder gemeinsam zu entwickeln. Ein Extremfall ist Island, das mit Ausnahme einer Küstenwache komplett auf ein eigenes Militär verzichtet und von NATO-Verbündeten Unterstützung bei der Landesverteidigung erhält. Der Luftraum einiger Staaten wird von den Alliierten gemeinsam überwacht, wenn die Länder nicht über eigene Luftwaffen verfügen (NATO 2019a). Belgien und die Niederlande koordinieren ihre Marinekräfte seit den 1950er Jahren bereits sehr eng (BENESAM-Abkommen, Sauer 2015). Diese Art der Zusammenarbeit wird als *pooling* bezeichnet, weil die Staaten nationale Kapazitäten zwar erhalten (sowohl die Niederlande als auch Belgien haben Fregatten und Minenräumboote), aber sie gemeinsam nutzen und führen. Eine wiederum andere Form der Zusammenarbeit ist die bi- oder multinationale Entwicklung spezifischer Waffensysteme, wie die deutsch-französisch-spanische Kooperation für das FCAS (*Future Combat Air System*) oder der seit den 1980er Jahren von denselben Ländern entwickelte *Tiger*-Kampfhubschrauber. Die Projekte unterliegen meist spezifischen Vereinbarungen. Das FCAS ist somit nicht etwa ein von der NATO entwickeltes Kampfflugzeug samt weiteren Begleitsystemen wie unbemannten Drohnen, sondern eines der Mitgliedstaaten, das zudem in Konkurrenz zu Produkten anderer Alliierter steht, wie z. B. dem *F35 Joint Strike Fighter*, der unter Leitung der USA mit vielen anderen NATO-Alliierten und befreundeten Staaten entwickelt wurde. Nationale industriepolitische Aspekte (und manchmal auch Prestige) werden an diesen Beispielen klar. Diese Probleme machen deutlich, dass Kooperation in einer Allianz trotz offensichtlicher Vorteile (Kostenreduktion, Interoperabilität) nicht konfliktfrei verläuft, was theoretischen Annahmen des Institutionalismus entspricht, der nicht von einer rein funktionalistischen Kooperationslogik (*form follows function*) ausgeht.

Um die Verteidigungsplanungen der Armeen der 32 NATO-Mitgliedstaaten dennoch ansatzweise zu koordinieren und in Übereinstimmung mit festgelegten Aufgaben zu bringen, gibt es in der Allianz den so genannten

NATO Defence Planning Process (NDPP). In Vierjahreszyklen legt der NDPP mögliche Einsatzbereiche und Umfänge von NATO-Missionen fest und definiert die militärischen Mittel, die für die Durchführung der Missionen notwendig sind. Entsprechend der festgelegten Lastenverteilung innerhalb der Allianz tragen unterschiedliche Mitglieder unterschiedliche Lasten und bekennen sich zur Entwicklung spezifischer Kapazitäten (Fleischer 2015; Major 2019, 33 f.). Der NDPP umfasst z. Zt. 14 Planungsbereiche, die alle zwei Jahre evaluiert werden:

NATO Defence Planning Process: Planungsbereiche	
Cyberabwehr	nukleare Abschreckung
Flugplanung	Ressourcen
command and control	Standardisierung & Interoperabilität
Logistik	Streitkräfteplanung
Luftverteidigung und Raketenabwehr	Waffensysteme
medizinische Versorgung	Wissenschaft und Technologie
nachrichtendienstliche Aufklärung	zivile Notfallplanung

Tabelle 7: NDPP-Planungsbereiche (Quelle: NATO 2022e, eigene Darstellung)

Die Unterschiedlichkeit dieser Planungsprozesse zeigt, dass die alliierte Verteidigungsplanung über Fragen der Rüstungspolitik hinausgeht und andere Aspekte von Konflikten wie Zivilschutz oder Nachrichtendienste genauso einschließt wie die Querschnittsaufgaben Standardisierung, Interoperabilität und Ressourcenausstattung. Der NDPP muss zivile und militärische, aber auch finanzielle und technologische Aspekte vereinen, die sehr unterschiedlichen Zeiträumen unterliegen. Daher differenziert der NDPP zwischen drei Planungszeiträumen: kurzfristig (0-6 J.), mittelfristig (7-19 J.) und Langfristvorhaben (20+ J., ibid.).[25] Aufgrund des Umfangs und der Komplexität dieser Planungsprozesse stellt die permanente Existenz multilateraler NATO-Institutionen einen enormen Vorteil dar. Die im

25 In diesem Prozess gilt interessanter Weise eine angepasste Konsensregel, die besagt, dass ein Alliierter nicht einem ihm zugewiesenen capability target package widersprechen kann, wenn alle anderen Alliierten der Meinung sind, dass der betreffende Staat diese Ziele erreichen sollte (NATO 2022e).

Kapazitätsentwicklungsbereich teils Jahrzehnte langen Planungsprozesse können so maßgeblich unterstützt werden.

Wegen der nationalen Hoheit über die Verteidigungsplanung hat die Allianz selbst nur ein kleines eigenes Budget von ca. $4,2 Mrd. (2024, s. NATO 2024j) für die zivile und militärische Kommandostruktur sowie gemeinsame Einrichtungen und Kapazitäten. Demgegenüber stehen Verteidigungsausgaben der Mitgliedstaaten von insgesamt ca. $1,474 Billionen (2024, s. NATO 2024k). Das entspricht einer Steigerung von ca. 30 % seit 2014, dem Jahr der russischen Kriminvasion, wobei hier die späteren Beitritte von Finnland, Montenegro Nordmazedonien und Schweden zu berücksichtigen sind, die Gesamtverteidigungsausgaben automatisch erhöhten. Eigene militärische Kapazitäten der Allianz beschränken sich auf folgende Bereiche und Waffensysteme:

Abbildung 5: AWACS-Maschine der NATO (Quelle: NATO)

- 14 Flugzeuge des *Airborne Warning & Control System* (AWACS), von 19 Alliierten betrieben, für Luftraumüberwachung, Kommando- und Gefechtsmanagement (NATO 2023e);
- *Strategic Airlift Capability* (SAC): Lufttransportflotte, von zwölf Alliierten gemeinsam betrieben, die sich Anschaffungs- und Betriebskosten der Flotte teilen; Betrieb durch ein multilaterales Kommando (NSPA o. J.; Giegerich 2012a, 27);
- *Alliance Ground Surveillance* (AGS)-Drohnensystem zur Bodenüberwachung, von 15 NATO-Mitgliedern für die Allianz angeschafft, NATO-gemeinsame Übernahme der Betriebskosten (NATO 2023d).

Diese wichtigen, aber im Verhältnis zu den im nationalen Besitz verbleibenden Kapazitäten verschwindend geringen NATO-gemeinsamen Systeme unterstreichen den Charakter der Allianz als Zusammenschluss souveräner Staaten, die nur wenig Kontrolle über den letztlichen Einsatz militärischer Macht abgeben. Gleichzeitig sollte diese kurze Liste nicht darüber hinwegtäuschen, dass die NATO wesentliche Trainings- und Kommandozentren unterhält oder bezuschusst und Kommando- und Kontrollfähigkeiten bereitstellt, die diese und andere nationale Systeme erst für die Allianz als Ganzes adäquat nutzbar machen. Neben der gesamten Planungsinfrastruktur an sich gehören auch Bereiche wie Cyberverteidigung oder zentrales nachrichtendienstliches Personal zu Allianzkapazitäten im weiteren Sinne. Die NATO nimmt somit die ihr zugedachte Rolle als strategische *Ermöglicherin* (*strategic enabler*) von Verteidigungspolitik ein, für die sie integrierte und/oder interoperable Funktionsmöglichkeiten geschaffen hat.

2.5 Finanzen und Budgets

Die Finanzierung der NATO und ihre Budgets unterliegen verschiedenen Finanzierungsmodellen und -kanälen. Zwei wichtige Unterscheidungen müssen dabei getroffen werden: Zum einen die zwischen permanenten und projekt- oder missionsbezogenen Ausgaben und zum anderen Ausgaben der NATO selbst oder ihrer Mitgliedstaaten. Besonders letzterer Punkt gerät in der öffentlichen Debatte häufig durcheinander.

2.5.1 Militärbudgets der Mitgliedstaaten und die Rolle der USA

Die NATO hat für sich nur ein relativ kleines Budget zur Verfügung, wenn man es mit den gesamten Militäretats der Mitgliedstaaten vergleicht. 31 der 32 NATO-Mitgliedstaaten haben nach der Berechnungsmethode der NATO im Jahr 2024 zusammen $1,474 Mrd. für ihr Militär ausgegeben. Neben Island, das keine Militärausgaben im engeren Sinn hat, weist Montenegro mit $162 Mio. (!) den geringsten Wehretat auf, gefolgt von Nordmazedonien ($353 Mio.) und Albanien ($516 Mio.). Im Mittelfeld liegen Staaten wie die Niederlande, Norwegen, Schweden, Spanien oder die Türkei ($10-23 Mrd.) sowie Kanada ($30 Mrd.), Italien ($34 Mrd.) und Polen ($35 Mrd.). In die Hochausgabengruppe kommen Frankreich (ca. $64 Mrd.), das Vereinigte

Königreich ($82 Mrd.) und Deutschland ($98 Mrd.). Spitzenreiter in den Militärausgaben sind die USA mit $968 Mrd., also fast dem Zehnfachen des Militäretats Deutschlands (NATO 2024k).[26]

Militärausgaben der NATO-Staaten 2024 in $ Mio. und Prozentanteil des Bruttoinlandprodukts NB: Island unterhält keine Streitkräfte und ist deshalb nicht aufgeführt. 2024er Zahlen beinhalten bereits Finnland und Schweden.					
Land	**2024 total**	**% des BIP**	**Land**	**2024 total**	**% des BIP**
Albanien	516	2,0	Montenegro	162	2,0
Belgien	8.519	1,3	Niederlande	21.460	2,1
Bulgarien	2.325	2,2	Nordmazedonien	353	2,2
Dänemark	9.940	2,4	Norwegen	10.606	2,2
Deutschland	97.686	2,1	Polen	34.975	4,1
Estland	1.437	3,4	Portugal	4627	1,6
Finnland	7.308	2,4	Rumänien	8644	2,3
Frankreich	64.271	2,1	Schweden	13.428	2,1
Griechenland	7.684	2,1	Slowakei	2841	2,0
Großbritannien	82.107	2,3	Slowenien	949	1,3
Italien	34.462	1,5	Spanien	21.269	1,3
Kanada	30.495	1,4	Tschechien	6834	2,1
Kroatien	1.624	1,8	Türkei	22.776	2,1
Lettland	1.421	3,2	Ungarn	4889	2,1
Litauen	2.300	2,9	USA	967.707	3,4
Luxemburg	785	1,3			

Tabelle 8: Militärausgaben der NATO-Mitgliedstaaten (Quelle: NATO 2024k, eigene Darstellung)

26 Die NATO hat eine standardisierte Berechnungsmethode für alle Länder, was heißt, dass bei diesen durchweg geschätzten/angekündigten Zahlen für 2024 im Falle Deutschlands das sogenannte *Sondervermögen* für die Bundeswehr von €100 Mrd. teilweise mit einberechnet worden sein muss.

Nach dieser Rechnung fallen in den USA 66 % der Militärausgaben aller NATO-Staaten an. Das sind 3 % weniger als 2019. Wenn in der öffentlichen Debatte also vereinfachend davon die Rede ist, dass die USA ca. drei Viertel der Militärausgaben der Allianz tragen, so meint dies in Wirklichkeit den Anteil der zusammengerechneten Militärausgaben der Nationalstaaten. Nach teils erheblichen Einsparungen im Zuge der Finanzkrise kann bereits seit 2016 ein steigender Trend der Ausgaben in den meisten Staaten festgestellt werden (NATO 2024k), was mit der neuen Bedrohungslage nach der russischen Kriminvasion in 2014, der ISIS-Bedrohung, jüngst dem Ukrainekrieg sowie länderspezifischen Aspekten (z. B. Terroranschläge) zusammenhängt.

Besondere politische Relevanz hat in den letzten Jahren die Zahl des prozentualen Anteils am BIP, der für Verteidigung ausgegeben wird, gewonnen. Auf dem Waliser Gipfel (2014) beschlossen die Mitgliedstaaten, dass um das Jahr 2024 herum alle Mitglieder 2 % ihres BIPs für Verteidigung aufwenden sollen. Von diesen 2 % sollen wiederum 20 %, also ein Fünftel, für Investitionen in Forschung und Entwicklung sowie Kapazitäten ausgegeben werden (NATO 2014, Art. 14). Damit wurde ein Ziel für alle Alliierten verbindlich festgeschrieben, das bereits im Jahr 2002 als Absichtserklärung zur Allianzreform und wegen des Beitritts neuer Staaten formuliert wurde (Deutschlandfunk 2019; Kamp 2019, 2). Dieser Fokus auf eine Erhöhung der Verteidigungsausgaben geht auf eine lange zurückreichende US-amerikanische Frustration gegenüber sinkenden europäischen (und kanadischen) Budgets seit dem Ende des Kalten Kriegs zurück, die sich nach der Finanzkrise und dem gestiegenen US-amerikanischen Fokus auf Asien seit Obama (*pivot to Asia*) zuspitzte.

Im Jahr 2018 gaben die USA 3,3 % ihres BIP für Verteidigung aus. Das 2 %-Ziel erreichten 2018 neben den USA nur Griechenland, das Vereinigte Königreich, Estland, Lettland und Polen. Deutschland und Italien hatten quasi dieselben BIP-Anteile an Verteidigungsausgaben (ca. 1,2 %), das BIP der Bundesrepublik war aber 2018 fast doppelt so hoch wie das Italiens. Deutschland gab dementsprechend ca. $49 Mrd. für Verteidigung aus und Italien $25 Mrd. (NATO 2024k).

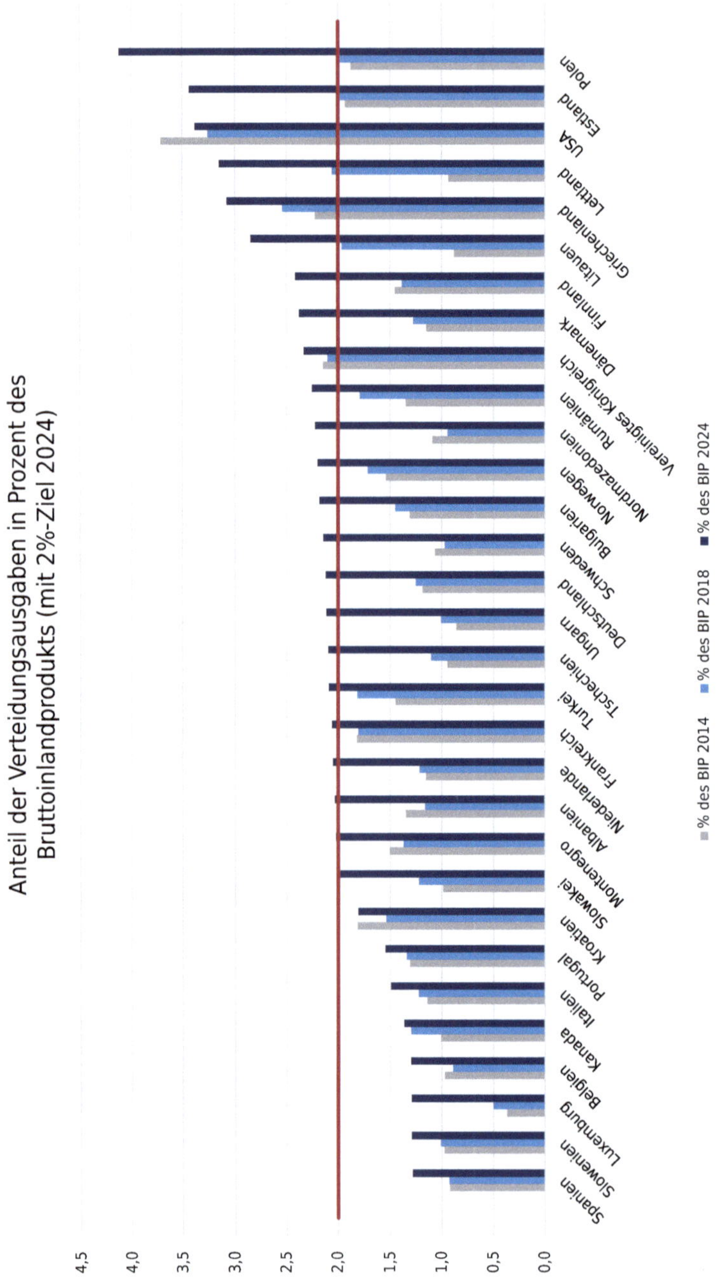

Abbildung 6: Anteil Verteidigungsausgaben der NATO-Staaten am BIP in Prozent (Quelle: NATO 2024k, eigene Darstellung)

Die oben dargestellten Zahlen – und dabei vor allem die BIP-Anteile – sind der Hauptgrund für die auf den Vorwurf der Vorteilsnahme abzielenden Attacken von Donald Trump auf die NATO (s. Kap. 4.4.2). Kritik an einer unfairen Lastenverteilung in der Allianz (*burden-sharing*) sind aber schon fast so alt wie das Bündnis selbst (Überblick in Kunertova 2024). Sie hat allerdings seit den 2000er Jahren politisch an Virulenz gewonnen (s. Gates 2011), unter anderem im Zuge des Kriegs gegen den Terror (*war on terror*) und der steigenden Bedeutung von Asien (*pivot to Asia*) in der US-Außenpolitik und Militärstrategie (Deni 2021, 196 f.). Wenngleich durch (oder zumindest parallel mit) Trumps Kritik die Ausgaben einiger Staaten bereits angestiegen sind, sind die größten Zuwächse seit Beginn des Ukrainekriegs in 2022 zu verzeichnen. Mittlerweile (2024) erfüllen 23 von 31 Allianzmitgliedern (ohne Island gerechnet) die vereinbarte 2 %-Hürde, was als bedeutender Fortschritt auf der Ausgabenseite gewertet werden kann. Natürlich darf beim Betrachten von BIP-Anteilen nicht vergessen werden, dass eine Erhöhung der Verteidigungsausgaben auf zwei Prozent in Deutschland oder Frankreich eine wesentlich höhere Zunahme an Ausgaben bedeutet, als wenn Belgien zwei Prozent erreicht. Ob die Erreichung des 2 %-Ziels innenpolitisch oder außenpolitisch wünschenswert ist, steht auf einem anderen Blatt Papier und kann kontrovers diskutiert werden (s. Kap. 4, Zwischenfazit).[27]

2.5.2 Finanzierung der NATO

Während die nationalen Verteidigungsbudgets häufig als *indirekte* Finanzierung der NATO bezeichnet werden, überweisen die Mitgliedstaaten ebenfalls einen kleinen Anteil aus ihren Verteidigungsbudgets zur Finanzierung der Strukturen und ihrer Aufgaben *direkt* an die NATO. Hierfür gibt es eine Faustregel von ≤ 0,5 % des nationalen Verteidigungsetats,[28] realiter einigen sich die Staaten aber untereinander, nach ihren jeweiligen Möglichkeiten

27 Trotz der aktuellen Erhöhungen des Verteidigungsetats und trotz des Sondervermögens ist die Frage berechtigt, ob die momentane Ausgabenhöhe reicht, um die Landesverteidigung und Bündnisfähigkeit Deutschlands im Falle eines Angriffs auf das eigene Territorium oder einen Alliierten zu sichern. Diese Fähigkeiten werden von Fachleuten nach wie vor in Zweifel gezogen, wenngleich die jüngsten politischen Initiativen im Zuge des Krieges und des Sondervermögens dazu beitragen, diese Probleme zu adressieren. Mittlerweile wird in der Allianz eine Debatte um 3-5 % geführt.

28 Im Falle der USA ist dieser Anteil aufgrund ihres hohen Verteidigungsetats gedeckelt.

zum Allianzbudget für zivile (2019: ca. $266 Mio.; 2024: ca. $454 Mio.; 2028: ca. $653 Mio.) und militärische Strukturen und Kapazitäten (2019: ca. $1,6 Mrd.; 2024: ca. $2,3 Mrd.; 2028: ca. $3,4 Mrd.) sowie zum *NATO Security Investment Programme* (NSIP, 2019: ca. $785 Mio.; 2024: ca. $1,4 Mrd.; 2028: ca. $3,9 Mrd.), einem Fonds für strategische und taktische, zivile und militärische Infrastruktur, beizutragen. Hieraus ergibt sich ein aktueller Finanzbedarf von ca. $4,2 Mrd. für die permanenten Ausgaben der Allianz in 2024 (2025 bereits ca. $4,7 Mrd.). Die Entwicklung der Zahlen über die vergangenen Jahre und der Ressourcenplan 2025-2028/30 zeigen somit eine deutliche Steigerung, sowohl mit Blick auf das zivile als auch insbesondere das militärische Budget der Allianz. 2019 betrug das Gesamtbudget noch $2,7 Mrd. (NATO 2024j, g). Bis ins Jahr 2020 waren auch bei dieser direkten NATO-Finanzierung die USA mit 22,1 % die größten Lastenträger. Dahinter folgten Deutschland mit 14,8 % der Ausgaben sowie mehrere große Staaten (Frankreich, UK) mit ca. 10 %, während Polen oder die Niederlande um 3 % lagen. Auch Island steuerte 0,06 % bei und lag damit noch vor Montenegro (0,03 %, alle Zahlen NATO 2024j).

Mitglied-staaten	**Vereinbarte Kostenverteilung** Anteile in Prozent (%)			
	2018-19	**2020**	**2021-24**	**2024 (NATO-32)**
Albanien	0,08	0,08	0,09	0,0882
Belgien	1,95	1,95	2,10	2,0447
Bulgarien	0,34	0,34	0,37	0,3552
Dänemark	1,22	1,22	1,31	1,2744
Deutschland	14,76	14,77	16,34	15,8813
Estland	0,12	0,12	0,12	0,1213
Finnland	-	-	-	0,9057
Frankreich	10,50	10,50	10,49	10,1940
Griechenland	0,98	0,98	1,06	1,0273
Großbritannien	10,46	10,46	11,28	10,9626

Mitglied-staaten	**Vereinbarte Kostenverteilung** Anteile in Prozent (%)			
Island	0,06	0,06	0,06	0,0624
Italien	8,14	8,14	8,78	8,5324
Kanada	6,38	6,38	6,88	6,6840
Kroatien	0,28	0,28	0,30	0,2910
Lettland	0,15	0,15	0,16	0,1550
Litauen	0,24	0,24	0,26	0,2493
Luxemburg	0,16	0,16	0,17	0,1645
Montenegro	0,03	0,03	0,03	0,0283
Niederlande	3,20	3,20	3,45	3,3528
Nordmazedo-nien	-	0,07	0,08	0,0756
Norwegen	1,65	1,65	1,78	1,7267
Polen	2,77	2,77	2,99	2,9015
Portugal	0,97	0,97	1,05	1,0194
Rumänien	1,14	1,14	1,23	1,1931
Schweden	-	-	-	1,9277
Slowakei	0,48	0,48	0,52	0,5014
Slowenien	0,21	0,21	0,28	0,2212
Spanien	5,55	5,55	5,99	5,8211
Tschechien	0,98	0,98	1,06	1,0259
Türkei	4,38	4,38	4,73	4,5927
Ungarn	0,70	0,70	0,76	0,7380
USA	22,14	22,14	16,34	15,8813

Tabelle 9: Kostenverteilung direktes NATO-Budget (Quelle: NATO 2024j, inkl. Unterseiten, eigene Darstellung).

Ende des Jahres 2019 gab es eine Einigung auf eine neue Kostenaufteilung für das direkte Budget, die vor allem den deutsch-amerikanischen Streit um zu geringe deutsche Militärausgaben und Beiträge zur NATO mildern sollte (von Salzen 2019; Welt.de 2019). Nach dieser Einigung tragen Deutschland und die USA ab 2021 jeweils gleich viel – 16,34 % – zum direkten NATO-Budget bei (NATO 2024j). Dadurch steigt der deutsche Beitrag von $351 Mio. auf $388 Mio. (2021-24), während der amerikanische um $138 Mio. im Jahr geringer ausfällt. Die verbliebene Differenz aus dem geringeren US-Anteil zahlen alle Alliierten außer Frankreich, das wegen einer grundsätzlichen Ablehnung dieses Deals auf gleichem Level bleibt (von Salzen 2019).[29] Zwischenzeitlich haben sich durch den russischen Angriffskrieg gegen die Ukraine und den darauffolgenden Beitritt Finnlands und Schwedens allerdings sowohl die prozentualen Beiträge (leicht nach unten) als auch das absolute Budget (nach oben) verändert, sodass die realen Beträge leicht abweichen. Der Konflikt bezüglich der weitaus gewichtigeren indirekten Finanzierung der NATO – sowohl, was die nationalen Verteidigungsetats als auch die indirekten Kosten durch Truppenstellung und die Teilnahme an Missionen angeht – wird dadurch jedoch nicht gelöst. Zweifelsohne haben hier aber im Zuge des Ukrainekriegs Anpassungen stattgefunden, vor allem auf europäischer Seite.

2.5.3 NATO-Budgets

Die oben beschriebene Kostenaufteilung der direkten Beiträge zur NATO macht nur einen Teil des Budgets der Allianz aus, das sich zudem auf zivile und militärische Ausgaben und Aufgaben erstreckt. Es gibt in der NATO viele weitere Finanzierungsmechanismen, die sich grob anhand von vier Kategorien unterscheiden lassen: zivile Ausgaben, militärische Permanentausgaben, militärische Projektausgaben und Missionsausgaben (NATO 2024j).

29 Frankreich fürchtet eine generelle Rückzugsstrategie der USA aus der Mitarbeit und Mitfinanzierung internationaler Institutionen und wollte dieses Quid pro quo daher nicht unterstützen.

- *ziviles Budget*: Kosten für administrative, politische Governance (IS-Ausgaben); Gebäudeinfrastruktur und Sicherheit;[30]
- gemeinsames *militärisches Budget*: Kosten für die integrierte Kommandostruktur (inkl. IMS, ohne Sold); 35 Unterbudgets, inkl. AWACS, Operationshauptquartiere;
- *projektbezogene Budgets*: Verwaltung von nationalen Geldern durch NATO(-Agenturen), z. B. Rüstungsprojekte; NATO Security Investment Programme, kritische gemeinsame Infrastruktur;
- *indirektes Budget*: Missionskosten, von truppenstellenden Staaten getragen (außer NATO-Infrastruktur, s. gemeinsames Budget). Fälschlicherweise hierunter oft auch Diskussion über nationale Verteidigungsetats (s. o.; NATO 2024j)

Zusammenfassend hängt die budgetäre Ausstattung der NATO somit von drei Faktoren ab. Erstens ist die Allianz bei der Durchführung kollektiver Sicherheitsmissionen (indirekte Ausgaben) stark von der Bereitschaft der Mitgliedstaaten abhängig, Missionen auszuführen und dafür Kosten zu übernehmen. Zweitens ist das direkte Budget der NATO vom Gelingen von Aushandlungsprozessen zwischen allen 32 Mitgliedstaaten abhängig. Zwar gibt es einen allgemein anerkannten Kostenaufteilungsschlüssel, doch sind diese Aushandlungsprozesse politischen Konjunkturen von Einheit und Missstimmungen unterworfen. Drittens und abschließend ist der Unterschied der nationalen Verteidigungsetats der 31 europäischen Alliierten und Kanadas einerseits und der USA andererseits eklatant, auch wenn er seit 2022 geringer geworden ist. Dies hängt natürlich zunächst mit der globalen Rolle zusammen, die die USA sicherheitspolitisch weit über die NATO hinaus innehat, spielt in politisch angespannten Situationen wie der Trump-Präsidentschaft aber in die Hände derer, die eine 66:34 %-Aufteilung (USA/Rest) der Verteidigungsausgaben als nicht länger tragbar ansehen. Die Angleichung des direkten Budgetfinanzierungsanteils der NATO zwischen Deutschland und den USA ändert hieran nichts. Zwar war der Ton während der Präsidentschaft Joe Bidens zwischen Europa/Kanada und den USA wieder ziviler, die starken Unterschiede haben sich aber weder dadurch noch durch den Ukrainekrieg nivelliert. Letztlich sagt die Höhe der Vertei-

30 Dieser Budgetteil wird meist von den Außenministerien der Mitgliedstaaten getragen, während das gemeinsame miltärische Budget aus Verteidigungshaushalten stammt (NATO 2024j).

digungsausgaben zumindest mittelbar etwas über die Einsatzfähigkeit einer Armee für die Allianz aus.

2.6 Zusammenfassung: Die NATO als Vehikel amerikanischer Hegemonie versus die Macht der Institution

Dieses Kapitel hatte den Zweck, seine Leser*innen mit den institutionellen Grundlagen, die die Allianz organisatorisch definieren, und damit verbundenen politischen Aspekten vertraut zu machen, die das Bündnis in seinem täglichen Handeln prägen. Unter Mithilfe des Institutionalismus konnte verdeutlicht werden, warum die NATO in einigen Bereichen der Sicherheits- und Verteidigungspolitik intensiv zusammenarbeitet und einzigartige kooperative Institutionen, Praktiken und Politiken in diesen politischen Feldern geschaffen hat. Trotzdem bleibt die NATO eine intergouvernementale Institution, deren Strukturen in ihrer Existenz und ihrem Handeln an die Vorgaben der Mitgliedstaaten, Kooperationswillen und Einstimmigkeit gebunden sind. Es besteht allerdings eine verbindliche Kultur der Konsenssuche (Pouliot 2016, 90). Diese Konstellation hat zur Folge, dass der Großteil militärischer Kapazitäten und Entscheidungen auf nationalstaatlicher Ebene verbleibt. Vor allem im Bereich der Kapazitätsplanung und Beschaffung wären noch große Zuwächse an Kooperation und Integration möglich, die Kosten reduzieren und die gemeinsame Handlungsfähigkeit und Interoperabilität vergrößern würden, aber letztlich sind hier zentrale Fragen der nationalen Souveränität, des technologischen Knowhows und der Unabhängigkeit sowie der Industriepolitik miteinander verknüpft, die bereits nationalstaatlich nicht einfach zu lösen sind.

Die Diskussion der Grundlagen der Allianz, vor allem bezüglich der Finanzen, hat auch das große Gewicht der USA herausgestellt. Seit der Gründung 1949 sind die US-Amerikaner*innen der militärisch stärkste Bündnispartner. Die europäischen Staaten akzeptierten in Anbetracht der Blockkonfrontation daher einen gewissen Grad an Gefolgschaft gegenüber den USA. Auch nach dem Ende des Kalten Kriegs hat sich an dieser Machtverteilung nichts geändert, da die finanzielle Lastenverteilung noch einseitiger wurde. Mit dem Willen und den Mitteln, ein sicherheitspolitischer Akteur globaler Reichweite zu sein, haben die USA automatisch eine Führungsposition in der NATO (Überblick bei Sloan 2024), die sich z. B. in der Tradition äußert, dass der SACEUR stets ein US-Amerikaner ist. Weitere Merkmale dieser Führungsposition sind auch die Ausrichtung von NATO-Doktrinen an amerikanischen Vorlagen, die hohen US-amerikanischen Truppenkontingente bei gemeinsamen Missionen wie in Afghanistan oder die Tendenz der USA, Rüstungsprojekte und -produkte eigener Firmen in der Allianz bzw. bei den Alliierten platzieren zu wollen. Weder kleine Bündnispartner noch größere spielen hier in derselben Liga wie die USA – und dies in vollem Bewusstsein. Man kann den USA also auch nicht verübeln, dass sie führen, wenn andere das nicht können oder wollen.

Gleichwie gibt es jedoch Grenzen der Gefolgschaft, die wir z. B. in der französischen Entscheidung zum Verlassen der Militärstrukturen 1966 oder im Irakkrieg 2003 gesehen haben, und Momente, in denen die US-Amerikaner*innen in ihrem Führungsanspruch *über die Stränge schlagen.* Trotzdem ermöglicht gerade in solchen Situationen die NATO mit ihren Strukturen, dass auch die Positionen anderer, kleiner wie großer Staaten gehört werden und berücksichtigt werden müssen, wenngleich die USA mit ihrer Macht und Expertise Entscheidungen in ihre Richtung lenken können (Rösch 2016, 171 ff.). Die Probleme und Leistungen dieser Kooperation sollen in den nächsten Kapiteln aus verschiedenen Perspektiven vertieft werden.

2.7 Diskussionsfragen und weiterführende Literatur

Diskussionsfragen:

- Welche Sicht hat der Institutionalismus auf die Möglichkeiten und Chancen internationaler Kooperation?
- Wie verändern Institutionen internationale Politik?
- Welche verschiedenen Interessen mussten bei der Gründung der Allianz und der Auswahl der Mitglieder unter einen Hut gebracht werden?
- Welche Bedeutung kommt der Existenz gemeinsamer politischer und militärischer Strukturen in der NATO zu? Wobei helfen sie ihr, was machen sie möglich, was erschweren sie?
- Welche Vorzüge und Nachteile hat das Konsensprinzip?
- Welche Rolle kann der Generalsekretär in der NATO spielen? Worauf muss er bei seinen Initiativen Rücksicht nehmen?

- Welche Faktoren spielen bei der Budgetplanung und den Finanzen der NATO eine Rolle und wo liegt Konfliktpotential?
- Warum hat die NATO nur wenige eigene Kapazitäten und wie funktioniert dann die Verteidigungs-/ Einsatzplanung? Auf welche Probleme stößt sie durch den notwendigen Rückgriff auf nationale Kapazitäten?

Weiterführende Literatur:

Baylis, John (2024). „The Origins of NATO." In *Routledge Handbook of NATO*, hrsg. v. John Andreas Olsen. London and New York: Routledge, 15-27.

Dülffer, Jost (1999). *Jalta, 4. Februar 1945 – der Zweite Weltkrieg und die Entstehung der bipolaren Welt.* München: dtv.

Ehlert, Hans, Christian Greiner, Georg Meyer und Bruno Thoß, Hrsg. (1993). *Anfänge westdeutscher Sicherheitspolitik 1945-1956: Band 3, Die NATO-Option.* München: Oldenbourg.

Haftendorn, Helga, and Otto Keck, Hrsg. (1997). *Kooperation jenseits von Hegemonie und Bedrohung. Sicherheitsinstitutionen in den internationalen Beziehungen.* Baden-Baden: Nomos.

Haftendorn, Helga, Robert O. Keohane, and Celeste A. Wallander, Hrsg. (1999). *Imperfect Unions. Security Institutions over Time and Space.* Oxford and New York: Oxford University Press.

Harbutt, Fraser J. (2010). *Yalta 1945: Europe and America at the crossroads.* Cambridge (UK): Cambridge University Press.

Hendrickson, Ryan C. (2006). *Diplomacy and War at NATO: The Secretary General and Military Action After the Cold War.* Columbia (MO): University of Missouri Press.

Krell, Gert und Harald Müller, Hrsg. (1994). *Frieden und Konflikt in den internationalen Beziehungen. Festschrift für Ernst-Otto Czempiel*, Studien der Hessischen Stiftung Friedens- und Konfliktforschung, Bd. 26. Frankfurt am Main: Campus.

Pedlow, Gregory W. (2024). „NATO, 1949-1967." In *Routledge Handbook of NATO*, hrsg. v. John Andreas Olsen. London and New York: Routledge, 28-40.

Rynning, Sten (2024). *NATO. From Cold War to Ukraine, a History of the World's Most Powerful Alliance.* New Haven (CT): Yale University Press.

Sloan, Stanley R. (2024). „NATO and the United States." In *Routledge Handbook of NATO*, hrsg. v. John Andreas Olsen. London and New York: Routledge, 211-222.

Wallander, Celeste A. (1999). *Mortal Friends, Best Enemies*: German-Russian Cooperation after the Cold War. Ithaca et al. (NY): Cornell University Press.

3 Kollektive Verteidigung während des Kalten Kriegs: Beistand, Bipolarität, Atomwaffen und Krisen

Dieses Kapitel bespricht die kollektive Verteidigungsstrategie und die daraus erwachsenden Handlungen und Praktiken des transatlantischen Bündnisses während des Kalten Kriegs mit der Sowjetunion. Dazu werden zunächst der Neorealismus und die neorealistische Allianztheorie vorgestellt, die als zentrale Theorien zur Erfassung sicherheitspolitischen Handelns von Staaten gelten und mit Bezug zur NATO auch den Aspekt der US-Hegemonie diskutieren (3.1). Diese Theorien sollen die folgenden Ausführungen rahmen. Abschnitt 3.2 befasst sich mit dem Aufbau der kollektiven Verteidigung zwischen 1949 und 1955. Den Veränderungen der kollektiven Verteidigung durch die deutsche Wiederbewaffnung im Jahr 1955 wird in Abschnitt 3.3 nachgegangen. Zentral für das Verständnis der Blockkonfrontation während des Kalten Kriegs sind zudem Fragen der Nuklearstrategie (3.4) und der Abrüstung (3.5). Dabei werden zentrale Krisen wie die Kuba- und Berlinkrisen oder der NATO-Doppelbeschluss dargestellt, die als *heiße* Episoden der Auseinandersetzung gelten. In Abschnitt 3.6 wird ein kurzes Résumé über den betrachteten Zeitraum seit 1949 gezogen, bevor sich Abschnitt 3.7 mit dem vorläufigen Schlussstrich unter die Blockkonfrontation, dem Ende des Kalten Krieges seit dem deutschen Mauerfall im Jahr 1989 und dem darauffolgenden Ende der Sowjetunion bis 1991 befasst.

3.1 Theorie: Neorealismus und neorealistische Allianztheorie

Der Neorealismus, und vor ihm der Klassische Realismus (Carr 1939; Herz 1951; Morgenthau 1948), gilt seit den 1980er Jahren trotz einer mittlerweile deutlich ausdifferenzierteren Theorielandschaft und grundlegender Kritik (Keohane 1986; Lebow und Risse-Kappen 1995) nach wie vor als Basistheorie der Internationalen Beziehungen, vor allem im Feld Sicherheit. Wenngleich gerade die NATO mit ihrer Langlebigkeit und ihrer Anpassungsfähigkeit zur Theoriebildung über Sicherheits- und Verteidigungszusammenarbeit jenseits neorealistischer Erklärungen beigetragen hat (Risse-Kappen 1996;

Tuschhoff 1999; Wallander 2000; Wallander und Keohane 1999), so ist der Neorealismus dennoch hilfreich, um grundlegende Allianzdynamiken und damit verbundene Sicherheitsprobleme zu verstehen.

3.1.1 Neorealismus

Der Neorealismus ist eine Strukturtheorie[31] internationaler Politik und zielt daher zunächst nicht auf die spezifische Erklärung konkreter außenpolitischer Entscheidungen, sondern auf das Verstehen von Gesamtdynamiken im System internationaler Politik, denen Staaten in ihrem Handeln unterworfen sind (Waltz 1996; Feng und Ruizhuang 2006, 117 ff.).[32] Begründet wurde die Theorieschule 1979 durch Kenneth Waltz mit seiner *Theory of International Politics* (Waltz 1979). Hauptvertreter sind heute der Chicagoer Professor John Mearsheimer und sein Harvard-Kollege Stephen M. Walt, der auch maßgeblich zur Theorisierung von Allianzen beigetragen hat (s. u.). In Deutschland gilt Carlo Masala, der in einem Dialog mit Waltz stand (Masala 2014), als bekanntester Verfechter des neorealistischen Erklärungsansatzes.

Neorealist*innen sind Materialist*innen und Rationalist*innen. D. h., dass sie ausschließlich beobachtbare materielle Kapazitäten – das relative Verhältnis ökonomischer und militärischer Fähigkeiten von Staaten – als Erklärungsvariablen für internationale Politik anerkennen. Zum einen wollte Waltz mit seiner Theorie maßgeblich zu einer *Verwissenschaftlichung* der realistischen Schule beitragen, während es im Klassischen Realismus rein induktive Annahmen, z. B. zum schlechten Charakter der menschlichen Natur, gibt (Feng und Ruizhuang 2006, 6; Morgenthau 1948, Kap. 1). Daher wollte Waltz Aussagen lediglich auf Basis theoretisch fundierter Annahmen und beobachtbarer Tatsachen treffen (Waltz 1979, Kap. 1, 2; Masala 2017, 151 f.). Zum anderen liegt dem Neorealismus die Annahme zugrunde, dass

---

31 Zum Unterschied zwischen Strukturtheorie und Weltsystemtheorie siehe Masala (2017, 152).

32 Waltz (1996) hat selbst klargestellt, dass seine Theorie nicht zur Erklärung von Außenpolitik gedacht ist. Später hat sich auch eine neorealistische Außenpolitiktheorie entwickelt (Baumann et al. 2001; Elman 1996; Grieco 1988; s. auch Brummer und Oppermann 2014, Kap. 2). Vor allem haben Autor*innen des *Neoklassischen Realismus* (Rose 1998; Sterling-Folker 1997; Wohlforth 2008; Meibauer et al. 2021) durch die Inklusion innenpolitischer und ideeller Variablen zur außenpolitischen Analysefähigkeit des Realismus beigetragen (s. auch Feng und Ruizhuang 2006, 121 ff.; Masala 2017, 160 f.).

sich Staaten als zentrale (und nach orthodoxer Meinung einzige) Akteure internationaler Politik in ihrem Handeln und ihrer Existenz in einer unabänderlichen Unsicherheitssituation begegnen. Diese Unsicherheitsbedingung internationaler Politik erwächst aus dem Fehlen einer dem Nationalstaat übergeordneten Autorität, die das Einhalten von Regelungen und Vereinbarungen verbindlich durchsetzen könnte. Daher ist das Beziehungsgeflecht dieser Staatseinheiten grundsätzlich *anarchisch* (Waltz 1979, 66 ff.). Staaten sind in ihrem Handeln somit zuerst *System getrieben*, ohne in ihrem Handeln vom System determiniert zu sein. Das heißt, dass sie primär auf Anreize des Systems (Anarchie und Machtverteilung) reagieren und nicht etwa auf innenpolitische Gemengelagen oder außenpolitische Präfenzen von Parteien. Akteure können sich nach realistischer Überzeugung nie den Intentionen eines Gegners (oder zeitweiligen Partners) sicher sein. Selbst in kooperativen Interaktionen besteht die Gefahr des Hintergehens, was in existenziellen Situationen wie der Frage von Frieden oder Krieg verheerend sein könnte. Gegen diese Gefahren können sich Staaten nach realistischer Auffassung nur schützen, indem sie sich in einer auf ihren Gegner bezogenen ökonomischen und militärischen *Machtüberlegenheit* befinden, um sich im Falle des Betrugs oder Angriffs selbst helfen (*self-help mentality*) zu können (Mearsheimer 1994, 9 ff.; 2001, 17 ff.; Masala 2017, 151). Das Handeln des Gegners muss rational erfasst werden, um das eigene Überleben zu sichern (ibid.). Durch den anarchischen Charakter des Systems sind Staaten somit dazu angehalten, stets machtbasiert und auf Unsicherheit reagierend zu handeln, um ihr Überleben zu sichern und ihre Interessen realisieren zu können. Aufgrund dieser fundamentalen Unsicherheitsbedingungen internationaler Politik stehen Realist*innen beständiger, institutionalisierter Kooperation zwischen Staaten skeptisch gegenüber (Mearsheimer 1994), wenngleich sie nach neorealistischer Auffassung nicht unmöglich ist (s. nächster Abschnitt).

Der Interessenbegriff ist im Neorealismus uneinheitlich besetzt. Durch den Fokus auf Anarchie und Unsicherheit besteht eine Tendenz, Staatsinteressen zu *versicherheitlichen*. Das heißt, dass das erste Interesse des Staates zunächst das Sichern seines Überlebens sein muss und erst danach sekundäre Ziele wie wirtschaftliche Interessen stehen sollten. Umgekehrt werden wirtschaftliche Interessen, z. B. im Rohstoffbereich, schnell unter dem Aspekt der Sicherheit gesehen, weil wirtschaftliche eine Vorbedingung für militärische Stärke darstellt. Somit sind Interaktionen zwischen Staaten stets auf relative Vorteile bezogen (Mearsheimer 1994, 20; Masala 2017,

143).[33] Der Neorealismus ist sich aber nicht vollends einig, welche generellen Handlungsimperative hieraus für Staaten erwachsen. Es wird daher zwischen *defensivem Realismus* und *offensivem Realismus* unterschieden. Joseph M. Grieco (1990) und Stephen Walt gelten als Verfechter des *defensive structural realism*, und Kenneth Waltz' struktureller Realismus wird ebenfalls defensiv charakterisiert (Masala 2017, 159). Defensive Realist*innen unterstreichen die Gefahren von (zu) offener Konfrontation und Machtprojektion, die zu mehr Unsicherheit führen können, da Konfrontationen stets mit einem Unvorhersagbarkeitsmoment einhergehen. Daher ziehen sie ein Status quo-orientiertes Handeln von Staaten vor, bei dem Akteure Gefahren neutralisieren (*balance of threat*) und relative Macht erhalten, ohne sie notwendigerweise zu maximieren (Walt 1987, 5; Elman 2008, 20ff.). Macht ist dabei nur Mittel zum Zweck. Dem halten Vertreter des *offensive structural realism* wie Mearsheimer oder Randall Schweller (1994) entgegen, dass es im internationalen System revisionistische Staaten gibt, die mehr Macht wollen, um sich selbst in eine bessere Position zu bringen. Gegen solche Akteure, die die ursprüngliche, oben beschriebene Unsicherheit erst erzeugen, helfe nur Machtexpansionismus (Schweller 1994; Masala 2017, 159). Für sie balancieren Staaten nicht Gefahren, sondern Macht (*balance of power*), weil hohe relative Macht das Aufkommen von Gefahren im Keim erstickt. Im offensiven Realismus ist also die Maximierung von Macht gleichbedeutend mit der Sicherung des Überlebens – Macht ist ein Ziel *an sich* (ibid., 22ff.; s. auch Mearsheimer 2001, 21; Feng und Ruizhuang 2006, 123f.).

Diese Überlegungen verdeutlichen, dass Neorealist*innen – vor allem die offensiven – in ihrer Theorie besonders das Verhalten von Großmächten (China, Russland, USA) thematisieren, während die Entscheidungen von weniger mächtigen Staaten stets von der Polarität des Systems (unipolar, bipolar oder multipolar) und somit von der Anzahl der Großmächte bestimmt werden.[34] In offensiv-realistischer Lesart ist es deshalb die beste Versicherung des Überlebens, ein regionaler Hegemon zu werden, der anderen Staaten in seinem Umfeld ihre Politiken diktieren oder zumindest

33 Gleichzeitig werden wirtschaftspolitische und sicherheitspolitische Interaktionen zwischen Staaten nicht als völlig identisch angesehen (Mearsheimer 1994, 15).

34 Bipolare Ordnungen seien stabiler und friedlicher als unipolare oder multipolare: Unter Bipolarität ist Macht gleich verteilt und andere Staaten fügen sich darin ein. Unipolarität produziert stets Herausforderer, Multipolarität ist unübersichtlicher (z. B. Mearsheimer 1990; Waltz 1979, 168; kritisch Grieco 2007).

sicherstellen kann, dass diese aufgrund des Machtgefälles nicht gegen ihn gerichtet sind. Den mit weniger Macht ausgestatteten Staaten bleibt manchmal nur die schlechtere Handlungsstrategie des *bandwagoning*, sich einem größeren Staat zur Herstellung der eigenen Sicherheit anzuschließen, was sie aber mit Freiheitseinbußen bezahlen. Daher ist bandwagoning niemals die bevorzugte Strategie, sondern stets die Fähigkeit zum *balancing* (Walt 1987, 17) – entweder von Gefahren (defensiv) oder von Machtansprüchen (offensiv).

3.1.2 Neorealistische Allianztheorie und die NATO

In ihrer Skepsis gegenüber der Relevanz von Institutionen in der Sicherheits- und Verteidigungspolitik haben Realist*innen dennoch die Rolle von Allianzen theorisiert, die Staaten zum Zweck der Abwehr eines Feindes gründen. Stephen M. Walt hat mit seinem 1987er Buch *The Origins of Alliances* eine umfassende Studie vorgelegt, die das Zustandekommen, Bestehen und die Auflösung von Allianzen in historischer Perspektive betrachtet. Walt definiert Allianzen als formelle oder informelle Sicherheitsarrangements zwischen Staaten, die auf Gegenseitigkeit beruhen und exklusiv gegen andere Akteure gerichtet sind, von denen eine Gefahr für die Mitglieder ausgeht (Walt 1987, 12; 1997; s. auch Wallander und Keohane 1999, 23 ff.). Walt führt fünf Erklärungen für das Zustandekommen von Allianzen an:

1. *balancing*: Staaten verbündeten sich gegen eine Gefahrenquelle;
2. *bandwagoning*: Ein Staat verbündet sich mit der Gefahrenquelle, um Appeasement zu betreiben oder als Sieger dazustehen;
3. *ideologische Gemeinsamkeiten*: eine Allianz wird auf Basis gemeinsamer Prinzipien gegründet, um die Legitimität des eigenen Handelns zu steigern;
4. *Bereitstellung von Gütern*: Allianzgründung erfolgt, weil ein Staat gemeinsame Güter bereitstellt (z. B. militärische Fähigkeiten), die ein anderer Staat nicht hat. Abhängigkeitsbeziehungen (Dankbarkeit, Gefolgschaft) werden geschaffen oder gute Absichten kommuniziert;
5. *Einflussnahme von außen* verändert die öffentliche Meinung (z. B. durch Propaganda) oder politische Positionen von Personen in einem anderen Land (Walt 1987, Kap. 2).

In seinen ursprünglichen Überlegungen sah Walt vor allem die balancing- und bandwagoning-Logiken als bestimmend für Allianzgründungen an, während er den anderen drei Erklärungen nur eingeschränkte Gültigkeit attestierte. Im Bereich der Ideologie gäbe es sowohl trennende als auch einende Aspekte (z. B. würde die Zusammenarbeit mit oder unter autoritären Staaten eher konfliktiv, die unter liberalen Republiken eher einend verlaufen). Die Bereitstellung von Gütern als Grund, eine Allianz einzugehen, funktioniere nur, wenn der Anbieter des Gutes (z. B. Sicherheit) ein Monopol innehabe (nur er kann Sicherheit für den *Käufer* garantieren) und der annehmende Staat bedroht sei, der Anbieter jedoch nicht. Und schließlich sah Walt den Grund der innenpolitischen Beeinflussung von vielen gesellschaftlichen Kontextfaktoren im Zielland abhängig. Insgesamt wies Walt somit den Erklärungen 3-5 nur einen mittelbaren, intervenierenden Einfluss auf Allianzgründungen zu. Niemals sei das ideologische Argument wichtiger als die Sicherheit eines Staates. Der primäre Grund, in eine Allianz einzutreten, sei daher immer in der Herstellung von Sicherheit und Überleben zu suchen (Walt 1987, 33 ff.; 2023). Gemein ist den verschiedenen Ansätzen der Allianztheorie die Betonung des nichtdauerhaften Charakters von Allianzen. Sie sehen auf militärischen Beistand zielende Bündnisse als spezifische Antworten auf konkrete Probleme, die beim Wegfall dieser Probleme erhebliche Kosten, vor allem für den Hegemon, erzeugen können (*buck-passing*, s. Mearsheimer 1990, 15 f.; Mearsheimer und Walt 2016).

Der Wandel internationaler Politik nach dem Ende des Kalten Krieges hat zu Anpassungen der realistischen Allianztheorie geführt. Mearsheimer hat der NATO im Jahr 1990 den Untergang prophezeit, weil die Bedrohung durch die Sowjetunion nicht mehr bestand und das wiedervereinigte Deutschland bald seine neuen Machtmöglichkeiten ausspielen würde (Mearsheimer 1990). Bekanntlich ist weder das eine noch das andere eingetreten: Die NATO feierte im Jahr 2024 ihren 75. Geburtstag und Deutschland setzte seine zurückhaltende Zivilmacht-Außenpolitik unbeeindruckt von der Verbesserung seiner Machtposition fort (Duffield 1999; Maull 2007) und handelt(e) auch im Ukrainekrieg seit 2022 militärisch extrem zurückhaltend, vor allem zu Beginn des Konflikts. Walt überdachte daraufhin seine Theorie und räumte vier Aspekten größere Bedeutung ein: Erstens müsse man die identitätsstiftende Rolle von gleichgerichteter Ideologie zwischen Staaten höher bewerten. Mit dieser Neubewertung bezieht er sich u. a. auf die Forschung zu Sicherheitsgemeinschaften von

Karl W. Deutsch (Deutsch et al. 1968 [1957]; Deutsch 1970 [1954]; Adler und Barnett 1998).[35] Politische Debatten wie die um ein globales *Concert of Democracies* (Alessandri 2008; Balladur 2008) oder eine *Global NATO* (Adam 2007; Daalder und Goldgeier 2006; Bunde und Noetzel 2010; Clarke 2009; McCain 2008; Müller 2008, 45 f.; Alessandri 2008) spiegeln letztlich die Rolle und Bedeutung von Ideologie für die Allianz wider. Zweitens wirke sich ein hoher Institutionalisierungsgrad – also das Vorhandensein von Gremien, Bürokratie und Prozessen – auf das Fortbestehen von Bündnissen aus. Drittens könnten mächtige innenpolitische Eliten ein Interesse an der Aufrechterhaltung einer Allianz haben. Viertens könnte eine stark ungleiche Kostenverteilung zu Ungunsten eines *wohlwollenden Hegemonen*, der daraus Vorteile zieht, ein stabilisierender Faktor sein (Walt 1997, 164 ff., 2023; ähnlich McCalla 1996, 456 ff.). Wohlwollend ist ein Hegemon nach Christopher Layne (2006) dann, wenn er andere Staaten territorial nicht bedroht, gemeinschaftliche Güter (z. B. Sicherheit oder Ordnung) bereitstellt und seine Führung auch akzeptiert wird. Daher hat ein wohlwollender Hegemon „ein Interesse daran, andere Staaten nicht zur Beendigung der Zusammenarbeit mit dem dominanten Staat zu treiben, damit diese stattdessen eine Strategie des Widerstands oder des balancing verfolgen" (Ikenberry, zitiert nach Layne 2006, 17; s. auch Nye 2003a, 24 ff., 209 ff.). Die USA nehmen die Rolle des wohlwollenden Hegemon seit 1949 ein und haben sie trotz aller Konflikte in der Allianz um die Lastenverteilung aufrechterhalten. Diese Rollenwahrnehmung und -ausübung der USA war zwar nicht unbestritten (s. der gelegentliche französische Widerstand hiergegen), aber zumindest akzeptiert, weil man entweder gemeinsame Ziele verfolgte oder von der Güterbereitstellung durch den Hegemonen profitierte. (Im Bereich Sicherheit war das auch Frankreich stets klar.) Erst unter Trump ist die NATO in einen manifesten Konflikt hierüber geraten, ohne die Rolle völlig abzulegen (Posen 2018). Auch Mearsheimer (1994, 13) unterstreicht die Relevanz von Hegemonie für Allianzen, zieht daraus aber im Gegensatz zu Walt den Schluss, dass Allianzen immer auf einer balance of power-Logik beruhten, die in diesem Fall dem stärkeren Partner die Möglichkeit gibt, die Allianz in seinem Sinne zu prägen, wenn er bereit ist, dafür die Kosten zu tragen. Walts

35 Mearsheimer (2014) sieht in Ideologie immer noch einen Grund für fehlgeleitete Osterweiterungspolitiken der NATO und EU mit ihren Konsequenzen für das russisch-westliche Verhältnis und letztlich die Ukraine und die Krim seit 2014.

2009er Aufsatz zu *Alliances in a Unipolar World* (Walt 2009) geht noch stärker auf die Folgen eines extrem übermächtigen Hegemonen wie den USA ein – eine Situation, die es so bisher in der Weltpolitik noch nicht gab. Er streicht heraus, dass Allianzen unter unipolaren Bedingungen einerseits dem Unipol/ Hegemonen selbst quasi unbeschränkte Freiheit in seinen Politiken ermöglichen (s. auch Rösch 2016) und alliierte wie andere Staaten gleichzeitig dieser Übermacht kritischer gegenüberstehen. Gleichzeitig wird Gegenmachtbildung schwieriger. Auch intra-Allianzdynamiken seien kompliziert, weil Mitgliedstaaten weniger Verhandlungsgewicht als zu bipolaren Bedingungen haben, in denen der Hegemon auf Kooperation angewiesen ist.

Diese Tendenzen und Probleme der NATO sind unserer Tage erkennbar, reichen aber bis zu ihrer Gründung zurück. Die für den Beistandsfall des Nordatlantikvertrags (Art. 5) gefundenen Formulierungen stellen einen Kompromiss zwischen einer von europäischen Staaten gesuchten militärischen Beistandspflicht und einer nordamerikanischen Vorsicht gegenüber Beistandsautomatismen dar (Grosser 1986, 96 f.; Ismay 1955, Kap. 2; Raflik 2011, 210; Sloan 2014, 213 f.). Der Beistandsartikel bewegt sich somit auf einer feinen Linie zwischen impliziter Verpflichtung zur Hilfe und Wahrung nationaler Selbstbestimmung. Er ist daher im Endeffekt ein *im Vertrauen* gegebenes Versprechen. Es lässt sich aus neorealistischer Sicht somit eine gewisse Vorsicht erkennen, sich zu fest an andere Staaten und ihre Handlungen zu binden, die den eigenen Interessen entgegenlaufen könnten. Die Formulierungen des Nordatlantikvertrags schützen die Verbündeten vor militärischen Abenteuern einzelner Mitglieder, indem sie durch die theoretische Möglichkeit der *Nicht*ausrufung des Bündnisfalls zur Vorsicht anhalten. Die geografischen Einschränkungen der Vertragsgültigkeit gehen in eine ähnliche Richtung. Praktisch bleibt dadurch vor allem der Hegemonialmacht USA als militärisch eigenständigem Akteur ein größerer Freiheitsraum erhalten. Dieser Raum führt zu Situationen, in denen US-amerikanische Strategien mehr oder weniger unverändert auf die Allianz übertragen werden, z. B. bei Diskussionen um nukleare oder konventionelle Verteidigungsstrategien während des Kalten Kriegs (s. Kap. 3.4). Vor allem Frankreich kritisierte deshalb US-Paternalismus scharf (s. Exkurse). Diese historischen Ereignisse und Debatten legen Zeugnis davon ab, dass die starke Rolle der USA in der Allianz gleichzeitig unabdingbar, notwendig und problematisch war. So beobachtete Kugler im Jahr 1991:

> „The United States made many tactical errors in Alliance management and perhaps a few strategic blunders. Often it behaved too unilaterally, without due regard for Allied sensitivities and the need for advance consultation. Sometimes, it sought too much, too quickly. And its larger visions for West European integration and transatlantic relations often were curiously blind to the goals of key allies, especially France. In later years, the United States was able to correct many of these shortcomings by behaving more patiently within NATO and by treating France with greater respect." (Kugler 1991, 141).

NATO-Handlungen gingen also häufig von US-Initiativen aus bzw. waren durch die überlegenen US-amerikanischen militärischen Fähigkeiten geprägt, die der Allianz ihren Stempel aufdrückten (Nötzel und Schreer 2009, 212 f.). Die vertraglichen Regelungen und die Allianzpraxis sind also nicht völlig frei von relativen Machtverhältnissen zwischen den Partnern. Aber vor allem während des Kalten Kriegs war die Kehrseite der Medaille stets auch die Sicherstellung der Verteidigungsfähigkeit des Bündnisses, die klar im Blick der USA stand und im Interesse der europäischen Alliierten lag (Kugler 1991, 143; Nötzel und Schreer 2009, 212 f.). Somit kann die Zusammenarbeit in der Atlantischen Allianz auch als ein Fall gesehen werden, in dem im Feld Sicherheit kompatible, wenngleich nicht immer konfliktfreie Interessen vorliegen (Keohane 1988, 380 ff.; 1984, Kap. 6), die gleichzeitig durch Machtbeziehungen beeinflusst werden. Die USA sind durch ihre militärisch wie institutionell herausgehobene Position in der NATO zwar in der Lage, eine Agenda entlang ihren Vorstellungen zu verfolgen, die Akzeptanz dieser Agenda und ihre Umsetzung sind aber von der Kooperation der Alliierten und dem Konsensprinzip abhängig. Dies macht deutlich, dass wahrscheinlich mehr Wirkmechanismen am Entstehen (und dem Ende) von Allianzen beteiligt sind, als Mearsheimer einräumt, und sich somit die revidierte, dem Institutionalismus und Liberalismus annähernde Version der Walt'schen Allianztheorie als besseres Erklärungsgerüst anbietet (McCalla 1996; Smith 2023). Die neorealistische Allianztheorie hält uns aber zur Vorsicht an, in Ideologien und Institutionalisierung nicht die einzigen Triebfedern von Militärbündnissen zu sehen (zuletzt erneut Walt 2023).

3.2 Die Anfänge 1949-1955: Allianzbildung und Aufbau einer gemeinsamen Verteidigung

Nach dem Rückzug der UdSSR aus dem Alliierten Kontrollrat 1948, der Berlinblockade (1948-1949) sowie der Machtübernahme der Kommunistischen Partei in der Tschechoslowakei waren die hegemonialen Absichten der Sowjetunion in Deutschland und Europa deutlich (Kaplan 1984, 63f.; Grosser 1986, 95ff.; Georgantzis 1998, 27ff.). Die NATO-Alliierten mussten nun das Bündnisversprechen in die Praxis einer gemeinsamen Verteidigung umsetzen. Dafür wurden die bereits oben genannten institutionellen Schritte umgesetzt (s. Kap. 2.3). In Anbetracht der starken und einheitlich organisierten sowjetischen Militärpräsenz östlich der Elbe war aber vor allem der Aufbau einer echten militärischen Verteidigungsfähigkeit zentral. Amerikanische Waffenlieferungen (und natürlich der Marshall-Plan) bildeten bereits seit 1950 einen materiellen Anfang, der in Anbetracht des durch den Krieg zerstörten Europas enorm wichtig war (Ismay 1955, 24). Die USA verlegten bis 1952 400.000 US-amerikanische Soldat*innen nach Westeuropa (Ismay 1955, 40). Wichtig waren ebenfalls ein Voranschreiten bei der gemeinsamen Verteidigungsplanung, der Etablierung gemeinsamer Prozeduren, einer Kommandokette und einer militärischen Strategie (Ismay 1955, Kap. 2; NATO 1949b, 6, Art. 8). Dies stellte eine enorme Hürde dar, weil große Uneinigkeit über den Verlauf der Verteidigungslinien bestand: sollten sie weiter im Osten verlaufen und somit schwieriger zu verteidigen sein, oder tiefer im Westen liegen, wo die Verteidigung einfacher wäre, aber ein Großteil Westdeutschlands hätte preisgegeben werden müssen? Diese Frage wurde durch den Beitritt der BRD im Jahr 1955 noch zentraler, da die Strategiewahl das bundesdeutsche Territorium als Kriegsschauplatz direkt betraf (Kaplan 1984, 142ff.). Letztlich ist in einer Allianz die Entwicklung einer Strategie immer ein Ausgleich zwischen den Interessen aller Mitglieder (Strachan 2005, 40).

Die strategischen Konzepte der Jahre 1949 und 1952 setzten wegen der Realität sowjetischer konventioneller Überlegenheit auf die Garantie nuklearer Abschreckung durch die USA. Das Konzept vom 1. Dezember 1949 (DC 6/1) stellt daher zu Beginn der Auflistung der militärischen Maßnahmen klar, dass Verteidigungspläne „die Fähigkeit zu strategischen Bombardements mit allen möglichen Mitteln und allen Waffentypen, ohne

Ausnahme, garantieren" müssen (NATO 1949c, 5, Art. 7a).[36] Die europäischen Mitgliedstaaten sollten konventionelle Mittel bereitstellen, bis Hilfe aus den USA und Kanada eintreffen konnte (ibid., Art. 7b). Des Weiteren waren die USA und das Vereinigte Königreich für die Sicherung der transatlantischen Luft-, Schifffahrts- und Kommunikationslinien verantwortlich, während die anderen Partner ihre Häfen oder Luftbasen und andere Infrastruktureinrichtungen schützen sollten (ibid., Art. 7d, e). Die zahlenmäßige, konventionelle Unterlegenheit sollte durch technischen Fortschritt der alliierten Kräfte ausgeglichen werden. Fünf regionale Planungsgruppen (USA, Kanada, Nordatlantik, Westeuropa, Nordeuropa, Südeuropa und westliches Mittelmeer) arbeiteten für ihre Bereiche Streitkräfteplanungen aus. Dies war bei allen Mängeln ein Fortschritt gegenüber individuellen oder nur durch die USA verantworteten Plänen (Kaplan 1984, 142f.; Pedlow 1997, XIff.). Teil dieser Pläne war im zunehmenden Maße das Konzept der *Forward Defence* (Vorneverteidigung, später auch Vorwärtsverteidigung), wonach die Staaten der drei kontinentaleuropäischen Planungsregionen versuchen sollten, sowjetische Angriffe so weit wie möglich im Osten aufzuhalten oder zu verzögern, um die Zeit bis zum Eintreffen weiterer Truppen von Westen her zu überbrücken und der Luftverteidigung Zeit zu geben, der Sowjetunion empfindliche Schäden zuzufügen (s. Abb. 7). Diese Strategie war also eine der *deterrence by denial* (Abschreckung durch Verhinderung), bei der sowjetische Landgewinne möglichst vermieden werden sollten (Deni 2024). Allerdings kam das Prinzip der Vorneverteidigung erst mit dem Beitritt der BRD zur NATO und dem darauffolgenden Aufbau der Bundeswehr ab 1955 richtig zur Geltung, da die neuen westdeutschen Streitkräfte hierbei eine zentrale Rolle spielten (Deni 2024, 211; Ruiz Palmer 2024, 80f.). Bis dahin konzentrierten sich die alliierten Planungen stärker auf weiter westlich gelegene Verteidigungslinien, die militärisch mit den vorhandenen Kräften der westeuropäischen Bündnismitglieder besser haltbar waren (Kugler 1991, 112f.; NATO 2013).

36 In einem Entwurf (DC 6) des Verteidigungskomitees vom 29. November 1949 hieß es sogar noch deutlicher, dass die Pläne „die Fähigkeit zu strategischen Bombardements inklusive einer schnellen Bereitstellung der Atombombe garantieren" müssten (NATO 1949b). Dieser explizite Bezug zu Atomwaffen wurde auf Bitten Dänemarks gestrichen, ohne inhaltlich etwas Anderes zu bedeuten (Pedlow 1997, XIII).

Abbildung 7: Vorwärtsverteidigung 1960 (Grafik 05181-08; Quelle: ZMSBw o. J.).

Um die Strategie des ersten Konzepts von 1949 umzusetzen, plante die NATO für 1954 mit 90 Divisionen, ca. 8.000 Kampfflugzeugen, 2.300 Schiffen und 3.200 Marinefliegern (Ismay 1955, Kap. 9; Pedlow 1997, XIV). Diese Zahlen sollte die NATO allerdings nie erreichen. Im Mai 1950 konnten die NATO-Alliierten gemeinsam nur ca. 14 stehende Divisionen (d. h. sofort verfügbare, ohne Mobilisierung von Reservisten) und weniger als 1.000 Kampfflugzeuge in Westeuropa aufbieten, denen direkt 25 sowjetische Divisionen in Ostdeutschland (weitere 60-75 weiter im Osten) und 6.000 Flugzeuge unter einheitlichem Kommando gegenüberstanden (Ismay 1955, 29, Annex B; Bitzinger 1989, 4 f.). 1959 verfügte die NATO in Westeuropa über ca. 644.000 Soldaten (ca. 17 Divisionsäquivalente), 2.300 Panzer und 1.800 Jagdflugzeuge, denen 1.530.000 Soldaten des Warschauer Pakts, 23.000 Panzer und 4.000 Jäger gegenüberstanden (Kugler 1990, 102; 1991, 127, 131 f.). An diesem grundsätzlichen Ungleichgewicht sollte sich lange nichts ändern (Canby 1972). Im Jahr 1974 weist die NATO die Existenz von 27 Divisionen aus, denen 43-58 Divisionen des Warschauer Pakts in Mitteleuropa gegenüberstanden (NATO o. J.-b; ähnlich Bitzinger 1989, 26; Kugler 1991, viii). Diese Zahlen verdeutlichen, wie groß die Bedeutung der nuklearen Abschreckung in der Verteidigungsstrategie der Allianz war (Coletta 2023, 225 f.; Kaplan 1984, 142 f.). Durch ihre Existenz sollte schon der gegnerische Gedanke an einen konventionellen Krieg als zu *teuer* und gefährlich erscheinen.[37]

Das Strategische Konzept vom 3. Dezember 1952 enthielt wenig substantielle Änderungen. Es zementierte die 1949 etablierten Verteidigungsstrategien und spiegelte im Wesentlichen die Konsequenzen aus dem Beitritt Griechenlands und der Türkei am 18. Februar desselben Jahres wider, die das zu verteidigende Territorium der Allianz veränderten und praktisch über das gesamte Mittelmeer ausdehnten. Eine Überarbeitung wurde aber als notwendig angesehen, weil sich in der Zwischenzeit mit der Einführung des alliierten Oberbefehlshabers – des SACEUR in erster Besetzung durch Dwight D. Eisenhower – und des NATO-Generalsekretärs die Planungsstrukturen erheblich verändert hatten. Mit der Einführung des SACEUR wurden die Streitkräfte der Mitgliedstaaten unter ein einheitliches Kommando gestellt. Dies verbesserte die notwendigen Planungs- und Angleichungsprozesse sowie die Kampfkraft der Alliierten erheblich (Ismay 1955, 35 f.). Bedeutender als die leichten Veränderungen am Strategischen Konzept stuft Pedlow die Anpassungen der Strategischen Richtlinien (*Strategic Guidelines*) ein, die das Konzept erläutern und operationalisieren. Die Strategic Guidelines ziehen

37 1987 verzeichnet ein Dokument der Bundesregierung (jeweils NATO/ Waschauer Pakt) für Einheiten in Europa oder seiner Nähe 2,8:4,0 Mio. Heeressoldaten (102:121 Divisionsäquivalente), 17.885:32.200 Kampfpanzer und 3.700:7.465 Flugzeuge (Bundesregierung 1988).

aus der Betrachtung der weit hinter Plan liegenden konventionellen Kräfte den Schluss, dass die Rolle der nuklearen Abschreckung nach wie vor zentral sei, zumal der Warschauer Pakt im Kriegsfall mehr Soldaten mobilisieren könnte als die Atlantische Allianz (NATO 1952, 9ff.; Pedlow 1997, 12ff.). Somit waren konventionelle Aufrüstung als auch technologische Fortentwicklung der nuklearen Kapazitäten wichtige Ziele des Bündnisses, und die NATO sah dies gleichzeitig als Sicherung des Friedens und Versicherung für den Kriegsfall (NATO 1952, 6). Vor diesem Hintergrund basierte ein nicht zu unterschätzender Teil der NATO-Strategie auf der Androhung und im Zweifelsfall auch der Nutzung von Nuklearwaffen, um eventuelle sowjetische Vorstöße aufhalten zu können (s. 3.4).

Exkurs | Die Suezkrise oder das Versagen alliierter Solidarität

Der Nordatlantikvertrag zielte nicht nur auf die Errichtung einer gemeinsamen Verteidigung, sondern er sah sowohl im Geiste als auch im Text (Art. 2, 4) vor, dass sich die Alliierten in grundlegenden Fragen der Außenpolitik konsultieren sollten. Er etablierte eine Norm der Zusammenarbeit (Risse-Kappen 1996, 379ff.; Smith 2023). Diese Vereinbarungen haben im Falle der sogenannten *Suezkrise* (Oktober 1956 bis März 1957) noch nicht gut funktioniert.

Der ägyptische Präsident Gamal Abdel Nasser hatte durch die Verstaatlichung der britisch-französischen Suezkanalgesellschaft, die den Verkehr durch den Kanal zwischen Rotem Meer und Mittelmeer regelte und Gebühren für die Abgeltung der Baukosten einnahm, eine Intervention israelischer, französischer und britischer Streitkräfte ausgelöst. Während Nasser Ägypten aus dem Einflussbereich Großbritanniens entfernen und Gelder für den Bau des Assuan-Staudamms einnehmen wollte, hatte der Kanal für Frankreich und Großbritannien geostrategische und wirtschaftliche Bedeutung. Israel bemühte sich gleichzeitig darum, die Oberhand im Konflikt mit der arabischen Welt und den Palästinenser*innen zu gewinnen und sich durch die Intervention auf der Sinai-Halbinsel geostrategisch zu entlasten (Combs 2012, 241f.; Moharram 1999, 197, 208ff.).

Durch die Annäherung Nassers an die Sowjetunion hatten die Suezkrise und der gesamte Nahostkonflikt geopolitische Züge (Orlow 1999). Da die NATO-Alliierten durch Frankreich und Großbritannien allerdings nicht konsultiert worden waren, bevor sie militärisch losschlugen, und die USA eine Verschlechterung der Beziehungen mit Staaten des Globalen Südens in der Blockkonfrontation als wenig vorteilhaft ansahen, verweigerten sie ihre Unterstützung und strebten stattdessen zusammen mit der Sowjetunion eine friedliche Lösung in der UNO und damit letztlich den Abzug der israelischen, britischen und französischen Truppen an. Die USA stellten dabei ebenfalls Hilfszahlungen an die Verbündeten ein. Anfang November 1956 wurde der politische Druck auf die drei intervenierenden Staaten so groß, dass zunächst Großbritannien, Frankreich und später auch Israel die Kampfhandlungen einstellten und von Dezember 1956 bis März 1957 ihre Truppen abzogen. Nasser entschädigte die Kanalaktionäre im Zuge von Friedensverhandlungen. Die Stationierung von UN-Friedenstruppen auf dem Sinai und an der Grenze zu Gaza sicherte zudem Israel gegen Angriffe ab (Combs 2012, 242; Moharram 1999, 214 f.; Risse-Kappen 1996, 384).

Das offensichtlich neokoloniale Vorgehen Großbritanniens und Frankreichs zeigte einerseits gewisse Grenzen alliierter Solidarität auf. Andererseits wurde deutlich, dass es zur Realisierung der Werte- und Verteidigungsgemeinschaft der NATO mehr als nur des Aufbaus einer gemeinsamen Verteidigung bedurfte, sondern auch der Koordination und Konsultation über andere Außenpolitiken. Dies funktioniert bis heute nicht immer, sondern ist ein permanenter Prozess (Raflik 2011, 216). Es ging in Suez letztlich nicht um die Allianz an sich, sondern um andere außenpolitische Interessen (Thies 2009, 203 ff., 299).

3.3 Die deutsche Frage: Wiederbewaffnung, NATO-Beitritt und die Folgen

Seit 1950 wurde in alliierten Kreisen die Einbeziehung der BRD in die Verteidigungsbemühungen diskutiert, sollte doch ein Teil der Verteidigung des westlichen Bündnisses auf ihrem Gebiet stattfinden, ohne dass Westdeutschland in seinem nach dem Zweiten Weltkrieg unbewaffneten Zustand eigene Kräfte dazu beitrug. Diese Überlegungen standen auch unter dem Eindruck eines zunehmenden gesellschaftlichen Unsicherheitsbewusstseins in der BRD mit Blick auf die Aufrüstung im Osten (Ismay 1955, 32 ff.).

Wenngleich Ideen zur Wiederbewaffnung Westdeutschlands aufgrund der mehrmaligen Kriegserfahrungen des vergangenen Jahrhunderts auf starken Widerstand aus Frankreich stießen (Grosser 1986, 99, 108 ff.; Kaplan 1984, 24 f., 154 ff., 160 ff.; Raflik 2011, 212 ff.), war die Idee militärisch mit Blick auf die Vorneverteidigungsdoktrin einleuchtend (Kamp 2024, 249 f.; Overhaus 2009, 41 ff.).

Ein Ausweg aus dem deutsch-französischen Problem wurde schließlich durch den im Oktober 1950 aufgestellten Plan des französischen Außenministers René Pleven gefunden, der die Gründung der Europäischen Verteidigungsgemeinschaft (EVG) vorsah. In der EVG sollte eine Wiederbewaffnung Deutschlands mit 100.000 Soldat*innen (es sollte zunächst ausschließlich ein Heer geben) bei gleichzeitig kompletter Einbettung dieser Kräfte in eine multinationale Kommandostruktur erfolgen (Kaplan 1984, 162 f.). Die Staaten Westeuropas – Belgien, Frankreich, Italien, Luxemburg und die Niederlande – würden eigene Armeen behalten. Aufgrund seiner Machtposition auf dem europäischen Festland wäre Frankreich eine Führungsposition zugekommen, was nach Ansicht der USA in den EVG-Plänen zu offensichtlich verankert war. Großbritannien wiederum fürchtete durch die EVG den Verlust der Westbindung und somit der Anbindung der beiden amerikanischen Alliierten an die europäische Verteidigung (Duke 2005, 18 f.). Diese und andere Punkte wurden lange kontrovers diskutiert, weil Deutschland als Gegenleistung für seine Integration in eine europäische Armee das Besatzungsstatut weitgehend aufgehoben sehen wollte, um seine eigene Souveränität wiederzuerlangen (Grau und Würz 2016; Schöllgen 2013b, 50 ff.).

Während die Verhandlungen zur EVG über die kommenden Jahre weiter fortgesetzt wurden, bereiteten Frankreich zwei Entwicklungen Bauchschmerzen: Zum einen wurde deutlich, dass eine so tiefgreifende Verteidigungsintegration langfristig nicht unabhängig vom Integrationsprozess West- und Südeuropas in der *Europäischen Gemeinschaft für Kohle und Stahl* (EGKS) implementiert werden könnte, den Belgien, Frankreich, Italien, Luxemburg, die Niederlande und Westdeutschland 1952 ins Leben gerufen hatten. Damit wäre langfristig ein Verlust nationaler Souveränität in der Verteidigungspolitik einhergegangen, den das unabhängigkeitssensitive Frankreich im Verteidigungsbereich noch nicht bereit war zu gehen, sondern nur im ökonomischen (Cerny 1980; Raflik 2011; Vaïsse 2009b, 93 f.). Zum anderen achtete Deutschland darauf, dass in den Verhandlungen zur EVG die Westbindung an die USA nicht verloren ging (Overhaus 2009: 41 ff.).

Bei der Ratifizierung durch den Bundestag und Bundesrat wurde dem EVG-Vertrag daher eine Präambel vorangestellt, die ebendies ausdrückte. Frankreich wollte einen derart direkten Bezug auf die USA wiederum nicht akzeptieren. Der neuen französischen Regierung aus rechten Gaullist*innen gingen somit viele Bestimmungen der EVG zu weit und die deutsche Wiederbewaffnung war eine bittere Pille, die man in Anbetracht der Vergangenheit von drei Kriegen nur schmerzlich schlucken wollte (Kaplan 1984, 25). Diese Schwierigkeiten, schlechtes Management und Verhandlungsgeschick sowie Ereignisse in Indochina, die die französische Aufmerksamkeit banden, führten schließlich zur Ablehnung des EVG-Vertrags durch die Assemblée nationale im August 1954 (Duke 2005, 26 ff.; Raflik 2011, 213 f.). Frankreich war in seinem Machtanspruch als Mitglied des UN-Sicherheitsrats und ehemalige Weltmacht nicht bereit, sich in dieser Weise an die USA und Europa zu binden und seine Souveränität einschränken zu lassen – erwartete aber eben dies vom besiegten Westdeutschland.

Damit war die Europäisierung der Sicherheits- und Verteidigungspolitik und die Lösung des *deutschen Problems* durch die EVG zunächst gescheitert. Dem britischen Außenminister Anthony Eden wird daraufhin allgemein die Idee zugeschrieben, Deutschland (und Italien) dem Brüsseler Vertrag (der Westunion) beitreten zu lassen.[38] Durch die 50-jährige Vertragslaufzeit der Westunion (nur 20 Jahre im Nordatlantikvertrag) war eine ausreichend lange Gültigkeit gewährleistet, um Frankreich zu beruhigen, was zudem durch schriftliche Bekenntnisse Großbritanniens und der USA zur langfristigen Truppenpräsenz untermauert wurde. Die *Neunmächtekonferenz*[39] am 28. September 1954, auf der die *Londoner Akte* verabschiedet wurde, und die *Pariser Verträge* vom 23. Oktober 1954 regelten zusammen den Beitritt Deutschlands zur Westunion, die zur *Westeuropäischen Union* (WEU) umbenannt wurde, und die direkte Anbindung der WEU an die NATO (Duke 2005, 39; Georgantzis 1998, 35; Schöllgen 2013b, 50 ff.). Da der SACEUR gleichzeitig den Oberbefehl über alle Truppen der WEU und der Alliierten in Europa erhielt, die nicht explizit ausgeschlossen waren (und Deutschland keine Truppen außerhalb Europas unterhielt), war die Einbindung der BRD in die NATO und die

38 Raflik (2011, 213) erwähnt, dass auch der französische General Paul Stehlin diese Idee hatte, sie jedoch von der französischen Regierung nie aufgegriffen wurde.

39 Belgien, Deutschland, Frankreich, Großbritannien, Italien, Kanada, Luxemburg, Niederlande und USA.

WEU somit vollumfänglich (Georgantzis 1998, 35; Grosser 1986, 137 ff.) Westdeutschland brachte diese Lösung einen weiteren Zuwachs seiner Souveränität (bpb 2014; Bockenförde 2013, 36 f.).[40]

Entwicklung der Truppenstärke der Bundeswehr (1957-2024)							
1957	122.400		**1985**	495.361		**2000**	318.713
1960	258.000		**1989**	486.825		**2005**	251.722
1965	437.236		**1990**	458.752		**2010**	245.823
1970	468.484		**1991**	476.288		**2015**	179.633
1975	486.206		**1992**	445.019		**2020**	184.289
1980	490.243		**1995**	344.960		**2024**	180.517

Tabelle 10: Truppenstärke der Bundeswehr, ohne Aufwuchskräfte (Quelle: Bundeswehr 2024, Schlaffer 2015, 180, Wehrbeauftragter 2020, 96 f., eigene Darstellung)

Der Beitritt der BRD zur NATO erfolgte formal am 6. Mai 1955 nach der Ratifizierung der Pariser Verträge durch Bundespräsident Theodor Heuss (nach Abstimmungen im Parlament). Der Beitritt institutionalisierte zusammen mit der Gründung des Warschauer Paktes als formales Verteidigungsbündnis der Sowjetunion und ihrer Satellitenstaaten in Mittel- und Osteuropa den Kalten Krieg bis zu seinem Ende zu Beginn der 1990er Jahre und ließ das Streben nach der deutschen Einheit in den Hintergrund treten (Bockenförde 2013, 26). In der Folge musste Deutschland wieder Streitkräfte aufbauen. Zu diesem Zweck wurde aus der sich mit den Alliierten in Militärfragen koordinierenden *Dienststelle Blank*, benannt nach ihrem Leiter Theodor Blank, das neue Bundesministerium für Verteidigung gegründet und Blank erster Verteidigungsminister der BRD. Die Bundeswehr wurde formal am 12. November 1955 mit der Aushändigung der Ernennungsurkunden für 101 Soldaten gegründet. Daraufhin begann die Wiederbewaffnung Westdeutschlands, die durch die WEU kontrolliert wurde (bpb 2014; Georgantzis 1998, 36 ff.). 1.000 freiwillige Rekruten traten ihren Dienst im Januar 1956

40 Die BRD musste in diesem Zuge zusagen, niemals atomare, biologische oder chemische (ABC-)Waffen zu produzieren (Georgantzis 1998, 37 f.). Sie trat 1969 dem Atomwaffensperrvertrag (1969) bei und verpflichtete sich letztmalig im Zwei-plus-Vier-Vertrag zur deutschen Einheit (1990), keine atomaren Kapazitäten zu entwickeln.

in Heer, Luftwaffe und Marine an. Die nächsten Jahre waren vom Aufbau von Strukturen, der Ausbildung der Soldaten und Beschaffung von Material geprägt, das vor allem von den USA geliefert wurde. Anfang 1957 waren die ersten drei deutschen Divisionen einsatzbereit und wurden der NATO zugewiesen. Der Einzug von 100.000 Wehrpflichtigen begann ebenfalls im Januar 1957 und stellte die Bundeswehr als gemischte Berufs- und Wehrpflichtarmee auf – ein System, das bis ins Jahr 2011 beibehalten wurde, als die Wehrpflicht ausgesetzt, aber nicht abgeschafft wurde (Schlaffer 2015, 176 ff.). Im Laufe des Kalten Kriegs erreichte die Bundeswehr eine Größe von bis zu 495.361 Soldat*innen (Varwick 2007; Wehrbeauftragter 2020, 96 f.).

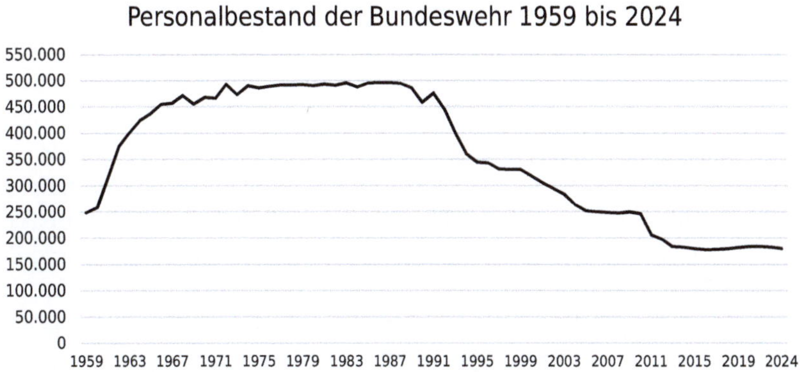

Abbildung 8: Truppenstärke der Bundeswehr 1959-2024 (Quelle: Bundeswehr 2024; Wehrbeauftragte 2024, 150 f., eigene Darstellung)

Die neue Verteidigungspolitik der BRD sah im Rahmen der Bündnisvereinbarungen einen Verzicht auf eigene Nuklearwaffen und eine Fokussierung auf ein großes konventionelles Militär vor (Küntzel 1992, 19 ff., 58 ff.). So sollte Westdeutschland einen substantiellen Beitrag zur Vorneverteidigung leisten und die Alliierten in die Lage versetzen, das Bündnisgebiet bis an die Grenzen des Warschauer Paktes an der innerdeutschen Grenze zu verteidigen, bis Verstärkung aus Westen/ Übersee eintreffen konnte (Kamp 2024, 250). Gleichzeitig ließen sich solche Fähigkeiten in Anbetracht des entwaffneten Status der BRD bis 1955 natürlich nicht über Nacht herstellen. Es dauerte bis zur Mitte der 1960er Jahre, bis die Einsatzbereitschaft der Bundeswehr hergestellt war und die Vorneverteidigungslinie (s. Abb. 7) ab 1960 deutlich nach Osten verschoben werden konnte (NATO 2013). Als erste

Rückfalllinie der Vorneverteidigung sollten die vorteilhaften Flusssysteme in Nord- (Aller, Leine, Weser), Mittel- (Fulda, Main) und Süddeutschland (Donau) fungieren. Erst wenn diese Linie wegen sowjetischer Übermacht nicht mehr haltbar war, sollte auf die Rheinlinie zurückgefallen werden. Kugler unterstreicht auch die politische Bedeutung dieser Strategie, die letztlich die Bürger*innen der BRD davon überzeugen musste, dass ihr ganzes Territorium verteidigt werden sollte, auch wenn die wirklichen, militärisch haltbaren Sicherheitslinien letztlich weiter im Westen lagen. Es war daher auch die Strategie der westdeutschen Regierung, die Alliierten mit ihren Truppen zur Verteidigung Deutschlands Seite an Seite einzuplanen und so einen Angriff durch die Sowjetunion wirklich zu einem Angriff auf alle Bündnispartner werden zu lassen. Die NATO setzte diese Ideen in ihrer Verteidigungsplanung um, obwohl nicht alle militärischen Argumente dafürsprachen. Ultimativ war dies also eine konventionelle Abschreckungsstrategie (Kugler 1991, 112 ff.), die die NATO heute z. B. auch im Baltikum gegen Russland einsetzt (NATO 2018a). Das so aufgestellte Vorneverteidigungskonzept der NATO blieb bis zum Ende des Kalten Kriegs in seinen groben Zügen erhalten. Der Beitritt der Bundesrepublik zur NATO war 1955 somit der folgerichtige Schritt der Containment-Politik und des Marshall-Plans, der die BRD fest im freiheitlich-westlichen Politik- und Bündnissystem verankern sollte, um ideologisch wie politisch stark gegenüber der Sowjetunion und ihren Satellitenstaaten dazustehen. Die relativ kompromisslose Haltung der USA bezüglich einer Lösung der Berlin-Krise ab 1958 zeugt von der wichtigen Rolle, die Deutschland im Kampf gegen den Kommunismus und die Sowjetunion beigemessen wurde (Münger 2003, Kap. 2). Diese Absicherungspolitik, die darauf abzielte, das militärische Kapazitäts- und Machtgefälle mit der Sowjetunion auszugleichen, lässt sich mit neorealistischer Theorie gut erklären. Die Staaten der Atlantischen Allianz reagierten in ihrer Außenpolitik auf die Bedrohung durch die UdSSR und bauten einen entsprechenden Sicherheits- und Verteidigungsapparat auf. Die gewählte Form der intensiven Zusammenarbeit in einem formalen und institutionalisierten Militärbündnis wurde zusätzlich durch ideologische und zunehmend auch institutionelle Gründe unterstützt (s. Kap. 2, 6).

Exkurs | Die Berlin-Krise(n)

Berlin geriet aufgrund seiner Teilung zwischen den vier Besatzungsmächten (Frankreich, Großbritannien, UdSSR, USA) und seiner exponierten Lage inmitten der sowjetischen Zone (später die DDR) mehrfach *zwischen die Fronten* und wurde zum Zankapfel zwischen den Mächten. Die erste Krise war die sogenannte *Berlin-Blockade* vom 24. Juni 1948 bis 12. Mai 1949. Noch vor der Gründung der BRD und DDR riegelte die Sowjetunion das zwischen den vier Besatzungsmächten geteilte Berlin ab. Grundlage war ein Streit zwischen der UdSSR und den Westmächten über Reparationszahlungen Deutschlands an die Sowjetunion, die Gründung eines westdeutschen Staates aus den drei Westzonen, die dazu eingeführte Währungsunion und den Wiederaufbau Deutschlands. Aufgrund einer Blockadehaltung der UdSSR entschlossen sich die drei Westmächte zur Aufnahme der Westzonen in den Marshall-Plan und die o. g. Schritte, um Deutschland wirtschaftlich wieder auf eigene Beine zu stellen. Durch die dadurch entstehende Teilung Deutschlands sah die UdSSR keinen Grund mehr, mit Westberlin eine westliche Insel in seinem Territorium zu dulden und riegelte die drei Westzonen Berlins und ihre Versorgung ab. Da den Westalliierten schriftlich nur ein Luftzugang zugesichert worden war und Präsident Truman darüber keinen Krieg vom Zaun brechen wollte, entwickelten die Alliierten den Plan einer Luftbrücke, über die Berlin versorgt wurde. Dazu landete im Schnitt alle 90 Sekunden ein Versorgungsflugzeug in Berlin-Tempelhof. 5.000 Tonnen (teilw. 13.000 t) Lebensmittel und Treibstoff (zur Stromerzeugung) wurden so für die zwei Mio. Westberliner*innen jeden Tag transportiert. Stalin gab die Blockade nach 318 Tagen auf, weil sie den Westen stärker einte, als dass sie ihn spaltete, und so die eigenen Ziele konterkariert wurden (Allinson 2019; Combs 2012, 214f.; Schöllgen 2013b, 26ff.).
Die zweite Berlinkrise begann 1958, als Chruschtschow erneut die Entmilitarisierung Berlins forderte, um sich der westlichen Truppen inmitten der DDR zu entledigen und die Westalliierten zu einem Friedensvertrag zu zwingen, der die DDR anerkennen, die Besatzung beenden und so die westalliierten Truppen nach Hause schicken würde. Die BRD hielt von diesem Angebot nichts, weil sie sich damit der alliierten Sicherheitsgarantien der NATO hätte entledigen müssen. Gespräche zwischen den vier Mächten führten zu keinem Ergebnis. Der neue US-Präsident John

F. Kennedy machte nach seinem Amtsantritt im Januar 1961 klar, dass es eine US-amerikanische militärische Präsenz in Berlin geben würde, dass Berlin einen Zugang zur BRD haben und dass die Stadt selbstbestimmt leben können müsse, dass also Berliner*innen nicht erneut als Geiseln gebraucht werden dürften wie zuletzt 1948/49 (Kennedys *three essentials*). 1963 bekräftigte er dieses Bekenntnis mit seinem berühmten Satz „Ich bin ein Berliner!". In der Zwischenzeit erfolgte allerdings mit dem Mauerbau vom 13. August 1961 die Abriegelung Westberlins, die auch von Seiten der UdSSR einer Absage an die Idee einer baldigen deutschen Einheit unter neutralem Status gleichkam. Die Situation blieb nach dem Mauerbau angespannt und im Oktober 1961 kam es zur ebenfalls berühmten Konfrontation sowjetischer und US-amerikanischer Panzer am *Checkpoint Charlie*, als dort US-Soldat*innen und Diplomat*innen trotz des vereinbarten freien Grenzverkehrs kontrolliert werden sollten. Chruschtschow und Kennedy mussten sich persönlich einschalten, um die Situation zu entspannen. Die Situation endete schließlich, weil Chruschtschow aufgrund der US-amerikanischen nuklearen Überlegenheit kein ultimatives Druckmittel in der Hand hatte. Im Herbst 1962 wurde aber als Folge der Niederlage in Berlin erneut Druck auf die Westmächte aufgebaut, als die Kubakrise ausbrach und so diese Unterlegenheit wettgemacht werden sollte (s. Abschnitt 3.4; Münger 2003, Kap. 2; Schöllgen 2013b, 70 ff.; Wettig 2005).

3.4 Nuklearstrategien: Abschreckung, massive Vergeltung, Kuba, und *flexible response*

3.4.1 Die Entwicklung der nuklearen Abschreckung: Grundsätze und massive Vergeltung

Es wurde bereits ab Mitte der 1950er Jahre deutlich, dass das alliierte Ziel der 90 einsatzbereiten Divisionen nicht gehalten werden konnte. Daher spielten Nuklearwaffen[41] früh eine Rolle in den Verteidigungsplanungen der NATO

41 Nuklearwaffen verursachen eine Explosion durch Kernspaltung oder Kernfusion, die eine große Menge Energie und Strahlung freisetzt (Krause 2015a, 383). Unter radiologischen Waffen werden konventionelle Sprengkörper verstanden, die nuklear strahlendes Material verteilen (*schmutzige Bomben*).

(Bockenförde 2013, 37ff.; Pedlow 1997, XVII). Dabei ging es zunächst weniger um atomare Langstreckenraketen (*Inter-Continental Ballistic Missiles*, ICBMs), die sich noch in der Entwicklung befanden, sondern primär um den Einsatz von Langstreckenbombern. Während die vorhergehenden strategischen Konzepte der NATO bisher nur verklausuliert den Einsatz von Atomwaffen vorsahen, formulierte das 1957er Strategische Konzept erstmals klar die Prinzipien zur Nutzung von Nuklearwaffen: Atomwaffen sollten nicht als erstes Mittel eingesetzt werden, aber ihr Einsatz war in der Verteidigungsdoktrin auch nicht ausgeschlossen (NATO 1957; Bockenförde 2013, 40). So sollte die NATO nach Auffassung des US-amerikanischen Außenministers John Foster Dulles eine Politik verfolgen, „Atomwaffen als konventionelle Waffen gegen die militärischen Ziele des Gegners anzusehen, wo und wann auch immer das vorteilhaft sein würde." (Dulles, zitiert nach Pedlow 1997, XVII). Dies sei mit Blick auf die konventionelle Unterlegenheit der NATO in Europa nur folgerichtig (NATO 1957, 9, Art. 13.c).

Neben diesen Überlegungen zum Einsatz von Nuklearwaffen auf dem Gefechtsfeld oder zumindest der Abschreckung durch sie[42] stellt das Strategische Konzept von 1957 eine Doktrin der massiven Vergeltung (*massive retaliation*) auf. Den Schlüssel zur Vermeidung eines totalen nuklearen Kriegs sahen die Planer*innen in der Sicherstellung einer *Zweitschlagsfähigkeit* (Brodie 1959, Kap. 6). Der Einsatz von Nuklearwaffen durch die Sowjetunion wurde so lange als unwahrscheinlich angesehen, wie der Westen sicherstellen konnte, dass ein russischer Erstschlag zur massiven Zerstörung der UdSSR durch westliche Zweitschläge führen würde (NATO 1957, 11, Art. 18). Gleichzeitig wurde aufgrund dieser beiderseitigen Gefahr davon ausgegangen, dass sowjetische Aktionen häufig kleinerer und konventioneller Natur sein würden, um bewusst einen totalen Nuklearkrieg zu vermeiden (Mattelaer 2024, 94f.). Folglich mussten dadurch erhebliche konventionelle Verteidigungskräfte aufrechterhalten werden, was sozusagen die europäische Gegenleistung zur US-amerikanischen Nuklearkapazität war. Die NATO-Strategie war somit nicht eine reine massive Vergeltungsstrategie, aber die Möglichkeit zur Begrenzung von Kriegen, also solchen ohne Einsatz von strategischen Nuklearwaffen mit ihren enormen Folgen für Zerstörung und Menschenleben, wurde gleichzeitig als schwierig

---

42 Snyder (1961, 139) erklärt den Abschreckungszweck nuklearer Gefechtsfeldwaffen durch die Konsequenz, dass Truppen des Gegners nicht an einer Stelle für einen Durchbruch zusammengezogen werden können, da sie sich so der Gefahr der Vernichtung durch eine taktische Atomwaffe aussetzen würden.

angesehen, weil man sich so strategisch seines effektivsten, nuklearen Vorteils beraubte (Brodie 1959, 309ff.; Pedlow 1997, XX).[43] Die konventionellen Kräfte sollten deutlich machen, dass ein Angriff der Sowjetunion den gefährlichen Weg in einen totalen, nuklearen Krieg bedeuten würde (Snyder 1961, 6, 126ff.). Sie hatten also eine *Stolperdrahtfunktion* (engl. tripwire, s. Brodie 1959, 252f.; Coletta 2023, 225ff.), die der Nuklearstratege Herman Kahn (1960, 34ff.) auch als eine Form der Abschreckung (*deterrence*) ansah, weil sie auf den Zusammenhalt und Entschlossenheit der/des Bedrohten gegenüber zu aggressivem Verhalten eines Gegners beruht. Ein gutes Stück der nuklearen Abschreckungsdoktrin basiert somit auf den Prinzipien der Unsicherheit, was bei ihrem Einsatz ausgelöst werden würde (Deudney 2018, 338f.; Snyder 1961, 27ff.), und der Glaubwürdigkeit sowie Überlegungen zu Zielen und möglichen Handlungen des Gegners (Snyder 1961, 12ff.). Bockenförde (2013, 29) beobachtet, dass durch diese Form der Abschreckung seit den 1960er Jahren eine gewisse Stabilität der Auseinandersetzung entstand (s. auch Deudney 2018, 340). Hew Strachan erläutert, dass dies daran liegt, dass Strategie im Nuklearzeitalter kriegsverhindernd und somit zu gewissen Teilen passiv sein musste:

> „The meaning of strategy had now changed. Conventional strategy was a strategy of action; it prepared for war and then implemented those preparations. Nuclear strategy was a strategy of dissuasion; it prevented war." (Strachan 2005, 43)

Snyder nutzt auch die Gegenüberstellung von Abschreckung und Verteidigung, um auf die neue Sicherheitssituation im nuklearen Zeitalter hinzuweisen:

> „Essentially, deterrence means discouraging the enemy from taking military action by posing for him a prospect of cost and risk outweighing his prospective gain. Defense means reducing our own prospective costs and risks in the event that deterrence fails." (Snyder 1961, 3)

Somit ergibt sich auch die Konsequenz, dass Abschreckung bereits zu Friedenszeiten stattfindet, Verteidigung aber erst im Krieg (Snyder 1961, 4). Wenngleich es also insgesamt eher um Kriegsverhinderung ginge, sei die wichtigste Form der Abschreckung immer noch sehr aktives militärstrategisches Planen

43 Brodie (1959, 336ff.) sieht diese vermutete Unwahrscheinlichkeit begrenzter Kriege jedoch als einen Irrtum veralteten militärischen Denkens an, der den neuen Charakter totalen Kriegs im nuklearen Zeitalter nicht adäquat erfasst.

und Rüsten, sowohl im nuklearen als auch im konventionellen Bereich (Kahn 1960, 18ff.).

Die Verschiebung zu einer auf nukleare Abschreckung fokussierten Strategie der NATO fand parallel zur Entwicklung der akademisch-strategischen Diskussion darüber graduell ab Mitte der 1950er Jahre statt und setzte darauf, Krieg gar nicht erst stattfinden zu lassen, weil er am Ende des Tages im Nuklearzeitalter zu gefährlich war (Brodie 1959, Kap. 8; Niedhart 2014, 12). Die meisten NATO-Partner sahen in konventionellen Kräften die Garantie einer glaubwürdigen Territorialverteidigung, während andere aus Kostengründen stärker auf nukleare Abschreckung setzten, vor allem bis zur russischen Entwicklung der Atombombe (Pedlow 1997, XIX; s. auch Brodie 1959, 201f.; Snyder 1961, 44, 46f., 121; Heuser 1995, 53f.).[44] Die Abschreckungsdoktrin sollte ultimativ die Intentionen des Gegners im eigenen Sinne beeinflussen. Gefechtstaktiken mit nuklearen Elementen wurden von den Alliierten aber dennoch durchdacht, um im Angriffsfall der konventionellen Überlegenheit der Sowjetunion etwas entgegensetzen zu können. Die Strategie der NATO wird daher häufig als ein Zwitter aus einem amerikanisch-britischen nuklearen *Schwert* und einem kontinentaleuropäischen, konventionellen *Schild* beschrieben (Snyder 1961, 3, 10, 120ff.).

Ballistische Trägersysteme (Raketen) für Nuklearwaffen		
Abk.	**Waffentyp**	**Reichweite**
SRBMs	*Short Range Ballistic Missile* ballistische Kurzstreckenrakete	< 1.000 km
MRBMs	*Medium Range Ballistic Missile* ballistische Mittelstreckenrakete	1.000-3.000 km
IRBMs	*Intermediate Range Ballistic Missile* ballistische Mittelstreckenrakete	3.000-5.500 km
ICBMs	*Intercontinental Ballistic Missile* ballistische Interkontinentalrakete	> 5.500 km

Tabelle 11: Ballistische Trägersysteme für Nuklearwaffen (Quelle: Davenport 2023, Gillis 2017, 63 f., eigene Darstellung)

44 Diese Auffassung ist moralisch in Anbetracht der Zerstörungskraft von Nuklearwaffen natürlich fragwürdig, aber Krieg oder seine Vorbereitung bringen uns immer an die Grenzen von Moralität. Dies kann an dieser Stelle nicht weiter diskutiert werden.

Die *Nukleare Triade*: Die strategischen Nuklearwaffensysteme der USA			
Abk.	**Waffentyp**		**Reichweite**
ICBMs	*Intercontinental Ballistic Missile* landgestütze Interkontinentalrakete	*Nukleare Triade*	13.000 km
SLBMs	*Submarine-launched Ballistic Missile* U-Boot-gestützte ballistische Rakete		> 7.400 km
	Strategic bombers strategische Bomber		11.000-16.000 km

Tabelle 12: Strategische Nuklearwaffen der USA (Quelle: Kristensen 2015, Watson 2017, eigene Darstellung)

Anzahl gefechtsbereiter und in Reserve gehaltener Nuklearwaffen (Jahr des ersten Atombombentests/ erster einsatzfähiger Waffe) [Anzahl der gefechtsbereiten Sprengköpfe]*									
	USA (1945/ 1945)	**UdSSR/ RUS** (1949/ 1949)	**UK** (1952/ 1953)	**FR** (1960/ 1964)	**CHN** (1964/ 1964)	**ISR** (?/ 1967)	**IND** (1974/ 1998)	**PAK** (1998/ 1998)	**NKO** (2006/ ?)
1945	2	(1949)	-	-	-	-	-	-	-
1950	299	5	(1953)	-	-	-	-	-	-
1960	18.638	1.627	105	(1964)	(1964)	(1967)	-	-	-
1970	26.008	11.736	375	36	75	8	-	-	-
1980	24.104	30.665	500	250	205	31	-	-	-
1990	21.392	32.980	350	505	232	53	(1998)	(1998)	-
2000	10.577	12.188	280	470	232	72	13	12	(2006)
2010	5.066	5.215	225	300	240	80	80	90	<10
2020	3.800 [1.750]	4.520 [1.572]	225 [120]	290 [280]	350	90	150	160	35
2024	3.708 [1.770]	4.380 [1.710]	225 [120]	290 [280]	500 [24]	90	172	170	50
* Die Zahlen der SIPRI-Jahrbücher sind meist höher, da das SIPRI auch ausgemusterte Sprengköpfe mitzählt.									

Tabelle 13: Anzahl gefechtsbereiter und in Reserve gehaltener Nuklearwaffen (Quelle: Kristensen et al. 2024, Kristensen et al. o. J., Kimball 2023, eigene Darstellung)

Ab den 1960er Jahren herrschte zwischen den beiden Polen ein *Gleichgewicht des Schreckens* (*balance of terror*), in dem die Sowjetunion die USA und umgekehrt hätten auslöschen bzw. beträchtlichen Schaden an Territorium und Bevölkerung zufügen können. Zu diesem Gleichgewicht trugen auch Frankreich und das Vereinigte Königreich bei. Nachdem es bereits mit den USA im Rahmen deren *Manhattan-Projekts*, das die US-amerikanische Atomwaffe hervorbrachte, kooperiert hatte, entwickelte Großbritannien ab 1945 allein weiter, zündete seine erste Atomwaffe im Jahr 1952 und baute danach eine Atomstreitmacht auf. Großbritannien verlässt sich bis heute auf US-amerikanische ballistische Trägerraketen, die es mit selbstentwickelten Sprengköpfen bestückt und auf eigenen strategischen U-Booten[45] stationiert (Görtemaker 1979, 56 ff.; Schrafstetter 2010, Kap. 1; Yost 1984, 50). Das Vereinigte Königreich besitzt ca. 120 einsatzbereite Atomwaffen. Frankreich hatte seit 1951, vor allem aber unter dem Antrieb des ehemaligen Weltkriegsgenerals und späteren Staatspräsidenten Charles de Gaulle den Erwerb von Nuklearwaffen vorangetrieben, sodass Frankreich 1960 seine erste Atombombe zündete und in den Jahren danach eine unabhängige Abschreckung und Nuklearstreitmacht, die sogenannte *force de frappe* (*Schlagkraft*), entwickelte (Tertrais 2007, 71 ff.). Zunächst basierte die französische Nuklearstreitmacht auf Bombern, während in den 1970er Jahren auch landgestützte ballistische Raketen und strategische U-Boote mit Nuklearraketen entwickelt wurden. Heute besitzt Frankreich keine Boden-Boden-Raketen mehr, sondern nur noch ca. 300 luftgestützte und seegestützte Atomwaffen auf strategischen U-Booten (Kristensen und Korda 2019). Strategische Unterseeboote haben eine zentrale Rolle in der Sicherung der Zweitschlagsfähigkeit, da sie nur schwer auffindbar sind und die nuklearen Kapazitäten eines Landes somit *verteilen* und vor Angriffen schützen (Brodie 1959, 218, 285). Dadurch wird das zweite Prinzip der Abschreckung implementiert: Glaubwürdigkeit der Zweitschlagsfähigkeit (ibid., 273 ff.). Die Entwicklung und der Erhalt eigener Atomwaffen sind bis heute für beide Länder ein Zeichen ihres Machtstatus in der internationalen Politik, von *grandeur* und *empire* (Grosser 1986; Schrafstetter 2010, 27, 37 f.; Tertrais 2007, 76). Neben der Abschreckungskomponente gegenüber Gegnern sind sie aber vor allem auch ein Unterpfand der eigenen, nationalen Unabhängigkeit.

45 Im Bereich der Unterseeboote bezeichnet *strategisch* die Bestückung mit Atomraketen. Diese U-Boote werden zudem selbst durch einen Nuklearreaktor angetrieben, um ihnen maximale Unabhängigkeit und Geräuschlosigkeit zu sichern.

Durch die Suezkrise mussten sowohl Frankreich als auch Großbritannien lernen, dass ihr eigener Machtstatus nicht mehr dem früherer Kolonialzeiten entsprach. Die Nuklearwaffen sollten deshalb die ultimative souveräne Entscheidungsfähigkeit der Nation in sicherheits- und verteidigungspolitischen Fragen herstellen (Schrafstetter 2010, 33 f.; Vaïsse 2009b, 79 ff.; Yost 1984, 49 f., 54 f.). Neben anderen Problemen war die nukleare Unabhängigkeit ein Grund für das französische Verlassen der integrierten Militärstruktur der NATO in den Jahren 1966/67 – eine Entscheidung für eine Sonderstellung, die Frankreich bis 2009 beibehielt (Irondelle 2009; s. Exkurse).

3.4.2 Konflikte: Kubakrise und die Debatte um *flexible response*

Das Gleichgewicht des Schreckens sollte nicht dazu führen, dass es keine Konflikte mehr zwischen den Nuklearmächten gab. Im Herbst 1962 stand die Welt am Rand eines nuklearen Abgrunds, als die Sowjetunion damit begann, nukleare taktische Sprengkörper und Marschflugkörper (*cruise missiles*)[46] sowie IRBMs im sozialistischen Bruderstaat in der Karibik zu stationieren (Münger 2003, Kap. 6). Die IRBMs hätten die meisten US-Städte südlich einer Kreislinie von San Francisco nach Seattle treffen können, die näheren davon nur mit einer sehr geringen Vorwarnzeit (George 2013, 182). Sie stellten für die USA eine unmittelbare Gefahr und fundamentale Verletzung der *Monroe-Doktrin* dar, post mortem benannt nach dem 5. Präsidenten der USA, James Monroe (1758-1831, Präsident 1817-1825), nach der kein anderer (europäischer) Staat in der nord- und südamerikanischen Hemisphäre in der Lage sein sollte, die Führungsposition der USA infrage zu stellen oder Besitzansprüche zu erheben. Die Handlungen der USA und der Sowjetunion im Verlauf der *Kubakrise* (*Cuban Missile Crisis*) waren extrem konfrontativ und bewegten sich an der Schwelle zu offenem Krieg und nuklearer Eskalation, bevor sie Ende Oktober 1962 nach ein paar heißen Wochen zu Ende gingen (George 2013; Görtemaker 1979, 42 ff.). Es ging der Sowjetunion in der Krise zweifelsohne darum, Prestige gegenüber den USA zu erlangen, ihre atomare Schlagfähigkeit gegenüber dem Gegner, die technologisch noch nicht so weit entwickelt war, massiv zu erhöhen und

46 Die Existenz taktischer Atomwaffen auf Kuba sowie von bestehenden Einsatzbefehlen zu ihrer Nutzung ohne weitere Rücksprache mit dem Kreml waren den Alliierten damals nicht bekannt (George 2013, 118).

den Erzfeind der USA, Fidel Castro, in seinem kommunistischen Kampf zu unterstützen. Die Ereignisse in Kuba standen zudem nach heutiger Auffassung in Zusammenhang mit der Berlin-Krise (Münger 2003, 202 ff.). Der amerikanische und westliche Widerstand gegen Chruschtschows Drohung der Isolation der Hauptstadt und einer einseitigen Veränderung des Status quo wurde von der sowjetischen Führung als vehement und kompromisslos wahrgenommen, sodass eine graduelle Eskalation auf Kuba in Kombination der o. g. Gründe als gute Lösung erschien (Combs 2012, 267 ff.; Wettig 2005). Knorr (1990, 223) erörtert, dass Kuba ein „‚Drucktest'" der Sowjetunion für den neuen, jungen Präsidenten Kennedy sein sollte.

Parallel zur Kubakrise gab es innerhalb der Allianz zunehmende Uneinigkeit über nukleare Fragen (Görtemaker 1979, 56 ff.; Mattelaer 2024, 95 f.). Seit 1960 holte die Sowjetunion technologisch in der Raketentechnik[47] auf und war dadurch in der Lage, mögliche nukleare Angriffe auf ihr Territorium zu kontern (Kahn 1960, 24). Westdeutschland sah wegen seiner Rolle als Frontlinienstaat eine Abschwächung der nuklearen Drohung mit Argwohn, weil dies eine Verlagerung konventioneller Gefechte auf bundesdeutsches Territorium zur Folge gehabt hätte, musste aber die Konsequenzen eines möglichen nuklearen Kriegs auf eigenem Territorium bedenken (Hellmann 2007, 608; Küntzel 1992, 54 ff.). Gleichzeitig begannen nach chinesischen Nukleartests (1964) 1965 die UN-Verhandlungen zum Atomwaffensperrvertrag (NPT, s. dazu nächster Abschnitt), sodass insgesamt Unsicherheit entstand, wie ernst es die USA mit der nuklearen Garantie meinten (Bockenförde 2013, 40 f.; Snyder 1961, 7). Charles de Gaulles Bonmot, dass „Kein US-Präsident bereit sein wird, Chicago für Lyon einzutauschen" (Pedlow 1997, XXI), drückte die Stimmung vieler aus (Yost 1984, 29 ff.; Kahn 1960, 15 ff.). Durch die Entwicklung der Wasserstoffbombe hatte sich die Zerstörungskraft von Atomwaffen zudem vervielfacht, sodass eine thermonukleare Antwort auf kleinere Auseinandersetzungen nicht mehr adäquat erschien. Gerade mit Blick auf die Situation in Berlin nach dem Bau der Mauer 1961 wurde über die richtige Staffelung einer Eskalation mit der Sowjetunion nachgedacht, z. B. durch den Einsatz kleinerer, taktischer Nuklearwaffen (Brodie 1959, 261 ff., 337 ff.). Der amerikanische Verteidigungsminister Robert McNamara, ein wichtiger Akteur in der Kubakrise, stellte jedoch heraus, dass Kuba gezeigt

47 Man denke hier auch an den sowjetischen Doppelsieg aus *Sputnik*, dem Start des ersten künstlichen Satelliten (1957), sowie den ersten Menschen im All, Juri Gargarin, im Jahr 1961 (Görtemaker 1979, 42 f.; Schrafstetter 2010, 34 ff.).

habe, dass Nuklearwaffen zwar wichtig seien, sie letztlich aber im Hintergrund von Auseinandersetzungen verblieben, in denen konventionelle Kräfte zunächst über Erfolg oder Misserfolg entscheiden würden (Pedlow 1997, XXII; s. auch Görtemaker 1979, 71 f.; Mattelaer 2024, 95 f.; Snyder 1961, 63 ff.). Gleichzeitig baute die Sowjetunion jedoch konsequent ein auf Europa zielendes, nukleares Drohungs- und Kriegspotentials auf (u. a. mit den SS-20-Raketen, die zum NATO-Doppelbeschluss führten, s. Exkurs). Somit trat die Nuklearfrage für die alliierte Verteidigungsstrategie für Europa nicht vollends in den Hintergrund, zumal die NATO seit Mitte der 1960er Jahre kaum vergleichbare nukleare Kapazitäten in Europa positionierte (Heuser 1995; Nuti et al. 2015; Yost 1984, 33 ff., 87 ff.).

Auf Basis dieser verschiedenen Überlegungen und Szenarien entstand ab 1962 die neue Doktrin der *flexible response*. Nach dieser Nukleardoktrin wurde ein Atomangriff durch die NATO zwar nicht mehr ausgeschlossen, aber die Idee war nun, dass „ein Angriff nun zunächst auf demselben Niveau beantwortet werden sollte, auf dem der Gegner angegriffen hatte" (Bockenförde 2013, 40). Diese Strategie trug der neuen Situation Rechnung, dass im Falle eines alliierten Erstschlags ab den 1960er Jahren auch mit einer massiven nuklearen Antwort der Sowjetunion gerechnet werden musste, die ihre Raketenentwicklung vorangetrieben hatte.[48] Mit flexible response wurde also versucht, militärische Handlungsoptionen unterhalb der Schwelle eines umfassenden Nuklearkriegs zu formulieren, die primär konventioneller Natur waren, doch den Einsatz taktischer Nuklearwaffen nicht prinzipiell ausschlossen. Außer Frankreich, das von der Strategie der massiven Vergeltung nicht abweichen wollte, weil die durch flexible response erhöhte Einsatzschwelle von Nuklearwaffen unvereinbar mit der eigenen Abschreckungsdoktrin gegenüber der UdSSR war (Hope 2024, 42 f.; Kugler 1991, 57 f.; Rühl 1997; Yost 1984, 54 ff., 154 f.), schlossen sich nach und nach alle Alliierten dieser Sichtweise an – wenngleich nicht ohne Bauchschmerzen, da durch die Anhebung der nuklearen Eskalationsschwelle durch flexible response erstens eine größere Rolle für die konventionelle Verteidigung resultierte, die bekanntlich zahlenmäßig unterlegenen war, und zweitens so eine Entkopplung europäischer und amerikanischer Sicher-

48 Görtemaker (1979, 46 f.) weist darauf hin, dass die politischen Vorstellungen des Westens über die Qualität der sowjetischen Raketentechnik überhöht waren. Die UdSSR holte in Sachen Zuverlässigkeit und Zielgenauigkeit erst gegen Ende der 1960er Jahre auf.

heit befürchtet wurde, wenn sich das gesamte US-amerikanische Nuklearpotential sozusagen von seiner Nutzung in Europa *entfernte*. So wurde letztlich eine Schwächung der Abschreckung befürchtet (Overhaus 2009: 47 ff.). Flexible response wurde erst nach dem französischen Austritt aus der integrierten Militärstruktur im Jahr 1967 (s. Exkurs) offizielle Doktrin (Kugler 1991, 59; Combs 2012, 270 f.). Letztlich verletzt flexible response nicht die Abschreckungsprinzipien, weil in Anbetracht des engen und hochbevölkerten potentiellen europäischen Schlachtfelds auch ein begrenzter Einsatz von Nuklearwaffen schnell dieselben entgrenzten Folgen hätte haben können wie ein totaler Atomkrieg. Somit verschoben sich die Gefahren, genauso wie die Handlungsoptionen, wieder deutlicher in den konventionellen Bereich (Brodie 1959, 341). Auch das neue Strategische Konzept der Allianz aus dem Januar 1968 (MC 14/3, NATO 1968) trug dieser größeren Flexibilität in der militärischen Strategie der NATO Rechnung und formulierte wieder stärker konventionelle Antworten auf die Sicherheitsherausforderung durch die UdSSR. Durch die Einrichtung der Nuklearen Planungsgruppe im Dezember 1966 innerhalb der NATO-Militärstruktur wurde zudem ein neues Forum geschaffen, in dem Nuklearfragen auch unter Teilhabe der zwölf nichtnuklearen Mitglieder (und ohne Frankreich) besprochen werden konnten (Kugler 1991, 61 f., 63 ff.). Die 1968er Strategiedokumente waren flexibel genug, um bis zum Ende des Kalten Kriegs nicht mehr verändert werden zu müssen (Pedlow 1997, XXIIIff.). Es entwickelte sich nach 1968 dann eine größere Entspannungsphase in der Blockkonfrontation, die sich durch erste Schritte hin zur Rüstungskontrolle und Abrüstung ausdrückte. Der im Namen der NATO vom belgischen Außenminister Pierre Harmel verfasste *Harmel-Bericht* machte durch den Beschluss des NAC vom Dezember 1967 die Dualität aus Verteidigung/Abschreckung und Entspannung zur offiziellen NATO-Strategie (Görtemaker 1979, 58 ff.; Hope 2024, 42 ff.).

Exkurs | Der französische Rückzug aus der integrierten NATO-Militärstruktur 1966/67

Frankreich war ein starker Verfechter einer Politik nationaler Autonomie (Grosser 1986, 223), die es sowohl aus historischem Antrieb als ehemalige Welt- und Kolonialmacht – seine letzte Kolonie Algerien gab Frankreich erst 1962 ab – mit demokratisch-universalistischem Führungsanspruch (*grandeur*, Cerny 1980; Godin und Chafer 2006) als auch tagespolitischen, strategischen Gründen verfolgte. Frankreich positionierte sich nach dem Ende des Zweiten Weltkriegs klar im westlichen Lager, stand aber dem US-amerikanischen Führungsanspruch, den es als kulturgleichmachend und paternalistisch empfand, kritisch gegenüber, nicht zuletzt wegen des Suezdebakels und der US-amerikanischen Unterstützung für den Dekolonisierungsprozess. Charles de Gaulle wandte sich daher strikt gegen eine Abhängigkeit von den USA (Grand 2024, 238; Grosser 1986, 191, 254 et al.) und wollte der Blockkonfrontation entkommen, die die US-Amerikaner*innen nach französischem Verständnis in den 1960er Jahren anheizten. De Gaulle widersetzte sich zunehmend der tiefgreifenden militärischen Integration in den NATO-Strukturen und zog bereits 1959 und 1963 französische Einheiten aus alliierten Marineverbänden ab (Vaïsse 2009a). Versuche zur Wiederbelebung eines amerikanisch-britisch-französischen Triumvirats zum Erreichen mehr außenpolitischer Koordination liefen ins Leere. Auch in Nuklearfragen waren Missverständnisse und Meinungsverschiedenheiten mit den USA an der Tagesordnung. Frankreich schlug (neben anderen Alliierten) ebenfalls US-Pläne zur Errichtung einer multilateralen Atomstreitmacht (MLF) aus, bei der ein Teil des Nuklearарsenals der Verbündeten unter alliiertes Kommando gestellt worden wäre (Combs 2012, 269 f.; Grosser 1986, 245 ff.; Kugler 1991, 47 ff.; Schmidt 1997, 115 ff.; Vaïsse 2009b, 167 ff.).

Die Divergenzen über die NATO-Integration, atomare Fragen und die Blockkonfrontation wurden schließlich so groß, dass de Gaulle im Juni 1966 beschloss, der integrierten Militärstruktur – nicht aber der Allianz selbst, als dessen Teil er Frankreich unvermindert ansah – den Rücken zu kehren. Er zog in der Folge Luft- und Armeeeinheiten aus Deutschland ab und französische Offiziere verließen die gemeinsamen alliierten Stäbe, sodass beide nicht mehr unter direktem NATO-Oberbefehl standen. Daraufhin mussten US-amerikanische Truppen Stützpunkte in Frankreich und ihr EUCOM-Hauptquartier bis April 1967 verlassen und die NATO ihre politischen und militärischen Hauptquartiere aus Frankreich nach Brüssel und Mons (Belgien), verlegen (Grand 2024, 239). Frankreich war durch diesen Schritt in der Lage, sich einen größeren Autonomie- und Handlungsspielraum gegenüber den USA zu verschaffen, die nun neben der NATO auch bilateral mit Frankreich verhandeln mussten, um Einigkeit für die Verteidigung des nordatlantischen Raumes herzustellen. Frankreich kooperierte weiterhin auf militärischer und politischer Ebene mit der Allianz, konnte dies aber mit mehr Entscheidungsfreiheit tun (Vaïsse 2009b, 185 ff.). Ironischerweise trug es so auch zu einer noch stärkeren Stellung der USA in der Militärstruktur bei. Diese vorteilhafte Position behielt Frankreich bis zum Ende des Kalten Krieges bei und blieb ihr auch darüber hinaus trotz erheblicher Einflusseinbußen nach dem Ende der Blockkonfrontation (Bertram 1997; Meimeth 1997; Menon 2000) bis ins Jahr 2009 treu, als es unter Präsident Sarkozy in die Militärstruktur zurückkehrte (Fortmann et al. 2010; Ostermann 2019b). *Zur Reintegration s. Exkurs in Kap. 4.3.*

3.5 Beginn der Abrüstung und Entspannungspolitik ab 1963

Das seit den 1960er Jahren bestehende Gleichgewicht des Schreckens regte nach dem Ende der Kubakrise die Verantwortlichen in Sowjetunion und USA zum Nachdenken an (Münger 2003, 297 f.) und führte langsam eine Entspannung im Verhältnis zwischen den beiden Blöcken herbei, die bis Ende der 1970er Jahre auf eine Dualität von Abschreckung und verbesserten Beziehungen setzten (Erickson 2018, 403; Görtemaker 1979, 44, 46 ff.; Niedhart 2014, 13 ff.). Bereits 1963 wurde der *Limited Test Ban Treaty* (LTBT) zwischen der UdSSR, den USA und Großbritannien abgeschlossen, der Nukleartests in der Atmosphäre, unter Wasser und im Weltraum verbot, unterirdische Tests aber noch erlaubte (Görtemaker 1979, 73). Frankreich lehnte den Vertrag ab und unterzeichnete ihn nie. Es stand Abrüstungsgesprächen zwischen den USA und der Sowjetunion/Russland von je her kritisch gegenüber, weil es aus den Verhandlungen dazu meist ausgeschlossen war und die unabhängige Abschreckungskomponente seiner Nuklearstreitkräfte erhalten wollte (Grosser 1986, 249; Vaïsse 2009b, 179; Yost 1984, 54 ff.).[49] Insgesamt 125 Staaten schlossen sich dem LTBT an, sodass dies ein erster Erfolg von Entspannung und Abrüstung zwischen den Blöcken war. Auch

49 Auch Großbritannien stand vereinzelten Aspekten des Abrüstungsregimes skeptisch gegenüber, vertrat aber mit Blick auf seine verteidigungs- und nuklearpolitische Nähe zu den USA eine offenere Position (Yost 1984, 49 ff.).

Deutschland unterzeichnete bereits im Jahr 1963 (United Nations o. J.-a). Interessanterweise war im Zuge der Gespräche zum LTBT auch eine Regelung der schwelenden Berlin-Krise möglich, weil die Kennedy-Regierung auf Forderungen der UdSSR für eine formalere Feststellung der deutschen Teilung einging und somit de facto die innerdeutsche Grenze akzeptierte – sehr zum Unmut der westdeutschen Adenauer-Regierung, da die Wiedervereinigung somit in weite Ferne rückte (Münger 2003, Kap. 9).

In der Folge entstanden Gedanken über weitere Schritte der Rüstungskontrolle bis hin zu ersten Ideen über Abrüstung (Überblick in Nuti 2024). Letzteres war zwar aufgrund von Widerständen aus der Sowjetunion noch nicht möglich (Kugler 1991, 61), aber dennoch unternahm die internationale Gemeinschaft bereits ab 1965 einen Anlauf zu Verhandlungen zu einem Atomwaffensperrvertrag, der zumindest die Verbreitung der Waffen eindämmen sollte.[50] Die Verhandlungen führten am 1. Juli 1968 zur Unterzeichnung des *Treaty on the Non-Proliferation of Nuclear Weapons* (NPT, Atomwaffensperrvertrag). Der NPT gilt mit seinen 191 Parteien (Staaten) als das Rückgrat internationaler Abrüstungs- und Rüstungskontrollbemühungen. Er ist heute unbegrenzt gültig. 2024 waren nur Indien, Israel, Nordkorea, Pakistan und Südsudan nicht Vertragspartei (bpb 2015).[51] Der NPT unterscheidet zwischen Atomwaffenstaaten (damals China, Frankreich, Großbritannien, UdSSR, USA) und solchen ohne Nuklearwaffen. Atomwaffenstaaten verpflichten sich, keine Waffen oder waffenfähiges Material (nukleare Brennstoffe, militärische Nukleartechnik) an andere Staaten weiterzugeben und niemanden zum Erwerb von Atomwaffen zu ermuntern. Nichtnukleare Staaten verpflichten sich, den Erwerb von Atomwaffen nicht anzustreben und anderen Staaten ebenfalls kein Nuklearmaterial zur Verfügung zu stellen. Des Weiteren etabliert der Vertrag einen Kontrollmechanismus für die nichtnuklearen Staaten in Kooperation mit der Internationalen Atomenergiebehörde (IAEA) und Überprüfungskonferenzen, die alle fünf Jahre stattfinden. Ausdrücklich vom Vertrag erlaubt ist die friedliche Nutzung der Kernenergie (d.h. für Atomreaktoren oder medizinische Zwecke; United Nations o. J.-b; Görtemaker 1979, 73 ff.). Wenngleich der NPT die Proliferation von Nu-

---

50 Der Vorschlag dazu geht sogar schon auf eine Initiative Kennedys im Jahr 1961, kurz nach dem Bau der Berliner Mauer, zurück und unterstreicht somit den Zusammenhang zwischen Berlin, Kuba und dem NPT (Küntzel 1992, Kap. III).

51 Nordkorea hat 2003 seinen Austritt angekündigt, aber der Status der Volksrepublik ist völkerrechtlich unklar. Die anderen Staaten waren nie Mitglieder.

klearwaffen nicht gänzlich stoppen konnte und einige Staaten wie Indien, Israel, Nordkorea oder Pakistan militärische Nuklearkapazitäten erreicht haben (s. Tab. 13), so hat er doch zusammen mit anderen Faktoren wie Protestbewegungen und einer gesellschaftlichen Normentwicklung gegen den Einsatz von Nuklearwaffen (Tannenwald 1999) eine weitgreifende Verbreitung von Nuklearwaffen verlangsamt und durch Transparenz und Überprüfung für mehr Sicherheit gesorgt (Erickson 2018, 404; Fuhrmann und Lupu 2016).

Parallel zum Inkrafttreten des NPT am 5. März 1970 verhandelten die UdSSR und die USA bereits über weitere Rüstungskontroll- und Abrüstungsabkommen. Diese wurden in den 1970er Jahren als SALT I (*Strategic Arms Limitation Talks*, 1972 unterzeichnet) und SALT II (1979) bekannt. Aus diesen langwierigen Gesprächen ging ein auf fünf Jahre geschlossenes Interimsabkommen zur Reduzierung land- und seegestützter Raketen hervor, das die Anzahl einsatzbereiter Sprengköpfe auf beiden Seiten reduzierte. Wichtigster Bestandteil von SALT I war das fast vollständige Verbot anti-ballistischer Raketensysteme im *Anti-Ballistic Missile Treaty* (ABM), der bis zum Rückzug der USA im Jahr 2002 galt (Ray 2023). Der ABM-Vertrag wird allgemein als Anerkennung des Prinzips der *M.A.D.* gesehen, also der Ära der *mutually assured destruction* (Yost 1984, 71 ff.). Im Gegensatz zu den bisherigen Nichtverbreitungs- und Teststoppbemühungen untersagte dieser Vertrag die Entwicklung und Stationierung von Abfangsystemen (mit Ausnahmen für nur jeweils ein Gebiet und 100 Abwehrraketen), die einen erfolgreichen Angriff mit ballistischen Raketen verhindern könnten. Diese Idee hatte zum Ziel, das Gleichgewicht zu wahren, indem die Zweitschlagsfähigkeiten gesichert wurden und so nach Nuklearstratege Thomas C. Schelling geringere Anreize bestanden, aus einem Unsicherheitsgefühl heraus *auf den Knopf zu drücken* (zitiert nach Brodie 1959, 302; s. auch Combs 2012, 270 f.; Görtemaker 1979, 77 ff.; Müller und Schaper 2003, 11). Schelling und andere Nukleartheoretiker*innen wiesen in dieser Argumentation auf die Problematik von totalem Krieg im nuklearen Zeitalter hin. Trotzdem enthielten die Nukleardoktrinen der UdSSR und der USA vereinzelte offensive Elemente, vor allem auf Seiten der Sowjetunion mit ihrem nuklearen Droh- und Kriegsführungsdenken in Europa. In der UdSSR wurde die Möglichkeit eines nuklearen Kriegs trotz seiner Zerstörungskraft wohl zumindest ansatzweise strategisch durchdacht, in den USA lediglich akademisch (Kahn 1960; Yost 1984, 67 ff.).

In der Zwischenzeit war außerhalb nuklearer Fragen mit der Akte von Helsinki (1. August 1975) zur *Konferenz für Sicherheit und Zusammenarbeit in Europa* (KSZE, 1973-1975) ein weiterer Rahmen für Entspannungspolitik geschaffen worden. Unterzeichnet von 35 Staaten aus beiden Blöcken war der wesentliche Beitrag der KSZE-Schlussakte die Schaffung von Diskussionskanälen und Themen der Ost-West-Beziehungen jenseits von Fragen der Sicherheitspolitik. Zusätzlich vereinbarten die Staaten die Wahrung nationaler Souveränität und territorialer Integrität (Görtemaker 1979, 112 ff.). Aus der KSZE ging 1995 die *Organisation für Sicherheit und Zusammenarbeit in Europa*, die OSZE, hervor, die wichtige Aufgaben im Bereich der Menschenrechte, Rüstungskontrolle und Wahlbeobachtung übernimmt (bpb 2020; Hill 2018; Roloff 2007). In Deutschland standen die späten 1960er und die 1970er Jahre gleichzeitig unter dem Zeichen der neuen *Ostpolitik* unter BRD-Bundeskanzler Willy Brandt und später Helmut Schmidt (Schöllgen 2013b, Kap. 4, 5). Möglich wurde diese Entspannungsoffensive durch den Abschluss diverser *Ostverträge*, die die Oder-Neiße-Grenze mit Polen endgültig festschrieben (Moskauer Vertrag, Warschauer Vertrag, beide 1970)[52] und die Beziehungen zwischen der BRD und der DDR als gleichberechtigte Staaten regelten (Grundlagenvertrag 1972 – Sicherheit, Grenzen, Reiseverkehr, Familienangelegenheiten u. a., s. auch Görtemaker 1979, 106 ff.; Schöllgen 2013b, 136 ff.). Gemeinsam war den Ostverträgen und der Helsinki-Akte das Bekenntnis zu friedlichen Beziehungen als Grundlage europäischer Politik (Niedhart 2014, Kap. 5, 6; Roloff 2007, 781 f.). Dass dies in Anbetracht der sicherheitspolitischen Konflikte zu einem gewissen Teil eher in die Zukunft gerichtete Hoffnungen und Absichtserklärungen waren, steht außer Frage (Görtemaker 1979, 62 ff.; Niedhart 2014, 21).

Historisch sind diese konkreten Annäherungsschritte jedoch im Gesamtbild der konfrontativen Lage des Kalten Kriegs nicht zu unterschätzen. Wenngleich sie nicht immer in Einigkeit aller Partner erfolgten (Nuti 2024; Schulz und Schwartz 2010; Schöllgen 2013b, 125 ff.), bereiteten sie doch die Regelungen der 1990er Jahre nach dem Fall der Berliner Mauer und dem Zusammenbruch der Sowjetunion vor (Hill 2018, 21 ff.). Die Entspannungspolitik der 1970er Jahre setzte also Unsicherheit, Verteidigung und Abschreckung nicht außer Kraft, sondern fand parallel zu ihnen statt. Trotz-

52 Im Rahmen des Besuchs in Warschau zur Vertragsunterzeichnung kam es zum berühmten Kniefall Willy Brandts vor den Opfern des Nationalsozialismus und den Verbrechen, die Deutschland im Zweiten Weltkrieg begangen hatte.

dem war die Entspannungspolitik ein neues Element in den Beziehungen, das das Weiterführen von Rüstungskontroll- und Abrüstungsinitiativen ermöglichte.

Exkurs | Der NATO-Doppelbeschluss

Ende der 1970er Jahre begannen sich die Beziehungen zwischen den beiden Blöcken wieder zu verschlechtern. Die Sowjetunion hatte unter Leonid Breschnew große Anstrengungen unternommen, ihre Raketenarsenale zu modernisieren. Dies führte zur Entwicklung und Stationierung der neuen SS-20-Mittelstreckenrakete (IRBM), die mit ihrer Reichweite und größeren Sprengkraft europäische Hauptstädte bedrohte. Durch Mittelstreckenraketen bestand eine ungleiche Bedrohungssituation, weil es für die vielen Städte Westeuropas kaum eine Vorwarnzeit gab, Kanada und die USA aber deutlich mehr Reaktionszeit gehabt hätten (was Unterschiede zwischen Alliierten schuf, s. die flexible response-Debatte in Kap. 3.4.2), und IRBMs nicht von Abrüstungsabkommen gedeckt waren. Die Alliierten sorgten sich daher um die strategische Balance in Europa und waren allgemein wegen sowjetischer Aggressivität besorgt, da die UdSSR 1979 in Afghanistan einmarschierte. Die BRD setzte sich unter Kanzler Helmut Schmidt besonders gegen die durch die SS-20 bestehende Bedrohung ein. Am 12. Dezember 1979 traf die NATO daher ihren so genannten *Doppelbeschluss*, nachdem durch Verhandlungen innerhalb von vier Jahren versucht werden sollte, die UdSSR zum Abzug der SS-20 zu bewegen. Würde sie dies nicht tun, sollten neue US-amerikanische Pershing II-Raketen (MRBMs) in Europa stationiert werden, um die strategische Dysbalance auszugleichen (bpb 2018; Combs 2012, 388; Schöllgen 2013b, 192 ff.).

Die Gespräche steckten lange in einer Sackgasse, weil weder die Sowjetunion noch die USA bereit waren, auf die Forderungen der jeweiligen Gegenseite einzugehen und sich dieser Waffen zu entledigen. Daher stimmte der Bundestag am 22. November 1983 einer Beschlussvorlage zu, die die Stationierung der US-amerikanischen Pershing II genehmigte. 572 MRBMs und atomare Marschflugkörper wurden in Belgien, Deutschland, Großbritannien und Italien stationiert. Die US-Raketen konnten so direkt das sowjetische Territorium erreichen (und nicht nur wie vorher Warschauer Pakt-Staaten), aber nicht Moskau. Die Sowjetunion antwortete mit neuen Kurzstreckenraketen in der DDR und der Tschechoslowakei. In den Folgejahren konnte jedoch im Rahmen weiterer Abrüstungsgespräche unter Gorbatschow und Reagan doch noch eine Einigung erzielt werden, die 1987 zum INF-Vertrag führte (s. Folgeseiten), der MRBMs und IRBMs gänzlich verbot (s. u.; bpb 2018; Combs 2012, 388 ff.).

In Deutschland (DDR und BRD) und anderswo setzte der NATO-Doppelbeschluss eine bedeutende zivilgesellschaftliche Protestwelle in Gang, die im Oktober 1983, einen Monat vor dem Stationierungsbeschluss des Bundestags, ca. 1,3 Mio. Bürger*innen im Rahmen der Friedensbewegung in der BRD auf die Straße brachte. Dies setzte eine Debatte über die Rolle von Nuklearwaffen in Gang. Ihre konsequente Opposition gegen Atomwaffen brachte die Grünen bei den Neuwahlen im März 1983 in den Bundestag (bpb 2018; Schöllgen 2013b, 199 f.).

Siehe auch:

Hope, Ian (2024). „NATO, 1968-1989." In *Routledge Handbook of NATO*, hrsg. v. John Andreas Olsen. London and New York: Routledge, 41-52.

Nuti, Leopoldo, Frédéric Bozo, Marie-Pierre Rey und Bernd Rother, Hrsg. (2015). *The Euromissile Crisis and the End of the Cold War.* Stanford (CA): Stanford University Press.

Yost, David S. (1984). *Die Zukunft atomarer Rüstungskontrolle in Europa. Von SALT zu START und INF.* Koblenz: Bernhard & Graefe.

Unmittelbar nach dem Abschluss von SALT I im Jahr 1972 gingen die Verhandlungen daher weiter, um das Interimsabkommen zu land- und seegestützten Raketen zu konkretisieren. Sie führten erst im Jahr 1979 zu einem SALT II-Abkommen und dauerten somit deutlich länger. Dies lag vor allem an militärtechnischen Aspekten, die seit dem Abschluss von SALT I deutlich komplexer geworden waren, u. a. der Entwicklung von Raketen mit multiplen Sprengköpfen (MIRVs) durch die USA, die nach der Trennung unabhängig auf verschiedene Ziele gelenkt werden konnten. SALT II begrenzte die Anzahl von solchen land- und seegestützten ICBM/SLBMs sowie die Anzahl von schweren Bombern und setzte eine allgemeine Obergrenze für alle Startvorrichtungen von 2.400 Waffensystemen. Das heißt, dass zwar mehr Waffen gelagert werden konnten, aber nur eine begrenzte Zahl abschussbereit, also auf eine Rakete montiert sein durfte

(Görtemaker 1979, 82 ff.). Der am 18. Juni 1979 in Wien von Breschnew und Carter unterschriebene Vertrag wurde vom US-Kongress nicht ratifiziert, weil Präsident Carter wegen der sowjetischen Invasion Afghanistans den Vertrag im Dezember 1979 aus dem Verfahren zurückzog (Combs 2012, 383 ff.; Meiers 1991, 33 ff.). Sowohl die USA als auch die Sowjetunion hielten sich in den Folgejahren aber an das Abkommen, das mit einer Gültigkeit bis 1985 ausgehandelt worden war (Ray 2023; State Department o. J.).

Die frühen 1980er Jahre brachten zunächst wieder eine Verschärfung der Spannungen zwischen den Supermächten. Zwar akzeptierte der neue US-Präsident Ronald Reagan das nicht-ratifizierte SALT II-Abkommen und verfolgte weiterhin das Ziel der Waffenreduzierung, er nahm aber eine konfrontativere Haltung gegenüber der Sowjetunion als sein Vorgänger Carter ein und unterstrich stärker Probleme bei der Erfüllung der Vereinbarungen und der damit zusammenhängenden Kontrollregime (Combs 2012, 388 f.; Meiers 1991, 137 ff.). Erickson (2018, 403) bemerkt, dass zwar ausgefeilte Kontrollregime mit Elementen wie Datenoffenlegung, Besuchen und Monitoring etabliert worden waren, dass aber die Beachtung dieser Regime häufig Problemen unterschiedlicher Definitionen und Meinungen unterlag (s. auch Knorr 1990, 180 ff., 198 ff.; s. die Angaben bei Yost 1984). Des Weiteren enthielten die Verträge zwar meist Mengenbegrenzungen für Waffen, gingen aber nicht das Problem der technologischen Weiterentwicklung an, die zu deutlich stärkeren Sprengköpfen führte (Müller und Schaper 2003, 11 f.). Ab 1984 warf Reagan der Sowjetunion offen Vertragsbruch vor (Meiers 1991, 219 ff.). Wenngleich er keine Vergrößerung, sondern eher eine Verbesserung des US-amerikanischen Nukleararsenals in Betracht zog, machte er doch deutlich, dass die USA ihre strategischen Verteidigungsnotwendigkeiten unabhängig von SALT II bemessen müssten (State Department o. J.). Wegen des Verbots bzw. der starken Einschränkungen von ABM-Systemen dachte die Reagan-Administration zudem über den Aufbau von Verteidigungssystemen gegen ICBM-Angriffe mit ballistischen Raketen nach, die Teil eines *Strategic Defense Initiative* (SDI) genannten Programms waren, das auch Weltraumwaffen beinhaltet hätte (Combs 2012, 391; Lübkemeier 1986; Yost 1984, 89 ff., 115 ff.). Dennoch lehnte Präsident Reagan auch unter außen- und innenpolitischem Druck Rüstungskontrolle und Abrüstung nicht vollständig ab, sondern wollte vor allem letzteren Aspekt mit Bezug zum ICBM-Ungleichgewicht behandelt wissen (Meiers 1991, Kap. II). Reagan führte die Gespräche mit der Sowjetunion daher schon seit 1982 unter neuem Namen, den *Strategic Arms Reduction Talks* (START), fort (Knorr 1990,

170 ff.; Schöllgen 2013b, 202 ff). Nach einer Unterbrechung von 1983 bis 1985 konnten diese Verhandlungen aber erst im Juli 1991 von Präsident Bush Sr. und Michail Gorbatschow paraphiert werden – nur sechs Monate vor dem Zusammenbruch der Sowjetunion. Während der US-Senat den Vertrag ratifizierte, standen auf der anderen Seite nunmehr mehrere unabhängige Atomwaffenstaaten – neben Russland auch Kasachstan, die Ukraine und Weißrussland. Vor der Billigung des Vertrags mussten also erst Regelungen getroffen werden, ob diese Staaten Nuklearwaffen behalten, zerstören oder an Russland abgeben wollten. Ultimativ entschieden sich alle drei früheren Teilstaaten der Sowjetunion gegen den Besitz von Nuklearwaffen,[53] sodass der Vertrag im Dezember 1994 formal in Kraft treten konnte (Hill 2018, 106; Wallander 1999, 112 ff). Zerstörung oder Transfer der Waffen dauerten bis 1999 an. START (I) setzte die Begrenzung der Abschusssysteme durch SALT I/II fort und zog des Weiteren eine Obergrenze aller Atomwaffen für jede Seite von 7.950 Sprengköpfen im Jahr 1999 sowie 6.000 im Jahr 2001, die von beiden Staaten eingehalten und erreicht wurde (Freeman 2023). Durch die zahlenmäßige Angleichung beider Arsenale wurde das Problem der Verletzlichkeit amerikanischer ICBMs verringert (Knorr 1990, 175 ff.; Yost 1984, 93 ff.). Es stellt einen nicht zu unterschätzenden politischen Erfolg dar, dass trotz der Umbrüche in der Sowjetunion und Europa zu Beginn der 1990er Jahre die im Kalten Krieg begonnene Abrüstungsagenda, die maßgeblich zur Entspannungspolitik beigetragen hat, weitergeführt werden konnte (Knorr 1990, 174; Müller und Schaper 2003, 12).

Das letzte der zu Zeiten des Kalten Kriegs ausgehandelten Abrüstungsabkommen ist der *Intermediate-Range Nuclear Forces Treaty* (INF), der ab 1981 verhandelt, 1987 von Reagan und Gorbatschow abgeschlossen wurde und bis August 2019 gültig war. Wegen der sehr unterschiedlichen Zielsetzungen der beiden Seiten – Abschaffung russischer IRBMs versus Nicht-Stationierung US-amerikanischer – gestalteten sich die Verhandlungen mehr als schwierig. Ein Durchbruch konnte erst nach dem Machtwechsel in der UdSSR zu Michail Gorbatschow zu Beginn des Jahres 1985 erzielt werden (Hill 2018,

53 Diese drei Staaten erhielten im Gegenzug für ihre Bereitschaft, ihre Nuklearwaffen abzugeben, im 1994er *Budapester Memorandum* durch Russland, die USA und das Vereinigte Königreich die Garantie der Achtung ihrer Souveränität und ihrer territorialen Grenzen. Sie bekennen sich außerdem zum Gewaltverbot der UN-Charta und zum Verzicht ökonomischer Zwangsmaßnahmen. Russland befindet sich somit bereits seit 2014 und insbesondere seit Beginn des Angriffskriegs im Februar 2022 in Verletzung dieses Abkommens (Budjeryn und Umland 2022).

35 f.; Knorr 1990, 100 ff., 228 ff.; Meiers 1991, 127 ff.). Der INF-Vertrag sticht unter den anderen Abkommen heraus, weil er als einziger Vertrag komplette Waffengattungen, nämlich nukleare IRBMs, MRBMs und bodengestützte Marschflugkörper und somit alle Atomwaffen mit Reichweiten über 500 km und unter 5.500 km verbietet, die in den SALT-Verhandlungen noch offen geblieben waren (Görtemaker 1979, 86 ff.; Yost 1984, Kap. 6). Somit durften die USA und die Sowjetunion/Russland zwischen Dezember 1987 und August 2019 nur SRBMs (unter 500 km Reichweite) und ICBMs besitzen. Damit wurde für Europa das Problem der russischen SS-20 gelöst, die westeuropäische Städte schnell hätten erreichen können und daher ein hohes Eskalationspotential hatten (Meiers 1991, Kap. II; Yost 1984, 78 ff., 126 ff.). Die einzig erlaubten Waffen der vom Vertrag verbotenen Gattungen durften sich auf Schiffen oder in der Luft befinden, was Vorwarnzeiten deutlich erhöhte. Das neue Verbot führte zur Zerstörung von über 2.500 Waffen und war mit starken Kontrollbefugnissen von beiden Seiten robust ausgelegt (Encycloplaedia Britannica 2024; Knorr 1990, Kap. III.2). Durch den INF-Vertrag entspannte sich somit die nukleare Bedrohungslage in Europa in den 1980er Jahren erheblich.

3.6 Schlussbetrachtungen zu kollektiver Verteidigung während des Kalten Kriegs

Nach der Gründung der Allianz mussten erst die Grundlagen für eine kollektive Verteidigungsfähigkeit geschaffen werden. Dazu galt es, gemeinsame Strukturen aufzubauen, Verteidigungspläne zu erstellen und vor allem die Streitkräfteplanung der Bündnismitglieder nach den Verlusten des Zweiten Weltkriegs zu koordinieren. Dieser Prozess war von vornherein problembehaftet, aber die Alliierten, die von 1949 bis 1982 von 12 auf 16 Staaten anwuchsen, schafften es dennoch, Verteidigungskonzepte für die Vorneverteidigung in Europa und für den nordatlantischen Raum zu implementieren. Aufgrund der konventionellen Unterlegenheit gegenüber den Warschauer Pakt-Staaten beinhalteten diese Pläne die Androhung des Einsatzes von Nuklearwaffen. Die Fortschritte in der interkontinentalen Raketentechnik führten in den 1960er Jahren zum Gleichgewicht des Schreckens. Durch das damit mögliche Szenario eines nuklearen Holocaust – der Vernichtung allen Lebens auf dem Planeten – stabilisierte sich die Blockkonfrontation allerdings zunehmend in ihrem bipolaren Spannungszustand, der sogar den

Beginn erster Rüstungskontrollschritte Ende der 1960er Jahre ermöglichte. Nach dem Umschwenken der NATO auf die flexible response-Nukleardoktrin im Jahr 1962 gewannen die konventionellen Verteidigungsfähigkeiten wieder eine stärkere Rolle in der Verteidigungsplanung, die nunmehr von einer ausdifferenzierten alliierten Hauptquartierstruktur durchgeführt wurde. Die ostwestliche Blockkonfrontation verfestigte Sicherheitspolitik im transatlantischen Raum. Wenngleich es andere wichtige, teils unabhängige politische Entwicklungen in anderen Teilen der Welt gab (Dekolonialisierung, Öffnung Chinas, Globalisierung), strahlte die Ost-West-Konfrontation häufig auf die gesamte Welt in Form eines Kampfes um Macht und Einfluss der Blockgegner mit verheerenden Stellvertreterkriegen in Vietnam oder Afghanistan aus. Internationale Institutionen wie die UN oder später die KSZE wurden von diesem Fundamentalkonflikt ebenfalls beeinflusst oder geprägt – nicht zuletzt der UN-Sicherheitsrat mit seinem Vetospiel zwischen den ständigen Mitgliedern (Bailey 1978; Junn 1983).

Ob die NATO durch diese Politik aus friedentheoretischer Sicht nicht auch zum Fortbestand von Konflikt, Konfrontation und Unsicherheit beigetragen hat, anstelle mit der Sowjetunion zusammenzuarbeiten oder zu anderen Lösungen bezüglich der Sicherheitsprobleme Europas zu kommen, kann an dieser Stelle nicht hinreichend erörtert werden und ist Gegenstand eigener Forschungstraditionen und -auseinandersetzungen (Johnson and Leeds, 2011; Senghaas 1981). Diese kritischen Beiträge sind nützlich, weil sie uns lehren, in Alternativen zu denken und die bestehende Welt(ordnung) nicht als die beste aller möglichen anzusehen (autoritativ Booth 1997). Gleichzeitig kann kein Zweifel daran bestehen, dass sich die Staaten der westlich-liberalen Welt durch das außenpolitische Handeln der Sowjetunion nach dem Ende des Zweiten Weltkriegs bedroht gefühlt haben. Diese Bedrohungsperzeption war sozial und politisch wirkmächtig und bis zum Ende der 1960er Jahre als politisches Leitmotiv größtenteils unangefochten.

Während die Zusammenarbeit im Warschauer Pakt aufgrund der Rolle der Sowjetunion und ihres autoritären Systems stärker vertikal strukturiert war und der Logik einer Zentrum-Satellitenbeziehung folgte, ist die Atlantische Allianz ein Bündnis formal gleicher Mitglieder. In ihr stechen aber die USA aufgrund ihrer militärischen Kapazitäten und ihres lange bestehenden Willens, eine auf liberalen Prinzipien basierende Weltordnung aufzubauen und zu erhalten, als primus inter pares und wohlwollender Hegemon heraus, dem andere Staaten freiwillig folgten (Layne 2006; Mayer 2023, 150). Es stellt eine Leistung der NATO dar, die unterschiedlichen

Sicherheits- und Verteidigungspolitiken von 16 Staaten mit ihren jeweils eigenen nationalen Interessen und Sicherheitsbedürfnissen koordiniert zu haben. Diese Kooperation hat immer wieder Rückschläge erfahren, wie z. B. durch die Suezkrise, den französischen Austritt aus der integrierten Militärstruktur oder durch Uneinigkeit in nuklearstrategischen Fragen. Sie war aber auch von bedeutenden Momenten transatlantischer Solidarität geprägt, wie z. B. in Fragen der Situation Deutschlands und Berlins. Im Sinne zuvor dargestellter institutionalistischer Literatur war die NATO eine Allianz, die Gefahren extern und somit unter Ausschluss des Gegners aus gemeinsamen Entscheidungs- und Politikprozessen bearbeitete.

Trotz des exklusiven Charakters der NATO haben politische Akteure – sei es John F. Kennedy, Willy Brandt oder Nikita Chruschtschow – im Verlauf des Kalten Kriegs bewiesen, dass sie in bestimmten Situationen in der Lage waren, konkrete (wie die Kubakrise oder die europäischen Grenzproblematiken) oder sich abzeichnende Konflikte (wie um IRBMs und ihre Einsatzszenarien) nicht nur konfrontativ, sondern auch kooperativ anzugehen. Sie haben damit *Sicherheitsdilemmasensibilität* (security dilemma sensibility, Booth und Wheeler 2008, 7) bewiesen, indem sie sicherheits- und verteidigungspolitische Interessen und Ängste der Gegenseite verstanden und für die Einleitung von verschiedenen Kommunikations-, Entspannungs- und nuklearen Abrüstungspolitiken genutzt haben, wie sie sich vor allem seit den 1960er Jahren nach der Kubakrise entwickelt haben. Diese Formen der Kooperation kannten durch innenpolitische (z. B. Wahl Reagans) und weltpolitische Entwicklungen (z. B. Afghanistankrieg) Höhen und Tiefen, trugen aber durch ein zunehmendes Netz an vertraglich regulierten bi- und multilateralen Entspannungs- und Abrüstungspolitiken zu friedlicheren Beziehungen bei. Das Ende dieser Epoche der Weltpolitik seit 1949 sollte aber vor allem durch Ereignisse in der Sowjetunion ausgelöst werden, denen sich der nächste Abschnitt kurz widmet, bevor wir zu einer Betrachtung kollektiver Verteidigungspolitik nach seinem Ende übergehen.

3.7 Das Ende des Kalten Kriegs

Die seit 1949 stabile Blockkonfrontation nahm Ende der 1980er Jahre ein überraschend schnelles Ende, das kaum ein/e Beobachter*in hat kommen sehen. Das markanteste Ereignis dieses Zeitenumbruchs war in Deutschland der Fall der Berliner Mauer am 9. November 1989 mit der darauffolgenden Wiedervereinigung, die formal am 3. Oktober 1990 durch den *Zwei-plus-Vier-Vertrag*[54] besiegelt wurde und die wieder eine vereinte, in die westlichen Strukturen und den europäischen Integrationsprozess eingebundene Bundesrepublik schuf – eingebunden sowohl in die EU als auch die NATO (Schöllgen 2013a, 256 ff.). Die fünf ostdeutschen Bundesländer und Berlin als wiedervereinte Hauptstadt wurden in den Folgejahren in die politischen Strukturen der BRD integriert. Die Entlassung der DDR in die Wiedervereinigung, eine lockerere Hand in anderen Staaten des Ostblocks, z. B. in Polen (Akzeptanz freier Wahlen 1989), Ungarn und der damaligen Tschechoslowakei (Grenzöffnung für DDR-Bürger) sowie die Reformpolitiken *glasnost* (Transparenz) und *perestrojka* (Umbau) unter dem seit Anfang 1985 regierenden UdSSR-Generalsekretär Michail Gorbatschow waren eigentlich dazu gedacht, das sozialistische UdSSR-System zu stabilisieren und politisch, wirtschaftlich und gesellschaftlich zu modernisieren (Hill 2018, 33 ff.; Meiers 1991, 175 ff.). Die neuen Freiheiten, Ereignisse und Politiken führten schließlich aber zum Zusammenbruch der Sowjetunion. Die vorher unter der Decke gehaltenen politischen und wirtschaftlichen Missstände kamen ans Tageslicht, die Reformansätze für die wirtschaftlichen Probleme griffen nicht. Die Situation gipfelte 1988 in einer partiellen Lebensmittelkrise, sodass die Bürger*innen der UdSSR nicht mehr an die Reformfähigkeit des Systems glaubten. Dazu kam ein Wiederaufleben von Nationalismen in den sowjetischen Teilrepubliken und Satellitenstaaten, die das lange durchlebte repressive System in Frage stellten.

Das politische System der Sowjetunion war hiermit überfordert. Estland erklärte sich im Herbst 1988 für souverän, andere Staaten folgten, Russland im Juni 1990. Der gescheiterte Putschversuch gegen Gorbatschow im August 1991 brachte dann bestehende Hoffnungen auf eine erneuerte Union zum Erliegen (Pradetto 1997, 12). Die UdSSR wurde am 21. Dezember 1991 aufgelöst. Russland als größter und hegemonialer Staat der Sowjetunion gilt offiziell als Rechtsnachfolger der UdSSR und nahm deren Sitz im UN-Sicherheitsrat ein. Elf Staaten (Armenien, Aserbaidschan, Kasachstan, Kirgisistan, Moldawien, Russland, Tadschikistan, Turkmenistan, Ukraine, Usbekistan und Weißrussland) entschlossen sich zur Gründung der *Gemeinschaft Unabhängiger Staaten* (GUS) als nachfolgende Kooperationsorganisation der ehemaligen Sowjetrepubliken. Andere ehemalige Sowjetrepubliken und weitere Staaten des Warschauer Pakts entschlossen sich aber, anderen Ko-

---

54 BRD, DDR plus Frankreich, Großbritannien, Sowjetunion, USA.

operationsformen nachzugehen, was seit 1999 unter anderem zu Beitritten in die NATO (und ab 2004 die EU) führte (Schattenberg und Lehmann 2014). Die Wandelprozesse, die in den anderen ehemaligen Staaten des Ostblocks stattfanden, standen in ihrer Tiefe der deutschen Wiedervereinigung in nichts nach.

Welche Gründe letztlich zum Zusammenbruch der Sowjetunion geführt haben und ob dieser Zusammenbruch *selbstverschuldet* war oder nicht, ist in der Fachliteratur umstritten (Schattenberg und Lehmann 2014). Zweifelsohne war die sowjetische Wirtschaft seit den 1970er Jahren in einer schlechten Verfassung und der Rüstungswettlauf mit den USA hat bedeutende Summen verschlungen – auf allen Seiten (Meiers 1991, 170 ff.). Hierdurch ergibt sich nach neorealistischer Auffassung die Notwendigkeit, der Verschlechterung der relativen Machtbalance entgegenzuwirken, um die eigene Unsicherheit nicht zu erhöhen. Diese Logik erklärt aber nicht, warum die UdSSR unter Gorbatschow so voluntaristisch *liberale*, systemreformatorische Politiken der *Gegnerseite* eingeleitet hat, sich gleichzeitig aus der Hegemonialrolle in Osteuropa zurückzog und mit der Unterzeichnung des INF-Vertrags das Machtverhältnis in Europa zugunsten der westlichen Alliierten verschoben hat (zu INF s. auch Knorr 1990, 232). Dies ist eine aus neorealistischer Perspektive irrationale Vorgehensweise, während man z. B. auch mit dem ebenfalls kommunistischen China zusammen eine stärkere Front gegen die USA hätte bilden können, um das Machtungleichgewicht auszubalancieren. Anders ausgedrückt stellt Richard Ned Lebow (1995) in seiner berühmten Kritik der neorealistischen Erklärung zum Ende des Kalten Kriegs die Frage, warum unter denselben strukturellen Bedingungen im Verhältnis zu den USA, die seit Langem vorherrschten, Breschnew aggressiv und Gorbatschow kooperativ-zurückziehend gehandelt hat (s. auch Hill 2018, 48). Thomas Risse-Kappen (1994) antwortet, dass Gorbatschows *neues Denken* mit einem vorhergehenden Wandel in wissenschaftlichen und innenpolitischen Eliten und Diskursen über Liberalismus und Kooperation mit dem Westen zusammenhing (s. auch European Strategy Group 1988). Durch den offeneren, auf innenpolitische Reformen zielenden Gorbatschow ergaben sich so neue Möglichkeiten für die Außenpolitik (s. auch Meiers 1991, 171 ff., 183 ff.; Hill 2018, 25 f.). Risse-Kappen stellt also neben die (unzureichenden) materiellen Erklärungen des Neorealismus einen ideellen, liberal-konstruktivistischen Erklärungsversuch, der soziale Prozesse in der UdSSR in die Erklärung mit einbezieht (s. auch Knorr 1990, 99 ff.). Zusammen kann so das Einschlagen von Glasnost und Perestroika anstelle anderer, konfrontativer Lösungswege besser verstanden werden. Gorbatschows voluntaristisches Handeln und sein Wille zu außenpolitischen Veränderungen waren auf umfangreichere Veränderungen ausgelegt, als das bei seinen Vorgängern der Fall war, und er verstand es, Reagan dafür zu gewinnen, sodass dieser seine konfrontative Haltung aufgab (s. auch Lebow 1995, 40 f.; Kupchan und Kupchan 1991, 145 f.). Diese Erklärung deutet also darauf hin, dass akteursbezogene Aspekte bei der Abschwächung und letztlich dem Ende des Kalten Kriegs eine bedeutende Rolle gespielt haben (Breslauer und Lebow 2008; Lebow und Stein 1994, Postscript).

Durch das Ende der Blockkonfrontation veränderte sich die (sicherheits)politische Situation in Europa und der Welt grundlegend, da die bipolare, amerikanisch-sowjetische/russische Großmachtkonfrontation praktisch zum Erliegen kam (Mandelbaum 1990). Während diese politischen Umbruchprozesse in Westeuropa durch die EG/EU einen festen institutionellen Rahmen hatten, in dem sie sich entfalten konnten, und daher etwas geordneter abliefen, fanden in den meisten Staaten Mittel- und Osteuropas und in Russland grundlegende Prozesse der politischen Demokratisierung, ökonomischen Liberalisierung und sozialen Neuausrichtung statt. Die NATO und die EG/EU unterstützen hierbei teilweise, was mit Bezug zur sicherheits- und verteidigungspolitischen Zusammenarbeit in den folgenden Kapiteln diskutiert wird. Die deutsche Einheit wurde nicht zuletzt durch Hilfszusagen des Westens bei diesem Transformationsprozess *erkauft* (Kupchan und Kupchan 1991, 145 ff.). Russland fiel weitestgehend als weltpolitischer Akteur aus, da die Umbauprozesse so tiefgreifend waren, dass sie den Großteil der politischen Aufmerksamkeit banden (Hill 2018, 49 f., 103 ff.). Die Atlantische Allianz war bemüht, zur Absicherung der politischen Lage mit und innerhalb Russlands neue Kooperationsmechanismen zu etablieren (s. Kap. 5.2). Bereits 1989 begannen noch mit der Sowjetunion Verhandlungen über den Vertrag über Konventionelle Streitkräfte in Europa (CFE), der Truppen in einem auf Gegenseitigkeit mit der NATO bedachten System abbauen sollte (zu den Verhandlungen s. Knorr 1990, 352 ff.; Wallander 1999, Kap. 5). Der Vertrag wurde im November 1990 abgeschlossen, als sich sowjetische Truppen schon auf dem Rückzug aus West- und Mitteleuropa befanden und die Kriegsgefahr durch die Verhandlung der deutschen Einheit enorm reduziert war (Hill 2018, 41 ff.). Der CFE-Vertrag sollte bis 2023 halten. Die NATO hat aber zwischen 1989 und 1991 zunächst ihren Widersacher verloren, gegen den sie 1949 gegründet wurde. Mearsheimer (1990) sagte daher ein Aufbrechen der Allianz vorher, da sich ihr Zweck erledigt hatte und es keine rationalen Gründe mehr für das Aufrechterhalten des kostspieligen Bündnisses gab. Er prognostizierte weiter neue Instabilität in der europäischen und globalen Ordnung aufgrund des fehlenden, mäßigenden Einflusses von Bipolarität (ähnlich Mandelbaum 1990). – Dass diese Entwicklung in der NATO nicht eingetreten ist und die Allianz nicht in ihrem 40./42. Jahr endete, lässt sich unschwer erkennen. Warum dies trotz des Wegfalls ihres Auftrags nicht geschah, werden Kapitel 4, 5 und 6 vertiefen.

3.8 Diskussionsfragen und weiterführende Literatur

Diskussionsfragen:

- Was für einen Blick hat der Neorealismus auf internationale Politik und wie steht er zu Kooperation zwischen Staaten?
- Warum bilden Staaten Allianzen und welche Probleme können sie dabei haben?
- Wie funktioniert das Beistandsversprechen der NATO (Art. 5)? (*s. auch 4.3*)
- Wie beeinflusst die Existenz eines (wohlwollenden) Hegemonen in der NATO die sicherheits- und verteidigungspolitischen Bemühungen der Allianz?
- Warum legen sich Staaten Nuklearwaffen zu?
- Wie wichtig waren Nuklearwaffen für die Verteidigungsbemühungen der NATO?
- Wie funktioniert Abschreckung? (*auch: Was ist M.A.D oder das Gleichgewicht des Schreckens?*)
- Warum war der INF-Vertrag so wichtig für europäische Sicherheit? (*s. auch Kap. 7*)
- Wie war es möglich und warum konnte Deutschland 1955 in die NATO geholt werden?
- Welche Auswirkungen hatte der deutsche WEU- und NATO-Beitritt auf die Blockkonfrontation und die Beziehungen zwischen den beiden deutschen Staaten?
- Welche Mechanismen werden in Abrüstungsinitiativen genutzt, um die Bedrohung durch Atomwaffen zu verhindern?

- Welche Faktoren haben beim Ende des Kalten Kriegs und dem Zerfall der Sowjetunion eine Rolle gespielt? Welche gegensätzlichen Positionen bestehen dazu?
- Warum zog sich Frankreich aus der integrierten Militärstruktur zurück und wie beeinflusste das seine und die alliierte Verteidigungspolitik?

Weiterführende Literatur:

Hellmann, Gunther, Wolfgang Wagner und Rainer Baumann (2014). *Deutsche Außenpolitik. Eine Einführung.* 2. Aufl. Wiesbaden: VS Verlag für Sozialwissenschaften.

Johnson, Dave (2024). „Russian Security and Defence Policy from Stalin to Putin." In *Routledge Handbook of NATO*, hrsg. v. John Andreas Olsen. London and New York: Routledge, 132-144.

Knorr, Klaus Eugen, Hrsg. (1959). *NATO and American Security, Princeton Legacy Library.* Princeton (NJ): Princeton University Press.

Küntzel, Matthias (1992). *Bonn und die Bombe.* Frankfurt und New York: Campus.

Newhouse, John (1990). *Krieg und Frieden im Atomzeitalter.* München: Kindler.

Pedlow, Gregory W. (2024). „NATO, 1949-1967." In *Routledge Handbook of NATO*, hrsg. v. John Andreas Olsen. London and New York: Routledge, 28-40.

Rynning, Sten (2024). *NATO. From Cold War to Ukraine, a History of the World's Most Powerful Alliance.* New Haven (CT): Yale University Press.

Sloan, Stanley R. (2010). *Permanent Alliance? NATO and the Transatlantic Bargain from Truman to Obama.* New York und London: continuum.

Siebel, Gunter (1988). *Sicherheit im Atomzeitalter. Politik – Strategie – Rüstungskontrolle. Ein Lehr- und Studienbuch.* Frankfurt am Main: Haag + Herchen.

Schöllgen, Gregor (2013). *Deutsche Außenpolitik. Von 1945 bis zur Gegenwart.* 2 Bd., Bd. 2. München: C.H. Beck.

Schulz, Matthias und Thomas A. Schwartz, Hrsg. (2010). *The Strained Alliance. U.S.-European Relations from Nixon to Carter.* Washington and Cambridge (UK): Cambridge University Press.

Thies, Wallace J. (2009). *Why NATO endures.* Cambridge (UK): Cambridge University Press.

Wenger, Andreas und Stefanie Von Hlatky, Hrsg. (2015). *The future of extended deterrence: the United States, NATO, and beyond.* Washington D.C.: Georgetown University Press.

Wisotzki, Simone (2004). *Abschreckung ohne Ende? Die ambivalente Nuklearwaffenpolitik Großbritanniens und Frankreichs.* HSFK-Report 2004/11. Frankfurt am Main: Hessische Stiftung Friedens- und Konfliktforschung.

4 Kollektive Verteidigung nach dem Kalten Krieg: Transformationen, Terrorismus und die Ukraine

Wie zum Ende des vorherigen Kapitels erläutert, spielte kollektive Verteidigung für die NATO in den 1990er Jahren kaum eine Rolle, weil Russland aufgrund des post-sowjetischen Transformationsprozesses im Wesentlichen innenpolitische Probleme zu lösen hatte und geopolitisch eine weniger prominente Rolle spielte. Dies sollte sich erst mit den Auseinandersetzungen um den Kosovokrieg im Winter 1998/99 (s. Kap. 5.3.2) sowie den Ereignissen um 9/11 ändern (Hill 2018, Kap. 5) und später verstärkt seit dem Georgienkrieg 2008. Vor diesem Hintergrund lassen sich kollektive Verteidigungspolitiken nach dem Ende des Kalten Krieges in vier Phasen einteilen: den NATO-Erweiterungsprozess, die Folgen von 9/11 und die Afghanistan-Intervention, die Invasion und spätere Annexion der Krim im Jahr 2014 und zu schlechter Letzt die Zeit des vollumfänglichen russischen Angriffskriegs auf die Ukraine seit Februar 2022. Kapitel 4 wird diese Aspekte und ihre Bedeutung für die Allianz ergründen. Zunächst soll Abschnitt 4.1 die Phase direkt nach dem Ende der Blockkonfrontation beleuchten. Danach wird der für das Verständnis der Entwicklung der NATO zentrale Prozess der Osterweiterung diskutiert und wie sich dadurch die Beziehungen zu Russland entwickelten (4.2). Um die Ereignisse des 11. September 2001 kann eine Neudefinition kollektiver Verteidigung beobachtet werden, die zu einem starken Engagement der Allianz gegen den internationalen Terrorismus, zuvorderst in Afghanistan, führte (4.3). (In dieser Zeit liegt auch der Irakkrieg als dunkler Fleck US-amerikanischen Unilateralismus.) In diese Epoche fallen noch die russische Invasion der Krim und der Konflikt in der Ostukraine, die klassische kollektive Verteidigungsplanungen wieder stärker betonten (Abschnitt 4.4). Der Fall Kabuls an die Taliban im August 2021 und das damit einhergehende Ende des kollektiven und kooperativen Sicherheitsengagements der Allianz in Afghanistan sowie der Beginn des russischen Angriffskriegs im Februar 2022 brachten dann zwei Epochenwandel innerhalb von nur acht Monaten für die NATO und Europa insgesamt. Während Afghanistan im folgenden Kapitel 5 stärker besprochen werden wird, wird sich Abschnitt 4.5 ausführlich mit der *Zeitenwende* seit Februar 2022 befassen. Abschnitt 4.6 fasst das Kapitel zusammen und blickt auf die Zukunft von Sicherheit und Verteidigung in Europa in der aktuellen Situation.

4.1 Das Ende der Geschichte, die Friedensdividende und die strategische Neuausrichtung der NATO

Der Zusammenbruch der Sowjetunion im Dezember 1991 löste verschiedene Debatten über den Zustand von und Chancen in der Weltpolitik aus. Auf breiterer gesellschaftlicher Ebene hatte der US-amerikanische Politikwissenschaftler Francis Fukuyama (1989, 1992) bereits zu Beginn der Transformationsprozesse in der Sowjetunion die These vom *Ende der Geschichte* (*end of history*) aufgestellt. In seinem Aufsatz argumentiert er, dass sich der ideologische Systemgegensatz zwischen Kommunismus und Liberalismus mit dem Auseinanderfallen der Sowjetunion zugunsten des letzteren entschieden habe und die Menschheit durch den Sieg der (westlich-)liberalen Ideologie am Höhepunkt ihrer geistig-ideellen Entwicklung angelangt sei. Er prognostizierte einen Siegeszug der liberalen Regierungs- und Wirtschaftsform *à la longue durée*, erkannte aber auch an, dass bis dahin noch viele materielle Hindernisse zu überwinden seien. Wenngleich wir dieser nahezu triumphalen These heute mit sehr viel Skepsis begegnen, drückte sie doch ein Überlegenheitsgefühl der Zeit aus, dass der *Westen* über den *Osten* gesiegt hatte (s. auch Mandelbaum 1990, V). Es besteht nicht wenig Grund zu der Annahme, dass dieses Gefühl und die sich damit ausdrückenden politischen, liberalen Mehrheiten in den 1990er Jahren dazu beigetragen haben, sicherheitspolitische Interessen Russlands bei der Neugestaltung einer europäischen Sicherheitsordnung nicht immer in ihrer Gänze verstanden oder berücksichtigt zu haben, wenngleich von Triumphalismus zu reden wohl zu viel wäre (Hill 2018, 30; Knapp 1997, 260). Dies ist eine Position, die auch der Kritik an der NATO- und EU-Osterweiterung zugrunde liegt, wenngleich an dieser Stelle auch das souveräne Streben vieler mittel- und osteuropäischen Staaten in diese Organisationen als politisches Ziel anerkannt werden muss (Marten 2018; Mearsheimer 2014; Meyer 1995).[55]

55 Diese Aussage soll weder als ein normatives Statement pro-Erweiterungen noch pro-russischem Einflusssphärendenken verstanden werden. Beide Prozesse sind zu komplex, um so vereinfacht beurteilt zu werden.

Eine andere Diskussion betraf militärpolitische Konsequenzen. Da von der UdSSR keine Gefahr mehr ausging und sich die Weltlage entspannte, wurde in Deutschland (und anderswo) unter dem Schlagwort *Friedensdividende* eine weitgehende Abkehr von Rüstungsausgaben und die Investition der frei werdenden Gelder zu Zwecken der Friedens- und Wohlstandsschaffung und des Wandels zu Gesellschaften ohne/ mit weniger Formen der Gewalt gesellschaftlich breit diskutiert (Gleditsch et al. 1996; Hamid et al. 2001; Wulf 2011). Die Intensität der Debatte in der Bundesrepublik drückt die gesellschaftliche Verankerung der anti-militaristisch geprägten Kultur der Zurückhaltung (Malici 2006) aus, die die deutsche Außenpolitik nach den Abgründen der beiden Weltkriege in der ersten Hälfte des 20. Jahrhunderts angenommen hatte. Deutschland sah und sieht sich noch immer, auch nach Afghanistan, primär als *Zivilmacht*, die Außenpolitik mit nicht-militärischen Mitteln betreibt und die sich für mehr Frieden in der Welt durch Kooperation stark macht (Maull 2007). Dies erklärt zumindest teilweise die Probleme, die die BRD mit einer militärisch proaktiveren Unterstützung der Ukraine zu Beginn des 2022er Krieges hatte (Stengel 2023). In der Tat ermöglichte die neue Situation nach 1991 die Absenkung der Rüstungs- und Verteidigungsausgaben und eine Verkleinerung der Armeen (s. auch Deni 2017; 2021, 64ff.). So fielen die Verteidigungsausgaben der NATO-Mitgliedstaaten zwischen 1990 und 1999 von $504 Mrd. auf $468 Mrd. (2003er Wechselkurse) ab (NATO 2010). Nicht zuletzt stellte sich die Frage nach der fortgesetzten US-amerikanischen Präsenz in Europa, für die sich die USA schließlich aus Eigeninteresse und wegen der unsicheren Lage in Europa entschlossen – auch mit Blick auf die Notwendigkeit, die Rolle des wiedervereinigten Deutschlands in Europa und der Weltpolitik mit zu gestalten und Deutschland fest im westlichen Bündnissystem zu verankern (Hill 2018, 15ff., 29ff., 60ff.; Mandelbaum 1990). Aus neorealistischer Sicht kann man dies als eine balancing-Strategie einstufen.

In Anbetracht dieser tektonischen Verschiebungen musste das Strategische Konzept der Allianz aus dem Jahr 1968 natürlich angepasst werden. Obwohl das 1991er Konzept (NATO 1991) kollektive Verteidigung nach wie vor als Kernaufgabe der NATO definiert, haben sich Schwerpunkte darin verschoben. Während die Abschreckungsrolle von Nuklearwaffen für die Allianz als ultimative Versicherung gegen Aggression unverändert bestehen bleibt, spricht das Konzept davon, „das Prinzip der flexible response anzupassen, um sich auf eine geringere Rolle von Nuklearwaffen zu verlassen." (Art. 39 – s. auch Heuser 1995, 66). Daher sieht das Konzept die Lösung von Konflikten eher auf der Ebene der Diplomatie oder zur Not konventioneller Auseinandersetzungen (NATO 1991, Art. 56). Zusammen mit der Fortsetzung von Abrüstungsinitiativen schreiben die strategischen Richtlinien somit einen deutlich geringeren Verlass auf Nuklearwaffen fest. Dieser Wechsel basiert auf einer neuen Bewertung der Sicherheitslage in Europa, die zwar Unsicherheit durch den Transformationsprozess der ehemaligen Sowjetstaaten konstatiert, aber das Potential für einen direkten, koordinierten und großflächigen Angriff auf das Bündnisgebiet als quasi inexistent einstuft (NATO 1991, Art. 9). Dementsprechend sieht das Konzept ein Ende der konventionellen Vorneverteidigung und den Übergang zu einer „reduzierten Vornepräsenz" (Art. 39) vor. Sowohl die Gefahren als auch die Machtbalance haben sich durch den Zusammenbruch der Sowjetunion also fundamental zu Gunsten der NATO-Staaten verschoben, sodass eine Reduzierung der Aufwendungen für das Militär – und der Präsenz US-amerikanischer Streitkräfte in Europa – bei Beibehaltung von militärischen Vorteilen möglich war. Russland wurde nicht mehr als Gegner der NATO angesehen – eine Feststellung, die auch als Unterstützung pro-westlicher Kräfte in Russland gedacht war (Hill 2018, 62 ff.).

Gleichzeitig zeichneten sich bereits 1990/91 neue Aspekte in der strategischen Planung der NATO ab, die nicht so klar in das neorealistische Denkmuster aus militärischen Gefahren für das Bündnis passen. Zum Ersten betonen die Formulierungen des Strategischen Konzepts nun deutlicher die positive Rolle liberaler Ideologie und die Notwendigkeit, Demokratien zu unterstützen – verbunden mit der Hoffnung und dem Willen auf Zusammenarbeit mit und einer Liberalisierung von Russland. Zum Zweiten unterstreicht das Konzept, dass es in Dialog und anderen friedlichen Kooperationsformen die Zukunft einer stabilen sicherheitspolitischen Lage in Europa sieht und dass solche Initiativen von der Allianz unterstützt werden sollten (Broer 1997, 296 f.; Hauser 2008, 37 f.; NATO 1991, Art. 23 ff.). Zum Dritten deutet es notwendiges alliiertes Engagement im Krisenmanagement an (Art. 31 ff.) und ebnet so den Weg für die späteren kollektiven Sicherheitsmissionen der NATO. Dies war eine Politik, die vor allem aus den USA forciert wurde, um flexibler auf die politische Unsicherheit in Europa reagieren zu können (Knapp 1997, 267; Peterson Ulrich 2003, 20 f.). Pläne zum Umbau der Streitkräfte zu beweglicheren und flexibleren Einsatzkräften samt schnellen Einsatztruppen (*rapid reaction forces,* Art. 47), Hauptquartieren und logistischen Unterstützungsstrukturen deuten diese Aufgabenverlagerung ebenfalls an (Broer 1997, 292 ff.; Hill 2018, 77 ff.).

Mit dem Abzug russischer Truppen aus der DDR und den anderen Staaten des ehemaligen Warschauer Pakts sowie Truppen- und Bereitschaftsreduzierungen auch auf westlicher Seite setzte sich in den 1990er Jahren die Entspannungspolitik in Europa im Wesentlichen fort (zu deutsch-russischen Beziehungen s. Wallander 1999). 1997 gelang es, mit der Unterzeichnung der NATO-Russland-Grundakte sowie der Einrichtung des Ständigen Gemeinsamen Rats (PJC, s. Kap. 2.3.5), die NATO-Russland-Beziehungen auf eine stabile Basis zu stellen, auf der Konfliktmanagement, Rüstungskontrolle, Proliferation von Massenvernichtungswaffen (WMD) oder gemeinsame Interessen mit Blick auf die sich abzeichnende Bedrohung durch den islamistischen Terrorismus besprochen werden konnten (NATO 1997a; Overhaus 2009: 109 ff.). 2002 folgte die Ausweitung der Beziehungen im stärker institutionalisierten NATO-Russland-Rat (NRC). Bereits 1998/99 kam es aber zu Spannungen mit Russland, als sich die NATO zur völkerrechtlich illegalen Intervention im Kosovo-Krieg gegen Serbien entschied, einem traditionell zur russischen Einflusssphäre gehörenden Staat. Insgesamt standen die 1990er Jahre aber unter dem Stern des kooperativen Krisenmanagements in zerfallenden Staaten (s. 5.3; Schimmelfennig 2003, 40 ff.).

Das 1999er Strategische Konzept der NATO trägt diesen Entwicklungen vollends Rechnung. Erstmals ist darin von Einsätzen der Allianz außerhalb des Bündnisgebiets zum Krisenmanagement und zur Konfliktprävention die Rede, wie sie z. B. das Engagement der NATO auf dem Balkan kennzeichneten (NATO 1999, Art. 12, 31 f.). Diesen Einsätzen käme neben der Wahrung der Verteidigungsfähigkeit eine zentrale Rolle zur Schaffung von Sicherheit für die NATO-Mitglieder zu (Hill 2018, 151 ff.). Das Strategische Konzept rahmt dieses Engagement sowohl mit Bezug zur Sicherung von Frieden und Herstellung von Sicherheit als auch zu kooperativer Sicherheit:

> „[...] NATO will seek, in cooperation with other organisations, to prevent conflict, or, should a crisis arise, to contribute to its effective management, consistent with international law, including through the possibility of conducting non-Article 5 crisis response operations. The Alliance's preparedness to carry out such operations supports the broader objective of reinforcing and extending stability and often involves the participation of NATO's Partners. NATO recalls its offer, made in Brussels in 1994, to support on a case-by-case basis in accordance with its own procedures, peacekeeping and other operations under the authority of the UN Security Council or the responsibility of the OSCE, including by making available Alliance resources and expertise." (NATO 1999, Art. 31)

Hier und anderswo wird daher die Rolle von Sicherheitskooperation durch die Erwähnung verschiedener NATO-Kooperationsformate (mit Russland, der Ukraine, EAPC, Mittelmeerdialog, PfP) und internationalen Organisationen (EU, OSZE, WEU, UN) deutlich hervorgehoben (s. Kap. 5). Somit positioniert sich die NATO als Dienstleister für internationale Organisationen, sofern die NATO-Staaten selbst Interesse am Handeln haben (Adam 2007; Hauser 2008, 38; Knapp 1997, 268; Ringsmose 2016). Das Konzept spricht ebenfalls von der Existenz neuer Gefahren wie der WMD-Proliferation, auch in Händen nichtstaatlicher Akteure, dem Problem von *failing/ failed states* (Schneckener 2005; Huntington 1993) sowie von Gefahren durch Terrorismus, organisierte Kriminalität und der Unterbrechung globaler Handelsströme (Art. 20 ff.), denen die NATO in einem wechselhaften Umfeld gegenüberstünde (Hill 2018, 152 f.). Damit goss das Strategische Konzept in verbindliche Worte, was die Realität regionaler Konflikte, neuer globaler Sicherheitsherausforderungen und von Allianzhandeln seit den Jugoslawieneinsätzen und den Kooperationsinitiativen der 1990er Jahre war. Demgegenüber bleiben die Ausführungen zu Notwendigkeiten kollektiver Verteidigung relativ unverändert.

Im Zuge der Aufgabenverschiebung zu Krisenprävention und Krisenmanagement wird außerdem die Bedeutung von flexiblen, mobilen, schnell verlegbaren und rotierenden Kräften noch stärker als zuvor betont (Art. 52 ff.). Dazu sollten sogenannte *Combined Joint Task Forces* geschaffen (CJTF) werden, teilstreitkraftübergreifende (combined), multinationale (joint) Verbände, die im Krisenfall durch vorab designierte Hauptquartiere schnell zum Einsatz kommen können. Diese CJTF sollten in Kooperation mit der WEU und Staaten aus den Partnerprogrammen aufgestellt werden (Hauser 2008, 39; Varwick und Woyke 1999, 131 ff.; Gnesotto 1997). Auf dem Prag-Gipfel 2002, nach den Anschlägen von 9/11, wurden die CJTF in die *NATO Response Force* (NRF NATO 2023i), eine schnelle Eingreiftruppe von ca. 21.000 Soldat*innen (2022: 40.000) aller Teilstreitkräfte, überführt, die als militärische Speerspitze der Alliierten innerhalb von 7-15 Tagen in globale Missionen geschickt werden und dabei auch hoch-intensive Kampfaufgaben übernehmen sollte. Inwieweit die NRF wirklich effektiv und einsatzfähig sein würde, wurde allerdings mit Blick auf Uneinigkeit über Mandatsaspekte (nötiges Sicherheitsratsmandat?), adäquate Fähigkeiten/ Größe und auch auf den deutschen Parlamentsvorbehalt bei der Entsendung von Streitkräften kritisch diskutiert (Adam 2007, 84 f.; Deni 2017, 28 f.; Howorth 2003,

238 ff.).[56] Durch die Einrichtung der CJTF und der NRF wurde zum damaligen Zeitpunkt der out of area-Impetus der neuen NATO-Strategie deutlich (Kitchen 2010). Trotz der o. g. Probleme wurde die NRF allerdings tatsächlich umgehend nach dem russischen Einmarsch in die Ukraine im Februar 2024 aktiviert und im Rahmen der Verteidigungsplanung der Allianz teilweise in den Osten verlegt (s. Kap. 4.5.3).

Aufgrund der insgesamt unkritischen Beziehungen mit Russland konnte die Abrüstungs- und Rüstungskontrollzusammenarbeit zwischen den ehemaligen Gegnern fortgeführt werden, wenngleich es im Bereich nuklearer Rüstungskontrolle und Abrüstung zunächst kaum signifikante Fortschritte gab. Erickson (2018, 404 ff.) führt aus, dass zunächst humanitär motivierte konventionelle Kontrollvereinbarungen im Vordergrund multilateraler Bemühungen standen, z. B. zum Verbot von Anti-Personenminen oder Streumunition. Im nuklearen Feld sprachen sich die USA (wie auch Frankreich) zunächst gegen einen generellen Teststoppvertrag (*Comprehensive Test Ban Treaty*, CTBT) aus. Nichtverbreitungsinitiativen wurden erst nach dem Irakkrieg stärker unterstützt. 1993 schlossen George H.W. Bush und der russische Präsident Boris Jelzin aber den START II-Vertrag ab, der Begrenzungen für Raketen mit multiplen Eintrittsvehikeln (MIRVs) vorsah. Außerdem konnte 1995 die unbegrenzte Verlängerung des NPT-Vertrags erreicht werden, was ein großer Erfolg war (Müller und Schaper 2003, 14 ff., 25, 41 ff.; Onderco 2021). Ein neuer Fokus lag ebenfalls auf der Verhinderung der Proliferation von WMD in die Hände von weiteren Staaten und Terroristen, z. B. durch *schmutzige Bomben* mit radioaktivem Material oder biologische und chemische Kampfstoffe, die in Syrien durch Regierungstruppen in fatalen Einsatz kamen (Erickson 2018, 408; Müller und Schaper 2003, 20 f., 39 ff.). Der Besitz von WMD durch nichtstaatliche Akteure stellt nicht zuletzt ein Problem für klassische Abschreckungskonzepte dar, die auf Interaktionen zwischen Staaten ausgelegt sind – gegen Terroristen oder versteckte Aggressoren hilft die Sicherung einer nuklearen Zweitschlagsfähigkeit nicht (Deudney 2018, 341 ff.). Wegen dieser neuen Schwerpunkte der Abrüstungs- und Rüstungskontrolldiskussionen dauerte es bis 1997, bis Clinton und Jelzin wieder über neue Beschränkungen ihrer

56 Zwar dürfte die deutsche Bundesregierung Truppen für die Landes- und Bündnisverteidigung unter sofortiges NATO-Kommando stellen, aber die NRF sollte ebenfalls in out of area-Missionen eingesetzt werden, die nicht zur Bündnisverteidigung gehören und somit einer Zustimmung des Bundestags bedürfen.

Nuklearsenale verhandelten.[57] Schließlich wurde am 24. Mai 2002 der *Strategic Offensive Reductions Treaty* (SORT, auch START III genannt) von US-Präsident George W. Bush und dem russischen Präsidenten Vladimir Putin unterzeichnet, der die Zahl stationierter Nuklearwaffen beider Staaten auf 1.700 bis 2.200 Sprengköpfe, zu erreichen im Jahr 2012, limitierte (Müller und Schaper 2003, 53 ff.). Der nächste Abrüstungsvertrag, *New START*, sollte erst im Jahr 2010/11 unter Medwedew und Obama ratifiziert werden (Freeman 2023). Ein Aspekt, der stets problematisch zwischen der NATO und Russland blieb, war die Osterweiterung der Atlantischen Allianz auf Staaten des ehemaligen Warschauer Pakts und der UdSSR. Diesem wichtigen Gegensatz wollen wir uns nun widmen, da er zentral für das Verständnis der Sicherheits- und Verteidigungsdynamiken seit den 2000er Jahren ist.

4.2 Die Osterweiterung(en)

Der Zusammenbruch der Sowjetunion war für viele mittel- und osteuropäische Staaten gleichbedeutend mit dem Ende von Bevormundung und Unterjochung. Während einige Staaten des Ostblocks wie Bulgarien, Polen oder Rumänien während der Sowjetzeit zwar de jure, wenn auch nicht de facto unabhängig waren, bestanden die drei baltischen Staaten Estland, Lettland und Litauen seit ihrer Annexion im Zweiten Weltkrieg nur als UdSSR-Teilrepubliken. Polen und Rumänien wurden zudem Teile ihres Territoriums weggenommen. Für diese Staaten war das Ende der Sowjetunion also mit Freiheit und Souveränität verbunden, die sie um jeden Preis verteidigen wollten (Hill 2018, 47 ff.; Pradetto 1997, 12 f.). Viele der demokratische Transformationsprozesse durchlaufenden Staaten sahen die Garantie ihrer Unabhängigkeit in einem Beitritt zur westlich-liberalen NATO und nicht nur in der Teilnahme an Kooperationsprogrammen (z. B. NACC/EAPC, PfP, s. Kap. 5.2), die die NATO seit 1991 unter Beteiligung Russlands aufgelegt hatte (Asmus 2002, 53 ff.; Broer 1997, 299 ff.; Hauser 2008, 40 ff.). Der versuchte Putsch gegen Gorbatschow im August 1991 sowie das brutale Vorgehen Russlands im Ersten Tschetschenienkrieg und die Definition einer neuen russischen Einflusssphäre in den Ländern der ehemaligen UdSSR bestärkten die mittel- und osteuropäischen Staaten darin, dass nur eine Vollmitgliedschaft und somit

57 START II konnte nach dem ersten Scheitern 1996 ratifiziert werden (Müller und Schaper 2003, 25).

Schutz durch die USA die notwendigen Sicherheitsgarantien – gegenüber Russland und Deutschland![58] – brachte (Hill 2018, 50, Kap. 4; Pradetto 1997, 15 ff.; Schimmelfennig 2003, Kap. 2; für Polen z. B. Prystrom 1997).[59] Weitere Integration im Rahmen der OSZE wurde als wünschenswert, aber nach einer Anfangsphase nicht ausreichend zur Wahrung der eigenen Sicherheit gesehen (Asmus 2002, 11 ff.). Insgesamt bestand kein Zweifel am Wunsch nach einer klaren Westbindung in vielen ehemaligen Sowjetrepubliken oder Warschauer Pakt-Staaten, die sich nicht der GUS angeschlossen hatten (Gheciu 2005; Heydemann und Vodička 2014; Meyer 1995).

Das Streben nach Beitritt traf in den NATO-Mitgliedstaaten auf ein geteiltes Echo. Während die USA, Norwegen, die Niederlande oder die BRD einem Beitritt sehr offen gegenüberstanden, weil sie die NATO als zentrales Vehikel europäischer Sicherheitspolitik erhalten wollten, waren Belgien, Frankreich (Manfrass-Sirjacques 1997, 202 ff.; Vaïsse 2009b, 282 ff.) oder Spanien skeptischer und in ihren politischen Ansichten eher auf eine Europäisierung der Sicherheits- und Verteidigungspolitik unabhängig von der NATO bedacht. Die BRD versuchte dennoch, ihre übliche Mittelposition zwischen Atlantizismus und europäischer Integration zu wahren (Overhaus 2009: 94 ff.). Eine große Gruppe beider Lager wollte sich genug Zeit für so weitreichende Entscheidungen nehmen (Hacke 1997, 235 ff.; Meyer 1995, 31; Toje 2008, 82 ff.; zu GB s. Taylor 1997, 220 ff.). Aufgrund der geringen militärischen Kapazitäten der Staaten würde die Sicherheit der alten Mitglieder durch eine Verlagerung eines möglichen russischen Angriffs gen Osten nur marginal gesteigert werden, da sich die Alliierten gleichzeitig zum Zurückschlagen des Angriffes verpflichten mussten und Russland über das Heranrücken der Allianz an sein Territorium nicht erbaut war. Gleichzeitig würden mit dem Beitritt neuer Mitglieder höhere Koordinationskosten und wegen unterschiedlichen Interessen möglicherweise auch Uneinigkeit und Handlungsunfähigkeit entstehen (Hacke 1997). Die Interessenlage zur Osterweiterung auf Seiten der NATO-Alliierten muss also mehr als nur sicherheitspolitisch motiviert gewesen sein (Schimmelfennig 2003, 40 ff.). Wann die USA selbst begonnen haben, die Erweiterung zu befür-

58 Hitler hatte z. B. im Rahmen des Freundschaftsvertrags mit der Sowjetunion bereits arrangiert, dass die Grenze der gegenseitigen Einflussbereiche an der Westgrenze Polens liegen würde und Polen somit der UdSSR-Einflusssphäre zugerechnet wurde (Schöllgen 2013a, 249).

59 Das zögerliche Eingreifen westlicher Staaten in Jugoslawien war ein weiterer Grund dafür, sich eher auf die NATO verlassen zu wollen als auf die EU (für Ungarn z. B. Kiss 1997, 96 ff.; Peterson Ulrich 2003, 36 ff.; Terriff 2013, 94).

worten, ist umstritten. Berthold Meyer (1995) führt die Unterstützung auf die Clinton-Administration im Jahr 1994 zurück (s. auch Rösch 2016, 66 ff.). Mary Elise Sarottes (2014, Afterword) aktuellere Studie führt jedoch auf Basis neuer Dokumente aus, dass es erste Überlegungen zur Erweiterung der Allianz schon ab Februar 1990 im Verhandlungsprozess zur deutschen Wiedervereinigung gab, die in der Folge aber von den USA und der BRD bewusst aus dem Prozess herausgehalten wurden, um die Wiedervereinigung nicht zu gefährden. Interessanterweise widersprach Gorbatschow dieser Darstellung jedoch im Jahr 2014 in einem Interview selbst (FAZ 2014), in dem er zu Protokoll gab, dass die Erweiterung der NATO vor der Wiedervereinigung noch kein Thema gewesen sei, sondern erst danach – dann aber in der Tat ein Versprechen gegen die Erweiterung abgegeben worden sei (Meyer 1995, 29).[60]

Bis heute ist eine generelle Verstimmung zwischen dem Westen und Russland bezüglich der Erweiterungsfrage auf diese Situation zurückzuführen. Russland stand der Erweiterungspolitik nie positiv gegenüber (Hacke 1997). Nicht wenige Beobachter*innen sehen hierin eine vergebene Chance einer inklusiveren sicherheitspolitischen Architektur in Europa nach dem Ende des Kalten Kriegs.[61] Ronald Asmus (2002, 58 ff.) führt aus, dass die letztliche Entscheidung zur Erweiterungsagenda, die vorher in der US-Regierung umstritten war, erst 1994 durch Bill Clinton getroffen und dann konsequent vorangetrieben wurde (s. auch Toje 2008, 82). Die Ostererweiterung bedeutete für die NATO-Staaten aber nicht einfach eine Perpetuierung der sicherheitspolitischen Konfrontation mit Russland. Schimmelfennig (2003, 92 ff.) schlägt daher in seiner autoritativen Studie ähnlich Hill (2018, 103) vor, die NATO-Ostererweiterung vor allem unter normativen Gesichtspunkten als eine Ausweitung der westlich-liberalen politischen, wirtschaftlichen und sozialen Sicherheitsgemeinschaft (Adler und Barnett 1998; Deutsch et al. 1968 [1957]) zu verstehen (s. Kap. 6.2). Auch bei den um Aufnahme ersuchenden mittel- und osteuropäischen Staaten war dieses liberale Moment neben den zentralen sicherheitspolitischen Aspekten klar vorhanden (z. B. Gheciu 2005; Prystrom 1997, 116; Seifter und Handl 1997, 49 ff.; Pradetto 1997, 36, 38). Das PfP-Programm, dem bis Anfang 1995 25 Staaten beitraten (inkl. Russland), erschien Russland aber bereits als ein Crashkurs zum Beitritt für

---

60 Hill gibt in seinem Buch *No Place for Russia* (Hill 2018, 45), Kap. 2, Fußnote 13 eine exzellente Übersicht über die verschiedenen Quellen zu diesem Thema.

61 Hill (2018, 67) bemerkt, dass sich die Akteure der Tragweite der Beschlüsse von 1989 bis 1991 wohl nicht immer bewusst waren und so einige wichtige Aspekte im Vagen verblieben.

einige Staaten (Hill 2018, 132). Von Seiten der NATO wurden PfP und Beitritt aber eher als parallele Prozesse verstanden (Broer 1997, 311; Peterson Ulrich 2003, 22f.). Trotzdem war die US-Seite vor allem daran interessiert, den Ländern der *Visegrád-Gruppe* (Polen, Slowakei, Tschechien, Ungarn) einen schnelleren Beitrittsprozess zu ermöglichen, was sich ab 1995 als Position der Allianz insgesamt durchsetzte (Broer 1997, 311 ff.; Hacke 1997, 236; Hill 2018, 134 ff.; Meyer 1995, 29 ff.; s. auch Giegerich 2012a, Kap. 4).

Um die NATO-Osterweiterung weniger konfrontativ gegenüber Russland zu gestalten, wurde der Erweiterungsprozess also in einer losen Parallelität von NATO- und EU-Erweiterung einerseits und einer Verstetigung der NATO-Russland-Beziehungen (s. o.) andererseits vollzogen (Knapp 1997, 279). Diese Parallelität konnte gleichwie die grundsätzliche Opposition Russlands nicht überwinden. Kein Beteiligter im Westen sah wirklich die Möglichkeit zu einer Russland voll-integrierenden, neuen Sicherheitsarchitektur in Europa, die Russland letztlich definitive Mitspracherechte über militärische Planungen der NATO hätte geben müssen. Die Allianz war bereit, den besonderen Status der Beziehungen zu Russland festzustellen, institutionell durch Kooperationsgremien zu verankern und auf die Positionierung größerer Waffensysteme (vor allem nukleare) und von Soldat*innen in den neuen Mitgliedstaaten zu verzichten. Sie wollte aber nicht von der grundsätzlichen Idee der Osterweiterung absehen, die sich zunehmend als politische Leitlinie durchsetzte. Diese Position wurde in der im September 1995 angenommenen Erweiterungsstudie deutlich (Broer 1997, 313 ff., 328; Hill 2018, 134). Es gab also weder einen ausreichend konsensualen politischen Willen, die NATO z. B. zugunsten einer neu aufgestellten OSZE auslaufen zu lassen, noch wäre diese Option mit Blick auf das russische Verständnis zum Grad außenpolitischer Unabhängigkeit seiner ehemaligen Satelliten- und Teilstaaten realistisch gewesen. Mit Blick auf die 2014er Kriminvasion und den Ukrainekrieg seit 2022 sehen wir, dass diese Skepsis gegenüber Russland nicht ganz unberechtigt war.

So nahm die Politik der NATO-Osterweiterung nach 1995 an Fahrt auf und wurde zu einem bestimmenden Merkmal der Transformation der Allianz (Toje 2008, 90 ff.). Die Reihenfolge des Beitritts spiegelte sowohl die o. g. politischen Interessen als auch Gedanken zur Verteidigungsfähigkeit des Bündnisses wider, die durch den Beitritt gewahrt werden musste und durch einen (flexiblen) politisch-demokratischen und militärischen Kriterienkatalog geregelt wurde (Broer 1997, 319 f.). Der Beitrittsprozess zur NATO erfolgte danach ab 1999 in vier Etappen, die die NATO bis 2024 auf 32 Mitglieder anwachsen ließen:

- 1999: Polen, Tschechien, Ungarn;
- 2004: Bulgarien, Estland, Lettland, Litauen, Rumänien, Slowakei, Slowenien;
- spätere Einzelbeitritte: Albanien, Kroatien (2009); Montenegro (2017); Nordmazedonien (2020, NATO o.J.-d);
- die durch den russischen Krieg in der Ukraine herbeigeführten Beitritt Finnlands (2023) und Schwedens (2024; s. dazu Kap. 4.5.3).

Mit Ausnahme der Slowakei entsprachen die ersten beitretenden Staaten im Frühjahr 1999 der seit Langem favorisierten Visegrád-Gruppe. Die Slowakei hatte bis zu den 1998er Parlamentswahlen einen als autoritär und nationalistisch geltenden Ministerpräsidenten, Vladimir Mečiar, weshalb sie nicht in der ersten Erweiterungsrunde bedacht wurde (Krupnick und Atkinson 2003). Die anderen drei Staaten, Polen, Tschechien und Ungarn, waren im Aufbau der zivilen Kontrolle des Militärs, ihrem Demokratisierungsprozess und der Regelung ihrer Beziehungen mit ihren Nachbarn am weitesten vorangekommen, sodass sie als stabile Partner galten (Rösch 2016, 77 ff.). Es wurde von ihnen erwartet, an Missionen teilzunehmen, u. a. am zum Zeitpunkt des Beitritts laufenden Kosovo-Einsatz. Für die 2004er Runde sollten diese militärischen Beitragsaspekte deutlich zentraler sein (Peterson Ulrich 2003, 26 ff.).

Neben den drei 1999 beigetretenen Staaten befanden sich neun weitere Länder Mittel- und Osteuropas (Albanien, Bulgarien, Estland, Lettland, Litauen, Nordmazedonien, Rumänien, Slowakei, Slowenien) im sogenannten *Membership Action Plan* (MAP)-Programm der NATO, das durch einen formalen Prozess mit einem detaillierten Anforderungskatalog (NATO 2024r) den Beitrittsprozess regelte. Es wird dadurch deutlich, dass der Beitritt zur NATO letztlich nicht nur ein militärischer Prozess ist, sondern auch ein politischer. Nach 9/11 fielen viele der Staaten positiv durch ihre Bereitschaft auf, ihre Streitkräfte im Rahmen der NATO-Mission in Afghanistan einzusetzen. Durch die Kooperation im Kampf gegen den Terror zwischen Russland und den USA schwächte sich zudem die russische Gegnerschaft zur NATO-Osterweiterung aus situativen Gründen ab, weil Russland selbst mit Terroranschlägen im eigenen Land zu kämpfen hatte, gegen die es teils massiv vorging und dies nach 9/11 auch unter dem Dach des globalen

Kampfes gegen den Terrorismus unbehelligter tun konnte (Hill 2018, 200 f.; Peterson Ulrich 2003, 29 ff.; Ratti 2013, 259 f.).

Die NATO-Alliierten einigten sich 2002 in Prag, sieben der neun o. g. MAP-Staaten im Jahr 2004 ins Bündnis aufzunehmen: Bulgarien, Estland, Lettland, Litauen, Rumänien, die Slowakei und Slowenien. Wie bei der 1999er Runde waren auch bei diesen Staaten politisch-strategische Gründe aus Allianzperspektive ausschlaggebend, wie Gunter Hauser (2008, 143 ff.) erläutert: Durch die drei baltischen Beitritte wurde ein beträchtlicher Teil der Ostsee NATO-Hoheitsgewässer, zumal die Atlantische Allianz eng mit den formal neutralen Staaten Schweden und Finnland, u. a. im Rahmen von PfP, kooperierte. Durch den Beitritt der Slowakei und Sloweniens wurde territoriale Kontinuität von der Adria bis an die Ostsee geschaffen. Bulgarien[62] und Rumänien brachten der NATO zudem neben der südlich gelegenen Türkei einen weiteren Zugang zum Schwarzen Meer. Die weiteren Beitritte Albaniens und Kroatiens im Jahr 2009 sowie von Montenegro im Jahr 2017 und Nordmazedonien im Frühjahr 2020 standen nicht unter vergleichbaren politisch-strategischen Zwängen/ Situationen wie zwischen 1999 und 2004 – sieht man einmal vom Kontext der Finanzkrise im Jahr 2009 und dem Amtsantritt Donald Trumps 2017 ab. Durch den Krieg in der Ukraine sah dies zwischen 2022 und 2024 bei den Beitritten Finnlands und Schwedens natürlich wieder ganz anders aus. Dies wird in Kapitel 4.5 genauer besprochen. Ab 2001 setzte parallel zum Erweiterungsprozess eine weitere Transformation der NATO ein, die nun im Fokus des nächsten Abschnitts stehen soll.

4.3 9/11 und der Kampf gegen den Terror: Die NATO zwischen Solidarität, Dauerzwist und politisch-strategischer Neuausrichtung

4.3.1 9/11, Solidarität und kollektive Verteidigung in Afghanistan: Der Kampf gegen den Terror

Die Ereignisse des 11. September 2001 sind so bekannt, dass sie an dieser Stelle nicht ausführlich vorgestellt werden müssen. 9/11 bestand aus drei Attacken islamistischer Terroristen in den USA, für die sie gekaperte Flugzeuge als Waffen benutzten. Dies waren im Einzelnen

62 Bulgarien spielte zudem vor seinem Beitritt zentrale Rollen bei verschiedenen NATO-Missionen bzgl. Basennutzung und Überflugrechten (Hauser 2008, 144; Tagarev 2003, 134 f.).

- die Angriffe mit zwei Flugzeugen auf die beiden Türme (*Twin Towers*) des World Trade Centers in Manhattan (New York), die zum Einsturz der Türme führten;
- der Angriff mit einem Flugzeug auf das US-Verteidigungsministerium in Arlington (Virginia) bei Washington D.C., der eine Seite des Pentagons zerstörte; und
- die von den Passagieren des Fluges UA93 vereitelte Nutzung des Vehikels als Waffe, vermutlich gegen andere politische Ziele in Washington D.C., die zum Absturz des Flugzeugs über Pennsylvania führte (Greiner 2011, 17 ff.; Der Spiegel 2006).

Bei den Attacken kamen beinah 3.000 Menschen ums Leben (9/11 Memorial & Museum o. J.). Die USA (und die gesamte Welt) befanden sich in einem Ausnahme- und Schockzustand, da trotz der seit einigen Jahren gestiegenen Gefahr durch den islamistischen Terrorismus, personifiziert durch den Kopf der Terrorgruppe al-Qaida, Osama bin Laden, nicht mit einer so minutiös geplanten Attacke dieses Umfangs gerechnet bzw. Warnungen dazu ignoriert worden waren (Greiner 2011, 60 ff.).[63] In der auf die Ereignisse von 9/11 folgenden Kongressuntersuchung wurden Fehler der Geheimdienste breit diskutiert (Kean und Hamilton 2004). Die Aufräumarbeiten am *Ground Zero*, wie der Bereich der zusammengestürzten Twin Towers in Lower Manhattan genannt wird, dauerten mehr als ein Jahr. Bis heute wird den Opfern der Angriffe in den USA intensiv gedacht. Besucher*innen der Gedenkstätte können sich der Bedeutung und Emotionalität dieses Ereignisses kaum entziehen.

Die Ereignisse des 11. September 2001 hatten enorme Effekte auf die US-Außenpolitik, globale Sicherheitspolitik und die NATO. Nach den Angriffen erklärten die USA unter Präsident George W. Bush und eine breite Koalition von Alliierten dem internationalen islamistischen Terrorismus den Krieg. Die Epoche des *war on terror*, die bis heute noch nicht gänzlich beendet ist, begann. Der *Patriot Act* und andere US-Gesetze statteten die Geheimdienste und Sicherheitsbehörden mit erweiterten Befugnissen aus, die nicht unerhebliche Eingriffe in die Bürgerrechte durch weitreichende

63 Drei andere Angriffe von al-Qaida oder seinen Partnern auf die USA wurden zuvor in Übersee ausgeführt, zwei auf die US-Botschaften in Nairobi, Kenia (213 Tote), und Daressalam, Tansania (11 Tote) am 7. August 1998 (CNN 2023c) und einer auf den Navy-Zerstörer U.S.S. Cole, der in Aden im Jemen vor Anker lag, im Jahr 2000 (17 Tote, CNN 2023b).

Abhör- und Ermittlungspraktiken darstellten – und in der Praxis bis zu Folter reichten (Greiner 2011, 131 ff., 173 ff.; Klöckner et al. 2014). Einreise- und Migrationsbedingungen in die USA wurden ebenfalls verschärft. International brandmarkte die Bush Jr.-Administration Länder, die den internationalen Terrorismus unterstützten oder die eigene Bevölkerung unterjochten, als *rogue states – Schurkenstaaten*. Nordkorea, der Irak und der Iran gehörten zu einer *Achse des Bösen* (*axis of evil*), versinnbildlicht im Ausspruch George W. Bushs, „Either you are with us, or you are with the terrorists" (Bush 2001). Die fortan als *Bush-Doktrin* bezeichnete Außenpolitikstrategie, die zum Zeitpunkt ihrer Formulierung im Wesentlichen unwidersprochen blieb (Sjöstedt 2007), umfasste die folgenden Elemente:

- ein überwiegend militärisches *hard power*-Verständnis von US-amerikanischer Macht (im Ggs. zu kultureller *soft power*, Nye 2003a);
- eine aus dem Neokonservatismus erwachsene Überzeugung amerikanischer Überlegenheit (Cox 2005b);
- die liberale Überzeugung, dass Außenpolitik von der inneren Verfasstheit eines Staates abhänge (Doyle 2016) und dem Schluss, dass andere Staaten auch gewaltsam demokratisiert werden durften (*spread of democracy*, Reichwein 2011);
- die Bereitschaft zu präventiver[64] Kriegsführung, z. B. im Irak, und zur Missachtung internationaler Rechtsnormen wie der UN-Charta (Greiner 2011, 221 ff.);
- die Bereitschaft zu unilateralem Vorgehen und zur Missachtung internationaler Institutionen (Jervis 2003; Krause 2003; Nye 2002; Preble 2005; Risse 2003, 184 ff.).[65]

Diese Elemente wurden im Jahr 2002 offiziell in die Nationale Sicherheitsstrategie (President of the United States 2002) integriert. Sie definierten die USA nunmehr als eine Macht, die nicht mehr auf den Status quo aus war, sondern die Welt nach ihren Vorstellungen verändern wollte – im Zweifelsfall auch mit Gewalt (s. ausführlich Müller und Schaper 2003, 45 ff.):

---

64 Die Bush-Administration sprach von prä*emptiver* Kriegführung, was gemeinhin als Angriff auf einen Gegner verstanden wird, der selbst unmittelbar vor einem Angriff auf das Gegenüber steht (Preble 2005, 27).

65 Für eine ausführliche Geschichte des Neokonservatismus s. Keller (2008, Kap. II) oder Reichwein (2011).

> „[…] under the Bush doctrine the United States is not a status quo power. Its motives may not be selfish, but the combination of power, fear, and perceived opportunity leads it to seek to reshape world politics and the societies of many of its members. […] Making the world safe for American democracy is believed to require that dictatorial regimes be banished, or at least kept from weapons of mass destruction." (Jervis 2003, 383)

Diese aus dem Gefühl der Verletzlichkeit von 9/11 und dem Neokonservatismus entstandene Positionierung führte zu einem systemtransformierenden Engagement US-amerikanischer Außenpolitik, das für die nächsten Jahre mit den Interventionen in Afghanistan und im Irak stark militärisch und demokratisch-missionarisch geprägt war (Müller 2008; Keller 2008, Kap. V.3; Klöckner et al. 2014). Die Invasion des Irak sollte nicht zuletzt dazu dienen, anderen Staaten zu zeigen, dass sie der Erwerb von Massenvernichtungswaffen teuer zu stehen kommen würde (Tunç 2009). Als weiteren sicherheitspolitischen Schritt nach 9/11 entschlossen sich die USA zudem, den ABM-Vertrag zu kündigen und die Entwicklung von Abwehrsystemen gegen ballistische Raketen wieder voranzutreiben. Dies geschah zum einen unter dem Gesichtspunkt der Sorge um Raketenprogramme der rogue states, gegen die sich die USA besser verteidigen wollten. Zum anderen war einigen Kräften in der Bush Jr.-Administration der ABM bereits vor 9/11 ein Dorn im Auge, weil er die Handlungsfreiheit der USA in diesem wichtigen Bereich grundsätzlich einschränkte, was dem Machtverständnis der Neokonservativen widersprach (Boese 2002; Kubbig 2005, 411f., 416ff.; Lindsay und O'Hanlon 2002; Hill 2018, 174). Somit begann unter den beiden Agenden des Kampfes gegen den Terrorismus und der Verhinderung der WMD-Proliferation eine neue Epoche globaler Sicherheitspolitik, in der sich lose Allianzen neu bildeten oder alte neu betätigten.

9/11 hatte ebenfalls einen enormen Einfluss auf die NATO und die transatlantischen Beziehungen im Allgemeinen. Die Schockwelle der Ereignisse lief nicht nur durch die USA, die einen enormen Verlust von Menschenleben zu verkraften hatten.[66] Es bestand bei vielen der Eindruck, und war auch so von al-Qaida beabsichtigt, dass die Attacke ein Angriff gegen alle und gegen die westliche Staatengemeinschaft als solche und ihre Kultur war (Poppe et al. 2009). Eine große Anzahl an Ländern zeigte in den auf 9/11

66 Bei den Anschlägen starben auch Staatsbürger*innen von ca. 80 anderen Staaten, darunter alliierter Länder.

folgenden Tagen Solidarität und Empathie mit den USA und den Opfern. Tageszeitungen titelten teils mit bedrückenden Bildern der Ruinen des World Trade Center Botschaften der Anteilnahme und Solidarität. Die französische Mitte-links-Zeitung *Le Monde* schrieb etwa am 12. September „Nous sommes tous Américains“ („Wir sind alle Amerikaner“), während die *Frankfurter Allgemeine Zeitung* von einem Treffer „Ins Herz“ sprach. Staats- und Regierungschefs sicherten den USA ihre Solidarität zu. In Deutschland drückte Bundeskanzler Gerhard Schröder diese Haltung in für deutsche Außenpolitik ungewöhnlicher Deutlichkeit und Tragweite aus, indem er den USA die „die uneingeschränkte – ich betone: uneingeschränkte – Solidarität Deutschlands“ (Schröder 2001) versicherte und somit ausdrücklich den Einsatz militärischer Mittel nicht ausschloss, ohne den USA eine Blankovollmacht zu erteilen (Overhaus 2009, 256 ff.).

Wenngleich Art. 5 des Nordatlantikvertrags nicht mit der Idee eines Terroranschlags im Hinterkopf festgehalten wurde, wendeten die NATO-Alliierten ihn am 12. September 2001 an und riefen den Beistandsfall aus, um ein Zeichen der Solidarität zu setzen (Freuding 2009, 342; Overhaus 2009, 257 ff.). Die Ausrufung stand unter dem Vorbehalt der endgültigen Feststellung einer ausländischen Herkunft der Attentäter und der Planung, an der jedoch bald kein Zweifel mehr bestand, sodass der Bündnisfall am 2. Oktober 2001 formal bestätigt wurde (NATO 2001). Die USA hatten nicht um die Ausrufung gebeten, wohl auch mit Sorge, sich in ihrer Antwort auf 9/11 zu sehr an die NATO binden zu müssen, aber sie konnten dieses symbolische Solidaritätsbekenntnis, das von den Alliierten bereits wenige Stunden nach den Anschlägen unterbreitet wurde, nicht zurückweisen (Daley 2001; Sen 2018). Somit entstand in diesem traurigen Moment die politische Ironie, dass der Vertragsartikel, der für den Schutz Europas entworfen worden war, das erste und bis heute einzige Mal für die Schutzmacht, die Vereinigten Staaten selbst, ausgerufen wurde. Die Allianz bewies damit ihre Funktions- und Wandlungsfähigkeit, indem sie einen gegen die UdSSR formulierten Beistandsartikel auf Terrorismus anwendete, und affirmierte ihr liberal-ideologisches Fundament.

Die NATO-Alliierten unterstützten die USA danach mit sechs Einzelmaßnahmen und zwei Missionen. Ab Mitte Oktober 2011 patrouillierten AWACS-Flugzeuge der Allianz zur Luftraumüberwachung über den USA (Operation *Eagle Assist*). Am 26. Oktober 2001 wurden NATO-Marineeinheiten in die Operation *Active Endeavour* im östlichen Mittelmeer geschickt, um terroristische Aktivitäten aufzuspüren und illegalen Waffentransport zu unterbinden (NATO 2023g). Die Einzelmaßnahmen bestanden des Weiteren aus:

- verstärkter geheimdienstlicher Zusammenarbeit;
- Unterstützung bei der terroristischen Gefahrenabwehr für Mitglieder, die sich im Anti-Terrorkampf engagierten;
- erhöhte Sicherheitsmaßnahmen für US-Einrichtungen (in Deutschland z. B. die Bewachung von US-Basen durch die Bundeswehr);
- Bereitstellung von Ersatztruppen für solche, die für den Anti-Terrorkampf abgezogen werden würden;
- Blanko-Überflugrechte für alle alliierten Maschinen;
- Hafen- und Luftwaffenbasennutzung samt Auftanken (NATO 2023g; Collins 2002).

Nachdem die Organisation der Attentate eindeutig auf das Terrornetzwerk al-Qaida zurückgeführt werden konnte und sich die fundamentalreligiöse afghanische Talibanregierung weigerte, im Kampf gegen al-Qaida-Stützpunkte im eigenen Land zu kooperieren, begannen die USA zusammen mit Großbritannien und den afghanischen Verbündeten der so genannten Nordallianz am 7. Oktober 2001, also keinen Monat nach den Anschlägen von 9/11, mit Kampfhandlungen gegen Afghanistan (Heitmann-Kroning 2015, 123 ff.). Auch Russland unterstützte das Vorgehen der intervenierenden Staaten durch Überflugrechte, die Tolerierung alliierter Basen in den ehemaligen zentralasiatischen Sowjetrepubliken und eine Teilnahme an Active Endeavour im Mittelmeer (Ratti 2013, 259 f.; Freuding 2009, 342 f.). Der Operation *Enduring Freedom* (Andauernde Freiheit, OEF), der sich viele NATO-Alliierte und andere Partner der USA (von Aserbaidschan und Australien über Georgien, Neuseeland und Pakistan bis hin zur Ukraine, Usbekistan und den Vereinigten Arabischen Emiraten) anschlossen, gelang daraufhin die Eroberung der wesentlichen Städte Afghanistans bis Ende November 2001. Eine Übergangsregierung wurde eingesetzt und der Kampf gegen Terroristen mit Koalitionskräften weiter fortgeführt. Ab 2001 (NATO-geführt ab 2003) wurde die *International Security Assistance Force* (Internationale Sicherheitstruppe, ISAF) vor allem im Bereich der Landessicherung und des Wiederaufbaus tätig (s. Kap. 5.3.3), während sie ab 2006 Kampfaufgaben von OEF im Süden Afghanistans übernahm und der (US-amerikanische) ISAF-Oberkommandeur ab 2009 auch OEF führte (Bird 2013, 128). Die vorherige Trennung entsprach der US-Strategie, zunächst militärisch gegen den Terror vorzugehen (Bird 2013, 121 ff.) OEF hatte drei Operationsbereiche:

Afghanistan (den größten), eine Marinemission am Horn von Afrika zum Unterbinden terroristischer Aktivitäten und zum Schutz der internationalen Schifffahrt sowie einen kleineren Anti-Terror-Einsatz auf den Philippinen. Deutschland war von Beginn an bis Juli 2010 am OEF-Marineeinsatz am Horn von Afrika beteiligt und führte diesen Einsatz häufig im üblichen Rotationsverfahren zwischen alliierten Streitkräften (Bundeswehr o. J.-f; Fröhlich 2011b, 36).[67] An OEF nahmen 2007 ca. 9.600 US-Soldat*innen sowie 3.100 Soldat*innen aus 21 Nationen (in der Spitze 70 Staaten mit 7.000 Soldat*innen) teil (CRS 2007; Department of Defense 2002; Mayer 2011, 492).[68] OEF und ISAF liefen offiziell am 31. Dezember 2014 aus und wurden danach durch die *Resolute Support*-Ausbildungsmission (RSM) ersetzt, die bis zum Fall Kabuls im August 2021 fortbestand.

OEF war nach internationalem Recht eine kollektive Verteidigungsoperation, die somit durch eine der beiden Ausnahmen von Gewaltanwendungsverbot der UN-Charta (Art. 51) gedeckt war (Brown 2003). Die UN-Sicherheitsratsresolution (UNSCR) Nr. 1368 vom 12. September 2001 erkannte dieses Recht nach den Angriffen von 9/11 zusätzlich formal an (United Nations 2001)[69] und stellte eine Gefährdung des Weltfriedens fest. Dies stellt einerseits eine Weiterentwicklung einer Tendenz im Völkerrecht dar, nichtstaatliche Akteure als internationale Rechtssubjekte zu definieren (Brown 2003, 18 ff.). Andererseits markiert diese Entscheidung eine weitere qualitative Bestimmung der Zuständigkeit des UN-Sicherheitsrats für Frieden und Sicherheit, die jenseits des Staatensystems reicht (von Kielmansegg 2012). Gleichzeitig enthält UNSCR 1368 eine explizite Aufforderung zur Kooperation, um die Verantwortlichen zur Rechenschaft zu ziehen. Diese Kooperation strebten die USA an, jedoch wählten sie ein offenes, weniger institutionalisiertes Format, als die NATO es geboten hätte, um flexibler agieren und die Einhaltung des Konsensprinzips in der Allianz umgehen

---

67 Overhaus (2009: 264) führt aus, dass die Bundeswehr bei Bedarf bis zu 3.900 Soldat*innen aus verschiedenen Bereichen (ABC-Abwehr, Sanitäts- und Spezialkräfte, Lufttransport, Marine und Unterstützungskräfte) bereitgestellt hätte.

68 Es ist äußerst schwer, genaue Angaben für die OEF-Truppenstärke zu finden, weil die USA fast immer OEF und ISAF gemeinsam ausweisen und die Truppen der Partnerstaaten stark schwanken. Ein weiteres Problem der Zahlen ergibt sich aus den verschiedenen Einsatzgebieten von OEF sowie der Einbeziehung oder dem Auslassen von weiteren Unterstützungseinheiten, z. B. Flugzeugträgern.

69 Das Erreichen einer Resolution und die damit verbundene Feststellung einer Gefährdung für den Weltfrieden sind aber wichtige symbolische und solidarische Feststellungen (von Kielmansegg 2012).

zu können. Gleichzeitig bedurften sie aber der Legitimation und Solidarität durch die Alliierten und weitere Partner (Freuding 2009, 342). Diese Art der Koalition wird seitdem meist mit dem englischen Begriff der *coalition of the willing* (Koalition der Willigen) bezeichnet. Man könnte diese Entscheidung der USA mit dem Neorealismus als eine Vorgehensweise erklären, die wenig Zweck in einem Handeln durch die Allianz gesehen hat und auf die absolute Sicherung der eigenen Interessen bedacht war (Webber 2013, 37 f.). Umgekehrt nahmen fast alle NATO-Mitglieder (mit Ausnahme von Luxemburg und Island, die kaum oder keine Streitkräfte haben) sowie alle 2004 beitretenden Staaten an OEF teil, sodass sich für das Bündnis zumindest ein symbolisches Solidaritätsproblem auftat: Wenn im Grunde alle dabei waren und die Alliierten mit der Ausrufung des Bündnisfalls klar ihre Solidarität bekundet hatten, warum sollte man dann nicht auch die für solche Zwecke in den 1990er Jahren geschaffenen NATO-Strukturen nutzen? Es entging den Alliierten nicht, dass sich in dieser und vor allem folgenden Entscheidungen der USA zum Irakkrieg ein unilaterales Moment etablierte, das die US-Interessen stark in den Vordergrund stellte und sich institutioneller Hemmnisse entledigen wollte (Collins 2002, 52 f.; de Nevers 2007; Kupchan 2003). Dieser Unilateralismus ist ein zentrales Merkmal des Neokonservatismus (Risse 2003, 184 ff.). Jedoch erkennen de Nevers und Collins ebenfalls, dass neben dem spezifischen Unilateralismus der Bush Jr.-Regierung zwei weitere strukturelle Faktoren gegen eine bedeutendere Rolle der NATO im Kampf gegen den Terror sprachen: zum einen der Abstand zwischen US-amerikanischen Fähigkeiten und solchen der Alliierten – der berühmte *capability gap* (z. B. Alexander und Garden 2001; Howorth 2013) –, der bei einer logistisch so anspruchsvollen Operation besonders schwer wog; und zum anderen eine gewachsene Nebenrolle der NATO in der Terrorismusbekämpfung, die sich lange auf das (begrenzte) Teilen geheimdienstlicher Informationen beschränkte. Langfristig bestehe so aber das Problem sich auseinanderentwickelnder Agenden und somit aus Allianzperspektive die Gefahr, dass die Mitgliedstaaten dazu übergehen würden, sicherheitspolitische Ziele außerhalb der etablierten Strukturen des Bündnisses zu realisieren. Das ist eine Gefahr für die Solidarität und Kohäsion einer Allianz, die auf Solidarität und Vertrauen fußt (Collins 2002; de Nevers 2007).

Die Ereignisse von 9/11 haben das Zusammengehörigkeitsgefühl der Allianz allerdings gestärkt, sodass sie am Ende doch eine Rolle in der Antiterrorstrategie der USA spielen konnte. Michael Rühle (2013, 57 f.) sieht hierin einen fundamentalen Wandel von einer regionalen Logik in der NATO zu einer funktionalen Betrachtung ihres Zwecks – im Zweifelsfalls eben auch außerhalb des transatlantischen Raums Sicherheit herzustellen, was sich letztlich in der *Global NATO*-Debatte widerspiegelt. Rühle, selbst Mitglied des International Staff, unterstreicht die Bedeutung dieses Wandels:

> „This shift from a geographical to a functional approach to security was the most profound change in NATO's history. 9/11 removed the constraints that had kept NATO tied to the European theatre. It thus also removed the long-held assumption that the alliance was, in effect, an insurance policy for Europe underwritten by the United States – an assumption that had persisted even after the end of the Cold War. 9/11 led the allies to look at their alliance in a different light. Rather than seeking to deflect US demands to use NATO in new ways and new places, they now needed to ensure that NATO remained in sync with an increasingly globalized security agenda, thus sparing the alliance what otherwise would have become an inevitable drift into irrelevance." (Rühle 2013, 57)

Sebastian Mayer (2011, 492 ff.) demonstriert folglich, dass die NATO nach 9/11 ihre Strukturen reformiert (z. B. ACT, Terrorismuslagezentrum) und im Zuge der Streitkräftetransformation signifikante Fähigkeiten zur besseren Terrorismusbekämpfung entwickelt hat (z. B. Geheimdienstkoordination). Sie stünde damit nicht mehr so hemdsärmelig da, wie de Nevers dies noch ein paar Jahre früher beobachtet hatte (s. o.). Mayer (ibid.) und Terriff (2013, 95 ff.) unterstreichen, dass nicht zuletzt die Planungen zur NATO Response Force (NRF) seit 2002 genau in die Richtung der von den USA und der Anti-Terror-Doktrin geforderten mobilen, schnell verlegbaren Kräfte gingen, genauso wie die Kooperation mit immer mehr Partnern und Institutionen. Zudem wurde ein eigenes Konzept für den Anti-Terrorkampf verabschiedet, das die o. g. Maßnahmen integrierte (Rühle 2013, 58). Die Indienststellung von Allied Command Transformation (ACT) und der durch das Kommando koordinierte Transformationsprozess der Partnerstreitkräfte waren zudem im ureigenen Interesse der USA, durch fähigere kanadische und europäische Truppen mehr Lasten tragen zu lassen (Terriff 2013, 97 ff.). ISAF mit ihren bis zu 100.000 NATO-Soldat*innen (130.000 mit Partnern) stellte einen beachtlichen Aufwand der NATO dar. Auch die OEF-coalition of the willing hielt lange: Erst 2010 zogen die BRD und die Niederlande Truppen aus OEF ab. Frankreich folgte im Jahr 2012 mit seinem Teilrückzug aus OEF aus innenpolitischen Gründen (Wahlversprechen des neuen Präsidenten François Hollande), war aber gleichzeitig sehr bedacht, Solidarität zu signalisieren und genau wie die anderen NATO-Mitglieder weiterhin ein Truppensteller in ISAF (CNN 2023a; Mayer 2011, 492). Trotzdem manifestierte sich zunehmend der Eindruck, dass das Bündnis aus US-Perspektive als eine *toolbox* (Werkzeugkiste, z. B. Christiansson 2013, 192) gesehen wurde, der man sich bilateral oder als coalition of the willing bedienen konnte, wenn man etwas daraus brauchte. Eine solche rein pragmatische Legitimation der Kooperation in der Allianz ist somit nicht mehr dasselbe wie das Zusammengehörigkeitsgefühl im und nach dem Ende des Kalten Kriegs sowie die liberale Ideologie, die die NATO durch die Jahrzehnte getragen hat. Diesen Aspekt sahen viele Alliierte durchaus kritisch (s. z. B. Dumoulin 2004, 564), wenngleich er gleichzeitig zur Handlungsfähigkeit der Allianz und ihrer Partner beitrug (Haaland Matláry 2014, 257 ff.). Erst seit dem Beginn des Angriffskriegs Russlands gegen die gesamte Ukraine im Februar 2022 steht das auf kulturellen und vor allem liberal-demokratischen Grundlagen stehende Gemeinschaftsgefühl der NATO-Staaten wieder stark im Vordergrund alliierten Handelns.

4.3.2 Das Ende der Solidarität: Irak

Ein wirkliches Problem für alliierte Solidarität stellte zeitweise der Krieg der USA im Irak dar (Toje 2008, Kap. 5). Im Zuge der Jahre 2001/02 zeichnete sich ab, dass die US-Amerikaner*innen im Kampf gegen den Terror nicht bei Afghanistan Halt machen wollten, sondern auch den Irak Saddam Husseins als Sicherheitsproblem ansahen. Der hatte zuletzt nur eingeschränkt mit den UN-Waffeninspektoren zusammengearbeitet, die die Einhaltung von UN-Resolutionen zum Verbot der Produktion von ABC-Waffen nach dem Golfkrieg von 1990/91 überwachen sollten. Die seit Langem stark gegen den Irak eingestellten Neokonservativen in der Bush Jr.-Regierung sahen hierin eine Möglichkeit, sich seiner zu entledigen und den Irak im Sinne ihrer spread of democracy-Strategie zu demokratisieren (Ahmad 2014, Kap. 4; Krause 2003; Reichwein 2011). Von US-Außenminister Colin Powell im Februar 2003 im UN-Sicherheitsrat vorgestellte Beweise zu ABC-Produktionsaktivitäten waren entweder falsch oder durch Umdeutung von Geheimdienstinformationen fabriziert (Jervis 2006). Die UN-Waffeninspektoren fanden keine Anhaltspunkte für neuerliche ABC-Aktivitäten des Irak. Im Sinne der präemptiven Doktrin der Bush Jr.-Administration schlugen die USA, Großbritannien und eine coalition of the willing am 17. März 2003 aber dennoch unter dem Vorwand einer früheren UN-Resolution los, die ihrer

Meinung nach die Intervention legitimierte. Mitte April fiel die irakische Hauptstadt Bagdad. Es sollte daraufhin eine lange Besatzung (bis 2011), begleitet von einem furchtbaren Guerilla- und später auch Bürgerkrieg, einsetzen, die viele irakische Opfer und massive Verluste bei den USA und ihren Verbündeten forderten. Diese Situation unterminierte die US-Strategie des *state-* und *nation-building* – also des Aufbaus eines neuen, funktionierenden demokratischen Nationalstaats – massiv, sodass im Irak lange eine politisch instabile Situation aus (partei)politischen und persönlichen Fehden befeuert durch Korruption und intra-religiösen Zwist zwischen Schiit*innen und Sunnit*innen sowie Terroranschlägen herrschte, die das Land kaum zur Ruhe kommen ließ und (Wieder-)Aufbau sowie funktionales Regieren erschwerten (Rohde 2020). Die Irakintervention zermürbte die US-amerikanischen Streitkräfte auf Jahre hinaus. Seit 2014 sind wieder US- und andere Truppen aus zeitweise über 60 Staaten im Land – dieses Mal auf Bitten der irakischen Regierung –, um die dortigen Streitkräfte in ihrem Kampf gegen ISIS zu unterstützen. Die Bundeswehr trägt mit einer kleinen Mission (*Counter Daesh/Capacity Building Irak*) zur Ausbildung irakischer Soldat*innen im Nord- und Zentralirak bei (Bundeswehr o. J.-e). Die NATO beteiligt sich seit 2018 an diesen Bemühungen mit der Ausbildungsmission *NATO Mission Iraq* (NATO 2024z).

Der Irakkrieg verursachte tiefe Risse im transatlantischen Bündnis, die erst durch die Kooperationsnotwendigkeiten der Finanzkrise Ende 2008 gekittet worden sind – sowie teilweise durch die Amtsübernahme neuer politischer Akteure in vielen Staaten des nordatlantischen Gebiets (Schröder → Merkel in Deutschland, Chirac → Sarkozy in Frankreich, Blair → Brown in Großbritannien, Kaczynski → Tusk in Polen, Bush Jr. → Obama in den USA). Bis dahin herrschte vereinzelt eisige Stimmung in den transatlantischen Beziehungen. Einige Allianzstaaten und zukünftige Mitglieder entschlossen sich, die USA in dieser Ausweitung des Kampfes gegen den Terror zu unterstützen, während andere die Solidarität nach 9/11 aufkündigten. Zu letzterer Gruppe gehörten prominent Deutschland und Frankreich, aber auch Belgien oder Kanada. Viele Alliierte zweifelten an der faktischen Basis der US-amerikanischen Unterstellungen zur WMD-Produktion im Irak einerseits sowie an der politischen Sinnhaftigkeit der Demokratieverbreitungsdoktrin andererseits. Bundeskanzler Gerhard Schröder nahm eine prinzipielle Antikriegsposition ein, die auch eine Beteiligung an einer durch ein UN-Mandat gedeckten Intervention kategorisch ausschloss, wobei neben der deutschen Kultur der Zurückhaltung bei Militäreinsätzen

Wahlkampfüberlegungen eine Rolle gespielt haben mögen (Overhaus 2009, 306). Frankreich stellte sich als ständiges Sicherheitsratsmitglied nicht grundsätzlich gegen eine UN-sanktionierte Intervention, um die Autorität des Gremiums in der Entscheidung um Krieg und Frieden nicht anzugreifen, teilte aber die skeptische Haltung Deutschlands. Diese Haltung wurde von der US-Regierung und Teilen der Bevölkerung als anti-amerikanisch interpretiert und führte zu diversen Verstimmungen, auch auf gesellschaftlicher Ebene (Bird 2013, 126). In vielen US-Gaststätten wurden *French fries* (Pommes) in *freedom fries* umbenannt.

Der amerikanische Politikwissenschaftler Robert Kagan (2002) nutzte die Divergenzen zu einem grundsätzlichen Vergleich der USA und Europa mit den Gottheiten Mars und Venus: Die einen (USA) seien wie Mars eher zum Kämpfen in einer Welt bereit, in der Macht zählt. Die Anderen (europäische Irakkriegsgegner, aber eigentlich alle Europäer*innen) seien in der Vorstellung einer gewaltlosen, kantianischen ewigen Friedenswelt à la EU verirrt, die nur Verrechtlichung, Liebe (= Venus) und Wohlstand kenne. Kagan wollte damit das Auseinanderfallen von Weltbildern zwischen den beiden Seiten des Atlantiks zum Ausdruck bringen und unterstreichen, dass die transatlantischen Divergenzen nicht nur vorübergehender Natur, sondern tief verwurzelt in Weltbildern, Moralvorstellungen und (militärischen) Handlungskapazitäten seien. US-Verteidigungsminister Donald Rumsfeld etablierte in einer scharfen Bemerkung im Januar 2003 die Unterscheidung zwischen einem von Deutschland und Frankreich angeführten *alten Europa* und einem *neuen Europa* weiter im Osten und Süden, das die USA mutig im Kampf gegen den Terror unterstütze (The Guardian 2003). Mit *neuem Europa* waren die neuen oder bald der Allianz beitretenden Mitgliedstaaten gemeint, von denen einige an der ersten Welle der Angriffe beteiligt waren. Bei den Kriegsgegnern erzeugte wiederum der sogenannte *Brief der Acht* besonderen Unmut – ein offener Brief, der von den Staats- und Regierungschefs Dänemarks, Großbritanniens, Italiens, Polens, Portugals, Spaniens, Tschechiens und Ungarns unterzeichnet worden war. Dieser Brief rahmte das Vorgehen der USA zum einen als Beitrag zum Kampf gegen den Terror und gegen die Verbreitung von Massenvernichtungswaffen und argumentierte zum anderen mit gemeinsamen Werten und Demokratie (Missiroli 2003, 343 f; Menon 2004, 638).[70] Europa und die NATO waren also grundlegend gespalten, wo-

70 Dies veranlasste den selten um ein Bonmot verlegenen französischen Präsidenten Chirac seinerseits zu einer als paternalistisch verurteilten Bemerkung, dass die osteu-

für faktische, machtpolitische, interessengeleitete und kulturelle Faktoren verantwortlich waren (Schuster und Maier 2006; s. auch Risse 2003, 187 ff.). Neben diesen prinzipiellen Positionen und Unterschieden hatte das Bündnis ebenfalls ein konkretes Handlungsproblem, weil ein türkisches Gesuch zur Stärkung seiner Verteidigungsfähigkeiten als Vorsichtsmaßnahme gegen irakische Gegenschläge von den Kriegsgegnern zunächst abgelehnt wurde, bevor es unter massivem Druck doch noch realisiert werden konnte. Auch dieser Konflikt ging also auf Kosten der für die NATO so zentralen Frage der Solidarität (Bird 2013, 126; İldem 2024, 265 ff.).

Die transatlantische Atmosphäre war durch die Ereignisse um den Irakkrieg herum lange vergiftet (Hill 2018, 219 f.). Robert Cox (2005a) gibt zu bedenken, dass Kagans Analyse europäischer Schwäche und amerikanischer Macht nur teilweise für die politischen Probleme der Allianz um den Irakkrieg herum verantwortlich zu machen sei. Cox unterstreicht hingegen, dass der Irakkrieg ein ungewöhnliches Beispiel für einen Hegemon sei, dem die Staaten unter seinem Einfluss die Gefolgschaft verweigert haben. Somit kommt er zu demselben Schluss wie Kagan, dass die Probleme zwischen den Alliierten nicht nur vorrübergehender Natur seien, betont aber stärker die Rolle des uneingeschränkten und rein militärisch gedachten war on terror sowie des spread of democracy als neue Komponenten einer nahezu imperialen US-Außenpolitik, die die Solidarität von 9/11 zunichtegemacht hat (s. auch Krell 2003; Risse 2003). Trotzdem konnte die NATO in Afghanistan weiter gemeinsam handeln und im August 2003 sogar den Oberbefehl über ISAF übernehmen. Dies zeigt, dass nicht jede politische Krise unmittelbar auf die Arbeitsebene der tief institutionalisierten Allianz durchschlagen muss, die kooperative Praktiken zumindest teil-unabhängig von der politischen Ebene am Laufen halten kann. Auch die weitere transatlantische Sicherheitsgemeinschaft bestand trotz aller Querelen weiter (Pouliot 2006; 2016, Kap. 4; Risse 2003).

---

ropäischen Unterstützerstaaten der USA, die 2004 in die EU aufgenommen werden wollten, *„eine gute Gelegenheit zum Schweigen verpasst"* hätten (Levieux und Levieux 2003).

4.3.3 Die Normalisierung der Beziehungen und das neue Strategische Konzept (2010)

Die Beziehungen zwischen den Alliierten normalisierten sich über die folgenden Jahre langsam. Die EU hatte im Jahr 2005 mit dem Scheitern des Verfassungsvertrags durch zwei negative Referenden in Frankreich und den Niederlanden zu kämpfen, die zu einer erneuten Vertragsrevisionsperiode bis ins Jahr 2007 führte (Vertrag von Lissabon). Europäische Staaten engagierten sich trotzdem in einer EU-Polizeimission in Afghanistan (2007-2016) zum Training der afghanischen Polizeikräfte (EEAS o. J.-a) und produzierten so einen echten Mehrwert für ISAF. Die oben angesprochenen Wechsel der Regierungsverantwortungen trugen ebenfalls zur Entspannung bei. Besonders die Wahl Sarkozys zum französischen Präsidenten (2007-2012) brach mit alten gaullistischen Ambivalenzen im französisch-amerikanischen Verhältnis und bezüglich der Ausgestaltung der EU-NATO-Beziehungen (Cizel und von Hlatky 2014; Fortmann et al. 2010; Ostermann 2015): Sarkozy führte Frankreich zwischen 2007 und 2009 zurück in die integrierte Militärstruktur der Allianz (s. Exkurs). So hörte ein anachronistisches Element der französischen NATO-Politik und mit ihm der EU-NATO-Beziehungen auf zu existieren (Howorth 2010; Müller-Brandeck-Bocquet 2009; Ostermann 2019b). Die eingeübte, institutionalisierte Zusammenarbeit in Operationen in Afghanistan, auf dem Balkan und letztlich auch zum Schutz der Türkei half ebenfalls dabei, entstandene Gräben zu überwinden (Smith 2017). Durch die Übertragung von ISAF an die NATO wurde die out of area-Orientierung des Bündnisses gefestigt (Ringsmose 2016, 211 ff.; Kitchen 2010; s. Kap. 5), über die der prominente republikanische US-Senator Richard Lugar einmal gesagt hatte, dass die Allianz „out of area or out of business" gehen müsse (Asmus 2002, 125). So entstand also bereits ab dem Jahr 2002 ein Entspannungsfenster in den Beziehungen, indem Kanada, die europäischen und andere Alliierte die USA in Afghanistan – dem Krieg, hinter dem sie wegen 9/11 alle standen – entlasteten (s. Kap. 5.3.3). Da Deutschland sich zur Übernahme eines Regionalkommandos im Norden Afghanistans entschloss, wurden so auch die spezifisch deutsch-amerikanischen Zwistigkeiten wegen des Irak entschärft (Bird 2013, 127 f.; Overhaus 2009, 320 ff.).

Exkurs | Die Rückkehr Frankreichs in die integrierte Militärstruktur der NATO (2007-2009)

Die seit 1967 komfortable Position Frankreichs als politisches, aber nicht militärisch integriertes Mitglied der Allianz veränderte sich mit dem Ende des Kalten Kriegs grundlegend, weil der Zwang zur Einheit der NATO gegenüber der kommunistischen Bedrohung durch die Sowjetunion entfallen war. Frankreich büßte also einen großen Teil seines Einflusses auf die USA ein, änderte aber nicht seine Politik (Maull et al. 1997; Menon 2000). Aus neorealistischer Perspektive ist dies ein anormales Verhalten, da sich die relative Machtposition Frankreichs zu seinen Ungunsten verändert hatte. Ein erster Versuch zur Rückkehr in die Militärstruktur scheiterte zwischen 1995 und 1997 unter Jacques Chirac an einer Reihe von innen- und außenpolitischen Faktoren (Boniface 1997; Grand 2024, 240 ff.; Ostermann 2019b, Kap. 2; Vaïsse 2009b, Kap. 3).

Der neue französische Präsident Nicolas Sarkozy kündigte im August 2007 überraschend die Rückkehr in die Militärstruktur an. Erklärungen dieses Schrittes reichten von der persönlichen pro-amerikanischen Einstellung des jungen Präsidenten über die Fortsetzung alter Politik (Stärkung des europäischen Pfeilers der NATO) bis hin zur Abkanzelung des Schritts als rein symbolischen Akt in Anbetracht der intensiven missionsbezogenen Zusammenarbeit mit der Allianz, die Frankreich bereits unmittelbar nach dem Ende des Kalten Kriegs eingeleitet hatte (Bozo 2014; Cizel und von Hlatky 2014; Howorth 2010; Müller-Brandeck-Bocquet 2009). Die politische Klasse stritt heftig über diese Initiative und diskutierte ein Ende des Gaullismus und den Verlust traditioneller französischer Unabhängigkeit (Schmitt 2016). Premierminister Fillon musste die Initiative Sarkozys mit einer Vertrauensabstimmung in der Nationalversammlung passieren lassen. Die Untersuchungen Ostermanns (2019b, Kap. 3, 4) zeigen jedoch, dass bereits vorher eine Neudefinition französischer außenpolitischer Identität stattgefunden hatte, nach der die politische Elite zwar immer noch die Sicherheits- und Verteidigungspolitik der EU stärken wollte, aber deutlich pragmatischer an sicherheitspolitische Fragen heranging – und die Konservativen ebenfalls an solche zur Zusammenarbeit mit der NATO und den USA. In Kombination mit einer offeneren US-amerikanischen Position, die

Europa mehr sicherheitspolitische Unabhängigkeit einräumte, wurde der Schritt Sarkozys politisch möglich. Frankreich schickte nach 2009 ca. 1.000 Soldat*innen in die allliierten Kommandostrukturen und blieb nur noch der eher unbedeutenden Nuklearen Planungsgruppe fern (von Hlatky 2010). Von 2009 bis 2016 blieb die Position Frankreichs zur NATO und den USA stabil, während es zunehmend Schwierigkeiten mit der Passivität der EU zeigte, vor allem seit der Libyen-Intervention (Ostermann 2019b, Epilog; Pannier 2017a). Erst seit 2016 und der Wahl Donald Trumps verfolgt Frankreich mit der Beteiligung an verschiedenen EU-Initiativen wieder einen stärkeren EU-integrativen Kurs, hält sich seine Karten jedoch mit Blick auf das Erreichen strategischer Ziele offen und ist weit vom sicherheits- und verteidigungspolitischen EU-Verve entfernt, den es durch die 1990er und 2000er Jahre zeigte. Gerade mit Blick auf den Ukrainekrieg und eine mögliche zweite Präsidentschaft Trumps in den USA ab 2025 engagiert es sich allerdings massiv und pragmatisch für mehr europäische Eigenständigkeit, um die Herausforderung des Krieges und die gestiegene Unsicherheit in der Allianz zu bewältigen.

Siehe auch:

Rieker, Pernille (2017). *French Foreign Policy in a Changing World. Practising Grandeur.* Cham: Palgrave Macmillan.

Vaïsse, Maurice (2009). *La puissance ou l'influence? La France dans le monde depuis 1958.* Paris: Fayard.

Woyke, Wichard (2010). *Die Außenpolitik Frankreichs. Eine Einführung.* Wiesbaden: VS Verlag für Sozialwissenschaften.

Ab den Jahren 2007/08 entwickelte sich also wieder eine entspanntere Gesamtwetterlage in der Allianz. Dies lag auch am beginnenden US-Präsidentschaftswahlkampf einerseits und ab September 2008 an der Finanzkrise, die durch den Zusammenbruch der US-Großbank Lehman Brothers begann, die Aufmerksamkeit der Regierungen band und die Notwendigkeit von Multilateralismus – auch für die USA – zeigte, um der Krise habhaft zu werden. Joseph S. Nye, der den Irakkrieg als Überspannung des Bogens militärischer Macht sah, die an Imperialismus grenzte, formulierte bereits 2003 im Zuge des Irakkriegs ein „Paradox" amerikanischer Übermacht, das sich in den folgenden Jahren immer stärker herauskristallisierte:

„The Paradox of American power is that world politics is changing in a way that makes it impossible for the strongest world power since Rome to achieve some of its most crucial international goals alone." (Nye 2003b)

Vor dem Hintergrund der Ereignisse seit Herbst 2008 waren die Zeichen in der Allianz und der transatlantischen Gemeinschaft somit wieder stärker auf Kooperation gestellt und die Zusammenarbeit maßgeblich von der Bewältigung der Afghanistanmission geprägt. Daher stand die Verabschiedung des 2010er Strategischen Konzepts der NATO (*Active Engagement, Modern Defence*) ganz im Zeichen dieser Herausforderung des Bündnisses. Der Auftrag zur Erstellung des neuen Konzepts wurde dem neuen Generalsekretär Rasmussen auf dem Straßburg/Kehl-Gipfel 2009 gegeben, eine Kommission von der renommierten ehemaligen US-Außenministerin Madeleine Albright geleitet. Das neue Konzept war nicht zuletzt mit Blick auf die transformatorischen Entwicklungen – 9/11, Anti-Terrorkrieg, Afghanistan – seit der Veröffentlichung des letzten Konzepts im Jahr 1999 überfällig. Zunehmende WMD-Proliferation, die Verbreitung ballistischer Raketensysteme sowie Cyberattacken spielten ebenfalls eine Rolle (Burton 2023; Flockhart 2011, 13 ff.; NATO 2010; Pouliot 2016, 87 ff.). Dementsprechend formuliert das neue Konzept für die NATO eine Strategie als Dreiklang von kollektiver Verteidigung, Krisenmanagement und kooperativen Sicherheitspraktiken durch Partnerschaften, aktive Rüstungskontroll- und Abrüstungspolitiken sowie einer *Open Door*-Politik der Beitrittsperspektive (NATO 2012). Die Formulierungen im Bereich der WMD-Proliferation sind einerseits relativ breit aufgestellt und erwähnen eine Unterstützung des NPT-Regimes, machen andererseits aber die Notwendigkeit von Gegenseitigkeit und Transparenz mit Russland deutlich, dessen hohe SRBM-Kapazitäten in Europa mit Sorge betrachtet wurden (ibid., 23 ff.). Die liberal-demokratischen Grundlagen des Bündnisses werden affirmiert, aber nicht überbetont. Dies kann sicherlich auch damit erklärt werden, dass die Erweiterungen seit 1999 die gesellschaftliche, politische und militärische Voraussetzungshaftigkeit und Komplexität des Beitrittsprozesses unterstrichen haben, denen sich beide Seiten stellen müssen. Schließlich bekennt sich die Allianz zur Fortführung ihrer Partnerschaftsinitiativen und ihres generellen kooperativen Sicherheitsansatzes und unterstreicht sowohl dessen Beiträge zur Stärkung der regionalen Sicherheit als auch zu NATO-Missionen.

Problematisch ist hier allerdings, dass kooperative Sicherheit im Wesentlichen als Einbahnstraße in Richtung Allianz gesehen wird: Die NATO hat das Modell, andere können daran partizipieren. Somit herrschten hier, so Ole Wæver (2014), noch immer dieselben Ideen vor wie in den 1990er Jahren, als die Welt unipolar war, was sie heute nicht mehr ist. Positiv sei laut Wæver aber, dass Sicherheit grundsätzlich relational gesehen werde. Das Strategische Konzept stellt auch die 2008 unterzeichnete Grundsatzvereinbarung mit den UN heraus und beurteilt die in der EU durch den Lissabon-Vertrag eingetretenen Möglichkeiten zur Kapazitätsentwicklung genau wie operative EU-NATO-Kooperation positiv (ibid., 25 ff.). Unter Präsident Obama (2009-2017) setzte sich diese Unterstützung der EU konsequent fort bzw. verstärkte sich sogar in Anbetracht des steigenden US-amerikanischen Engagements in Asien und der Herausforderung, die der politische, wirtschaftliche und militärische Aufstieg Chinas für die USA darstellt. Obama reagierte auf diesen Aufstieg mit dem so genannten *pivot to Asia* (*Drehpunkt*; Obama 2011-11-17), der sich in einem breiten diplomatischen, politischen, wirtschaftlichen und militärischen Programm der chinesischen Herausforderung widmete (Lieberthal 2011; Ling 2013). Umgekehrt sollte dies nicht eine Abwendung von alten Allianzen wie der NATO bedeuten, wohl aber die Übernahme von mehr Verantwortung durch die Europäer*innen, was sich z. B. in der zurückhaltenden Rolle der USA im Libyenkrieg äußerte, in dem sie zumindest formal im Hintergrund (*lead from behind*) agierten (Chivvis 2014; Howorth 2013; Lieber 2016, 91 ff.).

Die Bemerkung zu russischen SRBMs macht auch deutlich, dass die Alliierten in ihren Beziehungen zu Russland Schwierigkeiten sahen. Zwar wurde immer noch festgestellt, dass die NATO Russland nicht als Gegner sähe und man nicht von einem konventionellen Angriff auf das Bündnisgebiet ausgehen müsse (s. auch Marsh und Dobson 2013, 156 f.). Man erwarte aber gleichzeitig „Gegenseitigkeit“ (NATO 2012, 29) von Russland. Zentraler werden aber eindeutig die Gefahren durch WMD-Proliferation und von Raketensystemen beurteilt. Deshalb hat die NATO im Zuge des amerikanischen Austritts aus dem ABM-Vertrag seit 2005 begonnen, sowohl Abwehrsysteme gegen SRBMs und MRBMs für Truppen in Operationsgebieten zu entwickeln als auch in den Jahren danach ABM-Systeme gegen ballistische Raketen aus Nordkorea, Syrien oder dem Iran in den Fokus zu rücken. Dabei wurden neue Stellungen für ABM-Systeme außerhalb der USA in Polen und Tschechien geplant, die Russland ein Dorn im Auge waren. Trotz massiver russischer Widerstände setzte Obama die ABM-Entwicklung fort, weil Raketentechnologie im Iran und Nordkorea fortentwickelt wurde (Frühling und Sinjen 2010; Weitz 2010, 103 ff.). Ab dem Lissaboner Gipfel von 2010 wurde ABM eine offizielle NATO-Politik, die eine gewisse Abkehr von der Abschreckungsdoktrin des Kalten Kriegs markiert (Flockhart 2011, 18f.; NATO 2023f). Trotz der Intensivierung der ABM-Maßnahmen stand im Zentrum des 2010er Konzepts aber ohne große Überraschung der internationale Terrorismus (NATO 2012, 11). Er erschien als die primäre Gefahr für die Allianz und wird in Verbindung mit der Proliferation von Massenvernichtungswaffen als höchstgefährlich angesehen. Gleichzeitig stellt das Strategische Konzept die wachsende Bedrohung durch Cyberangriffe und organisierte Kriminalität heraus, die es als zentrale Herausforderungen für die kommende Dekade ansieht.

Die Formulierungen bzgl. der nuklearen Bedrohung der NATO haben sich im Vergleich zum 1999er Konzept kaum verändert. Die Gefahr eines nuklearen Angriffs wurde nach wie vor als extrem niedrig angesehen, während umgekehrt die Beibehaltung eines nuklearen Abschreckungspotentials durch die Nuklearkapazitäten der USA, Großbritanniens und Frankreichs als wichtig beurteilt wurde. Das Bündnis müsse „einen angemessenen Mix aus nuklearen und konventionellen Kräften erhalten" (NATO 2012, 15), der sowohl für Art. 5-Missionen als auch Krisenmanagement einsetzbar ist. Mit der Erwähnung der notwendigen Generierung von Fähigkeiten für eine große und mehrere kleinere Operationen wird die Zentralität des Afghanistaneinsatzes für die Strategiebildung der Allianz unterstrichen (sie geht immerhin davon aus, dass ein solcher, *großer Einsatz* immer wieder vorkommen kann). Hier werden also unterschiedliche Fraktionen des Bündnisses zusammengebracht – die Staaten, die eher kollektive Verteidigungsaufgaben betonen und die die Rolle der NATO eher in der eines globalen Sicherheitsanbieters sehen (Marsh und Dobson 2013, 157, 169). Das Strategische Konzept enthält bzgl. der Verteidigung gegen ballistische Raketen auch ein Angebot an Russland zur Zusammenarbeit und zur Verbindung der in der Entwicklung begriffenen russischen und der alliierten Systeme, um deutlich zu machen, dass die NATO-Abwehrpläne nicht gegen das russische Nuklearpotential gerichtet seien (was die strategische Balance und Zweitschlagsfähigkeit stören würde). Wegen unterschiedlichen Vorstellungen zur Art der Kooperation konnte dieses Ziel aber nicht erreicht werden (Frühling und Sinjen 2010; Weitz 2010). Präsident Medwedew stellte daher die weitere Entspannung der Ost-West-Beziehungen infrage, zumal viele der Basen und technischen Einrichtungen des NATO-Raketenschilds aufgrund ihrer Lage in Ostpolen und der Türkei tief in russisches Territorium spähen können. Die ehemaligen Gegner waren also auch 20 Jahre nach Ende des Kalten Kriegs nicht in der Lage, gegenseitiges Misstrauen zu überwinden. Moskaus Vorstellungen zu einer pan-europäischen Sicherheitslösung stellten ein konstitutives Problem für die Atlantische Allianz dar, weil die USA an einer solchen Lösung per definitionem geografisch nicht teilhaben würden (Ratti 2013, 267 f.). Die beiden Sicherheitsagenden und das russische Einflusssphärendenken blieben unvereinbar. Luca Ratti kontrastiert in seiner Analyse das Vorherrschen neorealistischer Logiken der Machtbalance mit unerfüllten Hoffnungen auf eine Liberalisierung und Demokratisierung Russlands (s. auch Hill 2018, 139 ff., 247 ff.). Russland verbleibt mit seinen Interessen und Problemen weiterhin außerhalb der transatlantischen Sicherheitsgemeinschaft, will diese Gemeinschaft aber selbst aktiv spalten. Dieser Doppelbefund erschwert weitergehende Annäherung und Kooperation massiv.

Trotz dieser nicht ganz einfachen Situation mit Russland sahen die Alliierten ihren Aufgabenschwerpunkt um das Jahr 2010 herum aufgrund einer zunehmend instabilen Weltlage und der akuten Gefahr durch den internationalen Terrorismus weiterhin im Krisenmanagement. Das Strategische Konzept spricht zur Bewältigung dieser Probleme dabei genauso wie Dokumente anderer Staaten oder Organisationen von der Verfolgung eines *comprehensive approach*, also von einem Konzept, das zivile, militärische und politische Probleme gesamtheitlich angeht und präventive, interventionistische und post-Konflikt-Wiederaufbaustrategien bereithält (NATO 2012, 19 f.; Petersen et al. 2010; allgemein Major und Mölling 2009). Mit Blick auf die Gefahr des Terrorismus wird in diesem Zusammenhang auch von Aufstandsbewältigungsstrategien (*counterinsurgency*) gesprochen, die zentraler Teil militärischen Handelns im Irak und in Afghanistan waren/sind. Im Gesamtbild erscheint das 2010er Strategische Konzept nicht als ein großer neuer Wurf, sondern passte die strategische Ausrichtung des Bündnisses an die realen Gegebenheiten an (Flockhart 2011, 13). Das Konzept sei, so Marsh und Dobson (2013, 165 ff.), weniger Strategie und mehr öffentliche Diplomatie, um das Handeln und die Existenz der Allianz nach innen und außen zu legitimieren. Es legt zwar strategische Leitlinien fest, ist aber keine detaillierte militärische Anweisung, wie es die Konzepte während des Kalten Kriegs waren (vor allem in ihren geheimen Teilen). Aspekte der Territorialverteidigung werden diskutiert, aber Verteidigung wird eher funktional gedacht und nicht geografisch-regional auf das NATO-Territorium bezogen (Pouliot 2016, 115; Ringsmose und Rynning 2011). In dieser funktionalen

Perspektive auf Sicherheit steht daher auch die Kooperation mit Partnern im EAPC oder PfP im Vordergrund (Kaim 2016, 11).

Das 2010er Konzept legt Zeugnis davon ab, dass die NATO zwar ein Bündnis vieler Staaten mit unterschiedlichen sicherheitspolitischen Interessen und Prioritäten für die Allianz ist, sich die im Jahr 2010 28 Mitglieder aber trotzdem auf ein neues Konzept einigen konnten, das diese Interessen verbindet (Flockhart 2011, 15) – wenngleich mit den üblichen Problemen der NATO, für die übergeordneten Ziele auch ausreichend Mittel bereitzustellen. Es muss ebenfalls festgestellt werden, dass die Beziehungen mit Russland wieder problematischer gesehen werden, und dies trotz der erfolgreich zu Ende gebrachten New START-Verhandlungen unter Medwedew und Obama, die die Nukleararsenale Russlands und der USA um weitere 30 % im Vergleich zum letzten Abkommen (2002) verkleinern sollten (Freeman 2023; Hill 2018, 286 ff.). Schließlich zeigte das Konzept, dass die Afghanistanmission immer noch die prägende Größe im Handeln und strategischen Denken des Bündnisses war. Die Dauer und Komplexität des Einsatzes banden viel politische Energie (intensiv bis zum Chicagoer Gipfel im Jahr 2012), hielten die Alliierten aber auch mit einem gemeinsamen Ziel zusammen. Es ist sicherlich nicht falsch zu behaupten, dass 9/11 eine Kette von Transformationsereignissen in der NATO auslöste, die in ihrer Bedeutung der Neuausrichtung der Allianz auf kollektive Sicherheitsaufgaben in Europa nach dem Ende des Kalten Kriegs in nichts nachstand (Hallams et al. 2013). Wo die einen die NATO als globales Werkzeug ansahen (USA) und eine Refokussierung ihrer Aufmerksamkeit auf Asien vornahmen, verstanden andere Alliierte das Bündnis als primär europäische Sicherheitsinstitution (z. B. Belgien, Deutschland, Frankreich), während die mittel- und osteuropäischen Staaten vor allem den althergebrachten kollektiven Verteidigungsgedanken des Bündnisses gegenüber Russland hochhielten. Der Einmarsch Russlands auf der Krim sollte diese Lager annähern.

4.4 Die russische Kriminvasion 2014: von kooperativer Sicherheit zurück zu kollektiver Verteidigung?

Am 27. Februar 2014 besetzten russische Truppen ohne Kennzeichnung und Rangabzeichen, die daher in die Geschichte etwas verharmlosend als *grüne Männchen* eingegangen sind, strategisch wichtige Einrichtungen wie das Regionalparlament und die Regionalregierung auf der ukrainischen

Halbinsel Krim. Der Invasion war eine Entscheidung des Russland-nahen ukrainischen Präsidenten Viktor Janukowitsch vorausgegangen, der sich gegen die Unterzeichnung eines mit der EU ausgehandelten Assoziationsabkommens aussprach, das die Ukraine wirtschaftlich, handelstechnisch und politisch an die EU annähern sollte.

Nach blutigen Unruhen in Kyiv (der s. g. *Euromaidan*) wegen dieser von weiten Teilen der Bevölkerung als anti-europäisch aufgefassten Entscheidung flüchtete Janukowitsch im Februar 2014 im Rahmen einer internationalen Konfliktlösung nach Russland und wurde vom Parlament danach abgesetzt. Das Abkommen wurde danach von der neuen Regierung unterzeichnet. Die NATO führt eine enge Sicherheitskooperation mit der Ukraine (EAPC, PfP), aber aufgrund des 2008er Vetos vieler Bündnispartner bestand keine Beitrittsperspektive mehr. Trotzdem war Russland die Kooperation ein Dorn im Auge (Wolff 2017). Mit diesem EU-Ukraine-Abkommen sah Russland das Fass der Annäherung des Westens an seine Interessen und definierte post-sowjetische Einflusssphäre, das durch EU- und NATO-Osterweiterungen oder ABM-Auseinandersetzungen aus russischer Sicht bereits randvoll war, zum Überlaufen gebracht (Hill 2018, 247 ff., 343 ff.).[71] Seit 2012 hatten sich zudem russisch-ukrainische Differenzen bezüglich ukrainischer Sprachengesetze und des Westkurses des Landes aufgebaut, die im Assoziierungsabkommen kulminierten und in der Invasion der Krim mündeten. In den auf den 27. Februar folgenden Tagen übernahmen die russischen Truppen die Halbinsel. Am 16. März fand ein nach ukrainischem und internationalem Recht illegales Referendum statt, in dem die mehrheitlich russischstämmige Bevölkerung einen Anschluss an die Russische Föderation befürwortete – die Option des Erhalts des Status quo als autonome Republik innerhalb der Ukraine stand nicht auf den Stimmzetteln. Die Ergebnisse des Referendums werden allgemein angezweifelt, da sich 95 % für den Anschluss an Russland aussprachen, die russischstämmige Bevölkerung aber nur 63 % der Krimeinwohner ausmacht. Am 18. März wurde die Krim nach der seit 1954 erneut andauernden Unterbrechung wieder ein Teil Russlands. Russland unterstützte ebenfalls russischstämmige Separatist*innen im ostukrainischen Donbassgebiet – ein Krieg, der bereits vor 2022 mehr als 10.000 Opfer forderte. Parallel führte Russland – und führt bis heute – weitere Elemente asymmetrischer, *hybrider Kriegsführung* (Hoffman

71 Es gab zudem klare Hinweise, dass die USA am Umsturz von Janukowitsch in der einen oder anderen Weise beteiligt waren (Mearsheimer 2014, 80 f.).

2007), z. B. in Form von Desinformationskampagnen, durch, die die Ukraine destabilisieren und auch auf westliche Staaten gerichtet sind (Fryc 2016, 46 f., s. u. 4.5). Putin räumte Ende 2014 die Zugehörigkeit der grünen Männchen zur russischen Armee ein und beendete damit die Ungewissheit, die keine war (bpb 2024; Umland 2024).

4.4.1 Folgen der Kriminvasion für die NATO

Durch die Invasion und Annexion der Krim veränderte Russland das erste Mal seit dem Ende des Kalten Kriegs Grenzen in Europa mit Waffengewalt, als es seine zentralen Sicherheits- und geopolitischen Interessen verletzt sah. Das Vorgehen Russlands wurde weltweit verurteilt und als illegal angesehen. Russland steht seitdem unter einem wirtschaftlichen, finanziellen und auf konkrete Amtsträger bezogenen Sanktionsregime der EU, der USA und weiterer Verbündeter, das den Handel zwischen den Beteiligten einschränkt (Umland 2024; s. ebenfalls Department of the Treasury o. J., Rat der Europäischen Union 2024 a,b). Nach dem versehentlichen Abschuss der malaysischen Passagiermaschine MH17 durch russische Raketen, bei dem beinahe 300 Menschen ums Leben kamen, wurden diese Sanktionen noch einmal verschärft (Hill 2018, 352 f.), genauso im Zuge des seit 2022 tobenden Krieges in der gesamten Ukraine (s. folgender Abschnitt). Der seit 1997/2002 bestehende NATO-Russland-Rat und alle weiteren Kooperationsformate wurden ausgesetzt, sodass unterhalb der Botschafterebene keinerlei Koordination mehr über Fragen wie Raketenabwehr, Afghanistan oder Anti-Terror-Maßnahmen stattfand (Hardt 2018, 105). Erst seit 2016 fanden wieder vereinzelt Treffen des NRC mit einer begrenzten politischen Agenda statt, aber weitere zivile und militärische Kooperationsinitiativen bleiben ausgesetzt (NATO 2024o, p). Die Beziehungen in der OSZE verkomplizierten sich ebenfalls (Simonet 2018, 294 f.).

Für die NATO bedeutete die Ukrainekrise eine grundsätzliche Veränderung der Sicherheitslage (Moore und Coletta 2017b; Sakkov 2019). Man hatte seit 1989 vor allem auf Kooperation mit Russland gesetzt – die gleichwie von Russland als unzureichend gesehen wurde (Ratti 2013, 266 ff.) – und die Notwendigkeit konventioneller Verteidigung als gering eingestuft. Nun fühlten sich vor allem die östlichsten Mitgliedstaaten des Bündnisses – allen voran das Baltikum – unmittelbar bedroht. Eines der Hauptargumente Russlands zur Intervention in der Ukraine war in Anlehnung an die internationale Norm der Schutzverantwortung (*Responsibility to Protect*, R2P;

s. Exkurs Kap. 5) der Schutz der russischstämmigen Bevölkerung auf der Krim (Kurowska 2014; Ziegler 2016). Da die baltischen Staaten zahlenmäßig teils bedeutende russische Minderheiten in ihrer Bevölkerung haben (in Estland und Lettland um die 25 %), sahen sie in dieser russischen Politik eine gefährliche Doktrin, die prinzipiell auch auf sie angewandt werden könnte, sollte Russland weitere revisionistische Absichten hegen (Hardt 2018, 104ff.; Hill 2018, 363). Russlands Eingreifen im syrischen Bürgerkrieg zugunsten von Präsident Bashar al-Assad ab September 2015, seine aktive Unterstützung systemkritischer Kräfte und Parteien in westlichen Staaten sowie seine Aktionen zur Beeinflussung von Wahlen, öffentlicher Meinung und von Social Media bestärkten die Einschätzung, dass Russland zunehmend gegen eine als Vorherrschaft empfundene westliche Politik der USA und seiner Alliierten vorgeht, seine eigene Machtposition verbessern und ein alternatives Politikmodell bewerben möchte (Burai 2016; Hill 2018, Kap. 8, 9; Ratti 2013, 268f.; Mearsheimer 2014). Zwar konnte man davon ausgehen, dass Russland in seinem strategischen Kalkül einen Unterschied zwischen einem Angriff auf einen bündnisfreien und einen Mitgliedstaat der NATO machen würde (Deni 2017, 32; s. auch Saakashvili 2019). Dies ändert aber nichts daran, dass sich die neue sicherheitspolitische Situation in Europa seit der Invasion der Krim und der völkerrechtswidrigen Angliederung derselben im März 2014 unsicherer entwickelte. Michael O'Hanlon beobachtet daher treffend:

> „It is, of course, hard to imagine that Russia would threaten the Baltics (or Poland) even in the absence of such a deployment. Then again, few expected any of what happened this year in Ukraine. Further Russian aggression is far from a foregone conclusion, and NATO and others should continue to try to deter it by signaling a willingness to tighten the economic screws. If it happens, though, it would be a radical provocation that would force NATO to start thinking in ways it had not before." (O'Hanlon 2014)

Die Frage der Notwendigkeit erneuter kollektiver Verteidigungsanstrengungen und einer neuen NATO-Strategie gegenüber Russland lag somit seit 2014 wieder auf dem Tisch. Man hatte seit dem Ende des Kalten Kriegs versucht, auf vielen Ebenen mit Russland zusammenzuarbeiten, aber gleichzeitig nicht auf zentrale Politiken verzichtet, die die Allianz durchsetzen wollte, wie z. B. die Osterweiterung oder ABM. Mit dem Assoziierungsabkommen mit der EU war für Russland der Rubikon zwischen kooperativen und konfrontativen Beziehungen endgültig überschritten. Während große Teile der NATO die Osterweiterung als einfache Ausweitung der liberalen Friedenszone auffassten (s. auch Hardt 2018, 114 ff.), sah sich Russland durch diese Erweiterung bedroht und in der Ukraine letztlich zum Handeln *gezwungen*, um gegen eine unvorteilhafte Machtbalance anzugehen (Mearsheimer 2014).

Auf ihrem Gipfel in Wales Anfang September 2014 verurteilten die Alliierten einhellig die Aggression Russlands in der Ukraine und bekräftigten die Bedeutung der transatlantischen Beziehungen in einer Sprache, die an die liberal-demokratische Emphase der unmittelbaren post-Kalte Kriegs-Zeit anschloss (Hill 2018, 364). Sie beschlossen des Weiteren eine Reihe von Maßnahmen zur Stärkung der Verteidigungsfähigkeit des Bündnisses:

- das bereits in Kapitel 2.5 vorgestellte Ziel für 2024 in allen Mitgliedsstaaten 2 % der nationalen BIPs für Verteidigung auszugeben und somit die fallende Tendenz in vielen Staaten, inklusive bis 2018 den USA (NATO 2024k), zu beenden;
- erhöhte Einsatzbereitschaft der Streitkräfte, darunter der NRF;
- Schaffung einer 5.000 Landstreitkräfte und mit Luft-, See- Spezial- und Unterstützungseinheiten insgesamt 20.000 Soldat*innen starken *Very High Readiness Joint Task Force* (VJTF), die innerhalb weniger Tage an die NATO-Peripherie verlegt werden kann und somit ca. 50 % der gesamten NRF darstellt (Deni 2017, 30; NATO 2023i);
- Präpositionierung von so genannten *force enablers* (Vorbereitung von Kommandozentren, Material, Logistik et al. für weitere Truppen);
- verstärktes Üben kollektiver Verteidigungsszenarien;
- nicht-offensive und politische Unterstützungsmaßnahmen für die Ukraine, inklusive der Bereitstellung defensiver militärischer Güter, Training und Übungsteilnahme;
- „continuous air, land, and maritime presence and meaningful military activity in the eastern part of the Alliance, both on a rotational basis." (NATO 2014, Art.7-14).

Mit diesen Maßnahmen beschloss die NATO also sowohl langfristige Veränderungen in der Verteidigungsplanung (2 %-Ziel) für alle drei Aufgabenbereiche des 2010er Strategischen Konzepts (Territorialverteidigung, Krisenmanagement, kooperative Sicherheit) als auch konkrete und kurzfristige Maßnahmen als direkte Antwort auf das russische Verhalten. Die Wales-Initiativen stellen somit einen graduellen Wandel von einer „deterrence by reputation", eines im Wesentlichen politischen Akts des Beistandsversprechens, zu einer „deterrence by preparedness" (Leuprecht und Derow 2019, 19 ff.; Fryc 2016, 49 ff.) bzw. „deterrence by punishment" (Bestrafung) dar

(Deni 2024). Neben dem Aufbau der schnell aktivierbaren VJTF setzte dabei insbesondere der Beschluss des Warschauer Gipfels von 2016 zur verstärkten Präsenz von Land-, Luft- und Seestreitkräften in Estland, Lettland, Litauen und Polen (*enhanced Forward Presence*, eFP) ab 2017 ein Zeichen: Diese Präsenz wurde stark erhöht und besteht aus Truppen in Bataillonsgröße (ca. 1.000 Soldat*innen), so genannte *Battlegroups*, in jedem der vier Staaten sowie verstärkten Patrouillen in der Ostsee (Deni 2017, 29 f.). Durch das Rotationsprinzip wird eine Einbindung vieler Alliierter erreicht, während diplomatisch die Zusage an Russland der nicht-ständigen Präsenz von Truppen in den neuen Mitgliedstaaten aufrechterhalten wird, wie in der NATO-Russland-Grundakte 1997 beschlossen (Rynning 2024, 68 ff.). Das Kommando der eFP-Truppen durch Mitgliedstaaten und nicht die NATO selbst sollte zudem ein deeskalierendes Zeichen an Russland senden (Leuprecht und Derow 2019, 23 f.).[72] Trotzdem wurde neben der schon vorher bestehenden Präsenz der Alliierten im Baltikum in der Luftraumverteidigung, die nach 2014 vervierfacht wurde (von 4 auf 16 Maschinen), nun ein deutlicher *Stolperdraht* aus Bündnissoldat*innen – inkl. US-amerikanischer und kanadischer Truppen – an Land gezogen, der den Einsatz kriegerischer Gewaltmittel durch Russland abschrecken soll (Deni 2017, 29; Leuprecht und Derow 2019, 21; O'Hanlon 2014). Trump veränderte an dieser Politik am Ende nichts und die USA führen im Rahmen der EDI eine der multinationalen *Battlegroups*, die in Polen stationiert ist (Koschut 2020, 308). Deutschland ging diesen Weg als Battlegroup-Führungsnation mit und verband – ganz im Sinne der Ostpolitik – eine klare Verurteilung des russischen Vorgehens in der Ukraine mit einer vorsichtigen Rhetorik und einer Position, die Kontakte zu Russland für diplomatische Zwecke beibehalten wollte. Mit Blick auf den heute auf die gesamte Ukraine ausgeweiteten Krieg Russlands wurden allerdings viele Stimmen laut, die Deutschland zu viel Zurückhaltung und Gutgläubigkeit gegenüber Russland attestieren (dazu im folgenden Abschnitt mehr; s. auch

---

72 Es gab damals vier Führungsnationen (*framework nations*), die die rotierenden multinationalen Kräfte leiteten und dies auch heute noch tun: Deutschland, Großbritannien, Kanada und die USA.
Bilaterale Absprachen zwischen Polen und den USA sahen im Juni 2020 die Stationierung weiterer 2.000 US-amerikanischer Soldat*innen in Polen vor, die zur US-amerikanischen EDI/ alliierten eFP beitragen und gleichzeitig die bilateralen Beziehungen stärken sollen. Wie die EDI-/eFP-Truppen sollen auch diese in Neun-Monats-Rhythmen permanent durch Polen rotieren (Feickert et al. 2020). 2025 rotieren ca. 10.000 US-Soldat*innen nach Polen.

Schake 2024, 94). Die NATO ging somit aber zunächst einen Mittelweg aus Abschreckung und wirtschaftlich-finanziellen Sanktionen bei Vermeidung offener militärischer Konfrontation (Fryc 2016, 49 ff.; Lindbo Larsen 2014, 15 ff., 38 f.). „Trotzdem erscheint Wales als ein tektonischer Wandel in der Orientierung und den grundlegenden Politiken der Allianz", (Hill 2018, 365) die sich trotz der Beibehaltung von Krisenmanagementaufgaben wieder auf ihren Ursprungsauftrag, die Verteidigung des Bündnisgebiets, besann – „der Traum der Integration Russlands in europäische Institutionen ist definitiv vergangen", so Hill weiter (ibid.).

Wie die Diskussion des NATO-Budgets in Kapitel 2.5 gezeigt hat, befanden sich die Verteidigungsetats fast aller Alliierten seit 2016 in einer aufsteigenden Kurve, um den neuen Anforderungen gerecht zu werden (Gressel 2019). Die USA stellten im Jahr 2018 im Rahmen ihrer so genannten *European Deterrence Initiative* (EDI[73]) $4,8 Mrd. mehr bereit, um die Abschreckungsfähigkeiten der NATO in Osteuropa zu stärken. Davon entfielen beinah $4 Mrd. auf die rotierende Truppenpräsenz in Osteuropa und Verstärkungen der eigenen Kräfte an anderen Standorten auf dem Kontinent (EUCOM 2017). 2019 wurden bereits $6,5 Mrd. bereitgestellt (Sakkov 2019, 53). Unter Solidaritätsgesichtspunkten ist es jedoch problematisch, dass viele Alliierte bilaterale Absprachen mit den USA oder den eFP-framework nations bevorzugen. Exemplarisch dafür stand das Bemühen Polens, in einem *Fort Trump* eine permanente US-Präsenz auf polnischem Territorium unabhängig von der NATO zu errichten (ibid.; Feickert et al. 2020). Trotzdem erhöhen die bi- und minilateralen eFP-Absprachen mittel- bis langfristig die Interoperabilität der Streitkräfte der beteiligten Staaten und erhalten eine Kooperations- und Solidaritätskultur im Bündnis. Das dies trotz nicht immer gleicher Gefahreneinschätzungen bezüglich Russlands gelang, schlägt bei der NATO positiv zu Buche (Feickert et al. 2020, 2; Leuprecht und Derow 2019, 22 ff.). Mit der Steigerung weiterer Fähigkeiten sowie einem verstärkten Übungsgeschehen – 2018 trainierten ca. 50.000 Soldat*innen aus NATO und Partnernationen in der Übung *Trident Juncture* in Norwegen verschiedene Szenarien mit Bezug zur Territorialverteidigung (NATO 2018c) – stand die Allianz aber bereits im Jahr 2020 kapazitär besser da als 2014.

Die NATO (und andere Staaten) müssen sich außerdem zunehmend mit Formen des *cyber warfare* und der *hybriden Kriegsführung* auseinandersetzen. Hybride Kriegsführung bezeichnet die Verbindung regulärer (militärischer)

73 Unter Obama hieß das Programm zunächst *European Reassurance Initiative* (ERI).

mit irregulären Kriegs- und Gewaltformen, z. B. Partisanen- oder Terrortaktiken, Desinformation durch gesteuerte Medienkampagnen, Cyberangriffe[74] oder ganz allgemein die Einmischung in die inneren Angelegenheiten anderer Staaten, die alle zusammen dem erwünschten strategischen Ziel dienen und synchron auf den Gegner einwirken, ohne auf ein klar begrenztes physisches Kampfgebiet beschränkt zu sein (Hoffman 2007, 23f.; Rühle 2024). Eine Vielzahl dieser Methoden, die traditionellerweise nicht unter die Definition von militärischem Krieg mit einer klaren Trennung von Kombattant*innen und Nichtkombattant*innen fallen, werden heute von Russland angewendet, um Staaten zu beeinflussen oder zu destabilisieren, teils unter vollständigem Verzicht des Einsatzes von physischer Gewalt. Das Neue an hybrider Kriegsführung liegt hier in der gezielten, strategischen Kombination all dieser Elemente (Hoffman 2007, 29ff., 35ff.; Reisinger und Golts 2014, 2f.). Zu den Methoden von hybrid warfare zählen prominent die Nutzung von Cyberattacken auf Computersysteme, die Verbreitung von Falschinformationen (*fake news*) in sozialen Medien, der Betrieb propagandistischer Sender und Plattformen wie *Russia Today* und *Sputnik News*, die Ausnutzung und Förderung lokaler/regionaler Separatist*innen sowie hier die Nutzung von Spezialkräften ohne Rangabzeichen zur Eroberung der Krim (Fryc 2016, 46f.; Hill 2018, 377f.; Rynning 2015, 543f.). Letztlich stellt sich dabei die Frage, wann eine Cyberattacke auf Systeme der Mitgliedstaaten als Angriff zählt, der unter Umständen unter die Beistandsklausel des Nordatlantikvertrags fällt und/oder die Erlaubnis zur individuellen und kollektiven Selbstverteidigung und zum Gebrauch von Gewalt durch die UN-Charta auslöst, Seit dem Wales-Gipfel 2014 sieht die NATO Cyberattacken großen Ausmaßes als Art. 5-Auslöser an (Burton 2023, 268ff.). Das Bemühen von „humanitären Narrativen“ (Reisinger und Golts 2014, 6), Desinformation, Verleugnung und rechtlichen Argumenten erschwert diese Abwägung zusätzlich (ibid., 5ff.). Aktuelle Untersuchungen für einige Länder zeigen, dass durch die Medienkampagnen zwar bisher kaum grundsätzliche Einstellungen über Außenpolitik verändert wurden, Putin aber als Leitfigur von (populistischen) Anti-System-Parteien Einfluss genießt, was Auswirkungen auf die öffentliche Meinung hat (Fisher 2021).

Vor dem Hintergrund der zunehmenden Virulenz dieser Art der Kriegsführung hat sich die Atlantische Allianz entschlossen, ihre Kapazitäten zur Bekämpfung von Cyberattacken massiv auszuweiten, um der Asymmetrie

74 Für viele Cyberangriffe werden staatliche sanktionierte Akteure aus Russland, China, dem Iran oder Nordkorea verantwortlich gemacht (z. B. Bundesamt für Verfassungsschutz o. J.).

der Bedrohung, die nicht (nur) auf militärischen Kräften beruht, besser begegnen zu können. Dazu besteht bereits heute ein sogenanntes *Cooperative Cyber Defence Centre of Excellence* in der estnischen Hauptstadt Tallinn, wo Mitglieder der nationalen NATO-Armeen und aus Partnerländern zu Cyberkrieg forschen und Trainingsprogramme durchlaufen. Seit 2017 war in SHAPE zudem ein Cyberkommando (*Cyberspace Operations Centre*) im Aufbau, das im Jahr 2023 seine Einsatzbereitschaft erreichte und die Aktivitäten der Allianz im Cyberbereich koordiniert, seien sie reaktiv-analytisch, im Rahmen von Militärmissionen oder offensiver Natur (Burton 2023; Emmott 2018; NATO ACO o. J.-f; Rühle 2024).

Es stellt sich trotz dieser Verbesserungen der Verteidigungsfähigkeit aber immer noch die Frage, ob die NATO in der Lage wäre, eine massive russische Aktion im östlichen Bündnisgebiet mit Blick auf die deutliche russische konventionelle Überlegenheit (damals 4.000 alliierte Soldat*innen gegen deutlich mehr russische Truppen) und seine direkten Landgrenzen mit Bündnisstaaten abzuwehren. Zwar gebe es seit 2014 einen Abschreckungseffekt gegenüber Russland, so John Deni (2017, 31 ff.), aber die Stärke und Struktur der alliierten Truppen seien nicht für eine Rückeroberung z. B. des Baltikums geeignet, da sie nicht schnell genug verlegbar seien und heute im Gegensatz zum Kalten Krieg größtenteils aufwändig aus Übersee nach Europa verlegt werden müssten. Außerdem bestehe bei schnellen russischen Aktionen die Gefahr, dass jede Gegenreaktion der Allianz, die aufgrund ihrer notwendigen Stärke und der Überwindung von Distanz nur langfristig aufgebaut werden könnte, die Wahrscheinlichkeit des Einsatzes von Nuklearwaffen durch Russland erhöhen könnte. Manche Alliierte könnten sich daher fragen, ob die Rückeroberung des Baltikums dies wert sei. De Gaulles alte Frage nach dem Willen zum Tausch von Lyon gegen Chicago (Pedlow 1997, XXI) stellt sich daher auch für Tallinn, Riga oder Vilnius – zumal unter einem Präsidenten Trump, der sich dem gewachsenen Wertegerüst der Allianz und seinem Solidaritätsgedanken nicht wie vergangene US-Präsidenten verpflichtet fühlte. Gressel (2019) steht dem Abschreckungseffekt im Osten daher kritisch gegenüber und spricht eher von „reassurance“ als von „deterrence“ (zur späteren Entwicklung s. Kap. 4.5.3.; s. auch Rynning 2024, 69 f.) Die labile Positionierung Donald Trumps zur NATO (s. folgender Abschnitt) trug zudem negativ zur Abschreckungspolitik bei. Die offene Debatte über militärischen Beistand ist in einer Allianz, deren Beistandsversprechen im Wesentlichen auf gegenseitigem Vertrauen basiert, bereits problematisch. Die Unterminierung von alliierter Solidarität ist u. U. noch ein größeres

Problem, wenn Russland weiter auf seine Strategie der nicht-militärischen Einmischung in demokratische Prozesse in den NATO-Mitgliedstaaten setzt, die langfristig an der Widerstandskraft und dem Zusammenhalt der Gemeinschaft nagen können (Deni 2017, 31 ff.).

Ein weiteres Fragezeichen zur Stärkung der Allianz musste zwischen 2014 und 2022 mit Blick auf das 2 %-Ziel der Militärausgaben gesetzt werden. Obwohl alle NATO-Staaten ihre Verteidigungsausgaben erhöhten und sich zu den 2019 sieben dieses Ziel bereits erfüllenden Staaten[75] in den folgenden Jahren weitere dazugesellten, war es vor dem 2022er Krieg quasi ausgeschlossen, dass alle Alliierten 2024 die Waliser NATO-Marke erreichen – darunter auch große Staaten wie Deutschland, Kanada, Italien oder Spanien. In vielen Ländern Europas wurden und werden parteipolitisch/ ideologisch geprägte Debatten über die Notwendigkeit von Verteidigungsausgaben und militärischem Engagement geführt, die wohlfahrts-, wirtschafts- und sicherheitspolitische Ziele abwägen (Wagner et al. 2017). Diese Debatten haben sich seit dem 2022er Krieg noch einmal intensiviert (s. z. B. die Beiträge in Riemann und Löfflmann 2023). Zwar wurden weder die 2 % noch 2024 als präzise Ziele vorgegeben, aber die Zahlen ließen ein deutliches Verfehlen der Zielgrößen vermuten. Bei der zweiten Ausgabenrichtlinie – einem 20-prozentigen Anteil von Materialausgaben an den zwei Prozent des BIP – sah es zwar etwas besser aus (2019 erfüllten 16 Mitglieder dieses Kriterium, s. NATO 2024k), aber das Ungleichgewicht in der Lastenverteilung zu Ungunsten der USA, die 3,42 % ihres BIP und davon 44,6 % (2019, ibid.) für Material ausgaben, blieb unverändert bestehen. Wie bereits zu Beginn des Buches erläutert, war dieses Ungleichgewicht zwar von Vornherein in die Allianz eingebaut worden und war mit der Akzeptanz US-amerikanischer Führung und dem Willen zur Bildung eines gemeinsamen westlich-liberalen Blocks gegen die Sowjetunion verbunden. Spätestens seit Trump war es aber zunehmend schwierig, diese Argumentation beizubehalten.[76] Zwar können einige Alliierte – wie z. B. die sehr aktiven Staaten Dänemark, Norwegen oder Frankreich, teils auch Deutschland – vereinzelt argumentieren, dass sie operativ durchaus aktiv(er) seien als solche Staaten, die das 2 %-Ziel erreichen (Ringsmose 2016, 206 ff.; Kunertova 2017). Präsident Trump hatte

---

75 In Reihenfolge der Ausgaben: USA, Griechenland, Estland, Vereinigtes Königreich, Rumänien, Polen, Lettland (NATO 2024k).

76 Bereits im Jahr 2011 hielt Obamas scheidender Verteidigungsminister Robert Gates eine konstruktive, aber kritische Rede über diese Ungleichgewichte (Gates 2011).

aber Recht, als er diesen *capability gap* anprangerte – über das Wie kann man sich streiten. Es ist für eine Allianz wie die NATO gefährlich, wenn sich die Partner nicht an vereinbarte Absprachen halten. Letztlich wird damit die wichtige Verhaltensnorm institutionalisierter Kooperation verletzt, dass Absprachen Folge zu leisten ist – *pacta sunt servanda* (s. auch Kamp 2019). Zwar hat das Bündnis auch zu Zeiten des Kalten Kriegs regelmäßige Rückfälle hinter die vereinbarten Messgrößen für Verteidigungsanstrengungen politisch überlebt – und dies trotz der sehr präsenten Gefahr durch die Sowjetunion! –, aber es ist fraglich, ob eine ähnliche Situation unter den politisch, sozial und kulturell deutlich heterogeneren Bedingungen der Allianz von heute (Bunde 2014) genauso positiv ausgehen würde.

Diese Probleme bzw. das Fehlen einer gemeinsamen Strategie brachten 2019 den französischen Präsidenten Emmanuel Macron dazu, die NATO als „hirntot“ zu bezeichnen (Macron 2019), wofür er scharf kritisiert wurde (Gottemoeller 2019). Wenngleich die Wortwahl provokant war, stellt sich die Frage nach einer gemeinsamen Sicht auf sicherheitspolitische Probleme trotzdem. Unstimmigkeiten entstanden auch mit der Türkei, die sich im Zuge der auf Unabhängigkeit und regionale Hegemonie ausgerichteten Außenpolitik von Präsident Erdogan und der Situation im Nahen Osten aus opportunistischen Gründen an Russland annäherte und politisch teils mit ihren Alliierten über Kreuz lag (und weiterhin liegt, s. später der Beitritt Finnlands und Schwedens), z. B. bezüglich der Rolle von kurdischen Kräften im Kampf gegen ISIS und Assad und die kurdische Situation allgemein (Hintz 2019; Seufert 2020). Diese politische Entfernung ging so weit, dass die Türkei sich für den Erwerb eines russischen Raketenabwehrsystems (S-400) anstelle eines US-amerikanischen entschied (İldem 2024, 267 f.). Die Alliierten fürchteten durch die Integration russischer Technologie (und Trainingspersonals) in die Bündnisverteidigung die Preisgabe militärischer Geheimnisse. Die USA schlossen die Türkei daraufhin aus dem F35-Jägerprogramm aus und drohten mit dem Verhängen von Sanktionen, was Trump ultimativ aber ablehnte (Der Spiegel 2019).[77]

77 Es gab zudem Meldungen, dass die türkische Marine die Durchsuchung eines Handelsschiffs, das es nach Libyen eskortierte, nach Waffen durch die NATO Sea Guardian-Mission unterband und dabei die französischen NATO-Schiffe mit ihrem Waffenradar mehrfach und lange anpeilte (Guibert und Stroobants 2020). Dieser Vorfall reihte sich somit in andere Schwierigkeiten mit der Türkei, z. B. im Bereich von Grenzstreitigkeiten mit Griechenland wegen Ölvorkommen, ein.

In Anbetracht der Tatsache, dass sich das Verhältnis zu Russland trotz der Wiederaufnahme von Gesprächen im NATO-Russland-Rat kaum verbesserte und das westliche Bündnis weiterhin über Kreuz mit der Strategie Putins im Nahen Osten, nuklearer Aufrüstung (s. 4.4.3), Cyberattacken oder NATO-Luftraumverletzungen durch patrouillierende Kampfjets lag, war bereits vor der vollumfänglichen Invasion der Ukraine nicht mit einer baldigen Veränderung der konfrontativen Beziehungen zu rechnen. Ein direkter Angriff Russlands war seit 2014 zwar unwahrscheinlich (und ist es noch heute, s. Rühle 2023). Mit Blick auf die Aufstellung der NATO im Osten nach der Kriminvasion 2014 lag im Falle eines Angriffs der strategische Vorteil aber bei Russland (Halas 2019) – mit der Konsequenz, die NATO bei einem schnellen Vormarsch z. B. im Baltikum unter Umständen vor einen *fait accompli* zu stellen. Das war ein Problem für die Allianz. Weitere taten sich zum einen durch die Person, Rhetorik und teils die Politiken von US-Präsident Donald Trump (2017-2021, 2025-2029) sowie durch eine Schwächung des nuklearen Rüstungskontrollregimes auf. Diese zwei Probleme werden in den jetzt folgenden Abschnitten diskutiert.

4.4.2 Die erste Trump-Präsidentschaft als ideelle, diplomatische und strategische Herausforderung für jüngere und ältere alliierte Probleme

Der unkonventionelle, auf selbst für US-amerikanische Verhältnisse ungeahnte Provokationen, Lügen und Halbwahrheiten setzende hyper-parteiische 2016er Wahlkampf Donald Trumps mit nationalistischen, rassistischen-, fremden- und frauenfeindlichen sowie protektionistischen und isolationistischen Tönen verschärfte die politische und gesellschaftliche Spaltung der USA, die während der Amtszeit Barack Obamas mit Bewegungen wie der konservativen *Tea Party* oder den Zweiflern an seiner Geburt in den USA und damit der Legitimität seiner Präsidentschaft an Fahrt aufgenommen hat (sehr diversifiziert Kleinfeld 2023). Mit dem absolutistischen Anspruch von *America first!* und dem Versprechen eines fundamentalen Wandels und Aufräumens mit der verkrusteten Washingtoner Elite („*Drain the swamp!*" – den politischen Washingtoner Sumpf trockenlegen, Arnsdorf et al. 2016) gewann Trump die Wahl knapp (ohne die Mehrheit der Stimmen, aber aufgrund des Wahlmännersystems), weil er eine neue Koalition aus im Wesentlichen weißen Wählern aus eher bildungsfernen Schichten schmieden konnte, von denen sich viele im globalisierten Wirtschafts-,

Gesellschafts- und Politiksystem als Verlierer sahen (Viola 2017, 334 f.). Ein Teil von Barack Obamas diverser *winning coalition* konnte sich zudem nicht mit der erfahreneren, aber elitär-abgehoben wirkenden und im Wahlkampf durch Leaks unterminierten demokratischen Kandidatin Hillary Clinton anfreunden, wechselte zu Trump (9 %), wählte andere Kandidat*innen oder blieb der Wahl fern (Sides et al. 2017, 40 f.). Die 2016er US-Präsidentschaftswahlen waren somit stark identitär aufgeladen – wozu in den USA zentral die Rassendiskussion und die Religionsfrage gehören – und ein Wettbewerb darum, welches Bild die Wähler*innen von den USA hatten und welche/r Kandidat*in dieses Bild am besten verkörperte (ibid.). So entstand eine Situation, in der ein US-Präsident auf einer (religiös-)konservativen, nationalistischen, anti-Einwanderungs- und protektionistischen Plattform ins Weiße Haus befördert wurde und der dies als ein Mandat verstand, *America first!* auch zum Preis der Konfrontation mit Alliierten und des Aufbrechens internationaler Gepflogenheiten und Institutionen umzusetzen.

Eine Grundüberzeugung Trumps ist, dass er die USA von Alliierten und Handelspartnern über den Tisch gezogen sieht (Herr 2020, 240 ff.). Diese Alliierten übervorteilten schwache Vereinigte Staaten. Daher gelte es zuerst, die USA zu stärken und ungleiche Verhältnisse abzubauen (Viola 2017, 332 ff.). Auf dieser Plattform gegen politische, militärische und wirtschaftliche Vorteilsnahme von außen geriet die NATO als von den USA maßgeblich finanzierte Organisation mit dem diskutierten Ungleichgewicht in den Verteidigungsausgaben bereits im Sommer 2016 ins Fadenkreuz Trumps (Kaufman 2017, 263 f.), ähnlich wie die EU, UN oder WTO. Es gibt kaum einen Politikbereich, in dem Donald Trump während des 2016er Wahlkampfes und seiner Präsidentschaft von 2017 bis 2021 nicht für Furore, Unruhe und Konflikte mit Partnern und Alliierten gesorgt hat, und dies seit des 2024er Wahlkampfes und dem Beginn seiner zweiten Amtszeit erneut tut. Trotz der zentralen Rolle der NATO für US-amerikanische Außenpolitik bildete die Allianz in dieser Trump'schen Strategie der rhetorischen Brüche und Provokationen keine Ausnahme. In einem Interview mit der Londoner *Times* und der *Bild*-Zeitung kurz vor der Amtseinführung im Januar 2017 bezeichnete Trump die Allianz als „obsolet" (Gove und Diekmann 2017), sprach von *dealmaking* mit Russland und beschwerte sich über die Ungerechtigkeit, die den USA widerführe:

> „the countries [NATO-Staaten, FO] aren't paying their fair share so we're supposed to protect countries but a lot of these countries aren't paying what

> they're supposed to be paying, which I think is very unfair to the United States. With that being said, Nato is very important to me." (Trump, zitiert nach Gove und Diekmann 2017)

Diese und ähnliche Äußerungen reduzieren die Atlantische Allianz auf eine Organisation, in der es Schutz gegen Geld gibt. Zwar lobte Trump die Fortschritte des Bündnisses in der Terrorismusbekämpfung (Gove and Diekmann 2017), stellte die Beziehungen aber auf eine rein *transaktionale* Basis, in der das seit 1945 gewachsene Wertefundament und die kulturellen und wirtschaftlichen Beziehungen keine Rolle mehr spielen (Friedrichs 2019; Koschut 2020, 313; Moore und Coletta 2017a, 4). Hieraus, so Thomas Wright (2019), erkläre sich Trumps relative Leichtigkeit im Umgang mit Autokraten wie Putin oder dem nordkoreanischem Staatschef Kim Jong-un, die er für ihre vermeintliche Stärke schätze, während Obama mit Schwäche gleichgesetzt würde (s. auch Goldberg 2018). Die Ambivalenz gegenüber der NATO traf also (und trifft auch 2024 weiterhin) auf eine freundliche Haltung gegenüber Putin, was sich in einer Minimierung der russischen Einmischung in den US-Präsidentschaftswahlkampf ausdrückte – bis hin zur direkten Aufforderung des Wahlkämpfers Trump an Russland und somit eine ausländische Macht, Hackerangriffe auf seine Konkurrentin Hillary Clinton durchzuführen (Adomeit 2017, 116 ff.; Roberts et al. 2016; Swaine 2018) – eine Premiere in US-Wahlkämpfen. Diese Positionierung von Trump war unter dem Gesichtspunkt des Vertrauens in das Bündnisversprechen zumindest problematisch und ließ die Alliierten an den politischen Prioritäten Washingtons zweifeln (Hill 2018, 380 f.; Moore und Coletta 2017a, 3 f.). Trumps Skeptizismus gegenüber dem Bündnis ging so weit, dass er sogar mit einem Austritt drohte (Atlantic Council 2018; Barnes und Cooper 2019). Reinhard Meier-Walser (2017, 32) erinnerte in diesem Zusammenhang, dass das Bündnisversprechen der NATO letztlich nur durch die US-Militärmacht glaubwürdig ist und solche Aussagen daher höchst problematisch waren.

Einmal im Amt schwächte sich die Rhetorik des US-Präsidenten im Tagesgeschäft ab. Dafür gab es verschiedene Gründe: Zum Ersten bestand ein mäßigender Einfluss republikanischer Kongressabgeordneter und einiger Mitglieder seiner Administration, wie Verteidigungsminister James Mattis, der als ehemaliger General und Kommandant des ACT keinen Zweifel am Wert der NATO für US-Außenpolitik zuließ (Hill 2018, 381; Viola 2017, 333). Vizepräsident Mike Pence machte auf der Münchner Sicherheitskonferenz ähnliche Aussagen, und auch im Kongress wurde mehrfach Unterstützung der Atlantischen Allianz deutlich (Herr 2020, 243; Kaufman 2017, 251 f.; Meier-Walser 2017, 29 f.). Zum Teil war Trumps rüder Stil daher Verhandlungsstrategie (Sperling und Webber 2019). Zum Zweiten ließ Russland weiterhin nicht von nuklearer Aufrüstung, der Ablehnung von Kooperationsangeboten der NATO, einer harten anti-westlichen Haltung in Syrien sowie seinem Einflusssphärendenken ab, sodass es als aggressiv wahrgenommen wurde und kaum ein Spielraum für die Lockerung von Sanktionen oder Annäherung bestand (s. folgender Abschnitt). Die Aufhebung von Zwangsmaßnahmen war zwar mehrfach Thema von Gesprächen zwischen beiden Seiten (ibid., 32 f.; Adomeit 2017, 124 ff.), der Kongress schub Trump hier allerdings einen Riegel vor (House of Representatives 2017). Schließlich setzten auch die Alliierten zunehmend ihre Zusagen vom 2014er Wales-Gipfel um und erhöhten ihre Verteidigungshaushalte, was sich Trump auf die Fahnen schrieb. Bereits im April 2017 hatte der neue US-Präsident zudem seine Aussage über die *obsolete Allianz* bei einem Gespräch mit NATO-Generalsekretär Jens Stoltenberg zurückgenommen (Janjevic 2017). Trotzdem befeuerte Trump die Vertrauensproblematik um den Beistandsartikel, indem er auf dem Brüsseler NATO-Gipfel im Mai 2017 kein Bekenntnis zu Art. 5 aussprach. Er holte dies erst Monate später während eines Besuchs in Polen und auf dem G20-Gipfel nach (Hill 2018, 381). Ein Jahr später, auf dem 2018er NATO-Gipfel in Brüssel, soll Trump nach eigener Darstellung (Atlantic Council 2018) mit dem Austritt aus dem Bündnis gedroht haben, wenn die Alliierten ihre Verteidigungsausgaben nicht weiter erhöhten. Damit war ein weiterer Tiefpunkt in den Beziehungen erreicht. Tobias Bunde, Politikwissenschaftler und langjähriger Mitarbeiter der Münchener Sicherheitskonferenz (MSC), bemerkte daraufhin, dass Trump „nicht die NATO verlassen braucht, um die Organisation zu zerstören" (zitiert nach Kauffmann 2018). Das Jahr 2018 brachte außerdem die Entlassungen vom gemäßigten Außenminister Rex Tillerson (März) und Verteidigungsminister Mattis (Dezember), die öfter von Trump abweichende, moderatere Positionen bezogen hatten (und so den Spitznamen der *adults in the room* bekamen). Mit CIA-Direktor Mike Pompeo und John Bolton kamen zwei *Falken* im State Department und als Nationaler Sicherheitsberater ins Team.[78] Zwar waren beide nie als prinzipielle NATO-Gegner aufgefallen, wurden aber aufgrund ihrer aggressiveren außenpolitischen Grundüberzeugungen als kompatibler zu Präsident Trumps Prioritäten angesehen. So hatten Anfang

78 Bolton hatte diese Position bereits unter Bush Jr. inne.

2018 die gemäßigten Akteure beinah vollständig das Umfeld Donald Trumps verlassen, sodass er seine außenpolitischen Ideen ungehinderter verfolgen konnte (Wright 2019).

Es sollte nicht außer Acht gelassen werden, dass sich Trumps Rhetorik und Politiken nicht auf die Atlantische Allianz beschränkten, sondern ebenfalls Japan oder Südkorea als Bündnispartner in Asien trafen und für Verunsicherung sorgten (Kaufman 2017, 263 f.). Hinter diesen und anderen Politiken – z. B. zum Rückzug aus dem Pariser Klimaabkommen, aus Syrien oder vom Iran-Atomabkommen – zeichnete sich unter Trump eine Strategie ab, die mit der seit spätestens 1941 tradierten Führungsrolle der USA in der Weltpolitik brach, in der die US-Amerikaner*innen zwar immer wieder unilateral und interessengeleitet gehandelt haben, aber auch einen internationalistischen Impetus hatten, der versuchte, die Interessen anderer mitzudenken und eine liberale Weltordnung aufzubauen und zu erhalten. Unter Trump herrschte eine tiefe Abneigung gegen institutionalisierte Kooperationsformen mit all ihrem diplomatischen, bürokratischen und finanziellen Ballast sowie sozialen Fragen der Freundschaft, Loyalität und Ideologie (Löfflmann 2024: 514 ff.). Durch die Präferenz von nicht-institutionalisierten Kooperationsformaten sowie einer Strategie der permanenten Destabilisierung verbessert sich auf kurze Sicht die Verhandlungsposition der USA (Goldberg 2018): In einem Bilateralismus mit dem Hegemon ist schließlich die Gefahr für den anderen Staat, *den Kürzeren zu ziehen*, größer als für die USA. Dies gilt nicht zuletzt für die Wirtschafts- und Handelspolitik, in denen Trump keine Konflikte scheut(e), um die negative US-Handelsbilanz zu verändern, die er als Übervorteilung auffasst(e).[79] Diese transaktionale Sichtweise internationaler Politik versetzte Trump nicht nur in dauernden Streit mit Alliierten, sondern bringt ihn autokratischen und illiberalen Staatslenkern näher, die solch direkten Kooperationsformen ohne Bedingungen und *liberalen Ballast* (Regeln, Institutionen ...) offener gegenüberstehen können, weil sie innenpolitisch freier sind (Bunde 2019, 19; Wright 2019).

79 In der Tat bestehen teils sehr unterschiedliche Hemmnisse bei Marktzugängen, vor allem in China und in Teilen auch im Handel mit der EU. Das Handelsbilanzdefizit der USA ist aber nicht monokausal auf Handelsbarrieren zurückzuführen.

Exkurs | Liberalismus und Illiberalismus

Wesentliche Definitionskriterien des *Liberalismus* sind Gleichheit (vor dem Gesetz) und die Garantie fundamentaler (Menschen-)Rechte, Individualität, Pluralismus, politische Partizipation und Rechtsstaatlichkeit, sei es im Nationalstaat oder in der Weltpolitik. Im wirtschaftlichen Bereich zählen Besitz, Marktprinzipien und eine offene Handelspolitik sowie im Sicherheitsbereich ein quasi-Gesetz der Friedfertigkeit unter liberalen Demokratien zu Wesensmerkmalen des Liberalismus (Doyle 1983a, b, 1986; (Lenz und Ruchlak 2001, 128 f.; Owen 1994; Navari 2013). *Illiberale* Akteure verstoßen in ihren politischen Programmen und ihrem Handeln latent bis offen gegen viele dieser Kriterien des Liberalismus, wenn sie Unterschiede zwischen dem Wert des Lebens eigener und anderer Staatsbürger*innen machen, kulturelle, politische oder soziale Diversität ablehnen, Politik für eine Bevölkerungsgruppe betreiben, sich gegen Freihandel positionieren, supranationale und multilaterale Institutionen ablehnen oder Rechtsstaatlichkeitsprinzipien selektiv anwenden (Laruelle 2021, 309). Unter liberalen Gesichtspunkten ist es auch problematisch, wenn demokratische Staaten gegen andere Staaten vorgehen, um ihnen die Demokratie aufzuzwingen (wie im Irak geschehen, s. Müller 2008) oder wenn sie die Achtung von Menschenrechten selektiv verweigern (wie teils in der Flüchtlingspolitik).

Während letztere Beobachtungen in der internationalen Politik nicht neu und seit jeher Teil der Diskussion über die Probleme globaler Institutionen und ihrer Politiken sind, so hat der illiberale Druck *von unten* in den letzten Jahren in der westlichen Welt und anderswo stark zugenommen, Qualität von Demokratie verringert/bedroht (z. B. das Prinzip der Gewaltenteilung) und zu Wahlsiegen illiberaler Politiker geführt, wie z. B. von Trump in den USA oder Viktor Orban in Ungarn (Moore und Coletta 2017a, 6), Duterte auf den Philippinen, Bolsonaro in Brasilien oder Modi in Indien (Plagemann und Destradi 2019). Im Fall der Außenpolitik Trumps, der die USA einerseits selektiv als Weltordnungsmacht zurückzog (Cohen 2019; Schake 2017; Diskussionen bei Daase und Kroll 2019; Lieber 2016; Posen 2014) und andererseits offensiv das Eigeninteresse auch gegenüber Alliierten durchsetzen wollte (Goldberg 2018; Wright 2019), sprachen Autor*innen wie der US-amerikanische

Politikwissenschaftler Barry Posen daher vom Aufkommen einer neuen „illiberalen Hegemonie“ (Posen 2018). Hiervon ist die NATO zentral betroffen.

Aufgrund der Sprunghaftigkeit des US-Präsidenten war es nicht leicht, eine kohärente außenpolitische Strategie auszumachen, nach der Trump oder seine erste Administration konsequent handelten. Trotzdem waren ab Ende 2018 stabilere Muster zu erkennen. Die oben genannten Merkmale des Transaktionalismus und Bilateralismus in Kooperationsfragen, der Missachtung oder des häufigen Desinteresses an Menschenrechtsfragen sowie der Tendenz zu unilateralem Handeln und einer rein nationalen Definition von US-amerikanischen Interessen ließen erkennen, dass Trump einem liberal-internationalistischen Programm eine Absage erteilte, wie es sein Vorgänger größtenteils verfolgt hat (Löfflmann 2014, 514ff.). Die Begründung dieser Tradition US-amerikanischer Außenpolitik wird meist Präsident Woodrow Wilson (1856-1924) zugeschrieben, der nach dem Ende des Ersten Weltkriegs die USA als nach außen gerichtete Macht aufbaute und mit dem Völkerbund, dem Vorgänger der UN, eine rechtsbasierte, liberale internationale Ordnung (LIO) unter US-Führung der Vereinigten Staaten schaffen wollte (*Wilsonianism*; s. auch Ikenberry 2018, 7, 11). *Hamiltonianer*[80] betonten in ihrem Internationalismus vor allem die wirtschaftlichen Aspekte von Liberalismus und Internationalismus (Mead 2002, 80ff.). Nach den von Walter Russell Mead – einem bedeutenden Chronisten und Theoretiker der US-amerikanischen Außenpolitik – entwickelten Idealtypen amerikanischer Außenpolitik ist Trump aber eher als *Jacksonianist*[81] zu verstehen. Jacksonianer gelten als innenpolitisch orientierte, konservative Unabhängigkeitsverfechter und Nationalisten mit einer populistischen außenpolitischen Grundhaltung, die auf Aspekten wie Stolz auf das Militär, Ehre und Mut aufbaut (ibid.). Innenpolitisch betonen sie zudem den traditionellen Freiheitsaspekt der US-amerikanischen politischen Ordnung und den von Weißen dominierten, frühen Nationalcharakter, den sie von inneren Feinden, Eliten und anderen Gruppen (z. B. Migrant*innen) bedroht sehen. Daher gelte es für die Bundesregierung vor allem, dieses traditionelle Amerika zu schützen und sich nicht in außenpolitischen Abenteuern zu

80 Alexander Hamilton (~ -1804), US-Gründervater, erster Finanzminister.
81 Andrew Jackson, *1767 †1845, 7. US-Präsident 1829-1837.

verstricken (s. auch Lieber 2016, 105 ff.). All dies sind Elemente, die sich in der Trump'schen politischen Rhetorik und seinem Handeln wiederfinden (Löfflmann 2014, 515 ff.; Mead 2017). Gleichwie kann sich natürlich auch kein jacksonianischer Präsident in einem Handumdrehen des internationalen Engagements der USA in einer globalisierten Welt entledigen. Aus diesem Konflikt zwischen einem Fokus auf Innenpolitik und das nationale Interesse einerseits und Globalisierung andererseits entstand letztlich die Ambivalenz der Außenpolitik Trumps, in der sich zwar eine klar nationalistische, aber eben doch keine eindeutig isolationistische oder traditionell internationalistische Orientierung erkennen ließen. Seit 1945 war Trump damit der erste US-Präsident, bei dem nationales Interesse, NATO und Weltordnung nicht mehr unmittelbar zusammenhängen (Friedrichs 2019, 208 ff.). Deshalb bezeichnete Barry Posen die Trump'sche außenpolitische Strategie als eine „illiberale Hegemonie" (Posen 2018) und prangerte gleichzeitig ihre Planlosigkeit an. Posen (ähnlich Viola 2017) kritisiert die teils willkürlich anmutende, wenig rationale Außenpolitik Trumps, die ohne Struktur Aspekte des Rückzugs (z. B. Syrien) und eines aggressiven Engagements (z. B. Iran) verfolge, bis hin zu einem die NATO-Alliierten mit ihren Truppen direkt betreffenden, unkoordinierten Abzug aus Syrien oder der Gefahr der versehentlichen Auslösung eines Krieges durch Trump'sches Temperament.

Die Härte der Kritik an der NATO unter Trump sucht in der jüngeren Allianzgeschichte ihresgleichen. Selbst zu Zeiten der Irakauseinandersetzung 2002/03 und eines neokonservativen Unilateralismus der Bush Jr.-Administration stand das Bekenntnis zu Europa, zur NATO und Sicherheitsgemeinschaft (s. Kap. 6) und das Anstreben kooperativer Beziehungen bei allen politischen Unstimmigkeiten nicht infrage. Es gab beachtliche rhetorische Spitzen während des Irakkriegs (s. Kap. 4.3), aber der Zweck der Allianz und die Sicherheitsgemeinschaft wurden nie so deutlich in Frage gestellt, wie es der 45. Präsident der USA zwischen 2016 und 2021 tat (Ostermann 2023: 406 ff.). Diese Krise geht soweit, dass das soziale Fundament der NATO – das Wir-Gefühl – in Frage gestellt wird. William Hill hat dafür eindeutige Worte gefunden:

> „For seventy years, European leaders have counted on solidarity and support from Washington; but this state of affairs can no longer be presumed. Trump's election has shaken the long-standing status quo and opened up the possibility of drastically different alternatives. Both Americans and Europeans will have to make a conscious choice on whether the transatlantic bargain and the American

> presence in Europe and NATO will continue. Do the United States and the nations of Europe still share enough interests and values to join their forces and commit to a common defense? Is the American public still willing to bear the costs and burden of participating in Europe's defense? And do European publics still desire such American participation and support, including the obligations this involves? The answers to these questions no longer seem obvious, if they ever were. To build a new, post-Ukraine European security order, leaders and publics on both sides of the Atlantic will need to contemplate and answer these questions anew.“ (Hill 2018, 382)

Hills Analyse ruft dazu auf, sowohl politische Interessen als auch Werte sowie darauf basierende Politiken kritisch zu hinterfragen, um zu einem neuen Konsens über gemeinsames Handeln in der NATO zu kommen (ähnlich Ostermann 2023, 407 f.). Zwar hielt Trump an den unter Präsident Obama eingeleiteten Verstärkungen alliierter Verteidigungsbemühungen in Europa seit der Kriminvasion Russlands fest und verstärkte diese sogar noch (Mayer 2019, 63). Er verfolgte diese Politiken aber unter größtmöglicher Vermeidung institutioneller Bindungen, stellte für das Schutzversprechen Bedingungen (Schutz gegen Geld), die über den alten Deal der wohlwollenden Hegemonie und Gefolgschaft hinausgehen, stellte sich gegen Freihandel und die Verrechtlichung internationaler Politik und nahm wenig Rücksicht auf die Interessen der Verbündeten. Bunde stellte über den 2018er NATO-Gipfel in Brüssel, bei dem Trump seiner Wut über Militärausgaben und Handelspolitiken der Alliierten Luft machte, fest, dass er „niemals zuvor so viele Menschen in der NATO verängstigt gesehen“ habe (Bunde, zitiert nach Kauffmann 2018). Am Ende isolierte der 45. US-Präsident zwar die USA nicht von der Welt und zog sie nicht aus der NATO zurück, aber die Atlantische Allianz war während Trumps erster Präsidentschaft mit einer Situation konfrontiert, in der rhetorische Signale und verfolgte Politiken mitunter deutlich auseinanderfielen, wodurch Unsicherheit auf breiter Front entstand. Für die Bewältigung der neuerlichen Probleme um Nuklearwaffen und Rüstungskontrolle, denen wir uns nun widmen, war das nicht hilfreich.

4.4.3 Nukleare Unsicherheiten

Die nukleare Seite der Sicherheitslage hat sich seit 2014 ebenfalls weiter verschlechtert.[82] Seit dem Beginn des Aufbaus einer ballistischen Raketenabwehr gegen die *Schurkenstaaten* (Iran, Nordkorea et al.), den Russland stets gegen sein eigenes Nukleararsenal gerichtet sah, und der Kündigung des ABM-Vertrags stufte Putin die durch den INF-Vertrag auferlegten Beschränkungen für Raketen mit einer Reichweite zwischen 500 km und 5.500 km (IRBMs, MRBMs sowie SRBMs mit Reichweiten von 500 km bis 1.000 km) nicht mehr als den Interessen des Landes dienlich ein. Medwedew drohte im Jahr 2008 damit, Atomwaffen in der Enklave Kaliningrad an der Ostsee zu stationieren. Das Misstrauen zwischen Russland und den USA wurde derart groß, dass Russland den USA die Entwicklung einer Erstschlagfähigkeit unterstellte (Brooks 2020, 87 ff.). Des Weiteren sehen sich Russland und die USA heute dem Problem ausgesetzt, dass auch andere Länder (vor allem China) ein hochwertiges Arsenal von IRBMs aufgebaut haben und somit exakt über die Waffen verfügen, auf die Russland und die USA einst im Rahmen von Rüstungskontrollverträgen verzichteten (Pifer 2017). Amerikanisch-russische Abrüstungs- oder Rüstungskontrollverträge sind somit nur noch begrenzt in der Lage, atomare Probleme und nukleares Wettrüsten zu verhindern (Thränert 2019, 48 f.). Der Versuch einer Multilateralisierung des INF-Vertrags scheiterte 2007. Erste Zeichen von problematischen russischen Aktivitäten gab es 2010, die die USA seit 2014 anprangerten. Sie bezichtigten Russland der Entwicklung einer Waffe, der sehr mobilen SSC-8. Russland interpretiert seinerseits das alliierte ABM-System als Vertragsbruch (Hill 2018, 319 f.; Reif 2018). Das Problem von IRBMs für die europäischen Alliierten ist offensichtlich: Während bis dahin ausschließlich erlaubte SRBMs mit einer Reichweite unter 500 km nur wenige alliierte Hauptstädte erreichen konnten, decken IRBMs mit Reichweiten bis zu 5.500 km bei gleichzeitig nur sehr geringen Vorwarnzeiten (ca. 10 min für die nahen Ziele) das ganze europäische Bündnisgebiet bis Nordostkanada ab. Da die NATO-Mitglieder (und andere Staaten) die von Russland gegebenen Erklärungen nicht als ausreichend ansahen und Transparenz vermissten, stellten sie die Verletzung des Vertrags fest und die USA erklärten ihren Rückzug am 1. Februar 2019. Ein halbes Jahr später, am 2. August 2019, lief der INF-Vertrag nach gescheiterten Verhandlungen offiziell aus (Encycloplaedia Britannica

82 Eine grundsätzliche Diskussion zur Abschreckungspolitik der NATO führen von Hlatky und Wenger (2015).

2024; NATO 2019b). Der Kündigungsschritt der Trump-Administration wurde dennoch kritisiert, weil er die Beziehungen zwischen Russland und den USA weiter verschlechterte und Rüstungskontrolle in Frage stellte (Oliker 2019; Pifer 2017).

Zwar konnte der New START-Vertrag zwischen Russland und den USA unter den Präsidenten Biden und Putin bis 2026 verlängert werden, aber durch die Kündigung von INF verbunden mit der russischen Aussetzung des New START-Kontrollregimes im Februar 2023 (bei weiterer Befolgung der numerischen Obergrenzen), steuert die Welt das erste Mal seit Langem auf eine Zeit ohne Rüstungskontrollverträge zu (Brooks 2020, 89 ff.; Pifer 2023).

> „All of this means that if INF dies, arms control may well die with it. Why would any state sign future treaties with either Russia or the United States when the one violates agreements and the other withdraws from them when they become inconvenient?" (Oliker 2019)

Diese Unsicherheit führte zu Diskussionen über den Erwerb von Atomwaffen in weiteren Staaten, z. B. in Ägypten, Saudi-Arabien oder der Türkei, in Deutschland oder auch für die EU (Kühn 2018; Witting 2024)! Eine solche Proliferation von Nuklearwaffen brächte den Nichtverbreitungsvertrag ins Wanken, der die Nicht-Atomwaffenstaaten dazu verpflichtet, ebensolche nicht anzustreben. Der Nahe Osten würde zu einem noch größeren Pulverfass werden, als er es eh schon ist (Thränert 2019, 50 f.). Es ist also wahrscheinlich, dass die nächsten Jahre nicht nur mit Blick auf die Situation in Europa, sondern auch mit Blick auf die Rolle von Staaten wie China oder anderen im Nahen Osten neue Debatten über nukleare Rüstung und Unsicherheit auf uns zukommen. Initiativen wie der 2017 initiierte Vertrag zum vollständigen Verbot nuklearer Waffen (*Treaty on the Prohibition of Nuclear Weapons* oder *Nuclear Ban Treaty*) stecken trotz (August 2024) 93 Unterzeichnern (UNODA o. J.) noch in den Kinderschuhen (Ritchie und Egeland 2018; Ritchie 2019). Sie werden von den meisten Nuklearwaffenstaaten und ihren Alliierten ignoriert (Meyer und Sauer 2018; Ritchie 2014) und auch wissenschaftlich kontrovers diskutiert (Craig 2019; Onderco 2017, 2019). In naher Zukunft ist also weder damit zu rechnen, dass sich die Nuklearwaffenstaaten bald von ihren Potentialen verabschieden, noch dass diese Initiativen oder andere Abrüstungsvorschläge das dem Besitz von Nuklearwaffen zugrundeliegende Sicherheitsdilemma beseitigen.[83]

83 S. auch das Special Issue von Legvold und Chyba (2020) in der Fachzeitschrift *Daedalus*.

Zwischenfazit: Altlasten, Trump und Biden

Trotz des Fokus auf Trumps rüde Rhetorik zwischen dem Wahlkampf 2016 und Januar 2021 darf nicht aus den Augen verloren werden, dass viele Probleme der NATO oder der transatlantischen Beziehungen insgesamt älter als die Trump-Präsidentschaft waren (Koschut 2020, 316; Ringsmose 2016). Trotz des maßgeblichen US-amerikanischen Beitrags bei der Schaffung der post-1945er und post-1990er Weltordnungen lagen die Amerikaner*innen selbst häufig im Clinch mit deren Institutionen oder versuchten, sich ihrer regulativen Funktion zu entledigen (Herr 2020, 236; Viola 2017, 332). Die NATO bildet hier keine Ausnahme (s. Kap. 4.3, 5.3.3). Obwohl die transatlantischen Beziehungen während der Obama-Amtszeit entspannter waren, zeigten sich im Abhörskandal, darunter von Angela Merkels Telefon und Teilen der EU-Kommission, durch die US-amerikanische National Security Agency (NSA) US-Paternalismus und Grenzen der Partnerschaft (Kaufman 2017, 261; Löfflmann 2024, 511 ff.). Zudem fielen die außenpolitischen Agenden der Alliierten zunehmend unterschiedlich aus, und tun dies heute trotz des Kriegs in der Ukraine teils immer noch, was z. B. die Behandlung Chinas angeht. Gülnur Aybet formulierte bereits 2010, dass die „NATO heute eine Allianz mit einer Fülle von globalen Missionen geworden ist, ohne dabei eine gemeinsame Vision zu haben." (Aybet 2010, 36). Dies wurde nicht zuletzt an den diversen *Global NATO*-Debatten deutlich, die unterschiedliche Funktionen und Reichweiten für das Bündnis konstruierten, genauso wie an den Strategien zum Umgang mit Russland oder China (zu letzterem s. Simón 2024). Obama hatte ab 2011 zudem den *pivot to Asia* vollzogen, um der geopolitischen Herausforderung durch China zu begegnen (Lieberthal 2011; Ling 2013). Die damalige Außenministerin Hillary Clinton rief in diesem Zusammenhang „Amerikas pazifisches Jahrhundert" aus (Clinton 2011) und verdeutlichte damit, dass der pivot ein langfristiges re-balancing der USA sein würde. Diese Schwerpunktverschiebung war von Obama nicht als eine Vernachlässigung von Europa gedacht, forderte den Kontinent und seine außenpolitischen Akteure aber auf, stärker Eigenverantwortung im eigenen, europäischen Umfeld und Krisenmanagement zu übernehmen (begleitet durch einen US-amerikanischen *lead from behind*), während die USA weiterhin zu ihrem kollektiven Verteidigungsversprechen standen.[84]

---

84 Die EU begriff sich lange Zeit kaum als strategischer Machtakteur in Asien (Tunsjø 2015; Ungaro 2012) und begann nur langsam, geopolitischer über die Region nachzudenken (Pennisi di Floristella 2020).

Kurz vor seinem Ausscheiden aus dem Amt warnte der US-Verteidigungsminister Robert Gates die Alliierten in deutlichen Tönen, dass sie sich auf eine neue Lastenverteilung einstellen müssten. In der letzten programmatischen Rede seiner Amtszeit schrieb er den Partnern ins Stammbuch, dass

> „Despite more than 2 million troops in uniform – NOT counting the U.S. military – NATO has struggled, at times desperately, to sustain a deployment of 25- to 40,000 troops, not just in boots on the ground, but in crucial support assets such as helicopters, transport aircraft, maintenance, intelligence, surveillance and reconnaissance, and much more. [...] while every alliance member voted for the Libya mission, less than half have participated at all, and fewer than a third have been willing to participate in the strike mission. Frankly, many of those allies sitting on the sidelines do so not because they do not want to participate, but simply because they can't. The military capabilities simply aren't there." (Gates 2011)

Beide Missionen hätten gezeigt, dass die Allianz ohne eine zentrale Rolle der USA als *strategic enabler* (ermöglichende Macht) nicht funktionieren könne. Einige Alliierte seien auf der Kapazitätsseite schlichtweg nicht mehr bündnisfähig. Zum anderen griff Gates die Idee der *two tier*-Allianz scharf an, in der nur einige die Last und das Risiko zu tragen, während andere sich an der Sicherheitsgarantie erfreuten (Gates 2011). In Anbetracht der Aufgaben der USA in anderen Weltregionen und der fallenden Militärausgaben der Alliierten (bei Gates' Rede war die Finanzkrise noch im Gange) steuere die Allianz hier auf ein schwieriges Fahrwasser zu, so Gates:

> „The blunt reality is that there will be dwindling appetite and patience in the U.S. Congress – and in the American body politic writ large – to expend increasingly precious funds on behalf of nations that are apparently unwilling to devote the necessary resources or make the necessary changes to be serious and capable partners in their own defense. Nations apparently willing and eager for American taxpayers to assume the growing security burden left by reductions in European defense budgets. Indeed, if current trends in the decline of European defense capabilities are not halted and reversed, future U.S. political leaders– those for whom the Cold War was not the formative experience that it was for me – may not consider the return on America's investment in NATO worth the cost." (Gates 2011)

Die Lastenverteilung in der Allianz sei also sowohl mit Blick auf US-Steuerzahler*innen als auch die politischen Prioritäten zukünftiger Präsident*innen unhaltbar und gefährlich (s. auch Herr 2020, 238; Simoni und Harnisch 2019, 77). Diese Warnungen aus dem Jahr 2011 machen deutlich, dass bereits unter Präsident Obama eine Phase der Beziehungen begann, in denen die Akzeptanz der Dysbalancen innerhalb der NATO aus Washington stark zurückging (Hallams 2013, 220 f.; Kunertova 2024, 125 f.).

Im Nachhinein kann man der obigen Bemerkung von Gates bezüglich eines anders sozialisierten US-amerikanischen Führungspersonals beinah einen prophetischen Charakter zusprechen. Ein paar Jahre später sollte sich durch die neue Konfrontation mit Russland und weitere Terroranschläge (z. B. Paris 2015) die Kurve der Verteidigungsausgaben der weiteren Alliierten nach oben verändern und Solidarität im Zentrum stehen (Ringsmose 2016). Wenngleich die pivot to Asia-Strategie unter Trump nicht in derselben Breite und Konsequenz fortgeführt wurde wie unter Obama und konfrontativer ausgelegt war (Herr 2020, 236 f.), besteht kein Zweifel, dass die Aufmerksamkeit für Asien eine langfristige strategische Größe in der US-Außenpolitik ist. In Zusammenhang mit dem damalig rückläufigen alliierten Engagement in Afghanistan (Rynning 2017) stellte sich somit die Frage nach dem Zweck der Allianz und des burden-sharings erneut. Durch Donald Trumps ambivalente Positionierung zu Russland und die damit verbundene Unberechenbarkeit der US-amerikanischen Führungsrolle bei Konflikten in der Welt, z. B. im Nahen Osten (Hagemann 2020), wurde diese Debatte erneut befeuert (Viola 2017, 332 f.; Lieber 2016, Kap. 3). Sie unterstrich die Existenz unterschiedlicher Gefahrenwahrnehmungen und Prioritäten zwischen den Alliierten (Löfflmann 2024, 512; Meier-Walser 2017, 26 ff.; Moore und Coletta 2017a, 2 ff.; Paulauskas 2024, 292 f.), die sich erst mit dem 2022er Ukrainekrieg teilweise angleichen sollten. Weitere soziale und wirtschaftliche Faktoren tragen zu dieser Situation bei, darunter der immer bedeutendere Anteil nicht-europäischer Immigration in die Vereinigten Staaten, der die US-Gesellschaft nach anderswo blicken lässt, oder das schrumpfende wirtschaftliche und demographische Gewicht Europas (Simon 2010). Trotz der erneuten Gemeinsamkeit im Zuge der Krimkrise stellte sich daher auch mit Trump wieder die Frage nach einer „post-American alliance“ (Hallams 2013, 225 ff.), in der Gewichte im Bündnis neu austariert werden. Unbeflissen gestiegener verteidigungspolitischer Kooperation durch Initiativen in Europa und den Ukrainekrieg ist bisher nur bei wenigen Alliierten ein politischer Wille zu einer Verteidigungskooperation erkennbar, der ansatzweise einen Rückzug der USA aus der NATO kompensieren könnte (Ostermann 2019a; Pannier 2017b; Schreer 2019, 14 ff.).

Ein totaler Bruch der USA mit der NATO und ihren Alliierten war aber während der ersten Trump-Adminstration unwahrscheinlich. Zum Ersten genießt das Bündnis als Grundstein der US-amerikanischen Außenpolitik sowohl in der Bevölkerung als auch im Kongress breite Unterstützung (Koschut 2020, 316f.). Die Sicherung der Zukunft der Allianz und die Position gegenüber Russland waren einige der wenigen Themen, bei denen es die sonst stramm hinter Präsident Trump stehenden republikanischen Abgeordneten und Senator*innen wagten, eine von ihrem Präsidenten abweichende Meinung zu vertreten (Herr 2020, 244; Tama et al. 2019). Der Senat verabschiedete im Jahr 2018 eine Stellungnahme zur Unterstützung der NATO, die von beiden Parteien getragen wurde (Killough 2019). Das Repräsentantenhaus beschloss sogar den *NATO Support Act*, der die Nutzung von Haushaltsmitteln zum Zweck des NATO-Austritts untersagt – mit 357 Ja- zu 22 Neinstimmen (House of Representatives 2019).[85] Eine Gruppe von Senator*innen beider Parteien bereitete ein ähnliches Gesetz vor, das eine Zweidrittelmehrheit im Senat für einen NATO-Austritt vorsieht, sollte ein Präsident ein solches Ansinnen verfolgen (Kheel 2019).[86] Hieran zeigt sich also, dass Macht in einer Demokratie stets dezentralisiert ist und die US-Regierung zu Konsultationen zwingt, auch in der Außenpolitik (Thies 2009, 296). Beide Kammern des US-Kongresses sind also der NATO positiv gegenüber eingestellt. Zum Zweiten ist das pure Eigeninteresse der USA an einer Aufrechterhaltung der NATO nicht zu vernachlässigen (Deni 2021, 1ff.). Europa für die Vereinigten Staaten nicht nur eine Bedeutung innerhalb der NATO, sondern auch für Überflugrechte oder als Stationierungsort für ihre vorgelagerten Truppen, die sie von dort schnell in Krisengebiete im Nahen Osten und weiter hinein nach Asien verlegen können, wenn dies die US-amerikanischen Interessen und die Gefahreneinschätzung erfordern (Schreer 2019, 12ff.; Kivimäki 2019). Der Beschluss Trumps, 12.000 von ca. 34.000 Soldat*innen aus Deutschland abzuziehen, war vor diesem Hintergrund nicht nachvollziehbar (Deutsche Welle 2020c). Ben Schreer fasst daher zusammen, dass

85 Der Senat hat das Gesetz des Repräsentantenhauses bisher nicht behandelt. Es wurde in einer neuen 2024er Version wieder auf die legislative Agenda gesetzt.

86 Der Senat hat in den USA die Aufgabe, internationale Verträge zu ratifizieren (so auch den NATO-Vertrag im Jahr 1949). Ob er auch gehört werden muss, wenn sie beendet werden sollen, ist umstritten.

> „NATO remains indispensable for US regional and global interests, and Trump's threat of abandoning European allies has little credibility. The Atlantic Alliance thus continues to provide a solid institutional framework for organising and adapting a transatlantic approach to Europe's defence, despite an unpredictable US president." (Schreer 2019, 13 f.)

Die NATO bietet für die Koordination der Außen-, Sicherheits- und Verteidigungspolitiken der Partner also einen verlässlichen Rahmen, in dem außerdem Vieles aufgrund ihres Gewichts nach US-amerikanischen Vorgaben passiert. So lange die NATO-Mitglieder ihre Sicherheit und Verteidigung dort organisieren, bestehen nur sehr geringe Chancen, dass europäische oder kanadische Politiken die Interessen der USA schädigen werden. Einzelne Politiken von spezifischen Alliierten mögen aus diesem Rahmen ausbrechen, werden aber meist multilateral verurteilt und haben teils klare Konsequenzen. Solange sich die USA also nicht zu einem isolationistischen Kurs entscheiden, ist es eher unwahrscheinlich, dass sie sich komplett von der NATO abwenden werden (s. auch Howorth 2013, 36; Simoni und Harnisch 2019).

Trotz diesen spätestens seit 2014 bestehenden, bedeutenden externen wie internen Herausforderungen konnte die NATO diese durch institutionelle Arrangements und Kompromisse bearbeiten (Sperling und Webber 2019). Im Sinne des Konzepts der Sicherheitsgemeinschaft (s. Kap. 6) reagierten die NATO-Partner also auf soziale Prozesse, Befindlichkeiten und Interessen. Beim 2 %-Ziel gab es Fortschritte, und im Kontext der NATO-Missionen haben Kanada und viele europäische Mitglieder beachtliche operative Verantwortung und Lasten übernommen (Ringsmose 2016, 207 ff.). Mit Blick auf das direkte NATO-Budget (s. Kap. 2.5) konnte zudem eine neue Lastenverteilung gefunden werden, bei der die USA entlastet wurde (NATO 20124j). Dieser Kompromiss wurde zwar durch Druck der Vereinigten Staaten erreicht, zeugt aber davon, dass sich die Partner der Probleme der Lastenverteilung und ihrer Bedeutung für die USA bewusst sind.

Der Amtsantritt von Joe Biden als neuer US-Präsident und von Kamala Harris als neue Vizepräsidentin im Januar 2021 beendete die rhetorisch und politisch aufgeheizte Stimmung mit einem Streich. Biden ist überzeugter Transatlantiker und ist durch seine mehr als 50-jährige politische Tätigkeit auf Bundesebene – erst als Senator und zeitweise Vorsitzender des Senatsausschusses für Außenpolitik, später als Vizepräsident und von 2021-2025 als Präsident – sehr gut in Europa vernetzt. Er ist originär an Außen-,

Sicherheits- und Verteidigungspolitik interessiert und durch die militärische Laufbahn seines (2015 verstorbenen) Sohns Beau Biden auch persönlich involviert. Er war als Senator stark in die Formulierung US-amerikanischer Politiken in den Jugoslawienkriegen engagiert und stimmte ebenfalls für den Irakkrieg, revidierte seine Unterstützung aber später kritisch. Seinen Wahlkampf führte er im außenpolitischen Bereich explizit mit einem Bekenntnis zur NATO, transatlantischen Beziehungen und internationalen Institutionen (Hamilton 2022, 51). Gleichzeitig kritisierte er Putin und russische Außenpolitik deutlich. So grenzte er sich diametral von seinem Konkurrenten und Trump ab. Das gemeinsame liberal-demokratische Wertefundament der Allianz ist für ihn als liberaler Internationalist eine fundamentale Grundlage für Außenpolitik (Biden 2020; Fehl 2021, 23). Für die US-Alliierten und Partner – nicht nur in der NATO! – war die Wahl Joe Bidens im November 2020 also mit der Hoffnung verbunden, wieder *business as usual* mit den USA machen zu können (Lowen 2021), wenngleich auch nicht die Erwartung bestand, dass alle Konflikte mit der US-Administration, zum Beispiel im Bereich der Handelspolitik, unmittelbar enden würden.

Kurz nach seinem Amtsantritt trat Biden daher dem Pariser Klimaabkommen wieder bei, aus dem Trump die USA zurückgezogen hatte, und nahm den Austritt aus der Weltgesundheitsorganisation (WHO) zurück. (Im Januar 2025 zog Trump die USA erneut aus beiden Abkommen/Institutionen zurück.) Genauso sprach er sich für eine Wiederbelebung von Nuklearverhandlungen mit dem Iran aus – das ursprüngliche Nuklearabkommen, den *Joint Comprehensive Plan of Action* (JCPoA), hatte er als Vizepräsident unter Obama mitgetragen –, auch wenn dies ultimativ nicht gelingen sollte (ZEIT online 2021). Biden stoppte ebenfalls den von Trump als Bestrafung für die zu geringen deutschen Verteidigungsausgaben angeordneten Truppenabzug aus Deutschland, um ein Signal für Zusammenarbeit mit Alliierten und die fortgesetzte Rolle der USA in der Welt zu setzen (Baldor 2021; Cooper 2021). Er nahm persönlich an der (wegen der Coronaviruspandemie) digitalen Münchener Sicherheitskonferenz (MSC) teil und schickte in den Folgejahren stets seine Vize Kamala Harris, was unter Trump und Vizepräsident Mike Pence nicht immer der Fall war. Die Handelsbeziehungen zwischen der EU und den USA unterliegen zwar immer noch tarifären Beschränkungen und das unter Trump begrabene *Transatlantic Trade and Investment Partnership* (TTIP), der Versuch eines umfänglichen Freihandelsabkommens, wurde auch von Biden nicht wiederbelebt, der sich ebenfalls einer vor allem industrieprotektionistischen Handelspolitik verschrieben hat, um die US-Mittelklasse zu stärken, aber die

Konflikte wurden wieder ziviler ausgetragen und Zölle teils ausgesetzt oder verringert (Hamilton 2022, 51f.; Josephs 2023).

Es gab und gibt ebenfalls Konflikte im sicherheits- und verteidigungspolitischen Bereich zwischen den USA und den anderen Alliierten, die aber im Rahmen der gegenseitigen Konsultationen und Gipfeltreffen miteinander besprochen wurden. Wie zuvor Obama und Trump hielt auch die Biden-Administration die Alliierten zu höheren Verteidigungsausgaben und einer besseren Einsatzfähigkeit ihrer militärischen Kräfte an. Unterschiedliche Vorstellungen gab und gibt es ebenfalls bezüglich der Rolle der NATO außerhalb Europas, zum Beispiel in der Konfrontation mit China. Hier vertraten die USA unter Biden eine Position, die sich eine Involvierung der Allianz in Asien wünschte und die die Großmachtkonfrontation mit China als einen Systemgegensatz zwischen Demokratie und Autokratie ansah, der auch die NATO(-Staaten) betrifft (Fehl 2021, 16, 23f.; Simon 2024, 384ff.). Einige europäische Staaten wollen sich in dieser sich anbahnenden Großmachtkonfrontation, wenn nicht neutral, so doch zurückhaltender aufstellen, um (wirtschaftliche) Beziehungen nicht zu gefährden und in einen Konflikt hineingezogen zu werden, den nicht alle als den ihrigen bzw. den der NATO ansehen. Hier besteht die Gefahr eines „strategic decoupling" (Deni 2023, 217). Andere betonen wiederum den Konflikt mit bzw. die Gefahren durch Russland stärker, wenig überraschend vor allem im östlichen Teil des Bündnisses (s. Beiträge in Dembinski und Fehl 2021; Kaim und Stanzel 2022). Im 2022er Strategischen Konzept wurde dennoch eine Einigung erreicht, die einerseits die Aufrechterhaltung von Beziehungen zu China und die Möglichkeit von Kooperation unterstreicht, andererseits aber chinesisches wirtschafts-, außen-, sicherheits- und verteidigungspolitisches Verhalten (im Cyberspace, der Arktis, in Afrika, bzgl. Rohstoffen und strategischen Wirtschaftsinvestitionen et al.), seine Unterstützung Russlands, die Unterminierung der regelbasierten Weltordnung sowie damit verbunden eine Wertedivergenz in deutlicher Sprache kritisiert bzw. benennt (NATO 2022f, 5).

Grund für transatlantischen Unmut gab es ebenfalls rund um den überstürzten Abzug der Allianz aus Afghanistan und die Ereignisse um den Fall von Kabul im August 2021 (s. dazu ausführlich Kap. 5.3.3). Bereits in den Verhandlungen zu einer Beendigung des Konflikts mit den Taliban unter Donald Trump, die in das 2020er Doha-Abkommen mündeten, waren die Alliierten (nicht nur die europäischen) nicht direkt eingebunden, obwohl sie davon direkt betroffen waren – und zum damaligen Zeitpunkt noch mehr Truppen im Land hatten als die USA. Dasselbe galt für den letztlich durch US-Präsident Biden auf Basis des Doha-Abkommens entschiedenen

Abzug aus dem Land zum 31. August 2021, bei dem die Alliierten vor einen *fait accompli* gestellt wurden, der alte Vorbehalte gegenüber US-Paternalismus wachrief und Debatten über mehr europäische Autonomie, die unter Trump zentral gewesen waren, erneut befeuerte (Lowen 2021). Dieser Abzug aus Afghanistan mit der erneuten Machtübernahme der Taliban wird gemeinhin als dunkles Ende des wichtigsten, immerhin 20-jährigen NATO-Engagements nach 9/11 gesehen. Schließlich herrschten ebenfalls unterschiedliche Einschätzungen zur Positionierung gegenüber Russland, bei der die USA sich eine stärkere Haltung gegenüber der russischen Aggressivität gewünscht hätten, als manche Alliierte – darunter Deutschland – bereit waren mitzutragen, u. a. wegen intensiverer Handelsbeziehungen und Abhängigkeiten von Russland im fossilen Energiesektor sowie einem fortgesetzten Glauben in die Möglichkeiten von Diplomatie (Meister 2022). Kurz vor Beginn des Ukrainekriegs wollten einige westeuropäische Alliierte den warnenden Worten der USA und ihrer geheimdienstlichen Informationen zu einer bevorstehenden Invasion dann keinen Glauben schenken, obwohl die USA eine selten offene Informationspolitik betrieben (s. Beiträge in Phythian und Strachan-Morris 2024; Stark 2022). Dies alles zeigt, dass die Beziehungen unter Alliierten, ihre Politikauffassungen und strategischen Prioritäten auch unter Biden nicht immer zusammengingen – was in Bündnissen liberal verfasster Staaten der Normalfall ist. Dennoch war die Art und Weise, wie diese Probleme seit dem 20. Januar 2021 bearbeitet wurden, wieder deutlich partnerschaftlicher als zuvor während der vierjährigen ersten Präsidentschaft von Donald Trump. Die tiefgreifende Kooperation in der Allianz überdauerte diese kleineren und größeren politischen Krisen bzw. war durch eingeübte Kooperationspraktiken und bürokratische Routinen in der Lage, die Wogen zu glätten (Smith 2023, 394ff.). So konnte die NATO über ihre Allianzstrukturen seit 2014 eine zentrale Koordinations- und Ausführungsinstanz für Antworten auf die russische Herausforderung werden/bleiben – und ist es nach wie vor, seit 2022 der russische Krieg in der Ukraine vom Osten auf das gesamte Land ausgedehnt wurde. Wie die NATO hiervon betroffen ist, wird im folgenden Abschnitt diskutiert.

Die Uneinigkeiten in der Allianz und die veränderte Sicherheitslage seit 2014 führten ebenfalls zu der Erkenntnis, dass ein Nachdenken über eine Reform der NATO und über langfristige gemeinsame Strategien notwendig war. Daher wurde 2020 von Generalsekretär Stoltenberg ein vielschichtiger Konsultationsprozess mit Alliierten durchgeführt und eine unabhängige, zehnköpfige *NATO 2030*-Expertenkommission eingerichtet. Sie stand unter der Leitung von Wess Mitchell, ehemaliger US Assistant Secretary of State for European and Eurasian Affairs, sowie des ehemaligen deutschen Kanzleramts-, Innen- und Verteidigungsministers Thomas de Maizière (NATO o. J.-c). Diese Gruppe arbeitete eine Agenda aus, die die Allianz für das Jahr 2030 neu aufstellen sollte. Sie einigte sich auf ein aus neun Unterpunkten aufgebautes Programm zur Stärkung und Reform der Allianz:

1. Vertiefung von politischer Konsultation und Koordination
2. gestärkte Abschreckungs- und Verteidigungsfähigkeiten (nuklear, konventionell, Raketenabwehr)
3. bessere Resilienz: zivilgesellschaftlich, Lebensmittel und Medizin, Infrastruktur, Telekommunikation
4. technologische Führung (militärisch und z. B. IT, Telekommunikation, künstliche Intelligenz)
5. Verteidigung der regelbasierten Weltordnung (Partnerschaften, Institutionen, NATO-Beitritte)
6. mehr Training und Reaktionskapazitäten (z. B. Anti-Terror, Cyber/ hybride Attacken, Krisenmanagement)
7. Kampf gegen den Klimawandel und Anpassung
8. Entwicklung eines neuen strategischen Konzepts als Antwort auf neue sicherheitspolitische Lage post-2014
9. höhere Ausgaben für NATO(-Budget) und Verteidigung (NATO 2021c).

Die o. g. Punkte zeigen, dass die Notwendigkeit von Reformen in der NATO weit über die Frage der militärischen Fähigkeiten hinausgeht, bzw. die de Maizière-Mitchell-Kommission das so gesehen hat (s. auch Flanagan 2024, 351). Die Rolle vertiefter politischer Konsultation, die bereits in Art. 4 des Nordatlantikvertrags festgeschrieben wurde und mal besser, mal schlechter funktionierte (s. Exkurs zur *Suezkrise* in Kap. 3; konzeptionell Smith 2023), wird genauso herausgestrichen wie die von gesellschaftlicher Resilienz, Technologie oder die Bedeutung der Adressierung von Konsequenzen des Klimawandels für transatlantische Sicherheit. Der Brüsseler NATO-Gipfel der Staats- und Regierungschefs vom Juni 2021 machte diese NATO 2030-Agenda dann zur offiziellen Bündnispolitik (NATO o. J.-c). Wie in Punkt 4 der 2030-Agenda vorgesehen, wurde die neue DIANA-Innovationsagentur eingerichtet (s. auch Kap. 2.3.4). Ebenso begann der Konsultationsprozess für die Neuformulierung eines neuen Strategischen Konzepts, das letztlich nach dem Beginn des Ukrainekriegs im Februar 2022 eine fundamental gewandelte Sicherheitslage abbilden musste, genauso wie die Reaktion der NATO darauf. Um diese Reaktionen auf den russischen Angriffskrieg in der Ukraine seit Februar 2022 soll es nun gehen.

4.5 Der russische Angriffskrieg auf die Ukraine und seine Auswirkungen auf kollektive Verteidigung

4.5.1 Der Krieg: Anbahnung, Verlauf und Kontroversen

Am 24. Februar 2022 marschierte Russland aus südlichen, östlichen und nördlichen Richtungen (inkl. via Belarus) militärisch mit ca. 130.000 Soldat*innen in die Ukraine ein und weitete damit den Konflikt, den es 2014 mit der Invasion und Annexion der Krim sowie seiner Unterstützung prorussischer Separatisten in östlichen Regionen (*Oblaste*) der Ukraine führte, zu einer vollständigen Invasion aus. Dem vorangegangen waren großräumige und mit um die 100.000 Soldat*innen umfangreiche Manöver im russischen Süden. Zeitgleich forderte Putin die NATO auf, von einer – seit 2008 gar nicht mehr diskutierten – Mitgliedschaft der Ukraine im Bündnis abzusehen und Truppen aus Osteuropa zurückzuziehen, die im Zuge der eFP/EDI seit 2014 dorthin verlagert worden waren. Am 17. Dezember 2021 schlug er den USA und der NATO ein entsprechendes Abkommen vor, das auch weiteren ehemaligen Sowjetrepubliken einen NATO-Beitritt unmöglich und die seit den 1990er Jahren erfolgte Osterweiterung durch das Verbot der Truppenstationierung de facto rückgängig machen sollte (Rynning 2024, 66 f.). Eine solche Zusicherung, also de facto ein Vetorecht über NATO-Erweiterungen und Politiken steht für die westlichen Alliierten außer Frage. Während sie die Möglichkeit von neuen Rüstungskontrollverhandlungen mit Russland einräumte, die das in den vergangenen Jahren stark geschwächte Kontrollregime (s. o.) stärken sollten, erwog die NATO ab Ende Januar 2022 dennoch, Verstärkungstruppen, Schiffe und Flugzeuge nach Osteuropa zu verlegen, um für russische Aggressionen gewappnet zu sein. Dies alles geschah ebenfalls unter Androhung weiterer ökonomischer wie politischer Sanktionen, die 2014 mit der Invasion der Krim begonnen hatten (ZEIT online 2022a; Masala 2023, 100 ff.).

Trotz diversen diplomatischen Bemühungen verschiedener Akteure, darunter zuletzt am 15. Februar 2022 von Bundeskanzler Olaf Scholz, Russland von weiterer Aggression abzubringen, erkannte der russische Präsident Putin nach Aufforderung durch die Duma am 21. Februar die selbsterklärten ostukrainischen Volksrepubliken Donezk und Luhansk als unabhängige

Staaten an (Putin 2022). Er entsandte daraufhin auf dieser zwei Entitäten Bitte um Unterstützung umgehend Truppen zu ihrer Verteidigung, die sich teilweise seit November 2021 zu Übungen – und de facto später der Invasion – im südlichen Russland, auf der Krim und in Belarus aufhielten. Die EU und die USA begannen daraufhin, neue Sanktionen gegen Russland zu verhängen, die sowohl die Wirtschaft als auch Banken und Personen betrafen. Deutschland setzte am 22. Februar die Genehmigung der Nord Stream 2-Pipeline aus, wegen der es mit seinen Alliierten aufgrund der sich damit verstärkenden Abhängigkeit von russischem Gas seit Langem im Streit lag (ZEIT online 2022a).[87] In zwei mit Unwahrheiten durchsetzen Reden über die Russland-NATO/USA-Beziehungen, die Ukraine und die historischen Ukraine-Russland-Beziehungen vom 2. Februar (Putin 2022) und 24. Februar 2022 (ZEIT online 2022b), stellte Putin den ukrainischen Staat als ein neonazistisches Regime dar, das vom Westen und der NATO unterstützt werde und das eine Schreckensherrschaft errichtet habe, der unter anderem russische oder zumindest russischstämmige Bürger*innen im Donbass zum Opfer gefallen seien – der Vorwurf eines Genozids wurde in diesem Zusammenhang gebraucht (Gill 2022, 122). Die Ukraine müsse deshalb in einer „Spezialoperation“[88] *entmilitarisiert* und *entnazifiziert* werden (ZEIT online 2022b). Die *Spezialoperation* sei des Weiteren nötig, um historisch russische Gebiete von der NATO zu befreien und um USA und NATO in die Schranken zu weisen:

> Das Problem besteht darin, dass auf den an uns angrenzenden Gebieten – ich betone, auf unseren eigenen historischen Gebieten – ein uns feindlich gesinntes Anti-Russland geschaffen wird, das unter vollständige Kontrolle von außen gestellt wurde, von den Streitkräften der Nato-Länder intensiv besiedelt und mit den neuesten Waffen vollgepumpt wird.
>
> Für die USA und ihre Verbündeten ist dies eine sogenannte Politik der Eindämmung Russlands, eine offensichtliche geopolitische Dividende. Für unser Land ist

87 Die Sanktionspolitik gegenüber Russland ist zu umfangreich und vielschichtig, als dass sie an dieser Stelle in irgendeiner Weise adäquat diskutiert werden könnte. Sie obliegt zudem primär der EU und den USA und nicht der NATO selbst. Eine gute Übersicht geben Rat der Europäischen Union (2024a, b) und Department of the Treasury (o. J.).

88 Diese Ausdrucksweise vermeidet aus völkerrechtlichen Gründen bewusst das Wort *Krieg*, um den Grundsatz des Gewaltverbots nach Art. 2.4 der UN-Charta (United Nations 2013) vermeintlich zu umgehen. Erst später wurde teilweise der Ausdruck Krieg genutzt (Deutschlandfunk 2024). Zur rechtlichen Wiederlegung der russischen Rechtfertigung des Kriegs s. Gill (2022).

es jedoch letztlich eine Frage von Leben und Tod, eine Frage unserer historischen Zukunft als Nation […] (ZEIT online 2022b)

In seiner de facto-Kriegserklärung vom 24. Februar stellt Putin eine direkte Verbindung mit der Osterweiterung der NATO her und stellt die Ukraine als US/NATO-kontrolliert dar. Dies sei „auf unseren eigenen historischen Gebieten“ (s. o.) nicht mehr tolerabel. Damit knüpft er an einen von ihm verfassten Aufsatz aus dem Frühjahr 2021 *Zur historischen Einheit von Russen und Ukrainern* (Goncharenko 2021) an, in der er das belarussische, russische und ukrainische Volk als historisch eins darstellt und dadurch der Ukraine ihre Eigenständigkeit als Nation und als Staat abspricht (Kappeler 2021). Aus dieser historischen Zusammengehörigkeit, den vermeintlichen, strukturellen Misshandlungen von (russischen) Bürger*innen in der Ukraine und der Involvierung der USA und der NATO, die russische Sicherheitsinteressen zu lange vernachlässigt hätten, konstruiert der russische Präsident also multiple kulturell-historische, sicherheits- und menschenrechtsbezogene Gründe für die *Spezialoperation.*

Aus realistisch-theoretischer Sicht wird hier bei Putin und dem russischen Handeln eindeutig ein Einflusssphärendenken deutlich, das der Ukraine ihre souveräne Entscheidungsfähigkeit über ihre Innen- und Außenpolitik abspricht und damit aus russischen machtpolitischen Interessen Grundlagen der UN-Charta verletzt, deren Garantiemacht Russland eigentlich ist (Mearsheimer 2014). Russland erscheint dadurch als revisionistischer und imperialistischer Akteur (Kappeler 2021; Masala 2034, 102 ff.; Paikin 2023). Es verletzt die der Ukraine im Budapester Memorandum 1994 gegebenen Sicherheitsgarantien, auf Basis derer die Ukraine damals ihre Atomwaffen abtrat (Budjeryn und Umland 2022). Russland verstößt ebenfalls gegen die NATO-Russland-Grundakte von 1997, die allen Staaten (nicht nur Russland und den NATO-Alliierten!) die „Achtung der Souveränität, Unabhängigkeit und territorialen Unversehrtheit aller Staaten sowie ihres naturgegebenen Rechtes, die Mittel zur Gewährleistung ihrer eigenen Sicherheit sowie der Unverletzlichkeit von Grenzen und des Selbstbestimmungsrechts der Völker, wie es in der Schlussakte von Helsinki und anderen OSZE-Dokumenten verankert ist, selbst zu wählen,“ zusicherte (NATO 1997b, Abschnitt I). Russland verletzt des Weiteren die Schlussakte der Konferenz von Helsinki (KSZE) von 1975 und die Minsker Abkommen (Gill 2022, 123 f.). Gill führt außerdem juristisch aus, dass weder vergangene Kriege oder Interventionen anderer/westlicher Mächte noch eine Gefahr durch die NATO-Osterweiterung als Argumente für eine Selbstverteidigungsoperation genutzt werden können, da Verstöße die Rechtsgrundlagen nicht außer Kraft setzen und die Inanspruchnahme des Selbstverteidigungsrechts nach Art. 51 UN-Charta einen unmittelbaren bewaffneten Angriff voraussetze (ibid., 124 f.). Somit führt Russland nicht nur einen völkerrechtswidrigen Angriffskrieg in der Ukraine, sondern verstößt gegen spezifische Abkommen, die es mit der Ukraine und der NATO unterzeichnet hat. Es setzt damit die europäische Sicherheitsarchitektur nach dem Ende des Kalten Krieges (und seit der Helsinki-Schlussakte 1975) außer Kraft.

Seit dem 24. Februar 2024 tobt nun also ein klassischer Territorialkrieg in Europa. Was durch die russische Führung zunächst als Blitzkrieg über wenige Tage geplant war, hat sich durch den Widerstand der Ukraine und seine materielle Unterstützung durch ausländische Akteure mittlerweile zu einen mehr als dreijährigen Abnutzungskrieg entwickelt. Angaben zu Toten sind unter aktuellen Bedingungen kaum verlässlich. Sie schwanken von 31.000 bis 70.000 ukrainischen Soldat*innen, um 350.000 russische Soldat*innen (Februar 2024, s. Armstrong 2024) sowie ca. 10.500 getötete und 20.000 verletzte ukrainische Zivilist*innen von Februar 2022 bis Februar 2024 (Statista 2024). Der Frontverlauf hat sich sehr unterschiedlich entwickelt. Neben der seit 2014 bestehenden Ostfront im Donbass, die ab Februar 2022 ausgeweitet wurde, unternahm Russland zu Beginn des Kriegs einen Vorstoß auf Kyiv, der zurückgeschlagen werden konnte, und attackierte die Ukraine im zentralen Norden, auch aus Belarus heraus. Nördlich und vor allem östlich von Charkiw, der zweitgrößten Stadt der Ukraine, direkt an der russischen Grenze gelegen, finden bis heute intensive Kampfhandlungen statt. Im Süden wird entlang einer Linie von Cherson und am breiten Dnjepr-Fluss ins östlich gelegene Awdijiwka und Donezk gekämpft, während das relativ weit im Westen gelegen Odessa mit seinem wichtigen Schwarzmeerhafen unter ukrainischer Kontrolle verbleibt. Das gesamte Territorium der Ukraine, bis hin ins westliche Lviv und inklusive Kyiv, steht unter regelmäßigem Beschuss durch russische Lenkwaffen und Drohnen, sodass die Bereitstellung von Luftabwehrkapazitäten durch Partner ein zentraler Aspekt im Krieg und für den Zivilschutz ist (s. u).[89]

89 Gute Karten gibt es beim Washingtoner *Institute for the Study of War* (www.understandingwar.org), seinem Projekt *ISW Ukraine Invasion Interactive Web Map* (2022), oder bei der BBC (2024).

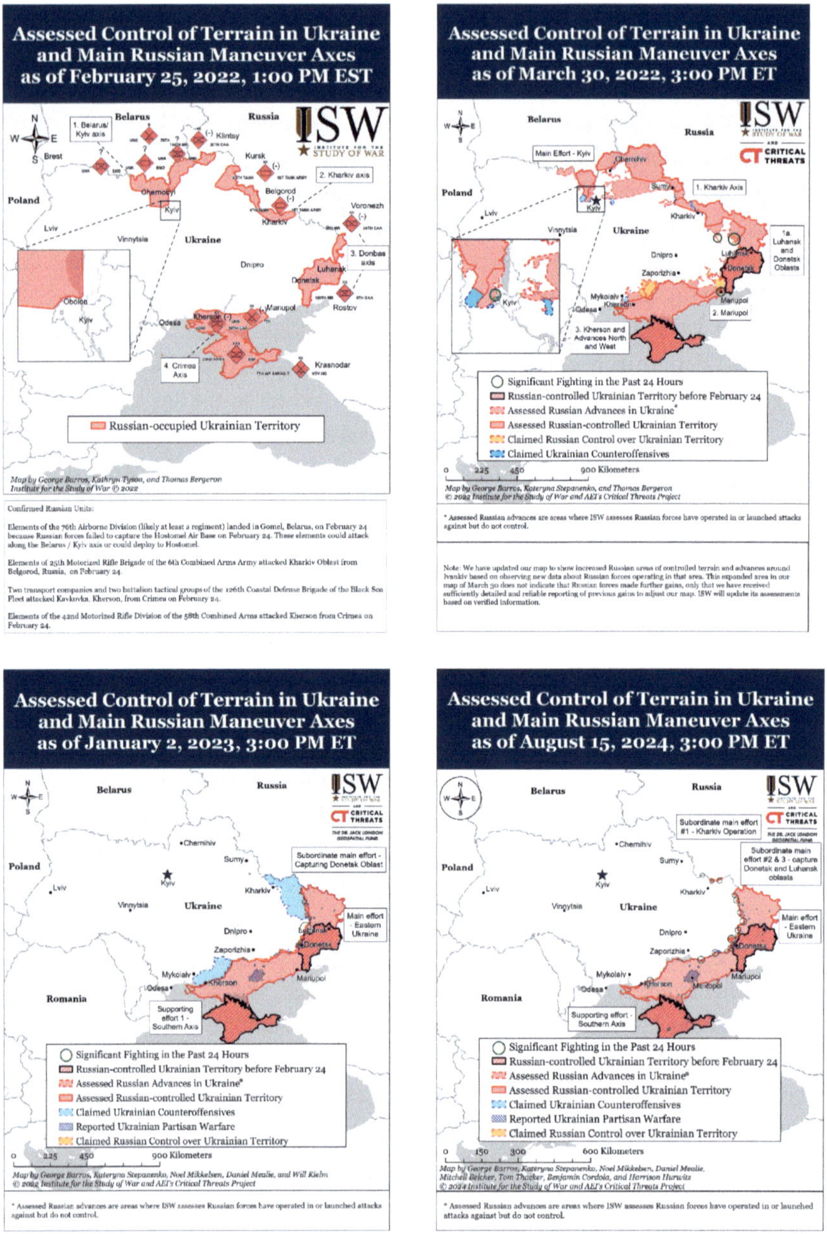

Abbildung 9: Frontverlauf im Russland-Ukraine-Krieg, Februar 2022 bis August 2024 (Quelle: Institute for the Study of War and AEI's Critical Threats Project)

Anfangs wurde die Ukraine auch stark durch die auf der Krim stationierte russische Schwarzmeerflotte angegriffen, durch Erfolge der Ukrainer*innen im Kampf gegen russische Schiffe, im Wesentlichen mit Seedrohnen bis in die Häfen der Krim, konnten diese Bedrohung aber verringert werden.

Aufgrund des schlechter als geplanten Kriegsverlaufs für Russland drohten vor allem im Verlauf von 2022 der ehemalige russische Präsident und Premierminister Dmitri Medwedew, heute stellvertretender Vorsitzender des Russischen Sicherheitsrats, und weitere Akteure zudem direkt oder indirekt eine nukleare Eskalation des Krieges durch den Einsatz taktischer Atomwaffen an. Diese Drohungen wurden von den russischen Medien teils sehr plakativ und explizit verstärkt. Im Mai 2024 fand zudem eine Übung für den Einsatz von taktischen Atomwaffen im südlichen Militärbezirk Russlands statt, der an die Ukraine grenzt. Auch in seiner Rede vom 24. Februar 2022 deutet Putin zumindest indirekt an, dass er eine nukleare Eskalation auch gegenüber dem Westen nicht ausschließt, wenn er sagt, dass „Wer auch immer versucht, uns zu behindern, geschweige denn eine Bedrohung für unser Land und unser Volk zu schaffen, muss wissen, dass die Antwort Russlands sofort erfolgen und zu Konsequenzen führen wird, die Sie in Ihrer Geschichte noch nie erlebt haben." (ZEIT online 2022b; s. auch Arndt und Horovitz 2022). Es kann jedoch davon ausgegangen werden, dass diese und andere Äußerungen abschreckenden Charakter gegenüber den Führungen und Bevölkerungen der politischen Gegner im Westen/ der NATO haben sollten, um diese von (weiterer) Unterstützung der Ukraine zu einer Zeit abzuhalten, als es für Russland militärisch nicht gut lief (Baranovska 2022, Goncharenko 2024). Somit hat dieser Versuch von Abschreckung nur kurzfristig, aber nicht langfristig funktioniert, denn die Ukraine wurde weiter – und stärker als zuvor – unterstützt, wenngleich es die bekannten Beschränkungen in der Nutzung westlichen Materials gibt (Lupovici 2024, 13 ff.; Rühle 2024). Nukleare Drohungen haben über die Zeit abgenommen (s. bis September 2022 Arndt und Horovitz 2022), wohl auch durch deutliche Worte und Initiativen auf diplomatischen Kanälen, die in dem Fall mit einem direkten Kriegseintritt der NATO drohten (Baranovska 2022). Auch der chinesische Staatspräsident Xi Jinping lehnte trotz der chinesischen Unterstützung Russlands den Einsatz von Atomwaffen in der Ukraine ab (Böge 2022).

Neben der Illegalität des Kriegs selbst (*ius ad bellum*) steht es mittlerweile außer Zweifel, dass Russland in diesem Krieg massiv gegen das Recht im Krieg (*ius in bello*) verstößt und Kriegsverbrechen und massive Menschenrechtsverletzungen begeht. Dazu gehören Deportationen; Folter; Massaker an der Zivilbevölkerung sowie Angriffe auf zivile Einrichtungen wie Wohngebäude, Krankenhäuser und andere Infrastruktur, die die Unterscheidung zwischen Kombattant*innen und Nichtkombattant*innen verletzten; sexuelle Gewaltformen; Zerstörung von Kulturobjekten; Zwangsrekrutierungen oder Zwangsarbeit. Zwar wurden durch ukrainische Truppen verübte Kriegsverbrechen ebenfalls festgestellt, diese sind jedoch vereinzelt und nicht systematischen Charakters (UNHRC o. J.).

Es ist an dieser Stelle nicht im Entferntesten möglich, den Krieg in der Ukraine mit all seinen Facetten außen- und geopolitischer, kultureller, (menschen)rechtlicher und Weltordnungsnatur – sowie seinem menschlichen Leid, das er verursacht – angemessen zu besprechen, ohne den Fokus dieses Buches auf die NATO zu verlassen. In den folgenden Abschnitten werden wir uns daher ausschließlich der Unterstützung der Ukraine sowie den Konsequenzen für die kollektive Verteidigung der NATO widmen.

4.5.2 Unterstützung für die Ukraine

Seit Beginn des Krieges am 24. Februar 2024 unterstützten Teile der internationalen Gemeinschaft und ein Großteil der Mitgliedstaaten der NATO und der EU die Ukraine durch finanzielle Aufwendungen (z. B. für den Wiederaufbau), Ausbildung der Streitkräfte, direkte Waffenlieferungen oder Sanktionen (s. o.) gegen Russland. Vor allem europäische Staaten haben zudem eine große Anzahl ukrainischer Kriegsflüchtlinge aufgenommen oder behandeln ukrainische Bürger*innen und Soldat*innen medizinisch, wenn dies in der Ukraine aufgrund des Krieges nicht möglich ist. Die militärischen Maßnahmen stellen aufgrund der entsprechenden Anfragen der Ukraine um Unterstützung gegen einen externen Angreifer kollektive Selbstverteidigungsmaßnahmen im Sinne von Artikel 51 der UN-Charter dar (United Nations 2013). Sie machen die helfenden Staaten nicht zu Kriegsparteien und verstoßen nicht gegen das Völkerrecht, sondern bejahen es im Gegenteil, indem sie Solidaritäts- und Gemeinschaftsmaßnahmen im Sinne von Art. 1 der UN-Charta sind (Gill 2022, 126 f.).

Nicht alle beteiligten Staaten unterstützen die Ukraine in gleichem Maße, mit denselben Mitteln oder zu jeder Zeit. Während zum Beispiel die USA und viele nord- und osteuropäische Staaten früh massive militärische Unterstützung in Form von Überlassung von Material leisteten, brauchten andere Staaten länger oder waren wegen verschiedenen Bedenken zögerlicher. Zu diesen gehör(t)en Angst vor einer weiteren Eskalation der Spannungen mit Russland und des Krieges in der Ukraine genauso wie Sorgen über die Kontrolle bzw. die Preisgabe sensitiver Verteidigungstechnologien oder eine Betonung der Notwendigkeit einer gemeinsamen Vorgehensweise, bei der möglichst alle Alliierten und Partner – vor allem aber die USA als mächtigster Verbündeter und Sicherheitsgarant – *mitziehen.* Alle diese Bedenken spiel(t)en auch in Deutschland eine zentrale Rolle, was sich in immer wiederkehrenden Debatten bzw. stabilen Positionen über die Gefahr einer Ausweitung des Krieges auf die NATO oder das Überschreiten der nuklearen Schwelle zeigt; in solchen über die Bereitstellung von Marschflugkörpern mit großer Reichweite (*Taurus*-Debatte); oder im konsequenten Bemühen, vor allem von Bundeskanzler Scholz, Rüstungslieferungen nur in Übereinstimmung und enger zeitlicher Koordination mit den US-Amerikaner*innen vorzunehmen, wie vor allem an der Debatte zur Überlassung des modernen Kampfpanzers *Leopard-2* ersichtlich wurde (Kinkartz 2023). Während die Bundesrepublik aufgrund ihrer traditionellen Zurückhaltung in militärischen Fragen hier besonders zögerlich agierte und zu Beginn des Krieges mit dem Angebot der damaligen Bundesverteidigungsministerin Christine Lambrecht, der Ukraine 5.000 Helme zu überlassen, besonders langsam und inadäquat agierte sowie Spott auf sich zog (ohne mit langsamer Unterstützung völlig allein gewesen zu sein), so leisten europäische Staaten (EU und andere) bis Sommer 2024 nach absoluten Zahlen am meisten Unterstützung für die Ukraine: von Januar 2022 bis Juni 2024 insgesamt € 110 Mrd. (+ € 77 Mrd. zugesichert) bzw. € 75 Mrd. (+ € 23 Mrd.) im Falle der USA. Darunter sind bei den militärischen Unterstützungsformen Europa und die USA in etwa gleich auf bei den zugewiesenen Militärhilfen (jeweils ca. € 52 Mrd.), wobei europäische Hilfen stärker zuwachsen. Die USA sind allerdings mit € 52 Mrd. geleisteter Militärhilfe und weiteren ca. € 25 Mrd. finanzieller und humanitärer Hilfe immer noch der bei Weitem größte einzelne Unterstützer der Ukraine. Dahinter folgt heute Deutschland mit € 10 Mrd. Militärhilfe Auch die EU trug/trägt aus ihrem Haushalt mittlerweile ca. € 40 Mrd. an finanzieller und humanitärer Hilfe bei – Gelder, die teilweise auch für die Anschaffung von Munition für die Ukraine oder Ersatz von Munition in den EU-Mitgliedstaaten genutzt werden, wenn diese ihre eigenen Reserven an die Ukraine abgegeben haben (alle Daten *Ukraine Support Tracker,* Kiel Institut für Weltwirtschaft, Trebesch et al. 2024).

Diese Zahlen sind natürlich relativ zur Wirtschaftskraft der Staaten zu sehen, die in den USA oder Deutschland natürlich ungleich größer ist als in anderen Staaten. In BIP-Anteilen führen Dänemark, Estland, Litauen und Lettland die Statistik mit 1,8-1,4 % ihrer Wirtschaftsleistung an. Polen liegt bei 0,7 %, Deutschland bei 0,4 % und die USA bei 0,3 % (Trebesch et al. 2024). Somit stellen viele Staaten mittlerweile durchaus beträchtliche Militär- und andere Hilfen bereit, um der Ukraine in ihrem Abwehrkampf gegen Russland zu helfen. Ob diese Hilfen ausreichend sind, um sich gegen einen deutlich größeren Feind zu verteidigen, steht auf einem anderen Blatt Papier (z. B. Cohen 2023). Des Weiteren vergeht teils beträchtliche Zeit, bis militärisches Material in der Ukraine eintrifft. Hierfür kann Bürokratie genauso verantwortlich sein wie die Notwendigkeiten, teils altes Material in Stand zu setzen, ukrainisches Personal daran auszubilden oder Material zunächst einmal bei der Rüstungsindustrie zu beschaffen, die ihre Produktionskapazitäten nur Stück für Stück hochfahren kann.

Neben dem bilateralen Charakter dieser Hilfen durch die einzelnen Staaten und der EU an der Ukraine als empfangende Seite war die NATO bisher nur mittelbar in die Koordination dieser Hilfen eingebunden, was sich aber seit Sommer 2024 ändert. Vor dem NATO-Gipfel um Juli 2024 koordinierte eine *Ukraine Defense Contact Group* regelmäßig auf der US-Luftwaffenbasis in Ramstein (Rheinland-Pfalz) die Anfragen/Bedarfe der Ukraine einerseits und die Bereitstellung von Unterstützung andererseits. An dieser so genannten *Ramstein-Gruppe*, die teils auch virtuell tagt, beteiligen sich insgesamt mehr als 50 Länder, darunter alle NATO-Staaten, während die NATO und die EU als Organisationen ebenfalls Vertreter*innen senden (Department of Defense 2024; Haaland Matlary 2024).[90] Im Zuge der durch die politische Polarisierung des US-Kongresses lange blockierten neuen US-Hilfen für die Ukraine (und der Möglichkeit einer weiteren Trump-Präsidentschaft)[91] schlug Generalsekretär Stoltenberg aber im Frühjahr 2024 vor, die Ramstein-Gruppe von einem in der NATO institutionalisierten Format abzulösen. Während einige Alliierte befürchteten, dass die Allianz dadurch von Russland als Kriegspartei wahrgenommen werden könnte (Gray 2024; Pugnet 2024), konnte auf dem Gipfel der Staats- und Regie-

90 Die Ukraine wird noch durch weitere Länder militärisch unterstützt, diese koordinieren sich aber nicht unbedingt durch die Ramstein-Gruppe.

91 Donald Trump war in der Vergangenheit als Präsident bereits durch seine stark NATO-kritische Haltung aufgefallen (s. Kap. 4.4.2) und machte ähnliche Bemerkungen erneut im 2024er Wahlkampf. Des Weiteren sorgten Statements zu einer umgehenden Beendigung des Ukrainekriegs im Falle seiner Wiederwahl (Rissman 2023) verbunden mit seiner bekannten pro-Putin-Haltung für Sorgen ob eines in der Zukunft stetigen US-Engagements.

rungschefs zum 75-jährigen Bestehen des Bündnisses vom 9. bis 11. Juli 2024 in Washington D.C. aber Einigkeit über eine *NATO Security Assistance and Training for Ukraine*-Einheit (NSATU) hergestellt werden. Diese mit bis zu 700 NATO- und Partnerkräften besetzte Einheit koordiniert seit Ende 2024 aus SHAPE heraus sowohl die Koordination der Rüstungshilfen von der Ramstein-Gruppe übernehmen als auch Ausbildungsmaßnahmen in den Mitgliedstaaten sowie die Reparatur von Kriegsmaterial (NATO ACO 2024b).[92] Diese (aktuellen) Initiativen, Programme, Missionen und Politiken machen deutlich, wie umfangreich Hilfe für die Ukraine sowohl konzeptioniert wird als auch wie direkt die NATO und ihre Mitgliedstaaten durch den Krieg in der Ukraine betroffen sind, der in seiner Bedeutung über die Verteidigung der Ukraine gegen Russland weit hinausgeht. Darum soll es im folgenden Abschnitt gehen.

4.5.3. Konsequenzen des Ukrainekriegs für kollektive Verteidigung: von Aufrüstung über Budgets und Beitritte bis zu Verlegungen und *Zeitenwende*

Neue Bedrohungswahrnehmung

Durch den russischen Angriffskrieg in der Ukraine gelangten die NATO-Staaten im Wesentlichen einhellig zu einer neuen Bedrohungswahrnehmung gegenüber der Russischen Föderation. Dies beruhte u. a. auf

- der Missachtung der quasi-Gesamtheit aller bilateralen Vereinbarungen zwischen der NATO und Russland durch den russischen Angriffskrieg (s. o.);
- Putins Rhetorik, die die NATO-Osterweiterung als Kriegsgrund mit anführte (wenngleich eher vordergründig, s. dazu Masala 2023, 100 ff.);
- seine Argumentation zum Schutz Russischstämmiger außerhalb der Föderation, wodurch sich vor allem die baltischen Staaten mit großen russischen Minderheiten als potentielles Ziel weiterer Aggression sahen (Hansel und Reichwein 2023, Kurowska 2014);

92 Im Trainingsbereich unterhält die EU bereits seit November 2022 eine *EU Military Assistance Mission* (*EUMAM Ukraine*), bei der aktuell 24 EU-Mitgliedstaaten und weitere Partner auf EU-Territorium unterschiedliche Trainingsmodule für ukrainische Soldat*innen anbieten, um sie am zur Verfügung gestellten Material auszubilden (EEAS o. J.-b).

- Putins Willen, Grenzen mit Gewalt zu verschieben; und damit letztlich auf der
- Bereitschaft, imperialistische und/oder revisionistische Absichten in die Tat umzusetzen, die eine russische Einflusssphäre in Osteuropa mit nur eingeschränkter Souveränität ihrer Staaten erneuern wollte, wie sie unter der Sowjetunion zu Zeiten der Breschnew-Doktrin bestand.

Zu dieser Gemengelage von für sich genommen bereits gravierenden Faktoren kann ebenfalls der Systemgegensatz zwischen freiheitlich-liberalen, demokratisch organisierten und regierten Staaten einerseits und autokratischen Staaten andererseits hinzugefügt werden, der letztlich nach der Theorie des Demokratischen Friedens dazu führt, dass als liberal wahrgenommene Demokratien sich untereinander vertrauen, aber sie Nichtdemokratien eher misstrauen (Doyle 1983 a, b, 1986, 2016; Owen 1994; Geis et al. 2006, 2014). Somit trägt die Unsicherheit, zu der der Krieg in der Ukraine bereits seit 2014 geführt hat, sicherlich Züge einer ideologischen Blockkonfrontation, wie sie zu Zeiten des Kalten Krieges existierte. Diese Blockkonfrontation hat heute allerdings nichts mehr mit dem Kommunismus zu tun, wie es nach dem Zweiten Weltkrieg der Fall war (Kennan 1946), sondern beruht auf einem Gegensatz zwischen Demokratien einerseits sowie Autokratien und Imperialismus andererseits. Trotzdem sei hier vor der Überbetonung des ideologischen Gegensatzes auch pragmatische Vorsicht geboten. Zwar muss das Engagement der NATO und anderer demokratischer Partnerstaaten wie Südkorea, Japan oder Australien für die Ukraine sicherlich demokratietheoretisch und -ideologisch verstanden werden, was sich aus vielen Statements von Politiker*innen nicht nur innerhalb der NATO, sondern von Demokratien auf der ganzen Welt unschwer ablesen lässt (s. selbst den Realisten Walt 2023). Eine Überbetonung dieser ideellen Konfrontation birgt aber auch die Gefahr, Unterstützung der Ukraine zu untergraben, die eher die russische Verletzung von Grundprinzipien der UN (u. a. das Gewaltverbot und die Souveränitätsnorm) kritisiert. Nicht alle globalen Demokratien stehen auf Seiten der Ukraine, verurteilen das russische Handeln gleichermaßen oder haben sich dem Sanktionsregime angeschlossen (z. B. Indien), was nicht zuletzt auf Erinnerungen an gravierende westliche Verletzungen dieser Prinzipien im Globalen Süden beruht. Umgekehrt kooperieren auch westliche Demokratien im Zuge des Krieges mit autokratischen Staaten, um z. B. die Abhängigkeit von russischem Gas und Öl zu verringern, und halten sektorale Politiken aufrecht (z. B.

im Handelsbereich), die kaum mit einem außenpolitischen Demokratie- oder Menschenrechtsschwerpunkt vereinbar sind (Youngs 2022). Weder eine theoretische Interpretation des Konflikts als reine demokratisch-autokratische Blockkonfrontation noch praktisches politisches Handeln danach sind also unbedingt zu empfehlen, da der Krieg komplexere Gründe hat und komplexere Dynamiken nach sich zieht.

Abgesehen von dieser differenziert zu betrachtenden ideologischen Dimension des Konflikts hat der russische Krieg konkrete Auswirkungen auf die kollektive Verteidigungsplanung und das Verteidigungshandeln der NATO (s. auch Ruiz Palmer 2024, 88 f.). Wie bereits in Kapitel 2.5 ausführlich besprochen, führte der Angriff Russlands ebenfalls zu einer massiven Aufstockung der Verteidigungsetats der meisten Alliierten. Während die Mehrheit der NATO-Staaten 2019 noch weit hinter dem auf dem Waliser Gipfel im Jahr 2014 vereinbarten Anhebung ihrer Wehretats auf 2,0 % des BIP zurücklag, erfüllten 2024 23 Mitglieder dieses Ziel (NATO 2024k). Dieses Geld wird dringend benötigt, um die über die vergangenen Jahrzehnte in vielen Staaten (vor allem des westlichen Bündnisgebiets) gegenüber out of area-Interventionen vernachlässigten Territorialverteidigungsfähigkeiten zu stärken. Aufgrund der stark unterschiedlichen Anforderungen an das Material für diese unterschiedlichen Formen von Konflikt, die die Anschaffung von komplett neuen Waffensystemen erforderlich macht, des Austauschs veralteter Systeme oder der Ertüchtigung vorhandener ist dies eine nicht zu unterschätzende Umstellung auf breiter Front, ebenso in den Bereichen Taktik, Training und Personalstärke der Armeen. Trotz der erfolgten Erhöhungen der Verteidigungsetats gehen Expert*innen einhellig davon aus, dass die getätigten Anpassungen nicht ausreichend sind, um mehr als 20 Jahre Abbau dieser Fähigkeiten in Europa und Kanada zu kompensieren – geschweige denn weiteres Gerät und Munition an die Ukraine für ihren Kampf gegen Russland abzutreten. Soll beides aufrechterhalten werden, sind weitere Steigerungen der Wehretats notwendig (Löfflmann und Riemann 2023, 202 ff.).

NATO-Beitritte Finnland und Schweden

Institutionell ist die größte durch den Krieg hervorgebrachte Neuerung in der Allianz zweifelsohne die Aktualisierung von Erweiterungsfragen. Ein Beitritt der Ukraine zur Allianz war spätestens seit dem 2008er Bukarest-Gipfel wegen der Opposition vieler Alliierter kein Thema, wenngleich es eine hypothetische Langfristperspektive und einen Membership Action Plan (MAP) gab (NATO 2024q). Gleichzeitig machte die NATO deutlich, dass sie an ihrer Politik der offenen Tür für potentielle Mitglieder nicht rütteln würde, auch nicht als Putin das vor dem Krieg forderte (s. 4.5.1). Durch den Ausbruch des Krieges hat die Diskussion um einen ukrainischen Beitritt allerdings eine völlig neue Aktualität erfahren, sodass die Alliierten auf dem Washingtoner Gipfel zum 75. Jubiläum der Allianz im Juli 2024 erneut feststellten, dass „die Zukunft der Ukraine in der NATO liegt“ und dass „wir sie auf ihrem irreversiblen Weg zu voller euro-atlantischer Integration weiterhin unterstützen werden, inklusive eines NATO-Beitritts“ (NATO 2024 ac). Ein Beitritt der Ukraine während des Krieges ist zwar nicht denkbar, da in dem Fall umgehend das Beistandsversprechen von Art. 5 gelten würde, aber zweifelsohne hat Putin mit dem Krieg das Gegenteil von dem erreicht, was er wollte: Die Westbindung der Ukraine wurde weiter gestärkt.

Vollzogen wurde im Gegensatz zum ukrainischen Beitrittsgesuch die Norderweiterung an der Ostsee mit Finnland im April 2023 und Schweden im April 2024, die vorher ebenfalls nicht auf der politischen Tagesordnung stand. Aufgrund des Kriegs kamen Finnland und Schweden zu einer neuen Bewertung ihrer Beziehungen zu Russland. Zwar endete die vollständige Neutralität beider Länder bereits 1995 mit ihrem EU-Beitritt, beide Länder arbeiteten zudem seit Langem mit der NATO zusammen – zum Beispiel seit 1994 im Rahmen der Partnerschaft für den Frieden (PfP, s. Kap. 5.2.2) oder in Afghanistan – und waren stets Teil der weiteren transatlantischen, westlichen Sicherheitsgemeinschaft (s. Kap. 6). Sie sahen sich aber dennoch im Wesentlichen als militärisch neutral, sprachen sich auch nach 1995 gegen einen NATO-Beitritt aus und organisierten ihre Verteidigungspolitik eigenständig (Forsberg et al. 2022, Lawrence et al. 2024, 4).[93] Die schwedische Neutralität hatte bis 2022 immerhin eine Tradition von mehr als 200 Jahren. Finnland, das eine mehr als 1.300 km lange Grenze mit Russland teilt, sicherte seinen Frieden mit der Sowjetunion nach zwei Kriegen (1939-1940, 1941-1944) im 1948er Freundschaftsvertrag durch erzwungene Neutralität, was international den generischen Ausdruck *Finlandization* für vergleichbare Fälle prägte (Lawrence et al. 2024, 4f.; Pillai 2022).

Beginnend mit der Kriminvasion 2014, vor allem aber seit dem Ukrainekrieg revidierten weite Teile der Bevölkerungen und daraufhin der politi-

93 Schweden kooperierte bereits vor dem Ende des Kalten Kriegs geheim mit der NATO (Lawrence et al. 2024, 3f, 10ff. Pesu und Iso-Markku 2022, 9).

schen Klassen in beiden Ländern ihre Bedrohungswahrnehmung gegenüber Putins Russland. Sie kamen zu dem Schluss, dass das aggressive russische Verhalten in der Ukraine und weitere Drohgebärden eine neue Situation darstellten, die ein Ende der Neutralität notwendig machten, um sich vollumfängliche und definitive Unterstützung der Allianz als Mitglied zu sichern (Lawrence et al. 2024, 6 f.; Walt 2023). Daher stellten nach Abschluss ihrer jeweiligen (parlamentarischen) politischen Verfahren beide Staaten am 18. Mai 2022 – keine drei Monate nach Beginn des Kriegs in der Ukraine! – gemeinsam einen Aufnahmeantrag an die Atlantische Allianz (Duxbury 2022; Pesu and Iso-Markku 2022, 9 ff.). Wegen den intensiven bilateralen Beziehungen mit der NATO und der gemeinsamen liberal-demokratischen Wertebasis war dieses Beitrittsgesuch für 28 Mitgliedstaaten des Bündnisses ein *no-brainer* bzw. eine Selbstverständlichkeit, und der Ratifikationsprozess verlief schnell und lautlos. Probleme gab es lediglich mit der Türkei und Ungarn, die sich aus unterschiedlichen Gründen zunächst gegen die Beitritte positionierten. Im Falle der Türkei lag dies zum einen an Unstimmigkeiten mit Finnland und Schweden wegen ihrer Haltung zu Menschenrechtsfragen in der Türkei und der Kurdischen Arbeiterpartei (PKK). Die Türkei forderte unter anderem die Einstufung der PKK und anderer Organisationen als terroristische Vereinigungen, ein Verbot von Demonstrationen oder die Auslieferung von vermeintlichen Terrorist*innen. Zum anderen wollte die Türkei umfangreichere Verhandlungen mit den USA über Nahostpolitik und andere Probleme erzwingen. Intensive multilaterale diplomatische Bemühungen waren notwendig, um beide Staaten umzustimmen, doch letztlich gaben sowohl die Türkei als auch Ungarn nach viel Hin und Her ihren Widerstand auf – im türkischen Fall nicht zuletzt im Zuge von Verhandlungen mit den USA über die Wiederaufnahme in Rüstungsprogramme bzw. -verkäufe (Alaranta 2022; Lee 2024). So konnte Finnland am 4. April 2023 der NATO beitreten und Schweden folgte mit deutlicher Verspätung am 7. März 2024, nachdem beide Beitrittsurkunden in Washington deponiert wurden. Der Beitritt beendete die militärische Blockfreiheit beider Staaten endgültig. Sowohl Finnland als auch Schweden bringen fortan moderne Armeen und Kapazitäten in die Allianz ein, während sie umgekehrt vom Schutz der Alliierten profitieren (Hamilton 2022, 61; Tarry 20224, 359 f.).

Die deutsche *Zeitenwende* in der Sicherheits- und Verteidigungspolitik

Neben den Problemen der anderen Alliierten, stellt der Angriffskrieg Russlands auch für die Bundesrepublik Deutschland eine große politische Herausforderung dar, da er zum einen an ihrem Selbstverständnis als militärisch zurückhaltender *Zivilmacht* (Maull 2007) nagt, wenn die BRD die Bundeswehr wieder besser ausrüstet (Deni 2023, 215), Waffenlieferungen an die Ukraine leistet und Zwangsmaßnahmen gegen Russland verhängt, und zum anderen ihr Wirtschaftsmodell mit einer bis ins Jahr 2022 reichenden energetischen Partnerschaft mit und Abhängigkeit von Russland sowie starken Handelsbeziehungen in Frage stellt. Diese Herausforderung hinterlässt nicht nur Konsequenzen für die außenpolitische Ausrichtung der BRD insgesamt, die heute zumeist unter dem von Bundeskanzler Scholz geprägten Begriff *Zeitenwende* (Scholz 2022, 2023) diskutiert werden. Sie steht ebenfalls im Zentrum tagespolitischer Diskurse und Auseinandersetzung auf allen gesellschaftlichen Ebenen, die Deutschland heute stark politisch wie gesellschaftlich prägen, wenn es mit der Realität von Krieg in Europa und Vorstellungen über Frieden und den Weg dorthin hadert. Nach mehr als drei Jahren Krieg kann für Deutschland festgestellt werden, dass der Ukrainekrieg zu einem grundsätzlichen Orientierungswandel deutscher Außenpolitik geführt hat, auch wenn dieser nicht mit allen Traditionen und Politiken bricht (Mello 2024). Deutschland verabschiedet sich nach Mello zunehmend von seinem Zivilmachtleitbild und nimmt zögerlich eine Rolle als Sicherheitsgarant für Europa an, die von ihm aufgrund seiner Größe und wirtschaftlichen Macht auch erwartet wird. Es liefert des Weiteren massiv Waffen in ein Kriegsgebiet, was zumindest einen beschränkten Bruch mit der Vergangenheit darstellt, und erhöht seinen Verteidigungsetat auch mit dem Sondervermögen signifikant. In der Energiepolitik und anderswo (z. B. Flüchtlinge) ließen sich ebenfalls deutliche Wandelprozesse erkennen, die aber weder abgeschlossen noch unstrittig seien (ibid.). Stengel (2023) weist daher ebenfalls darauf hin, dass ein Prozess der Normalisierung der Nutzung militärischer Gewalt durch Deutschland seit Langem im Gange ist, ohne dass durch das Engagement der BRD in der Ukraine die Kultur der Zurückhaltung aufgegeben würde. – Vor diesen Überlegungen zu Deutschland sollten jedoch auf keinen Fall die osteuropäische Perspektive auf den Konflikt vergessen werden und die Angst, die die östlichen Nachbarn Deutschlands aufgrund ihrer leidvollen Erfahrung mit sowjetischer/russischer Kontrolle und Unterjochung sowie ihrer größeren geografischen Nähe zu Russland aufgrund des aktuellen Konflikts verspüren. Mit Fug und Recht kann hier behauptet werden, dass deutsche Politik und Gesellschaft diese stärker kritischen Stimmen gegenüber Russland und russischer Politik zu lange ignoriert haben.

Veränderungen in der NATO-Verteidigungsplanung

Auf der militärpraktischen Ebene änderte die NATO ihr Verteidigungshandeln umgehend am 24. Februar 2022, dem Tag des Kriegsbeginns, als sie ihre bestehenden Verteidigungspläne für das östliche Bündnisgebiet aktivierte. Dadurch erhielt der SACEUR direkte Befehlsbefugnisse über 40.000 NATO Response Force-Truppen und begann, Teile der NRF in das östliche Bündnisgebiet zu verlegen, um die Abschreckungsfähigkeit der Allianz und somit die Verteidigung der östlichen Bündnisstaaten zusätzlich zu den bereits in den Ländern befindlichen Truppen (eFP/EDI) unter nationalen Führungen zu erhöhen (Mitchell 2022; NATO 2023i; Tarry 2024, 360). Einen Monat später, auf einem Sondergipfel der Staats- und Regierungschefs (also des NACs im hierarchisch höchsten Format) am 24. März 2024, beschlossen die Alliierten außerdem die Einrichtung von vier weiteren multinationalen *Battlegroups* in Bulgarien, Ungarn, Rumänien und der Slowakei neben den bereits bestehenden Battlegroups in Estland, Lettland, Litauen und Polen, die seit der Kriminvasion 2014 eingerichtet worden waren. Die Battlegroups haben eine Größe von ca. 1.000 bis 2.000 Soldat*innen (NATO 2022h) und sind je nach Notwendigkeit der Region, für die sie verantwortlich zeichnen, unterschiedlich ausgestattet – z. B. kommt im Baltikum und Polen den Heereskräften (samt Panzern) wegen den direkten Landgrenzen mit Russland oder Belarus eine besondere Bedeutung zu. Die vier nördlichen Battlegroups im Baltikum und Polen stehen unter direktem NATO-Kommando, da hier die Gefahr eines russischen Angriffs am größten eingeschätzt wird.[94]

94 In diesem Zusammenhang geht es oft um die Verteidigung des so genannten *Suwałki-Korridors*, der ca. 105 km langen Grenze zwischen Litauen und Polen, die die russische Enklave Kaliningrad von Belarus trennt und im Falle eines russischen Angriffs als primäres Ziel eines Landkriegs gilt, da so das Baltikum vom Rest der NATO auf dem Landweg abgeschnitten werden könnte

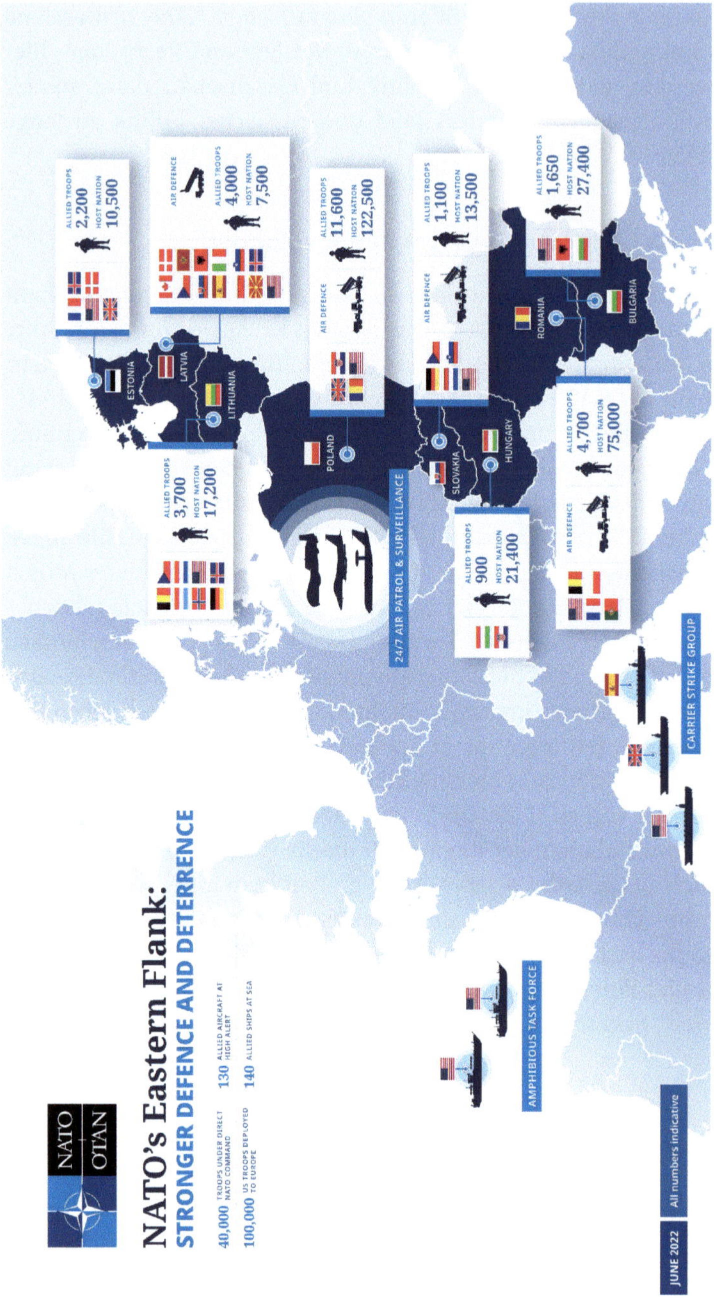

Abbildung 10: NATO-Truppen an der Ostflanke (Quelle: NATO 2022g)

Im Juni 2022 waren so bereits ca. 30.000 alliierte Soldat*innen an der Ostflanke stationiert – teilweise direkt vor Ort, teilweise konnten/können die Truppen innerhalb kürzester Zeit vor Ort gebracht werden (zzgl. Seestreitkräfte und landeseigene Kräfte, NATO 2022g).[95] Jede der Battlegroups ist ein multinationaler Verband mit Kräften aus mehreren NATO-Staaten, die unter der Führung eines Mitglieds stehen. So leitet Deutschland beispielsweise die litauische Battlegroup. Die weiteren Battlegroups werden von Italien (Bulgarien), dem Vereinigten Königreich (Estland), Ungarn (Ungarn), Kanada (Lettland), den USA (Polen), Frankreich (Rumänien) und Spanien (Slowakei) geführt.

Im Zuge des andauernden Kriegs in der Ukraine und der weiteren russischen Eskalation ist dieses alliierte Dispositiv weiter verstärkt worden und soll in den kommenden Jahren bei Bedarf von Bataillons- auf Brigadegröße (ca. 5.000 Soldat*innen) angehoben werden (NATO 2024aa; Deni 2023, 215). Daher richtet die BRD z. B. gerade eine *Brigade Litauen* ein, in deren Rahmen 4.800 Soldat*innen und 200 Personen ziviles Bundeswehrpersonal samt Familien dauerhaft und voll einsatzbereit mit Material eines schweren Kampfverbandes (44 Puma-Schützenpanzer, 44 Leopard-2-Kampfpanzer) an zwei Standorte in Litauen verlegt werden. Damit stationiert Deutschland erstmals in seiner Geschichte Truppenkontingente – Kampftruppen – permanent außerhalb des eigenen Territoriums. Die Truppenverlegung soll 2025 beginnen, die Integration mit der bereits vor Ort befindlichen eFP-Battlegroup bis 2026 erfolgen und 2027 die volle Einsatzbereitschaft hergestellt sein (Bundeswehr o. J.-g; Gotkowska und Graca 2023). Somit wird das bis dahin meist noch gewahrte Rotationsprinzip der Streitkräfte, das die in der NATO-Russland-Grundakte getroffenen Vereinbarungen bzgl. des Ausbleibens der dauerhaften Stationierung von Truppen im neuen Bündnisgebiet wahrte, im deutschen Fall aufgegeben, da Russland zuvor durch den Krieg in der Ukraine die Akte de facto außer Kraft gesetzt hat. (Die 1997er Akte (NATO 1997b) konditioniert die alliierte Zusage bzgl. der Unterlassung von neuen östlichen Truppenstationierungen übrigens an die „aktuelle und vorhersehbare Sicherheitsumgebung", die 2022 zweifelsohne nicht mehr besteht – s. auch Hamilton 2022, 55). Durch die verschiedenen Führungsnationen und die damit verbundenen Zuständigkeiten bestimmter

95 Eine Verschiebung des Verhältnisses von Aufwuchs- zu bereits verlegten Kräften, Material und Munition wird explizit zugunsten letzterer im Madrilener Strategischen Konzept von 2022 formuliert (NATO 2022f., § 21).

Länder für bestimmte Frontabschnitte werden zudem regionale Verantwortlichkeiten permanent zugewiesen (BMVG 2024). Dies ist mit Blick auf die Verteidigungsfähigkeit positiv zu bewerten, da die teils aus sehr vielen Ländern zusammengesetzten Battlegroups Interoperabilitätsschwierigkeiten bedeuten können (Deni 2024). Zwar wird in Estland, Lettland und Polen das Rotationsprinzip wohl weiterhin eine stärkere Rolle spielen, aber die Anzahl der rotierten Kräfte soll ebenfalls das Brigadeniveau erreichen (Gotkowska und Graca 2023, NATO 2024aa). Neben diesen konkreteren Truppenverlegungen plant die Allianz zudem seit 2022 noch detailreicher mögliche Einsatzszenarien und bedenkt dabei zentraler als vorher Aspekte der Versorgung, des Munitionsvorrats oder von Streitkräfteverstärkung im Einsatzgebiet (Tarry 2024, 362 ff.).

Der Madrid-Gipfel 2022 und das neue Strategische Konzept

Auf dem Madrid-Gipfel im Juni 2022 wurde zudem im Rahmen der umfangreichen Beratungen zur neuen NATO-Strategie (s. u.) beschlossen, die bisher 40.000 Soldat*innen starke NRF bis Ende 2023 durch ein *New NATO Force Model* (neues Streitkräftemodell) zu ersetzen. Während die bisherige NRF innerhalb von 7-15 Tagen verlegbar sein sollte, wird beim New Force Model

- eine Verlegbarkeit von mehr als 100.000 Kräften in bis zu zehn Tagen angestrebt (*Tier 1 forces*);
- von bis zu 200.000 Kräften in 10-30 Tagen (*Tier 2 forces*); und
- von mindestens 500.000 Kräften in 30-180 Tagen (*Tier 3 forces*; NATO 2022i).

Im Sinne der neu etablierten regionalen Verantwortung einzelner Länder und im Zuge der entsprechenden Überarbeitung der Verteidigungspläne werden die Aufgaben der einzelnen alliierten Truppenteile zudem genauer als bisher zugewiesen und kurzfristige Fähigkeitslücken besser identifiziert und konkret ausgeglichen (NATO 2022i; Tarry 2024, 363). Die bisherigen schnellen VJTF-Einheiten sollen ab 2025 zudem durch eine *Allied Reaction Force* (ARF) abgelöst werden, die ohne schweres Gerät noch schneller als bisher geplant einsatzfähig sein soll, um kleinere Gebiete oder Einrichtungen abzusichern, zurückzuerobern oder bei Katastrophen zu helfen (NATO ACO 2024c). In dieses deutlich ausgeweiteten Force Model mit kürzeren Bereitschafts-/Verlegezeiten fallen laut BMVG „nahezu die gesamten deutschen Streitkräfte“ (BMVG 2024), die somit im Kontext der Zeitenwende-Politiken vor großen Herausforderungen stehen, sich einerseits zu transformieren und andererseits dabei einen deutlich höheren Bereitschaftsgrad als bisher aufrechtzuerhalten/ aufzubauen. Die deutschen Tier 2-Kräfte im New Force Model umfassen ca. 30.000 Soldat*innen und 85 Flugzeuge und Schiffe (ibid.). Diese massiven Veränderungen in der Verteidigungsplanung, Stationierung und Bereitschaft der NATO-Streitkräfte resultieren ebenfalls in einem nochmal erhöhten Übungsgeschehen – nicht unbedingt mit Bezug auf die Anzahl von Übungen, wohl aber mit Bezug auf teilnehmende Kräfte. Während größere Übungen vorher meist bis zu 30.000 Soldat*innen betrafen, nahmen an *Steadfast Defender 2024* in einem Zeitraum von ca. vier Monaten über 90.000 Soldat*innen, mehr als 80 verschiedene Luftfahrzeugtypen, mehr als 50 Schiffe (inkl. Flugzeugträgern) und mehr als 1.100 Kampffahrzeuge aller 32 NATO-Staaten teil, die gemeinsam kollektive Verteidigungsszenarien trainierten. Steadfast Defender 2024 war somit die größte Übung der Allianz seit dem Ende des Kalten Kriegs (NATO 2024ab).

Aufgrund der fundamentalen Verschiebungen der europäischen Sicherheitslage seit Februar 2022 beschloss die NATO auf dem Madrid-Gipfel (NATO 2022j) ebenfalls ein neues Strategisches Konzept, in dem einige der o. g. Aspekte enthalten sind. Damit aktualisierte das Bündnis sein 2010er Konzept, das noch vom Geiste der Zusammenarbeit mit Russland geprägt war, grundlegend. Nun bezeichnet das neue Konzept „Russland als größte und unmittelbarste Bedrohung für die Sicherheit der Verbündeten und Frieden und Stabilität im euro-atlantischen Gebiet" (NATO 2022f, § 8):

> The Russian Federation is the most significant and direct threat to Allies' security and to peace and stability in the Euro-Atlantic area. It seeks to establish spheres of influence and direct control through coercion, subversion, aggression and annexation. It uses conventional, cyber and hybrid means against us and our partners. Its coercive military posture, rhetoric and proven willingness to use force to pursue its political goals undermine the rules-based international order. [...] In light of its hostile policies and actions, we cannot consider the Russian Federation to be our partner. However, we remain willing to keep open channels of communication with Moscow to manage and mitigate risks, prevent escalation and increase transparency (NATO 2022f, § 8, 9)

Diese Bedrohungseinschätzung kommt einen Paradigmenwechsel im Vergleich zur Zentralität von Terrorismus im 2010er Konzept gleich (s. Kap. 4.3.3). Russland wird Einflusssphärendenken vorgeworfen, das durch direkte und indirekte Machtanwendung gewaltsam durchgesetzt wird, sich verschiedener Mittel (Cyber, konventionelle, hybride Kriegsführung) bedient und die regelbasierte Weltordnung unterminiert. Als Konsequenz daraus müsse die Allianz sowohl ihre Abschreckungs- als auch ihre Verteidigungsfähigkeiten gegenüber Russland stärken, wenngleich dies nicht eine prinzipielle Konfrontation mit Russland bedeuten müsse. Dennoch „kann die Russische Föderation im Lichte ihrer feindlichen Politiken und Handlungen nicht als Partner angesehen werden." (ibid., § 9). Dementsprechend hat der NATO-Russland-Rat seit Februar 2022 nicht mehr getagt, nachdem die Zusammenarbeit in ihm bereits seit 2014 deutlich weniger umfänglich als vorher und von 2014 bis 2016 ausgesetzt war. Er funktioniert somit de facto nicht mehr, wenngleich er formal nicht aufgelöst ist (NATO 2024o). An diesen Aussagen ist erkennbar, dass die ursprüngliche Aufgabe der NATO, die kollektive Verteidigung des Bündnisgebiets zu sichern, erneut in den Vordergrund des Allianzhandelns getreten ist. Im 2022er Strategischen Konzept finden sich zwar noch Verweise auf die asymmetrische Bedrohung durch Terrorismus sowie fragile Staatlichkeit in Afrika und dem Nahen Osten, sie treten aber vor der Bedeutung der russischen Bedrohung deutlich zurück (Sweijs und de Klerk 2024, 45 f.).[96] Wie bereits weiter oben angesprochen wird auch chinesisches außenpolitisches Verhalten als problematisch angesehen und als „Herausforderung für unsere Interessen, Sicherheit und Werte" formuliert (ibid., § 13, 14). Ein weiteres zentrales Element der Bedrohungsanalyse stellt zudem der Cyberbereich dar, genauso wie die Abschwächung des Rüstungskontrollregimes durch das Auslaufen bzw. die Kündigung wegen Verstößen gegen Kontrollverträge (ibid., § 15-18; Hamilton 2022, 55 ff.).

Neben den bereits zuvor diskutierten Veränderungen in der Streitkräftebereitschaft und -stationierung sieht das Strategische Konzept von 2022 auch Kapazitätsverbesserungen in den Bereichen maritimer Sicherheit, des Zugangs zum Weltraum und Cyberspace oder in der ABC-Abwehr vor, wenngleich die Formulierung von Verteidigungszielen und -mitteln teils noch zu unspezifisch bleibt (Sweijs und de Klerk 2024, 46 ff.). Im Sinne eines ganzheitlichen Sicherheitsbegriffs wird auch die Notwendigkeit formuliert, alliierte Gesellschaften und ihre zentralen Infrastrukturen (Energie, Gesundheitssysteme und andere kritische Bereiche) besser gegenüber

96 Das Konzept erwähnt ebenfalls Klimawandel, Pandemien oder ähnliche Katastrophen und Lebensmittelversorgung als Quellen von Unsicherheit, genauso wie (sexuelle) Gewalt gegenüber Zivilist*innen und Fluchtbewegungen (NATO 2022f, § 11, 12, 19).

verschiedenen Formen von Konflikt zu schützen (NATO 2022f, § 23-26, 31). Etwas ausführlicher als noch 2010 formuliert das neue Konzept zudem die Bedeutung der nuklearen Abschreckung der Allianz, ihrer britischen, französischen und US-amerikanischen Komponenten sowie ihrer technischen Entwicklung und Einsatzsicherheit/-fähigkeit (Mattelaer 2024, 100 f.). Dazu gehöre ebenfalls das *nuclear sharing (nukleare Teilhabe)*, also die Präpositionierung von US-Atomwaffen in Europa, die im Einsatzfall auch durch alliierte Kräfte ins Ziel gebracht werden würden (ibid., § 28-30).[97] Das 2022er Strategische Konzept stellt weiterhin die Notwendigkeit von Krisenmanagement und entsprechenden out of area-Missionen sowie der Organisation kooperativer Sicherheit mit Partnerstaaten auf der ganzen Welt heraus, aber insgesamt ist eine klare Bedeutungsverschiebung der Gefahrenanalyse und -reaktion in Richtung der Notwendigkeit kollektiver Verteidigung gegen Russland festzustellen (s. auch Rühle 2023). Jegliche Sprache von Partnerschaft mit Russland, wie sie im NACC/EAPC und seinem PfP-Programm sowie durch den NATO-Russland-Rat herrschte, ist abwesend und setzt somit auch ein klares Zeichen der *Zeitenwende* innerhalb der NATO durch den russischen Angriffskrieg auf die Ukraine. Obwohl die NATO weiterhin für die Aufrechterhaltung von Kooperation und ihrer Grundlage, der regelbasierten Weltordnung, eintritt, identifiziert sie die Russische Föderation – und die Volksrepublik China in geringerem Maße, mit ambivalenterer Sprache und ohne umfassende Handlungsaufträge – als klaren Gegner für beide Kerninteressen der Allianz und ihre liberal-demokratische Wertebasis, die sie gegen eine „strittige [contested] und unkalkulierbare Welt" (NATO 2022f, 1) verteidigen muss (s. auch Simón 2024, 389; Sweijs und de Klerk 2024, 46).

Abschreckung und liberale Werte

Insgesamt lassen sich somit seit Februar 2022, dem Madrid-Gipfel im Juni 2022 und dem darauf verabschiedeten Strategischen Konzept zwei Entwicklungen ausmachen. Erstens offenbart sich in der Strategie ein – langsamer – Wechsel in der Abschreckungs- und Verteidigungsstrategie

97 Deutschland beteiligt sich am nuclear sharing der NATO, weshalb das Sondervermögen der Bundeswehr im Rahmen der Zeitenwendereformen die schnelle Anschaffung der US-amerikanischen F35A-Jets vorsieht, um die alternden Tornadomaschinen der Bundeswehr zu ersetzen, die diese Aufgabe bisher wahrnehmen (Bundeswehr 2022; s. auch Pleyer 2023).

von *deterrence by punishment* zu *deterrence by denial* ab, wenngleich dieser aufgrund noch nicht ausreichender Kapazitäten und Präpositionierungen von Truppen, Material und Fähigkeiten an der Ostflanke noch unvollständig bleibt (Deni 2024; Schake 2024, 94): Während die Alliierten mit der eFP im Baltikum und Polen in Bataillonsstärke (den Battlegroups) seit 2014 einen Stolperdraht gezogen hatten, der anfängliche Territorialgewinne durch russische Invasoren wohl nicht aufgehalten, aber *kostspieliger* gemacht – also *bestraft* (punishment) – hätte (s. Kap. 4.4), so befindet sich die aktuelle Strategie mit der Aufstockung von Personal und Material an der Ostflanke auf dem Weg zu einer *Verhinderung* (denial) von Territorialgewinnen durch einen potentiellen russischen Angreifer. Mehr oder weniger identisch und sehr konsistent, von Präsidialebene bis hin zu Außen- und Verteidigungsministerien, findet sich in Äußerungen aller Verantwortlichen im Bündnis und den NATO-Mitgliedstaaten daher der Satz, dass die Allianz *jeden Quadratzentimeter ihres Territoriums verteidigen wird.* Konzeptionell nähert sich die NATO hier also der während des Kalten Kriegs adoptierten Strategie an (Vorneverteidigung s. Kap. 3.2), wenngleich diese auch damals nicht immer vollumfänglich gegeben war/ funktioniert *hätte* und sich daher zusätzlich auf nukleare Abschreckung verließ. Dieser Strategiewandel, so John Deni, sei der neuen Gefahr angemessen, aber noch nicht ausreichend umgesetzt, da nicht nur die Zahlen bisher nicht ausreichten, sondern auch wichtige Fähigkeiten wie eine ausgebaute Luftverteidigung und elektronische Kapazitäten fehlten (Deni 2024).

Zweitens enthalten Strategisches Konzept, die Madrilener Gipfelerklärung und der allgemeine alliierte verteidigungspolitische Diskurs seit Februar 2022 deutlichere Verweise auf und Betonungen des liberalen Wertefundaments der Allianz. Wenngleich dies wie zu Beginn des Abschnitts besprochen im geo- und sicherheitspolitischen Sinn der Etablierung eines Gegensatzes zwischen Demokratien und Autokratien nicht unproblematisch ist, so demonstrieren die Bündnispartner eine lang nicht gesehene wertebezogene Einigkeit, die während Trumps erster Präsidentschaft und mit Blick auf den innenpolitisch zunehmenden Illiberalismus in fast allen Staaten der Allianz durch populistische Politik (Bunde 2019; Ellehuus and Morcos 2021; Flockhart 2021, 184 ff.; Posen 2018) lange nicht so zentral schien (z. B. Olsen 2024). Wenngleich es in NATO-Staaten signifikante Opposition sowohl zum Krieg als auch bzgl. alliierter Waffenlieferungen an die Ukraine gibt, so unterstützen in der Regel große Mehrheiten sowohl den pro-ukrainischen Kurs der Regierungen als auch die notwendigen

Mehrausgaben für Verteidigung, die die Bündnisstaaten seit Februar 2022 auf den Weg gebracht haben – wenngleich es seit Beginn des Krieges eine abnehmende Tendenz gibt (European Commission 2023, 42; Hoffmann and de Vries 2024; Thomson et al. 2023; Wike et al. 2024). In dem Sinne hat die Herausforderung liberaler Werte durch den russischen Angriffskrieg also deren Bedeutung für Innen- wie Außenpolitik gefestigt und zu lange nicht gesehener Politikangleichung in der Allianz geführt (Schake 2024, 92 f.; Walt 2023). Daniel Hamilton formulierte daher trefflich:

> However uncertain Ukraine's fate may be, what is certain is that Vladimir Putin has succeeded in uniting the transatlantic community in ways unknown since Europeans and Americans closed ranks in the wake of the 11 September 2001 terrorist attacks on the United States. (Hamilton 2022, 54)

Obwohl die vergangenen Überlegungen gezeigt haben, dass diese neue wertegeleitete und politische Einigkeit der Allianz mehr ein *work in progress* oder Projekt als ein fester Zustand ist und dass hinter der Betonung liberaler Werte, der Stärkung der kollektiven Verteidigungsfähigkeiten und der Unterstützung der Ukraine politische Konflikte und eine illiberale Herausforderung (entweder in der Bevölkerung oder in einzelnen Regierungen) fortbestehen, so hat der Angriffskrieg Russlands seit 2014 gezeigt, dass die Atlantische Allianz durchaus effektiv und prompt auf Gefahren reagiert und willens ist, ihre Mitglieder zu verteidigen und ihre (demokratischen) Partner zu unterstützen, wenn sie angegriffen werden. Zwar mag das aktuelle Handeln der Allianz noch nicht vollständig den militärischen Notwendigkeiten entsprechen, um einen potentiellen russischen Angriff wirklich an den Grenzen der Allianz abwehren zu können (deterrence by denial), diese Unzulänglichkeit sind jedoch auch kritisch gegen die geringe Wahrscheinlichkeit eines Krieges der NATO mit Russland abzuwägen – wie während des Kalten Kriegs (Deni 2024). Dieses Commitment zu einer noch unvollständigen aber gestärkten Verteidigungsfähigkeit der Allianz über die Zeit des Ukrainekrieges zu tragen und gleichzeitig die militärische Gefahr Russlands für die NATO selbst adäquat einzuschätzen bleibt ein anspruchsvolles politisches, diplomatisches und militärisches Programm für das Bündnis – zumal seit dem Beginn der zweiten Amtszeit Trumps die Wertekomponente der Ukrainepolitiken genauso in Frage gestellt wird wie (erneut) das kollektive Verteidigungsversprechen. Dies ist nicht zuletzt an den gänzlich anderen Vorstellungen über transatlantische Zusammenarbeit und die Wertegemeinschaft, die Vizepräsident J.D. Vance auf der 2025er

Münchner Sicherheitskonferenz äußerte (MSC 2025), deutlich geworden. Wenn ein US-Präsident zudem einem NATO-Staat zumindest indirekt mit militärischer Gewalt droht (Dänemark wegen Grönland) und einem weiteren die Unabhängigkeit abspricht (Kanada), dann hat eine Allianz ein ziemlich großes Problem.

4.6 Zurück zu den Ursprüngen? Von Kooperation zu Konfrontation zwischen NATO und Russland

Die NATO sah sich nach dem Ende des Kalten Kriegs mit einem kollektiven Verteidigungsproblem anderer Natur konfrontiert: Wie die Allianz zusammenhalten, wenn der Gegner nicht mehr existiert? Ein (neorealistischer) Teil der Antwort lag darin, dass die sicherheitspolitische Lage in Europa aufgrund der Unsicherheit in Demokratisierungsprozessen und des Auseinanderfallens einiger Länder, z. B. auf dem Balkan, unübersichtlich geblieben war und somit der Erhalt einer reduzierten kollektiven Verteidigungsfähigkeit Sinn machte, wenngleich in dieser Situation nicht mit einer neuen Bedrohung à la UdSSR zu rechnen war. Ein Argument, dem wir in Kapitel 6 stärker nachgehen, betont die Relevanz des fortbestehenden Zusammengehörigkeitsgefühls der NATO-Staaten, dessen Bedeutung sich zuletzt wieder seit dem Beginn des russischen Angriffkriegs in der Ukraine offenbarte. Eine institutionalistische Erklärung (s. Kap. 2) unterstreicht die einer tief institutionalisierten Organisation eigenen bürokratischen und politischen Prozesse, die pfadabhängig in Richtung Erhalt führen. Ein weiterer Teil dieses Arguments betrifft die Anpassungsfähigkeit von komplexen Institutionen, sodass die NATO in der Lage war, zunehmend Aufgaben kollektiver Sicherheit/des Krisenmanagements und kooperativer Sicherheit an sich zu ziehen, für die es durch ihre militärischen Fähigkeiten wertvolle Kapazitäten bereitstellen konnte (s. Kap. 5). Die Allianz übernahm damit sowohl Aufgaben in der Nähe ihrer Grenzen als auch später im Falle Afghanistans oder des Horns von Afrika weit weg von zuhause (*out of area*).

Nach dieser Übergangsphase der 1990er Jahre setzte zu Beginn der 2000er Jahre eine schwierige Phase für die NATO ein. Durch die an 9/11 durch al-Qaida durchgeführten Anschläge in den USA wurde erstmals der Bündnisfall des Nordatlantikvertrags ausgerufen. Dies sorgte zunächst für eine enorme Solidarität mit den USA, durch die sich die Allianz in den kollektiven Verteidigungseinsatz in Afghanistan begab, der später in den bislang größten nation- und state building-Einsatz ihrer Geschichte überging, der bis 2021 andauerte (ISAF, s. 5.3.3). Problematisch wurde das Verhältnis zwischen den Alliierten jedoch durch den Unilateralismus unter Bush Jr. und die seit 9/11 praktizierte offensive Doktrin der präventiven Kriegsführung und des neokonservativen spread of democracy. Die Bush-Doktrin führte die US-Amerikaner*innen einerseits zur Kündigung des ABM-Vertrags, was bis heute in die russisch-amerikanische Rüstungskontrollpolitik nachwirkt, und andererseits in den Irakkrieg. Die Spaltung der Allianz in Unterstützer und Gegner des Irakkriegs sorgte für massive Verstimmung im transatlantischen Verhältnis, die persönlicher, politischer und strategischer Natur waren. Diese Zerwürfnisse konnten nur durch die Ankunft neuer Entscheidungsträger*innen, die Notwendigkeit der Zusammenarbeit in Afghanistan und das Aufkommen der Finanzkrise im September 2008 langsam gekittet werden.

Die Jahre zwischen 2009 und 2014 waren durch den multilateralen Politikstil von US-Präsident Obama trotz kleinerer politischer Uneinigkeiten um Afghanistan militärisches burden-sharing oder die Raketenabwehr ruhige Jahre für die NATO. Das Bündnis managte mit seiner Intervention in Libyen eine schwierige Situation, bei der keine Einigkeit zwischen Alliierten ob der Sinnhaftigkeit des Einsatzes herrschte (s. Kap. 5.3.4). Beginnend mit der russischen Intervention in Georgien 2008, die die NATO erstmals an russischer Friedfertigkeit in der Regelung seiner außenpolitischen Interessen zweifeln ließ, vor allem aber durch die Ereignisse in der Ukraine seit Februar 2014 haben sich die politischen Koordinaten der Allianz jedoch wieder verschoben. Die gewaltsame Veränderung der Grenzen durch die widerrechtliche Annexion der Krim sowie die Unterstützung von Separatist*innen in der Ostukraine entstand eine neue Bedrohungslage, durch die Aspekte der kollektiven Verteidigung wieder stärker in den Vordergrund des Allianzhandelns gerieten, während der Afghanistaneinsatz nach wie vor Kräfte band. Das Handeln des Bündnisses stand so zwischen 2014 und 2022 nach Sten Rynning in einem „Spannungsverhältnis zwischen globalen und regionalen Sicherheitsproblemen“ (Rynning 2017, 114). Einerseits musste das Bündnis Krisenmanagementaufgaben in Afghanistan aufrechterhalten, während die Situation in Europa klassische kollektive Verteidigungsplanungen erforderte. Diese Aufgaben stellen teils unterschiedliche Anforderungen an die Streitkräftestruktur und liegen quer zu den seit dem Ende des Kalten Kriegs stark reduzierten Armeegrößen, insbesondere des Heeres. Zwar stand auch der offensive NATO-Kritiker Donald Trump hinter der enhanced Forward Presence des Bündnisses in Polen und im Baltikum, aber die in Afghanistan so wichtige Führungsfähigkeit der USA fehlte zwischen 2017 und 2021 in Osteuropa, sodass die Allianz nicht optimal funktionierte (ibid.). Unter Joe Biden bestand dieses Problem zwischen Januar 2021 und Januar 2025 zwar nicht, Spannungen traten dann aber während des noch durch Trump verhandelten, aber durch die Biden-Administration missglückt implementierten Abzugs aus Afghanistan im August 2021 wieder auf. Diese waren jedoch im Wesentlichen temporärer Natur.

Während das verstärkte US-amerikanische Engagement in Asien unter Obama keine Absage an Europa und die NATO bedeutete, so bestand in den USA (und einigen anderen Mitgliedstaaten wie Frankreich oder dem Vereinigten Königreich) neben der finanziellen Lastenverteilung nach 20 Jahren Interventionen in Afghanistan und anderswo doch Unzufriedenheit darüber, dass einige Alliierte zum Kämpfen bereit waren, während sich andere mit kleineren Rollen und Wiederaufbau begnügten. Die NATO entwickelte mit dem Aufkommen einer *two-tier alliance*, einem Bündnis aus zwei sehr unterschiedlichen Gruppen, also ein Solidaritätsproblem (Hill 2018, 327 ff.; Nötzel und Schreer 2009). Während die Invasion der Krim im Februar 2014 und die auf die russische Aggression folgende Verstärkung kollektiver Verteidigungsbemühungen in Europa dieses Problem zeitweise in den Hintergrund treten ließen, wurde es unter Trump zu einer grundlegenden Probe für die Allianz (s. Kap. 4.4.2). Es zeigt sich an dieser Stelle aus der Vogelperspektive, dass die NATO größtenteils aus liberalen Demokratien besteht, die aufgrund ihrer Verfasstheit und ihrer innen- wie außenpolitisch motivierten Interessen Konflikte untereinander bewältigen müssen.

Durch den Krieg im Osten der Ukraine und seit 2022 in der gesamten Ukraine sind die Grundlagen der kooperativen NATO-Russland-Beziehungen, die 1997 in der Gemeinsamen Akte (NATO 1997b) festgelegt wurden und unter anderem den Respekt von Souveränität und Grenzen beinhalteten, nun obsolet (Deni 2017, 37 f.; Sakkov 2019). Russland war im Grunde seit 2011 kein Partner mehr, wenn man nicht nur an die Kriminvasion und den Krieg im Donbas denkt, sondern auch an die Unterwanderung des INF-Vertrags. Einige Staaten, darunter prominent die Bundesrepublik Deutschland oder Frankreich, aber auch Italien oder Ungarn versuchten dennoch lange einen Mittelweg zwischen Diplomatie, Sanktionen, und Kooperation, darunter intensiv im Energiesektor, mit Russland zu fahren, während gleichzeitig die kollektive Verteidigungsfähigkeit der Allianz gestärkt wurde. Dieser Mittelweg scheiterte im Februar 2022 mit Pauken und Trompeten und mit Ansage, denn es wurde wegen des kooperativeren politischen wie wirtschaftlichen Ansatzes lange nicht auf die kritischeren Stimmen gegenüber Russland vor allem aus dem Osten des Bündnisses, aber auch aus den USA gehört. Das westliche Bündnis muss sich den Vorwurf gefallen lassen, durch seinen zwischen 1999 und 2004 betriebenen Osterweiterungsprozess, Schwierigkeiten in der Konstruktion einer gesamteuropäischen Sicherheitsarchitektur mit Russland sowie bei Kooperationsprogrammen mit Georgien oder der Ukraine russische Sicherheitsinteressen nicht hinreichend berücksichtigt bzw. zu wenig Sicherheitsdilemmasensibilität gezeigt zu haben (Hill 2018, 116, 287 ff.; Mearsheimer 2014). Ob dies möglich gewesen wäre, ist in Anbetracht des 2008, 2014 und 2022 nun wiederholt und unmissverständlich demonstrierten Einflusssphärendenkens Russlands und seiner revisionistisch-imperialistischen Agenda aber eine andere Frage (Rynning 2015, 549 f.; Wæver 2014, 54 ff.). Bei aller gebotener akademischer Zurückhaltung zwischen diesen zwei antagonistischen Positionen sollten aber vier Dinge festgestellt werden:

1. Die vertragliche, auf gegenseitigem Einvernehmen mit frei für sich entscheidenden Staaten basierende Osterweiterung der NATO stellt qualitativ eine andere Form des politischen Handelns gegenüber Russland dar, als die gewaltsame Veränderung von Grenzen und die hybriden Formen der Kriegsführung Russlands.
2. Die Absicht der Osterweiterung des Bündnisses war Russland bei Unterzeichnung der Grundakte bekannt. Die NATO hielt sich bis 2022 an die darin enthaltenen Bestimmungen zum Ausbleiben der Stationierung von Streitkräften in den neuen Mitgliedstaaten.
3. Russland reagierte mit der Invasion der Krim 2014 nicht auf einen Erweiterungsversuch der NATO, sondern auf den Versuch des Abschlusses eines Handelsabkommens mit der EU. Ideen zur Mitgliedschaft der Ukraine in der NATO waren bereits 2008 auf Eis gelegt worden.
4. Moskau verletzt mit seiner Invasion der Krim, seiner Einmischung in der Ostukraine und seiner gesamtukrainischen Invasion von 2022 Sicherheitsgarantien, die es Kyiv 1994 gegeben hat, seine PfP-Verpflichtungen (s. O'Hanlon 2014) und Absprachen der 1975er Helsinki-Akte genauso wie grundlegende Normen der UN-Charta, darunter ihr zentrales Gewaltverbot (Art. 2). Es positioniert sich somit trotz seines Status als Garantiemacht der UN-Charta als revisionistische Macht.

Die aktuelle Situation ist also einerseits durch ein problematisches Verhalten des Westens in den 1990er und 2000er Jahren gekennzeichnet, während derer er (oder Teile von ihm) sich im Kosovo oder im Irak auch nicht immer an diese Ordnung hielten (s. Goldgeier und Itzkowitz Shifrinson 2020). Russlands revisionistisch-imperiales, territorialeroberndes Verhalten in der Ukraine untergräbt aber die regelbasierte Weltordnung in einem anderen Ausmaß, das jeglichen Vorstellungen von Freiheit, Selbstbestimmung und Nichteinmischung diametral entgegenläuft. Die Verstöße der einen Seite können nicht die der anderen rechtfertigen (Heuser 2024, 76 f.; Lanoszka 2020). Es kann Russland schwerlich vorgeworfen werden, *dass* es seine Interessen verfolgt. Das *Wie* ruft jedoch enorme Probleme hervor, wie William Hill (2018, 384) eingängig bemerkte:

> „Since the breakup of the Soviet Union, Kremlin leaders harbored the notion that Russia had a special relationship and special rights in the countries that had been Soviet republics. […] Russian leaders after 1992 perceived a special right to follow, intervene, and—if necessary—control developments in the former Soviet republics." (Hill 2018, 384)

Der Westen ist nicht frei von Kritik eines ähnlichen Verhaltens in Anbetracht von manchen US-amerikanischen geheimen und weniger geheimen Aktionen in Lateinamerika (oder französischen oder britischen anderswo) oder Kriegen wie denen im Kosovo 1999 oder im Irak 2003. Daraus aber einen Kriegsgrund abzuleiten, wie Russland das 2022 in der Ukraine tat, ist völkerrechtlich nicht haltbar (Gill 2022). Die Invasionen der Ukraine sowie das russische Engagement zugunsten des syrischen Präsidenten Assad im dortigen Bürgerkrieg stellen somit erneut einen nicht überbrückbaren Gegensatz von weltpolitischen Ordnungsmodellen dar, der die 1990er Nachkriegsordnung nunmehr außer Kraft setzt. Es ist ein Gegensatz zwischen liberalen Demokratien und autokratisch-imperialer Herrschaft.

Die Fortsetzung partnerschaftlicher Beziehungen zwischen Russland und der Atlantischen Allianz, wie sie seit dem Ende des Kalten Kriegs mit Erfolgen und Misserfolgen etabliert worden war, wird durch diese Konflikte und Kriege grundlegend erschwert und durch eine neue ideologische Konfrontation um Weltordnungsmodelle ersetzt, die aufgrund der vielfältigen sub-militärischen Eskalationsebenen in Zeiten hybrider Kriegsführung deutlich instabiler als die des Kalten Kriegs ist (Reisinger und Golts 2014, 10; Rynning 2015, 545). Die westliche Form des Werteliberalismus mag Russland mit gutem Grund ob seiner autokratischen Verfasstheit als eine

Gefahr erscheinen (Schake 2017). Somit ist Mearsheimer (2014) so weit Recht zu geben, dass liberale Ideologie zu einer stärkeren Konflikthaftigkeit mit Russland führt. Daraus den Schluss zu ziehen, dass russisches Einflusssphärendenken, die Absprache der souveränen Entscheidungsfähigkeit anderer Staaten über ihre Außenpolitik und die Veränderung von Grenzen mit militärischen Mitteln adäquate Reaktionen sind, muss jedoch kritisch gesehen werden. Aus einer anderen realistischen Perspektive, der balance of threat-Theorie, kann Mearsheimer entgegengesetzt werden, dass der Versuch der Veränderung des Status quo durch Russland zu einer Gegenwehr – einer „balancing coalition[s]“ (Walt 2023) – geführt hat, die dieses Instabilität produzierende Verhalten bestraft. Für dieses Verhalten westlicher und/oder anderer liberal-demokratischer Staaten ist gemeinsame Ideologie ein wichtiger Erklärungsfaktor.

Wir befinden uns somit spätestens seit 2022 in einer neuen Sicherheitslage in Europa, in der Versuche zur Etablierung von auf Rechtsstaatlichkeit und Kooperation basierenden Beziehungen mit Russland nicht nur nicht funktioniert haben, sondern sich zu einer Situation entwickelt haben, in der die ehemals sowjetische Hegemonialmacht die europäische Ordnung durch Anwendung von Gewaltmitteln zu seinen Gunsten und in einer Weise verändern will, die unseren eigenen Ordnungs- und Moralideen fundamental widerspricht, die und auf das Recht des Stärkeren setzt und die regelbasierte Weltordnung, die seit 1945 etabliert wurde, ablehnt. Solange sich an dieser russischen Positionierung gegenüber der Ukraine, dem Westen und der Welt nichts ändert, müssen wir uns daher mit diesen unangenehmen Fragen kollektiver Verteidigung auseinandersetzen. Das Handeln der NATO seit 2014 zeugt davon, dass die Allianz sowohl politisch als auch funktional auf Krisen reagieren und Politiken beschließen kann, die auf Veränderungen im strategischen Umfeld des Bündnisses reagieren. Theoretisch gefasst heißt dies nach institutionalistischer Lesart, dass das Militärbündnis für die beteiligten Staaten nach wie vor einen Zweck erfüllt und als Teil der Lösung des Sicherheits- und Verteidigungsproblems an der Ostflanke der NATO gesehen wird. Die Atlantische Allianz hat somit nach einer seit 1990/91 andauernden Phase der Nachrangigkeit kollektiver Verteidigungsfragen erneut unter Beweis gestellt, dass sie zur Anpassung ihrer Aufgaben, Politiken und ihrer Strukturen in der Lage ist und Staaten ihre Sicherheit durch sie organisieren. Damit ist sie schwerlich eine der Sicherheits- und Verteidigungspolitik epiphänomenale, irrelevante Institution, wie Mearsheimers (1994, 15 ff.) frühe Kritik am Institutionalismus lautete. Es gab jedoch Initiativen einzelner Staaten, z. B. Polens, neben der Stärkung der Verteidigungspolitiken in der Allianz auch bilaterale Vereinbarungen mit den USA zu treffen (Deni 2017, 34 ff.; Feickert et al. 2020). Das zeigt, dass diese Staaten die ultimative Garantie ihrer Sicherheit weniger bei der NATO selbst, als vielmehr bei den USA sehen. Dadurch wird klar, dass die Rolle der Vereinigten Staaten in der europäischen Sicherheits- und Verteidigungspolitik nach wie vor die des Hegemonen ist, ohne den sie schwer denkbar und ohne den die NATO nicht handlungsfähig ist. Das ist in Anbetracht unsicherer und polarisierter innenpolitischer Interessenlagen zur Fortsetzung eines internationalen Engagements in den USA und einem zunehmenden Fokus auf Großmachtkonfrontation mit China problematisch – für Europa (s. auch Bronk 2023; Stephens 2024; Sweijs und de Klerk 2024, 40). Die Atlantische Allianz hat ihre Funktions- und Arbeitsfähigkeit im kollektiven Verteidigungsbereich seit 2014 – mit Einschränkungen (s. Deni, 2024; Gressel 2019) – unter Beweis gestellt, und auch ihre Gesellschaften zeigen trotz der Herausforderungen des Krieges bisher größtenteils Resilienz gegen ihn und unterstützen das Vorgehen der Westalliierten (Schake 2024, 92 f.). Die Trump-Jahre oder der wenig koordinierte Rückzugsbeschluss aus Afghanistan haben aber auch gezeigt, wie politisch labil das Bündnis werden kann, wenn wichtige Führungspersonen und Staaten sich nicht oder nur eingeschränkt kooperativ verhalten (s. Bunde in Kauffmann 2018). Dies wird in Allianzen liberaler Staaten meist so sein, da sich außenpolitische Positionen durch innenpolitische Veränderungen verschieben können (Moravcsik 1997; Walt 1997, 161 ff.). Die liberale Identität der NATO und (der meisten) ihrer Mitgliedstaaten (s. Kap. 6) sowie das tief institutionalisierte Wesen, die Organe und Praktiken der Allianz konnten diese Probleme aber bisher stabilisieren und ausgleichen. Sie führten dazu, dass die Allianz auch in Zeiten innenpolitischer Zerrüttung handlungsfähig blieb (Bunde 2023; Flockhart 2016; Ostermann 2023; Wallander 2000; Wallander und Keohane 1999). Diese Parallelität der Verteidigungsaufgabe mit liberalen Institutionen und Politiken machen die Allianz einzigartig in ihrem Handeln, wie auch das kommende Kapitel über kollektives und kooperatives Sicherheitshandeln der NATO zeigen wird. Ob diese Einzigartigkeit auch die zweite Trump-Präsidentschaft mit zurzeit (Februar 2025) stark zentrifugalen Tendenzen in transatlantischer Politik überdauern wird, ist im Moment unsicher.

4.7 Diskussionsfragen und weiterführende Literatur

Diskussionsfragen:

- Warum löste sich die NATO nach dem Ende des Kalten Kriegs nicht auf und wie könnte man das aus verschiedenen theoretischen Blickwinkeln erklären?
- Wie gestaltete die NATO nach dem Ende des Kalten Kriegs die Beziehungen mit den Staaten des ehemaligen Ostblocks und insbesondere Russland?
- Welche Motivationen und Interessen standen hinter der Osterweiterung der NATO?
- Warum sieht Russland in der Osterweiterung der Allianz eine Gefahr und aus welchen Perspektiven lassen sich Gründe dafür oder dagegen anführen?
- Welche Konsequenzen hatte 9/11 für die NATO?
- Welche Rolle spielte die Allianz im Irakkrieg und wie wirkte er sich auf gemeinsame Politiken und die Gemeinschaft aus?
- Welche Elemente Trump'scher politischer Rhetorik sind für die Allianz problematisch und warum?
- Hat es durch Donald Trump Veränderungen in der US-Außen- und Sicherheitspolitik gegenüber der NATO und Europa gegeben?
- Hatte Präsident Trump mit seiner Kritik an der ungleichen Lastenverteilung im Bündnis Recht?
- Wie veränderten die russischen Invasionen der Ukraine (Krim 2014 und gesamt 2022) die Allianzstrategie?
- Warum führen hybride Kriege und cyber warfare zu einer instabilen Situation in euro-atlantischen Sicherheitsfragen?
- Welche Rolle kommt westlichen und russischen Ideologien im aktuellen Konflikt zu? Beurteilen Sie aus verschiedenen theoretischen Perspektiven.
- Ist die NATO heute verteidigungspolitisch stärker aufgestellt als vor 2014?

Weiterführende Literatur:

Anderson, Jeffrey, G. John Ikenberry und Thomas Risse, Hrsg. (2008). *The End of the West? Crisis and Change in the Atlantic Order.* Ithaca (NY) and London: Cornell University Press.

Anderson, R. Reed, Patrick J. Ellis, Antonio M. Paz, Kyle A. Reed, Lendy „Alamo" Renegar, and John T. Vaughan (2016). *Strategic Landpower and Resurgent Russia: An Operational Approach to Deterrence.* Carlisle Baracks (PA): United States Army War College Press.

Blessing, Jason, Katherine Kjellström Elgin, Nele Marianne Ewers-Peters und Rakel Riderman. NATO 2030. *Towards a New Strategic Concept and Beyond.* Washington D.C.: Foreign Policy Institute/ Henry A. Kissinger Center for Global Affairs, Johns Hopkins University.

Böller, Florian, Christoph M. Haas, Steffen Hagemann, David Sirakov, and Sarah Wagner, Hrsg. (2020). *Donald Trump und die Politik in den USA. Eine Zwischenbilanz.* Baden-Baden: Nomos.

Chomsky, Noam (2002). *The Attack: Hintergründe und Folgen.* 2. Aufl. Hamburg: Europa-Verlag.

Cramer, Jane K., Hrsg. (2013). *Why Did the United States Invade Iraq?* London and New York: Routledge.

Dembinski, Matthias und Caroline Fehl (Hrsg., 2021). *Three Visions for NATO. Mapping National Debates on the Future of the Atlantic Alliance.* Studie, Juni 2021. Berlin, Bonn: Friedrich-Ebert-Stiftung.

Deni, John R. (2021). *Coalition of the unWilling and unAble. European Realignment and the Future of American Geopolitics.* Ann Arbor (MI): Michigan University Press.

Gärtner, Heinz, Adrian Hyde-Price, and Erich Reiter, Hrsg. (2001). *Europe's New Security Challenges.* Boulder (CO) and London: Lynne Rienner.

Goldgeier, James und Joshua R. Itzkowitz Shifrinson (2020). „Evaluating NATO enlargement: scholarly debates, policy implications, and roads not taken." *International Politics* 57 (3): 291-321 (*Special Issue von* International Politics *zur NATO-Osterweiterung mit weiteren Artikel*).

Haaland Matlary, Janne und Rob Johnson (Hrsg., 2024). *NATO and the Russian War in Ukraine. Strategic Integration and Military Interoperability.* London: Hurst & Company.

Heydemann, Günther, and Karel Vodička, Hrsg. (2014). *Vom Ostblock zur EU. Systemtransformationen 1990-2012 im Vergleich.* Göttingen: Vandenhoeck & Ruprecht.

Hill, William (2018). *No Place for Russia. European Security Institutions since 1989.* New York et al.: Columbia University Press.

Jäger, Thomas, Hrsg. (2011). *Die Welt nach 9/11. Auswirkungen des Terrorismus auf Staatenwelt und Gesellschaft*, Sonderheft der Zeitschrift für Außen- und Sicherheitspolitik. Wiesbaden: VS Verlag für Sozialwissenschaften.

Johnson, Dave (2024). „Russian Security and Defence Policy from Stalin to Putin." In *Routledge Handbook of NATO*, hrsg. v. John Andreas Olsen. London and New York: Routledge, 132-144.

Klöckner, Christian, Simone Knewitz und Sabine Sielke, Hrsg. (2014). *Beyond 9/11. Transdisciplinary Perspectives on Twenty-First Century U.S. American Culture.* Frankfurt am Main et al.: Peter Lang.

Krupnick, Charles, Hrsg. (2003). *Almost NATO. Partners and Players in Central and Eastern European Security.* Lanham (BD): Rowman & Littlefield.

Larrabee, F. Stephen (2003). *NATO's Eastern Agenda in a New Strategic Era.* Santa Monica (CA): RAND Corporation. Available from https://www.jstor.org/stable/10.7249/mr1744af.

Legvold, Robert, and Christopher F. Chyba (2020). „Introduction: The Search for Strategic Stability in a New Nuclear Era." *Daedalus* 149(2): 6-16.

Lindstrom, Gustav, Hrsg. (2003). *Shift or Rift – Assessing US-EU relations after Iraq.* Paris: European Union Institute for Security Studies.

Masala, Carlo (2022). *Weltunordnung. Die globalen Krisen und die Illusionen des Westens.* 3., aktualisierte Auflage. München: C.H. Beck.

— (2023). *Bedingt abwehrbereit. Deutschlands Schwäche in der Zeitenwende.* München: C.H. Beck.

Moore, Rebecca R., and Damon Coletta, Hrsg. (2017). *NATO's Return to Europe. Engaging Ukraine, Russia, and Beyond.* Washington D.C.: Georgetown University Press.

Ozawa, Marc, Hrsg. (2019). The Alliance Five Years after Crimea: Implementing the Wales Summit Pledges. Rome: NATO Defence College. http://www.ndc.nato.int/research/research.php?icode=0 (accessed 1 April 2020).

Paulauskas, Kęstutis (2024). „NATO and the Eastern Flank." In *Routledge Handbook of NATO*, hrsg. v. John Andreas Olsen. London and New York: Routledge, 289-301.

Poppe, Sandra, Thorsten Schüller, and Sascha Seiler (2009). *9/11 als kulturelle Zäsur. Repräsentationen des 11. September 2001 in kulturellen Diskursen, Literatur und visuellen Medien.* Bielefeld: transcript.

Riemann, Malte und Georg Löfflmann (Hrsg., 2023). *Deutschlands Verteidigungspolitik. Nationale Sicherheit nach der Zeitenwende.* Stuttgart: Kohlhammer.

Rynning, Sten (2024). *NATO. From Cold War to Ukraine, a History of the World's Most Powerful Alliance.* New Haven (CT): Yale University Press.

Sauer, Tom, Jorg Kustermans, and Barbara Segaert, Hrsg. (2020). *Non-Nuclear Peace. Beyond the Nuclear Ban Treaty.* Cham: Palgrave Macmillan.

Schuster, Jürgen, and Herbert Maier (2006). „The Rift: Explaining Europe's Divergent Iraq Policies in the Run-Up of the American-Led War on Iraq." *Foreign Policy Analysis* 2(3): 223-244.

Sloan, Stanley R. (2010). *Permanent Alliance? NATO and the Transatlantic Bargain from Truman to Obama.* New York und London: continuum.

Stengel, Frank (2020). *The Politics of Military Force. Antimilitarism, Ideational Change, and Post-Cold War German Security Discourse.* Ann Arbor (MI): University of Michigan Press.

Thies, Wallace J. (2009). *Why NATO endures.* Cambridge (UK): Cambridge University Press.

von Hlatky, Stefanie und Andreas Wenger, Hrsg. (2015). *The future of extended deterrence: the United States, NATO, and beyond.* Washington D.C.: Georgetown University Press.

5 Kollektive und kooperative Sicherheit: *out of area*-Missionen und Kooperation in Europa und der Welt

Kollektive Sicherheit bezeichnet ein System der Weltpolitik, in dem sich Staaten zur Wahrung des Friedens zusammengeschlossen und dafür bestimmte Mechanismen festgelegt haben (Auffermann 1997). Es wird daher als Oberbegriff für gemeinschaftliches Handeln genutzt, das zum Ziel hat, vom System identifizierte Risiken und Bedrohungen internationaler Sicherheit von innen heraus (*inklusiv*) zu lösen oder zumindest zu bearbeiten. Kollektives Sicherheitshandeln kann sehr unterschiedliche Formen annehmen. Einerseits werden hierunter Organisationen wie z. B. die OSZE gezählt, die eine weite Sicherheitsagenda mit ihren Mitgliedern verfolgen. Auch die NATO ist in Teilen ihres Handelns eine kollektive Sicherheitsinstitution, wenn sie Risiken zwischen ihren Mitgliedstaaten bearbeitet oder mit Partnernationen kooperiert. Die UNO fungiert schließlich als globales kollektives Sicherheitssystem mit quasi-universeller Mitgliedschaft der Staaten der Erde. Andererseits werden auch zivile oder militärische Missionen als Handeln im Rahmen kollektiver Sicherheit verstanden. Auffermann (ibid.) nutzt den Begriff für Handlungen, die sowohl innerhalb des Systems (also unter Mitgliedern) als auch außerhalb (gegen Nichtmitglieder gerichtet) vollzogen werden. Gareis (2011) oder Wallander und Keohane (1999) verwenden die Begriffe kollektive Sicherheit und Sicherheitsmanagementinstitution nur für inklusive Systeme und nutzen bei Handeln gegen Staaten außerhalb der Sicherheitsinstitution (*exklusiv*) andere Begriffe (Allianz, Ad-hoc-Koalition, Konzert u. a.). Die Grenzen zum machtpolitischen Eingriff in die Angelegenheiten anderer Staaten (und somit das Gegenteil von kollektiver Sicherheit und Frieden) sind also fließend, weil sich die Mitglieder eines Systems (z. B. UN) entschließen können, zur Wiederherstellung von Frieden (*peace enforcement*) ohne deren Zustimmung in die territoriale Souveränität von (UN-Mitglied-)Staaten einzugreifen, um z. B. bürgerkriegsähnliche Kampfhandlungen zu beenden (Gareis 2011). Beispiele dafür sind die kriegerischen Zwangsmaßnahmen gegen den Irak nach seinem Überfall auf Kuweit (Golfkrieg 1990/91) oder die UN-sanktionierten Einsätze im jugoslawischen Bürgerkrieg (1991-1995). Der Grundgedanke kollektiver Sicherheit ist aber die Gewaltfreiheit und die gemeinsame Erhaltung von Frieden (Art. 1, 2

UN-Charta, s. United Nations 2013), während die Nutzung von Gewalt in der Regel mit hohen Hürden verbunden ist, wie einem positiven Votum des UN-Sicherheitsrats oder als Antwort auf einen Angriff (individuelle oder kollektive Selbstverteidigung, Art. 51 UN-Charta). Es geht bei kollektiver Sicherheit also um die Bereitstellung eines öffentlichen Guts Sicherheit, das den Mitgliedern des Systems (und u. U. auch Staaten außerhalb davon) zuteil wird. Verschiedene Staaten innerhalb des Systems können dabei die Rolle als Anbieter oder Dienstleister übernehmen, wie es z. B. die NATO in Bosnien oder Afghanistan tat (Ringsmose 2016).

Diese einführenden Überlegungen verdeutlichen, dass eine Institution mehrere Funktionen in sich vereinen kann. Im Fall der NATO ist dies sowohl ein zentraler, kollektiver Verteidigungsauftrag, der im Zweifelsfall auch waffenbewährt ist, und das Handeln als System kollektiver Sicherheit, das nach innen und nach außen versucht, Frieden durch Zusammenarbeit zu erhalten. Dass diese Funktionen teils auch eine Frage politischer Interpretation und unterschiedlicher Wahrnehmung durch unterschiedliche Akteure sind, werden die Diskussionen auf den kommenden Seiten zeigen. Nachdem sich Kapitel 3 und 4 mit dem kollektiven Verteidigungshandeln des Bündnisses befasst haben, legt dieses Kapitel den Schwerpunkt auf die kollektive Sicherheitsfunktion und das kooperative Sicherheitshandeln mit Partnern der Allianz. Abschnitt 5.1 wird auf die Rolle und den Wandel kollektiver und kooperativer Sicherheit im nordatlantischen Raum eingehen. Danach werden wir einen Blick auf Sicherheitskooperationsformate werfen, die die NATO mit verschiedenen Staaten und in unterschiedlichen Formen (EAPC, PfP, ICI, ...) eingegangen ist (5.2). Abschnitt 5.3 widmet sich einigen Missionen, die das out of area-Handeln der NATO in den vergangenen drei Jahrzehnten geprägt haben, darunter der Jugoslawienkrieg und die Kosovo-Intervention, das langwierige Engagement in Afghanistan oder die Mission in Libyen. Diese Missionen stehen exemplarisch für die Transformation der Atlantischen Allianz seit den 1990er Jahren. In der Zusammenfassung (5.4) wird auf die Zukunft der kollektiven Sicherheitsbemühungen der Allianz nach dem Afghanistaneinsatz geschaut.

5.1 Kollektive Sicherheit in der NATO im Wandel der Zeit

Während die NATO für viele die kollektive Verteidigungsorganisation *par excellence* ist, waren Aufgaben kollektiver Sicherheit von Beginn an Teil der Funktion der Atlantischen Allianz. In Präambel sowie den Art. 1 und 2 beruft sich der Nordatlantikvertrag sowohl auf das Gewaltverbot als auch die Sicherung friedlicher Beziehungen untereinander in der UN-Charta:

> „Die Parteien werden zur weiteren Entwicklung friedlicher und freundschaftlicher internationaler Beziehungen beitragen, indem sie ihre freien Einrichtungen festigen, ein besseres Verständnis für die Grundsätze herbeiführen, auf denen diese Einrichtungen beruhen, und indem sie die Voraussetzungen für die innere Festigkeit und das Wohlergehen fördern. Sie werden bestrebt sein, Gegensätze in ihrer internationalen Wirtschaftspolitik zu beseitigen und die wirtschaftliche Zusammenarbeit zwischen einzelnen oder allen Parteien zu fördern." (NATO 1949a)

Fast genau vier Jahre nach dem Ende des Zweiten Weltkriegs sind sich die Alliierten also bewusst, dass sie „ihre freien Einrichtungen" und deren „Grundsätze" (gemeint sind hier ihre liberalen, demokratischen Strukturen) schützen und vor allem noch *festigen* müssen, um die Beständigkeit von Frieden und Wohlfahrt im nordatlantischen Gebiet zu sichern. Hier wird also zum einen auf mögliche Probleme untereinander verwiesen, die die neuen Bündnispartner noch bewältigen müssen, und zum anderen werden in diesen und den folgenden Artikeln Mechanismen und Grundsätze der Friedens- und Wohlfahrtkonsolidierung festgelegt, z. B. Friedfertigkeit/ Gewaltverbot (Art. 1); kooperative Wirtschaftspolitiken (Art. 2); Konsultationsprinzipien in sicherheits- und verteidigungspolitischen Fragen der Außenpolitik (Art. 4). Somit hatte die NATO von Anfang an die Funktion „eines Forums für Dialog und Kooperation zwischen den Alliierten" (Flockhart 2016, 144). So sollten und konnten die friedlichen Beziehungen untereinander gestärkt und das nötige gegenseitige Vertrauen aufgebaut werden, das für das in Artikel 5 niedergeschriebene Beistandsversprechen erforderlich war. 1952 und 1955 wurde diese innere kollektive Sicherheitsfunktion noch wichtiger. Zuerst traten 1952 Griechenland und die Türkei dem Bündnis bei, sodass nun zwei Staaten der NATO angehörten, die untereinander nicht unerhebliche (Grenz-)Konflikte hatten. Es wird davon ausgegangen, dass diese institutionelle Einbindung der beiden Staaten an der südöstlichen Peripherie der Allianz die friedlichen Beziehungen zwischen ihnen gefestigt hat, wenngleich die NATO auch nicht alleine für die Befriedung der Beziehungen bzw. das Ausbleiben militärischer Konflikte in Krisen, verantwortlich war, sie teils auch Probleme verursachte (Brenner 2017; Krebs 1999; Moustakis 2003). 1955 folgte nach dem Scheitern der EVG der große Schritt des Beitritts der BRD und somit des totalitaristisch-faschistischen Gegners im Zweiten Weltkrieg. Die NATO sollte nun nicht mehr nur Deutschland *kleinhalten*, sondern sie diente jetzt sogar der Verteidigung Westdeutschlands und als Versicherung für die deutsche Wiederbewaffnung. Das Risiko eines erneuten deutschen Großmachtstrebens und Expansionismus sollte *innerhalb* der Atlantischen Allianz gemanagt werden, indem durch die Bündnisstrukturen (und die Anwesenheit der USA) Vertrauen zwischen den früheren Gegnern wachsen sollte. So wurde die NATO spätestens 1955 eine *hybride* Organisation, in der sowohl kollektive Verteidigungs- als auch kollektive Sicherheitsaufgaben organisiert wurden (Wallander und Keohane 1999, 41 f.; Kaim 2016, 8).

Ganz im Sinne institutionalistischer Theorie (s. Kap. 2.1) konnten so im Bündnis Strukturen und Prozesse aufgebaut werden, die durch Mechanismen wie Informationsaustausch oder Diplomatie zu mehr Erwartungsstabilität und dem Aufbau von Vertrauen beitrugen. Gerade mit Blick auf die Einbindung Westdeutschlands wurde so ein erhebliches Problem europäischer Sicherheit aus dem Weg geschafft oder zumindest institutionell eingehegt. Auch während des Kalten Kriegs gab es Spannungen mit der BRD-Führung, als man sich z. B. nicht der Stoßrichtung der Ostpolitik Willy Brandts klar war oder sich die deutsche Anti-Atom-Protestbewegung gesellschaftlich aufmerksam gegen die nukleare Teilhabe der Bundesrepublik aussprach. Die Grenzstreitigkeiten zwischen der Türkei und Griechenland (CSIA European Security Working Group 1978) verursach(t)en genauso Konflikte wie das unilaterale Vorgehen von Großbritannien und Frankreich in der Suezkrise oder das Vorgehen der USA in der Kubakrise, als sich eine Lösung durch den Abzug von (veralteten) Nuklearwaffen aus der Türkei abzeichnete. Die gemeinsamen Institutionen der NATO (und die der EG) waren aber in der Lage, diese Spannungen abzubauen und fungierten somit als kollektives Sicherheitssystem zwischen den Alliierten. Trotzdem wurden nicht alle Gegensätze abgestellt oder alle Kooperationsmöglichkeiten realisiert, die angedacht waren. So spielen in der NATO bis heute Aspekte der wirtschaftlichen Zusammenarbeit keine Rolle oder es wird trefflich darüber gestritten (Toje 2008, 24 f.). Es gibt begrenzte Kooperationsprogramme in der Forschung zu neuen Waffensystemen, aber insgesamt herrscht im Bereich der Rüstung eine Konkurrenzsituation. Dies hat auch negative Auswirkungen auf die Interoperabilität zwischen den Alliierten, die aufgrund der Vielzahl von Waffensystemen eine Herausforderung ist. Durch die enormen militärischen Fähigkeiten der USA, die von einer starken und innovativen Rüstungsindustrie bereitgestellt werden, entsteht hier zudem ein weiterer Führungsanspruch, der sich manchmal auch in mehr oder weniger deutlichen Aufrufen zum Kauf US-amerikanischer Produkte ausdrückt, wie zuletzt unter Donald Trump. Während des Kalten Kriegs war der Führungsanspruch der USA jedoch die meist akzeptierte Kehrseite der Medaille Sicherheit und Verteidigung, die der Partner aus Übersee für Westeuropa garantierte.

Nach dem Ende des Kalten Kriegs begann sich das kollektive Sicherheitssystem der NATO stark zu verändern. Mit Ausnahme einiger Restbedenken gegenüber einem vereinten Deutschland in der Mitte Europas waren die Sicherheitsprobleme der späten 1940er und 1950er Jahre überwunden worden und die NATO hatte ihre Funktionsfähigkeit als hybrides Sicherheits- und Verteidigungssystem zwischen den Alliierten unter Beweis gestellt. Der Kalte Krieg endete mit dem Zerfall der Sowjetunion, sodass sich die Frage nach der Notwendigkeit kollektiver Verteidigung erst wieder begrenzt 2001 und umfänglicher seit 2014 stellte. Durch die neue Situation der 1990er Jahre sah sich die NATO also mit vier Herausforderungen konfrontiert: Erstens musste sich die Allianz in Anbetracht des Wegfalls der sowjetischen Gefahr Fragen nach dem weiteren Sinn ihrer Existenz stellen. Da das Bündnis aber bereits seit den 1950er Jahren nicht nur (bedeutende) kollektive Verteidigungsfunktionen übernahm, ging es hier nicht um eine komplette Neuerfindung, sondern eher um neue Schwerpunkte – und für die USA auch um den Erhalt ihres Einflusses auf dem alten Kontinent (Hill 2018, 60 ff.).[98] Zweitens musste ein neues Verhältnis zu Russland gefunden werden. Drittens galt es, die Beziehungen zu den ehemaligen UdSSR-Staaten neu zu definieren. Schließlich mussten sich die Bündnismitglieder ebenfalls

98 In dieser Unterschätzung der bereits vor dem Ende des Kalten Kriegs bestehenden kollektiven Sicherheitsfunktion der NATO und ihrer Institutionalisierung in einer weit gefächerten Organisationsstruktur kann der Grund für die falsche Vorhersage realistischer Autor*innen (Mearsheimer 1990) über die nahende Auflösung der NATO gesehen werden. Aus konstruktivistischer Perspektive (s. Kap. 6) wäre zudem die Existenz einer sozialen Gemeinschaft anzuführen, die durch eine gemeinsame Identität gestützt wurde.

mit dem Problem zerfallender Staaten und dabei aufbrechenden ethnischen Konflikten beschäftigen, die vor allem das damalige Jugoslawien heimsuchten (zum Strategiewandel s. auch Ruiz Palmer 2024).

Es stellte sich bald heraus, dass die kriegerischen Auseinandersetzungen in Jugoslawien nicht durch die Akteure selbst beendet werden würden. Wegen ihres blutigen Verlaufs stellte der UN-Sicherheitsrat eine Gefahr für den Frieden und die Sicherheit fest und die Weltgemeinschaft griff ein, sodass es bereits im Herbst 1992 zu ersten Aktionen zur Durchsetzung einer Flugverbotszone über Bosnien-Herzegowina kam, an denen sich die NATO beteiligte. Für die Allianz setzte mit ihrem Engagement in Bosnien eine Epoche ein, die Aufgaben kollektiver Sicherheit inklusive der Durchführung von out of area-Interventionen in den Vordergrund ihres Handelns für die folgenden gut zwei Dekaden stellen sollte (Kitchen 2010, Kap. 4). Neben dem sichtbaren und teils kontroversen militärischen Engagement des Bündnisses war die Gestaltung eines neuen Systems der Zusammenarbeit in Europa und im nordatlantischen Raum – darunter mit dem ehemaligen Gegner Russland – das zweite Standbein des kollektiven Verteidigungshandelns der Allianz. Zwischen 1991 und 2004 gründete das Bündnis daher den *Nordatlantischen Kooperationsrat* (NACC), das *Partnerschaft für den Frieden* (PfP)-Programm, den *Euro-Atlantischen Partnerschaftsrat* (EAPC), den *Mittelmeerdialog* (MD) und die *Istanbuler Kooperationsinitiative* (ICI), um Probleme kollektiver Sicherheit kooperativ zu bearbeiten (s. Kap. 5.2 hier; für eine Übersicht s. NATO 2024t). Durch das Aufkommen des internationalen islamistischen Terrorismus bestanden in den 1990er Jahren weitere Anreize zu Zusammenarbeit. Das Verhältnis zu Russland und seine Rolle in diesen von der NATO initiierten Strukturen war und ist bis heute immer wieder Stein des Anstoßes in den Beziehungen.

Wenngleich sich auch die EU und OSZE ab Mitte der 1990er Jahre als vor allem ziviler sicherheitspolitischer Akteure etablierten (s. 5.2.5), bestand gegen Ende der 1990er Jahre eine klare Aufgabenteilung, in der die NATO die führende sicherheitspolitische und militärische Organisation in Europa war und auch im Auftrag der UN kollektiven Sicherheitsoperationen dort und anderswo durchführte (Adam 2007; Hauser 2008, 38). Dieses Selbstverständnis drückte sich letztlich im Strategischen Konzept der Allianz von 1999 – dem ersten seit 1968! – aus, das den Wandel von kollektiver Verteidigung hin zu kollektiven und kooperativen Sicherheitsaufgaben in strategische Form goss (NATO 1999; Hill 2018, 151 ff.). In den Folgejahren wurde diese Ausrichtung im Zuge der Schaffung der Combined Joint Task Forces (CJTF) und der NATO Response Force (NRF) weiter ausgebaut, genauso wie durch die Missionen der Allianz in Afghanistan.

Damit hat die Allianz eine tiefgreifende Transformation durchlaufen, bei der ihr ursprünglicher Hauptzweck der kollektiven Verteidigung abgelöst wurde (Kitchen 2010).[99] Zusätzlich dehnte sie durch ihre Konsultations- und Kooperationsinitiativen mit Staaten des ehemaligen Ostblocks – inklusive Russland –, des Mittelmeerraums und weiteren globalen Partnern (z. B. Australien, Pakistan oder Südkorea) ihre internen Eigenschaften eines Systems kollektiver Sicherheit nach außen aus, ohne dabei jedoch den Weg gleichberechtigter Mitgliedschaft aller Staaten in diesem System zu gehen, die nur einigen Partnern (16 Beitritte nach 1990[100] bei über 50 institutionalisierten Partnernationen) gewährt wurde. Damit fand also eine bedeutende Ausweitung kooperativer Sicherheitspolitiken im euro-atlantischen Raum und darüber hinaus statt, die aber gewiss zum Ziel hatte, die Partnernationen an die Ideen, Konzepte und Politiken der NATO anzunähern und nicht umgekehrt. Hierin kann man die von Emanuel Adler (2008, 212) beschriebene liberal-missionarische Praxis von Sicherheitsgemeinschaften erkennen, ihre inneren Kooperationsmechanismen nach außen kehren zu wollen. Aus institutionalistischer Sicht liegt hier also ein Transformationsprozess vor, der zwar andere Funktionen des Bündnisses als kollektive Verteidigung in den Vordergrund rückte, aber der dennoch aus einer gewissen inneren Kontinuität erfolgte. Obwohl mit der OSZE im Jahr 1995 ein Russland gleichberechtigt einschließendes kollektives Sicherheitssystem errichtet wurde, koexistierte in Europa die militärisch ausgerichtete NATO mit ihrer zwar in den Hintergrund getretenen, aber nicht erloschenen kollektiven, Russland ausschließenden, exklusiven Verteidigungsfunktion (Wallander und Keohane 1999, 44 f.). Beobachter*innen weisen häufig darauf hin, dass hier eine historische Chance für eine inklusivere Sicherheitsordnung in Europa verpasst worden sei. Es dürfen jedoch berechtigte Zweifel daran geäußert werden, ob diese Einbindung zweier Großmächte in dieselbe kontinentale kollektive Sicherheitsordnung eine realistische Option gewesen wäre oder zu ähnlichen Problemen von Machtspielen und Problemlösungs*un*fähigkeit wie im UN-Sicherheitsrat geführt hätte.

---

99 Ringsmose (2016) beobachtet allerdings, dass die Bereitstellung öffentlicher Güter (Sicherheit) durch die NATO ebenfalls an ihre Funktion als Verteidigungsorganisation und die Existenz eines Hegemonen gebunden ist.

100 Die Mitgliedschaft nicht-europäischer Staaten ist aufgrund der geografischen Beschränkungen des Nordatlantikvertrags automatisch ausgeschlossen.

Zusammenfassend können über den Transformationsprozess der NATO in den 1990er drei Aspekte festgehalten werden:

1. Die Atlantische Allianz hat bei ihrem Aufgabenwandel von kollektiver Verteidigung zu einem Schwerpunkt in kollektiver Sicherheit nicht von Null angefangen, sondern hatte eine seit ihren Anfangsjahren bestehende Funktion, Beziehungen zwischen den Bündnismitgliedern zu entspannen, Konflikte einzuhegen und Vertrauen aufzubauen. Diese Funktion konnte nach dem Ende des Kalten Krieges nach außen gekehrt werden, um eine stabile neue Sicherheitslage in Europa zu schaffen. Die NATO war von Anbeginn eine hybride Institution.
2. Die kollektiven Sicherheitsaufgaben des Bündnisses setzen sich neben der fortbestehenden inneren Konfliktbearbeitung aus (zivil-)militärischen out of area-Missionen und aus weniger sichtbaren Konsultations- und Kooperationsprogrammen mit Nicht-Mitgliedern zusammen. Bei diesem neuen Programm gab es sowohl Erfolge durch die Schaffung einer stabilen Friedensordnung in Europa als auch Misserfolge, die in der Einbindung Russlands oder heute dem Wiederaufkommen illiberaler Tendenzen (s. Exkurs *Liberalismus und Illiberalismus*) außerhalb und innerhalb der NATO-Mitgliedstaaten gesehen werden können.
3. Die hybride Struktur der NATO vereint inklusive Sicherheitsmanagement- sowie exklusive Verteidigungsaufgaben und Machtbalanceaspekte miteinander. Diese Kombination verursacht Probleme für innere und äußere Prozesse der Herstellung von Sicherheit, zeugt aber von der Anpassungsfähigkeit eines Bündnisses meist liberaler Demokratien, das fest in den außenpolitischen Kulturen der Mitgliedstaaten verankert ist.

Die folgenden zwei Abschnitte werden die hier bereits angesprochenen *Arenen* der kollektiven und kooperativen Sicherheitsaufgaben der Atlantischen Allianz nun genauer betrachten.

5.2 Sicherheitskooperation in Europa und der Welt: Partnerschaften (Arena I)

Seit 1991 hat die Atlantische Allianz ein weites Netz an Partnerschaftsinitiativen und Beziehungen zu internationalen Institutionen aufgebaut, die zentrale Elemente im partiellen kollektiven Sicherheitssystem der NATO sind. Einige europäische Beteiligte der Initiativen sind im Verlauf des

Kooperationsprozesses NATO-Mitglieder geworden (alle neuen Mitglieder nahmen an einem Programm teil), andere sind offiziell neutrale Staaten (Österreich, Irland, Schweiz, früher auch Finnland und Schweden), während die Mitgliedschaften Russlands Teil der Politik des Aufbaus kooperativer Beziehungen war, aber nicht auf eine Mitgliedschaft in der NATO abzielte. Weitere Staaten (Australien, Neuseeland, Japan, Pakistan u.v.a.m) kooperieren mit der Allianz auf einer case by case-Basis und teils sehr regelmäßig. Daneben unterhalten die Istanbul Cooperation Initiative und der Mittelmeerdialog des Bündnisses institutionalisierte Beziehungen zu arabischen Staaten bzw. den Mittelmeeranrainern an den südlichen und östlichen Grenzen Europas. Die folgenden Seiten werden diese Kooperationsprogramme und Partnerschaften nacheinander vorstellen. Danach wird eine kurze Übersicht über die Beziehungen der NATO zu anderen internationalen Organisationen gegeben.

5.2.1 Der Euro-Atlantische Partnerschaftsrat (EAPC)

Durch die Verhandlungen zur deutschen Einheit im Verlauf des Jahres 1990 stellte sich für die NATO-Mitglieder bald die Frage nach der Gestaltung der zukünftigen Beziehungen mit der Sowjetunion. Bereits auf dem Londoner Gipfel vom Juli 1990 bot die Allianz den Staaten des Warschauer Pakts den Aufbau neuer kooperativer Beziehungen an. Am 20. Dezember 1990 entstand der *North Atlantic Cooperation Council* (NACC) – just zu dem Moment, als die Sowjetunion zusammenbrach. Dem NACC traten im Jahr 1992 die Länder der neu gegründeten GUS sowie weitere zentralasiatische und Kaukasus-Staaten sowie Albanien bei. Kooperation war zunächst noch sehr begrenzt und vor allem konsultativer Natur: Es wurde über den Abzug russischer Truppen aus den ehemaligen Staaten des Warschauer Pakts und der Sowjetunion beraten sowie über regionale Konflikte wie die ausbrechenden Jugoslawienkriege gesprochen (Metcalf 2024, 59 f.). Themen der Rüstungskontrolle, der zivilen Kontrolle der Streitkräfte oder der Verteidigungsplanung wurden ebenfalls angegangen. Wichtig war dabei der Aufbau von Dialog- und Konsultationsforen auf verschiedenen Ebenen, also sowohl im politischen als auch im militärischen Bereich sowie in Wirtschaftsfragen. Daher wurden ein jährliches Außenministertreffen sowie dazwischen Zusammenkünfte auf Botschafterebene vorgesehen. Die Abgrenzung zur Arbeit der KSZE (später OSZE) war dabei nicht immer klar, wobei dies in Anbetracht der schnellen Dynamiken und noch unklaren

Entwicklung von politischen Bindungen und Institutionen nicht verwundert. Durch den Putschversuch gegen Gorbatschow im Sommer 1991 in Russland und Unterdrückung im Baltikum bewegte sich der NACC aber bald von der Idee einer gleichberechtigten Partnerschaft zwischen den USA und der Sowjetunion weg, da viele mittel- und osteuropäische Paktstaaten der sowjetischen Führung nicht mehr trauten und ihre Sicherheitspolitiken zunehmend transatlantisch ausrichteten. Da die NACC-Kooperation keinen Austausch der Verteidigungsminister vorsah, waren diese politischen Konsultationen zudem in den Augen der mittel- und osteuropäischen Staaten zu unterentwickelt, um substanzielle Sicherheit gegenüber Russland zu bieten (Broer 1997, 299 ff.; Hill 2018, 65 ff.). Im Rahmen des NACC wurde aber die umfangreichere Zusammenarbeit im Partnership for Peace-Programm (PfP) vorbereitet (s. u.), dem sich alle NACC-Staaten anschlossen. Der NACC ging im Jahr 1997 in den erweiterten *Euro-Atlantic Partnership Council* (EAPC) über (NATO 2022a).

Dem EAPC gehören heute die 32 NATO-Mitglieder und 18 weitere Kooperationspartner an. (Bei seiner Gründung im Jahr 1997 waren viele EAPC-Staaten noch nicht NATO-Mitglied.) Seine Gründung verlief parallel zu den Verhandlungen über die NATO-Russland-Grundakte, die ebenfalls 1997 verabschiedet wurde und die Beziehungen zu Russland auf neue Beine stellte, und übertrug alle NACC- und PfP-Mitgliedschaften in das neue Format. Der Partnerschaftsrat fungiert gewissermaßen als *Überbau* für die weiteren Partnerschaftsprogramme der NATO im euro-atlantischen Raum und sorgt für eine gewisse politische und diplomatische Integration (de Dardel 2009, 26). Er hat dabei im Wesentlichen konsultative Funktionen. Da der Abzug von russischen Truppen aus den ehemaligen Warschauer Pakt-Staaten und den erneut unabhängigen Sowjetrepubliken Mitte der 1990er Jahre abgeschlossen war, konzentrierte sich die Arbeit des EAPC nun stärker auf Fragen des Krisenmanagements, der Rüstungskontrolle und Abrüstung, Non-Proliferation und Nuklearsicherheit, Terrorismus oder ziviles Katastrophenmanagement, aber auch auf Budgetfragen, Grenzsicherheit oder die Koordination der internationalen Luftfahrt sowie die zivile Kontrolle der Streitkräfte (NATO 2024c; Kaim 2016, 10). Zur Bearbeitung dieser Themen treffen sich die Botschafter*innen heute auf monatlicher Ebene, während die Außen- und jetzt auch die Verteidigungsminister*innen ein jährliches Meeting abhalten. Genau wie PfP funktioniert der EAPC nach einem Differenzierungsprinzip: Während die Zusammenkünfte monatlich zwischen allen Mitgliedern stattfinden, können sich einzelne Partner entschließen, häufigere Konsultationen durchzuführen und ggf. gemeinsame Projekte vereinbaren. Problematisch erwies sich dabei jedoch die Größe des Forums, wodurch wenig substantielle Diskussionen stattfinden. Letztlich sahen die Mitglieder, die der Atlantischen Allianz nicht beitreten konnten oder wollten, weniger Zugewinn im EAPC als die Staaten, die eine Beitrittsabsicht heg(t)en (Hill 2018, 149).

Durch die Auflösung der Sowjetunion und die Erweiterung der Allianz wurden NACC und EAPC aber ebenfalls größer als geplant war, sodass die angestrebte Politikkoordination schwieriger wurde (Kaim 2016, 10 f.; Moore 2014, 79). Trotzdem spielt der EAPC neben der schwerer fassbaren, aber dennoch bedeutsamen Wertekomponente insofern wichtige Rollen, als dass er Beitrittsperspektiven eröffnete, das Forum war, über das NATO-Partner in alliierte Operationen integriert wurden und in dem sich die Partnerstaaten über viele zivile Politiken und Kooperationsinitiativen austauschen und verständigen, selbst wenn sie nicht Mitglied der NATO werden wollen (de Dardel 2009, 27 f.). Nicht-Verständigung ist allerdings stets auch ein Resultat derart loser Konsultation und Kooperation wie im EAPC, was je nach Schwere des Kontexts eine Schwäche (Ziele, Kohärenz) als auch Stärke (Kleinhalten von Konflikten, Erhalt eines Forums) sein kann.

5.2.2 Das *Partnership for Peace*-Programm (PfP)

Mit Blick auf die Probleme des NACC begannen einige NATO-Alliierte, darunter Deutschland oder die USA, sich die Frage zu stellen, ob nicht weitere Wege der Kooperation zwischen der Atlantischen Allianz und den mittel- und osteuropäischen Staaten unterhalb eines Beitritts gefunden werden könnten, die verbindlicher als die Zusammenarbeit im NACC waren (Spero 2023, 281 ff.). Der deutsche Verteidigungsminister Volker Rühe sprach ab dem Frühjahr 1993 sogar eine mögliche Beitrittsperspektive offen an und begründete dies mit einer notwendigen Weiterentwicklung der NATO. Gleichzeitig waren im Bündnis durchaus ideologisch geprägte Stellungnahmen zu vernehmen, die anerkannten, dass die eigene Sicherheit eng mit den neuen Demokratien im Osten der Bundesrepublik verbunden sein würde (Asmus 2002, 52 ff.; Schimmelfennig 2003, 92 ff.). Aufgrund unklarer, abwechselnd akzeptierenden und zurückweisenden Positionen Russlands zur Erweiterungsfrage, die für die mittel- und osteuropäischen Staaten letztlich das zentrale Interesse war, entschloss sich die Allianz schließlich, die Zusammenarbeit im NACC um eine stärker militärisch ausgerichtete Kooperation zu ergänzen.

PfP- und spätere NATO-Mitgliedschaften

Land	PfP	NATO	Land	PfP	NATO
Albanien	1994	2009	Nordmazedonien	1995	2020
Armenien	1994		Österreich	1995	
Aserbaidschan	1994		Polen	1994	1999
Bosnien und Herzegowina	2006		Rumänien	1994	1999
Bulgarien	1994	2004	Russland	1994	
Estland	1994	2004	Schweden	1994	2024
Finnland	1994	2023	Schweiz	1996	
Georgien	1994		Serbien	2006	
Irland	1999		Slowakei	1994	2004
Kasachstan	1994		Slowenien	1994	2004
Kirgisistan	1994		Tadschikistan	2002	
Kroatien	2000	2009	Tschechien	1994	1999
Lettland	1994	2004	Turkmenistan	1994	
Litauen	1994	2004	Ukraine	1994	
Malta	1995		Ungarn	1994	1999
Moldawien	1994		Usbekistan	1994	
Montenegro	2006	2017	Weißrussland	1995	

Tabelle 14: PFP- und spätere NATO-Mitgliedschaften (Quelle: NATO 2024w, o. J.-d, eigene Darstellung)

So wurde das *Partnership for Peace*-Programm (PfP) als kooperatives Sicherheitsarrangement Ende 1993 in die Wege geleitet und im Januar 1994 auf einer Außenministertagung in Travemünde beschlossen (Broer 1997, 301 ff.). Vor dem Hintergrund der sich immer weiter verschlechternden

Lage auf dem Balkan wurde es immer mehr Alliierten klar, dass eine Stabilisierung der neuen Sicherheitslage in Europa notwendig war (Spero 2023, 284 ff.). Diese Stabilisierung konnte aus ihrer Sicht – und der der mittel- und osteuropäischen Staaten, die nicht wieder unter russischer Herrschaft stehen wollten – letztlich nur über die NATO-Mitgliedschaft erfolgen (Asmus 2002, 14 ff., 35 ff.; Hill 2018, 112 ff.). Da sich die Alliierten trotz der amerikanisch-deutschen Entente aber noch nicht auf eine Mitgliedschaftsperspektive einigen konnten, wurde zunächst der intensivere Kooperationsweg mit PfP beschritten (Broer 1997, 305 f.). Formal blieb das neue PfP-Programm zudem im Rahmen des EAPC verankert (Kaim 2016, 11).

Um die kooperativen Beziehungen mit Russland aufrecht zu erhalten, die besonders mit Blick auf die Krise auf dem Balkan und dortige Operationen bedeutend waren, setzte PfP auf Zusammenarbeit und verlangte in seinem Rahmendokument (*Partnership for Peace Framework Document*), dass diese gegen niemanden gerichtet sein dürfe:

> „In joining the Partnership, the member States of the North Atlantic Alliance and the other States subscribing to this Document recall that they are committed to the preservation of democratic societies, their freedom from coercion and intimidation, and the maintenance of the principles of international law. They reaffirm their commitment to fulfil in good faith the obligations of the Charter of the United Nations and the principles of the Universal Declaration on Human Rights; specifically, to refrain from the threat or use of force against the territorial integrity or political independence of any State, to respect existing borders and to settle disputes by peaceful means. […]" (NATO 1994)

Diese Grundsätze formulieren also erstens eine Verpflichtung auf gute nachbarschaftliche Beziehungen und den Verzicht auf Gewalt; zweitens verweisen sie auf weitere kollektive Sicherheitsinstitutionen wie die KSZE oder die UN; und drittens verpflichten sie auf die bestehenden Abrüstungs- und Rüstungskontrollbemühungen. Zunächst brachte PfP zudem den Vorzug, durch einen verstärkten Austausch der militärischen Ebene verlässlichere Beziehungen zu den Armeen aller Programmstaaten aufzubauen – dabei also auch mit der russischen, was unter dem Gesichtspunkt der Entspannung als besonders wichtig erachtet wurde (Hill 2018, 114 ff.). Jedoch waren die Zielsetzungen Russlands und der NATO letztlich nicht kompatibel, weil die NATO auf die Bewahrung ihrer kollektiven Verteidigungsfähigkeit bedacht war, Russland aber ein schwächeres kollektives Sicherheitssystem mit ihm selbst als zweiter Großmacht etablieren wollte – oder sogar als einzige Großmacht bei der Schaffung eines rein europäischen Systems (Broer 1997, 310).

Der qualitative Kooperationssprung von PfP bestand darin, länderspezifische Partnerschaften zu entwickeln, die die konsultative Ebene verließen und durch Koordination, gemeinsame Übungen und Ausbildung langfristig zur Interoperabilität der Streitkräfte von NATO- und PfP-Ländern für Friedensmissionen führen sollte (Kaim 2016, 11; Moore 2024, 327 ff.; Spero 2023, 282 f.). Wegen der unterschiedlichen Ideen zur Erweiterung der Allianz sollte mit einer PfP-Teilnahme keine automatische Entscheidung über eine zukünftige Mitgliedschaft des Partnerlandes getroffen werden (Asmus 2002, 49 ff.), PfP aber gleichzeitig als Voraussetzung dafür dienen. Das Erreichen von Interoperabilität ist eine notwendige Bedingung einer gemeinsamen Verteidigung (Broer 1997, 306 ff.). Konkrete Ziele des PfP sind

- Transparenz in der Verteidigungsplanung der Mitgliedstaaten (inkl. Budgets);
- demokratische Kontrolle der Armeen;
- Bereitstellung von militärischen Kapazitäten für die UN oder KSZE;
- Aufbau kooperativer Beziehungen zur NATO in Planung, Übungen, Training;
- Bereitschaft zur Durchführung von peacekeeping-Missionen, humanitärer Interventionen sowie Rettungsmissionen;
- Herstellung von Interoperabilität (NATO 1994).

Im Rahmen dieser Ziele erstellt jedes der derzeit 18 Partnerländer einen individuellen Plan (*Individual Partnership Programme*, IPP) eigener Engagements und Beiträge, der mit der Atlantischen Allianz koordiniert, durch die o. g. Schritte implementiert sowie in Verbindung mit dem NACC/EAPC unter transparenten Verteidigungsplanungsbedingungen verfolgt und evaluiert wird. Die Sicherstellung einer effektiven zivilen Kontrolle des Militärs ist dabei ein zentrales Anliegen (NATO 2024u). Seit 2011 gibt es drei verschiedene Typen der Partnerschaft, die sich nach Umfang der Kooperation und Tiefe der innenpolitischen Reformagenden der Staaten unterscheiden und die sie frei wählen können. Der erste Typ, das *Individual Partnership and Cooperation Programme* (IPCP), ist sehr stark auf die Kooperationswünsche der Partnerstaaten abgestimmt und modular. Der zweite Typ, der *Individual Partnership Action Plan* (IPAP), zielt auf die Konsolidierung demokratischer Reformen der Streitkräfte und ihrer

Kontrolle im Partnerstaat ab. Der intensivste Typ der Zusammenarbeit steht nur den Staaten zur Verfügung, die sich im Rahmen eines Membership Action Plan (MAP) in einem Beitrittsprozess zur NATO befinden (NATO 2024b). Bosnien-Herzegowina trat z. B. 2006 dem PfP-Programm bei und unterwarf sich ab 2007 dem Überprüfungsmechanismus *Partnership for Peace Planning and Review Process* (PARP). Nach Durchlaufen des vereinbarten Reformprogramms trat Bosnien-Herzegowina im Jahr 2010 in die MAP-Phase des Beitrittsprozesses ein. Der Staat nahm außerdem an ISAF teil und stellte lange Truppen für Resolute Support in Afghanistan (NATO 2024v). Moldawien stellt Minenräumkräfte und einen Infanteriezug für KFOR im Kosovo bereit, strebt aber wegen seines Neutralitätsstatus keinen NATO-Beitritt an. Trotzdem verfolgt es im Rahmen von PfP und PARP zusammen mit der Allianz innenpolitische Reformen durch einen IPAP (mittlere Kooperationsstufe) und nimmt an Interoperabilitätsinitiativen teil (NATO 2023c).[101] An dieser Neuaufstellung der Partnerschaften zeigt sich somit eher eine funktionale Sicherheitslogik als eine regionale, bei der die NATO daran interessiert ist, Sicherheit unabhängig von ihrem Ort in spezifischen Krisen oder Situationen zu erzeugen (Flockhart 2014, 26; Moore 2024, 329 ff.). Ausdruck davon ist ebenfalls, dass Partnerschaftsinitiativen nun die Teilnahme von weiteren Staaten wie den globalen Partnern (s. u.) ermöglichen (Moore 2014, 75 ff.). Diese Logik hat somit Ähnlichkeiten mit dem *Global NATO*-Konzept (Christiansson 2014, 61).

Durch diese konkreten Formen der Kooperation soll die Stabilität im euro-atlantischen Raum erhöht werden. Die im Rahmen von PfP organisierten Übungen stehen seit 2011 auch den globalen NATO-Partnern und Mitgliedern der anderen Initiativen (ICI, MD, s. u.) offen (NATO 2024u). Mittlerweile haben diese Partnerstaaten an vielen NATO-Missionen, z. B. in Bosnien, Afghanistan oder in Libyen, teilgenommen (s. 5.3), was für einige der Staaten ein primäres Interesse darstellte, vor allem mit Blick auf die instabile Balkanlage in den 1990er Jahren (Flockhart 2014, 26 ff.; Hill 2018, 114). Spannungen mit Russland ließen sich aber durch PfP nicht vermeiden, da Russland zwar deklaratorisch in seiner besonderen Rolle anerkannt wurde, es formal aber allen anderen Programmländern gleichgestellt ist.[102]

101 Hauser (2008, 45 ff.) gibt einen ausführlichen Einblick in die PfP-Aktivitäten Österreichs.

102 Es gibt unterschiedliche Aussagen, ob Russland das Gleichstellungsprinzip akzeptierte (Asmus 2002, 53 f.).

Außerdem verfolgte die Clinton-Administration ab Sommer 1994 eine eindeutige pro-Erweiterungspolitik, die die fragile Balance mit Russland in Frage stellte. Um die Etablierung der kooperativen Beziehungen mit dem alten Gegner nicht vollends zu gefährden, begaben sich die Alliierten daher auf den Weg der Verhandlung der NATO-Russland-Akte, der 1997 abgeschlossen wurde und somit in einem anderen Format eine formale russische Sonderstellung etablierte (s. Kap. 2.3.5; Asmus 2002, 207 f.). Durch diese Schritte konnte das Bündnis mit seiner Erweiterungspolitik fortfahren (s. 4.2; Broer 1997, 310 f.).

Wie in anderen NATO-Kooperationsprogrammen und der NATO selbst zeigt sich auch im PfP der Dreiklang aus rationalen strategisch-verteidigungspolitischen Erwägungen, liberaler (Erweiterungs-)Ideologie und den Möglichkeiten mächtiger Allianzmitglieder wie den USA (zu geringeren Teilen Deutschlands oder Frankreichs), Politiken in ihren Interessen entsprechende Richtungen zu lenken. Die Rolle der Hegemonialmacht USA bei der Erweiterungsentscheidung ist dabei laut Hill (2018, 115) oder Kaim (2016, 7 f.) nicht zu unterschätzen und war ausschlaggebend, während andere Alliierte unterschiedlich positive (Deutschland) oder ablehnende Haltungen (Frankreich, Großbritannien) formulierten. PfP sollte zweifelsohne eine liberal-demokratische Sozialisation in den Partnerstaaten (inkl. Russlands!) anstoßen oder die unterstützen, die bereits seit der damaligen Zeitenwende im Gange waren (Moore 2024, 327). Frank Schimmelfennig bringt diesen Ansatz auf den Punkt:

> „Association in the Partnership for Peace program has served both as a *training program and as a probationary stage* for the CEECs [mittel- und osteuropäische Staaten, FO] aspiring to membership. In PfP, NATO teaches the values, norms, and practices of the Western international community and tests whether the candidates meet the learning objectives.“ (Schimmelfennig 2003, 93, H.i.O.)

Es ging bei PfP also eindeutig um einen Angleichungsprozess *gen Westen*, den die NATO steuerte. Dieser Prozess war auch im Sinne der US-amerikanischen *grand strategy* der Verteidigung der liberalen, regelbasierten Weltordnung und ihrer Rolle darin (Flockhart 2014, 29 ff.). Die mittel- und osteuropäischen Staaten, die den Beitritt anstrebten, sahen sich dieser Gemeinschaft zugehörig und durch die sowjetische Bevormundung nur temporär entfernt. PfP kann also sowohl als interessen- wie wertegeleitet angesehen werden – von beiden Seiten! Es ist somit nur bedingt mit einer russischen politischen Agenda kompatibel, die sich Einfluss auf die außenpolitischen Entscheidungen von Staaten vorbehält. Die Einbettung von mittel- und osteuropäischen Staaten und Russlands in die IFOR-Mission in Bosnien waren aber Belege dafür, dass PfP funktionieren konnte (Asmus 2002, 124 ff.; Hill 2018, 115 f., 131 ff.).[103] Positiv ist ebenfalls die Einbindung der neutralen Staaten Irland, Österreich und der Schweiz (sowie damals noch Finnland und Schweden) in EAPC und PfP, die so trotz ihres besonderen Status an der euro-atlantischen Sicherheitsarchitektur teilnehmen (Kaim 2016, 11).

Nach dem Ende des Bosnienkriegs waren die Folgejahre vor allem durch eine erhöhte Übungs- und Austauschaktivität geprägt, während der Beitritt von Polen, Tschechien und Ungarn im Jahr 1999 bereits wieder Schatten auf die Beziehungen mit Russland warf (Asmus 2002, 139 ff.). Die Anzahl an PfP-Aktivitäten beläuft sich teils auf mehrere Hundert pro Jahr (de Dardel 2009, 28).[104] Nach einer durch die Transformationsprozesse der 1990er Jahre geprägten Liberalisierungsphase, in der PfP/EAPC einen wichtigen koordinativen und kooperativen Platz einnahmen, wurden die Partnerschaftsprogramme während der Bush Jr.-Administration (2000-2008) allerdings durch die zum Teil unilaterale Vorgehensweise der USA belastet und sehr in Richtung Anti-Terror-Zusammenarbeit getrimmt (Moore 2014, 74). Auch unter Obama bestand ein utilitaristischer Zugang zu den Partnerschaftsaktivitäten, der sich allerdings um den Erhalt der durch die Programme unterstützten liberalen Weltordnung und ihre Verteidigung gegenüber die Ordnung herausfordernden Staaten wie China und Russland drehte (Flockhart 2014, 17 f.). Daneben hat vor allem die Idee von operativen Beiträgen zu NATO-Missionen die Oberhand gewonnen (Christiansson 2014, 67 f.). Insgesamt hat PfP zwar nicht die Probleme um die genaue Form der Einbindung Russlands gelöst (dies wäre nur bei einer völlig gleichberechtigten OSZE-Lösung gegangen, die aber das kollektive Verteidigungsprinzip beendet hätte), wurde vor allem in den späten 2000er Jahren nicht in größerem Umfang genutzt und war bis Afghanistan auf militärische Fragen fokussiert (de Dardel 2009, 7 f., 23 ff.; Metcalf 2024, 60), aber PfP ist

---

103 Asmus (2002, 125) führt hier zum Erfolg des PfP-Konzepts aus: „Few things more vividly demonstrated how NATO could transcend past Cold War divisions than the sight of a Czech mechanized battalion incorporated into a Canadian brigade subordinated to a British division—or a Polish airborne battalion serving as part of a Nordic-Polish brigade subordinated to a U.S. infantry division."

104 Ein PfP-Katalog weist 1.600 verschiedene Kooperationsmöglichkeiten aus (Kaim 2016, 11).

es letztlich gelungen, viele Akteure zu sehr unterschiedlichen Sicherheitsproblemen zusammenzubringen und teils Lösungen, wie z. B. in Bosnien, zu erarbeiten – zumindest bis zum Jahr 2007 und Putins Rede auf der Münchener Sicherheitskonferenz, während der er westliche Politik geißelte (s. Mühling 2014), und dem Georgienkrieg 2008. Seitdem ist Kooperation mit Russland extrem schwierig und Initiativen der Allianz konzentrieren sich neben der Stärkung der eigenen Verteidigungsfähigkeit auf die Ertüchtigung der Partnerstaaten als potentielle Verteidigungslinie gegenüber russischer Aggression, aber auch gegen Gefahren wie der regionalen Destabilisierung durch ISIS (Christiansson 2014, 68; Flockhart 2014, 25; Kaim 2016, 11, 17 ff.). Die NATO folgt mit EAPC und PfP et al. sicherlich ihre Eigeninteressen nach Sicherheit, Verteidigung, Einsatzfähigkeit und Stabilität (Moore 2014, 73 ff., 77 f.). Diese müssen aber nicht per se als russischen Interessen gegenläufig gesehen werden. Somit verbinden sich in den Partnerschaften der Allianz inklusive und exklusive Elemente miteinander, die die hybride Struktur der NATO und ihrer Missionen zwischen kollektiver Verteidigung und einem kollektiven Sicherheitssystem mit kooperativen Formen der Zusammenarbeit charakterisieren.

5.2.3 Der *Mediterranean Dialogue* und die *Istanbul Cooperation Initiative*

Neben PfP schloss die NATO 1994 den *Mediterranean Dialogue* (MD) ab, dem heute (2025) Ägypten, Algerien, Israel, Jordanien, Mauretanien, Marokko und Tunesien angehören (Algerien trat 2000 als letztes Land ein, Kaim 2016; NATO 2024t). Ziel des MD war es, Misstrauen gegenüber der NATO abzubauen, der einige Staaten des Mittelmeerraums aufgrund der starken US-amerikanischen Rolle in ihr und im Nahostkonflikt mit Skepsis gegenüberstanden (und stehen), sowie die sogenannte *Südflanke* der Allianz durch Entspannung und Kooperation zu stabilisieren (de Dardel 2009, 29 ff.; Jørgensen 2014, 114 f.). Der Dialog versank mangels eines starken gegenseitigen Interesses und des zähen israelisch-palästinensischen Friedensprozesses lange in der Versenkung (ibid., 112; Papenroth 2005, 4; Said 2004). Er gewann aber nach den Ereignissen von 9/11 im Zuge des Kampfes gegen den Terror, der Angst vor der WMD-Proliferation sowie wegen Energiesicherheit und Flüchtlingsfragen an Bedeutung (Colombo 2024, 306 ff.; Flockhart 2014, 24; Kaim 2016, 12). Vor demselben Hintergrund ist die Etablierung der *Istanbul Cooperation Initiative* (ICI) auf dem Allianzgipfel am selben Ort (2004) zu verstehen, die den Kreis der Partner um Bahrain, Kuweit, Katar und die Vereinigten Arabischen Emirate (UAE) erweiterte. Saudi-Arabien und Oman wurden als Mitglieder des Golfkooperationsrats (GCC) ebenfalls eingeladen, sind aber bisher nicht beigetreten. Die Initiative ist grundsätzlich offen gegenüber anderen Mitgliedschaftswünschen (NATO 2024l, 2024t; Hill 2018, 223). Mit Blick auf die ISAF- und OEF-Einsätze in und um Afghanistan sollte so eine breitere Basis für das Handeln des Bündnisses geschaffen und dem Eindruck einer anti-muslimischen Kampagne begegnet werden (Colombo 2024, 309 f.). Gleichzeitig rückte man durch die gewonnenen Partner geografisch näher an Afghanistan heran, was unter operativen Gesichtspunkten nützlich war (z. B. Basen- und Hafennutzung, Überflugrechte, Papenroth 2005, 9).

Seit den Angleichungsschritten der Jahre 2006 und 2011, die einen Großteil der PfP-Aktivitäten für alle Kooperationspartner öffneten und die Prozesse standardisierten, unterscheidet sich die Zusammenarbeit im Rahmen von PfP, MD und ICI kaum noch und unterliegt denselben Kooperationstypen – allerdings in MD und ICI bis heute nur auf der ersten PfP-Ebene, dem IPCP (Moore 2014, 75; NATO 2015c). Nachdem zu Beginn nur Jordanien ISAF-Truppen stellte (Kaim 2016, 12), haben sich über die Jahre weitere Länder an ISAF beteiligt. Am Libyeneinsatz der Allianz nahmen Jordanien, Katar, Marokko und die Emirate teil (NATO 2015b, 2024l). Früher haben Ägypten, Jordanien und Marokko kleinere Truppenkontingente zu den NATO-Missionen KFOR, IFOR und SFOR im ehemaligen Jugoslawien beigetragen (Said 2004). Die NATO und die Partner vereinbaren jährliche Arbeitsprogramme aus Seminaren und anderen Austauschaktivitäten um PfP-vergleichbare Themen (Anti-WMD-Proliferation, Anti-Terror-Konsultationen, Grenzsicherheit, ziviles Krisenmanagement, Streitkräftemodernisierung), sie können teils an Übungen teilnehmen und erhalten bei Bedarf militärisches Training von lokalen Multiplikationskräften (*training the trainers*), die das gewonnene Wissen in die eigenen Armeen weitertragen. Konsultationstreffen finden etwas weniger häufig als im PfP statt, sind aber regelmäßig und involvieren verschiedene politische und Arbeitsebenen. Die Anzahl von Partnerschaftsaktivitäten erreichte im Jahr 2011 im MD ca. 700 (NATO 2015c), in der ICI ca. 330 und heute (2019) bereits um 500 Aktivitäten (NATO 2024l). Damit bewegen sich die Austausch- und Kooperationsprogramme in Anbetracht der deutlich kleineren Mitgliedschaft der Initiativen als im PfP auf einem sehr hohen Niveau. Koordiniert werden die MD-Aktivitäten zudem seit 1997 durch eine Mittelmeerkoordinationsgruppe, die direkt unterhalb der NAC-Ebene arbeitet und somit den Dialog prominent institutionalisiert. Für ICI wurde ein vergleichbares Gremium eingesetzt. Die Koordination erfolgt zweimal im Jahr auf Botschafterebene und zusätzlich in zwei verschiedenen Formaten (NATO+1 Partner, NATO+7 Partner) für thematische Kooperation. Die Allianz trägt einen Großteil der Kosten der Partnerschaftsaktivitäten, wenn die Partnerstaaten ein Pro-Kopf-Einkommen von weniger als USD $6.000 haben (Papenroth 2005, 4, 8, 10).

Ein kohärentes Vorgehen gestaltet sich im Rahmen von MD und ICI aber ähnlich schwierig wie in EAPC und PfP, da sich die sicherheitspolitischen Interessen der Staaten teils stark unterscheiden und im Golfraum durch saudi-arabische Hegemonieambitionen und auch die Bereitschaft zum Einsatz von Gewalt geprägt sind. Daher erscheint das aus dem PfP übernommene bilaterale Vorgehen als adäquate Wahl (de Dardel 2009, 29), während multilaterale Initiativen ein Nischendasein haben, genau wie weitergehende demokratische oder zivil-militärische Transformationsvorhaben, wie sie PfP und den EAPC in den 1990er Jahren charakterisierten. Durch MD und ICI ist somit keine Kooperation *zwischen* den Partnerstaaten entstanden, was an fehlender Klarheit auf beiden Seiten bezüglich des Zwecks der Partnerschaft liegt und eine Beitrittsperspektive sowie Sicherheitsgarantie fehlt (Jørgensen 2014, 113, 115 f.). So stellt Mohamed Said über den MD fest, dass

> „Europe and the United States seem to believe that political dialogue, discussions and information exchange must be the starting point for a relationship to build confidence and stimulate constructive cooperation. By contrast, Arab Dialogue countries prefer to start with hard issues, including especially those relating to the Arab-Israeli conflict." (Said 2004)

NATO-Staaten und Partner hatten also grundsätzlich verschiedene Vorstellungen über den Prozess der Kooperation und setzten zu unterschiedlichen Zeiten unterschiedliche Schwerpunkte (s. auch Papenroth 2004, 2). Der politische Systemgegensatz zwischen Demokratien in der NATO und vielen Autokratien unter den MD- und ICI-Staaten macht Partnerschaft ebenfalls nicht leichter, insbesondere zu einer Zeit, als sich die USA nach 9/11 und im Irak eine Regimewechsel- und spread of democracy-Agenda auferlegten (Jørgensen 2014, 117 f.; Said 2004; Müller 2008, 45 f.). Durch die Bedrohung durch ISIS, die auch die MD- und ICI-Staaten angeht, bestehen aber mehr Überschneidungen in den Agenden als zuvor. Militärische Kooperation ist jedoch gering, da die NATO selbst im Kampf gegen ISIS nur eine untergeordnete Rolle spielt. Für die Zukunft der Partnerschaften wird es zentral sein, gemeinsame sicherheitspolitische Vorstellungen und verteidigungspolitische Konzepte zu entwickeln, wenn die Beziehungen über die jetzige Kooperationsebene hinausentwickelt werden sollen (de Dardel 2009, 30, 38; Kaim 2016, 12 ff.). In Anbetracht der aktuellen Konfliktlage im Nahen Osten wird das allerdings nicht leicht sein.

5.2.4. Bilaterale Beziehungen, globale Partner und neue Ziele

Ein weiterer Anlauf der NATO im Bereich kooperativer Sicherheit zielte auf die Integration von Partnern in Asien und Ozeanien ab, die sich durch ihr Engagement in Afghanistan hervorgetan haben. Seit dem Straßburg/Kehl-Gipfel 2009 wird diese Gruppe als *Partners across the Globe* (PATG/PatG) bezeichnet (Christiansson 2014, 61) und umfasst heute laut NATO (2024t) Afghanistan (seit der Machtübernahme der Taliban ausgesetzt), Australien, den Irak, Japan, Kolumbien, die Mongolei, Neuseeland, Pakistan und Südkorea.[105] Somit wird hier wieder eine ideologische Komponente deutlich, denn bei Australien, Japan, Neuseeland oder Südkorea handelt es sich um eine Gruppe demokratischer Länder, die teils schon lange an der Seite der Alliierten bzw. der USA stehen und kämpfen. Durch ihre ISAF-Beteiligung ergab sich die Notwendigkeit, diese Staaten stärker in die Entscheidungsprozesse der Allianz einzubinden, was das Bündnis auf seinem Riga-Gipfel 2006 beschloss. Diese Staaten gewannen so nicht nur Einfluss auf ISAF-Entscheidungen, sondern konnten im Zuge der Reform der NATO-Partnerschaften ebenfalls an den anderen Partnerschaftsaktivitäten teilnehmen und erhielten ähnlich maßgeschneiderte Kooperationsprogramme (Moore 2024, 332; Schreer 2014, 103 f.). Diese Integration entsprach dem gesteigerten US-amerikanischen Engagement in Asien, das vor allem seit Obamas pivot-Initiativen im Vordergrund der sicherheitspolitischen grand strategy stand (Kaim 2016, 16; Moore 2014, 74 f.). Gleichzeitig verleiht die Einbindung dieser Partner dem Handeln der NATO Legitimität, da so deutlich wird, dass nicht nur 32 Bündnisstaaten z. B. in Afghanistan handeln, sondern auch 20 andere Partner aus anderen Welt-

105 Kaim (2016, 16) erklärt, dass diese Staaten seit 1998 als *contact countries* geführt wurden. Nicht-formalisierte Zusammenarbeit gibt es mit China, Indien, Indonesien, Malaysia und Singapur.

regionen und Kulturkreisen. Insgesamt wird so die Interoperabilität zwischen den verschiedenen Streitkräften verbessert. Dieser Zugang untermauert das toolbox-Verständnis, das die USA und einige andere Bündnismitglieder (z. B. Frankreich) seit den 2000er Jahren als alliiertes Kooperationskonzept forcieren, wie in Libyen geschehen (Christiansson 2013; Kaim 2016, 15; Ostermann 2016). In Anbetracht der großen Anzahl von asiatischen PATG-Ländern wird die Zukunft der Kooperation davon abhängen, wie sehr die NATO in einer Zeit nach Afghanistan in der Region engagiert sein wird und gemeinsame Interessen existieren (Schreer 2014, 105 ff.).

Seit der russischen Invasion und Annexion der Krim identifiziert Kaim (2016, 17 f.) zudem eine weitere Partnerschaftswelle, in der die NATO Nachbarstaaten beim Aufbau militärischer Verteidigungskapazitäten unterstützt. Es geht hierbei sowohl um Verteidigung gegen die neue russische Aggressivität als auch um den Kampf gegen ISIS. Während im ersten Fall die territoriale Integrität der NATO-Mitglieder und ihrer Nachbarn gefährdet ist, soll die Unterstützung anderer Staaten gegen ISIS für eine stabilere Lage an der Südflanke der Allianz sorgen, die wegen ISIS und des Syrienkriegs gefährdet ist. Im Zuge dieser neuen Schwerpunkte hat die NATO verschiedene Initiativen gestartet, die die Interoperabilität zwischen allen Staaten verbessern sollen (z. B. auch mit Finnland und Schweden, die als ehemals neutrale Länder eine zentrale Stellung gegenüber Russland hatten), die Stationierung von NATO-Truppen ermöglichen oder eine Beteiligung an NRF vorsehen. Darüber hinaus unterhält die NATO spezifische bilaterale Beziehungen. Mit Georgien wird eine *NATO-Georgien-Kommission* unterhalten, die dem politischen und strategischen Dialog gilt sowie der Stärkung der regelbasierten Weltordnung dienen soll und nach dem russisch-georgischen Krieg von 2008 eingerichtet wurde (Flockhart 2014, 25 ff.). Es gibt ebenfalls spezialisierte Programme mit Georgien (*Substantial NATO-Georgia Package, NATO-Georgian Joint Training and Evaluation Centre*), die den Partnerschaftsbeziehungen ähneln, aber sehr stark kapazitätsorientiert sind (NATO 2024y) und klar auf eine gesteigerte Verteidigungsfähigkeit gegenüber Russland abzielen (Kaim 2016, 14).

Die Beziehungen zur Ukraine sind ebenfalls in einem *NATO-Ukraine-Rat* institutionalisiert (seit 1997) und haben seit der russischen Invasion der Krim in 2014 sowie noch stärker seit dem 2022er Angriffskrieg Russlands eine zentrale Rolle eingenommen. 2022 wurde daher die NATO-Ukraine-Kommission zum Rat aufgewertet und somit formal auf gleiche Ebene wie die frühere Zusammenarbeit mit Russland gestellt (s. auch Kap. 2.3.5). Genau wie im Falle Georgiens geht es auch bei den Beziehungen zur Ukraine darum, das große europäische Land in der westlich-liberalen Weltordnung zu verankern und es unabhängiger von russischen Einflüssen zu machen (Flockhart 2014, 27 ff.; Wolff 2017, 71 ff.). Neben der Zusammenarbeit im Rahmen von PfP mit seinen üblichen Initiativen zur Interoperabilität, Übungen, Training oder Reformmaßnahmen im Sicherheitssektor stärkt die Atlantische Allianz die Ukraine seit 2014 im Bereich hybrider Gefahrenerkennung und Cyberabwehr, sicheren militärischen Kommunikations- und Kontrollsystemen oder z. B. Anti-Minenprogrammen und hat dafür sechs nur für die Ukraine gedachte Finanzierungsinstrumente (*trust funds*) aufgelegt, die Ausgaben für Verteidigungskapazitäten decken sollen. Außerdem hat die NATO ihre Patrouillen im Schwarzen Meer erhöht, genauso wie ihre Marinekooperation mit der Ukraine und Georgien als Anrainerstaaten. Die Ukraine nimmt zudem weiterhin an der NRF teil und kooperiert mit der Allianz im Rahmen ihrer *Sea Guardian*-Operation im Mittelmeer und Schwarzem Meer gegen Terrorismus und zur Seeraumüberwachung sowie in der ISAF-Nachfolgemission Resolute Support (NATO 2024q). Deutschland stellt der Ukraine umfangreiche Kredite und zivile Programme zur Verfügung, lieferte bis 2022 aber z. B. im Gegensatz zu den USA keine Waffen (von Osten 2019). Seit 2022 ist diese Unterstützungsform der Ukraine im Zuge des Krieges massiv ausgeweitet worden und beinhaltet nun auch schweres militärisches Material und Munitionsbeschaffung zur Verteidigung gegen die russischen Invasoren, wie ausführlich in Kap. 4.5.2 diskutiert.

5.2.5 Beziehungen zu Institutionen: EU, OSZE, UN

Neben den partnerschaftlichen Beziehungen zu einzelnen Staaten arbeitet die NATO im Rahmen kollektiver Sicherheitpolitiken ebenfalls mit anderen internationalen Organisationen zusammen, wozu im Wesentlichen die OSZE, die EU, die UN und die AU gehören. Einige dieser Kooperationen sollen auf den folgenden Seiten vorgestellt werden.

NATO-OSZE

Aufgrund des gemeinsamen geografischen Raumes teilen sich NATO und KSZE/OSZE Zuständigkeiten und Aufgaben. Die Organisation für Sicherheit und Zusammenarbeit in Europa (OSZE) ist im Gegensatz zur NATO eine inklusive Sicherheitsmanagementinstitution mit breiterer Mitgliedschaft

(2024: 57 Staaten) und einem Aufgabenspektrum im Bereich von Wahlüberwachung sowie zivilem und polizeilichen post-Konfliktmanagement, hat aber nur einen geringen Grad gemeinsamer Identität und gemeinsamer Perspektiven auf Sicherheitsfragen (Roloff 2007; Simonet 2018, 279 f.). Da die neu oder wieder unabhängigen Staaten Mittel- und Osteuropas mehr als nur die schwache Sicherheitszusammenarbeit in der KSZE/OSZE suchen, um ihre Verteidigung zu gewährleisten, wandten diese Länder sich stärker der NATO zu, die im Gegensatz zur OSZE ein zu zielgerichtetem, kollektivem Handeln fähiges Militärbündnis war/ist, das neben der Territorialverteidigung auch zu peace enforcement und peacekeeping in der Lage ist. In den 1990er Jahren waren beide Organisationen in die Bewältigung der enormen Herausforderung involviert, die der Zusammenbruch Jugoslawiens für die internationale Staatengemeinschaft bedeutete, wobei letztlich die NATO als intervenierende Macht (mit Partnern) auftrat, weil nur sie militärisch bewehrte kollektive Handlungsmittel besaß. Der OSZE kamen zivile Missionsaspekte zu, bei denen sie Schutz und logistische Unterstützung der NATO in Anspruch nahm (Biermann 2014b, 220 f.). Somit kann von einer gewissen Komplementarität in den Beziehungen zwischen den beiden Organisationen und erfolgreicher Kooperation im Einsatz gesprochen werden, die allerdings nach dem Kosovo-Krieg, den NATO-Osterweiterungen und vor allem nach der Krim schwieriger umzusetzen wurde (Biermann 2014b, 221 f.). Im Gegensatz zu den EU-NATO-Beziehungen gibt es bis heute kein Kooperationsabkommen zwischen den beiden Organisationen, was u. a. auf Opposition Russlands gegen eine derart aufgewertete Rolle der NATO zurückzuführen ist (Giegerich 2012a, 95), aber regelmäßige Austauschmechanismen (Dean 2000; Ewers-Peters 2021, 71; Hill 2018, 65 ff., Kap. 3, 102; Simonet 2018, 282 ff.). Russische Versuche, die OSZE als primäre Sicherheitsorganisation in Europa zu etablieren, wurden aus offensichtlichen Gründen weder aus West-, Mittel- oder Osteuropa noch aus den USA wohlwollend aufgenommen (Ewers-Peters 2021, 69 ff.).

NATO-UN

Mit den Vereinten Nationen unterhält die NATO sehr unterschiedliche Beziehungen, die schwer auf einen klaren Nenner zu bringen sind. Einerseits beruft sich das Bündnis bereits im Nordatlantikvertrag auf die UN-Charta, ihr Gewaltverbot und das durch sie (trotzdem) eingeräumte Recht auf kollektive Verteidigung. Aufgrund ihrer Fähigkeit, relativ zeitnah umfangreiche militärische Kräfte aufbieten zu können, handeln die NATO oder einzelne Alliierte (auch unter Nutzung von Allianzkapazitäten) häufig im Auftrag des UN-Sicherheitsrats, wenn dieser Maßnahmen des peace enforcement, der Luftraumüberwachung, Embargos oder andere Formen der Intervention beschlossen hat. Dazu unterhalten die beiden Organisationen institutionalisierte Beziehungen. Ein UN-Mandat verleiht dem Handeln der NATO internationale Legitimität (Appathurai 2014, 36, 45 f.; Biermann 2014b, 223). Solches Handeln geschah z. B. in Bosnien-Herzegowina ab 1992 (s. Berdal 2024), in Afghanistan mit den ISAF- und Resolute Support-Missionen, am Horn von Afrika gegen Piraten oder in Libyen (s. Kap. 5.3). Gelegentlich unterstützt die Allianz die internationale Gemeinschaft ebenfalls im Bereich der Katastrophenhilfe oder hilft mit ihren Fähigkeiten in UN-Missionen aus (ibid.; zu Missionen s. NATO 2023n). Während das Bündnis zu diesen Gelegenheiten also gewissermaßen ein Dienstleister der UN war (Adam 2007; Ringsmose 2016), hat es in einigen Fällen ohne Mandat des Sicherheitsrats gehandelt. Die bekannteste eigenständige Intervention der NATO ist der Kosovo-Krieg, in dem die Allianz militärisch gegen Serbien losschlug, um ethnische Säuberungen zu beenden (s. Kap. 5.3.4). Gleiches gilt für den Krieg, den die USA, Großbritannien und andere Alliierte 2003 im Irak begannen, wobei hier das Bündnis als Institution nicht involviert war (s. Kap. 4.3.2). Es besteht hier also ein Zwiespalt zwischen der Rolle der NATO als kollektive Sicherheitsinstitution einerseits, die im Namen der Weltgemeinschaft agiert, und ihrer Geschichte und ihrem Profil als wirksames kollektives Verteidigungsbündnis andererseits, in dem die USA als mächtigster Akteur der Weltpolitik Führungsmacht sind. Die NATO ist also gleichzeitig geeignet und ungeeignet, um als Agent der UN zu wirken (Barnett 1995; Naidu 2000) und hat in der Vergangenheit die Autorität des UN-Sicherheitsrats sowohl unterstützt als auch untergraben. Letztlich hat sich die NATO nie eindeutig der Autorität der UN untergeordnet (Biermann 2014b, 224 ff.; Giegerich 2012a, 101 ff.) und kann das mit Blick auf die eigene Funktionslogik im Feld kollektiver Verteidigung auch nicht tun.

NATO-EU

Seit Mitte der 1990er Jahre existieren institutionalisierte Beziehungen zwischen der NATO und der EU. Die EU versuchte zu der Zeit, sich eigene Akteursfähigkeiten im Bereich der zivil-militärischen Konfliktbearbeitung aufzubauen (Diedrichs 2012; Duke 2005; Smith 2004). Wie unabhängig dies von der NATO und den USA geschehen sollte, war oft Stein des Anstoßes zwischen den Mitgliedstaaten der beiden Organisationen (Dumoulin 2007; Hunter 2002; Keohane 2009), zumal die NATO weiterhin für die kollektive Verteidigung Europas zuständig blieb (Ewers-Peters 2024, 315 ff.; Howorth 2003). 2003 führte die EU im Rahmen ihrer *Gemeinsamen Sicherheits- und Verteidigungspolitik* (GSVP, damals noch ESVP) erstmals eigene militärische Missionen geringer Intensität in Afrika durch (Grevi et al. 2009). Sie richtet sich dabei nach den so genannten *Petersberg-Aufgaben*, die 1992 noch von der WEU aufgestellt wurden und humanitäre und Rettungsmissionen, peacekeeping und robusteres peace enforcement im Rahmen von Krisenmanagementoperationen vorsehen (WEU 1992). Die EU hat im Verlauf der Zeit respektable zivile und zivil-militärische Kapazitäten zur Konfliktbearbeitung, wie z. B. Rechtsstaatshilfe und Polizeikräfte, sowie militärische Trainingskonzepte für Streitkräfte von Drittstaaten aufgebaut (Major und Mölling 2009, 25). Sie ist heute ebenfalls mit Marinemissionen im Bereich der Sicherung von Seewegen (z. B. am Horn vor Afrika gegen Piraterie) und Seegrenzen (im Mittelmeer im Zuge der Flüchtlingskrise und gegen Terroranschläge) aktiv. Trotz chronisch schwieriger Beziehungen mit der NATO (wegen der Griechenland-Türkei-(Nord)Zypern-Problematik, s. z. B. Howorth 2009) besteht ein Kooperationsabkommen zwischen den beiden Organisationen. Nach dem so genannten *Berlin plus-Abkommen*, das im Jahr 1996 geschlossen und 2003 erweitert wurde, kann die EU auf NATO-Kapazitäten inkl. Hauptquartieren zurückgreifen, sofern sich die NATO zuerst dazu entscheidet, selbst nicht in einem Konflikt aktiv zu werden (NATO 1996; Dembinski 2005; Giegerich 2012a, 97 ff.). So wurde der Atlantischen Allianz gewissermaßen ein Erstzugriffsrecht eingeräumt, aber der EU eigenständiges Engagement ermöglicht, bei dem sie als junger sicherheitspolitischer Akteur auf Kompetenzen und Fähigkeiten der NATO zurückgreifen konnte (Peterson Ulrich 2003, 36 ff.). Dies macht nicht zuletzt deshalb Sinn, weil 23 EU-Staaten Mitglieder der NATO sind und es „funktionelle Überlappung" zwischen ihren Missionen in verschiedenen Regionen gab und gibt (Ewers-Peters 2021, 70). Die beiden Organisationen verfügen zudem seit 2005 über gegenseitige Verbindungsteams (NATO Liaison Team bei der EU, EU Cell in SHAPE; s. Ginsberg und Penksa 2012, 191 f.; NATO 2016).

Aufgrund der Probleme um (Nord-)Zypern und den daraus entstehenden Zwistigkeiten zwischen Griechenland und der Türkei, die auf die NATO (wo die Türkei Mitglied ist) und die EU (wo Zypern Mitglied ist) übertragen werden, kommt es in der Kooperation der beiden Institutionen jedoch häufig zu Blockadesituationen, die Berlin plus-Kooperationen und somit auch ein besseres burden-sharing zwischen der NATO und der EU verhindern (Ewers-Peters 2021, 75; Ginsberg und Penksa 2012, 184 ff.; Marsh und Dobson 2013, 160 f.; Giegerich 2012a, 98 f.). Des Weiteren waren die Beziehungen zwischen den beiden Organisationen teils von unterschiedlichen Kulturen – Verteidigungsallianz/ militärische Sicherheitsmanagementinstitution vs multi-funktionelle EU – und einem gewissen Konkurrenzdenken einzelner Akteure (Staaten, institutionelle Player) geprägt (Dumoulin 2007; Hunter 2002; Kaim 2016, 12, 22). Diese Tendenz hat jedoch seit ca. 2008 spürbar abgenommen, und Kooperation im selben Einsatzgebiet, z. B. in der Pirateriebekämpfung am Horn von Afrika, funktioniert meist gut (Kaim 2016, 22; Schleich 2016). Bis heute wurden allerdings erst zwei EU-Missionen im Rahmen von Berlin plus durchgeführt (Dembinski 2005; Kammel 2020; Williams 2018). Chancen für mehr Kohärenz liegen zum einen in dem seit Donald Trump und dem Brexit gestiegenen Bewusstsein der europäischen Staaten, ihre sicherheits- und verteidigungspolitischen Belange stärker autonom zu organisieren (Béraud-Sudreau und Pannier 2020), aber auch in der Komplementarität beider Organisationen mit ihren militärischen (vor allem NATO) und zivil-militärischen (EU) Fähigkeiten. Schließlich stehen beide Organisationen und ihre Mitglieder mit Gefahren wie dem internationalen Terrorismus, hybrider Aggression, Cyberangriffen und -kriminalität oder Staatszerfall vor denselben oder ähnlichen Problemen (Howorth 2009, 2018; Legendre 2014, 123 ff.) und nutzen dieselben nationalen Armeen für ihre Einsätze (Howorth 2013, 36 f.; 2017).

Seit der Invasion der Krim in 2014 hat die Blockade der Zusammenarbeit allerdings abgenommen. Es wurden seitdem zwei *Joint Declarations* (2016, 2018) unterschrieben, sieben Kooperationsbereiche klar definitiert und 74 Projekte vereinbart, an denen gemeinsam gearbeitet werden soll (Ewers-Peters 2021, 71). Seit dem 2022er Krieg in der Ukraine wurde diese Komplementarität zwischen NATO und EU bestätigt: Während die NATO stärker die Organisation der militärischen Bedürfnisse der Ukraine übernimmt, werden einige der Beschlüsse (wie z. B. die Munitionsbeschaffung) teilweise über die EU organisiert. Außerdem hat die EU eine zentrale Rolle für zivile Hilfen und den Wiederaufbau der Ukraine, für die sie deutlich höhere Beträge als z. B. die US-Amerikaner*innen bereitstellt (Trebesch et al. 2024). Die Zusammenarbeit zwischen den beiden Organisationen ist auch mit Blick auf die Komplexität von Sicherheitsherausforderungen und ihrer Bearbeitung (*comprehensive approach*) enorm wichtig, bei der sie sich ergänzen (Ewers-Peters 2021, 67).

5.3 Krisenmanagement: NATO-Missionen als politische und zivil-militärische Herausforderung (Arena II)

Seit dem Wandel der Atlantischen Allianz zu einem gefragten (und manchmal ungefragten), global tätigen Sicherheitsmanager ist wohl über kaum ein anderes Thema so viel geschrieben worden wie über die mehr als 40 Missionen des Bündnisses. Diese Missionen übernahm das Bündnis meist im Auftrag der UN oder auf Anfrage der Staaten, auf deren Territorium eine Sicherheitsbedrohung bestand. Somit hat die NATO versucht, durch einen Dienst für die/ an der Weltgemeinschaft Frieden und Sicherheit zu schaffen, hat diese Ziele aber ebenfalls nach den eigenen Vorstellungen und Interessen gestaltet. Im Fall des Kosovo handelte die NATO ohne UN-Mandat und führte formal einen Angriffskrieg. Durch NATO-Einsätze wurden Menschen gerettet *und* getötet und die Allianz hat selbst Verluste von mehreren Tausend Soldat*innen hinnehmen müssen. Das Bündnis ist so zu einem kontroversen Akteur geworden, dessen Handeln Facetten eines Beschützers, Friedensbringers, Retters und eines eigenmächtigen Hegemonen enthält. Die folgenden Seiten werden diese verschiedenen Facetten des Allianzhandelns und ihre Bedeutung für kollektive Sicherheit darstellen. Die genutzten Werke und die Auswahlbibliographie am Ende des Kapitels dienen der vertiefenden Beschäftigung mit einzelnen Missionen oder Themen.

5.3.1 Ein *tour d'horizon*: Die NATO im globalen Einsatz

Seit 1991 hat die NATO in über 40 Einsätzen mit militärischen Kräften Aufgaben der Friedenssicherung oder -herstellung für die UN ausgeführt, auf Bitten anderer Staaten Hilfe geleistet, Katastrophenhilfe unternommen oder in einem Fall einen nicht-UN-mandatierten Kriegseinsatz im Kosovo durchgeführt (NATO ACO o. J.-a; o. J.-d). Im Vergleich dazu nimmt sich die Anzahl an Missionen von 1949 bis 1991 bescheiden aus – viermal hat das Bündnis in diesen 42 Jahren kleinere humanitäre, Luftüberwachungs- oder Schutzeinsätze für Mitgliedstaaten unternommen (NATO 2023n). Die Missionen in Jugoslawien, Afghanistan und in Libyen werden in den folgenden

Abschnitten genauer diskutiert und deshalb an dieser Stelle übergangen, an der ein allgemeinerer Überblick gegeben werden soll.

In den Staaten des ehemaligen Jugoslawiens steht häufig das Engagement der NATO in Bosnien-Herzegowina zwischen 1992 und 2004 sowie im Kosovo seit 1999 im Zentrum der Aufmerksamkeit. Die NATO ist aber ebenfalls zwischen 2001 und 2003 in Nordmazedonien tätig gewesen (damals noch Frühere Jugoslawische Republik Mazedonien). Auf Bitten der dortigen Regierung und nach Abschluss des Ohrid-Friedensabkommens griff die Allianz in ethnische Spannungen ein, die sich in dem slawisch dominierten Staat mit albanischer Minderheit unter einer schlechten Regierungsführung aufgebaut hatten, und entwaffnete albanische Gruppen (*Essential Harvest*). Danach sorgte das Bündnis für die Sicherheit von OSZE- und EU-Missionen (*Amber Fox*), die das ausgehandelte Friedensabkommen überwachten und Kapazitätsaufbau (*capacity building*) betrieben (Simonet 2018, 288 f.). Die NATO beriet die nordmazedonische Regierung ebenfalls in der Stabilisierung des Landes (*Allied Harmony*). Die EU übernahm 2003 die Mission von der NATO, wobei die EU im Rahmen des Berlin-Abkommens Unterstützung vom Verteidigungsbündnis erhielt (Allin 2002, 76 ff., 93 f.; Hauser 2008, 39). Lange unterstützte die NATO Nordmazedonien in Aspekten der Sicherheitssektorreform (SSR, Chivvis 2008; NATO 2023n). Durch das Wirken der NATO konnten die Spannungen im Land abgebaut und in einen inklusiven demokratischen Prozess übergeleitet werden, der den Staat nach Beilegung des Streits mit Griechenland 2020 unter neuem Namen – Nordmazedonien – als stabiles Land in die NATO und in einen EU-Beitrittsprozess geführt hat.

In weiteren Fällen hat die Atlantische Allianz auf Bitte von Staaten oder Organisationen gehandelt. Dies geschah z. B. im Falle der Sicherung der Olympischen Spiele von Athen im Jahr 2004 (*Distinguished Games*) mit AWACS und ABC-Abwehrkapazitäten, bei der Katastrophenhilfe nach Hurricane Katrina in den USA (2005) oder im selben Jahr in Pakistan nach einem Erdbeben. Im Zuge der Kosovo-Krise (s. u.) errichtete die NATO in Albanien Flüchtlingscamps (*Allied Harbour*) und sorgte für Ordnung (Latawski und Smith 2003). Weitere Katastrophenhilfeeinsätze wurden in der Türkei, der Ukraine oder Portugal durchgeführt, sodass diese Einsätze sowohl Mitgliedern als auch Drittstaaten zugutekamen. Im Bereich des Krisenmanagements unterstützte die NATO ebenfalls die AU in ihrer Darfur-Mission (AMIS) im Sudan, transportierte ihr Personal und bildete Spezialist*innen aus. Trainingsaktivitäten finden im Irak statt, wo die Alliierten nach ihren tiefgreifenden Differenzen bzgl. der Intervention (s. Kap. 4.3) gemeinsam SSR-Aktivitäten durchführen oder diese zumindest finanziell und materiell ermöglichen (Gaub 2011). Mittlerweile hat die Atlantische Allianz auch mehrere Marineoperationen durchgeführt. Dazu gehören Sicherungs- und Anti-Terrormission im Mittelmeer (*Active Endeavour*) im Zuge der Einsätze um 9/11, bei der Handelswege gesichert und Schiffe nach Waffen durchsucht wurden, oder Einsätze gegen ein neues altes Problem – Piraterie – im Indischen Ozean (Horn von Afrika, Golf von Aden) im Auftrag der UN, die zwischen 2008 und 2016 den Kreislauf aus Kaperungen, Geiselnahmen und Lösegeldzahlungen auf Handelsschiffen und solchen des UN-Ernährungsprogramms beendet haben (*Allied Provider, Allied Protector, Ocean Shield*). Dabei kooperierte die NATO auch mit externen Partnern und operativ mit der EU (Missionsübersicht in NATO 2023n; Bueger 2018; Gebhard und Smith 2014; Giegerich 2012a, 72 ff.).

Heute hat das Bündnis im Zuge der vielfältigen Konflikte im Mittelmeerraum (Syrien, Libyen, russische Marine, Iran) zudem Active Endeavour in eine umfassendere Marine-/ Luftmission – *Sea Guardian* – ausgebaut, die Anti-Terrorismus-Aufgaben hat, das Mittelmeer überwacht, Kapazitäten von anderen Organisationen (z. B. die EU-Mission *Irini*) und Akteuren (z. B. Libyen) stärkt sowie potentiell im Krisenfall kritische Infrastrukturen und alliierte Gewässer schützen kann. Sea Guardian-Kräfte der NATO überwachen ebenfalls die Einhaltung des UN-Waffenembargos gegen Libyen (NATO 2023a). Die NATO hat durch diese Missionen also eine breite Palette an Fähigkeiten entwickelt und in Einsätzen disponiert. Diese Einsätze betrafen sowohl Art. 5-bezogene Missionen, wie die nach 9/11 begonnenen Hilfestellungen für Alliierte, z. B. zur Luftraumüberwachung der Türkei, als auch kollektive Sicherheitsmissionen, die so weite Bereiche wie Friedenssicherung (Nordmazedonien), Kapazitätsaufbau (Irak), maritime Sicherheit (Indischer Ozean, Mittelmeer) oder Einsätze im Auftrag der UN (Libyen-Waffenembargo) abdeck(t)en. Dabei handelt die Allianz allerdings entsprechend ihrer Tradition und Struktur vornehmlich im militärischen Sicherheitsbereich, wenngleich dazu heute ebenfalls SSR-Aufgaben zählen. In Afghanistan nahm das Engagement des Bündnisses zudem stärker zivile Aspekte an (s. u.). Die folgenden Abschnitte sollen einige Missionen in ihrer Bedeutung tiefer ergründen.

5.3.2 Jugoslawien: Die NATO mit und gegen die UN

Der Zusammenbruch Jugoslawiens und der Bosnienkrieg

Nach seit den 1980er Jahren schwelenden Konflikten um politische und wirtschaftliche Reformen des Bundesstaats mit weitreichenden Autonomiebefugnissen für seine Teilstaaten zerbrach 1991 die multikulturelle jugoslawische Föderation in ihre Teilrepubliken, da kein politischer Konsens mehr über ein weiteres Zusammenleben bestand. Was zunächst primär ein politischer und sozialer Konflikt war, entwickelte sich zu einem Pulverfass diverser nationalistischer und ethnischer Bruchlinien, die zunehmend religiöse und historische Unterschiedlichkeiten und Ungerechtigkeiten betonten, Verfolgungsängste schürten und so für Entzweiung sorgten. Freie Wahlen im Jahr 1990 sorgten für Wahlsiege von nationalistischen Parteien in allen Bundesstaaten außer Serbien und Montenegro, die kommunistisch dominiert blieben und in Serbien von einem starken Slobodan Milosevic angeführt wurden. Ab Dezember 1990 fanden Volksbefragungen über die Zukunft des Bundes statt, die in den ethnisch homogeneren Teils Kroatien und Slowenien in Richtung Auflösung entschieden wurden, während die multiethnischen Teilstaaten Bosnien, Mazedonien oder Montenegro um den Erhalt ihrer fragilen Balance willen eher föderalistisch eingestellt waren. Für Serbien war der Bruch der Union im Sommer 1991 ebenfalls schwierig, weil Serb*innen über viele Staaten verteilt lebten. So begann ab Mitte 1991 ein Unabhängigkeits- und Bürgerkrieg, der durch massive Vertreibungen geprägt war und bereits erste genozidale Situationen[106] durchlebte. Lediglich Slowenien konnte sich nach einem Zehntageskrieg im Juni 1991 aus diesen Konflikten heraushalten (Rauch 2009, 302 f.; Sundhausen 2008).

Es dauerte lange, bis den Kriegen primäre Aufmerksamkeit geschenkt wurde (Hill 2018, 76; Kamp 2024, 251 ff.). Nach dem Scheitern einer ersten Konferenz im September 1991 konnten serbische Verbände in der zu Kroatien gehörenden, aber ethnisch serbisch dominierten Krajina unterstützt durch Paramilitärs und die serbisch dominierte (rest-)Jugoslawische Nationalarmee ihren Abspaltungskampf gegen das unabhängig gewordene Kroatien aggressiv fortführen. Es kam erst im Januar 1992 nach dem serbischen Sieg dort zu einem Waffenstillstandsabkommen, woraufhin sich die Kampfhandlungen nach Bosnien-Herzegowina verlagerten. Die durch

106 Von Genozid wird gesprochen, wenn mehr als 1.000 Menschen einer Volksgruppe in einem Konflikt gezielt getötet werden.

das Waffenstillstandsabkommen eingesetzte, neutrale UN-Schutztruppe UNPROFOR (*United Nations Protection Force*) konnte nur sehr beschränkt für eine Befriedung des Konflikts in sogenannten Schutzzonen sorgen, weil sie nur ein Selbstverteidigungsmandat hatte und nicht in Kämpfe eingreifen durfte. Die Ausrufung der *Serbischen Republik* in Bosnien-Herzegowina mit Radovan Karadzic als Anführer im Mai 1992 führte zu erbitterten Kämpfen, während derer die lokalen serbischen Einheiten zeitweise bis zu zwei Drittel des Territoriums von der bosnisch-kroatischen Föderation in Bosnien-Herzegowina erobern konnten. Seit Sommer 1992 bestand ein UN-Waffenembargo, an dessen Durchsetzung sich die NATO im Adriatischen Meer beteiligte (Operationen *Maritime Monitor*, *Maritime Guard*), und eine Flugverbotszone über Bosnien-Herzegowina (*Deny Flight*), was aber nicht zu einer Befriedung des Konflikts am Boden führte (Knapp 1997, 283 f.; NATO 2023n; Sperling und Webber 2009, 494). Im Juli 1995 gab die UNPROFOR völlig unterlegen und kampflos die Schutzzone Srebrenica auf, in der daraufhin ein Massaker an mehr als 8.000 bosnisch-muslimischen Männern (s. g. *Bosniaken*) verübt wurde (bpb 2012; Rauch 2009, 205). Dieses Massaker wurde als Völkermord eingestuft und seine Verantwortlichen (der bosnisch-serbische Präsident Karadzic, sein Armeeführer Mladic, der serbische Präsident Milosevic) wurden dafür später als Kriegsverbrecher von der internationalen Justiz verfolgt und verurteilt (Sundhausen 2008).[107]

Noch 1993 schien innerhalb der UN-Führung der Wille gering, UNPROFOR in die Lage zu versetzen, die vereinbarten Schutzzonen zu verteidigen (s. auch Berdal 2024, 149 ff.). Im Frühjahr 1994 waren die Kämpfe um Sarajevo aber so heftig, dass die NATO sich durch eine neue Initiative von Präsident Bill Clinton (USA), unterstützt durch den französischen Präsidenten Jacques Chirac, zum Eingreifen entschloss. Die Allianz schickt daraufhin Truppen zum Schutz der Stadt und setzte mit Luftkräften eine Flugverbotszone um alle Schutzzonen herum durch. Russland beteiligte sich am Schutz Sarajevos (Asmus 2002, 126 ff.). Die militärische Lage änderte sich erst grundlegend ab Mitte 1995 mit verstärkten Einsätzen nach dem Srebrenica-Massaker, als die bosnisch-kroatische Allianz Geländegewinne verzeichnete sowie NATO-Luftschläge (*Deadeye*, *Deliberate Force*) die Nachschubwege für die bosnischen Serben unterbrachen und Artillerie und andere schwere Waffen zerstörten (Hill 2018, 76; Knapp 1997, 284). Im Oktober 1995 konnte das sogenannte *Dayton-Abkommen* (benannt nach

107 Milosevic starb im Gefängnis vor Prozessende.

dem Verhandlungsort in Dayton, Ohio, USA) dem Krieg ein Ende setzen (Sundhausen 2008). Der jugoslawische Präsident Milosevic nahm dabei eine ambivalente Rolle ein: Einerseits war er durch seine Unterstützung der kroatischen und bosnischen Serben Kriegsbeteiligter, andererseits bewegte er die serbischen Gruppen dazu, das ausgehandelte Friedensabkommen anzuerkennen (Allin 2002, 47). Die NATO erhielt nach dem Dayton-Abkommen von der UN den Auftrag, zunächst die 60.000 Soldat*innen starke *Implementation Force* (Umsetzungstruppe, IFOR; NATO-Operation *Joint Endeavour*), an der sich alle NATO-Staaten beteiligten,[108] und später eine 32.000 Einsatzkräfte zählende *Stabilization Force* (SFOR; NATO *Joint Guard*) zu entsenden, woran sich Russland ebenfalls beteiligte, dabei allerdings nicht einem NATO-Kommando unterstand (Hill 2018, 77; Knapp 1997; NATO 2023n). 10.000 IFOR-Soldat*innen wurden von 17 Nicht-NATO-Staaten gestellt, darunter PfP-Länder (Asmus 2002, 125). IFOR hatte von Dezember 1995 bis Dezember 1996 die Aufgabe, die verfeindeten Streitkräfte endgültig voneinander zu trennen und ihrer schweren Waffen zu entledigen. Die Bundeswehr beteiligte sich an dieser Mission mit ca. 2.600 Heeressoldat*innen sowie Marine- und Luftwaffeneinheiten; letztere flogen für die IFOR 2.000 Überwachungs- und Aufklärungseinsätze (Rauch 2009, 307; Overhaus 2009, 196 ff.). Das internationale Engagement zementierte die durch das Dayton-Abkommen etablierte Zweiteilung Bosnien-Herzegowinas in zwei gleichberechtigte bosnisch-kroatische und serbische Teilrepubliken (mit drei konstitutiven Staatsvölkern) mit weitreichenden Autonomiebefugnissen (Allin 2002, 39 ff.).

Wegen eines begrenzten IFOR-Mandats, das z. B. nicht die Verfolgung von Kriegsverbrechern erlaubte, und eines lückenhaften Friedensabkommens, das durch die Schaffung einer nicht-wehrfähigen internationalen Polizeitruppe kaum eine Beruhigung der Spannungen zwischen den Volksgruppen erlaubte, konnte IFOR allenfalls einen kalten Frieden mit immer noch viel ziviler Unruhe, Hass und Kriminalität schaffen. SFOR (1996-2004) hatte mit ihren 32.000 Soldat*innen (darunter max. 1.800 deutsche, Rauch 2009, 307) neben den peacekeeping-Aufgaben weitreichendere Befugnisse, setzte Kriegsverbrecher fest, führte Trainingsprogramme für die Sicherheitskräfte durch und kümmerte sich, soweit möglich, um die Rückkehr von Geflüch-

---

108 Für die Bundeswehr waren IFOR und SFOR nach der Klärung der Möglichkeiten von Auslandseinsätzen im Jahr 1994 durch das Bundesverfassungsgericht *(out of area-Urteil)* Bewährungsproben (Overhaus 2009, Kap. 5.1; Rauch 2009, 306).

teten. Mit zunehmender Zeit beteiligten sich auch die bosnischen Serb*innen stärker an den durch das Friedensabkommen festgelegten Programmen und den neuen Regierungsmechanismen auf Bundesebene. SFOR diente ebenfalls anderen zivilen Organisationen, die in Bosnien-Herzegowina am Wiederaufbau beteiligt waren, als organisatorischer und sicherheitspolitischer Rahmen (SFOR 2003, s. Mission). So konnte über die folgenden Jahre zumindest der kalte Friede bewahrt und der Ausbruch kriegerischer Auseinandersetzungen vermieden werden, wenngleich es sehr lange dauerte, bis erste Geflüchtete zurückkehrten (Allin 2002, 40 ff.; Rauch 2009). 2004 beendete die NATO SFOR und übergab die Stabilisationsaufgaben an die EU, die bis heute Operation *Althea* durchführt. Die BRD war an allen Missionen in Bosnien-Herzegowina (UNPROFOR, NATO, EU) beteiligt, sodass bis zum Rückzug der Bundeswehr im November 2012 ca. 63.500 deutsche Soldat*innen in Bosnien Dienst leisteten (Bundeswehr o. J.-b). Insgesamt nahmen an SFOR 36 Nationen teil, darunter sowohl NATO-Staaten, PfP-Länder (und spätere NATO-Mitglieder), neutrale Staaten, MD- und PATG-Länder (z. B. Australien, Neuseeland) sowie Russland und Chile (SFOR 2003, s. Organisation). Somit implementierte SFOR das kooperative Paradigma, das sich die Allianz in den 1990er Jahren nach dem Ende des Kalten Kriegs auferlegt hatte, operativ, das danach im 1999er Strategischen Konzept zur offiziellen Strategie erhoben wurde (Kitchen 2010, Kap. 4). Besonders positiv fällt die Einbindung Russlands auf, die trotz ihrer Beschränkungen erstmals eine Zusammenarbeit mit dem ehemaligen Blockgegner ermöglichte. Trotz einer gewissen Verspätung in der Einschaltung in einen blutigen Konflikt etablierte sich das Bündnis durch die Übernahme der kollektiven Sicherheitsaufgaben im Namen der UN als führende Sicherheitsinstitution in Europa (Hill 2018, 77 ff.; Knapp 1997, 284 f.).

Kosovo: Die NATO im Alleingang

Diese kooperative Herangehensweise an Fragen von Sicherheit und Frieden ging im Kosovo-Konflikt in den Jahren 1998/99 zunächst verloren, als sich die NATO zu einem Einsatz ohne UN-Mandat entschloss. Nach Angriffen der Kosovarischen Befreiungsarmee (UÇK) auf die serbische Minderheit der Provinz verfolgte Milosevic 1998 eine Politik der *verbrannten Erde*, die ca. 300.000 Kosovar*innen zu Geflüchteten machte. So verlor Milosevic die geringe Unterstützung, die er noch im Westen und in der NATO aufgrund seiner ambivalenten Rolle während der Vorgängerkriege genoss. Mehrere

UN-Sicherheitsratsresolutionen (UNSCR 1160, 1199, 1203) verurteilten das Vorgehen, autorisierten aber nicht den Einsatz von Gewalt (Webber 2009, 449). Im Oktober 1998 beschlossen die NATO-Staaten daher Militärschläge gegen Serbien, die jedoch aufgrund eines vom US-amerikanischen Diplomaten Richard Holbrooke und Milosevic ausgehandelten Abkommens noch abgewendet wurden. Das Abkommen installierte eine unbewaffnete OSZE-Beobachtertruppe von 2.000 Personen im Kosovo (Simonet 2018, 287). Aufgrund des passiven Auftrags der OSZE und der gegenseitigen Verfeindung konnten sich sowohl serbische als auch albanische Kräfte neu positionieren. Ein serbisches Massaker an mehr als 40 Kosovar*innen im Dorf Racak führte aber zu einem Ultimatum der im Konflikt engagierten Parteien an Milosevic und zu Verhandlungen im französischen Schloss Rambouillet (bei Paris) im Februar 1999. Die Forderungen der Kontaktgruppe (aus Deutschland, Frankreich, Großbritannien, Italien, Russland, USA) sahen verhandelbare Positionen zu kosovarischer Eigenständigkeit, ein Unabhängigkeitsreferendum, die Auflösung der UÇK und Schutz und Partikularrechte für die serbische Minderheit vor. Die NATO bestand allerdings auf die Etablierung einer militärischen Präsenz im Kosovo, um nicht in dieselben Probleme wie die unbewaffnete Beobachtermission zu laufen. Milosevic war jedoch nicht gewillt, dieser Bedingung stattzugeben, weil er die damit einhergehenden Aspekte der militärischen Umsetzung und Einschränkung serbischer Souveränität ablehnte (Allin 2002, 47 ff.; Hill 2018, 162 ff.; Meyer und Schlotter 2000).

Infolge dieser Unfähigkeit zur Einigung führte die Atlantische Allianz schließlich vom 24. März bis Juni 1999 einen Militäreinsatz (*Operation Allied Force*) durch (Überblick in Lambeth 2024). Dieser Einsatz fand ohne Mandat des UN-Sicherheitsrats statt und war somit völkerrechtswidrig (Merkel 2001). Russland, das die Konfliktlage im Kosovo während der Verhandlungen ähnlich den NATO-Staaten einschätzte, aber weniger drastische Zwangsmaßnahmen befürwortete (Latawski und Smith 2003, 93 ff.), und China wollten keiner Intervention zustimmen, die den Einsatz von Waffengewalt durch die internationale Gemeinschaft zum Schutz einer staatlichen Minderheit billigte, weil sie selbst solche Minderheiten in ihren Staaten zählten oder Schwierigkeiten mit abtrünnigen Landesteilen hatten (China: Taiwan, Tibet, Xinjiang; Russland: Tschetschenien). Russland wollte zudem nicht einer erneuten Ausweitung der Zuständigkeiten der NATO außerhalb ihrer Mitgliedstaaten zustimmen, nachdem es bereits die Osterweiterung *schlucken* musste und die NATO in Bosnien out of area begleitete. Der

Kosovo-Einsatz und die Umgehung des Sicherheitsrates (der wegen des sicheren russischen Vetos letztlich gar nicht um eine Abstimmung bemüht wurde, s. Latawski und Smith 2003, 95) waren letztlich Ausdruck davon, dass Russlands strategische Autonomie als Großmacht, die es zumindest formal durch seinen permanenten Sicherheitsratssitz noch war, stark eingeschränkt war (Hill 2018, 168). In der Folge entbrannte ein Konflikt zwischen rechtlicher Legitimität des Kriegs, die nicht gegeben war, und moralischer Legitimität des humanitären Einsatzes gegen Menschenrechtsverletzungen (Allin 2002, 57 ff.; Latawski und Smith 2003, 11, 20 ff.), der bis heute die internationale Debatte um das Spannungsfeld zwischen nationaler Souveränität einerseits und Schutz der Menschenrechte und Bevölkerungen andererseits im Zuge von Konzepten der Humanitären Intervention oder der Responsibility to Protect (s. Exkurs unten in Kap. 5.4.3) prägt (Aghayev 2007; Hansel und Reichwein 2020b; Lambeth 2024, 161; Meyer und Schlotter 2000, 27 ff.). Die NATO sah sich im Kosovo aufgrund der liberalen Werte, für die sie und ihre Staaten seit 1949 standen und kämpften, moralisch zum Eingreifen verpflichtet, nachdem man in Bosnien nach allgemeiner Auffassung zu lange gewartete hatte (ibid., 26). In Deutschland wurde diese Debatte unter der neuen rot-grünen Bundesregierung unter Bundeskanzler Gerhard Schröder (SPD) und Joschka Fischer (B90/Grüne) besonders intensiv geführt, da das UN-Mandat fehlte, die traditionelle, kulturelle deutsche Zurückhaltung gegenüber dem Einsatz militärischer Mittel fortbestand und beide Parteien, vor allem aber die Grünen, ideologisch stark gegen Militäreinsätze eingestellt waren (Friedrich 2005, Kap. 2; Sedlmayr 2008, B2-4, C3.1). Die Einsicht in und Angst vor neuen ethnischen Säuberungskampagnen gab bei einigen interventionsskeptischen Alliierten den Ausschlag für ein Eingreifen (Allin 2002, 63; Henriksen 2013, 7 f.; Overhaus 2009, 216 ff.; Sperling und Webber 2009, 496).[109]

Die NATO saß im Kosovokonflikt zwischen den Stühlen des internationalen Rechts und dem Schutz von Menschenleben, zwischen (fehlender) juristischer und (vorhandener) moralischer Legitimität (Latawski und Smith 2003, 14 ff.; Naidu 2000; Meyer und Schlotter 2000, II). Die russische Position war mit ihrer Fundamentalposition gegen die Intervention ebenfalls nicht unproblematisch, weil sie den UN-Sicherheitsrat komplett blockierte. In ihrem Einsatz entschloss sich die NATO gegen eine Bodeninvasion und für

109 Henriksen (2013, Kap. 1) zeigt große Unklarheit über die Ziele des Einsatzes und die adäquate Strategie auf.

einen Luftkrieg auf militärische Ziele und später auf zivile Infrastruktur mit militärischer und industrieller Bedeutung (*dual use*, z. B. Stromnetz, Raffinerien, Brücken, Sender) in Serbien, um den Druck auf Milosevic zu erhöhen. Der kategorische Ausschluss von Bodentruppen wurde von Beobachter*innen und Militärs sehr kritisch gesehen, weil er militärisch nicht zielführend war (Lambeth 2024, 162 f.). Die Bombardierung von produzierenden Industrieanlagen ist zudem völkerrechtlich bedenklich (Allin 2002, 64 ff.; Meyer und Schlotter 2000, 37 ff.; Toje 2008, 68 ff.).[110] In Allied Force wurden ca. 1.000 Flugzeuge eingesetzt, wobei ca. 80 % von den fünf Staaten der Kontaktgruppe stammten (Latawski und Smith 2003, 42). 13 NATO-Mitglieder (inkl. der gerade beigetretenen Staaten Polen, Tschechien, Ungarn) nahmen aktiv oder logistisch unterstützend am Einsatz teil. Die Allianz flog ca. 38.000 Einsätze, wovon 10.484-14.000 Angriffsflüge waren, und verlor dabei nur zwei Jäger und keinen Soldaten. Auf serbischer Seite starben ca. 500 Zivilist*innen und 576 (serbische Angaben) bis 5.000 Soldat*innen (NATO). Während des Konflikts konnten zudem 4.400 tote Kosovar*innen dokumentiert werden, wobei manche Zahlen von bis zu 10.000 Getöteten ausgehen (Meyer und Schlotter 2000, 41, 47 f.; Webber 2009, 450 f.).

Nachdem Russland Serbien weitere Unterstützung versagte und der Krieg die serbische Zivilbevölkerung betraf, gab Milosevic nach 78 Tagen Luftkampagne im Juni 1999 auf. Die Allianz hatte es geschafft, dem Töten im Kosovo ein Ende zu setzen und dabei beträchtliche interne Differenzen über einen Einsatz ohne UN-Mandat und die Taktik zu überwinden, nahm dabei aber fälschlicherweise an, dass Milosevic schnell kapitulieren würde (Henriksen 2013, Kap. 1, 2; Hill 2018, 164; Meyer und Schlotter 2000, 41 ff.; Sperling und Webber 2009, 498 ff.). Der Krieg zeigte den USA ebenfalls, wie aufwendig Koalitionskriegsführung war, was eine Rolle bei der Antwort auf 9/11 gespielt haben könnte, bei der die NATO zunächst bewusst außen vor gelassen wurde (Allin 2002, 65 f.; Kitchen 2010, 76, 89; Latawski und Smith 2003, 40 ff.). Die USA gingen in Operation Allied Force sehr unilateral vor und führten teils eine Kampagne innerhalb der NATO-Kampagne (Henriksen 2013, 13 ff.), was allerdings auf den enormen capability gap zwischen

---

110 Die NATO bombardierte ebenfalls aus Versehen die chinesische Botschaft in Belgrad, was zum Verlust dreier chinesischer Menschenleben und zu ernsthaften Spannungen mit Peking führte.

USA und Europa zurückzuführen war, der durch den Kosovokrieg abermals deutlich wurde (Daalder und O'Hanlon 2000, 216 ff.; Toje 2008, 76 ff.).

Durch die Annäherung mit Russland gegen Ende des Konflikts wurde der Krieg beendet und die Zeit danach wieder durch eine UN-Resolution (UNSCR 1244) geregelt. Die Resolution sah neben einem weitgehenden serbischen Rückzug aus der Provinz und einer Entwaffnung der Kosovarischen Befreiungsarmee die Etablierung einer zivilen und militärischen Präsenz der UN im Kosovo vor – ein Ziel, dass die kosovarische Regierung lange verfolgt hatte (Meyer und Schlotter 2000, 8 f.), die nun aber akzeptieren musste, dass sie auf absehbare Zeit Teil Jugoslawiens bleiben würden (Latawski und Smith 2003, 100 ff.). Diese militärische Präsenz wurde durch die NATO organisiert, die eine *Kosovo Force* (KFOR) aufbaute, an der sich Russland und andere Staaten ebenfalls beteiligten (heute: 23 NATO-Staaten, fünf Partner; NATO 2023j). Zu Beginn hatte KFOR eine Stärke von ca. 50.000 Soldat*innen (1999). 2002 waren es noch 39.000 und ein Jahr später konnte die Stärke auf 17.500 Uniformierte gesenkt werden. Deutschland nimmt seit Juni 1999 an der KFOR teil, darf laut laufendem Mandat bis zu 400 Soldat*innen entsenden (aktuell sind es 300 Militärangehörige) und ist für verschiedene Aufgaben in der Führung, der Aufklärung und die Ausbildung im Zivil- und Katastrophenschutz verantwortlich (Bundeswehr o. J.-c).[111] Die zivile Präsenz, die *United Nations Mission in Kosovo* (UNMIK), wurde durch die NATO unterstützt, war aber mit ihren Aufträgen zum Wiederaufbau und Reformen unabhängig, die heute ebenfalls von der EU (*EULEX Kosovo*) begleitet werden (Meyer und Schlotter 2000, 46; NATO JFC Naples o. J.-a). KFOR hatte im Kosovo quasi freie Hand bei der Wiederherstellung von Sicherheit und Ordnung sowie dem Aufbau stabiler, multiethnischer Sicherheitsorgane, durfte im Gegensatz zum kontroversen *Rambouillet-Annex* aber nicht auf serbisches Territorium vordringen (Webber 2009, 452). Durch die Parallelität von militärischen und zivilen Missionen sowie der Befürwortung der Anwesenheit der ausländischen Kräfte durch große Teile der Bevölkerung kann KFOR heute nach der problematischen Militäroperation von 1999 als eine klassische kollektive Sicherheitsmanagementoperation angesehen werden, die nach dem *comprehensive approach* versucht, umfassende Voraussetzungen für Frieden zu gestalten, wenngleich dies im Kosovo eher ad hoc umgesetzt wurde (Major und Mölling 2009, 26; Petersen et al. 2010).

111 Zu Beginn der KFOR betrug das deutsche KFOR-Kontingent 2.200 Soldat*innen (Voget und von Hoerschelmann 2009, 309)

Bis heute ist die Lage im Kosovo instabil und erfordert die Präsenz der NATO. Der Krieg vertrieb über 1 Mio. Menschen. Eine Rückkehr der Geflüchteten konnte zwar erfolgen, danach gab es aber Übergriffe auf die serbischen Bevölkerungsteile. Das Kosovo stand lange unter internationaler Verwaltung und externe Kräfte nahmen wichtige Staatsfunktionen wie Polizei, Justiz oder allgemeine Verwaltungsaufgaben wahr, während gleichzeitig Gewalt, Kriminalität und Korruption grassierten (Voget und von Hoerschelmann 2009, 310 ff.; Webber 2009, 454 f.). Die von Serbien unabhängigen Wiederaufbau-, Wirtschafts- und Finanzstrukturen (Währung wurde die DM/ der Euro) sowie der Aufbau einer Verwaltung schafften Tatsachen, die auf eine spätere Unabhängigkeit hinführten, ohne diese explizit als Ziel zu verfolgen (Mertus 2009; Meyer und Schlotter 2000, 1, 46 ff.; Witte 2000). Statusgespräche unter dem ehemaligen finnischen Präsidenten Martti Ahtisaari scheiterten. Daher erklärte sich die jugoslawische Provinz am 17. Februar 2008 unabhängig, ist aber bis heute nur von ca. 100 Staaten anerkannt (darunter die meisten EU-Staaten, USA, Kanada, Australien, Japan et al. – nicht von Serbien, China oder Russland, s. Palickova 2019). Die NATO hat den Kosovo bis 2024 nicht verlassen und ist dort neben der EU mit ca. 4.500 Soldat*innen vertreten (Juni 2024), die SSR-Maßnahmen durchführen und für Ruhe im nördlichen Kosovo sorgen, wo die serbische Bevölkerung lebt (NATO 2023n; 2023j). Ob der Krieg selbst hätte verhindert werden können ist umstritten (Daalder und O'Hanlon 2000, Kap. 6). Er hat dem unmittelbaren Töten ein Ende bereitet, jedoch dauern die ethnischen und staatlichen Probleme des Kosovo bis heute, in zweifelsohne vermindertem Maße, an (Simonet 2018, 287 f.)

Der Kosovokrieg prägte ebenfalls lange die Beziehungen zu Russland. Russland war zwar Mitglied der Kontaktgruppe, sah sich jedoch mit Entscheidungen und Abstimmungsprozessen konfrontiert, die in der NATO passierten (Meyer und Schlotter 2000, 24 f.; Toje 2008, 60 f.). Zwar konnte Russland nach seiner ursprünglichen Gegnerschaft zur Intervention während ihres Verlaufs soweit zur Zusammenarbeit gebracht werden, dass es an einer Konfliktbeendigung mitwirkte, es merkte sich aber ebenfalls die Bereitschaft der NATO, internationale Regeln und russische Interessen im Zweifelsfall zu verletzen, wenn sie dies als notwendig zur Realisierung der eigenen Ziele erachtete. Damit war nach der beschlossenen Osterweiterung eine weitere Entscheidung gegen russische Interessen gefallen. Pro-westliche Reformkräfte in Russland wurden so geschwächt, sodass sich die Grundlagen für die Autokratisierung Russlands als auch die späteren

Auseinandersetzungen mit der NATO zu entwickeln begannen. Letztlich manifestierte sich im Kosovo die damalige Unipolarität der Weltordnung mit den USA als europäischem Hegemon (Asmus 2002, 125; Rösch 2016, 171 ff.). Hill beobachtet daher, dass

> „the effect of Kosovo was not so much to end Russian cooperation with the West as to fundamentally change Russian perceptions of Western motives and approaches to European security structures and issues. [...] NATO's attack on Serbia in 1999, ignoring Russia's objections and bypassing the United Nations, was by far the single greatest act and the single most important factor in eroding the trust that served as the basis of Russia's relations with the West and the European security system in the 1990s." (Hill 2018, 168 f.)

Zwar setzte nach Jelzins Rücktritt der neue russische Präsident Vladimir Putin die Kooperation mit der Allianz zunächst fort, aber Russland hatte seine Lehren aus dem Kosovo gezogen.

5.3.3 Die NATO in Afghanistan: Terrorismusbekämpfung und *state-building*

Wiederaufbau und Aufstandsbekämpfung – geht das?

Die terroristischen Ereignisse von 9/11 und der danach beginnende globale Kampf gegen den Terrorismus beförderten die internationale Sicherheitspolitik in eine neue Ära. Operation Enduring Freedom bekämpfte ab Oktober 2001 außerhalb der NATO-Strukturen, aber unter Beteiligung vieler Alliierter die Taliban und al-Qaida (s. Kap. 4.3). Die USA wollten nach den Erfahrungen im Kosovo und im unilateralen Moment der Bush Jr.-Administration die Zügel dieser neuen Sicherheits- und Verteidigungspolitik nicht abgeben (Webber 2013, 37 f.). Die Allianz führte hingegen eine maritime Anti-Terror-Mission im Mittelmeer (Active Endeavour) durch. Die nach dem Ende der ersten Kampfhandlungen durch UNSCR 1386[112] am 20. Dezember 2001 eingesetzte International Security Assistance Force (ISAF) funktionierte zunächst durch multilaterale Koordination und abwechselnde Führung und sollte Sicherheit in Kabul herstellen. Deutschland beteiligte sich ab Januar 2002 mit Infanteriekräften, Helikoptern und Lufttransportkapazitäten (Heitmann-Kroning 2015, 139). Das ISAF-Kommando ging am 11. August 2003 an die NATO über (NATO

112 Für eine vollständige Liste aller die ISAF betreffenden UNSCRs s. NATO (2015a).

2023n), als die USA ihre Aufmerksamkeit auf den Irak konzentrierten und sie dem anstehenden nation-building skeptisch gegenüber standen (Hilde 2024, 186). Im Herbst 2003 bat die neue afghanische Regierung um eine Ausweitung des Auftrags, der sich nunmehr auch dem zivilen und staatlichen Wiederaufbau widmen sollte, auf das ganze Land, was in UNSCR 1510 festgehalten wurde (Bundeswehr o. J.-a; Sperling und Webber 2009, 501; Suhrke 2006, 2). Dies führte dazu, dass 2010 131.000 Soldat*innen (2010) aus 51 Ländern (alle damaligen 28 NATO-Staaten mit ca. 100.000 Soldat*innen, davon USA ca. 62.000) in ISAF Dienst taten. Zum ISAF-Beginn betrug diese Zahl 3.000 Uniformierte, zu ihrem Ende im Januar 2014 waren es noch 57.000 Kräfte aus 49 Nationen, wobei der deutsche Schnitt von ca. 2.000 auf ca. 5.000 Soldat*innen stieg (Heitmann-Kroning 2015, 150; Rühl 2011, 301). Die starke Vergrößerung der Kräfte erklärt sich sowohl durch die Ausweitung der Aufgaben als auch die unsichere Lage im Land. Seit 2006 übernahm ISAF daher Teile der Kampfaufgaben von OEF, seit 2009 bestand eine Personalunion von ISAF- und OEF-Kommandeur.[113] Im Jahr 2009 spitzte sich der Widerstand zu, wodurch es zu der starken Erhöhung der Truppen kam (Bird 2013, 121 ff.; NATO 2015a, s. Placemat Archive; Ringsmose 2016, 216 f.).

Ab 2003 sah sich das Bündnis mit einem breiten Aufgabenspektrum konfrontiert: Dazu gehörten die Herstellung von Sicherheit und die Entwaffnung von bewaffneten Gruppen; Aufbau von Sicherheitskräften (Polizei, Armee); Justiz- und Sicherheitssektorreform; Wiederaufbauhilfe für Infrastruktur, Wirtschaft und das Bildungssystem; Drogen-, Kriminalitäts- und Terrorismusbekämpfung sowie ganz allgemein eine soziale und politische Liberalisierung (mindestens als Achtung der Menschenrechte und der Errichtung eines demokratischen Systems verstanden) bei Akzeptanz des Islams als wichtige kulturelle und religiöse Kraft (Nachtwei 2012, 34 f.). Damit übernahm die NATO Aufgaben, die deutlich jenseits ihres primär militärischen Erfahrungsbereichs lagen und die die neue afghanische Regierung selbst nicht bewältigen konnte (Suhrke 2006, 3 f., 10 ff.). Zwar hatte man im Kosovo und Jugoslawien gelernt, zivil-militärische Zusammenarbeit zu betreiben, aber die Afghanistanmission verlangte deutlich größere Kapazitäten von den Alliierten. ISAF wurde so zu *der* Mission der Atlantischen

113 Die Entscheidung der zunehmenden Zusammenlegung von ISAF und OEF seit 2006 ist unter militärischen Gesichtspunkten nachvollziehbar, führte mit Blick auf den zivilen Wiederaufbauauftrag jedoch zu der Schwierigkeit, gleichzeitig Terroristen zu jagen und um Vertrauen der Bevölkerung zu werben.

Allianz (und der Bundeswehr) mit ihrem bisher anspruchsvollsten Einsatz (Hilde 2024; Sperling und Webber 2009, 501 f.; Zürcher 2009).

Vor diesem Hintergrund kooperierte die NATO im Zuge der Mission mit anderen Organisationen wie z. B. den UN (*United Nations Assistance Mission in Afghanistan*, UNAMA) oder der EU, die von 2007 bis 2016 eine Polizeimission führte (EUPOL Afghanistan, s. EEAS o. J.-a; Peral 2009). Daneben traten eine große Zahl von Nichtregierungsorganisationen und -initiativen Wiederaufbauaufgaben an, die vom Bündnis geschützt wurden. Dazu entwickelte die Allianz das Konzept der so genannten *Provincial Reconstruction Teams* (PRTs), die jeweils von einer Führungsnation koordiniert wurden und aus multinationalen Kräften sowie Zivilist*innen und Militärs bestanden. Sie sollten die Bevölkerung und internationale Akteure in ihrem Verantwortungsbereich schützen, Vertrauen sichern (*confidence-building measures*) und entwaffnen. PRTs berieten die neuen afghanischen Autoritäten in Aspekten der good governance und betrieben administrativen, juristischen und sicherheitsbezogenen Kapazitätsaufbau (*capacity building*), um die Verantwortung in diesen Bereichen irgendwann an die nationalen Behörden oder andere Akteure abgeben zu können. Dies geschah progressiv bis zum Ende der ISAF im Dezember 2014. Teilweise nahmen die PRTs selbst Wiederaufbauaufgaben wahr und unterstützten andere Akteure, z. B. mit Ingenieuren (NATO 2015a). Finanziell wurden die PRTs und internationale Organisationen neben den nationalen Budgets durch verschiedene eigens geschaffene internationale Finanzierungsfonds für Afghanistan unterstützt (NATO 2022c). Von 2004 bis 2014 wurden ca. $57 Mrd. offizielle Entwicklungshilfe gezahlt, die ca. 90 % des Staatshaushalts ausmachten (Strand et al. 2016, 7, 13). Deutschland führte im Verlauf der Mission zwei PRTs in Kundus und Fayzabad im Norden Afghanistans, was seinem Verständnis als Zivilmacht entsprach und die Idee eines weiten Sicherheitsbegriffs umsetzte (Ehrhart 2011).[114] Die deutschen PRTs betonten daher vor allem die zivilen Komponenten des Einsatzes in Afghanistan und versuchten, militärisch ein *low profile* einzunehmen – was bei den stärker kämpfenden Verbündeten nicht immer auf Gegenliebe stieß (Berenskoetter 2011, 288 ff.; Sperling und Webber 2009, 507 ff.). Die Bundeswehr kooperierte im Wiederaufbau z. B. eng mit der Deutschen Gesellschaft für Internationale Zusammenarbeit (GIZ, damals noch GTZ), dem Auswärtigen Amt, dem

---

114 Außerdem hatte die BRD seit Juni 2006 die Verantwortung über das Regionalkommando Nord mit neun Provinzen (eine Fläche fast halb so groß wie Deutschland), wofür es ein Hauptquartier und Feldlager in Mazar-i Scharif unterhielt (Bundeswehr o. J.-a).

Bundesministerium für wirtschaftliche Zusammenarbeit und Entwicklung oder dem Innenministerium. Die deutschen PRTs wurden zudem von einer zivil-militärischen Doppelspitze geleitet und bestanden zu Hochzeiten aus 350-450 Kräften (Bundeswehr o. J.-a; Heitmann-Kroning 2015, 155 ff., 171 f; Nachtwei 2012, 35 ff.).

Das PRT-Konzept folgte also dem *comprehensive approach* der Konfliktbearbeitung, nach der Konfliktmanagement soziale, politische, wirtschaftliche, finanzielle oder militärische Faktoren bearbeiten muss, blieb dabei aber bis 2010 unvollständig und ad hoc, was an der militärischen Tradition und Fähigkeiten der Allianz sowie unterschiedlichen nationalen Agenden lag. Dies konnte erst danach deutlich verbessert werden (Major und Mölling 2009, 26; Petersen et al. 2010; Rynning 2017, 119 ff.). Die NATO hat sich hiermit also ein Stück den stärker zivil orientierten Sicherheitsmanagementkonzepten der EU angenähert (Hill 2018, 220 f., 303). Durch die Zusammenarbeit von NATO-PRTs mit lokalen Behörden und internationalen Organisationen oder NGOs konnten zwar de facto die Lebensbedingungen in Afghanistan in vielerlei Hinsicht verbessert werden, z. B. die Gesundheitsversorgung, Schulbildung oder die ländliche Entwicklung, viele dieser Verbesserungen blieben aber bis zum Abzug der NATO im August 2021 durch die schlechte Sicherheitslage gefährdet und waren stark abhängig von der lokalen politischen, wirtschaftlichen und ethnischen Gemengelage (Böhnke et al. 2015; Zürcher 2009, 335 f.). Nach dem Ende der Mission wurden durch das zurückgekehrte radikal-islamistische Talibanregime viele dieser Errungenschaften wieder zurückgedreht. Kritisiert wurde aber auch während des Einsatzes schon, dass *local ownership* als zentrale Idee entwicklungspolitischer Zusammenarbeit nicht immer im Vordergrund der Aufbauaktivitäten stand, die Nachhaltigkeit des Erreichten gefährdet sei oder dass die Schutzfunktion gegenüber der Bevölkerung manchmal nur unzureichend wahrgenommen wurde. So verschlechterte sich die Sicherheitslage seit 2006 zusehends, wodurch Kampfaspekte des Einsatzes stärker in den Vordergrund traten (Ehrhart 2011, 71 ff.; Fröhlich 2011b, 37 f.; Harnisch 2011, 228 ff.; Strand et al. 2016, 3, 10 f.). Letztlich waren die Taliban 2003 nicht besiegt worden, sodass sie sich im benachbarten Pakistan neu formieren konnten (Hassan und Hammond 2011, 541 ff.; Hilde 2024).[115]

115 Osama bin Laden versteckte sich lange Zeit in Abbottabad in Pakistan und wurde dort 2011 beim Versuch, ihn gefangen zu nehmen, getötet.

Der vollständige Wiederaufbau der afghanischen Armee und Polizei war eine der Hauptaufgaben von ISAF (*NATO Training Mission Afghanistan*, NTM-A). Zu Beginn von ISAF wurden die Rekruten selbst vom Bündnis ausgebildet und bezahlt (Suhrke 2006, 25 ff.), während parallel afghanische Ausbilder geschult wurden (*training the trainers*). Gleichzeitig begleiteten NATO-Kräfte die afghanischen Soldaten in Feldeinsätzen, berieten sie bei Einsätzen oder stellten notwendige kapazitäre Unterstützung bereit (z. B. Luftschläge, Aufklärung). Zunächst waren die Alliierten (bzw. die EU ab 2007 bei der Polizei) hier in der Führungsfunktion, zogen sich aber mit zunehmender Qualifikation der afghanischen Armee und Polizei zurück, bis 2013 die afghanischen Kräfte auch den letzten Sicherheitssektor übernahmen, bei Bedarf aber noch Unterstützung anfordern konnten. Dieses Arrangement bestand auch für die auf ISAF folgende Resolute Support Mission (RSM) fort (NATO 2015a). Die Bundeswehr setzte in ihrem Verantwortungsgebiet Mentorengruppen und ab 2010 zwei Ausbildungsbataillone ein (insgesamt 1.400 Ausbildungs- und Schutzsoldat*innen), war aber teils durch ein eng gefasstes Bundestagsmandat derartig beschnitten, dass sie nicht immer im Sinne der militärischen Notwendigkeiten des Partnering mit der afghanischen Armee handeln konnte (Nachtwei 2012, 43 ff.). Die durch Guerillakriegsführung der Taliban und später von weiteren terroristischen Vereinigungen (z. B. ISIS) einsetzende, zunehmende Verschlechterung der Sicherheitslage seit 2006/07 ließ den ISAF-Einsatz daher um das Jahr 2009/10 in eine Aufstandsbekämpfung (*counterinsurgency*) umschlagen (ibid., 37 ff.; Hilde 2024, 188 ff.). Obama erhöhte daraufhin die Zahl der Kampftruppen (der *surge*) massiv, um den Aufstand zu bekämpfen und die Bevölkerung besser zu schützen (Ehrhart 2011, 75 ff.; Fröhlich 2011b, 38; Heitmann-Kroning 2015, 190 ff., 208 ff.). Umfragen in der Bevölkerung zeigen, dass der surge und die counterinsurgency-Strategie nach 2011 die Sicherheit erhöht haben. Dadurch konnte der comprehensive approach wieder besser implementiert werden (Rynning 2017, 121; Böhnke et al. 2015).

Auf dem Chicagoer NATO-Gipfel von 2012 beschloss die Atlantische Allianz einen neuen Zuschnitt ihrer Mission in Afghanistan. Am 28. Dezember 2014 endeten daher sowohl ISAF als auch OEF und wurden fortan in einer integrierten Mission der NATO fortgeführt, der *Resolute Support Mission* (Entschlossene Unterstützung, RSM). Im Gegensatz zu OEF und ISAF waren die Aufgaben von RSM fast ausschließlich auf den Bereich des Trainings und der Beratung der afghanischen Sicherheitskräfte sowie damit in Verbindung stehende SSR-Aktivitäten beschränkt (*train, advise, assist*). RSM gewährte immer noch Kampfunterstützung, vor allem im Bereich der Luftwaffe, und stellte oft Geheimdienst- und Führungsfähigkeiten bereit. Sie konnte weiterhin Überwachungs-, Sicherungs-, Logistik- und Evakuierungsaufgaben übernehmen, für die bis zu 17.000 Truppen aus 39 Staaten ihren Dienst taten. Im Februar 2021, sechs Monate vor dem übereilten Rückzug, waren es noch ca. 9.600 (NATO 2022c, d). Deutschland stellte davon bis zu 1.300 Soldat*innen. Die Bundeswehr hatte weiterhin das Regionalkommando Nord in Mazar-i-Scharif inne, in dem es auch Soldat*innen von 20 anderen Nationen führte (Bundeswehr o. J.-d). Die afghanische Nationalarmee wurde immer noch durch einen internationalen Fonds finanziert und war auf die Koalitionsunterstützung angewiesen (Lynch 2015, 122, 130; NATO 2022d). Trotz des kleineren Missionsauftrags und -zuschnitts war die Rolle der NATO und der USA in Afghanistan immer noch immens und seit 2015 durch wiedererstarkte Taliban sowie die schleichende Implantation von ISIS wieder durch mehr Kampfeinsätze geprägt (Giustozzi 2017; Schreer und Waldman 2019).

Mit RSM hat sich die Allianz aus den zivilen Wiederaufbauaufgaben zurückgezogen und sich auf Sicherheitskooperation beschränkt, was auch mit der Verschiebung der politischen und militärischen Aufmerksamkeit zu kollektiven Verteidigungsbemühungen in Europa seit 2014 sowie einer gewissen Interventionsmüdigkeit nach einem langen Engagement zusammenhängt. Das Ziel, aus Afghanistan eine stabile und prosperierende Gesellschaft, womöglich sogar nach westlich-liberalem und modernem Vorbild zu machen, wurde aufgegeben (Hassan und Hammond 2011; Suhrke 2006). Präsident Trump erhöhte den militärischen Druck auf Taliban und ISIS zeitweise noch einmal (Schreer und Waldman 2019; Lynch 2015, 121), bevor Gespräche zwischen den USA und den Taliban in Katar stattfanden, die 2020 zu einem brüchigen Abkommen (den so genannten *Doha Accords*) mit Vereinbarungen zum US-Truppenabzug im Gegenzug für Gewaltfreiheit und Terrorismusbekämpfung von ISIS und al-Qaida führten. Problematisch war bei den Gesprächen, dass die afghanische Führung kaum bis gar nicht eingebunden war, sie aber zur Freilassung von 5.000 Taliban verpflichtet wurde. Dadurch wurde die politische Lage in Kabul – neben den Problemen der 2019er Präsidentenwahl mit zwei vermeintlichen Gewinnern – mehr als unsicher (Deutsche Welle 2020b; Vestenskov und Yücel 2019). Einige Aktivitäten fuhr die Allianz also seit 2014 stark zurück, weil man neue politische Schwerpunkte setzte oder manche Politiken nicht erfolgreich verliefen. Die seit Beginn von ISAF geplante Bekämpfung des Drogenanbaus wurde z. B. nie in aller Konsequenz verfolgt und war ein komplexes Feld zwischen wirtschaftlicher Entwicklung (und Wertschöpfung!), Handel/Kriminalität und Sicherheit (Kühn 2011). Korruption und Misswirtschaft waren endemisch, die Früchte des Wiederaufbaus wurden nicht gerecht verteilt (Afghanistan verzeichnete z. B. 2015 sogar eine leicht höhere Armutsrate als 2005) und es gab fortwährend viele Probleme im Bereich der Geschlechtergerechtigkeit. So konnte trotz eines beinah 20 Jahre währenden Einsatzes kein funktionierendes Regierungssystem mit einer effektiven und neutralen Verwaltung aufgebaut werden, was unter anderem mit einem falschen Fokus auf Kapazität anstelle legitimen Regierens erklärt werden kann, das die afghanische Stammesstruktur vernachlässigte (Etzioni 2011; Hassan und Hammond 2011, 541 ff.; Suhrke 2013). Trotzdem wurden während der Mission signifikante Fortschritte in vielen Bereichen im Verhältnis zur ersten Talibanzeit erreicht, z. B. in Bildung, Wahlen, Gesundheit, Zivilgesellschaft, ländlicher Entwicklung oder der Förderung der Privatwirtschaft, z. B. durch Infrastrukturmaßnahmen.

Caveats, Strategie und andere Probleme

Von 2003 bis 2014 war ISAF (und in geringerem Maße OEF) das dominierende Thema in der NATO, das alle anderen in den Hintergrund stellte. Das 2010er Strategische Konzept war trotz der üblichen Einlassungen zu kollektiver Verteidigung und den Neuerungen im ABM-Bereich (s. Kap. 4.3.3) von den Notwendigkeiten und Lehren Afghanistans und der Terrorismusbekämpfung geprägt und formulierte den comprehensive approach aus (Flockhart 2011). Neben der Neuausrichtung und Erweiterung der 1990er Jahre und 9/11 kann daher Ellen Hallams (2013) zugestimmt werden, die den Afghanistanmissionen einen bedeutenden transformatorischen Charakter für das Bündnis bescheinigt. ISAF, OEF und RSM ließen Kapazitätsprobleme und unterschiedliche Konzepte über die Aufgaben der Allianz aufeinanderprallen, während Konflikte gleichzeitig *in action* gelöst werden mussten. Die Frage des burden-sharing bezog sich daher nicht mehr nur auf mehr oder weniger konkrete Streitkräfteplanungen wie während des Kalten Kriegs oder die Höhe der Verteidigungsausgaben, sondern auf konkrete operationelle Fähigkeiten und Beiträge in einer Größenordnung von mehr als IFOR/SFOR und KFOR zu Hochzeiten zusammen (s. auch Kunertova 2024, 124). Daher bedeutete eine unterschiedliche Lastenverteilung in Afghanistan im

Zweifelsfall auch mehr tote Soldat*innen.[116] Bis Juni 2013, also anderthalb Jahre vor Ende von ISAF und OEF, hatten die USA als größter Truppensteller 2.235 Soldat*innen verloren, Großbritannien 444, Kanada 158, Frankreich 86 und Deutschland 54. Die gesamten Verluste aller ISAF-Staaten beliefen sich auf 3.234 Soldat*innen (Ringsmose 2016, 217). Bis August 2021 ist diese Zahl auf 3.590 Tote gestiegen (White o. J., icasualties.org, Afghanistan Fatalities). Damit entsprachen die US-Verluste beinah 70 % aller getöteten Kräfte.

Aufgrund der größeren Gefährlichkeit der südlichen Provinzen, wo es in der Regel häufigere und heftigere Gefechte gab, unterlagen dort stationierte Koalitionssoldat*innen weit höheren Gefahren als im Vergleichsweise ruhigen Norden des Landes. Zusätzlich beteiligten sich truppenstellende Staaten sehr unterschiedlich an der gefährlicheren OEF oder der friedlicheren ISAF und brachten aufgrund ihrer national erteilten Mandate teils unterschiedliche *caveats* (Beschränkungen) ihres Einsatzes mit. So verzeichneten Stephen Saideman und David Auerswald (2012) in einer Studie 50 bis 80 formelle Beschränkungen oder Ausnahmen, denen die ISAF-Kommandeure beim Einsatz Rechnung tragen mussten. Je nach Beschaffenheit der caveats hieß dies unter Umständen, dass Truppen für gefährlichere Missionen nicht in Frage kamen. Obwohl Belgien, Italien, Spanien oder die Türkei ihren Truppen teils noch größere caveats auferlegten, kam vor allem Deutschland für seine Beschränkungen in die Kritik, weil es ein sehr großes Kontingent stellte. So durften deutsche Truppen zwischen 2003 und 2009 (Zeitraum der Studie) z. B. nur in Ausnahmefällen kurzfristig ihr nördliches Einsatzgebiet verlassen, keine Ausbildung- oder Assistenzeinsätze außerhalb fahren, nicht anderen Koalitionstruppen Hilfe leisten, wenn sie außerhalb ihres Kommandobereichs unter Beschuss standen, und bis kurz vor Ende des Untersuchungszeitraums nur in Selbstverteidigungssituationen tödliche Gewalt anwenden, was z. B. die Festnahme von Talibananführern oder das Ausheben von Bombenschmieden erschwerte. Die Ursache für die Beschränkungen liegt in Deutschland vor allem an der zentralen Rolle des Bundestags und der Notwendigkeit seiner Zustimmung zu Missionsmandaten, die teils detailliert ausfallen. Umgekehrt sorgt die Rolle des Bundestags für vorsichtigere Mandatstexte oder Vorschriften für Soldat*innen, um Zustimmung in der Bevölkerung zu sichern. Die Gründe für diese caveats

116 Die Zahl der Opfer unter der afghanischen Zivilbevölkerung wurde erst seit 2009 von der UNAMA systematisch erfasst. Sie betrug von 2009 bis 2019 ca. 35.000 Tote und 65.000 Verletzte (Deutsche Welle 2020a).

liegen wiederum in der deutschen Kultur der Zurückhaltung, die sich ebenfalls in wenig öffentlicher Zustimmung zu den Einsätzen niederschlägt (s. auch Berenskoetter 2011; Ehrhart 2011, 74 f.; Fröhlich 2011b, 42). Somit ergab sich daraus innerhalb der NATO, aber auch gegenüber den anderen Koalitionsmitgliedern der Eindruck einer Allianz, in der die einen kämpfen und sterben und die anderen *nur* zivil-militärische Aufbauhelfer sind (z. B. Deutschland, Italien, s. Sperling und Webber 2009, 503 ff.; Giegerich 2012b, 71 ff.; Nötzel und Schreer 2009, 217 ff.). Daher stellen caveats ein Problem für alliierte Solidarität und Lastenverteilung dar, das nicht mehr abstrakt, sondern sehr konkret ist (Hallams 2013, 219 ff.). Trotzdem haben einzelne Alliierte oder Koalitionsmitglieder mit caveats teils beträchtliches Engagement in Afghanistan (ISAF und OEF) oder im Kosovo gezeigt, die für sich genommen wertvolle Beiträge zur Mission waren. Nimmt man diese beiden Missionen zusammen, haben die Europäer*innen und Kanadier*innen durchaus signifikante Beiträge geleistet und somit die Last geteilt, auch wenn sie sehr unterschiedlicher Natur gewesen sein mögen. Die Geschichte des burden-sharing ist also eine, die von Mission zu Mission unterschiedlich sein kann (Sperling und Webber 2009, 503 f.).

Die caveats waren also ein Ausdruck davon, dass die NATO-Alliierten und weiteren Koalitionsstaaten teils sehr unterschiedliche Vorstellungen hatten, was in Afghanistan zu tun sei. Für eine Gruppe um die USA stand die Terrorismusbekämpfung in OEF oder counterinsurgency in ISAF ganz klar im Vordergrund, während andere Staaten eher die zivil-militärische Dimension des ISAF-Einsatzes betonten und Terrorismusbekämpfung zurückhaltend oder nur reaktiv angingen. Eine dritte Gruppe Staaten, darunter neue oder baldige NATO-Mitglieder und PfP-Staaten, war es wiederum eher wichtig, durch eigenes Engagement zu zeigen, dass man an der Seite der Allianz stand, während man sich selbst dadurch eine Absicherung des Allianzversprechens für Verteidigung in Europa erhoffte. An ISAF, OEF und RSM offenbarte sich daher erneut, dass das Bündnis sehr unterschiedliche strategische Interessen vereinen musste, während es gleichzeitig darum ging, eine Mission großen Umfangs zu führen. Dies erschwerte die Verfolgung einer kohärenten Strategie und ist Teil der Erklärung von Erfolg und Misserfolg des Einsatzes (Nötzel und Schreer 2009; Bird 2013). Diese Probleme sind der Allianz nicht neu, sondern Bestandteil ihrer kooperativen und häufig konfliktiven DNA seit 1949 (Bird 2013). Schließlich wirkte in Europa die neue sicherheitspolitische Situation seit der russischen Kriminvasion im Februar 2014 sozusagen aus dem Rückraum Afghanistans als einende Kraft, die zu einer Refokussierung des Bündnisses auf harte militärische Fragestellungen der Kapazitäten und Strategie gerade zu dem Moment führte, als der Übergang von ISAF zu RSM gestaltet werden musste (Rynning 2017). Im Jahr 2020 hat die NATO bei Weitem nicht das erreicht, was sie ursprünglich wollte. Die Dilemmata von ISAF zwischen state-building und Sicherheit waren daher auch in RSM noch immer präsent (Schreer und Waldman 2019). Beide Imperative – Sicherheit und ein als legitim empfundener Wiederaufbau von Gesellschaft, Wirtschaft und Staatswesen – effektiv miteinander zu verbinden ist die Herausforderung, Notwendigkeit und der Fallstrick humanitärer Interventionen auch jenseits von Afghanistan.

Die Rückkehr der Taliban: fehlende Koordination und unkoordinierter Abzug nach 20 Jahren

Die Mission der NATO in Afghanistan nahm beinah 20 Jahre nach den ersten Angriffen auf die Taliban als Antwort auf den 11. September 2001 im August 2021 ein jähes Ende. Die unter Donald Trump zwischen den USA und den Taliban in Katar von 2019 bis 2020 ausgehandelten Doha Accords (*Agreement for Bringing Peace to Afghanistan*) sahen eine Gewaltreduzierung zwischen den USA (und alliierten Truppen), der Afghanischen Nationalarmee (ANA) und den Taliban vor (was die wichtige Luftunterstützung der ANA durch RSM-Truppen inkludierte); intra-afghanische Verhandlungen für eine neue, inklusivere Regierung; und einen Abzug der US- und allierten Truppen. Im Gegenzug verpflichteten sich die Taliban, der Unterstützung des internationalen Terrorismus von afghanischem Boden abzuschwören, was explizit auch Aktivitäten von al-Qaida beinhaltete, wegen der die Koalition 2001 in Afghanistan einmarschiert war. Sofern die Taliban ihre Zusagen einhielten, sollte der Abzug nach anfänglichen Reduktionen (innerhalb von 135 Tagen ab 29. Februar 2020 gerechnet) im April 2021 vollständig abgeschlossen sein (Maizland 2020). Die Doha Accords reihen sich somit in die Versuche des *dealmaking* (wörtlich: Vertragsabschluss) Donald Trumps ein, das er als sein Markenzeichen und Ausdruck seiner *getting things done*-Mentalität als Businessman ansieht, und sich damit des Konflikts in Afghanistan entledigen wollte.

Von militärischer Seite wurde Präsident Trump von einem übereilten bzw. zu schnellen Rückzug abgeraten (Maizland 2020). Es wird heute davon ausgegangen, dass das Festlegen eines fixen Abzugsdatums maßgeblich zur Schwächung der afghanischen Regierung, die schließlich auf die Unterstützung der Alliierten angewiesen war, und im Gegenzug zum Erstarken der Taliban führte, die ein festes Datum erhielten, ab wann die afghanische Regierung und der Staatsapparat auf sich allein gestellt waren (BBC 2021). Daher konnten die Taliban ihre Offensive zumindest außerhalb Kabuls beschleunigen, da die afghanische Regierung in 20 Jahren nie die vollständige Kontrolle über das Land außerhalb der Städte errungen hatte. Nach seiner Amtsübernahme im Januar 2021 stand Präsident Biden somit vor der Wahl, wie er sich zu diesem unter seinem Vorgänger abgeschlossenen Abkommen verhalten sollte. Er entschloss sich im April, die Maideadline zunächst verstreichen zu lassen, aber nach Konsultationen letztlich zu einem Abzug bis zum 31. August – also kurz vor dem 20. Jahrestag von 9/11. Er sah keinen Sinn darin, die afghanische Regierung nach 20 Jahren weiterhin zu unterstützen, da die durch die Doha Accords noch vorhanden 2.500 US-Truppen für eine Verlängerung des Einsatzes hätten verstärkt werden müssen. Biden hatte sich bereits 2009 als Vizepräsident Obamas gegen die damalige Truppenaufstockung zur Bekämpfung der Aufständigen ausgesprochen und vertrat auch am 8. Juli 2021 die Meinung, dass „Wir nicht für nation-building nach Afghanistan gegangen sind“ (Biden 2021) und dass es an der Zeit sei, dass die afghanische Regierung letztlich mit all dem, was ihr über 20 Jahre zur Verfügung gestellt worden ist, selbst umgehen müsse. Dies würde sich nicht mit längerer US- und alliierter Präsenz ändern: „Nearly 20 years of experience has shown us that the current security situation only confirms that 'just one more year' of fighting in Afghanistan is not a solution but a recipe for being there indefinitely. “ (ibid.) Dafür wollte Biden nach dem Tod Osama bin Ladens und weiteren zehn Jahren im Land keine weiteren US-Truppen mehr bereitstellen, geschweige denn weitere tote Soldat*innen in Kauf nehmen (s. auch bpb 2021; Hilde 2024, 190 ff.).

Zwar waren die Alliierten in den Rückzugsprozess involviert und der Nordatlantikrat beschloss seinerseits im April 2021 ein Einsatzende (bpb 2021; Brössler und Kolb 2021), die Koordination mit den Alliierten wurde aber nicht als optimal, stark US-gesteuert und als *fait accompli* angesehen. Was auf diese Entscheidung von Biden und dem NAC dann folgte, war allerdings ein entgegen anderslautenden Geheimdienstinformationen noch schnellerer Kollaps der Herrschaft der afghanischen Regierung als zunächst angenommen. Dadurch wurde der Abzug von Menschen – Soldat*innen wie Aufbau- und Entwicklungshelfer*innen ebenso wie afghanisches Ortspersonal und Diplomat*innen – ein Rennen gegen die Zeit und auf Kabul voranschreitende Taliban, die am 15. August 2021 die Hauptstadt einnahmen. In der Folge spielten sich in Kabul und vor allem am Kabuler Flughafen dramatische Szenen mit Menschen ab, die eines der Evakuierungsflugzeuge erreichen wollten. Viele mussten Barrikaden umgehen, um den Flughafen zu erreichen und es gab Feuergefechte in der Stadt. Ein Terroranschlag tötete ca. 80 Menschen. Am Ende konnten zusätzlich zu den noch in Afghanistan befindlichen Soldat*innen und denen, die für die Evakuierung extra eingeflogen wurden, mehr als 122.000 Zivilist*innen ausgeflogen werden (tagesschau 2021). Zwischen dem 16. und 26. August etablierte die Bundeswehr in einer eigenen Mission eine Luftbrücke zur Evakuierung mit sechs A400M-Transportflugzeugen und weiteren Maschinen, zwei Hubschraubern mit Spezialkräften für Flüge zwischen dem Flughafen und Evakuierungspunkten in der Stadt sowie sicherndem und organisierendem Unterstützungspersonal. Die Bundeswehr flog in diesem Zeitraum 5.347 Personen aus – nicht nur deutsche Staatsangehörige, sondern genauso afghanische Ortskräfte mit ihren Familien und andere Staatsangehörige. Die Mission konnte aufgrund entsprechender Vorsorgeplanung relativ schnell implementiert werden,[117] und viele zivile und militärische Kräfte waren bereits vor der heißen Phase im August evakuiert worden (Bundeswehr o. J.-h). Am 31. August war die Evakuierung aller Alliierten und damit der Einsatz in Afghanistan abgeschlossen (tagesschau 2021). Nicht alle Ortskräfte haben es rechtzeitig aus dem Land geschafft, sodass die Rückführung auch nach dem Abzug weiter betrieben wurde.

Der schnelle Abzug der NATO, die Rückeroberung Afghanistans durch die Taliban und die dadurch erneut entstandene, nach westlichen Standards grausame menschenrechtliche Lage für die afghanische Bevölkerung, vor allem die Frauen, hinterlassen nach 20 Jahren Missionsdauer einen bitteren Geschmack und halten zu einer kritischen Auseinandersetzung mit der Mission, ihren Zielen und ihrer Durchführung an. In Deutschland erfolgt dies durch eine eigens vom Bundestag eingerichtete Enquetekommission, die im Februar 2024 ihren Zwischenbericht vorgelegt hat (Bundestag 2024a). Darin bescheinigt die Expertenkommission den in der Mission engagierten Zivilist*innen und Streitkräften eine hohe Professionalität und unterstreicht das während der Mission positiv Erreichte, zum Beispiel im Bereich des

117 Der Einmarsch der Taliban in Kabul erfolgte so schnell, dass die Entsendung der Evakuierungsmission aufgrund von Gefahr im Verzug ohne das eigentlich verpflichtende Vorab-Bundestagsmandat erfolgen musste. Der Bundestag stimmte dem Einsatz nachträglich am 25. August zu (Bundeswehr o. J.-h).

Lebensstandards, der Infrastruktur sowie der Frauen- und Menschenrechte. Der Bericht stellt aber gleichzeitig fest, dass eine Kombination aus nicht ausreichend durchdachter bzw. fehlender Gesamtstrategie, mangelndem Kulturverständnis für die Gegebenheiten vor Ort und zu wenig Ressourcen (personell, materiell, finanziell) letztlich zum Scheitern geführt hätten (Bundestag 2024b). Die Kommission erarbeitet nun weitere Handlungsempfehlungen für zukünftige Einsätze. Diese werden mit Blick auf die unzufriedenstellenden Ergebnisse von 20 Jahren Afghanistaneinsatz zentral für die Durchführung zukünftiger kollektiver Sicherheits- und Krisenmanagementmissionen nach dem comprehensive approach in der NATO (und der EU) sein. Die NATO, das größte Militärbündnis der Welt, hat es geschafft, die terroristische Gefahr, die vor dem 11. September 2001 von Afghanistan ausging, weitestgehend zu beseitigen. Mit ihren weitergehenden Zielen des state/nation-building ist sie aber gescheitert (Hilde 2024, 184). Daraus müssen Schlüsse für zukünftige Missionen, ihre Zielsetzung und ihre strategische Planung gezogen werden. Auch in der in der Folge diskutierten Libyenintervention im Jahr 2011 gab es hier, parallel zu Afghanistan, offensichtliche Defizite, denen sich nun als Abschluss der Betrachtung solcher kollektiven Sicherheitsmissionen gewidmet wird.

5.3.4 Libyen: Der *toolbox*-Modus

Im Fall Libyens eröffnete sich der Weg zu einer Intervention der NATO nicht so geradlinig wie in Afghanistan, bei der es sich um eine Antwort der Allianz auf einen terroristischen Angriff auf das Bündnisgebiet handelte. Eine gewisse Vergleichbarkeit ist mit den Umständen im Kosovo gegeben, da sich in Libyen im Zuge der Ereignisse des *Arabischen Frühlings*, die in den Jahren 2011 bis 2012 eine Reihe nordafrikanischer und arabischer Staaten im Nahen Osten erfassten und zum Sturz von Diktatoren, neuen Diktaturen, einer neuen Demokratie (Tunesien) oder im Falle Syriens auch zu Bürgerkrieg führten (McQuinn 2013; Rosiny und Richter 2016), ein Teil der libyschen Bevölkerung im Osten des Landes (Cyrenaika) gegen die Herrschaft des Diktators Muammar al-Gaddafi auflehnte. Der ging daraufhin mit den militärischen Machtmitteln des Zentralstaats gegen die Aufständischen vor (Biermann 2014a). In Libyen ging es vor allem um eine Auseinandersetzung um Despotismus, Freiheit, Klientelismus und Stammeszugehörigkeiten. Die NATO-Staaten und weitere Verbündete waren wegen der sich akut entwickelnden Lage am südlichen Rand des Mittelmeers besorgt, in der sie zum einen das Wiederaufkommen grausamer Gewalt sahen und sich zum anderen um die sicherheitspolitische Lage in ihrem Nahbereich sorgten. Die EU reagierte im Februar 2011 mit einer Sanktionspolitik, war aber sonst nicht zum Handeln fähig (Fabbrini 2014; Koenig 2014). UNSCR 1970 verhängte am 26. Februar einerseits ein Waffenembargo gegen Libyen und überwies den Fall andererseits an den Internationalen Strafgerichtshof zur Überprüfung von Verbrechen gegen die Menschlichkeit. Der Golfkooperationsrat und die Arabische Liga schlossen sich der Verurteilung und teils auch dem Handeln gegen Gaddafi an. Zur selben Zeit formierte sich ein nationaler Übergangsrat, der sich an die Spitze des aus dem ostlybischen Benghazi gesteuerten Aufstands stellte und fortan von vielen Staaten als legitimer Repräsentant der libyschen Bevölkerung anerkannt wurde. Die Aufständischen begannen eine Offensive in Richtung der Hauptstadt Tripoli im Westen des Landes, während Gaddafi zunehmend brutal zurückschlug, unter anderem unter Einsatz der Luftwaffe (gute Übersichten bei Chivvis 2014; Rémy 2011). Die genaue Anzahl der Toten ist nie endgültig geklärt worden (Kuperman 2015, 69), aber Gaddafis blutrünstige Sprache erhöhte die allgemeine Besorgnis um die Situation der Menschen im Land (Fröhlich 2011a, 142f.).[118] Am 17. März erlaubte der UN-Sicherheitsrat (unter Enthaltung von fünf Staaten, darunter Deutschland sowie die Vetomächte China und Russland) daher in UNSCR 1973 Zwangsmaßnahmen nach Kapitel VII der UN-Charta, verhängte eine Flugverbotszone, sprach Reisebeschränkungen aus und fror Auslandsgelder regimetreuer Politiker ein. Unter Ausschluss einer Bodeninvasion erlaubte der Sicherheitsrat ausdrücklich alle anderen Schritte zum Schutz der libyschen Bevölkerung (United Nations 2011). Damit entschied sich das Gremium für die Einmischung in die inneren Angelegenheiten eines Staates unter Rückgriff auf das als Folge der Jugoslawienkriege entwickelte Konzept der Responsibility to Protect (Berti 2013).

Exkurs | Die Responsibility to Protect (R2P)

Nach den zunehmenden Problemen von Staatszerfall, Genoziden und Menschenrechtsverletzungen innerhalb von Staaten in den 1990er Jahren, die aufgrund der in der UN-Charta verbürgten Souveränitätsnorm

118 Einige Autoren vermuten rationalere Gründe von einigen Staaten, die für eine Intervention sprachen, wie z. B. Ölinteressen, anstehende Wahlen, Migrationsängste oder strategische Überlegungen (Cumming 2013; Davidson 2013; Howorth 2012; kritisch Ostermann 2016, 73f.).

formal außerhalb der Jurisdiktion der Weltgemeinschaft liegen, und den Schwierigkeiten der internationalen Gemeinschaft, darauf eine Antwort zu finden, fand sich im Jahr 2000 eine internationale Kommission (*International Commission on Intervention and State Sovereignty*, ICISS) unter australisch-kanadischem Vorsitz zusammen, die neue Richtlinien für den Umgang mit derartigen Situationen ausarbeiten sollte (Evans 2009; Fröhlich 2011a; Thakur 2006, Kap. 11). Aus der Arbeit dieser Kommission ergab sich im Jahr 2001 der *The Responsibility to Protect* betitelte Bericht, der die Prinzipien dieser neuen internationalen Norm beschrieb.

R2P versucht, das Verhältnis zwischen Souveränität und Schutz von Menschen(rechten) neu zu definieren, indem sie die Souveränität eines Staates – und somit seine alleinige Entscheidungsgewalt darüber, was innerhalb seiner Grenzen passiert (Nichteinmischungsprinzip) – an den Schutz von Menschenleben in seinem Verfügungsbereich bindet, für die er zunächst primär verantwortlich zeichnet. Wenn ein Staat dieser Schutzverantwortung nicht mehr nachkommt (weil er es nicht will oder kann) und in ihm ein massiver Verlust an Menschenleben (auch, aber nicht ausschließlich Genozid) oder ethnische Säuberungsmaßnahmen (Vertreibung, Vergewaltigung, Tötung) unmittelbar bevorstehen oder stattfinden, geht nach der R2P in Ausnahmefällen die Schutzverantwortung auf die internationale Gemeinschaft – konkret an den UN-Sicherheitsrat mit seinen Aufgaben für den Erhalt von Frieden und Sicherheit – über. Es liegt dann am Sicherheitsrat (gemäß Kapitel VII) zu entscheiden, ob die Vergehen gegen Menschenleben so gravierend sind, dass sie über dem Nichteinmischungsprinzip und staatlicher Souveränität stehen und es somit außer Kraft setzen. Beauftragt durch den UN-Sicherheitsrat kann dann eine Intervention gegen den Willen eines Staates erfolgen, um den Schutz von Menschenleben wieder zu gewährleisten (Fröhlich 2011a, 138 f.). Diese Prinzipien wurden so vom UN *World Summit* 2005 (60. UN-Geburtstag) einstimmig verabschiedet und sollten fortan die internationale Gemeinschaft leiten und zur Verhinderung eines ähnlichen Verlusts von Menschenleben wie in den 1990er Jahren führen (Evans 2009).

R2P besteht aus drei Komponenten. Vor einer Intervention gibt es eine 1.) *responsibility to prevent*. D. h., dass die internationale Gemeinschaft alle anderen Mittel, die ihr zur Verfügung stehen (langfristige Präven-

tion, Verhandlungen, wenn möglich Überweisung an Gerichtsbarkeit) ausgeschöpft haben muss, bevor die 2.) *responsibility to protect* vom betroffenen Staat auf die internationale Gemeinschaft übergeht und somit ein Eingriff in die Souveränität eines Staats z. B. durch Sanktionen und im Extremfall eine Intervention erlaubt ist. Die Intervention muss des Weiteren zu einer Verbesserung der Situation führen, verhältnismäßig sein und eine reelle Chance auf Erfolg haben. (Die R2P lehnt sich somit an die bereits im Mittelalter begründete Denkschule zum *Gerechten Krieg* an.) Nach der erfolgten Intervention unterliegt die internationale Gemeinschaft 3.) einer *responsibility to rebuild.* Sie muss also dafür Sorge tragen, dass nach einer Intervention Wiederaufbau- und Versöhnungsmaßnahmen erfolgen, die das ursprüngliche Problem abstellen (ICRtoP 2001, Core Documents; Evans 2009, 22 ff.).
Die R2P war ein wichtiger Meilenstein im Unterfangen, die staatszentrierte UN-Charta und die aus ihr resultierenden Normen internationaler Staatspraxis im Angesicht massiver innerstaatlicher Gewalt zu modernisieren. Damit steht die R2P in einer Entwicklungslinie mit einem erweiterten Sicherheitsbegriff, der nicht mehr ausschließlich den Staat, sondern den Menschen in den Mittelpunkt sicherheitsorientierten Handelns stellt (s. Exkurs *„Der erweiterte Sicherheitsbegriff"*). Sie ist heute eine Norm im Werden (Finnemore und Sikkink 1998, 895 ff.; Stahn 2007), die von einer großen Anzahl Staaten als Verhaltenserwartung angenommen wird. Entscheidungen des Sicherheitsrats zur R2P stellen zudem Präzedenz her, sie tun dies aber noch nicht einheitlich.
Genau wie die Normen der Nichteinmischung und Souveränität steht R2P aber vor Problemen. Zum einen befindet sich die Norm in einem Debattenzustand zwischen moralischer Legitimität und juristischer Legalität, dessen Folgen für Staatspraxis und internationale Politik noch nicht endgültig geklärt sind – was auch bei einer so jungen Norm nicht zu erwarten wäre (Daase 2013, 49 ff.; Deitelhoff und Zimmermann 2020; Stahn 2007). Zum anderen besteht die Gefahr des Normmissbrauchs. Dazu gibt es lebendige Debatten zur Verbindung von R2P mit einer Regimewechselagenda in Libyen (Beestermöller 2014; Berti 2013; Staack und Krause 2015) oder zur Nutzung von R2P als Vorwand für Krieg durch autoritäre Staaten, darunter permanente Mitglieder des Sicherheitsrats (Burai 2016; Hansel und Reichwein 2020a). Diese Staaten drehen das Argument der zunächst nationalstaatlichen Zuständigkeit

für den Schutz von Menschenleben als Interventionsgrund für den Schutz des vermeintlich eigenen Volks, Ethnie oder Konfession in einem anderen Staat um, *bevor* die internationale Gemeinschaft dafür zuständig ist (Hansel und Reichwein 2020b; Reinold 2010). Somit steht die Anwendung von R2P in der Kritik von beiden Seiten des staatlichen Kontinuums von Demokratien zu Autokratien, während sie gleichzeitig genutzt wird (Stahn 2007). Eine weitere Schwierigkeit besteht zudem seit dem Beginn der Geschichte humanitärer Interventionen: Selektivität. In einigen Fällen werden humanitäre Interventionen/ R2P durchgeführt (z. B. Darfur 2005, Elfenbeinküste 2010, Libyen 2011), in anderen wiederum nicht (z. B. Jemen 2015- ~, Syrien 2011- ~). Dies ist sowohl ein Problem für den universellen Gültigkeitsanspruch einer Norm als auch die Glaubwürdigkeit der internationalen Gemeinschaft in ihrem Einsatz für Frieden und Sicherheit. Die aktuelle Situation der R2P verdeutlicht daher, dass in einem internationalen System ohne höhere Gewalt ungleiche Machtbeziehungen und die Ausübung von Macht normative Geltungsansprüche untergraben bzw. andere Normen favorisieren.

Siehe auch:

Bellamy, Alex J. und Tim Dunne, Hrsg. (2016). *The Oxford Handbook of the Responsibility to Protect.* Oxford and New York: Oxford University Press.

Brock, Lothar (2008). „Von der ‚humanitären Intervention‘ zur ‚Responsibility to Protect‘ – Kriegserfahrung und Völkerrechtsentwicklung seit dem Ende des Ost-West-Konflikts.“ *In Frieden in Freiheit – Peace in Liberty – Paiy en liberté. Festschrift für Michael Bothe zum 70. Geburtstag,* hrsg. v. Andreas Fischer-Lescano, Hans-Peter Gasser, Thilo Marauhn und Natalino Ronzitti. Baden-Baden: Nomos, 31-44.

Hehir, Aidan und Robert W. Murray, Hrsg. (2013). *Libya, the Responsibility to Protect and the Future of Humanitarian Intervention.* Basingstoke: Palgrave Macmillan.

Schmeer, Elis (2010). *Responsibility to Protect und Wandel von Souveränität. Untersucht am Fallbeispiel des Krieges in Darfur.* Berlin: Berliner Wissenschaftsverlag.

Nach zwei Tagen, in denen sich die Lage in Libyen zugespitzt und Gaddafi einen Angriff auf Benghazi ankündigt hatte, entschloss sich eine Koalition aus 19 Ländern der NATO sowie Jordanien, Katar, Schweden und den UAE

(Chivvis 2014, 207 f.) am 19. März 2011 zur Intervention, um den Angriff des Diktators niederzuschlagen und ein Blutbad zu verhindern (Gaub 2024, 199 f.). Die Mission wurde zunächst multilateral koordiniert, wobei Frankreich und Großbritannien zusammen mit den USA führend waren. Die USA hielten sich im Sinne einer unter Obama für Europa entworfenen *lead from behind*-Strategie im Hintergrund (Howorth 2013; Lieber 2016, 91 ff.), waren aber militärisch trotzdem stark eingebunden. In der NATO bestand zunächst ebenfalls keine Einigkeit (Howorth 2012), aber nach ein paar Tagen wurde die Mission aus militärtaktischen Gründen operativ von der Allianz übernommen (Operation *Unified Protector*) und vom 31. März bis zum 31. Oktober 2011 aus dem JFC Neapel geführt (Gaub 2024, 197 f.). Die militärische „Maschinerie" (Sarkozy 2011) der Allianz wurde als besser geeignet angesehen als eine permanente ad hoc-Koordination (NATO 2011b). Von März bis Oktober 2011 stellte die Koalition ca. 8.000 Soldat*innen, 21 Marineeinheiten (inkl. Flugzeugträgern) und 260 Kampfflugzeuge bereit, die insgesamt 26.500 Einsätze flogen (Chivvis 2014, 3; NATO 2011b, a).

Teilnahme an Unified Protector	Nicht-Teilnahme an Unified Protector
NATO: Belgien, Bulgarien, Dänemark, Frankreich, Griechenland, Großbritannien, Italien, Kanada, Niederlande, Norwegen, Rumänien, Spanien, Türkei, USA **weitere Staaten:** Jordanien, Katar, Schweden, UAE	**NATO:** Albanien, Deutschland, Estland, Island, Kroatien, Lettland, Litauen, Luxemburg, Polen, Portugal, Slowakei, Slowenien, Tschechien, Ungarn

Tabelle 15: An Unified Protector teilnehmende Staaten (Quelle: Chivvis 2014, 207 f., eigene Darstellung)

Die Koalition setzte über Libyen eine Flugverbotszone durch und überwachte mit ihren Schiffen das UN-Waffenembargo. Sie half aber ebenfalls den Aufständischen weitergehend gegen Gaddafis Truppen, da die Koalition den Grund für die Unsicherheit der Bevölkerung in Gaddafi sah und somit eine Regimewechselstrategie verfolgte. Im Zuge der Auseinandersetzungen in Libyen wurde Gaddafi schließlich gestürzt und am 20. Oktober 2011 getötet. Diese Strategie wurde von Russland, China und anderen Staaten heftig kritisiert, da es ein Unterfangen war, das die nicht-beteiligten Vetomächte mit ihrer Enthaltung im Sicherheitsrat so nicht gewollt hatten

(Biermann 2014b, 226). Es stellte ihrer Meinung nach eine unzulässige Erweiterung der Sicherheitsratsresolution dar und setzte das Problem der gewaltsamen Demokratisierung von außen (z. B. Irak 2003) zurück auf die internationale Agenda – eine Frage, der China und Russland aufgrund ihrer autokratischen Systeme und zur Aufrechterhaltung der Souveränitäts- und Nichteinmischungsnormen der UN-Charta zutiefst ablehnend gegenüberstehen (Chivvis 2014, 90 ff.; Notin 2012, 270 f.). Viele Beobachter*innen sehen daher in der Auslegung des Sicherheitsratsmandats in Libyen durch die intervenierende Koalition einen „Sargnagel" (Pradetto 2015) oder zumindest ein ernsthaftes Problem für die R2P-Norm: Zum einen muss im Sinne der im R2P-Konzept integrierten mehrlagigen prozeduralen Legitimität (neben dem Sicherheitsratsmandat) hinterfragt werden, ob die Staaten vorher ihrer responsibility to prevent ausreichend nachgekommen sind. Dies ist endgültig schwer zu beurteilen, da sich die Staaten einerseits lange nicht für die Vorgänge innerhalb des von Gaddafi diktatorisch geführten Staats interessiert haben, während sich die Lage andererseits durch den Arabischen Frühling relativ schnell entwickelt hat, sodass Prävention neben dem Sanktionsregime wahrscheinlich durch eine auch nicht unproblematische, glaubwürdige Androhung von Macht hätte erfolgen müssen, vielleicht in Verbindung mit der Durchsetzung einer Flugverbotszone. Bereits im Kosovo hat sich dieses Vorgehen jedoch als extrem schwer umzusetzen herausgestellt. Zum anderen muss den intervenierenden Staaten jedoch attestiert werden, dass sie sich zum Zeitpunkt des Eingriffs wenig Gedanken über das dritte R2P-Element, die responsibility to rebuild, gemacht haben. Durch die Regimewandelagenda ist die weitere Akzeptanz und Durchsetzbarkeit von R2P erheblich geschwächt worden, da die Wahrscheinlichkeit, ein R2P-basiertes Mandat zu erhalten, durch Libyen stark gesunken ist und z. B. in Syrien nicht mehr angewendet werden konnte, obwohl die Giftgasangriffe Bashar al-Assads gegen die eigene Bevölkerung zweifelsohne einen Libyen-äquivalenten Grund dargestellt hätten (Beestermöller 2014; Staack und Krause 2015). Umgekehrt hat z. B. Russland ebenfalls R2P genutzt, um seine unilaterale Intervention auf der Krim und in der Ukraine als Schutz russischer Bürger*innen zu legitimieren (Hansel und Reichwein 2020a; Kurowska 2014; Ziegler 2016). Es stellt ebenfalls russische Pässe aus, um diesem Argument Nachdruck zu verleihen (ZEIT online 2019).

Zwar sind Koalitionsstaaten heute mehr oder weniger stark in die diplomatischen Bemühungen zur Lösung eines völlig außer Kontrolle geratenen Stammes- und Terrorismuskonflikts eingebunden, in dem außerdem durch das russische und türkische militärische Engagement Machtpolitik betrieben wird, aber es wurde auch vor dieser Lageverschlechterung keine kohärente Wiederaufbaustrategie implementiert (Berti 2013, 38 f.; Choria 2013; Kuperman 2015). Somit beendete die NATO zwar kurzfristig das Blutvergießen und die Unterdrückung in Libyen, was an sich einen Erfolg darstellt, die Lage im Land bleibt aber bis heute höchst problematisch (Gaub 2024, 202; Kuperman 2015; Chollet und Fishman 2015; Western und Goldstein 2011). Parallelen mit dem teilweise erfolglosen Afghanistaneinsatz lassen sich daher ziehen.

Lehren aus Libyen: Die NATO als *toolbox*

Der Libyenkrieg war kein Angriffskrieg des Westens gegen einen autoritären, aber souveränen Staat wie im Irak 2003 oder im Kosovo 1999 (wobei in letzterem Fall die Legalitäts-/ Legitimitätsproblematik komplexer war). Erstens war der Einsatz zumindest formal durch eine UNSCR legitimiert. Zweitens nahmen an ihm nicht nur NATO-Staaten, sondern mit Jordanien, Katar oder den UAE eine Gruppe von Ländern teil, die ebenfalls aus den arabischen und muslimischen Kulturkreisen stammten. Mit Schweden beteiligte sich zudem ein damals noch formal neutraler Staat, sodass eine Erklärung der Intervention durch rationale Kosten-Nutzen-Kalküle wie wirtschaftliche Interessen oder Machtpolitik zumindest nicht monokausal angenommen werden sollte (Ostermann 2016). Im Fall Libyen fällt außerdem auf, dass die NATO-Staaten unter sich trotz der humanitären Komponente stark zerstritten ob der Sinnhaftigkeit des Einsatzes waren.

Obwohl verschiedene Staaten schon in der Vergangenheit aus unterschiedlichen Gründen zurückhaltender bei der Beteiligung an Militärmissionen waren, war die Situation in Libyen insofern schwieriger, als dass es sowohl regional unterschiedliche Ansichten zur Einsatznotwendigkeit gab (s. die Nicht-Beteiligung der meisten nordöstlichen NATO-Staaten oder Portugals) als auch fundamentale inhaltliche Ablehnung. Vor allem die Positionierung Deutschlands stieß auf massive Kritik seitens der Alliierten (Müller 2011; Schoch 2013). Zum einen enthielt sich die BRD bei der Abstimmung im Sicherheitsrat und stellte sich somit auf dieselbe Seite wie Brasilien, China oder Russland. Es wäre z. B. auch möglich, wenngleich unangenehm gewesen, im Sicherheitsrat zuzustimmen, aber hinterher keine Truppen zu schicken. Zum anderen ging Deutschland so weit, als dass es seine Soldat*innen aus den AWACS sowie deutsche Schiffe aus den NATO-Mittelmeerverbänden abzog. Da die BRD ca. 25 % der AWACS-Besatzungen stellt, ergaben sich hierdurch massive Einschränkungen in Durchhaltefähigkeit und Einsatzbereitschaft für die anderen Alliierten, die Deutschland übelgenommen wurden (Krause 2015b, 12; Rühe 2011). Erschwerend kam hinzu, dass die Ablehnung als innenpolitisch motiviert interpretiert wurde. Die Gründe waren jedoch komplexer und lagen neben der deutschen kulturellen Zurückhaltung gegenüber Militäreinsätzen in der fehlenden Zeit für eine nationale Debatte und dem Umschwenken Barack Obamas auf eine pro-Interventionshaltung nur zwei Tage vor der Abstimmung, die den Einsatz durch die Staaten der coalition of the willing erst militärisch möglich machte, da die USA trotz ihrer lead from behind-Haltung unabdingbare militärische Kapazitäten beisteuerten. Alles in Allem machte die Bundesrepublik so aber kein gutes Bild bei den Alliierten, wenngleich sicherlich damals wie heute mit dem Vorteil des Rückblicks gute Gründe gegen einen Einsatz sprachen (Brockmeier 2013; Bucher et al. 2013). Im Gegensatz zu Afghanistan war die NATO in Libyen also nicht in der Lage, unterschiedliche nationale Interessen und Sichtweisen zusammenzubringen, um dennoch gemeinsam eine Mission durchzuführen.

Trotzdem (oder deswegen) stellte sich für die Atlantische Allianz in Libyen eine institutionelle und strategische Neuerung ein. Obwohl politische Uneinigkeit über die Mission bestand, wurde eine institutionelle Blockade soweit verhindert, dass die interventionswilligen Staaten die Fähigkeiten und Kommandostrukturen des Bündnisses zur Durchführung nutzen durften. Im Gegensatz zum Beginn des Afghanistaneinsatzes 2001, der wegen der US-Präferenz für unkompliziertes, schnelles Handeln außerhalb der NATO als coalition of the willing durchgeführt wurde (mit allen Alliierten), nutzte man in Libyen die NATO-Strukturen für eine coalition of the willing (ohne alle Alliierte), die bewährte Kooperationsorgane benötigte, um ihren Einsatz durchzuführen. Somit verhalf Libyen dem bereits früher (Christiansson 2013, 192) von US-amerikanischer Seite favorisierten toolbox-Modus zur Nutzung der Allianz zum Durchbruch (Haaland Matláry 2014, 254 ff.). Sogar Frankreich, das erst 2009 in die Militärstrukturen des Bündnisses zurückgekehrt war, konnte diesem modus operandi etwas Positives abgewinnen, da man gleichzeitig die EU in einer selbst gewählten Bedeutungslosigkeit ob eines Konflikts an ihren Grenzen und in ihrem unmittelbaren Interessenbereich wähnte, für den die europäische Organisation ihre Gemeinsame Sicherheits- und Verteidigungspolitik seit 1999 aufgebaut hatte. Vor diesem Hintergrund erschien die 62 Jahre alte NATO als eine verlässliche Institution zur Durchsetzung sicherheitspolitischer Interessen ausgewählter Alliierter

(Howorth 2012; Ostermann 2019b, Kap. 4). Durch Libyen wurden also eine pragmatische Perspektive auf Kooperation ebenso wie die Sicherheitsmanagementfunktion des Bündnisses gefestigt, ohne dabei notwendigerweise eine globale Interventionskapazität zu forcieren, wie es die US-Amerikaner*innen früher gewollt hatten. Durch diese ideologische Befriedung der Bündniszusammenarbeit wurde Kooperation pragmatisiert, was auch für die laufende und sich in einer heißen Phase befindliche Afghanistanmission von Vorteil war. Neben dieser Nützlichkeit militärischer Allianzfähigkeiten zeigte Libyen aber umgekehrt, dass das Bündnis politisch auf schwächeren Füßen stand als in den Jahren zuvor, da man keine gemeinsame politische Vision um die Ereignisse entwickeln konnte (Wæver 2014, 54f.).

5.4 Zusammenfassung: Kollektive Sicherheit nach Afghanistan – Das war's!?

Die NATO-Staaten haben seit 1991 einerseits ein beachtliches Kooperationsnetzwerk mit unterschiedlichen Staaten in verschiedenen institutionalisierten Formaten (NACC/EAPC, PfP, MD, ICI; NATO-Ukraine-, NATO-Georgien-Kommissionen, NATO-Russland-Rat, NATO-Ukraine-Rat) etabliert und sich andererseits stark im Krisenmanagement in und außerhalb Europas engagiert. Somit hat sich der Schwerpunkt gemeinsamen alliierten Handelns zumindest bis zur Kriminvasion Russlands im Jahr 2014 weg von kollektivem Verteidigungshandeln und hin zu kollektiver und kooperativer Sicherheit entwickelt, verbunden mit einer starken Anti-Terror-Komponente. Die Missionen der NATO waren außerdem fast ausschließlich out of area-Einsätze, also Operationen jenseits des Bündnisgebiets in so unterschiedlichen Gegenden wie dem Balkan, dem Irak (post-Invasion SSR-Aktivitäten), dem Indischen Ozean oder in Afghanistan sowie auf der ganzen Welt zur Katastrophenhilfe. In diesem Sinne ist das Bündnis in der Tat eine globale NATO geworden, die sich zu einer der wichtigsten Sicherheitsinstitutionen entwickelt hat, die sowohl politisch/ diplomatisch als auch militärisch handlungsfähig ist. Diese Entwicklung gründete sich neben den Missionen ebenfalls auf die Kooperationsprogramme, durch die zunächst die durch die gesellschaftlichen, politischen und wirtschaftlichen Transformationsprozesse entstehende politische Instabilität in Europa nach dem Ende des Kalten Kriegs abgefangen werden sollte und die sich mit der Zeit auf andere Partner und Weltregionen ausweiteten. Diese Konsultationsprogramme brachten über die Jahre ebenfalls intensivere Kooperationsformen wie das PfP mit seiner Austausch-, SSR- und Übungsagenda hervor, das letztlich für einige europäische Staaten als Vorstufe zu einer Vollmitgliedschaft wirkte. Die Atlantische Allianz funktionierte zu dieser Zeit also sowohl als eine inklusive Sicherheitsinstitution, indem sie durch die Programme Unsicherheit zusammen mit anderen Staaten bearbeitete (kooperative Sicherheit), als auch als out of area-Sicherheitsmanagementinstitution im Auftrag der UN (kollektive Sicherheit) in Konflikten wie Bosnien oder Afghanistan (sowie im Kosovo in eigener Regie) – all das, während sie als exklusives kollektives Verteidigungsbündnis eine Verteidigungskapazität gegen externe Gegner aufrechterhielt (Wallander und Keohane 1999; Tuschhoff 1999). Bereits vor dem Ende des Kalten Kriegs erfüllte die Allianz zudem kollektive Sicherheitsaufgaben unter ihren Mitgliedern, indem sie Konflikte zwischen ihnen bearbeitete und Außenpolitiken mit unterschiedlichem Erfolg koordinierte.

Trotz der zuvor genannten Programme und der Einrichtung des NATO-Russland-Rats blieben die Beziehungen mit Russland konfliktiv. Russland sah sowohl die Aufgabenausweitung als auch die Osterweiterung der Allianz extrem skeptisch, weil es nur einen begrenzten Einfluss auf Prozesse innerhalb der NATO nehmen konnte, die Osterweiterung in einen Bereich eindrang, den es selbst mit Blick auf seine (zaristische und sowjetische) Geschichte als eigene Einflusssphäre ansah und weil es trotz der Etablierung des NRC keinen Dialog auf Augenhöhe entsprechend seines Machtstatus erkannte. Die Beibehaltung der Russland-ausschließenden kollektiven Verteidigungsfunktion der NATO ist also einerseits kritisch zu sehen, weil sie die alten Konfrontationslinien teilweise aufrechterhielt. Sie entsprach aber ebenfalls den legitimen politischen Interessen unabhängiger Staaten, deren Bevölkerungen diesen Kurs unterstützten, und war gleichzeitig eine Antwort auf bestehende russische Machtansprüche. In Anbetracht dieser Situation ist es unwahrscheinlich, dass die neuen europäischen Sicherheitsbeziehungen nach dem Ende des Kalten Kriegs *ohne* die Weiterexistenz der NATO konfliktfrei geblieben wären, da sich hier letztlich Sicherheitsbedürfnisse und Großmacht-bezogene Herrschaftsansprüche unvereinbar gegenüberstanden (s. dazu das ursprüngliche Argument von Mearsheimer 1990, 6 ff.). Die Beziehungen zwischen Russland oder der NATO verschlechterten sich ab 1999 dann weiter – zunächst, als die NATO unilateral im Kosovo eingriff und damit Russlands Opposition missachtete; 2007/8 mit dem von Putin zum Ausdruck gebrachten, zunehmenden Missfallen über die unausgeglichenen Beziehungen sowie den Georgienkrieg, als Russland weitergehenden westlichen Aspirationen des Kaukasusstaats, inkl. eines möglichen NATO-Beitritts, durch seine Intervention einen Riegel vorschob; und zuletzt seit 2014, als die russische Invasion und Annexion der Krim sowie die spätere Invasion der gesamten Ukraine ab 2022 die Kooperationsmechanismen zum Erliegen brachten. Die NATO-Russland-Beziehungen unterliegen also sowohl Konflikten politischer Konjunktur als auch strukturellen Problemen der euro-atlantischen Sicherheitsarchitektur. William Hill (2018, 71) und Andrew T. Wolff (2017, 88) sehen in diesen Entscheidungen zu neuen Kooperationsstrukturen in den Jahren seit 1989-91 und der Rolle/Position Russlands darin das Ausgangsproblem der neuen, bis heute konfliktträchtigen euro-atlantischen Ordnung. Aus neorealistischer Perspektive ist hier mit Sicherheit von unvereinbaren sicherheitspolitischen Interessen und einer unausgeglichenen Machtbalance zu sprechen, die zu Konfliktivität neigt.

Ein wichtiger Faktor in diesem kollektiven Sicherheitssystem ist die Entscheidung der USA, nach dem Ende der Blockkonfrontation weiterhin in Europa engagiert zu bleiben und sowohl eine Rolle als verteidigungspolitischer Beschützer der alten Bündnispartner (Art. 5-Auftrag) als auch (Mit-)Gestalter der neuen kollektiven Sicherheitsordnung zu spielen, für die sie eine hybride Struktur aus OSZE und NATO mit letzterer im Zentrum bevorzugten und mit ihren Partnern auch durchsetzten. Die USA haben seit 1949 *und* nach 1989-91 durch ihr politisches Engagement und ihre hohen Ausgaben für Militär und Diplomatie bedeutende Lasten europäischer Sicherheit getragen und tun das bis heute, was sich nicht zuletzt in der aktuellen Unterstützung der Ukraine und seiner NATO-Alliierten gegenüber Russland zeigt. Europa war in den 1990er Jahren sicherheitspolitisch nicht alleine handlungsfähig, was durch die späten Eingriffe in Jugoslawien allen schmerzlich vor Augen geführt wurde. Dieses Ungleichgewicht in der Lastenverteilung schwächte sich zwar mit dem Engagement der Alliierten für KFOR und ISAF in Afghanistan ab, wo die anderen Alliierten bis zu 88 % bzw. 60 % der Truppenlast trugen (Sperling und Webber 2009, 503 ff.), aber NATO-Europa und Kanada sind bis heute nur sehr eingeschränkt dazu in der Lage, ohne die USA eine militärische Operation durchzuführen. Dies zeigte sich nicht nur beim langen Einsatz in Afghanistan, sondern sogar bei Unified Protector in Libyen, bei der der intervenierenden Koalition aus NATO und Partnerstaaten schnell die Munition ausging und sie darüber hinaus auf Präzisionswaffen der US-Amerikaner*innen angewiesen waren, obwohl Obama nur einen lead from behind für die USA in der Mission proklamierte, weil es sie dort ihre Sicherheitsinteressen nicht primär tangiert sahen (Hallams und Schreer 2012; Simoni und Harnisch 2019, 76ff.). Trotz einiger neuer Schritte seit 2016 in der EU und durch die Ukrainekriege gestiegene Militärausgaben sind die Europäer*innen weit davon entfernt, Sicherheitspolitik in Europa allein zu schultern. Wie lange diese Situation noch haltbar ist, steht im Moment in den Sternen.

Diese Aspekte, aber auch die Komplexität von ethnischen Konflikten, humanitären Interventionen und state building-Einsätzen in fremden Ländern sind für den sehr unterschiedlichen Erfolg von Sicherheitsmanagementmissionen der NATO verantwortlich. In den Ländern des ehemaligen Jugoslawiens ist es dem Bündnis gelungen, unmittelbares Blutvergießen zu stoppen, den Sicherheitssektor und wichtige Systeme wie Armee, Polizei oder Justiz wiederaufzubauen, zumindest so etwas wie einen kalten gesellschaftlichen Frieden und ein politisches System zu etablieren, das auf einem nicht unproblematischen, weil konfliktzementierenden ethnischem Proporz aufbaut. Diese Erfolge erkaufte sich die Allianz mit einer im Kosovo bis heute andauernden militärischen Präsenz (in Bosnien hat die EU übernommen), um kleinere Konflikte zu befrieden. In Afghanistan konnten als Reaktion auf die Terroranschläge von 9/11 die mit terroristischen Gruppierungen kollaborierenden Taliban für 20 Jahre von der politischen Macht vertrieben und einige bedeutende Wiederaufbauschritte erreicht werden, die zu einem höheren Lebensstandard in dem Land am Hindukusch geführt. Die erreichten Erfolge wurden jedoch durch die erneute Rückkehr der Taliban im August 2021 zunichte gemacht – mit Ausnahme des Terrorförderungsverbots der Doha Accords, an das sich die Taliban zu halten scheinen. Damit ist das liberaldemokratische state building-Projekt der NATO gescheitert. In Libyen zeigen sich wiederum bis heute die drastischen Konsequenzen eines humanitären Einsatzes zum Schutz der Zivilbevölkerung, der mit dem problematischen Ziel eines Regimewechsels verbunden wurde und ohne jegliches Wiederaufbaukonzept (und beträchtliche Probleme der libyschen Akteure untereinander) heute einen failing/failed state an der Südküste des Mittelmeeres hinterlassen hat. In Anbetracht dieses kontrastreichen Bildes alliierter Interventionen, der neuen sicherheitspolitischen Herausforderungen in Europa seit 2014/2022 mit ihren Konsequenzen für die kollektive Verteidigungsplanung und der politischen Zerwürfnisse, die die Allianz zwischen 2017 und 2021 heimsuchten, ist es daher fraglich, ob sich das Bündnis auf weitere Missionen dieser seit nunmehr fast 30 Jahren etablierten out of area-Tradition einlassen wird, selbst wenn dies ein wie auch immer gearteter legitimer Grund (verbreitete Unsicherheit/ Staatszerfall, Verbrechen gegen die Menschlichkeit, Genozid) geböte. Durch den Krieg in der Ukraine liegt der Fokus der Allianz auf absehbare Zeit auf der kollektiven Verteidigung ihrer Mitglieder gegen Russland. Das folgende Kapitel wirft nun aber abschließend einen Blick darauf, wie Kohärenz in der Allianz trotz politischer Probleme hergestellt werden kann.

5.5 Diskussionsfragen und weiterführende Literatur

Diskussionsfragen:

- Welchen kollektiven Sicherheitsaufgaben ging die NATO bereits vor dem Ende des Kalten Kriegs nach?
- Warum wurde kollektive Sicherheit nach dem Ende des Kalten Kriegs zentral für die NATO? Welche Strategie verfolgte die Allianz?
- Gab es eine realistische Option für eine andere Einbindung Russlands in europäische Sicherheitsinstitutionen als das Nebeneinander von NATO-Fortbestehen, OSZE und Kooperationsprogrammen?
- Warum weitete die NATO ihre Kooperationsinitiativen in den Mittelmeer- und Golfraum aus, welche Zwecke verband sie damit und welche Möglichkeiten/ Hindernisse ergaben sich daraus?
- Welche Beziehungen unterhält die Allianz zu unterschiedlichen internationalen Organisationen? Warum sind diese Beziehungen sowohl notwendig als auch problematisch?
- Konnte die NATO ihre Missionsziele auf dem Balkan, in Afghanistan oder Libyen erreichen? Was hat sie geschafft, wo (und warum) bestehen bis heute Probleme?
- Warum sind coalitions of the willing gleichzeitig eine Chance und eine Schwierigkeit für die Allianz?

Weiterführende Literatur:

Baciu, Cornelia, Falk Ostermann und Wolfgang Wagner (2024). "From Kabul to Kyiv: The Crisis of Liberal Interventionism and the Return of War." Special Issue in *Politics and Governance* 12: https://doi.org/10.17645/pag.i375.

Brummer, Klaus, and Stefan Fröhlich, Hrsg. (2011). *Zehn Jahre Deutschland in Afghanistan, ZFAS-Sonderheft*. Wiesbaden: VS Verlag für Sozialwissenschaften.

Chivvis, Christopher S. (2014). *Toppling Qaddafi. Libya and the Limits of Liberal Intervention.* New York: Cambridge University Press.

Crocker, Chester A., Fen Osler Hampson und Pamela Aall, Hrsg. (2015). *Managing Conflict in a World Adrift.* Washington D.C. and Waterloo (ON): United States Institute of Peace Press und CIGI.

Djurić, Rajko und Bertholt Bengsch (1992). *Der Zerfall Jugoslawiens. Mit einem Exklusiv-Interview mit Milovan Djilas.* Berlin: Morgenbuch Verlag Volker Spiess.

Engelbrekt, Kjell, Marcus Mohlin und Charlotte Wangsson, Hrsg. (2014). *The NATO Intervention in Libya. Lessons learned from the campaign.* London und New York: Routledge.

Heitmann-Kroning, Imken (2015). *Deutsche Sicherheitspolitik zwischen „never alone" und „never again". Der Auslandseinsatz der Bundeswehr in Afghanistan.* Opladen, Berlin und Toronto: Barbara Budrich.

Johnson, Dave (2024). „Russian Security and Defence Policy from Stalin to Putin." In *Routledge Handbook of NATO,* hrsg. v. John Andreas Olsen. London and New York: Routledge, 132-144.

Krause, Joachim, Hrsg. (2000). *Kosovo: humanitäre Intervention und kooperative Sicherheit in Europa.* Opladen: Leske + Budrich.

Melčić, Dunja, Hrsg. (2007). *Der Jugoslawien-Krieg. Handbuch zu Vorgeschichte, Verlauf und Konsequenzen.* 2., aktual. u. erw. Aufl. Wiesbaden: VS Verlag für Sozialwissenschaften.

Notin, Jean-Christophe (2012). *La vérité sur notre guerre en Libye.* Paris: Fayard.

Schleich, Caja (2016). *Inter-institutionelle Kooperation von EU und NATO: Ein Vergleich der Konfliktmanagementmissionen im Kosovo und in Afghanistan.* Wiesbaden: Springer VS.

Seiffert, Anja, Phil C. Langer und Carsten Pietsch, Hrsg. (2012). *Der Einsatz der Bundeswehr in Afghanistan: Sozial- und politikwissenschaftliche Perspektiven.* Wiesbaden: VS Verlag für Sozialwissenschaften.

Sloan, Stanley R. (2010). *Permanent Alliance? NATO and the Transatlantic Bargain from Truman to Obama.* New York und London: continuum.

Suhrke, Astri (2011). *When More Is Less. The International Project In Afghanistan.* London: C. Hurst & Co.

Thies, Wallace J. (2009). *Why NATO endures.* Cambridge (UK): Cambridge University Press.

Varwick, Johannes, Hrsg. (2005). *Die Beziehungen zwischen NATO und EU: Partnerschaft, Konkurrenz, Rivalität?* Opladen: Barbara Budrich.

6 Kollektive Identität: Die NATO als Werte- und Sicherheitsgemeinschaft

Dieses Kapitel steigt tiefer in soziologische und ideelle Erklärungen zum (Fort-)Bestehen, Wandel und Handeln der Atlantischen Allianz ein. Zu diesem Zweck wird es zuerst auf die Entwicklung von Theorien über internationale Politik zum Ende des Kalten Kriegs eingehen (6.1), die für das Verständnis der Entwicklung *konstruktivistisch*er Argumente zur Weltpolitik zentral sind. Darauf aufbauend wird der Konstruktivismus theoretisch eingeführt. Nach der Klärung dieser Grundlagen beleuchtet das Kapitel zwei Schwerpunktthemen: Abschnitt 6.2 wird das Geschehen in der NATO im Kontext weiterer transatlantischer Beziehungen betrachten und das Konzept der pluralistischen Sicherheitsgemeinschaft vorstellen. Dieser Erklärungszugang wird uns helfen, den Zusammenhalt der Allianz besser zu verstehen. Abschnitt 6.3 wird sich der Frage widmen, wie zentrale Ereignisse in der Geschichte der Allianz, wie z. B. ihre Gründung oder ihr Fortbestehen nach dem Ende des Kalten Kriegs genauso wie das aktuelle Zusammenrücken während des Ukrainekriegs, durch konstruktivistische Argumente besser erklärt werden können, als andere Theorien dies vermochten. Die Schlussfolgerungen beziehen eine Position für theoretischen Pluralismus (6.4).

6.1 Theorie: Die Krise der IB und das konstruktivistische Argument

In der politikwissenschaftlichen Disziplin der Internationalen Beziehungen setzte nach dem Ende des Kalten Kriegs eine Zeit der Introspektion und Selbstkritik ein (bereits früher Keohane 1986). Die wichtigste Theorie der Disziplin, der Neorealismus, der anhand der Blockkonfrontation als Strukturtheorie der Großmachtbeziehungen entwickelt worden war, hatte den Niedergang der UdSSR nicht kommen sehen. Stattdessen gingen seine Vertreter noch in den 1980er Jahren von einer längeren Stabilität des bipolaren Systems aus und hielten auch danach lange am Konzept bipolarer Stabilität bzw. dem Glauben an die schnelle Wiederherstellung derselben fest (Waltz 1993).[119] Wenngleich es methodologisch falsch wäre, eine Theorie zu verwerfen, die nur einen Datenpunkt nicht erklären kann, aber sonst eine gute Erklärungskraft besitzt, so war doch die Kritik an der hegemonialen Stellung des Neorealismus in den Internationalen Beziehungen groß, da die Theorie an ihrem Paradefall versagte (Lebow und Risse-Kappen 1995). Es entspann sich daraufhin eine grundsätzliche Debatte um die Nützlichkeit des Neorealismus (Wohlforth 1994; Guzzini 1998; Lebow et al. 1995; Mearsheimer 1990; Hoffmann et al. 1990; Russett et al. 1990) und die (Weiter-)Entwicklung besserer Theorien, um das Weltgeschehen zu erklären. Dies führte im Rahmen der realistischen Schule zur Entwicklung des *Neoklassischen Realismus* (Rose 1998; Lobell et al. 2009; Meibauer et al. 2021; Reichwein 2012), der einerseits auf ursprünglichen klassisch-realistischen Elementen von E.H. Carr, John Herz, Hans Morgenthau und anderen Denkern der 1940/50er Jahre aufbaut und andererseits in liberaler Tradition mehr innenpolitische Variablen in seine Erklärungen einbezieht (Sterling-Folker 1997; Überblick in Reichwein und Rösch 2021). Des Weiteren emanzipierten sich die oben bereits vorgestellten und genutzten institutionalistischen Theorien (Keohane 1984; Keohane und Nye 2012; Kratochwil und Ruggie 1986), die fortan zu einer breiteren Anwendung im Bereich der Sicherheitspolitik kamen (Haftendorn und Keck 1997; Haftendorn et al. 1999; Ikenberry 2001; Wallander 2000). Parallel dazu etablierte sich eine liberale Theorie internationaler Politik (Doyle 1986; Ikenberry 2006, 2009, 2011; Moravcsik 1997, 1998), die nicht institutionalistisch geprägt war und starken Zuspruch im Feld der Außenpolitikforschung mit ihrem Fokus auf Prozesse im Nationalstaat fand (Doyle 2016; Kaarbo 2015).

Schließlich entwickelte sich seit Ende der 1980er Jahre der *(Sozial-)Konstruktivismus* in den Internationalen Beziehungen. Im Gegensatz zum Neorealismus und Institutionalismus wird der Konstruktivismus meist nicht als eigene IB-Theorie, sondern als *Metatheorie* (Hacking 2000) oder *middle-range theorizing* angesehen, das Prozesse der sozialen Konstruktion von Wirklichkeit durch Diskurse, Ideen, Identität, Kultur oder Normen in den Vordergrund der Erklärung weltpolitischen Geschehens stellt (Finnemore 1996; Katzenstein 1996; Lebow und Risse-Kappen 1995; Onuf 2013

---

119 Interessant ist an dieser Stelle z. B. auch der 1988er Bericht der European Strategy Group (1988), einem multinationalen Denkzirkel von renommierten think tanks, der zwar Änderungen im Denken Gorbatschows konzediert, aber daraus noch keine grundlegende Veränderung der Blockkonfrontation ableitet.

[1989]).[120] Später entstanden auch Zugänge, die dezidiert kritische Theorien auf die IB anwandten (Bilgin 2013; Barkawi und Laffey 2006; Krause und Williams 1997). Das Ende des Kalten Kriegs markiert also eine Phase der Pluralisierung in der politikwissenschaftlichen Disziplin der Internationalen Beziehungen, die unseren Blick auf für internationale Politik relevante Prozesse auf nationaler, regionaler und globaler Ebene geweitet hat und auch auf Allianzen Anwendung fand (z. B. Behnke 2000; Hardt und von Hlatky 2020; Ostermann 2019b; Risse-Kappen 1996). Der Konstruktivismus ermöglicht eine Erklärung internationaler Politik, die sowohl das Befolgen systemischer Logiken als auch das Abweichen von ihnen und das Finden kreativer neuer Handlungsmöglichkeiten verständlich machen kann (Schimmelfennig 2003, 68 ff.).

Der Konstruktivismus geht davon aus, dass Aspekte wie politische Ideen (auch Ideologien), Normen, Kultur oder Identität wichtige Elemente von internationaler Politik sind. Damit weitet der Konstruktivismus den Blick auf immaterielle Bestandteile sozialer Wirklichkeit aus, die von den materiellen IB-Großtheorien Neorealismus und Institutionalismus meist ignoriert und als unwichtig erachtet werden, weil sie die rationale Bestimmung von Interessen und entsprechendem Handeln in internationaler Politik behindern (Bunde 2023, 70). Auf einen Satz zusammengefasst könnte man den Konstruktivismus mit dem Postulat *ideas matter* charakterisieren: Ideen (Identität, Normen, Kultur et al.) sind wichtig. Konstruktivist*innen geht es allerdings nicht darum, zweckrationales Handeln an sich infrage zu stellen, sondern darauf hinzuweisen, dass rationales Handeln abhängig von sozialen Wirklichkeitskonstruktionen ist – oder einfacher gesagt: was eine soziale Gruppe (z. B. ein Nationalstaat oder eine Allianz) als wichtig erachtet und was nicht. Sie sprechen daher von *bounded rationality* (Simon 1983, Kap. 1). Der Konstruktivismus will also nicht etwa ein irrationales Bild menschlichen Verhaltens zeichnen, sondern Rationalität kontextualisieren:

120 Einer der wenigen Autoren, die versucht haben, eine explizite konstruktivistische Theorie zu entwickeln, ist Alexander Wendt mit seinem Buch *Social Theory of International Politics* (Wendt 1999). Trine Flockhart (2004, 142) stellt aber fest, dass der Vorwurf der Theorieunfähigkeit gegen den Konstruktivismus (z. B. Mearsheimer 1994, 26 ff.; Moravcsik 2001) mitunter übertrieben wurde und die Schule/Strömung mittlerweile vor allem für die Beziehung zwischen Identität, Interessen und kooperativen Praktiken überzeugende theoretische Konzepte vorlegen könne – gerade mit Bezug zur NATO (z. B. Adler 2008; Pouliot 2010).

> „According to the account of identity I offer here [...], individuals always operate according to their interests – but those interests do not always correspond to the ones assigned by the omniscient objective observer. As Bourdieu wrote, all interests are particular historical constructions, but interested action is a universal." (Hopf 2002, 18)

Identitäten sind in diesem Zusammenhang als kognitive, soziale Strukturen zu verstehen, die für Menschen oder soziale Kollektive Ordnung in die komplexe Welt bringen. Sie bringen verschiedene Ideen und Zusammenhänge zwischen dem Selbst und den Gruppenmitgliedern (z. B. einer Familie, Nation oder Europa) zum Ausdruck, die diese Gruppe besonders machen oder auszeichnen (z. B. Friedfertigkeit, Stolz, Zusammenhalt) und die diese dann als *Generator* für ihre Interessen und als Orientierung für ihr Handeln nutzen können (Berger und Luckmann 1966, 159 ff.; Hopf 2002, Kap. 1; Tilly 2002, 6 ff., 39). So stieß z. B. die deutsche, gegenüber militärischem Engagement zurückhaltende außenpolitische Identität als Zivilmacht (Duffield 1998; Risse 2007; Maull 2007) in den Diskussionen zur Libyenmission auf die französische (Stahl 2006; Godin und Chafer 2006) und die britische Identität (Clarke 2000; Dunne 2004), die einen deutlich unkomplizierteren Umgang mit dem Einsatz militärischer Gewalt erlauben. Hopf bringt mit dem obigen Zitat also zum Ausdruck, dass Interessen selbstredend nationales (wie jedes) Verhalten bestimmen, jedoch nicht universal von außen bestimmt werden können, sondern immer aus der Innenperspektive ihrer Bedeutung für Handelnde gesehen werden müssen und somit abhängig von kollektiven Identitätskonstruktionen sind (Fierke 2002; Jackson 2011, 202 ff.; Onuf 2013 [1989]).

Mark Laffey und Jutta Weldes (Laffey und Weldes 1997; Weldes 1996) weisen auch darauf hin, dass Interessen nichts weiter als eine bestimmte Form von Ideen sind, nach denen sich Staaten richten – sie sind somit nicht selbst materiell, sondern fixierte Interpretationen der materiellen Welt, die Staaten als handlungsleitend ansehen. Diese Haltung gegenüber Interessen soll nicht irgendeinen Relativismus zum Ausdruck bringen, dass etwa Interessen oder Identitäten völlig beliebig gewählt werden könnten, aber sie weist darauf hin, dass auch vermeintlich wichtige Sicherheitsinteressen eines Staates stets das Ergebnis von Prozessen (z. B. in der politischen Elite) sind, die Gefahren wahrnehmen und daraus ihre eigenen Schlüsse ziehen.[121]

---

121 S. auch die *securitization theory* der *Copenhagen School* (Balzacq 2011; Buzan 1998; Hansen 2006; Wæver 1995).

Putins Werk und Reden zur Ukraine, die weit über den Aspekt einer Gefahr von der NATO hinausgehen, sind hierfür ein Paradebeispiel. Es ist z. B. ebenfalls nichts Unschuldiges oder Natürliches, in Flüchtlingsdebatten primär über Sicherheitsfragen zu reden anstelle über Entwicklungsprobleme im Globalen Süden, sondern Ausdruck einer gesellschaftlichen Diskursstruktur, die von bestimmten Akteuren hergestellt wird. Das konstruktivistische Identitäts- oder allgemeinere Ideenargument verbindet also die Konzepte sozialer Prägung von Verhalten mit einer voluntaristischen Sichtweise auf Politik, die soziale Strukturen nicht als gottgegeben und unveränderlich, sondern als Produkt menschlichen Handelns ansieht (Lebow 2012, 7; ähnlich s. Wendt 1987, 360; Wendt 1999, 96, 224 ff.).

Durch diese Sichtweise auf Politik und somit auch internationale Beziehungen schärfen Konstruktivist*innen also unseren Blick in zweierlei Hinsicht: Erstens sehen sie Strukturen und Politiken als (zeit)spezifische Konfigurationen oder Konstruktionen,[122] die menschen*gemacht* sind und deshalb menschen*verändert* werden können – wenngleich das nicht einfach ist. Dies meint der US-amerikanische Politikwissenschaftler Alexander Wendt, wenn er auf den Neorealismus abzielend in seinem berühmten 1992er Artikel bereits im Titel feststellte: „Anarchy is what States Make of it" (Wendt 1992). Er wollte damit herausstellen, dass das von den Neorealisten als zentral für internationale Politik angenommene anarchische System wirklich existiert, es aber keineswegs so unveränderlich ist, wie sie es darstellen (Flockhart 2016, 141 ff., 150 f.). Durchaus im Geiste Kritischer Theorie weisen Konstruktivist*innen in den Internationalen Beziehungen daher darauf hin, dass Dinge (Sicherheitsdilemmata, Anarchie, Unsicherheit ...) *nicht so hätten sein müssen, wie sie sind* (frei nach Hacking 2000, 6 f.). Alle Konstruktivist*innen unterstreichen daher die Rolle von Akteuren, die zumindest das Potential haben, Strukturen wie internationale Anarchie oder nationale Identität durch Politik zu verändern. Sollte in einer konkreten politischen Situation also eine bestimmte politische Handlungsweise als notwendig erachtet werden, die nicht zu einer Identitätskonstruktion (Struktur) passt – wie z. B. die Frage der deutschen Beteiligung am Kosovokrieg –, so kann eine Identität auch unter hohem Überzeugsaufwand an neue Umstände angepasst werden (Nabers 2009; Risse 1999; Wæver 2002). Ein solcher Vorgang fand statt, als der grüne Außenminister Joschka Fischer auf einer Rede vor dem Parteitag der Grünen 1999 die antimilitaristische Grundkonstante

122 Stefano Guzzini (2000) spricht daher auch vom *soziologischen Konstruktivismus.*

deutscher Außenpolitik – *Nie wieder Auschwitz!* – dahingehend umdeutete, dass Deutschland gerade *wegen* seiner nationalsozialistischen Vergangenheit im Kosovo eingreifen müsse, um einen Völkermord zu verhindern (Der Spiegel 1999). Deutschland hielt zwar weiterhin an der zentralen Rolle von Diplomatie und Politik im Kosovokonflikt fest, die Identitätskonstruktion war nun aber ein bedeutendes Stück weiter geöffnet und konnte militärisches Engagement unter ganz bestimmten Voraussetzungen eher denken als zuvor (Risse 2007, 58). Mit Blick auf diese gegenseitige (*konstitutive*) Beziehung zwischen Ideen (Identität, Normen, Kultur ...) und Interessen wird im Konstruktivismus davon gesprochen, dass Handeln einer Angemessenheitslogik folgt (*logic of appropriateness*) und nicht einer ungebundenen, zeitlosen und allgemeingültigen Rationalität unterworfen ist, wie sie z. B. dem Neorealismus (Überlebensrationalität) oder dem Institutionalismus und Liberalismus (Kosten-Nutzen-Rationalismus) eigen sind (March und Olsen 1989, 160 ff.; Schimmelfennig 2003, 69).

Wollen wir nach konstruktivistischer Auffassung Politik begreifen, müssen wir zweitens ihre Konstruktion und ihre konstitutiven Elemente in ihrer Zeit und ihrem soziopolitischen Kontext verstehen. Daraus ergibt sich außerdem ein analytischer Prozessfokus: „Konstruktivisten aller Arten interessieren sich nicht dafür, wie Dinge sind, sondern wie sie zu dem *wurden*, was sie sind," so Emanuel Adler (Adler 2013, 121, H.i.O.). Das heißt, dass konstruktivistische Fragestellungen in der Regel das Zustandekommen von Politiken und Entscheidungen untersuchen (*how possible*-questions). Typische konstruktivistische Arbeiten befassen sich so z. B. mit den Bedingungen und Prozessen, unter denen Gorbatschow Perestroika und Glasnost durchführen konnte (Risse-Kappen 1994); wie es möglich war, dass sich in den USA eine Norm gegen den Einsatz von Nuklearwaffen entwickelte (Tannenwald 1999); oder wie es zur Entwicklung nationaler sicherheitspolitischer Kulturen kam (Katzenstein 1996). Damit ist natürlich, wie weiter oben bereits angeklungen, unmittelbar die Frage nach dem Wandel von Politiken, Identitäten, Interessen oder Institutionen durch Prozesse verbunden. Adler spricht daher weiter davon, dass „es nur eine leichte Übertreibung ist, zu sagen, dass wenn es im Konstruktivismus überhaupt um etwas ginge, dann um *Wandel*." (Adler 2013, 123, H.i.O.). Während ein Teil konstruktivistischer Arbeiten darum bemüht ist, Kontinuitäten in staatlichem Handel zu untersuchen (Wendt 1999; Katzenstein 1996), so tun diese Beiträge dies doch mit dem Interesse, die soziale Konstruktion von Kontinuität verstehen zu wollen.

Somit ergeben sich mehrere Wege, in denen uns konstruktivistische Argumente nützlich sein können, um die NATO besser zu verstehen. Einer der wichtigsten wird sein, in diesem Kapitel den bereits häufig angeklungenen Aspekt der Rolle von liberal-demokratischer Ideologie für die Atlantische Allianz zu verstehen, den Neorealismus und Institutionalismus nicht oder nur am Rande erfassen (Bunde 2023). Des Weiteren werden wir den Konstruktivismus nutzen, um konkrete Wandelmomente der NATO genauer zu beleuchten und so ein besseres Verständnis darüber erlangen, welche Rolle ideelle Erklärungen (und vor allem identititätsbezogene) zu bestimmten Zeitpunkten der Allianzentwicklung spielen können. Flockhart (2016, 150 ff.) unterstreicht, dass die Identitäts- und Akteurszugänge des Konstruktivismus notwendig sind, um den Wechsel zwischen Tätigkeiten und Stimmungslagen in der Allianz korrekt zu erfassen – ein empirisches Puzzle, für die in den Vorkapiteln beschriebenen neorealistischen und institutionalistischen/ liberalen Erklärungen nicht ausreichen.[123]

6.2 Die NATO als Teil einer pluralistischen Sicherheitsgemeinschaft

In den 1950er Jahren wurde von Karl W. Deutsch und Kollegen das Konzept der *Sicherheitsgemeinschaft* (*security communities*) entwickelt (Deutsch 1970 [1954]; Deutsch et al. 1968 [1957]). Deutsch stellte die Frage, wie die sich nach dem Zweiten Weltkrieg schnell normalisierenden und stark kooperativen Beziehungen zwischen den Staaten Westeuropas sowie Kanada und den USA zustande kommen konnten, von denen sich zwei – Deutschland und Italien – zuvor noch im Krieg mit den anderen befanden. Die Forscher betrachteten dabei nicht nur die sicherheits- und verteidigungspolitische Institutionalisierung der Beziehungen in der NATO, sondern auch die vielfältigen Formen gesellschaftlichen, politischen und vor allem wirtschaftlichen Austauschs zwischen Staaten. Sie kamen zu dem Schluss, dass diese Kooperationsformen alle miteinander in Verbindung standen und entwickelten im Zuge ihrer Arbeit das theoretische Modell der *Sicherheitsgemeinschaft*. Während die Arbeiten lange Zeit kaum beachtet wurden, griffen in den 1990er Jahren und danach verschiedene Wissenschaftler*innen, aufbauend

123 Die Struktur des Rests des Kapitels folgt lose dem Übersichtsaufsatz von Flockhart (2016).

auf Emanuel Adler und Michael Barnett (1998; Adler 2005), die Gedanken von Deutsch wieder auf (Acharya 2001; Hemmer und Katzenstein 2002; Tuschhoff 1999; Risse-Kappen 1996; Williams 2007) und integrierten sie in das konstruktivistische Forschungsprogramm der Zeit (Flockhart 2016, 142).

Nach Deutsch et al. gibt es zwei verschiedene Arten von Sicherheitsgemeinschaften: amalgamierte und pluralistische. Amalgamierte Sicherheitsgemeinschafen sind seltener, weil sie nicht nur die im Folgenden genannten Kriterien erfüllen, sondern dazu noch eine Form von gemeinsamer, z. B. föderaler Regierung bilden. Deutsch nennt hier den Integrationsprozess der Vereinigten Staaten von Amerika selbst als Beispiel. Weitaus häufiger würden aber pluralistische Sicherheitsgemeinschaften entstehen. Diese Gemeinschaften behalten die nationale Souveränität ihrer Mitgliedstaaten bei, gleichen sich aber in vielen Beziehungsaspekten aneinander an, wie dies z. B. Kanada und die USA getan haben. Sicherheitsgemeinschaften zeichnen sich nach dieser Auffassung kumulativ durch eine Reihe spezifischer Kriterien aus, die auf einer notwendigen Bedingung beruhen, die sie von anderen internationalen Kooperationsformen wie ad hoc-Koalitionen oder Sicherheitsmanagementinstitutionen wie den UN unterscheidet: der Abwesenheit des Gebrauchs von Gewalt und somit von Krieg (Deutsch et al. 1968 [1957], 5 ff.; Risse-Kappen 1996, 367 ff.). Im Übrigen zeichnen sich Sicherheitsgemeinschaften durch weitere spezifische Charakteristika aus. Die in der folgenden Übersicht mit *[*p-sc]* gekennzeichneten Aspekte sind für pluralistische Sicherheitsgemeinschaften zentral, während für amalgamierte alle wichtig sind:

- *[*p-sc]* Der Wertekanon ihrer Mitglieder ist mit dem der anderen kompatibel (nicht unbedingt identisch).
- *[*p-sc]* Sie haben feste Kommunikationsbeziehungen, reagieren auf Entwicklungen untereinander und zeigen gegenseitige Reaktivität (*responsiveness*).
- *[*p-sc]* Zwischen ihnen herrscht Erwartungsstabilität.
- Sie pflegen intensive wirtschaftliche Beziehungen oder wollen mehr.
- Zwischen ihren Akteuren gibt es vielschichtige soziale, politische und kulturelle Transaktionsformen, z. B. durch Austausch (Filme, Literatur …), Mobilität (Tourismus) oder regelmäßige politische Kontakte.
- Mitglieder verzeichnen eine zunehmende institutionelle Verflechtung/Kapazitäten (Deutsch et al. 1968 [1957], 46 ff., 65 ff.; Booth und Wheeler 2008, 191 ff.).

Durch diese Art der Interaktion miteinander herrscht in Sicherheitsgemeinschaften Frieden durch ein „ungestörtes soziales Leben" (Deutsch, zitiert nach Booth und Wheeler 2008, 182). Dies setzt also die Idee eines gemeinsamen Selbst bzw. eines Gemeinschaftsgefühls voraus (Koschut 2014), genauso wie die Existenz von Transparenz und Vertrauen in den Austauschbeziehungen. Konflikte – egal, wie schwer sie auch wiegen mögen – werden stets friedlich durch Verhandlung und gegenseitiges Angleichen ausgetragen (s. auch Thies 2009, 296 ff.). Adler (2008, 204 ff.) spricht in seiner praxisorientierten Konzeption von Sicherheitsgemeinschaften daher auch von fünf Praktiken, die in Sicherheitsgemeinschaften vorherrschen, nämlich der Abwesenheit von Gewalt, Selbstkontrolle, eine kooperative Bearbeitung von Sicherheitsproblemen, die Existenz von partnerschaftlichen Beziehungen mit (Teilen) der Außenwelt und eine Tendenz zu Erweiterungsprozessen, um die internen Praxen/ Mechanismen der friedlichen Koexistenz nach außen zu kehren. Der prozesshafte Charakter von Sicherheitsgemeinschaften wird so deutlich (s. bereits Deutsch et al. 1968 [1957], 70 ff.).

Es ist unschwer erkennbar, dass auf Basis dieser Kriterien die transatlantischen Beziehungen oder die EU als Sicherheitsgemeinschaften eingestuft werden können.[124] Egal, wie sehr sowohl in der EU als auch in den transatlantischen Beziehungen miteinander gehadert wird und politische Konflikte offen zutage treten – sei es um Flüchtlings- und Finanzpolitik in der einen oder Wirtschaftsbeziehungen und Verteidigung in der anderen Institution –, so wenig dachte doch irgendjemand vor Trumps zweiter Präsidentschaft nur im Entferntesten daran, diese Konflikte unter Einsatz von Gewalt auszutragen, wodurch das Basiskriterium einer Sicherheitsgemeinschaft verletzt werden würde (s. für die 2000er Pouliot 2006). Seit dem Ende des Zweiten Weltkriegs können wir in Deutschland zweifelsohne feststellen, dass wir sehr sensitiv auf Entwicklungen in den anderen Staaten der Gemeinschaften reagieren und sie teils emotional und engagiert verfolgen (*responsiveness*), wenn wir z. B. auch an die jüngsten US-Wahlen denken.

124 Deutsch et al. (1968 [1957], 9 f.) diskutieren 1957 verschiedene Grenzen der nordatlantischen Sicherheitsgemeinschaft und kommen nach der Diskussion zu dem Schluss, dass zur damaligen Zeit folgende Länder der Gemeinschaft angehören: Belgien, Dänemark, Finnland, Frankreich, Großbritannien, Island, Irland, Italien, Kanada, Luxemburg, Niederlande, Norwegen, Österreich, Portugal, Spanien, Schweden, Schweiz, Westdeutschland und die USA. Damit berücksichtigen sie ein paar Staaten, die weiter von der atlantischen Fassade entfernt liegen, nicht, die heute oft zu dieser Gemeinschaft gezählt werden würden.

Gleichzeitig sind unsere Wirtschaftsströme sehr eng miteinander verflochten. Kultureller und gesellschaftlicher Austausch sind so selbstverständlich, dass wir beim Trinken von Coca-Cola nur selten daran denken, dass sie US-amerikanisch ist, genauso wie beim täglichen Netflixkonsum oder dem wiederkehrenden Kinobesuch. Ein Gefühl der Fremde entsteht in den USA für Europäer*innen kaum, und umgekehrt. Meinungsumfragen zeigen, dass die transatlantischen Beziehungen von den Bevölkerungen nach wie vor als zentrales Standbein im politischen Leben verstanden werden, wenngleich nicht mehr als unkompliziertes (Ostermann 2023, 407 f.; Stelzenmueller und Raisher 2014). Mit der NATO hat die transatlantische Sicherheitsgemeinschaft zudem eine intensive Form der institutionalisierten sicherheits- und verteidigungspolitischen Zusammenarbeit aufgebaut, die ihresgleichen sucht (Adler 2008, 204 ff.; Booth und Wheeler 2008, 191 ff.; Bunde 2023, 71). Die Erweiterungspraktiken der EU und NATO wurden bereits in anderen Kapiteln ausführlich besprochen.

Es ist bei der Diskussion des Konzepts allerdings wichtig, die NATO nicht mit der Sicherheitsgemeinschaft gleichzusetzen. So werden in der NATO z. B. nicht bzw. nur in sehr begrenztem Maße wirtschaftliche Beziehungen organisiert. Gleichzeitig können Nicht-NATO-Mitglieder, wie z. B. Australien und Neuseeland oder Irland und Österreich, zum Kreis der westlichen Sicherheitsgemeinschaft gezählt werden (Cottey 2018; Ojanen et al. 2000). Es gibt aber auch Staaten, die in der Sicherheitsgemeinschaft aufgrund anderer regionaler Einbindungen und Identitäten stärker am Rande stehen, wie die Türkei, aber trotzdem Mitglieder der NATO sind (Adler 2005, 183).[125] Die Grenzen der Sicherheitsgemeinschaft sind somit fließend, und so sind es heute auch vermehrt wieder die Konflikte, die sich etwa im Bereich der Wertekompatibilität entwickelt haben, wenn wir z. B. die autokratischen Tendenzen in Ungarn oder der Türkei betrachten, genauso wie Trumps jüngste Äußerungen zu einer möglichen gewaltsamen Beanspruchung Grönlands oder des Panama-Kanals, der Übernahme Kanadas als 51. US-Bundesstaat (Sanger und Shear 2025) oder Vizepräsident J.D. Vances einseitigen und geklitterten Einlassungen zur Gefahr für Demokratie in Europa auf der Münchner Sicherheitskonferenz im Februar 2025 (MSC 2025). Ebenfalls müssen wir unter Trump Einschränkungen beim Kriterium

125 Das theoretische Konzept der Sicherheitsgemeinschaft wurde in der Zwischenzeit auch auf andere Kooperationsformen in Europa und anderen Weltregionen angewandt (z. B. Adler und Barnett 1998)

der Erwartungsstabilität machen. Während Konfliktivität eigentlich ein konstitutives Merkmal von Politik in und zwischen liberalen Staaten ist, so geben die aktuellen Auseinandersetzungen unter Trump II um Grönland, Kanada, Werte und die russische Gefahr vor dem Hintergrund des Konzepts der Sicherheitsgemeinschaft doch Grund zu großer Sorge.

Die Nützlichkeit des Konzepts der Sicherheitsgemeinschaft stellt sich vor allem in der sozialen oder auch soziokulturellen Perspektive auf internationale Kooperation ein. Die Bedeutung von gemeinsamer Identität und Ideologie für den Zusammenhalt in einer Allianz wurde bereits zuvor verschiedentlich angesprochen und mit Bezug zur NATO eingehend untersucht (Adler und Barnett 1998; Adler 2008; Risse-Kappen 1996; Tuschhoff 1999). Mittlerweile wird die Relevanz von Ideologie auch von neorealistischen Autor*innen teilweise anerkannt, wie Stephen Walts Überarbeitung seiner eigenen Allianztheorie zeigt:

> „But when an alliance either reflects or creates a sense of common identity, then the entire notion of an individual 'national interest' becomes less applicable. If élites and/or publics begin to view their own society as inextricably part of a larger political community, then members will find it difficult to conceive of themselves as separate and will see their interests as identical even if the external environment changes dramatically. As a result, this sort of alliance – if alliance is the correct term – is likely to be extremely robust." (Walt 1997, 168)

Walt räumt hier also die stabilisierende Rolle von Gemeinschaft für Allianzen ein, während er ebenfalls am Ende andeutet, dass eine solche Allianz wahrscheinlich mehr als nur ein Militärbündnis ist (s. auch Thies 2009). Konstruktivist*innen vermögen aber aufgrund ihrer Aufmerksamkeit für soziale Prozesse und ihres Fokus auf Akteure die Relevanz von Ideologie oder Identität besser zu begründen. Es gibt in Sicherheitsgemeinschaften verschiedene Formen von Sozialisationsmechanismen, die dafür sorgen, dass nicht nur Sicherheit kooperativ gedacht wird, sondern darüber hinaus ein breites Gemeinschaftsgefühl die Akteure im Inneren zusammenhält, bei dem Werte, Normen oder gemeinsame historische Erfahrungen eine zentrale Rolle spielen. Solche Sozialisationsmechanismen wurden zwar bereits vom Institutionalismus in den 1980er Jahren thematisiert (Keohane 1984, 1989), Konstruktivist*innen können sie aber mit ihrer relational-sozialen Sichtweise auf Politik erklären, wozu der rationalistische Institutionalismus nicht in der Lage ist (Kratochwil und Ruggie 1986; Ruggie 1998; Schimmelfennig 2003, 73 ff.). Ungeachtet dieser methodologischen Unterschiede zwischen der institutionalistischen Herangehensweise und der konstruktivistischen lässt sich aber festhalten, dass es offensichtlich aus verschiedenen Perspektiven relevant und ratsam ist, auf soziale Prozesse in der Herstellung und dem Erhalt von Frieden und Sicherheit zu achten. Das theoretische Konzept der Sicherheitsgemeinschaft bietet hierfür einen vielseitigen Denkrahmen.

6.3 Historischer Wandel, kollektive Sicherheit und Verteidigung aus konstruktivistischer Perspektive

Wie wir in den Kapiteln zu kollektiver Verteidigung und Sicherheit gesehen haben, reichten die dort bemühten Theorien des Neorealismus und Institutionalismus nicht immer aus, um spezifische Aspekte des Handelns der Atlantischen Allianz oder bestimmter Mitglieder zu erklären. Die außenpolitischen Strategien Frankreichs und Deutschlands nach dem Ende des Kalten Kriegs verblieben gleichermaßen unlogisch, wenn man sie aus neorealistischer Perspektive betrachtet: Der eine Staat akzeptierte nach dem Ende der Blockkonfrontation eine Verringerung seines Einflusses auf Entscheidungen der NATO (Frankreich), während der andere seine neugewonnene, souveräne Machtposition im Zentrum Europas nicht nutzte, um außenpolitische Macht zu gewinnen (das wiedervereinigte Deutschland). Wir konnten auch erkennen, dass der Wandel der Außenpolitik der Sowjetunion nicht hinreichend durch systemische Wandelprozesse (Wirtschaftskrise) verstanden werden kann, die Gorbatschow keine Wahl ließen als so zu handeln, wie er es tat (Annäherung durch Glasnost und Perestroika), sondern dass erst durch Gorbatschow und sein *neues Denken* Wandel in die historisch beobachtbare Richtung geschah anstelle den Machtausgleich mit dem Westen zu wählen. Schließlich konnten wir am Ende des Kalten Kriegs beobachten, dass sich die NATO trotz entsprechender neorealistischer Vorhersage nicht auflöste, obwohl ihr Gegner nicht mehr existierte, sondern sich neuen Aufgaben der kollektiven und kooperativen Sicherheit annahm, die der Institutionalismus mit seiner zweckrational geprägten Argumentation nur teilweise erhellen kann. Keine Theorie kann alles erklären. (Sonst hätten wir nicht so viele.) Trotzdem reift die Erkenntnis, dass viele Vorgänge in der NATO durch eine soziale, ideologische und identitätsbezogene Komponente beeinflusst werden, die sich wie ein roter Faden durch die 70-jährige Allianzgeschichte zieht. Die folgenden Seiten sollen nun anhand ausgewählter, zentraler Elemente die Bedeutung dieser sozialen Erklärungselemente verdeutlichen.

Ein Hauptbeitrag des Konstruktivismus zur Erklärung von Vorgängen in der NATO liegt in den Begebenheiten ihrer Gründung selbst und der herrschenden weltpolitischen Situation nach dem Zweiten Weltkrieg. In einem viel beachteten Kapitel vertritt Ned Lebow (1995) die These, dass der Realismus die Gründung der NATO nicht ausreichend erklären kann. Er verweist dazu auf Ungereimtheiten in der realistischen Konzeption der Polarität des internationalen Systems und der Machtverteilung darin nach 1945. Der (klassische) Realist Hans Morgenthau sieht die Sowjetunion erst seit 1960 als Großmacht und somit Pol des internationalen Systems an, weil Moskau erst zu diesem Zeitpunkt über die Fähigkeit zur industriellen Produktion von Nuklearwaffen verfügte (s. Kap. 3.2). Kenneth Waltz wiederum vertrat in einer ersten Fassung des Neorealismus die Ansicht, dass Nuklearwaffen nichts an den grundsätzlichen militärischen und ökonomischen Machtpotentialen der Staaten änderten – eine Position, die er später zurücknahm und als zweite Variable konzipierte, die neben der Polarität über die Kriegsneigung des politischen Systems entscheide. Da die Sowjetunion nach dem Ende des Zweiten Weltkriegs auch ökonomisch zunächst nur über wenig Machtpotential verfügte (aus dem sich nach neorealistischer Auffassung militärische Macht generiert), führen beide Herangehensweisen an die Machtbalance logisch zu dem Schluss, dass das internationale System zwischen 1945 und 1960 nicht bipolar, sondern unipolar war und somit nur die USA als bestimmenden Akteur globaler Politik (Unipol) kannte.[126] Da ein Unipol über überwältigende Macht verfügt und per definitionem von keinem anderen Akteur existentiell bedroht werden kann, stellt sich daher die Frage, warum die USA ein multilaterales Bündnis mit Kanada und den europäischen Staaten hätte eingehen sollen, in dem sie so viel Macht mit ihren (deutlich schwächeren) Alliierten teilten (s. auch Risse-Kappen 1996, 359 f.).

Der Punkt von Lebow, Risse-Kappen und den anderen Konstruktivist*innen ist hier weniger, dass keine Gefahrenwahrnehmung gegenüber der Sowjetunion durch die westlichen Staaten bestand, sondern dass die Gefahrenwahrnehmung und Gründe für die Bildung einer so umfassenden Allianz

126 Grieco (2007, 69 ff.) weist zudem darauf hin, dass in den Polaritätsdebatten zum Kalten Krieg i. d. R. die Rolle Chinas vernachlässigt würde, das in den 1970/80er Jahren zentral für die weltpolitische Auseinandersetzung war.

wie der NATO mit ihrer internationalen Bürokratie und Militärstruktur nicht rein militärischen Ursprungs sein konnten, sondern tiefer sitzen mussten (Risse-Kappen 1996, 360 f.). Das zu Anfang des Buches (Kap. 2.2.1) vorgestellte *Long Telegram* sieht die Gefahr des Expansionismus der Sowjetunion genau in ihrer kommunistischen Ideologie und somit nur mittelbar in den daraus erwachsenden militärischen Implikationen. Lawrence Kaplan analysiert die psychologische Seite dieser Positionierung (s. dazu auch Heuser 1995, 52 f.):

> „The existence of the North Atlantic Treaty may have been designed to inhibit a threat of Soviet invasion that never really existed. But the demoralization of Europe, its pessimism over its future, and the disruptive activities of strong Communist parties in France and Italy were realities in 1949. The linking of America with Europe may be judged a major factor in the psychological revival of the West which sparked the economic miracles of the next generation." (Kaplan 1984, 27)

Die klaren Wertepositionierungen der Neuverbündeten in der Präambel und Art. 2 des Nordatlantikvertrags weisen zudem eindeutig die ideologische Wahrnehmung des Konflikts mit der Sowjetunion aus (Risse-Kappen 1996, 375 f.). Für die Erklärung solcher sozialen Phänomene ist der Realismus letztlich nicht geeignet. Wie Hemmer und Katzenstein (2002, 587 f.) in ihrer Rekonstruktion der Allianzbildungsprozesse in Asien und im nordatlantischen Raum aus US-amerikanischer Perspektive festhalten, herrschte in den USA ein kollektives Identitätsgefühl, das sie an die Europäer*innen band und das bereits vor und während des Zweiten Weltkriegs existierte (Risse-Kappen 1996, 372).[127] Konstruktivist*innen betonen daher, dass materielle Erklärungen des Kalten Kriegs und der Ursprünge der NATO keine hinreichenden Erklärungen bieten, sondern ideelle oder identitätsbezogene Faktoren eine wichtige Rolle gespielt haben. Entsprechend Walts späterer Einsicht in die Relevanz von Ideologie für Allianzen zeichnet sich also bereits in den Gründungsjahren des nordatlantischen Bündnisses ab, dass die NATO mehr als nur ein Zusammenschluss gegen die sowjetische militärische Gefahr gewesen ist, sondern die westliche, liberal-demokratische Antwort auf eine ideologische und militärische Herausforderung. Dieses liberale Gedankengut, das in den Anfangsjahren nicht allen NATO-Staaten eigen

127 Acheson bezeichnete die NATO daher auch als „Produkt von wenigstens 350 Jahren Geschichte, wenn nicht mehr" (Hemmer und Katzenstein 2002, 591).

war (Griechenland, Portugal, Türkei), festigte sich nach Tobias Bunde (2023: 72 f.) im Verlauf der gemeinsamen Kooperation weiter.

Trine Flockhart und Beatrice Heuser gehen in ihren konstruktivistischen Überlegungen zur NATO darauf ein, dass die Allianz bereits während des Kalten Kriegs nicht nur ein kollektives Verteidigungsbündnis war, sondern auch kooperative Elemente nach innen und partnerschaftliche nach außen Teil der Bündnisidentität waren. Flockhart sieht in diesen multiplen Identitäten und Rollen des Bündnisses einen Schlüssel für den Zusammenhalt der Atlantischen Allianz (Flockhart 2016, 144 ff.). Obwohl z. B. Frankreich partnerschaftliche Beziehungen mit der Sowjetunion durch seine Zurückgezogenheit aus der Militärstruktur außerhalb der NATO suchte, sah es die Allianz immer noch als die ultimative Verteidigungsgarantie durch die USA an (Thies 2009, 295). Gleichzeitig konnte aber durch die Rüstungskontrollbemühungen ab den 1960er Jahren zunehmend eine partnerschaftliche Beziehung mit der Sowjetunion gesucht werden, weil trotz des bilateralen Charakters der Vereinbarungen zwischen den USA und der UdSSR die Debatten darüber unter den Westalliierten in der NATO stattfanden. Alliierte konnten aufgrund dieser multiplen Identitäten des Bündnisses, so Flockhart, unterschiedliche Dinge in der Allianz sehen bzw. unterschiedliche Politiken in ihr realisieren. Das verlief nicht konfliktfrei, aber, wie Heuser in ihrem Aufsatz über die Debatten zur Nuklearstrategie zeigt, die Existenz eines gemeinsamen Diskussionsrahmens im Bündnis und das Vertrauen der Alliierten untereinander sorgten dafür, dass auch diese Konflikte entschärft werden konnten. Dieses Vertrauen zeigte sich nicht zuletzt in der Ambiguität mancher alliierter Dokumente, die es „allen verbliebenen Mitgliedern der integrierten Struktur der NATO erlaubt, in sie hineinzulesen, was sie dort finden wollten“ (Heuser 1995, 46). Letztlich könne auch nur so die bis heute andauernde, zutiefst ungleiche militärische Lastenverteilung zwischen den Alliierten erklärt werden, die unter militärischen Aspekten dysfunktional und moralisch unter dem Gleichheitsaspekt fragwürdig ist, es aber den USA ermöglichte, eine ihr genehme Führungsrolle in der Allianz einzunehmen (ähnlich Thies 2009, Kap. 5). Diese Situation besteht bis heute fort, wird jedoch seit den 2010ern offener konfliktiv ausgetragen, vor allem während der Trump-Präsidentschaften.

Der Durchbruch konstruktivistischer Erklärungen zur NATO geschah zum Ende des Kalten Kriegs, das neorealistische Autor*innen mit ihren zweckrationalen Zugängen nicht haben kommen sehen. Ein Strang der theoretischen Debatte drehte sich, wie bereits in Kapitel 2 dargelegt, um institutionalistische Argumente (Bürokratien, sunk costs, Informationsvorteile, Transformationsfähigkeit). Problematisch sind dabei jedoch zwei Dinge: Einerseits wird mit bürokratischen Argumenten oder solchen zu Kosten- und Informationsvorteilen eine Pfadabhängigkeit der Entwicklungen in der NATO impliziert – die NATO konnte sich sozusagen nur entlang dieser vorgegebenen Bahnen entwickeln. Andererseits wird damit aber ein sehr explizites Wandelargument verbunden, dass kollektive Verteidigungsaufgaben vor solchen des Krisenmanagements und der Partnerschaften in den Hintergrund treten lässt. Somit stehen wir ähnlich der Schwierigkeit der neorealistischen Erklärung des außenpolitischen Wandels in der Sowjetunion unter Gorbatschow (Risse-Kappen 1994, s. Kap. 4.1) vor einem Problem der theoretischen Indetermination, einer Betonung von Kontinuität *und* Wandel.

Eine konstruktivistische Sichtweise erweist sich hier als besonders nützlich, da sie den Widerspruch auflösen kann. So analysieren Flockhart (2016, 146 ff.) und Adler (2008, 212 ff.), dass nach dem Ende des Kalten Kriegs eine Bedeutungsverschiebung zweier *vorher schon vorhandener Identitäten* einsetzte, indem vorher bereits existierende Elemente interner und externer kollektiver Sicherheits- und Partnerschaftspraktiken in den Vordergrund traten, während die kollektive Verteidigungsidentität der Allianz in den Hintergrund rückte, aber nicht aufhörte zu existieren. Letztlich, so Adler, wurden kooperative Sicherheitspraktiken innerhalb der NATO bereits kurz nach ihrer Gründung etabliert, als die Alliierten lernten, ihre außenpolitischen und vor allem die Blockkonfrontation betreffenden Positionen besser aufeinander abzustimmen (mit allen Unzulänglichkeiten, s. Suez). Die Existenz beider Identitäten in der NATO – der kollektiven Verteidigungs- und der kollektiven Sicherheitsidentität – ermöglichte letztlich diesen Wandel, ohne dabei fundamentale Existenzfragen in der Allianz zu erzeugen. Der Wandel, den das Bündnis durchmachte, war also durchaus ein grundlegender Wandel auf der *Handlungs*ebene, aber nur ein begrenzter auf der *Identitäts*ebene (Flockhart 2016, 148). Gleichzeitig unterstreicht Flockhart mit dieser Beobachtung auch den pluralistischen Charakter der Atlantischen Allianz, die für den einen Staat etwas Anderes bedeutet als für den anderen (s. auch Risse-Kappen 1996, 394 ff.). Wie bereits in Kapitel 4.2 diskutiert, legten viele zentral- und ostereuropäische Mitgliedstaaten den Fokus auf die kollektiven Verteidigungsfähigkeiten des Bündnisses, während andere wie die USA eher eine globale Krisenmanagementperspektive einnahmen. In den 2000er Jahren, über den Libyenkrieg bis Anfang 2014 war zudem der coalition of the willing- oder toolbox-Modus eine weitere zentrale Rollenidentität der Allianz für Frankreich, Großbritannien und die USA (s. auch Haaland Matláry 2014). Die deutsche Politik betonte wiederum eher die kooperativen Sicherheitspraktiken mit Russland und anderen Staaten und war um eine nicht-konfrontative Aufstellung der Allianz bemüht. Mit dem Ende des Afghanistaneinsatzes und dem Krieg in der Ukraine haben sich diese unterschiedlichen Positionen wieder angenähert.

Aus diesen Überlegungen wird ersichtlich, dass der Konstruktivismus in der Lage ist, sich wandelnde Bedrohungsperzeptionen, institutionalisierte Kooperationsdynamiken wie Sozialisations- und Präferenzangleichungsprozesse sowie die sozialen Identitäts- und Normeinflüsse, die diesen Faktoren zugrunde liegen, in eine prozesshafte und konfigurative Erklärung zu integrieren. Das weitere Bestehen und Funktionieren der Atlantischen Allianz nach dem Kalten Krieg kann aus konstruktivistischer Perspektive genauso erklärt werden wie die Solidaritätsprobleme im Irakkrieg oder in Afghanistan. Eine solche Sichtweise würde unterstreichen, dass die (in alliierter Wahrnehmung) erfolgreiche Transformation der Atlantischen Allianz, die Aufnahme neuer Mitglieder und die Entschlüsse zum gemeinsamen Handeln in Jugoslawien zu einem gestärkten Zusammengehörigkeitsgefühl (*we-feeling*) in den 1990er Jahren geführt haben (z. B. Alamir und Pradetto 1998), das aber auch durch Ereignisse wie den Irakkrieg und den Unilateralismus der Bush Jr.-Präsidentschaft nach 2002 in Mitleidenschaft gezogen wurde. Die multiplen Identitäten und Praktiken des Bündnisses halfen, über diese schwierigen Zeiten hinwegzukommen, weil gewissermaßen das eine *einsprang*, wenn das andere nicht funktionierte. Was also einerseits als komplexe und somit schwerfällige Institution erscheint, hat sich andererseits als flexibles und verlässliches institutionelles und in den transatlantischen Beziehungen verankertes soziales Arrangement erwiesen (Flockhart 2016, 150 ff.). Die NATO wurde also stets durch mehr zusammengehalten als eine russische Gefahr oder absolute Kooperationsgewinne. Allianzgeschehen ist in einen weiteren, sozialen und kulturellen/ identitären Kontext eingebunden. Hierin liegt der Beitrag des Konstruktivismus zum Verständnis der NATO.

6.4 Die (illiberale) Kontestation internationaler Politik

Liberales, das heißt auf Pluralität, Freiheitlichkeit, Demokratie und Kooperation ausgerichtetes Regieren steht im Moment vor zunehmenden Herausforderungen, sei es durch illiberale Entwicklungen auf globaler Ebene, die Gewissheiten der kooperativen Nachkriegspolitik seit 1945 z. B. in der EU oder den transatlantischen Beziehungen in Frage stellen, oder durch die neue Popularität illiberaler und oft populistischer Positionen und Parteien auf nationalstaatlicher Ebene, die das etablierte freiheitliche Wertefundament westlicher Gesellschaften wieder auf die Probe stellen.

Seit den 2000er Jahren und vor allem seit der im September 2008 ausgebrochenen Finanzkrise mit ihren anhaltenden Folgen (Staatsschuldenkrise, erhöhte Arbeitslosigkeit, sozioökonomische Strukturprobleme) leben wir in einer Zeit, in der Prozesse und Institutionen internationaler Politik und Entscheidungen der Regierenden darin zunehmend angezweifelt (*kontestiert)* werden. Ein erstes Zeichen dieser Kontestation und einer ggf. darauffolgenden, breiteren gesellschaftlichen *Politisierung* (Zürn 2014) des Internationalen waren die heftigen Proteste zum Gipfel der Welthandelsorganisation in Seattle im Jahr 1999, die eine starke Unzufriedenheit mit der aktuellen Form der Globalisierung zum Ausdruck brachten. Neben den bereits zuvor angesprochenen Zerwürfnissen um den US-amerikanischen Irakkrieg im Jahr 2003, die nicht nur innerhalb der NATO bestanden, sondern darüber hinaus die Frage nach der Rechtmäßigkeit und den Umständen des Einsatzes von Gewalt aufwarfen, zeigte sich eine weitere Form der Ablehnung internationaler Politik in den negativen Referenden zum EU-Verfassungsvertrag in Frankreich und den Niederlanden im Jahr 2005. Diese Referenden waren Weckrufe dafür, dass sich die Bevölkerungen in vielen Staaten im traditionell stark exekutiv dominierten Feld der Außenpolitik nicht immer mitgenommen und adäquat mit ihren Meinungen repräsentiert sahen. Die beiden Politikwissenschaftler*innen Liesbet Hooghe und Gary Marks sprechen mit Bezug auf den europäischen Integrationsprozess von einem Wandel einer Haltung des „permissiven Konsenses" zur europäischen Einheit hin zu einem „beschränkenden Dissens" (Hooghe und Marks 2009), der die politischen Handelnden zaghafter ob weiterer Integrationsschritte werden lässt (s. auch Kriesi et al. 2008; Kriesi et al. 2012). Wagner et al. (2018) und Ostermann et al. (2020) konnten zudem nachweisen, dass sich die Tendenz zur zunehmenden Kontestation von Außenpolitik auch im Bereich der parteipolitischen Positionierung zu Militärmissionen erkennen lässt und somit direkt für Politikfelder der NATO relevant ist. Einerseits ist es im Sinne des Repräsentationsprinzips normativ positiv zu sehen, wenn sich Außenpolitik stärker an der in der Bevölkerung vorherrschenden Meinung orientiert, da Partizipation am politischen Prozess ein zentrales Wesensmerkmal einer liberalen Demokratie ist (Doyle 1983a, 208f.; 1986, 80). Andererseits wird es durch die zunehmende Politisierung internationaler Politik und außenpolitischer Entscheidungen auf nationaler (z. B. durch Parteien, Interessenverbände) wie auch auf inter- oder transnationaler Ebene (z. B. NGOs) schwerer, diese eine Meinung überhaupt auszumachen, geschweige denn zu vertreten, da es durch die weitaus größere Zahl von Akteuren nicht einfach ist zu erkennen, welche Meinung vorherrscht.

Diese Kontestation und Politisierung des Internationalen sind häufig mit dem Aufkommen neuer Parteien bzw. beachtlicher Wahlerfolge etablierter Parteien, die ein populistisches Konzept der Politik verfolgen, verknüpft. Wenngleich der Begriff des Populismus umgangssprachlich positiv als *Volksnähe* von Politiker*innen besetzt sein kann, verstehen viele Politikwissenschaftler*innen unter populistischen Parteien solche Bewegungen, die

1. einen politischen Gegensatz zwischen dem *reinen Volk* und der *verdorbenen, korrumpierten Elite* proklamieren;
2. einen vermeintlich apolitischen Gemeinwillen (*volonté générale*) unzweifelhafter Wahrheiten konstruieren, den sie vertreten und der in der Politik missachtet werde, meist in Zusammenhang mit der Formulierung einfacher Lösungen (z. B. geschlossenen Grenzen, Handelsprotektionismus) gegenüber komplexen, globalen Problemen (Migration, handelspolitische Ungleichgewichte);
3. anti-pluralistische (links und rechts) und teils auch nativistisch-nationalistische Tendenzen (eher rechts) haben und behaupten, dass nur sie die *wahren Vertreter*innen* des Volkes seien (Mudde 2004, 544ff.; 2007, 18ff.; Müller 2016, 61f.; s. auch Chryssogelos 2021; Friedrichs 2019, 205).

Während sich diese so charakterisierbaren Bewegungen eher durch eine *dünne* politische Ideologie („thin-centered ideology“, Mudde 2004, 544) und Opportunismus auszeichnen, sind sie in der politischen Rechten häufig gegen kulturelle (Heterogenität, Multikulturalismus), politische (regionale, globale Integration) sowie wirtschaftliche Globalisierungsdrücke (globaler Kapitalismus und Arbeitsteilung), den damit einhergehenden kooperativen und ggf. souveränitätseinschränkenden Handlungslogiken internationaler Organisationen und von Global Governance im Allgemeinen eingestellt

(Zürn 2014, 64ff.; s. auch Kriesi et al. 2008; Hutter und Kriesi 2019). Die populistische Radikale Rechte beantwortet dies mit „exklusiver Identitätspolitik" (Müller 2016, 61; s. auch Chryssogelos 2011; Plagemann und Destradi 2019, 5; Vasilopoulou 2018; Verbeek und Zaslove 2017, 387ff.). Es gibt auch radikalen linken Populismus, jedoch ist dieser wegen seiner sozialistischen Ausrichtung ideologisch meist internationalisierter als sein rechter Gegenpart und stark anti-kapitalistisch motiviert (Buzan und Lawson 2015, Kap. 4; Laclau und Mouffe 1985; Steffek und Holthaus 2018; Taggart 1998, 380f.).

Wenngleich sich in der Außenpolitik weder eine komplett einheitliche Ideologie noch ein komplett einheitliches Handlungsmuster von populistischen Parteien feststellen lässt, können wir in diesen populistischen und auch radikal-rechten Wesensmerkmalen unschwer viele Politiken Trumps einordnen, sei es in seiner ablehnenden Haltung gegenüber Immigration, seinem handelsprotektionistischen Programm und Konflikten mit China und der EU, seiner Ablehnung von internationalen Institutionen wie der EU, den UN, der WTO oder der WHO – und eben der NATO (Simoni und Harnisch 2019, 80f.). Trumps politischer Stil, sein innenpolitisches Programm und sein permanentes Wahlkampfverhalten fallen eindeutig in die Definitionsmerkmale des Volk-Elite-Gegensatzes und des Suchens einfacher Lösungen (s. auch Mead 2017; Friedrichs 2019, 208ff.). Auch in anderen Staaten der NATO gibt es Parteien und Politiker*innen, die ähnliche innen- und außenpolitische Programme verfolgen, darunter die Alternative für Deutschland (Bieber et al. 2018; Plehwe 2016), der französische Rassemblement national (Ostermann und Stahl 2022; Stockemer 2019; Vasilopoulou 2018), die italienische Lega (Passarelli 2015; Verbeek und Zaslove 2015) oder die britische UK Independence Party (Rhodes und Hall 2020).[128] Von diesen rechtspopulistischen Parteien geht ein Großteil der aktuellen, teils virulenten Kontestation von Außenpolitik, internationalen Institutionen und Global Governance aus, während die radikal linke Kritik eher auf die Reform dieser Institutionen abzielt und aus einem pazifistischen Impetus heraus die NATO und das Militär ablehnt. Derart gestrickte Politiken und die Akteure, die sie vertreten, erschweren Zusammenarbeit in internationalen Institutionen (Hooghe et al. 2019), so auch in der NATO. Die Wahlen Trumps

128 Die Sammelbände von Book et al. (2020), Cadier et al. (2025), Giurlando und Wajner (2023), Schori Liang (2007), Stengel et al. (2019) oder Vasilopoulou (2018) genauso wie die Special Issues von Destradi et al. (2021) oder Löfflmann (2022) besprechen das Phänomen von Populismen in der Außenpolitik ausführlich und anhand verschiedener Staaten. Zu Populismus und Militär im Allgemeinen s. Scharpf (2020).

waren die deutlichsten Ausdrücke dieser Phänomene in der NATO (Kagan 2018; Hamilton 2017; Riddervold und Newsome 2018), aber sie sind im Jahr 2025 in Anbetracht der Kontestation und Politisierung der Unterstützung der Ukraine oder der verstärkten kollektiven Verteidigungsbemühungen gegen Russland bei Weitem nicht mehr die einzigen (Flockhart 2023, 184 ff.). Insofern steht die NATO trotz ihres liberalen Wertefundaments und ihres aktuellen politischen Handels gegenüber Russland im Moment dennoch vor einer illiberalen Herausforderung – von außen durch Russland oder China, genauso wie von innen. Letzteres wurde in den ersten Wochen der Trump II-Präsidentschaft mehr als deutlich. Vor mehr als 40 Jahren hat Michael Doyle (1983b, 323 ff.) trefflich gewarnt, dass der Niedergang der liberalen Ordnung letztlich eher von innen als von außen drohen könnte. Diese Einsicht sollte man trotz der zwischen 2022 und 2025 neu gewonnenen Einigkeit unter Alliierten ob des Kriegs in der Ukraine nicht aus den Augen verlieren.

6.5 Zusammenfassung: Konstruktivismus, Pluralismus und Liberalismus als Schlüssel für das Verständnis der Allianz

Konstruktivistische Argumentationen haben seit Beginn der 1990er Jahre unsere Perspektive auf internationale Politik und ihre vermeintlichen sicherheitspolitischen Zwänge geweitet, indem sie uns die Kontingenz und soziale Konstruktion politischer Realität vor Auge geführt haben. Konstruktivist*innen wollten so nicht die Existenz von internationalen Strukturen wie Anarchie, das Bedrohungspotential von Nuklearwaffen oder die Realität von Krieg anzweifeln, sondern deutlich machen, dass diese Phänomene internationaler Politik ein *kulturelles* Produkt menschlichen Handelns sind und daher durch Menschen *verändert* werden können (Booth 1997, 100). Auf diesem Verständnis aufbauend hat der Konstruktivismus bedeutende Beiträge produziert, die durch einen Fokus auf innenpolitische, soziale und vor allem nicht-materielle Faktoren wie Identitäten und Normen innovative Wege gegangen sind, um z. B. die erfolgreiche Transformation der NATO von einer primär mit kollektiver Verteidigung zu einer primär mit kollektiver Sicherheit befassten Organisation nach 1991 zu erklären. Genauso bietet er überzeugende Ansätze, sowohl um die russische Perspektive auf den Krieg in der Ukraine als auch die Vehemenz der westlich-liberal-demokoratischen Reaktion darauf zu analysieren. Das Konzept der Sicherheitsgemeinschaft – vor allem in seiner Neufassung der späten 1990er und 2000er Jahre mit seinem Fokus auf Praktiken (Adler 2008; Pouliot 2010) – hilft uns zudem zu verstehen, wie Vorgänge und Routinen täglicher Kooperation in einer tief institutionalisierten Allianz zur Entwicklung von kompatiblen Wertvorstellungen und Interessen einerseits und zu einer Kultur der Zurückhaltung und der Abschwörung vom Gebrauch von Gewalt untereinander andererseits führen konnten, die vor Trumps zweitem Amtseintritt die Idee von Krieg zwischen den Mitgliedern der transatlantischen Sicherheitsgemeinschaft so unwirklich wie die Landung von Marsmännchen machte.[129]

Der Konstruktivismus ergänzt somit einerseits die Systemtheorien wie den Neorealismus oder den Institutionalismus um ein Prozessmodell von Wandel und andererseits erweitert er, wie auch der Liberalismus, den Blick auf Prozesse innerhalb der Handlungseinheiten (z. B. Staat), in denen systemische Einflüsse interpretiert werden und erst danach das Handeln anleiten. Mit seiner größeren Offenheit gegenüber den Zielen (mehr als Sicherheit und Macht) und entsprechenden Handlungsmöglichkeiten (mehr als militärische Kapazitäten) der NATO und von internationaler Politik im Allgemeinen ist der Konstruktivismus also in der Lage, ein vollständigeres Bild der Motivation von Staatshandeln zu zeichnen und Wandel zu analysieren, als der Realismus oder Institutionalismus und auch der innenpolitisch-orientierte, rationalistische Liberalismus in der Lage sind. Dies erreicht der Konstruktivismus erstens durch die bottom up-Analyse von politischen Prozessen aus der staatlichen *black box* heraus (was auch der Liberalismus tut, der Neorealismus aber nicht); zweitens durch seinen Fokus auf die Interaktion zwischen Strukturen (z. B. Identität, Anarchie, Ideologie) und Akteuren, wodurch er vermag, Wandel auf vielfältigere Weise zu erklären (im Gegensatz zum Neorealismus und Institutionalismus); drittens durch sein erweitertes, sozial kontextualisiertes Verständnis von Rationalität (bounded rationality); und schließlich durch seine Aufmerksamkeit auf ideelle und materielle Erklärungsfaktoren für politisches Handeln, die das Spektrum von Erklärungsvariablen gegenüber den anderen Theorien erweitert. Es ist diese theoretische und methodologische Vielfalt, die den Konstruktivismus eine präzisere Antwort auf das Ende des Kalten Kriegs

129 In der Kürze dieses Einführungskapitels nicht adäquat abzubilden war der empirische Reichtum, der konstruktivistische Untersuchungen durch ihre intensive Befassung mit Akteuren und Dokumenten sowie durch ihre Prozessorientierung auszeichnet.

und andere Krisensituationen geben lässt, die etablierte Handlungsmuster für Staaten durchbrechen und sie zu einer Neudefinition ihrer politischen Ideen, Interessen und handlungsleitenden Entscheidungen bringt. Das ist auch für das Verständnis und die Analyse der NATO im Jahr 2022 wichtig.

Die Existenz einer materiellen russischen Gefahr für das alliierte Territorium hat das Bündnis 2022 nach Beginn der Invasion der gesamten Ukraine zweifelsohne wieder zusammengeführt. Warum diese Gefahr allerdings als so grundlegend angesehen wird, dass auch vorher eher russlandfreundliche und auf Ausgleich und Diplomatie bedachte Staaten wie die Bundesrepublik und, zu einem geringeren Teil, Frankreich fundamentale Politikwechsel vollzogen, können wir nur vor dem Hintergrund sozialer und ideeller Dynamiken verstehen. Der russische Angriff auf die Ukraine wird von den NATO-Staaten gleichzeitig als ein Angriff auf die regelbasierte Weltordnung verstanden, der sich die Länder der Atlantischen Allianz gerade als liberale Rechtsstaaten verpflichtet fühlen. Ein regelbasierter Umgang zwischen Staaten ist wie in Kap. 6.2 ausgeführt die Quintessenz sowohl der transatlantischen Sicherheitsgemeinschaft als auch der europäischen in der EU. Diese regelbasierte Auffassung von Politik und internationaler Kooperation liegt nicht zuletzt in der Natur politischer Auseinandersetzung in liberalen Demokratien selbst begründet, in der verbindliche Regeln, Normen und Gesetze Politik in einer pluralistischen Form der Auseinandersetzung und des Interessensausgleichs bestimmen. Gerade in Europa werden die regelbasierte Weltordnung mit ihren Fundamenten in der UN-Charta, inkl. ihres Gewaltverbots, genauso wie der vertraglich-regulative europäische Einigungsprozess seit 1952 neben anderen internationalen Vertragswerken als Kern der Friedensordnung seit dem Ende des Zweiten Weltkriegs gesehen, die gemeinsam eine Periode von bis ins 19. Jahrhundert und davor zurückreichenden Großmachtkonfrontationen beendeten und dem Kontinent, zumindest in seinen westlichen und südlichen Teilen, seit 1945 Frieden bescherten. Schaut man über die sicherheitspolitische Dimension hinaus, ist der Wohlstandsgewinn durch europäische Integration genauso wie durch die Liberalisierung des internationalen Handels ein weiterer, eng mit Vorstellungen von Recht und Ordnung, Verträgen und regulierenden internationalen Institutionen und Organisationen verbundener Aspekt regelbasierter Kooperation, die Unsicherheit reduziert und internationale Politik planbarer macht.

Diese Ordnung ist nach Auffassung der meisten NATO-Staaten also nicht nur regelbasiert, sondern eine liberale internationale Ordnung (LIO), die von „wirtschaftlicher Offenheit, Multilateralismus, Sicherheitskooperation und demokratischer Solidarität“ geprägt ist (Ikenberry 2018, 7). Dieses Verständnis von internationaler Politik, das der US-amerikanische Politikwissenschaftler Robert Kagan einmal als eine venusianische, von Liebe geprägte Sichtweise internationaler Politik kokettiert hat, der die marsianisch-kriegerische gegenübersteht, in der sich die USA als Großmacht aufhielten (Kagan 2002), wird durch die russische Aggression seit 2014, vor allem aber seit 2022 erheblich erschüttert. Die Vehemenz der Ablehnung der russischen Kriege kann vor diesem Weltbild als Interpretationsmatrix besser verstanden werden. Nach dieser Lesart handelt es sich beim Krieg in der Ukraine nicht einfach *nur* um einen Krieg (unter anderen) einer autokratischen Macht, sondern einen Angriff auf die europäische Friedensordnung seit 1945, ihrer liberalen Erweiterung seit 1989/91 sowie auf die Ordnungsstrukturen der Welt insgesamt. Vor diesem Hintergrund war die NATO nach Februar 2022 in der Lage, trotz einer Situation relativer ideeller Sklerose, die Emmanuel Macron einmal drastisch als „hirntot“ (Macron 2019) bezeichnet hatte, und trotz des zunehmenden innenpolitischen Illiberalismus in den meisten Staaten der Allianz wieder in einen kooperativen Aktivismus umzuschalten, der die russische Herausforderung liberalen Regierens in der Welt als so fundamental ansah, dass es sich lohnt, diese Prinzipien zu verteidigen/ ihre Verteidigungsidentität wieder aktiviert wurde – auf dem eigenen alliierten Territorium und ebenfalls in der Hilfe des Partners Ukraine. Hieran wird auch aktuell wieder deutlich, wie materielle und ideelle politische Faktoren in der NATO miteinander in Zusammenhang stehen – zum Besseren oder Schlechteren.

6.6 Diskussionsfragen und weiterführende Literatur

Diskussionsfragen:

- Wie erweiterte der Konstruktivismus in den 1990er Jahren Erklärungen internationaler Politik?
- Wie stellen sich Konstruktivist*innen zum Prinzip der Rationalität (von Einstellungen, Verhalten) und was ist eine logic of appropriateness? Wie hängen Ideen und Interessen zusammen?
- Wie denkt das Konzept von Sicherheitsgemeinschaften Zusammenarbeit in der NATO und im nordatlantischen Raum neu? Warum ist sie so beständig?

- Wie kann man Wandel in der NATO konstruktivistisch erklären?
- Denken Sie über eine konstruktivistische Erklärung dafür nach, warum die Allianz oft hinter ihren Zielen zurückblieb, aber trotzdem nicht auseinanderbrach.
- Was sind Kennzeichen von Populismus und wie erschwert Populismus internationale Kooperation?
- Warum sind Populismus und Liberalismus größtenteils inkompatibel?

Weiterführende Literatur:

Anderson, Jeffrey, G. John Ikenberry und Thomas Risse, Hrsg. (2008). *The End of the West? Crisis and Change in the Atlantic Order.* Ithaca (NY) and London: Cornell University Press.

Balzacq, Thierry, Hrsg. (2011). *Securitization Theory. How security problems emerge and dissolve.* London and New York: Routledge.

Berger, Peter L. und Thomas Luckmann (1966). *The Social Construction of Reality. A Treatise in The Sociology of Knowledge.* Garden City (NY): Doubleday & Company.

Bertucci, Mariano E., Jarrod Hayes und Patrick James, Hrsg. (2018). *Constructivism Reconsidered. Past, Present, and Future.* Ann Arbor (MI): University of Michigan Press.

Book, Carina, Nikolai Huke, Norma Tiedemann und Olaf Tietje, Hrsg., (2020). *Autoritärer Populismus.* Münster: Westfälisches Dampfboot.

Bunde, Tobias (2014). *Transatlantic Collective Identity in a Nutshell. Debating Security Policy at the Munich Security Conference (2002-2014).* Rome: Istituto Affari Internazionali. Heruntergeladen von Academia.edu (letzter Zugriff 16 June 2020).

Destradi, Sandra, David Cadier und Johannes Plagemann (2021). „Populism and foreign policy: a research agenda (Introduction)." *Comparative European Politics* 19 (6): 663-682.

Duffield, John S. (1998). *World Power Forsaken: Political Culture, International Institutions, and German Security Policy After Unification.* Stanford (CA): Stanford University Press.

Giurlando, Philip, and Daniel F. Wajner (Hrsg., 2023). *Populist Foreign Policy. Regional Perspectives of Populism in the International Scene.* Cham: Palgrave Macmillan.

Guzzini, Stefano (2000). „A Reconstruction of Constructivism in International Relations." *European Journal of International Relations* 6 (2): 147-182.

– , Hrsg. (2012). *The Return of Geopolitics in Europe? Social Mechanisms and Foreign Policy Identity Crises.* Cambridge (UK), New York et al.: Cambridge University Press.

Hansen, Lene (2006). *Security as Practice. Discourse Analysis and the Bosnian War.* London and New York: Routledge.

Hopf, Ted (1998). „The Promise of Constructivism in International Relations Theory." *International Security* 23 (1): 171-200.

– (2002). *Social Construction of International Politics: Identities & Foreign Policies. Moscow, 1955 and 1999.* Ithaca (NY): Cornell University Press.

Katzenstein, Peter J., Hrsg. (1996). *The Culture of National Security. Norms and Identity in World Politics.* New York: Columbia University Press.

Lebow, Richard Ned und Thomas Risse-Kappen, Hrsg. (1995). *International Relations Theory and the End of the Cold War.* New York: Columbia University Press.

Lieber, Robert J. (2016). *Retreat and Its Consequences. American Foreign Policy and the Problem of World Order.* New York: Cambridge University Press.

Onuf, Nicholas Greenwood (2013 [1989]). *World of our making: rules and rule in social theory and international relations.* Columbia: University of South Carolina Press.

Posen, Barry R. (2014). *Restraint. A New Foundation for U.S. Grand Strategy.* Ithaca (NY) and London: Cornell University Press.

Weldes, Jutta (1996). „Constructing National Interest." *European Journal of International Relations* 2 (3): 275-318.

Wendt, Alexander E. (1987). „The Agent-Structure Problem in International Relations Theory." *International Organization* 41 (3): 335-370.

– (1992). „Anarchy is what States Make of it: The Social Construction of Power Politics." *International Organization* 46 (2): 391-425.

– (1999). *Social Theory of International Politics.* Cambridge (UK) et al.: Cambridge University Press.

Wiener, Antje und Uwe Puetter (2009). „The Quality of Norms is What Actors Make of it. Critical Constructivist Research on Norms." *Journal of International Law and International Relations* 5 (1): 1-16.

Zehfuss, Maja (2001). „Constructivism and Identity: A Dangerous Liaison." *European Journal of International Relations* 7 (3): 315-348.

7 Schlusswort

In ihrer 75-jährigen Geschichte ist die NATO eine tief institutionalisierte und ausdifferenzierte Sicherheits- und Verteidigungsinstitution geworden, die Aufgaben von Katastrophenhilfe, Krisenmanagement, Sicherheitskooperation, Wiederaufbau, Kriegsführung und Territorialverteidigung übernommen hat. Nach dem Ende der 20-jährigen Afghanistanmission und dem Beginn des russischen Krieges gegen die gesamte Ukraine im Februar 2022 ist letztere Funktion im Moment wieder zentral geworden. Zusätzlich ist die NATO in eine umfassendere transatlantische Sicherheitsgemeinschaft integriert, die über sie selbst hinausgeht. Ein Unterfangen, diese Vielzahl an Handlungs-, Institutionen- und Beziehungsfeldern mit nur einer Theorie erklären zu wollen, ist zum Scheitern verurteilt – unabhängig davon, wie stark die Rolle eines Hegemonen USA aus neorealistischer Perspektive für das Bündnisgeschehen ist; wie sehr Bürokratien den institutionellen Selbsterhalt anstreben und sich ausdehnen; oder wie wichtig eine breitere soziale Sichtweise auf Kooperation, Identität und Zusammenhalt sein mag. Die NATO hat in all diesen Feldern seit 1949 innere und äußere Krisen immer wieder gemeistert, seien es der Aufbau von Politikkoordination in den 1950er und 1960er Jahren, das Ende des Kalten Kriegs mit dem folgenden fundamentalen Transformationsprozess oder die operativen Schwierigkeiten, die eine ganz eigene Kategorie von Herausforderung darstellen. Es gab dabei immer wieder Misserfolge, aber auch den Willen, sich in der Allianz/Sicherheitsinstitution und der weiteren Sicherheitsgemeinschaft wieder *zusammenzuraufen* und (trotzdem) gemeinsam zu handeln (Thies 2009, 296) – wie zuletzt seit 2022. James Sperling und Mark Webber (2009, 491) haben dieses politische Geschehen in der Atlantischen Allianz nicht zu Unrecht als „Crisis as normality“ betitelt. Dies macht deutlich, dass das transatlantische Bündnis sowohl ein politisches als auch militärisches als auch ein ideell-kulturelles Bündnis ist, in dem Konflikt sozusagen konstitutiv eingebaut ist (s. auch Flanagan 2024).

Trotzdem steht die NATO in der dritten Dekade des 21. Jahrhunderts vor einigen grundlegenden Herausforderungen bzgl. der Beziehungen zwischen den Mitgliedstaaten und ihrer militärischen Kapazitäten, insbesondere durch die im Zuge des Krieges in der Ukraine erfolgte Wiederbetonung des kollektiven Verteidigungsauftrags genauso wie ihres liberalen Wertefundaments, das die Reaktion auf den Krieg mit erklärt. Diese Herausforderungen bestehen teils seit längerer Zeit, aber sie sind mit der neuen Bedrohungslage in NATO-Osteuropa und der Ukraine sowie Russlands stetiger Einmischung in innere Angelegenheiten der Mitgliedstaaten akuter geworden. Die erneute Organisation von Sicherheit gegen Russland ist ein Paradigmenwechsel – allerdings eher für die Bundesrepublik Deutschland und die Westeuropäer*innen, weniger für den Osten des Bündnisgebiets und die US-Amerikaner*innen. Die warnenden Worte der östlichen Bündnisstaaten nicht früher deutlich ernster genommen und die engen Beziehungen zu Moskau lange – vor allem im Wirtschaftsbereich – beibehalten zu haben, ist ein Versagen deutscher (und anderer Staaten) Außenpolitik und Diplomatie, das auch gesellschaftlich aufgearbeitet werden muss.

Bisher waren die Bündnismitglieder in der Lage, diese Konflikte durch diplomatische Kontakte und innerhalb der tief integrierten NATO-Strukturen zu bearbeiten und meist zu Lösungsansätzen zu kommen, z. B. beim neuen Arrangement zu den direkten NATO-Ausgaben, das die USA entlastet und alle anderen Mitglieder (außer Frankreich) stärker belastet, und nicht zuletzt trotz der o. g. ungleichen Gefahreneinschätzung auch 2022 nach der zweiten russischen Invasion der Ukraine. Die Fähigkeit der NATO, sich Herausforderungen und neuen Problemen zu stellen und sich daran anzupassen, beruht nicht zuletzt auf den zwei Säulen der routinierten und institutionalisierten Kooperationspraxen einerseits (Adler 2008; Pouliot 2016, Kap. 4) und den vielfältigen persönlichen, sozialen, kulturellen, politischen und wirtschaftlichen Verbindungen andererseits, die innerhalb der Allianz als Teil der transatlantischen Sicherheitsgemeinschaft existieren. Diese beiden eng verwobenen ideellen und materiellen Praxen und Beziehungen sorgen sowohl für Erwartungsstabilität zwischen den Partnern als auch Widerstandsfähigkeit bei Krisen und stabilisieren sich gegenseitig (Ostermann 2023; Pouliot 2006).

Gleichzeitig ist die Allianz seit 1949 aber auch deutlich heterogener geworden, sodass Problemlösungen tendenziell schwieriger werden – zumal, wenn in Anbetracht eines aggressiven, derzeit revisionistisch auftretenden Russlands Dringlichkeit und Handlungsfähigkeit geboten sind. Soziokulturell führte zudem die Anzweiflung der liberalen Weltordnung und Beziehungsstrukturen durch nationalistische, teils isolationistische (jacksonianische) US-Politiker*innen seit der ersten Trump-Administration einerseits sowie durch rechtspopulistische Akteure und Parteien in Europa andererseits zu einer Abschwächung des transatlantischen Wertekonsenses (Flanagan 2024, 353; Flockhart 2023, 184ff.; Koschut 2020, 311). Vizepräsident Vances Rede auf der Münchner Sicherheitskonferenz 2025 sprach davon Bände. Hierüber kann auch die zwischen 2021 und 2025 wiedergewonnene Einigkeit und Handlungsfähigkeit seit 2022 nicht gänzlich hinwegtäuschen, die seit der erneuten Amtsübernahme Trumps im Januar 2025 nun erneut infrage stehen. Für die konsensualen und auf Ausgleich ausgelegten Kooperationspraktiken in der Allianz ist das eine schwierige Situation, während sie gleichzeitig komplexe neue Verteidigungsplanungsprozesse umsetzen müssen. Zwar sind die sozialen Beziehungen zwischen beiden Seiten des Atlantiks noch intakt – gerade während der Amtszeit Joe Bidens – und es überwiegen positive Einstellungen gegenüber der jeweils anderen Seite, aber aufgrund der Schwierigkeiten unter Trump I bekam in Europa die Idee Zulauf, sich aufgrund skeptischerer Einstellungen zu militärischem Handeln out of area und gegenüber den USA sicherheitspolitisch eigenständiger aufzustellen (Stelzenmueller und Raisher 2014). Solche Fragen und Prozesse haben mit der ersten Amtsübernahme Trumps an Fahrt aufgenommen (z. B. Macron 2017-09-26; Howorth 2018; Bentinck 2017; Larik 2017) – und stellen sich nun zu Beginn von Trump II erneut.[130] Der Aufbau einer eigenständigen europäischen Verteidigung ist in Anbetracht des Krieges in der Ukraine, den Europa kaum ohne seinen militärisch stärksten amerikanischen Verbündeten bewältigen kann, und der Wahl des gemeinhin als *letzten Transatlantiker* bezeichneten Bidens zwar zeitweilig wieder in den Hintergrund getreten. Diskussionen um eine europäische Präferenz bei Waffenkäufen mit EU-Geld für die Ukraine oder die monatelange Blockade eines neuen US-amerikanischen Unterstützungspakets wegen innenpolitischer Polarisierung demonstrieren aber, dass transatlantische Lösungen für aktuelle verteidigungspolitische Probleme kein Selbstläufer sind bzw. sie durch Innenpolitik in Geiselhaft genommen werden können. Wenngleich unter Biden das ideelle Auseinanderdriften der Partner abgenommen hat, nimmt es während Trumps zweiter Präsidentschaft, in der er aufgrund der innenpolitischen Verhältnisse weniger beschränkt agieren kann als noch zwischen 2017 und 2021 und noch dazu ein deutlich radikaleres bis extremistisches Programm verfolgt, wieder zu. Ebenso bleiben unterschiedliche langfristige sicherheits- und verteidigungspolitischen Interessen der

130 Selbst die für ihre Zurückhaltung bekannte Angela Merkel hat 2017 formulierte einst, dass „Die Zeiten, in denen wir uns auf andere völlig verlassen konnten, […] ein Stück weit vorbei“ seien (zitiert nach Sauerbrey 2017).

Staaten (z. B. bzgl. Chinas) bestehen und die materiellen Unterschiede in den Verteidigungsbemühungen bedürfen nach wie vor einer Bearbeitung.

Aufgrund nicht nur auf die NATO beschränkter Probleme von Politik und Diplomatie in internationalen Organisationen argumentieren daher Realist*innen und andere Wissenschaftler*innen, dass die kollektiv-soziale Perspektive auf internationale Kooperation des Liberalismus und Konstruktivismus wieder stärker durch eine rationalistische, machtbezogene Perspektive auf die Möglichkeiten und Grenzen von Zusammenarbeit ergänzt werden sollte (grundlegend Wivel und Paul 2019; zur NATO Rynning 2015; zur GSVP Menon 2011; früher bereits Mearsheimer 1994, 15, 29f.). In der aktuellen Situation der russischen Aggression in Osteuropa und anderswo (inkl. des Cyber- und Weltraums) sind sicherlich alle diese Perspektiven erkennbar – die rational-realistische, wenn es um Machtbalance (offensiver Realismus) und Gefahrenabwehr (defensiver Realismus) geht; die rational-kooperative, wenn Staaten die NATO zur Lösung ihrer Sicherheitsprobleme nutzen; die ideell-konstruktivistische, wenn wir erklären müssen, warum liberale Werte für das Allianzhandeln Vieler wieder so zentral geworden sind; genauso wie die rational-liberale Perspektive, die wir benötigen, um politische Prozesse in den Mitgliedstaaten der Allianz zu verstehen und wie sie Politiken in die NATO einbringen/ beeinflussen. Dieses Buch hat versucht, diese verschiedenen Perspektiven anzubieten, um Leser*innen in die Lage zu versetzen, eine diversifizierte Sicht auf die Atlantische Allianz zu entwickeln

Die NATO hat heute zweifelsohne Schwierigkeiten materieller, ideeller und institutioneller Natur bei der Bewältigung ihrer Aufgaben und muss sich in Anbetracht ihres militärischen Charakters immer auch hinterfragen, inwieweit sie zu Sicherheitsproblemen selbst beiträgt (Müller 2008). Aufgrund der Vielzahl der Kooperationsformen und Institutionen ist ein unmittelbares Auseinanderbrechen der NATO zwar nicht zu befürchten, zumal heute ein breites Spektrum an inoffiziellen Institutionen und Bürokratien existiert, die ausgleichend wirken (Mayer 2019, 63ff.). Nicht zuletzt der Ukrainekrieg hat uns demonstriert, dass die NATO immer noch eine zentrale Säule der Außen-, Sicherheits- und Verteidigungspolitiken ihrer Mitgliedstaaten ist, dass sie die USA und Kanada in Europa einbindet – was als Schlüssel für Frieden und Sicherheit in Europa während des Kalten Kriegs angesehen werden kann (Lieber 2016, Kap. 6) – und Kooperation in ihr im nationalen Interesse jeder einzelnen Nation lag und immer noch liegt. Aufgrund der innenpolitischen Auseinandersetzungen und Situationen in vielen Mitgliedstaaten der Allianz sind diese Interessen und ihre ideellen Grundlagen aber instabiler geworden (Ostermann 2023, 407 ff.). Das wirkt sich langfristig auf Politik aus. Simon Koschut (2020, 317) ist daher zuzustimmen, wenn er sagt, dass es *eine* NATO in der Zukunft immer noch geben wird – aber dass wir gleichzeitig nicht sicher sein können, *welche genau* das sein wird. Wandel und Streit darüber sind konstitutive Elemente unserer eigenen demokratischen Ordnung, genauso wie der transatlantischen. Einigen wir uns auf eine Sache: Hören wir nicht auf, darüber zu reden. Heute mehr, denn je!

Bibliografie

NB: Weiterführende Literatur zu den einzelnen Abschnitten ist hier nicht verzeichnet, sondern findet sich am Ende der betreffenden Kapitel.

Letzter Zugriff auf Online-Quellen am 12.07.2024.

9/11 Memorial & Museum (o. J.). *Primary Sources.* National September 11 Memorial & Museum. https://www.911memorial.org/learn/resources.

Acharya, Amitav (2001). *Constructing a Security Community in Southeast Asia. ASEAN and the problem of regional order.* London and New York: Routledge.

Adam, Rudolf Georg (2007). „Die NATO als globaler Stabilitätsexporteur." In *Die Transformation der NATO. Die Zukunft der euro-atlantischen Sicherheitskooperation,* hrsg. v. Henning Riecke. Baden-Baden: Nomos, 77-92.

Adler, Emanuel (2005). *Communitarian International Relations: The Epistemic Foundations of International Relations.* London: Taylor and Francis.

— (2008). „The Spread of Security Communities: Communities of Practice, Self-Restraint, and NATO's Post-Cold War Transformation." *European Journal of International Relations* 14 (2): 195-230.

— (2013). „Constructivism in International Relations: Sources, Contributions, and Debates." In *Handbook of International Relations,* hrsg. v. Walter Carlsnaes, Thomas Risse und Beth A. Simmons. London *et al.*: Sage, 112-145.

Adler, Emanuel und Michael Barnett, Hrsg. (1998). *Security Communities.* Cambridge (UK) et al.: Cambridge University Press.

Adomeit, Hannes (2017). „Auf dem Tiefpunkt. USA-Russland unter Trump und Putin." *Osteuropa* 67 (5): 115-133.

Aghayev, Nasimi (2007). *Humanitäre Intervention und Völkerrecht: der NATO-Einsatz im Kosovo,* Bd. 26. Berlin: Köster.

Ahmad, Muhammad Idrees (2014). *The road to Iraq: the making of a neoconservative war.* Edinburgh: Edinburg University Press.

Alamir, Fouzieh Melanie und August Pradetto (1998). „Identitätssuche als Movens der Sicherheitspolitik: Die NATO-Osterweiterungsdebatte im Lichte der Herausbildung neuer Identitäten im postkommunistischen Ostmitteleuropa und in der Allianz." *Osteuropa* 48 (2): 134-147.

Alaranta, Toni (2024). *NATO's Nordic Enlargement and Turkey's Reservations. Trilateral Memorandum of Understanding in the Context of Turkey's Wider Strategic Interests.* FIIA Briefing Paper 349, 22. September. Helsinki: Finnish Institute of

International Affairs. https://www.fiia.fi/en/publication/natos-nordic-enlargement-and-turkeys-reservations.

Alessandri, Emiliano (2008). „World Order Re-founded: The Idea of a Concert of Democracies." *The International Spectator* 43 (1): 73-90.

Alexander, Michael und Timothy Garden (2001). „*The Arithmetic of Defence Policy.*" *International Affairs* 77 (3): 509-529.

Allin, Dana H. (2002). *NATO's Balkan Interventions.* Lonon and New York: Routledge.

Allinson, Tom (2019). *70 Jahre nach Ende der Berlin-Blockade: Vom Feind zum Lebensretter.* Deutsche Welle, zuletzt aktualisiert am 11.05.19. https://p.dw.com/p/3ILQp.

Appathurai, James (2014). „The Future of NATO's Partnerships" In *Cooperative Security: NATO's Partnership Policy in a Changing World*, hrsg. v. Trine Flockhart. Copenhagen: Danisch Institute for International Studies, 35-46. https://pure.diis.dk/ws/files/58169/WP2014_01_NATO_tfl_web.pdf.

Armstrong, Kathryn (2024). *Ukraine war: Zelensky says 31,000 troops killed since Russia's full-scale invasion.* BBC, zuletzt aktualisiert am 25. Februar. https://bbc.com/news/world-europe-68397525.

Arndt, Anna Clara und Liviu Horovitz (2022). *Nuclear rhetoric and escalation management in Russia's war against Ukraine: A Chronology.* SWP Working Paper 03, September 2022. Berlin: Stiftung Wissenschaft und Politik. https://www.swp-berlin.org/10.18449/2022WP08/.

Arnsdorf, Isaac, Josh Dawsey und Daniel Lippman (2016). *Will 'drain the swamp' be Trump's first broken promise?* Politico, zuletzt aktualisiert am 22.12.16. www.politico.com/story/2016/12/trump-drain-swamp-promise-232938.

Asmus, Ronald D. (2002). *Opening NATO's Door. How the Alliance Remade Itself for a New Era.* New York: Columbia University Press.

Atlantic Council (2018). *Trump Confirms He Threatened to Withdraw from NATO.* 20 September. www.atlanticcouncil.org/blogs/natosource/trump-confirms-he-threatened-to-withdraw-from-nato.

Auffermann, Burkhard (1997). „Kollektive Sicherheit". In *Lexikon der Internationalen Politik*, hrsg. v. Ulrich Albrecht und Helmut Volger. München und Wien: Oldenbourg.

Axelrod, Robert (1984). *The Evolution of Cooperation.* New York: Basic Books.

Aybet, Gülnur (2010). „The NATO Strategic Concept Revisited: Grand Strategy and Emerging Issues." In *NATO in Search of a Vision*, hrsg. v. Gülnur Aybet und Rebecca R. Moore. Washington D.C.: Georgetown University Press, 35-50.

Bailey, Sydney D. (1978). „The UN Security Council: Evolving Practice." *The World Today* 34 (3): 100-106.

Balladur, Édouard (2008). „Pour une Union occidentale entre l'Europe et les États-Unis." *Revue internationale et stratégique* 72 (4, Hiver): 191-198.

Baldor, Lolita C (2021). *Biden halts Trump-ordered US troops cuts in Germany.* AP News, zuletzt aktualisiert am 5. Februar. https://apnews.com/article/joe-biden-donald-trump-military-facilities-europe-lloyd-austin-ff57f288a1bb3e5a38e3253ea0b94d80?utm_source=copy&utm_medium=share.

Balzacq, Thierry, Hrsg. (2011). *Securitization Theory. How security problems emerge and dissolve.* London and New York: Routledge.

Baranovska, Marine (2022). *Wie real ist Putins Atomdrohung?* Deutsche Welle, zuletzt aktualisiert am 12. Oktober. https://p.dw.com/p/4I1mH.

Barkawi, Tarak und Mark Laffey (2006). „The Post-Colonial Moment in Security Studies." *Review of International Studies* 32 (2): 329-352.

Barnes, Julian E. und Helene Cooper (2019). „Trump Discussed Pulling U.S. From NATO, Aides Say Amid New Concerns Over Russia." *The New York Times*, 15.01.19, 8.

Barnett, Michael (1995). „Partners in peace? The UN, regional organizations, and peace-keeping." *Review of International Studies* 21 (4): 411-433.

Barnett, Michael und Martha Finnemore (2004). *Rules for the World. International Organizations in Global Politics.* Ithaca (NY) and London: Cornell University Press.

Baumann, Rainer, Volker Rittberger und Wolfgang Wagner (2001). „Neorealist foreign policy theory." In *German foreign policy since unification*, hrsg. v. Volker Rittberger. Manchester and New York: Manchester University Press, 37-67.

BBC (2021). *Afghanistan: US-Taliban deal hastened Afghan collapse, defence officials say.* BBC News, zuletzt aktualisiert am 29. September. https://bbc.com/news/world-us-canada-58738953.

— (2024). *Ukraine in maps: Tracking the war with Russia.* BBS News, zuletzt aktualisiert am 17. Mai. https://bbc.com/news/world-europe-60506682.

Beestermöller, Gerhard, Hrsg. (2014). *Libyen: Missbrauch der Responsibility to Protect?* Baden-Baden: Nomos.

Behnke, Andreas (2000). „Re-cognising Europe: NATO and the Problem of Security Identities." In *Security and Identity in Europe : Exploring the New Agenda*, hrsg. v. Lisbeth Aggestam und Adrian Hyde-Price. London and New York: Macmillan Press & St. Martin's Press.

Bentinck, Marc (2017). *Breathing New Life Into European Defense.* Carnegie Europe, zuletzt aktualisiert am 29.06.17. https://carnegieendowment.org/europe/strategic-europe/2017/06/breathing-new-life-into-european-defense?lang=en.

Béraud-Sudreau, Lucie und Alice Pannier (2020). „An ‚improbable Paris-Berlin-commission triangle': usages of Europe and the revival of EU defense cooperation after 2016." *Journal of European Integration*: 1-16.

Berdal, Mats (2024). „NATO Air Power and the End of Bosnia's Civil War." In *Routledge Handbook of NATO*, hrsg. v. John Andreas Olsen. London and New York: Routledge, 147-158.

Berenskoetter, Felix (2011). „Gefährliche Freundschaft: Der deutsche Einsatz in Afghanistan im transatlantischen Verhältnis." In *Zehn Jahre Deutschland in Afghanistan*, hrsg. v. Klaus Brummer und Stefan Fröhlich. Wiesbaden: VS Verlag für Sozialwissenschaften, 271-298.

Berger, Peter L. und Thomas Luckmann (1966). *The Social Construction of Reality. A Treatise in The Sociology of Knowledge.* Garden City (NY): Doubleday & Company.

Berti, Benedetta (2013). „Forcible intervention in Libya: revamping the 'politics of human protection'?" *Global Change, Peace & Security* 26 (1): 21-39.

Bertram, Ingrid (1997). „Frankreichs Reaktionen auf den Zusammenbruch des Warschauer Paktes und der Sowjetunion." In *Die verhinderte Großmacht. Frankreichs Sicherheitspolitik nach dem Ende des Ost-West-Konflikts*, hrsg. v. Hans W. Maull, Michael Meimeth und Christoph Neßhöver. Opladen: Leske + Budrich, 54-67.

Biden, Joseph R., Jr. (2020). "Why America Must Lead Again. Rescuing U.S. Foreign Policy After Trump." *Foreign Affairs* 99 (2): 64-76.

— (2021). *Remarks by President Biden on the Drawdown of U.S. Forces in Afghanistan.* 8. Juli. Washington D.C.: The White House. https://www.whitehouse.gov/briefing-room/speeches-remarks/2021/07/08/remarks-by-president-biden-on-the-drawdown-of-u-s-forces-in-afghanistan/.

Bieber, Ina, Sigrid Roßteutscher und Philipp Scherer (2018). „Die Metamorphosen der AfD-Wählerschaft: Von einer euroskeptischen Protestpartei zu einer (r)echten Alternative?" *Politische Vierteljahresschrift* 59 (3): 433-461.

Biermann, Rafael (2014a). „Legitimitätsprobleme humanitärer Intervention: Kontinuitätslinien zwischen Kosovo und Libyen." *Zeitschrift für Friedens- und Konfliktforschung* 3 (1): 6-42.

— (2014b). „NATO's Troubled Relations with Partner Organizations: A Resource-Dependence Explanation." In NATO'S *Post-Cold War Politics. The Changing Provision of Security*, hrsg. v. Sebastian Mayer. Houndmills and New York: Palgrave Macmillan, 215-233.

Bilgin, Pinar (2013). „Critical Theory." In *Security Studies. An Introduction*, hrsg. v. Paul D. Williams. London and New York: Routledge, 90-106.

Bird, Tim (2013). „‚Perennial Dilemmas': NATO's Post-9/11 Afghanistan ‚Crisis'." In *NATO beyond 9/11. The Transformation of the Atlantic Alliance*, hrsg. v. Ellen

Hallams, Luca Ratti und Benjamin Zyla. Houndmills and New York: Palgrave Macmillan, 118-139.

Bitzinger, Richard A. (1989). *Assessing the Conventional Balance in Europe, 1945-1975.* Santa Monica (CA): RAND.

BMVG (2019). *JSEC in Ulm: Voll im Plan.* Bundesministerium der Verteidigung, zuletzt aktualisiert am 24.05.19. www.bmvg.de/de/aktuelles/jsec-in-ulm-voll-im-plan-49696.

BMVG (2024). *NATO Force Model: Wie Deutschland sich ab 2025 in der Allianz engagiert.* Aktuelles. Bundesministerium für Verteidigung, zuletzt aktualisiert am 9. Juli. https://www.bmvg.de/de/aktuelles/nato-force-model-wie-deutschland-sich-ab-2025-engagiert-5465714.

Bockenförde, Stephan (2013). „Gründzüge der Sicherheitspolitik der Bundesrepublik Deutschland." In *Deutsche Verteidigungspolitik*, hrsg. v. Ina Wiesner. Baden-Baden: Nomos, 25-54.

Boese, Wade (2002). „U.S. Withdraws From ABM Treaty; Global Response Muted." *Arms Control Today* 32 (Juli/August).

Böge, Friederike (2022). „Xi spricht sich gegen Einsatz von Atomwaffen aus." *Frankfurter Allgemeine Zeitung*, zuletzt aktualisiert am 4. November. https://www.faz.net/aktuell/politik/ausland/xi-jinping-spricht-sich-gegen-einsatz-von-atomwaffen-aus-18436556.html.

Böhnke, Jan R., Jan Koehler und Christoph Zürcher (2015). *Assessing the Impact of Development Cooperation in North East Afghanistan. 2007-2013. Final Report.* Bonn und Berlin: BMZ. https://www.sfb-governance.de/en/publikationen/other-Working-Paper/C9_Boehnke_Koehler_Zuercher_Assessing-the-Impact-of-Development-Cooperation-in-North-East-Afghanistan-2007_2013/index.html.

Boniface, Pascal (1997). „The NATO Debate in France." Konferenz *NATO Enlargement: The National Debates over Ratification*, Washington D.C., 07.10.97.

Book, Carina, Nikolai Huke, Norma Tiedemann und Olaf Tietje, Hrsg. (2020). *Autoritärer Populismus.* Münster: Westfälisches Dampfboot.

Booth, Ken (1997). „Security and Self: Reflections of a Fallen Realist." In *Critical Security Studies. Concepts and Cases*, hrsg. v. Keith Krause und Michael C. Williams. London: UCL Press, 83-119.

Booth, Ken und Nicholas J. Wheeler (2008). *The Security Dilemma. Fear, Cooperation and Trust in World Politics.* Houndmills and New York: Palgrave Macmillan.

Bozo, Frédéric (2014). „Explaining France's NATO ‚normalisation' under Nicolas Sarkozy (2007–2012)." *Journal of Transatlantic Studies* 12 (4): 379-391.

bpb (2012). *Das Massaker von Srebrenica.* Bundeszentrale für politische Bildung, zuletzt aktualisiert am 11.07.12. www.bpb.de/politik/hintergrund-aktuell/140276 /das-massaker-von-srebrenica-11-07-2012.

— (2014). *60 Jahre Pariser Verträge.* Bundeszentrale für politische Bildung, zuletzt aktualisiert am 20.10.14. www.bpb.de/politik/hintergrund-aktuell/193382/pariser -vertraege-20-10-2014.

— (2015). *Eine Welt ohne Atomwaffen.* Bundeszentrale für politische Bildung, zuletzt aktualisiert am 04.03.15. www.bpb.de/politik/hintergrund-aktuell/202278/atomw affensperrvertrag.

— (2016). *Vor 25 Jahren: Ende des Warschauer Paktes.* Bundeszentrale für politische Bildung, zuletzt aktualisiert am 30.03.16. www.bpb.de/politik/hintergrund-aktue ll/223801/1991-ende-warschauer-pakt.

— (2018). *Vor 35 Jahren: Bundestag bestätigt Entscheidung zum NATO-Doppelbeschluss.* Bundeszentrale für politische Bildung, zuletzt aktualisiert am 21.11.18. www.bpb.de/politik/hintergrund-aktuell/280816/nato-doppelbeschluss.

— (2020). *45 Jahre Schlussakte von Helsinki.* Bundeszentrale für politische Bildung, zuletzt aktualisiert am 29.07.20. www.bpb.de/politik/hintergrund-aktuell/210407 /ksze-schlussakte.

— (2021). *Nach 20 Jahren: NATO-Truppenabzug aus Afghanistan.* kurz&knapp, zuletzt aktualisiert am 7. Juni. Bonn: Bundeszentrale für politische Bildung. https://w ww.bpb.de/kurz-knapp/hintergrund-aktuell/334345/nach-20-jahren-nato-truppe nabzug-aus-afghanistan/.

— (2024). *Vor fünf Jahren: Russlands Annexion der Krim.* Bundeszentrale für politische Bildung, zuletzt aktualisiert am 15.03.24. www.bpb.de/politik/hintergrund-aktue ll/287565/krim-annexion.

Breitmeier, Helmut, Oran R. Young, Michael Zürn, Les Gasser und Nazli Choucri (2006). *Analyzing International Environmental Regimes: From Case Study to Database.* Cambridge (MA): MIT Press.

Brenner, Stefan Maximilian (2017). *Die NATO im griechisch-türkischen Konflikt 1954 bis 1989.* Berlin und Boston: de Gruyter.

Breslauer, George W. und Richard Ned Lebow (2008). „Leadership and the Ende of the Cold War: Did It Have to End This Way?“ In *Forbidden Fruit. Counterfactuals and International Relations*, hrsg. v. Richard Ned Lebow. Princeton (NJ) and Woodstock, 103-133.

Brockmeier, Sarah (2013). „Germany and the Intervention in Libya.“ *Survival* 55 (6): 63-90.

Brodie, Bernard (1959). *Strategy in the Missile Age.* Princeton (NJ): Princeton University Press.

Broer, Michael (1997). „Die Entwicklung der Politik der NATO zur Osterweiterung." In *Ostmitteleuropa, Rußland und die Osterweiterung der NATO: Perzeptionen und Strategien im Spannungsfeld nationaler und europäischer Sicherheit*, hrsg. v. August Pradetto. Opladen: Westdeutscher Verlag, 289-329.

Bronk, Justin (2023). *Europe Must Urgently Prepare to Deter Russia Without Large-Scale US Support.* RUSI, Commentary, zuletzt aktualisiert am 7. Dezember. https://rusi.org/explore-our-research/publications/commentary/europe-must-urgently-prepare-deter-russia-without-large-scale-us-support?mc_cid=78afbc49e1&mc_eid=f207619d65.

Brooks, Linton F. (2020). „The End of Arms Control?" *Daedalus* 149 (2): 84-100.

Brössler und Kolb (2021). „Geordneter Abzug." *Süddeustche Zeitung*, zuletzt aktualisiert am 14. April. https://www.sueddeutsche.de/politik/afghanistan-abzug-usa-nato-bundeswehr-1.5264991.

Brown, Davis (2003). „Use of Force against Terrorism after September 11th: State Responsibility, Self-Defense and Other Responses." *Cardozo Journal of International & Comparative Law* 11 (1): 1-53.

Brummer, Klaus und Kai Oppermann (2014). *Außenpolitikanalyse.* 2. aktual. u. erw. Ausg. München: Oldenbourg.

Bucher, Jessica, Lena Engel, Stephanie Harfensteller und Hylke Dijkstra (2013). „Domestic politics, news media and humanitarian intervention: why France and Germany diverged over Libya." *European Security* 22 (4): 524-539.

Budjeryn, Mariana und Andreas Umland (2022). "Schadensbegrenzung. Der Bruch des Budapester Memorandums und nukleare Nichtverbreitung." In *Lehren aus dem Ukrainekonflikt. Krisen vorbeugen, Gewalt verhindern*, hrsg. v. Andreas Heinemann-Grüder, Claudia Crawford und Tim B. Peters. Opladen et al.: Barbara Budrich, 165-178.

Bueger, Christian (2018). „Territory, authority, expertise: Global governance and the counter-piracy assemblage." *European Journal of International Relations* 24 (3): 614-637.

Bunde, Tobias (2014). *Transatlantic Collective Identity in a Nutshell. Debating Security Policy at the Munich Security Conference (2002-2014).* Rome: Istituto Affari Internazionali. www.iai.it/sites/default/files/tw_wp_45.pdf.

— (2019). „Die Entwertung der NATO. Warum die „illiberale Internationale" das Nordatlantische Bündnis gefährdet." Sicherheit und Frieden S+F 37 (1): 19-23.

— (2023). „Social constructivism." In *Research Handbook on NATO*, hrsg. v. Sebastian Mayer. Cheltenham und Northampton (MA): Edward Elgar, 68-83.

Bunde, Tobias und Timo Noetzel (2010). „Unavoidable Tensions: The Liberal Path to Global NATO." *Contemporary Security Policy* 31 (2): 295-318.

Bundesamt für Verfassungsschutz (o. J.). *Cyberabwehr: Akteure und Angriffsmethoden.* Bonn: Bundesamt für den Verfassungsschutz. https://www.verfassungsschutz.de/DE/themen/cyberabwehr/akteure-und-angriffsmethoden/akteure-und-angriffsmethoden_node.html.

Bundesregierung (1988). *Force Comparison 1987 NATO and the Warsaw Pact.* Bonn: Presse- und Informationsamt der Bundesregierung. https://archives.nato.int/force-comparison-1987-nato-and-warsaw-pact.

Bundestag (2024a). *Enquete-Kommission „Lehren aus Afghanistan für das künftige vernetzte Engagement Deutschlands".* Berlin: Deutscher Bundestag. https://www.bundestag.de/ausschuesse/weitere_gremien/enquete_afghanistan.

— (2024b). *Zwischenbericht der Enquete-Kommission Afghanistan.* Kurzmeldungen (hib), zuletzt aktualisiert am 21. Februar. Berlin: Deutscher Bundestag. https://www.bundestag.de/presse/hib/kurzmeldungen-990728.

Bundeswehr (2022). *35 Mal neues Generation: Die Luftwaffe fliegt bald den F-35 Kampfjet.* Aktuelles Luftwaffe, zuletzt aktualisiert am 14. Dezember. https://www.bundeswehr.de/de/organisation/luftwaffe/aktuelles/f-35-fuer-deutschland-5539830.

— (2024). *Personalzahlen der Bundeswehr.* Bundeswehr, zuletzt aktualisiert im April. www.bundeswehr.de/de/ueber-die-bundeswehr/zahlen-daten-fakten/personalzahlen-bundeswehr.

— (o. J.-a). *Afghanistan – ISAF (International Security Assistance Force).* www.bundeswehr.de/de/einsaetze-bundeswehr/abgeschlossene-einsaetze-der-bundeswehr/afghanistan-isaf.

— (o. J.-b). *Bosnien-Herzegowina – EUFOR (European Union Force).* Bundeswehr. www.bundeswehr.de/de/einsaetze-bundeswehr/abgeschlossene-einsaetze-der-bundeswehr/bosnien-herzegowina-eufor.

— (o. J.-c). *Die Bundeswehr im Kosovo – KFOR.* Bundeswehr. www.bundeswehr.de/de/einsaetze-bundeswehr/die-bundeswehr-im-kosovo.

— (o. J.-d). *Afghanistan – Resolute Support.* Bundeswehr. https://www.bundeswehr.de/de/einsaetze-bundeswehr/abgeschlossene-einsaetze-der-bundeswehr/afghanistan-resolute-support.

— (o. J.-e). *Die Bundeswehr in Jordanien, über Syrien und im Irak.* Bundeswehr. https://www.bundeswehr.de/de/einsaetze-bundeswehr/die-bundeswehr-in-jordanien-und-im-irak.

— (o. J.-f). *Kampf gegen den internationalen Terrorismus – OEF.* Bundeswehr. www.bundeswehr.de/de/einsaetze-bundeswehr/abgeschlossene-einsaetze-der-bundeswehr/kampf-gegen-den-internationalen-terrorismus.

– (o. J.-g). *Bundeswehr in Litauen: in grossen Schritten zur deutschen Kampfbrigade.* Bundeswehr. https://www.bundeswehr.de/de/aktuelles/meldungen/bundeswehr-litauen-grosse-schritte-deutsche-kampfbrigade.

– (o. J.-h). *Evakuierung aus Afghanistan 2021.* Bundeswehr. https://www.bundeswehr.de/de/aktuelles/meldungen/evakuierung-afghanistan.

Burai, Erna (2016). „Parody as Norm Contestation: Russian Normative Justifications in Georgia and Ukraine and Their Implications for Global Norms." *Global Society* 30 (1): 67-77.

Burton, Joe (2023). „Cyber security." In *Research Handbook on NATO,* hrsg. v. Sebastian Mayer. Cheltenham und Northampton (MA): Edward Elgar, 267-279.

Bush, George W. (2001). *Address to a Joint Session of Congress and the American People.* The White House (President George W. Bush), zuletzt aktualisiert am 20.09.20. https://georgewbush-whitehouse.archives.gov/news/releases/2001/09/20010920-8.html.

Buzan, Barry, Hrsg. (1998). *Security: a new framework for analysis.* Boulder (CO) and London: Lynne Rienner.

Buzan, Barry und Ana Gonzalez-Pelaez (2005). „‚International Community' after Iraq." *International Affairs* 81 (1): 31-52.

Buzan, Barry und George Lawson (2015). *The Global Transformation: History, Modernity and the Making of International Relations.* Cambridge (UK): Cambridge University Press.

Cadier, David, Angelos Chryssogelos und Sandra Destradi (2025, Hrsg.). *Routledge Handbook of Populism and Foreign Policy.* London and New York: Routledge.

Canby, Steven L. (1972). „NATO Muscle: More Shadow Than Substance." *Foreign Policy* (8): 38-49.

Carr, Edward H. (1939). *The Twenty Years' Crisis.* London: Macmillan & Co.

Cerny, Philip G. (1980). *The politics of grandeur: ideological aspects of de Gaulle's foreign policy.* Cambridge (UK) and New York: Cambridge University Press.

Chivvis, Christopher S. (2008). „The Making of Macedonia." *Survival* 50 (2): 141-162.

– (2014). *Toppling Qaddafi. Libya and the Limits of Liberal Intervention.* New York: Cambridge University Press.

Chollet, Derek und Ben Fishman (2015). „Who Lost Libya? Obama's Intervention in Retrospect." *Foreign Affairs* 94 (3): 154-159.

Choria, Ethan (2013). „NATO's Libya Intervention and the Continued Case for a Responsibility to Rebuild Symposium." *Boston University International Law Journal* 31 (2): 365-386.

Christiansson, Magnus (2013). „Pooling, Sharing and Specializing – NATO and International Defence Cooperation." In *NATO beyond 9/11. The Tranformation of the Atlantic Alliance*, hrsg. v. Ellen Hallams, Luca Ratti und Benjamin Zyla. Houndmills and New York: Palgrave Macmillan, 178-197.

— (2014). „The ‚Partnerfication‘ of NATO: From Wall-building to Bridges-building?" In *Cooperative Security: NATO's Partnership Policy in a Changing World*, hrsg. v. Trine Flockhart. Copenhagen: Danish Institute for International Studies, 60-72. https://pure.diis.dk/ws/files/58169/WP2014_01_NATO_tfl_web.pdf.

Chryssogelos, Angelos S. (2011). *Old ghosts in new sheets: European populist parties and foreign policy*. Brüssel: Centre for European Studies. https://www.martenscentre.eu/publication/old-ghosts-in-new-sheets-european-populist-parties-and-foreign-policy/.

— (2021). *Is there a populist foreign policy?* London: Chatham House – The Royal Institute of International Affairs. https://www.chathamhouse.org/sites/default/files/2021-03/2021-03-26-populist-foreign-policy-chryssogelos_0.pdf.

Cizel, Annick und Stéfanie von Hlatky (2014). „From exceptional to special? A reassessment of France–NATO relations since reintegration." *Journal of Transatlantic Studies* 12 (4): 353-366.

Clarke, Michael (2000). „French and British Security: Mirror Images in a Globalized World." *International Affairs* 76 (4): 725-739.

— (2009). „The Global NATO Debate." *Politique étrangère* 74 (5, Hors série): 57-67.

Clinton, Hillary (2011). „America's Pacific Century." *Foreign Policy*.

CNN (2023a). *US War in Afghanistan Fast Facts.* CNN, zuletzt aktualisiert am 02.10.23. https://edition.cnn.com/2013/10/28/world/operation-enduring-freedom-fast-facts/index.html.

— (2023b). *USS Cole Bombing Fast Facts.* CNN, zuletzt aktualisiert am 05.10.23. https://edition.cnn.com/2013/09/18/world/meast/uss-cole-bombing-fast-facts/index.html.

— (2023c). *1998 US Embassies in Africa Bombings Fast Facts.* CNN, zuletzt aktualisiert am 12.10.23. https://edition.cnn.com/2013/10/06/world/africa/africa-embassy-bombings-fast-facts/index.html.

Cohen, Eliot A. (2019). „America's Long Goodbye. The Real Crisis of the Trump Era." *Foreign Affairs* 98 (1): 138-146.

— (2023). *Western Aid to Ukraine Is Still Not Enough.* The Atlantic, zuletzt aktrualisiert am 17. Januar. https://www.theatlantic.com/ideas/archive/2023/01/western-military-aid-ukraine-russia/672737/?utm_source=copy-link&utm_medium=social&utm_campaign=share.

Coletta, Damon (2023). „Deterrence." In *Research Handbook on NATO*, hrsg. v. Sebastian Mayer. Cheltenham und Northampton (MA): Edward Elgar, 222-236.

Collins, Brian (2002). „Operation Enduring Freedom and the Future of NATO." *Georgetown Journal of International Affairs* 3 (2): 51-56.
Colombo, Silvia (2024). „NATO and the Southern Flank." In *Routledge Handbook of NATO*, hrsg. v. John Andreas Olsen. London and New York: Routledge, 302-313.
Combs, Jerald A. (2012). *The History of American Foreign Policy from 1895.* 4. Ausg. Armonk (NY) and London: M.E. Sharpe.
Cooper, Helene (2021). „Biden Freezes Trump's Withdrawal of 12,000 Troops From Germany." *The New York Times*, zuletzt aktualisiert am 13. April. https://www.nytimes.com/2021/02/04/us/politics/biden-germany-troops-trump.html?smid=url-share.
Cottey, Andrew, Hrsg. (2018). *The European Neutrals and NATO.* Houndmills: Palgrave Macmillan.
Cox, Michael (2005a). „Beyond the West: Terrors in Transatlantia." *European Journal of International Relations* 11 (2): 203-233.
— (2005b). „Empire by Denial: The Strange Case of the United States." *International Affairs* 81 (1): 15-30.
Craig, Campbell (2020). „Can the Danger of Nuclear War Be Eliminated by Disarmament?" In *Non-Nuclear Peace. Beyond the Nuclear Ban Treaty*, hrsg. v. Tom Sauer, Jorg Kustermans und Barbara Segaert. Cham: Palgrave Macmillan, 167-180.
CRS (2007). *U.S. and Coalition Military Operations in Afghanistan: Issues for Congress.* Washington D.C.: Congressional Research Service. https://crsreports.congress.gov/product/pdf/RL/RL33503.
CSIA European Security Working Group (1978). „Instability and Change on NATO's Southern Flank." *International Security* 3 (3): 150-177.
Cumming, Gordon D. (2013). „Nicolas Sarkozy's Africa policy: Change, continuity or confusion." *French Politics* 11 (1): 24-47.
Czempiel, Ernst-Otto und Rudolf Witzel (1998). „Grundzüge der amerikanischen Außenpolitik nach 1945." In *Regierungssystem der USA. Lehr- und Handbuch*, hrsg. v. Wolfgang Jäger und Wolfgang Welz. München und Wien: R. Oldenbourg, 358-407.
Daalder, Ivo und James Goldgeier (2006). „Global NATO." *Foreign Affairs* 85 (5): 105-113.
Daalder, Ivo und Michael E. O'Hanlon (2000). *Winning Ugly. NATO's War to Save Kosovo.* Washington D.C.: Brookings Institution.
Daase, Christopher (2009). „Der erweiterte Sicherheitsbegriff." In *Internationale Politik als Überlebensstrategie*, hrsg. v. Mir A. Ferdowsi. München: Bayerische Landeszentrale für politische Bildungsarbeit, 137-153.

– (2013). „Die Legalisierung der Legitimität – Zur Kritik der Schutzverantwortung als emerging norm." *Die Friedens-Warte* 88 (1/2): 41-62.

Daase, Christopher und Stefan Kroll, Hrsg. (2019). *Angriff auf die liberale Weltordnung. Die amerikanische Außen- und Sicherheitspolitik unter Donald Trump.* Wiesbaden: Springer.

Daley, Suzanne (2001). „For First Time, NATO Invokes Joint Defense Pact With U.S." *The New York Times.* 13. September.

Davenport, Kelsey (2023). *Worldwide Ballistic Missile Inventories.* Arms Control Association, zuletzt aktualisiert am 24.08.23. www.armscontrol.org/factsheets/missiles.

Davidson, Jason W. (2013). „France, Britain and the intervention in Libya: an integrated analysis." *Cambridge Review of International Affairs* 26 (2): 310-329.

de Dardel, Jean-Jacques (2009). *Whither the Euro-Atlantic Partnership? Partnership and NATO's New Strategic Concept.* Geneva: Geneva Centre for Security Policy. www.files.ethz.ch/isn/110752/geneva_paper_10.pdf.

de Nevers, Renée (2007). „NATO's International Security Role in the Terrorist Era." *International Security* 31 (4): 34-66.

Dean, Jonathan (2000). „OSCE and NATO: Complementary or Competitive Security Providers for Europe?" In *OSCE Yearbook 1999*, hrsg. v. IFSH. Baden-Baden: Nomos, 429-434.

Deitelhoff, Nicole und Lisbeth Zimmermann (2020). „Things We Lost in the Fire: How Different Types of Contestation Affect the Robustness of International Norms." *International Studies Review* 22 (1): 51-76.

Dembinski, Matthias (2005). „Die Beziehungen zwischen NATO und EU von ‚Berlin' zu ‚Berlin plus'." In *Die Beziehungen zwischen NATO und EU. Partnerschaft, Konkurrenz, Rivalität?*, hrsg. v. Johannes Varwick. Opladen: Barbara Budrich, 61-80.

– (2013). „Warschauer Pakt". In *Das Europalexikon. Begriffe, Namen, Institutionen*, hrsg. v. Martin Große Hüttmann und Hans-Georg Wehling. Bonn: Bundeszentrale für politische Bildung.

Dembinski, Matthias und Andreas Hasenclever, Hrsg. (2010). *Die internationale Organisation des Demokratischen Friedens. Studien zur Leistungsfähigkeit regionaler Sicherheitsinstitutionen.* Vol. 9, Studien der Hessischen Stiftung Friedens- und Konfliktforschung. Baden-Baden: Nomos.

Dembinski, Matthias und Caroline Fehl, Hrsg. (2021). *Three Visions for NATO. Mapping National Debates on the Future of the Atlantic Alliance.* Studie, Juni 2021. Berlin, Bonn: Friedrich-Ebert-Stiftung.

Deni, John R. (2017). „Force Posture After NATO's Return to Europe: Too Little, Too Late." In *NATO's Return to Europe. Engaging Ukraine, Russia, and Beyond*, hrsg. v. Rebecca R. Moore und Damon Coletta. Washington D.C.: Georgetown University Press, 19-43.

— (2021). *Coalition of the unWilling and unAble. European Realignment and the Future of American Geopolitics.* Ann Arbor (MI): Michigan University Press.

— (2023). „Collective defence." In *Research Handbook on NATO*, hrsg. v. Sebastian Mayer. Cheltenham und Northampton (MA): Edward Elgar, 208-221.

— (2024). *NATO's in denial about deterrence by denial.* Politico, zuletzt aktualisiert am 8. Juli. https://www.politico.eu/article/nato-us-army-chinese-government-defense-war-europe-allies-cold-war-russia-poland/.

Department of Defense (2002). *International Contributions to the War Against Terrorism.* Department of Defense Office of Public Affairs, zuletzt aktualisiert am 22.05.02. Washington D.C.: Department of Defense.

— (2024). 2-Year Anniversary of Ukraine Defense Contact Group Comes With Billions in New Aid. DOD News, zuletzt aktualisiert am 26. April. Washington D.C.: United States Government. https://www.defense.gov/News/News-Stories/Article/Article/3758274/2-year-anniversary-of-ukraine-defense-contact-group-comes-with-billions-in-new/.

Department of the Treasury (o. J.). *Russia-Related Sanctions.* Office of Foreign Assets Control. Washington D.C.: United States Government. https://ofac.treasury.gov/sanctions-programs-and-country-information/russia-related-sanctions.

Der Spiegel (1999). *Auszüge aus der Fischer Rede*, zuletzt aktualisiert am 13.05.99. www.spiegel.de/politik/deutschland/wortlaut-auszuege-aus-der-fischer-rede-a-22143.html.

— (2006). *Wie verliefen die letzten Minuten an Bord von United Airlines 93?*, zuletzt aktualisiert am 07.09.06. www.spiegel.de/panorama/zeitgeschichte/wie-verliefen-die-letzten-minuten-an-bord-von-united-airlines-93-a-435694.html.

— (2019). *Trump zeigt Verständnis für Erdogans Rüstungsdeal mit Russland*, zuletzt aktualisiert am 17.07.19. www.spiegel.de/politik/ausland/tuerkei-kauft-s-400-aus-russland-donald-trump-hat-verstaendnis-a-1277645.html.

Destradi, Sandra, David Cadier und Johannes Plagemann (2021). „Populism and foreign policy: a research agenda (Introduction)." *Comparative European Politics* 19 (6): 663-682.

Deudney, Daniel (2018). „The Great Debate: The Nuclear-Political Question and World Order." In *The Oxford Handbook of International Security*, hrsg. v. Alexandra Gheciu und William C. Wohlforth. Oxford: Oxford University Press, 334-349.

Deutsch, Karl W. (1970 [1954]). *Political Community at the International Level. Problems of Definition and Measurement*: Archon Books.

Deutsch, Karl W., Sidney A. Burrell, Robert A. Kann, Maurice Jr. Lee, Martin Lichterman, Raymond E. Lindgren, Francis L. Loewenheim und Richard W. van Wagenen, Hrsg. (1968 [1957]). *Political Community and the North Atlantic Area. International Organization in the Light of Historical Experience.* Princeton (NJ): Princeton University Press.

Deutsche Welle (2020a). *Afghanistan: 100,000 civilian casualties over last decade — UN.* Deutsche Welle, zuletzt aktualisiert am 22.02.20. https://p.dw.com/p/3YBRv.

— (2020b). *Regierung in Kabul lässt weitere Taliban frei*, Deutsche Welle, zuletzt aktualisiert am 12.04.20. https://p.dw.com/p/3anMh.

— (2020c). *Massive Kritik nach Truppenabzugsbefehl.* Deutsche Welle, zuletzt aktualisiert am 07.06.20. https://p.dw.com/p/3dOG6.

Deutschlandfunk (2019). *„Zwei-Prozent-Ziel": großes Wort, wenig Wirkung.* Deutschlandradio, zuletzt aktualisiert am 22.07.19. www.deutschlandfunk.de/finanzierung-der-nato-zwei-prozent-ziel-grosses-wort-wenig.2852.de.html?dram:article_id=454454.

— (2024). *Kreml rückt vom Begriff „militärische Spezialoperation" ab und spricht jetzt von „Kriegszustand".* Deutschlandfunk, zuletzt aktualisiert am 22. März. https://www.deutschlandfunk.de/kreml-rueckt-vom-begriff-militaerische-spezialoperation-ab-und-spricht-jetzt-von-kriegszustand-100.html.

Đidić, Ajdin und Hasan Kösebalaban (2019). „Turkey's Rapprochement with Russia: Assertive Bandwagoning." *The International Spectator* 54 (3): 123-138.

Diedrichs, Udo (2012). *Die Gemeinsame Sicherheits- und Verteidigungspolitik der EU.* Wien: facultas.wuv.

Doyle, Michael W. (1983a). „Kant, Liberal Legacies, and Foreign Affairs." *Philosophy & Public Affairs* 12 (3): 205-235.

— (1983b). „Kant, Liberal Legacies, and Foreign Affairs, Part 2." *Philosophy & Public Affairs* 12 (4): 323-353.

— (1986). „Liberalism and World Politics." *American Political Science Review* 80 (4): 1151-1169.

— (2016). „Liberalism and foreign policy." In *Foreign Policy Analysis. Theories, Actors, Cases*, hrsg. v. Steve Smith, Amelia Hadfield und Tim Dunne. Oxford and New York: Oxford University Press, 54-78.

Duffield, John S. (1998). *World Power Forsaken: Political Culture, International Institutions, and German Security Policy After Unification.* Stanford (CA): Stanford University Press.

— (1999). „Political Culture and State Behavior: Why Germany Confounds Neorealism.“ *International Organization* 53 (04): 765-803.

Duke, Simon (2005). *The Elusive Quest for European Security. From EDC to CFSP.* Houndmills and New York: Palgrave Macmillan.

Dumoulin, André (2004). „L'initiative des Quatre et la défense européenne.“ *Annuaire français de relations internationales* 5: 564-585.

— (2007). „Les relations OTAN-UE (1989-91 à 2005): rivalité, complémentarité compétitive ou harmonisation réelle.“ In *Quel avenir pour l'Otan?*, hrsg. v. Pierre Pascallon. Paris: Harmattan, 95-109.

Dunne, Tim (2004). „‚When the shooting starts‘: Atlanticism in British security strategy.“ *International Affairs* 80 (5): 893-909.

Duxbury, Charlie (2022). „In Sweden and Finland, even the skeptics are coming round to NATO bids.“ *Politico*, 8. April. https://www.politico.eu/article/sweden-finland-skeptics-support-nato-bids/.

EEAS (2018). *The Military Planning and Conduct Capability* (MPCC). EEAS, zuletzt aktualisiert im November. https://eeas.europa.eu/sites/eeas/files/mpcc_factsheet_november_2018.pdf.

— (o. J.-a). *About EUPOL.* European External Action Service. http://eeas.europa.eu/archives/csdp/missions-and-operations/eupol-afg/node/2/index.html.

— (o. J.-b). *EU Military Assistance Mission in support of Ukraine.* EEAS. https://www.eeas.europa.eu/eumam-ukraine_en?s=410260.

Ehrhart, Hans-Georg (2011). „Zivil-militärisches Zusammenwirken und vernetzte Sicherheit als Herausforderung deutscher Sicherheitspolitik: Der Fall Afghanistan.“ In *Zehn Jahre Deutschland in Afghanistan*, hrsg. v. Klaus Brummer und Stefan Fröhlich. Wiesbaden: VS Verlag für Sozialwissenschaften, 65-85.

Ellehuus, Rachel und Pierre Morcos (2021). *NATO Should Finally Take Its Values Seriously.* War on the Rocks, Commentary, zuletzt aktualisiert am 9. Juni. https://warontherocks.com/2021/06/nato-should-take-its-values-seriously/.

Elman, Colin (1996). „Horses for courses: Why not neorealist theories of foreign policy?“ *Security Studies* 6 (1): 7 – 53.

— (2008). „Realism.“ In *Security Studies. An Introduction*, hrsg. v. Paul D. Williams. London and New York: Routledge, 15-28.

Emmott, Robin (2018). *NATO cyber command to be fully operational in 2023.* Reuters, zuletzt aktualisiert am 16.10.18. www.reuters.com/article/us-nato-cyber/nato-cyber-command-to-be-fully-operational-in-2023-idUSKCN1MQ1Z9.

Encycloplaedia Britannica (2024). *Intermediate-Range Nuclear Forces Treaty.* Encyclopaedia Britannica, zuletzt aktualisiert am 28.06.24. www.britannica.com/event/Intermediate-Range-Nuclear-Forces-Treaty.

Erickson, Jennifer L. (2018). „Arms Control." In *The Oxford Handbook of International Security*, hrsg. v. Alexandra Gheciu und William C. Wohlforth. Oxford: Oxford University Press, 399-414.

Etzioni, Amitai (2011). „Mission Creep and Its Discontents. The Afghanistan Conflict." *Middle East Quarterly* 18 (2): 3-15.

EUCOM (2017). *2018 European Deterrence Initiative (EDI) Fact Sheet.* Stuttgart: U.S. European Command Public Affairs Office.

European Commission (2023). *The EU's response to the war in Ukraine.* Standard Eurobarometer 99, Spring 2023, zuletzt aktualisiert im am 19. April. Brüssel: Europäische Kommission. https://europa.eu/eurobarometer/api/deliverable/download/file?deliverableId=88083.

European Strategy Group (1988). *The Gorbachev Challenge and European security. A Report from the European Strategy Group.* Baden-Baden: Nomos.

Evans, Gareth (2009). „The Responsibility to Protect. From an Idea to an International Norm." In *Responsibility to Protect. The Global Moral Compact for the 21st Century*, hrsg. v. Richard H. Cooper und Juliette Voïnov Kohler. New York: Palgrave Macmillan, 15-29.

Ewers-Peters, Nele-Marianne (2021). „NATO's Place in the European Security Architecture: Cooperation with the European Union and Organization for Security and Cooperation in Europe." In *NATO 2030. Towards a New Strategic Concept and Beyond*, hrsg. v. Jason Blessing, Katherine Kjellström Elgin, Nele Marianne Ewers-Peters und Rakel Riderman. Washington D.C.: Foreign Policy Institute/Henry A. Kissinger Center for Global Affairs, Johns Hopkins University, 67-86.

— (2024). „NATO and the European Union." In *Routledge Handbook of NATO*, hrsg. v. John Andreas Olsen. London and New York: Routledge, 314-325.

Fabbrini, Sergio (2014). „The European Union and the Libyan crisis." *International Politics* 51 (2): 177-195.

FAZ (2014). *Gorbatschow: Nato-Erweiterung war 1990 kein Thema.* Frankfurter Allgemeine Zeitung, zuletzt aktualisiert am 08.11.14. www.faz.net/-gpf-7w4kb.

Fehl, Caroline (2021). „The United States Debates the Future of NATO." In *Three Visions for NATO. Mapping National Debates on the Future of the Atlantic Alliance*, hrsg. v. Matthias Dembinski und Caroline Fehl. Studie, Juni 2021. Berlin, Bonn: Friedrich-Ebert-Stiftung, 16-28.

Feickert, Andrew, Kathleen J. McInnes und Derek E. Mix (2020). *U.S. Military Presence in Poland.* Washington D.C.: Congressional Reserch Service. https://crsreports.congress.gov/product/pdf/IF/IF11280.

Feng, Liu und Zhang Ruizhuang (2006). „The Typologies of Realism." *The Chinese Journal of International Politics* 1 (1): 109-134.

Fierke, Karin M. (2002). „Links Across the Abyss: Language and Logic in International Relations." *International Studies Quarterly* 46 (3): 331-354.

Finnemore, Martha (1996). „Constructing Norms of Humanitarian Intervention." In *The Culture of National Security. Norms and Identity in World Politics*, hrsg. v. Peter J. Katzenstein. New York: Columbia University Press, 153-185.

Finnemore, Martha und Kathryn Sikkink (1998). „International Norm Dynamics and Political Change." *International Organization* 52 (04): 887-917.

Fisher, Aleksandr (2021). „Trickle Down Soft Power: Do Russia's Ties to European Parties Influence Public Opinion?" *Foreign Policy Analysis* 17 (1). https://doi.org/10.1093/fpa/oraa013.

Flanagan, Stephen J. (2024). „Sustaining NATO's Political Cohesion." In *Routledge Handbook of NATO*, hrsg. v. John Andreas Olsen. London and New York: Routledge, 343-357.

Fleischer, Paweł (2015). „NATO Defence Planning Process. Implications for Defence Posture." *Securitologia* 21 (1): 103-114.

Flockhart, Trine (2004). „‚Masters and Novices': Socialization and Social Learning through the NATO Parliamentary Assembly." *International Relations* 18 (3): 361-380.

— (2011). *After the Strategic Concept. Towards a NATO Version 3.0.* Copenhagen: Danish Institute for International Studies. www.diis.dk/files/media/publications/import/extra/rp2011-06-nato-after-strategic-concept_web.pdf.

— (2014). „Introduction. Changing Partnerships in a Changing World" In *Cooperative Security: NATO's Partnership Policy in a Changing World*, hrsg. v. Trine Flockhart. Copenhagen: Danish Institute for International Studies, 17-34. https://pure.diis.dk/ws/files/58169/WP2014_01_NATO_tfl_web.pdf.

— (2016). „Understanding NATO through constructivism theorizing." In *Theorising NATO. New perspectives on the Atlantic alliance*, hrsg. v. Mark Webber und Adrian Hyde-Price. London and New York: Routledge, 140-160.

— (2021). „Democratic Backsliding and Contested Values Within the Alliance." In *NATO 2030. Towards a New Strategic Concept and Beyond*, hrsg. v. Jason Blessing, Katherine Kjellström Elgin, Nele Marianne Ewers-Peters und Rakel Riderman. Washington D.C.: Foreign Policy Institute/ Henry A. Kissinger Center for Global Affairs, Johns Hopkins University, 177-194.

Forsberg, Robin, Aku-M. Kähkönen und Janna Öberg (2022). *Implications of a Finnish and Swedish NATO Membership for Security in the Baltic Sea Region.* Washington D.C.: Wilson Center, 29 June. https://www.wilsoncenter.org/article/implications-finnish-and-swedish-nato-membership-security-baltic-sea-region?mc_cid=eeafb416d9&mc_eid=f207619d65.

Fortmann, Michel, David Haglund und Stéfanie von Hlatky (2010). „INTRODUCTION: France's ‚return' to NATO: implications for transatlantic relations." *European Security* 19 (1): 1-10.
Freeman, Lawrence D. (2023). *Strategic Arms Reduction Talks.* Encyclopaedia Britannica, zuletzt aktualisiert am 20.03.23. https://www.britannica.com/event/Strategic-Arms-Reduction-Talks.
Freuding, Christian (2009). „Die Operationen Enduring Freedom (OEF) und Active Endeavour (OAE) – Deutschlands militärischer Beitrag zum Kampf gegen den internationalen Terrorismus." In *Armee im Einsatz: Grundlagen, Strategien und Ergebnisse einer Beteiligung der Bundeswehr,* hrsg. v. Hans J. Gießmann und Armin Wagner. Baden-Baden: Nomos, 340-352.
Friedrich, Roland (2005). *Die deutsche Außenpolitik im Kosovo-Konflikt.* Wiesbaden: VS Verlag für Sozialwissenschaften.
Friedrichs, Gordon (2019). „A new grand bargain? Trumpian populusm and shifts in the liberal economic order." In *The politics of resilience and transatlantic order: enduring crisis?,* hrsg. v. Gordon Friedrichs, Sebastian Harnisch und Cameron G. Thies. London and New York: Routledge, 203-220.
Fröhlich, Manuel (2011a). „Der Fall Libyen und die Norm der Schutzverantwortung." *Zeitschrift für Politikwissenschaft* 21 (1): 135-151.
Fröhlich, Stefan (2011b). „Deutschlands Rolle in der EU und NATO beim Konfliktmanagement in Afghanistan." In *Zehn Jahre Deutschland in Afghanistan,* hrsg. v. Klaus Brummer und Stefan Fröhlich. Wiesbaden: VS Verlag für Sozialwissenschaftem, 31-43.
Frühling, Stephan und Svenja Sinjen (2010). *Missile Defense: Challenges and Opportunities for NATO.* Rome: NATO Defence College. www.files.ethz.ch/isn/120605/rp_60.pdf.
Fryc, Mariusz (2016). „From Wales to Warsaw and Beyond: NATO's Strategic Adaptation to the Russian Resurgence on Europe's Eastern Flank." *Connections: The Quarterly Journal* 15 (4): 45-65.
Fuhrmann, Matthew und Yonatan Lupu (2016). „Do Arms Control Treaties Work? Assessing the Effectiveness of the Nuclear Nonproliferation Treaty." *International Studies Quarterly* 60 (3): 530-539.
Fukuyama, Francis (1989). „The End of History?" *The National Interest* (16): 3-18.
— (1992). *The End of History and the Last Man.* New York: Free Press.
Galtung, Johan (1969). „Violence, Peace, and Peace Research." *Journal of Peace Research* 6 (3): 167-191.
Gareis, Sven Bernhard (2011). „Internationale Friedenssicherung." *Informationen zur politischen Bildung* (310).

Gates, Robert M. (2011). *Farewell speech on NATO.* Washington, D.C.: Department of Defense.
Gaub, Florence (2011). *Building a new military? The NATO Training Mission-Iraq.* Rome: NATO Defence College. www.ndc.nato.int/news/news.php?icode=267.
– (2024). „NATO and Libya: Operation Unified Protector, 2011." In *Routledge Handbook of NATO,* hrsg. v. John Andreas Olsen. London and New York: Routledge, 197-208.
Gebhard, Carmen und Simon J Smith (2014). „The two faces of EU–NATO cooperation: Counter-piracy operations off the Somali coast." *Cooperation and Conflict.*
Geis, Anna, Lothar Brock und Harald Müller (Hrsg., 2006). *Democratic Wars.* Basingstoke and New York: Palgrave Macmillan.
Geis, Anna, Harald Müller und Niklas Schörnig (Hrsg., 2014). *The Militant Face of Democracy. Liberal Forces for Good.* Cambridge (UK), New York et al.: Cambridge University Press.
Georgantzis, Konstantinos (1998). *Die WEU als sicherheitspolitische Säule der EU und als europäischer Pfeiler der NATO.* München: Universität der Bundeswehr.
George, Alice A. (2013). *The Cuban Missile Crisis. The Threshold of Nuclear War.* London and New York: Routledge.
Gheciu, Alexandra (2005). „Security Institutions as Agents of Socialization? NATO and the ‚New Europe'." *International Organization* 59 (04): 973-1012.
Giegerich, Bastian (2012a). *Die NATO.* Wiesbaden: VS Verlag für Sozialwissenschaften.
– (2012b). „NATO im Einsatz – Determinanten multilateraler Strategiefähigkeit." In *Der Einsatz der Bundeswehr in Afghanistan,* hrsg. v. Anja Seiffert, Phil C. Langer und Carsten Pietsch. Wiesbaden: VS Verlag für Sozialwissenschaften, 65-78.
Gill, T.D. (2022). „The *Jus ad Bellum* and Russia's ‚Special Military Operation' in Ukraine." *Journal of International Peacekeeping* 25 (2): 121-127.
Gillis, Melissa (2017). *Disarmament. A Basic Guide.* New York: United Nations Office of Disarmament Affairs. https://disarmament.unoda.org/publications/basic-guide/disarmament-a-basic-guide-fourth-edition-2017/.
Ginsberg, Roy H. und Susan E. Penksa (2012). *The European Union in Global Security. The Politics of Impact.* Basingstoke and New York: Palgrave Macmillan.
Giurlando, Philip und Daniel F. Wajner (Hrsg., 2023). *Populist Foreign Policy. Regional Perspectives of Populism in the International Scene.* Cham: Palgrave Macmillan.
Giustozzi, Antonio (2017). „Counterinsurgency Challenge in Post-2001 Afghanistan." *Small Wars & Insurgencies* 28 (1): 12-33.
Glasius, Marlies und Mary Kaldor (2005). „Individuals First: A Human Security Strategy for the European Union." *Internationale Politik und Gesellschaft* (1): 62-82.

Gleditsch, Nils Petter, Olav Bjerkjolt, Adne Cappelen, Ron P. Smith und J. Paul Dunne, Hrsg. (1996). *The Peace Dividend, Contributions to Economic Analysis.* Amsterdam and New York: North Holland.

Gnesotto, Nicole (1997). „Common European Defence and Transatlantic Relations." In *NATO's Transformation. The Changing Shape of the Atlantic Alliance*, hrsg. v. Philip H. Gordon. Lanham (MD) *et al.*: Rowman & Littlefield, 39-52.

Godin, Emmanuel und Tony Chafer (2006). *The French Exception.* New York and Oxford: Berghahn Books.

Goldberg, Jeffrey (2018). *A Senior White House Official Defines the Trump Doctrine: ‚We're America, Bitch'.* The Atlantic, zuletzt aktualisiert am 11.06.18. www.theatlantic.com/politics/archive/2018/06/a-senior-white-house-official-defines-the-trump-doctrine-were-america-bitch/562511/.

Goldgeier, James und Joshua R. Itzkowitz Shifrinson (2020). „Evaluating NATO enlargement: scholarly debates, policy implications, and roads not taken." *International Politics* 57 (3): 291-321.

Goncharenko, Roman (2021). *Putin formuliert Ukraine-Doktrin - und droht.* Deutsche Welle, zuletzt aktualisiert am 15. Juli. https://p.dw.com/p/3wXSL.

— (2024). *Manöver nahe der Ukraine: Plant Russland einen Atomschlag?* Deutsche Welle, zuletzt aktualisiert am 22. Mai. https://p.dw.com/p/4faQl.

Görtemaker, Manfred (1979). *Die unheilige Allianz. Die Geschichte der Entspannungspolitik 1943-1979.* Munich: C.H. Beck.

Gotkowska, Justyna und Jakub Graca (2023). *The German „Brigade Lithuania".* OSW Analyses, zuletzt aktualisiert am 22 Dezember. Warschau: Centre for Eastern Studies. https://www.osw.waw.pl/en/publikacje/analyses/2023-12-22/german-brigade-lithuania.

Gottemoeller, Rose (2019). „NATO Is Not Brain Dead. The Alliance Is Transforming Faster Than Most People Think." *Foreign Affairs*, zuletzt aktualisiert am 19.12.19. www.foreignaffairs.com/articles/united-states/2019-12-19/nato-not-brain-dead.

Gove, Michael und Kai Diekmann (2017). „Full transcript of interview with Donald Trump." *The Times*, 16 January.

Grand, Camille (2024). „NATO and France." In *Routledge Handbook of NATO*, hrsg. v. John Andreas Olsen. London and New York: Routledge, 236-247.

Grau, Andreas und Markus Würz (2016). *Souveränität.* Lebendiges Museum Online, Stiftung Haus der Geschichte der Bundesrepublik Deutschland, zuletzt aktualisiert am 13.04.16. www.hdg.de/lemo/kapitel//geteiltes-deutschland-gruenderjahre/weg-nach-westen/souveraenitaet.html.

Gray, Andrew (2024). *Mission unaccomplished: NATO struggles to name new Ukraine effort.* Reuters, zuletzt aktualisiert am 5. Juli. https://www.reuters.com/wor

ld/europe/mission-unaccomplished-nato-struggles-name-new-ukraine-effort-2024-07-05/.

Greiner, Bernd (2011). *9/11: Der Tag, die Angst, die Folgen.* München: C.H. Beck.

Gressel, Gustav (2019). *After Crimea: Does NATO have the means to defend Europe?* European Council on Foreign Relations, zuletzt aktualisiert am 02.04.19. www.ecfr.eu/article/commentary_after_crimea_does_nato_have_the_means_to_defend_europe.

Grevi, Giovanni, Damien Helly und Daniel Keohane (2009*). European Security and Defence Policy: The First 10 Years (1999-2009).* Paris: European Union Institute for Security Studies. www.iss.europa.eu/content/esdp-first-10-years-1999-2009.

Grieco, Joseph M. (1988). „Anarchy and the Limits of Cooperation: A Realist Critique of the Newest Liberal Institutionalism." *International Organization* 42 (3): 485-507.

— (1990). *Cooperation among Nations. Europe, America, and Non-Tariff Barriers to Trade.* Ithaca (NY): Cornell University Press.

— (2007). „Structural realism and the problem of polarity and war." In *Power in World Politics*, hrsg. v. Felix Berenskoetter und Michael J. Williams. Milton Park and New York: Routledge, 64-82.

Grosser, Alfred (1986). *Frankreich und seine Außenpolitik 1944 bis heute.* Munich and Vienna: Carl Hanser.

Guibert, Nathalie und Jean-Pierre Stroobants (2020). „L'activisme militaire turc empoisonne l'OTAN." *Le Monde*, 19.06.20, 2.

Guzzini, Stefano (1998). *Realism in International Relations and International Political Economy. The Continuing Story of a Death Foretold.* London and New York: Routledge.

— (2000). „A Reconstruction of Constructivism in International Relations." *European Journal of International Relations* 6 (2): 147-182.

Haaland Matláry, Janne (2014). „Partners versus Members? NATO as an Arena for Coalitions." In, hrsg. v. Sebastian Mayer. Houndmills and New York: Palgrave Macmillan, 251-266.

— (2024). „NATO and the Ukraine Defense Contact Group." *In NATO and the War in Ukraine. Strategic Integration and Military Interoperability*, hrsg. v. Janne Haaland Matlary und Rob Johnson. London: Hurst & Company, 127-141.

Habegger, Beat (2005). *Parlamentarismus in der internationalen Politik. Europarat, OSZE und Interparlamanentarische Union.* Baden-Baden: Nomos.

Hacke, Christian (1997). „Die Haltung der Bundesrepublik Deutschland zur NATO-Osterweiterung." In *Ostmitteleuropa, Rußland und die Osterweiterung der NATO: Perzeptionen und Strategien im Spannungsfeld nationaler und europäischer Sicherheit*, hrsg. v. August Pradetto. Opladen: Westdeutscher Verlag, 231-249.

Hacking, Ian (2000). *The Social Construction of What?* Harvard University Press.

Haftendorn, Helga und Otto Keck, Hrsg. (1997). *Kooperation jenseits von Hegemonie und Bedrohung. Sicherheitsinstitutionen in den internationalen Beziehungen.* Baden-Baden: Nomos.

Haftendorn, Helga, Robert O. Keohane und Celeste A. Wallander, Hrsg. (1999). *Imperfect Unions. Security Institutions over Time and Space.* Oxford and New York: Oxford University Press.

Hagemann, Steffen (2020). „Leaving the ‚troubled place'? Die USA und die Nahostpolitik in der Ära Trump." In *Donald Trump und die Politik in den USA*, hrsg. v. Florian Böller, Christoph M. Haas, Steffen Hagemann, David Sirakov und Sarah Wagner. Baden-Baden: Nomos, 263-266.

Halas, Matus (2019). „Proving a negative: why deterrence does not work in the Baltics." *European Security* 28 (4): 431-448.

Hallams, Ellen (2013). „Between Hope and Realism: The United States, NATO and a Transatlantic Bargain for the 21st Century." In *NATO beyond 9/11: The Transformation of the Atlantic Alliance*, hrsg. v. Ellen Hallams, Luca Ratti und Benjamin Zyla. Houndmills and New York: Palgrave Macmillan, 217-238.

Hallams, Ellen, Luca Ratti und Benjamin Zyla (2013). „Conclusion – 9/11: A Systemic or Paradigm Shift for NATO?" In *NATO beyond 9/11. The Transformation of the Atlantic Alliance*, hrsg. v. Ellen Hallams, Luca Ratti und Benjamin Zyla. Houndmills and New York: Palgrave Macmillan, 321-331.

Hallams, Ellen und Benjamin Schreer (2012). „Towards a ‚post-American' alliance? NATO burden-sharing after Libya." *International Affairs* 88 (2): 313-327.

Hamid, Davoodi, Clements Benedict, Jerald Schiff und Peter Debaere (2001). „Military Spending, the Peace Dividend, and Fiscal Adjustment." *IMF Staff Papers* 48 (2): 290-316.

Hamilton, Daniel S. (2017). *Trump's Jacksonian Foreign Policy and its Implications for European Security.* Stockholm: Swedish Institute of International Affairs. www.ui.se/globalassets/butiken/ui-brief/2017/hamilton-ui--brief.-05-23.pdf.

— (2022). „A new Atlanticism?Transatlantic relations in an era of persistent confrontation and ongoing disruption." In *Danish Foreign Policy Review 2022*, hrsv. v. Kristian Fischer und Hans Mouritzen. Kopenhagen: Danish Institute for International Studies, 48-74.

Hansel, Mischa und Alexander Reichwein (2020a). „A dangerous responsibility: Auf dem Weg zurück zu einem neuen autoritären Interventionismus?" In *Die Internationale Schutzverantwortung: Etabliert. Herausgefordert. Gescheitert?*, hrsg. v. Mischa Hansel und Alexander Reichwein. Berlin et al.: LIT Verlag.

–, Hrsg. (2020b). *Die Internationale Schutzverantwortung: Etabliert. Herausgefordert. Gescheitert?* Berlin et al.: LIT-Verlag.
– (2023). „A Dangerous Responsibility: Towards a New Authoritarian Interventionism?" In Rethinking the Responsibility to Protect,. hrsg. v. Alexander Reichwein und Mischa Hansel. Cham: Springer, 255-286.
Hansen, Lene (2006). *Security as Practice. Discourse Analysis and the Bosnian War.* London and New York: Routledge.
Harbutt, Fraser J. (2010). *Yalta 1945: Europe and America at the crossroads.* Cambridge (UK): Cambridge University Press.
Hardt, Heidi (2018). *NATO's Lessons in Crisis. Institutional Memory in International Organizations.* New York: Oxford University Press.
Hardt, Heidi und Stéfanie von Hlatky (2020). „NATO's About Face: Adaptation to Gender Mainstreaming in an Alliance Setting." *Journal of Global Security Studies* 5 (1): 136-159.
Harnisch, Sebastian (2011). „Deutschlands Rolle in Afghanistan: State-Building-Dilemmata einer Zivilmacht." In *Zehn Jahre Deutschland in Afghanistan*, hrsg. v. Klaus Brummer und Stefan Fröhlich. Wiesbaden: VS Verlag für Sozialwissenschaften, 223-251.
Hassan, Oz und Andrew Hammond (2011). „The rise and fall of American's freedom agenda in Afghanistan: counter-terrorism, nation-building and democracy." *The International Journal of Human Rights* 15 (4): 532-551.
Hauser, Gunther (2008). *Die NATO – Transformation, Aufgaben, Ziele.* Frankfurt am Main et al.: Peter Lang.
Heitmann-Kroning, Imken (2015). *Deutsche Sicherheitspolitik zwischen „never alone" und „never again". Der Auslandseinsatz der Bundeswehr in Afghanistan.* Opladen, Berlin und Toronto: Barbara Budrich.
Hellmann, Gunther (2007). „Sicherheitspolitik." In *Handbuch zur deutschen Außenpolitik*, hrsg. v. Siegmar Schmidt, Gunther Hellmann und Reinhard Wolf. Wiesbaden: VS Verlag für Sozialwissenschaften, 605-617.
Hemmer, Christopher und Peter J. Katzenstein (2002). „Why is There No NATO in Asia? Collective Identity, Regionalism, and the Origins of Multilateralism." *International Organization* 56 (2): 575-607.
Hendrickson, Ryan C. (2010). „NATO's Secretaries-General. Organizational Leadership in Shaping Alliance Strategy." In *NATO in Search of a Vision*, hrsg. v. Gülnur Aybet und Rebecca R. Moore. Washington D.C.: Georgetown University Press, 51-74.

– (2014). „The Changing Role of NATO's Secretary General." In *NATO's Post-Cold War Politics. The Changing Provision of Security*, hrsg. v. Sebastian Mayer. Houndmills and New York: Palgrave Macmillan, 124-139.
Henriksen, Dag (2013). *NATO's gamble: combining diplomacy and airpower in the Kosovo crisis, 1998-1999.* Annapolis (MD): Naval Institute Press.
Herr, Lukas D. (2020). „Radikaler Bruch? Grand Strategy und die amerikanische Außenpolitik nach zwei Jahren Trump." In *Donald Trump und die Politik in den USA*, hrsg. v. Florian Böller, Christoph M. Haas, Steffen Hagemann, David Sirakov und Sarah Wagner. Baden-Baden: Nomos, 233-246.
Herz, John H. (1951). *Political Realism and Political Realism.* Chicago (IL): University of Chicago Press.
Heuser, Beatrice (1995). „The Development of NATO's Nuclear Strategy." *Contemporary European History* 4 (1): 37-66.
– (2024). „Return to a Bleak Past? The Russian Invasion of Ukraine and the International System." In *NATO and the War in Ukraine. Strategic Integration and Military Interoperability*, hrsg. v. Janne Haaland Matlary und Rob Johnson. London: Hurst & Company, 70-80.
Heydemann, Günther und Karel Vodička, Hrsg. (2014). *Vom Ostblock zur EU. Systemtransformationen 1990-2012 im Vergleich.* Göttingen: Vandenhoeck & Ruprecht.
Hilde, Paal Sigurd (2024). „NATO in Afghanistan, 2003-2021." In *Routledge Handbook of NATO*, hrsg. v. John Andreas Olsen. London and New York: Routledge, 184-196.
Hill, William (2018). *No Place for Russia. European Security Institutions since 1989.* New York et al. : Columbia University Press.
Hintz, Lisel (2019). „No One Lost Turkey: Erdogan's Foreign Policy Quest for genc with Russia and Beyond." *Texas National Secuity Review* 2 (4): 142-151.
Hoffman, Frank G. (2007). *„Conflict in the 21st Century: The Rise of Hybrid Wars."* In. Arlington (VA): Potomac Institute for Policy Studies.
Hoffmann, Isabell und Catherine E. de Vries (2024). *The War and the Vote. Europeans Head to the Ballot Box as Ukrainians Fight for Freedom: How Will the War Shape the Vote?* eupinions, zuletzt aktualisiert am 14. Februar. Gütersloh: Bertelsmann-Stiftung. https://eupinions.eu/de/text/the-war-and-the-vote.
Hoffmann, Stanley, Robert O. Keohane und John J. Mearsheimer (1990). „Back to the Future, Part II: International Relations Theory and Post-Cold War Europe." *International Security* 15 (2): 191-199.
Hooghe, Liesbet, Tobias Lenz und Gary Marks (2019). „Contested world order: The delegitimation of international governance." *The Review of International Organizations* 14 (4): 731-743.

Hooghe, Liesbet und Gary Marks (2009). „A Postfunctionalist Theory of European Integration: From Permissive Consensus to Constraining Dissensus." *British Journal of Political Science 39* (1): 1-23.

Hope, Ian (2024). „NATO, 1968-1989." In *Routledge Handbook of NATO*, hrsg. v. John Andreas Olsen. London and New York: Routledge, 41-52.

Hopf, Ted (2002). *Social Construction of International Politics: Identities & Foreign Policies. Moscow, 1955 and 1999.* Ithaca (NY): Cornell University Press.

House of Representatives (2017). *Countering America's Adversaries Through Sanctions Act.* 115th Congress, H.R.3364.

– (2019). *NATO Support Act.* Congress.gov, zuletzt aktualisiert am 22.01.19. www.congress.gov/bill/116th-congress/house-bill/676.

Howorth, Jolyon (2003). „ESDP and NATO – Wedlock or Deadlock?" *Cooperation and Conflict* 38 (3): 235-254.

– (2009). „NATO and ESDP: Institutional Complexities and Political Realities." *Politique étrangère* 74 (5, Hors série): 95-106.

– (2010). „Prodigal Son or Trojan Horse: what's in it for France?" *European Security* 19 (1): 11 – 28.

– (2012). „La France, la Libye, la PSDC et l' OTAN: Bilan de la politique étrangère de Nicolas Sarkozy (2007-2012)." *Annuaire français de relations internationales* 12: 271-284.

– (2013). „The EU and NATO after Libya and Afghanistan: The Future of Euro-U.S. Security Cooperation." *Yale Journal of International Affairs* 8 (1): 30-39.

– (2017). „EU–NATO cooperation: the key to Europe's security future." *European Security* 26 (3): 454-459.

– (2018). „Strategic autonomy and EU-NATO cooperation: threat or opportunity for transatlantic defence relations?" *Journal of European Integration* 40 (5): 523-537.

Hunter, Robert E. (2002). *The European Security and Defense Policy. NATO's Companion – or Competitor?* Santa Monica (CA), Arlington (VA) and Pittsburgh (PA): RAND.

Huntington, Samuel P. (1993). *The Third Wave. Democratization in the Late Twentieth Century.* Norman (OK): University of Oklahoma Press.

Hutter, Swen und Hanspeter Kriesi (2019). *European Party Politics in Times of Crisis.* Cambridge (UK): Cambridge University Press.

ICRtoP (2001). *International Coalition for the Responsibility to Protect.* http://responsibilitytoprotect.org/.

Ikenberry, G. John (2001). *After Victory. Institutions, Strategic Restraint, and the Rebuilding of Order after Major Wars.* Princeton (NJ): Princeton University Press.

– (2006). *Liberal Order and Imperial Ambition: Esssays on American Power and International Order.* London: Polity.
– (2009). "Liberalism in a Realist World: International Relations as an American Scholarly Tradition." *International Studies* 46 (1/2): 203-219.
– (2011). *Liberal Leviathan: The Origins, Crisis, and Transformation of American World Order.* Princeton (NJ): Princeton University Press.
– (2018). "The end of liberal international order?" *International Affairs* 94 (1): 7-23.
İldem, Tacan (2024). „NATO and Türkiye." In *Routledge Handbook of NATO,* hrsg. v. John Andreas Olsen. London and New York: Routledge, 259-271.
Irondelle, Bastien (2009). „Defence and Armed Forces: The End of the Nuclear Monarchy?" In *The French Fifth Republic at Fifty: Beyond Stereotypes,* hrsg. v. Sylvain Brouard, Andrew M. Appleton und Amy C. Mazur. Houndmills: Palgrave Macmillan, 118-135.
Ismay, Hastings L. (1955). *NATO: The First Five Years 1949-1954.* Paris: NATO. http://archives.nato.int/uploads/r/null/2/1/216977/NATO-The_first_5_years_1949-1954__by_Lord_Ismay_.pdf.
ISW Ukraine Invasion Interactive Web Map (2022). Washington D.C.: Institute for the Study of War. Laufend aktualisiert. https://www.arcgis.com/home/item.html?id=9f04944a2fe84edab9da31750c2b15eb. Ivanov, Ivan Dinev (2023). "Military decision-making." In *Research Handbook on NATO,* hrsg. v. Sebastian Mayer. Cheltenham und Northampton (MA): Edward Elgar, 164-177.
Jackson, Patrick T. (2011). *The conduct of inquiry in international relations: philosophy of science and its implications for the study of world politics.* London and New York: Routledge.
Janjevic, Darko (2017). *Trump says NATO is ‚no longer obsolete'.* Deutsche Welle, zuletzt aktualisiert am 12.04.17. https://p.dw.com/p/2b9aE.
Jensen, Michael C. und William H. Meckling (1976). „Theory of the Firm: Managerial Behavior, Agency Costs and Ownership Structure." *Journal of Financial Economics* 3 (4): 305-360.
Jervis, Robert (1978). „Cooperation Under the Security Dilemma." *World Politics* 30 (2): 167-214.
– (2003). „Understanding the Bush Doctrine." *Political Science Quarterly* 118 (3): 365-388.
– (2006). „Reports, politics, and intelligence failures: The case of Iraq." *Journal of Strategic Studies* 29 (1): 3-52.
Johnson, Jesse C. und Brett Ashley Leeds (2011). „Defense Pacts: A Prescription for Peace?" *Foreign Policy Analysis* 7 (1): 45-65.

Jørgensen, Jakob Aarøe (2014). „Partnerships in the Middle East: Interventionist Endeavors?“ In *Cooperative Security: NATO's Partnershop Policy in a Changing World*, hrsg. v. Trine Flockhart. Copenhagen: Danish Institute for International Studies, 111-120. https://pure.diis.dk/ws/files/58169/WP2014_01_NATO_tfl_web.pdf.

Josephs, Jonathan (2023). *Europe and US extend trade truce over Trump tariffs*. BBC, zuletzt aktualisiert am 19. Dezember. https://bbc.com/news/business-67758395.

Junn, Robert S. (1983). „Voting in the United Nations Security Council.“ *International Interactions* 9 (4): 315-352.

Kaarbo, Juliet (2015). „A Foreign Policy Analysis Perspective on the Domestic Politics Turn in IR Theory.“ *International Studies Review* 17 (2): 189-216.

Kagan, Robert (2002). „Power and Weakness.“ *Policy Review* (Juni/Juli).

– (2018). „Things will not be okay.“ *The Washington Post*, 12.07.18.

Kahn, Herman (1960). *The Nature of Feasibility of War and Deterrence*. Santa Monica (CA): RAND.

Kaim, Markus (2016). *Die Neuordnung der NATO-Partnerschaftsbeziehungen*. Berlin: Stiftung Wissenschaft und Politik. www.swp-berlin.org/fileadmin/contents/products/studien/2016S12_kim.pdf.

Kaim, Marcus und Angela Stanzel (2022). *Der Aufstieg Chinas und das neue strategische Konzept der NATO. Prioritäten setzen - Platz definieren - Partnerschaften vertiefen*. SWP-Aktuell Nr. 5/2022, Januar. Berlin: Stiftung Wissenschaft und Politik. https://www.swp-berlin.org/publications/products/aktuell/2022A05_china_nato_konzept.pdf.

Kaldor, Mary und Basker Vashee, Hrsg. (1997). *New Wars*. London: Pinter.

Kammel, Arnold (2020). „Berlin plus“ In *Das Europalexikon*, hrsg. v. Martin Große Hüttmann und Hans-Georg Wehling. Bonn: J.H. Dietz.

Kamp, Karl-Heinz (2019). *Mythen der Zwei-Prozent-Debatte. Zur Diskussion um die NATO-Verteidigungsausgaben*. Berlin: Bundesakademie für Sicherheitspolitik. www.baks.bund.de/sites/baks010/files/arbeitspapier_sicherheitspolitik_2019_9.pdf.

– (2024). „NATO and Germany.“ In *Routledge Handbook of NATO*, hrsg. v. John Andreas Olsen. London and New York: Routledge, 248-258.

Kaplan, Lawrence S. (1984). *United States and NATO: The Formative Years*. Lexington (KY): The University Press of Kentucky.

Kappeler, Andreas (2021). „Revisionismus und Drohungen. Validimir Putins Text zur Einheit von Russen und Ukrainern.“ *Osteuropa* 71 (7): 67-76.

Katzenstein, Peter J., Hrsg. (1996). *The Culture of National Security. Norms and Identity in World Politics*. New York: Columbia University Press.

Kauffmann, Sylvie (2018). „Scène de ménage à la table de l'Oncle Sam." *Le Monde*, 11-12 November, 22-23.

Kaufman, Joyce P. (2017). „The US perspective on NATO under Trump: lessons of the past and prospects for the future." *International Affairs* 93 (2): 251-266.

Kean, Thomas H. und Lee H. Hamilton (2004). *The 9/11 Commission Report. Final Report of the National Commission on Terrorist Attacks upon the United States.* New York and London: W.W. Norton.

Keller, Patrick (2008). „Neokonservatismus und amerikanische Außenpolitik: Ideen, Krieg und Strategie von Ronald Reagan bis George W. Bush." Schöningh.

Kennan, George F. (1946). *The Chargé in the Soviet Union (Kennan) to the Secretary of State.* George Washington University. https://nsarchive2.gwu.edu//coldwar/documents/episode-1/kennan.htm.

Keohane, Daniel (2009). „ESDP and NATO." In *European Security and Defence Policy. The First 10 Years (1999-2009)*, hrsg. v. Giovanni Grevi, Damien Helly und Daniel Keohane. Paris: European Union Institute for Security Studies, 127-138.

Keohane, Robert O. (1984). *After Hegemony: Cooperation and Discord in the World Political Economy.* Princeton (NJ) and Chichester: Princeton University Press.

–, Hrsg. (1986). *Neorealism and its Critics.* New York: Columbia University Press.

– (1988). „International Institutions: Two Approaches." *International Studies Quarterly* 32 (4): 379-396.

– (1989). *International Institutions and State Power. Essays in International Relations Theory.* Boulder (CO), San Francisco (CA) and London: Westview Press.

Keohane, Robert O. und Joseph S. Nye (2012). *Power and Interdependence.* 4. Ausg. Boston (MA), Columbus (OH) et al.: Longman.

Kheel, Rebecca (2019). *Bipartisan senators reintroduce bill to prevent Trump from withdrawing from NATO.* The Hill, zuletzt aktualisiert am 17.01.19. https://thehill.com/policy/defense/425938-bipartisan-senators-reintroduce-bill-to-prevent-trump-from-withdrawing-from.

Killough, Ashley (2019). *House passes NATO bill to send a strong message to Trump.* CNN, zuletzt aktualisiert am 22.01.19. https://edition.cnn.com/2019/01/22/politics/nato-house-vote/index.html.

Kimball, Daryl (2023). *The Nuclear Testing Tally.* Arms Control Association, zuletzt aktualisiert im August. www.armscontrol.org/factsheets/nucleartesttally.

Kinkartz, Sabine (2023). *Politischer Coup? Olaf Scholz und der Leopard* 2. Deutsche Welle, zuletzt aktualisiert am 25. Januar. https://p.dw.com/p/4Mgbk.

Kiss, László J. (1997). „Zwischen euro-atlantischer Integration und demokratischer Unsicherheit. Ungarns Sicherheitspolitik nach der Wende (1989-1996)." In *Ostmitteleuropa, Rußland und die Osterweiterung der NATO : Perzeptionen und Strategien im Spannungsfeld nationaler und europäischer Sicherheit*, hrsg. v. August Pradetto. Opladen: Westdeutscher Verlag.

Kitchen, Veronica M. (2010). *The Globalization of NATO. Intervention, Security and Identity*. London and New York: Routledge.

Kivimäki, Timo (2019). „Power, contribution and dependence in NATO burden sharing." *European Security* 28 (1): 66-84.

Kleinfeld, Rachel (2023). *Polarization, Democracy, and Political Violence in the United States: What research Says*. Working Paper, zuletzt aktualisiert im September. Washington D.C.: Carnegie Endowment for International Peace. https://carnegie-production-assets.s3.amazonaws.com/static/files/Kleinfeld_Polarization_final_3.pdf.

Klöckner, Christian, Simone Knewitz und Sabine Sielke, Hrsg. (2014). *Beyond 9/11. Transdisciplinary Perspectives on Twenty-First Century U.S. American Culture*. Vol. 6, *Transcription*. Frankfurt am Main et al.: Peter Lang.

Knapp, Manfred (1997). „Europäische Sicherheit und die Osterweiterung der NATO aus Sicht der USA." In *Ostmitteleuropa, Rußland und die Osterweiterung der NATO: Perzeptionen und Strategien im Spannungsfeld nationaler und europäischer Sicherheit*, hrsg. v. August Pradetto. Opladen: Westdeutscher Verlag, 251-287.

Knorr, Hans-Friedrich (1990). *Die Außen- und Rüstungskontrollpolitik der Sowjetunion. Hypotheken und Innovationen im Rahmen von Glasnost und Perestroika. Zur Friedensfähigkeit der Sowjetunion in den 90er Jahren*. München: tuduv.

Koenig, Nicole (2014). „Between conflict management and role conflict: the EU in the Libyan crisis." *European Security* 23 (3): 250-269.

Koschut, Simon (2014). „Emotional (security) communities: the significance of emotion norms in inter-allied conflict management." *Review of International Studies* 40 (3): 533-558.

— (2020). „Das Ende der NATO wie wir sie kennen: Die transatlantischen Beziehungen unter Trump." In *Donald Trump und die Politik in den USA*, hrsg. v. Florian Böller, Christoph M. Haas, Steffen Hagemann, David Sirakov und Sarah Wagner. Baden-Baden: Nomos.

Krasner, Stephen D. (1982). „Structural Causes and Regime Consequences: Regimes as Intervening Variables." *International Organization* 36 (2): 185-205.

Kratochwil, Friedrich und John Gerard Ruggie (1986). „International Organization: A State of the Art on an Art of the State." *International Organization* 40 (4): 753-775.

Krause, Joachim (2003). „Multilaterale Weltordnung oder Hegemonie? Zur transatlantischen Debatte über die weltpolitische Neuordnung." *Aus Politik und Zeitgeschichte* (31-32).

– (2015a). „Proliferation von Massenvernichtungswaffen und Trägersystemen." In *Handwörterbuch Internationale Politik*, hrsg. v. Wichard Woyke und Johannes Varwick. Opladen and Toronto: Barbara Budrich, 383-394.

Krause, Keith und Michael C. Williams, Hrsg. (1997). *Critical Security Studies. Concepts and Cases.* London: UCL Press.

Krause, Ulf (2015b). *Das Parlament und die Bundeswehr: Zur Diskussion über die Zustimmung des Deutschen Bundestages zu Auslandseinsätzen.* Wiesbaden: Springer VS.

Krebs, Ronald R. (1999). "Perverse Institutionalism: NATO and the Greco-Turkish Conflict." *International Organization* 53 (2): 343-77.

Krell, Gert (2003). „Arroganz der Macht, Arroganz der Ohnmacht. Die Weltordnungspolitik der USA und die transatlantischen Beziehungen." *Aus Politik und Zeitgeschichte* (31-32).

Kriesi, Hanspeter, Edgar Grande, Martin Dolezal, Marc Helbling, Dominic Höglinger, Swen Hutter und Bruno Wüest, Hrsg. (2012). *Political Conflict in Western Europe.* Cambridge (UK) et al.: Cambridge University Press.

Kriesi, Hanspeter, Edgar Grande, Romain Lachat, Martin Dolezal, Simon Bornschier und Timotheos Frey (2008). *West European Politics in the Age of Globalization.* Cambridge (UK) and New York: Cambridge University Press.

Kristensen, Hans M. (2015). „US nuclear forces." In *SIPRI Yearbook 2015. Armaments, Disarmament and International Security*, hrsg. v. SIPRI. Stockholm: Stockholm International Peace Research Institute, 461-472.

Kristensen, Hans M. und Matt Korda (2019). „French nuclear forces, 2019." *Bulletin of the Atomic Scientists* 75 (1): 51-55.

Kristensen, Hans, Matt Korda, Eliana Johns, Mackenzie Knight und Kate Kohn (2024). *Status of World Nuclear Forces.* Federation of American Scientists, zuletzt aktualisiert im März. https://fas.org/issues/nuclear-weapons/status-world-nuclear-forces/.

Kristensen, Hans M., Matt Korda und Robert S. Norris (o. J.). „Nuclear Notebook. Nuclear Arsenals of the World." *Bulletin of the Atomic Scientists,* https://thebulletin.org/nuclear-notebook-multimedia/.

Krupnick, Charles und Carol Atkinson (2003). „Slovakia and Security at the Center of Europe." In *Almost NATO. Partners and Players in Central an Eastern European Security*, hrsg. v. Charles Krupnick. Lanham (MD): Rowman & Littlefield, 47-82.

Kubbig, Bernd W. (2005). „America: Escaping the legacy of the ABM Treaty." *Contemporary Security Policy* 26 (3): 410-430.

Kugler, Richard L. (1990). *Laying the Foundations: The Evolution of NATO in the 1950s.* Santa Monica (CA): RAND.

– (1991). *The Great Strategy Debate, NATO's Evolution in the 1960s.* Santa Monica (CA): RAND.

Kühn, Florian P. (2011). „Deutschlands (Nicht-)Drogenpolitik in Afghanistan." In *Zehn Jahre Deutschland in Afghanistan,* hrsg. v. Klaus Brummer und Stefan Fröhlich. Wiesbaden: VS Verlag für Sozialwissenschaften, 115-129.

Kühn, Ulrich (2018). *Warum nukleare Drohungen so gefährlich sind.* Frankfurter Allgemeine Zeitung, zuletzt aktualisiert am 04.01.18. www.faz.net/-gpf-95idb.

Kunertova, Dominika (2017). „One measure cannot trump it all: lessons from NATO's early burden-sharing debates." *European Security* 26 (4): 552-574.

– (2024). „Transatlantic Burden Sharing." In *Routledge Handbook of NATO,* hrsg. v. John Andreas Olsen. London and New York: Routledge, 119-131.

Küntzel, Matthias (1992). *Bonn und die Bombe.* Frankfurt und New York: Campus.

– (2024). „Transatlantic Burden Sharing." In *Routledge Handbook of NATO,* hrsg. v. John Andreas Olsen. London and New York: Routledge, 119-131.

Kupchan, Charles A. (2003). „Trennung im Einvernehmen." *Frankfurter Allgemeine Sonntagszeitung,* 13.04.03.

Kupchan, Charles A. und Clifford A. Kupchan (1991). „Concerts, Collective Security, and the Future of Europe." *International Security* 16 (1): 114-161.

Kuperman, Alan J. (2015). „Obama's Libya Debacle. How a Well-Meaning Intervention Ended in Failure." *Foreign Affairs* 94 (2): 66-77.

Kurowska, Xymena (2014). Multipolarity as resistance to liberal norms: Russia's position on responsibility to protect." *Conflict, Security & Development* 14 (4): 489-508.

Laclau, Ernesto und Chantal Mouffe (1985). *Hegemony & Socialist Strategy. Towards a Radical Democratic Politics.* London and New York: Verso.

Laffey, Mark und Jutta Weldes (1997). „Beyond Beliefs: Ideas and Symbolic Technologies in the Study of International Relations." *European Journal of International Relations* 3 (2): 193-237.

Lambeth, Benjamin S. (2024). „NATO and Kosovo. Operation Allied Force, 1999." In *Routledge Handbook of NATO,* hrsg. v. John Andreas Olsen. London and New York: Routledge, 159-170.

Lanoszka, Alexander (2020). „Thank goodness for NATO enlargement." *International Politics* 57 (3): 451-470.

Larik, J. E. (2017). *Europe moves on defense integration: Someone tell Uncle Sam.* The Hill, zuletzt aktualisiert am 15.11.17. http://thehill.com/opinion/international/360513-europe-moves-on-defense-integration-someone-tell-uncle-sam.

Laruelle, Marlene (2022.) "Illiberalism: A Conceptual Introduction." *East European Politics* 38 (2): 303-27.

Latawski, Paul und Martin A. Smith (2003). *The Kosovo crisis and the evolution of post-Cold War European security.* Manchester and New York: Manchester University Press.

Lawrence, Tony, Tomas Jermalavičius und Jan Hyllander (2024). *The Newest Allies. Finland and Sweden in NATO.* Report, März. Tallinn: International Centre for Defence and Security. https://icds.ee/wp-content/uploads/dlm_uploads/2024/03/ICDS_Report_The_Newest_Allies_Lawrence_Jermalavicius_Hyllander_March_2024.pdf.

Layne, Christopher (2006). „The Unipolar Illusion Revisited: The Coming End of the United States' Unipolar Moment." *International Security* 31 (2): 7-41.

Lebow, Richard Ned (1995). „The Long Peace, the End of the Cold War, and the Failure of Realism." In *International Relations Theory and the End of the Cold War*, hrsg. v. Richard Ned Lebow und Thomas Risse-Kappen. New York: Columbia University Press, 23-56.

— (2012). *The Politics and Ethics of Identity.* Cambridge (UK), New York et al.: Cambridge University Press.

Lebow, Richard Ned, John Mueller und William C. Wohlforth (1995). „Correspondence. Realism and the End of the Cold War." *International Security* 20 (2): 185-187.

Lebow, Richard Ned und Thomas Risse-Kappen, Hrsg. (1995). *International Relations Theory and the End of the Cold War.* New York: Columbia University Press.

Lebow, Richard Ned und Janice Gross Stein (1994). *We all Lost the Cold War.* Princeton (NJ) and Chichester: Princeton University Press.

Lee, Matthew (2024). „US Approves F-16 Fighter Jet Sale to Turkey, F-35s to Greece after Turkey OKs Sweden's Entry to NATO" *The Associated Press.* Washington News, 27. Januar. https://apnews.com/article/us-turkey-sweden-nato-ukraine-russia-02418dd7644bc8865fdafdff4c848dbd?utm_source=copy&utm_medium=share

Legendre, Thierry (2014). „NATO's Cooperation with the EU doesn't work and it doesn't really matter...yet!" In *Cooperative Security: NATO's Partnership Policy in a Changing World*, hrsg. v. Trine Flockhart. Copenhagen: Danisch Institute for International Studies, 121-131. https://pure.diis.dk/ws/files/58169/WP2014_01_NATO_tfl_web.pdf.

Legvold, Robert und Christopher F. Chyba (2020). „Introduction: The Search for Strategic Stability in a New Nuclear Era." *Daedalus* 149 (2): 6-16.

Lenz, Carsten und Nicole Ruchlak (2001). *Kleines Politik-Lexikon.* München und Wien: R. Oldenbourg.

Leuprecht, Christian und Jayson Derow (2019). „Conceptions of deterrence: the eFP's political and military posture". In *The Alliance Five Years after Crimea:*

Implementing the Wales Summit Pledges, hrsg. v. Marc Ozawa. Rome: NATO Defence College, 19-30. https://www.jstor.org/stable/resrep23664.7.

Levieux, Eleanor und Michel Levieux (2003). „No, Chirac Didn't Say ‚Shut Up'." *The New York Times*, 23.02.03.

Lieber, Robert J. (2016). *Retreat and Its Consequences. American Foreign Policy and the Problem of World Order*. New York: Cambridge University Press.

Lieberthal, Kenneth G. (2011). *The American Pivot to Asia*. Brookings, zuletzt aktualisiert am 21.12.11. www.brookings.edu/articles/the-american-pivot-to-asia/.

Lindbo Larsen, Henrik Boesen (2014). *Great Power Politics and the Ukrainian Crisis. NATO, EU and Russia after 2014*. Copenhagen: Danish Institute for International Studies. www.diis.dk/files/media/publications/import/rp182014_lindboe_nato_forweb.pdf.

Lindsay, James M. und Michael E. O'Hanlon (2002). „Missile defense after the ABM treaty." *The Washington Quarterly* 25 (3): 161-176.

Ling, Wei (2013). „Rebalancing or De-Balancing: U.S. Pivot and East Asian Order." *American Foreign Policy Interests* 35 (3): 148-154.

Lobell, Steven E., Norrin M. Ripsman und Jeffrey W. Taliaferro, Hrsg. (2009). *Neoclassical Realism, the State, and Foreign Policy*. Cambridge (UK): Cambridge University Press.

Löfflmann, Georg (2015). „Pulling Germany's Military Back from the Brink." *The National Interest*, zuletzt aktualisiert am 16.09.15. http://nationalinterest.org/feature/pulling-germanys-military-back-the-brink-13852.

— (2022). „Introduction to special issue: The study of populism in international relations." *The British Journal of Politics and International Relations* 24 (3): 403-415.

— (2024). „The Bush Doctrine redux: changes and continuities in American grand strategy since '9/11'." *International Politics* 61 (3): 501-522.

Löfflmann, Georg und Malte Riemann (2023). „Nationale Sicherheit in der Zeitenwende: Wind of Change oder heiße Luft?" In *Deutschlands Verteidigungspolitik. Nationale Sicherheit nach der Zeitenwende*. Stuttgart: Kohlhammer, 193-205.

Lowen, Mark. *Afghanistan crisis: How Europe's relationship with Joe Biden turned sour*. BBC, zuletzt aktualisiert am 3. September. https://bbc.com/news/world-europe-58416848.

Lübkemeier, Eckhard (1986). „SDI (Strategic Defense Initiative = Strategische Verteidigungsinitiative)." In *Handwörterbuch Internationale Politik*, hrsg. v. Wichard Woyke. Wiesbaden: Springer, 436-445.

Lupovici, Amir (2024). „Securitization, Deterrence, and Extended Deterrence by Denial: The War in Ukraine." *Foreign Policy Analysis* 20 (4): orae018.

Lynch, Thomas F. (2015). „After ISIS: Fully Reappraising U.S. Policy in Afghanistan." *The Washington Quarterly* 38 (2): 119-144.

Macron, Emmanuel (2017). *Initiative pour l'Europe – Discours d'Emmanuel Macron pour une Europe souveraine, unie, démocratique.* Paris: Présidence de la République.

— (2019). „Emmanuel Macron warns Europe: NATO is becoming brain-dead." *The Economist*, 07.11.19.

Maizland, Lindsay (2020). *U.S.-Taliban Peace Deal: What to Know.* Backgrounder, zuletzt aktualisiert am 2. März. New York: Council on Foreign Relations. https://www.cfr.org/backgrounder/us-taliban-peace-deal-agreement-afghanistan-war.

Major, Claudia (2019). *Die Rolle der Nato für Europas Verteidigung. Stand und Optionen zur Weiterentwicklung aus deutscher Perspektive.* Berlin: Stiftung Wissenschaft und Politik. www.swp-berlin.org/publikation/die-rolle-der-nato-fuer-europas-verteidigung/.

Major, Claudia und Christian Mölling (2009). „More than Wishful Thinking? The EU, UN, NATO and the Comprehensive Approach to Military Crisis Management." *Studia Diplomatica* 62 (3): 21-28.

Malici, Akan (2006). „Germans as Venutians: The Culture of German Foreign Policy Behavior." *Foreign Policy Analysis* 2 (1): 37-62.

Mandelbaum, Michael (1990). „The Bush Foreign Policy." *Foreign Affairs* 70 (1).

Manfrass-Sirjacques, Françoise (1997). „Frankreichs Position zur NATO-Osterweiterung." *In Ostmitteleuropa, Rußland und die Osterweiterung der NATO: Perzeptionen und Strategien im Spannungsfeld nationaler und europäischer Sicherheit*, hrsg. v. August Pradetto. Opladen: Westdeutscher Verlag, 181-209.

March, James G. und Johan P. Olsen (1984). „The New Institutionalism: Organizational Factors in Political Life." *The American Political Science Review* 78 (3): 734-749.

— (1989). *Rediscovering Institutions. The Organizational Basis of Politics.* New York and London: The Free Press.

Marschall, Stefan (2005). *Transnationale Repräsentation in Parlamentarischen Versammlungen. Demokratie und Parlamentarismus jenseits des Nationalstaats.* Baden-Baden: Nomos.

Marsh, Steve und Alan P. Dobson (2013). „Fine Words, Few Answers: NATO's ‚Not So New' New Strategic Concept." In *NATO beyond 9/11. The Transformation of the Atlantic Alliance*, hrsg. v. Ellen Hallams, Luca Ratti und Benjamin Zyla. Houndmills and New York: Palgrave Macmillan, 7.

Marten, Kimberly (2018). „Reconsidering NATO expansion: a counterfactual analysis of Russia and the West in the 1990s." *European Journal of International Security* 3 (2): 135-161.

Masala, Carlo (2014). *Kenneth N. Waltz. Einführung in seine Theorie und Auseinandersetzung mit seinen Kritikern.* 2. kompl. überarb. und erw. Ausg. Baden-Baden: Nomos.

— (2017). „Realismus in den Internationalen Beziehungen." In *Handbuch Internationale Beziehungen*, hrsg. v. Frank Sauer und Carlo Masala. Wiesbaden: Springer VS, 141-176.

— (2023). *Bedingt abwehrbereit. Deutschlands Schwäche in der Zeitenwende.* München: C.H.Beck

Mattelaer, Alexander (2024). „A Nuclear Alliance." In *Routledge Handbook of NATO*, hrsg. v. John Andreas Olsen. London and New York: Routledge, 93-105.

Maull, Hans W. (2007). „Deutschland als Zivilmacht." In *Handbuch zur deutschen Außenpolitik*, hrsg. v. Siegmar Schmidt, Gunther Hellmann und Reinhard Wolf. Wiesbaden: VS Verlag für Sozialwissenschaften, 73-84.

Maull, Hans W., Michael Meimeth und Christoph Neßhöver, Hrsg. (1997). *Die verhinderte Großmacht. Frankreichs Sicherheitspolitik nach dem Ende des Ost-West-Konflikts.* Opladen: Leske + Budrich.

Mayer, Sebastian (2011). „Die NATO nach dem 11. September: Aufgaben, Strategien und institutionelles Design." In *Die Welt nach 9/11. Auswirkungen des Terrorismus auf Staatenwelt und Gesellschaft*, hrsg. v. Thomas Jäger. Wiesbaden: VS Verlag für Sozialwissenschaften, 489-507.

— (2019). „Thaw or containment? NATO divisions over Russia and the quest for alliance credibility." In *The politics of resilience and transatlantic order: enduring crisis?*, hrsg. v. Gordon Friedrichs, Sebastian Harnisch und Cameron G. Thies. London and New York, 54-70.

— (2023). „Political decision-making". In *Research Handbook on NATO*, hrsg. v. Sebastian Mayer. Cheltenham und Northampton (MA): Edward Elgar, 147-163.

Mayer, Sebastian und Olaf Theiler (2014). „Coping with Complexity: Informal Political Forums at NATO's Headquarters." In *NATO's Post-Cold War Politics. The Changing Provision of Security*, hrsg. v. Sebastian Mayer. Houndmills and New York: Palgrave Macmillan, 140-158.

McCain, John (2008). „Etats-Unis-Europe – pacte global." *Le Monde*, 20.03.08.

McCalla, Robert B. (1996). „NATO's Persistence after the Cold War." *International Organization* 50 (3): 445-475.

McGhee, George (1990). *The US-Turkish-NATO Middle East Connection. How the Truman Doctrine Contained the Soviets in the Middle East.* Houndmills: Palgrave Macmillan.

McQuinn, Brian (2013). „Assessing (In) security after the Arab Spring: The Case of Libya." *PS: Political Science and Politics* 46 (4): 716-720.

Mead, Walter Russell (2002). *Special Providence: American Foreign Policy and How It Changed the World.* New York and London: Routledge.
— (2017). „The Jacksonian Revolt. American Populism and the Liberal Order." *Foreign Affairs* 96 (2).
Mearsheimer, John J. (1990). „Back to the Future: Instability in Europe after the Cold War." *International Security* 15 (1): 5-56.
— (1994). „The False Promise of International Institutions." *International Security* 19 (3): 5-49.
— (2001). *The Tragedy of Great Power Politics.* New York and London: W. W. Norton & Company.
— (2014). „Why the Ukraine Crisis Is the West's Fault." *Foreign Affairs* 93 (5): 1-12.
Mearsheimer, John J. und Stephen M. Walt (2016). „The Case for Offshore Balancing. A Superior U.S. Grand Strategy." *Foreign Affairs* 95 (4): 70-83.
Meibauer, Gustav, Linde Desmaele, Tudor Onea, Nicholas Kitchen, Michiel Foulon, Alexander Reichwein und Jennifer Sterling-Folker (2021). „Forum: Rethinking Neoclassical Realism at Theory's End." *International Studies Review* 23 (1): 268-295.
Meier-Walser, Reinhard C. (2017). *Die NATO im Funktions- und Bedeutungswandel. Veränderungen und Perspektiven transatlantischer Sicherheitspolitik.* Wiesbaden: Springer VS.
Meiers, Franz-Josef (1991). *Raketenschach – Von SALT II zu INF. Der innen- und außenpolitische Kontext der amerikanischen Rüstungskontrollpolitik 1977-1988.* Chur and Zürich: Rüegger.
Meimeth, Michael (1997). „Frankreichs Sicherheitspolitik unter den Bedingungen des Ost-West-Konflikts: Interessen und Handlungsspielräume." In *Die verhinderte Großmacht. Frankreichs Sicherheitspolitik nach dem Ende des Ost-West-Konflikts,* hrsg. v. Hans W. Maull, Michael Meimeth und Christoph Neßhöver. Opladen: Leske + Budrich, 37-52.
Meister, Stefan (2022). *A Paradigm Shift: EU-Russia Relations After the War in Ukraine,* zuletzt aktualisiert am 29. November. Brüssel: Carnegie Europe. https://carnegieendowment.org/research/2022/11/a-paradigm-shift-eu-russia-relations-after-the-war-in-ukraine?lang=en&center=europe.
Mello, Patrick A. (2024). „Zeitenwende: German Foreign Policy Change in the Wake of Russia's War Against Ukraine. Politics and Governance." *Politics and Governance* 12 (Special Issue *From Kabul to Kyiv: The Crisis of Liberal Interventionism and the Return of War*): https://doi.org/10.17645/pag.7346.
Menon, Anand (2000). *France, NATO and the Limits of Independence, 1981-97. The Politics of Ambivalence.* Houndmills and New York: Macmillan Press.

— (2004). „From Crisis to Catharsis: ESDP after Iraq." *International Affairs* 80 (4): 631-648.

— (2011). „Power, Institutions and the CSDP: The Promise of Institutionalist Theory." *Journal of Common Market Studies* 49 (1): 83-100.

Merkel, Reinhard (2001). *Der Kosovo-Krieg und das Völkerrecht.* Frankfurt am Main: suhrkamp.

Metcalf, Jennifer (2024). „NATO, 1990-2013." In *Routledge Handbook of NATO,* hrsg. v. John Andreas Olsen. London and New York: Routledge, 53-64.

Mertus, Julie A. (2009). „Operation Allied Force: handmaiden of independent Kosovo." *International Affairs* 85 (3): 461-476.

Meyer, Berthold (1995). *NATO-Enlargement: Path to Unity or a New Division of Europe,* Bd. 38. Frankfurt am Main: Hessische Stitung Friedens- und Konfliktforschung.

Meyer, Berthold und Peter Schlotter (2000). *Die Kosovo-Kriege 1998/99. Die internationalen Interventionen und ihre Folgen.* Frankfurt am Main: Hessische Stiftung Friedens- und Konfliktforschung. www.hsfk.de/fileadmin/HSFK/hsfk_downloads/report0100.pdf.

Meyer, Paul und Tom Sauer (2018). „The Nuclear Ban Treaty: A Sign of Global Impatience." *Survival* 60 (2): 61-72.

Michel, Leo G. (2014). „NATO Decision-Making: The ‚Consensus Rule' Endures Despite Challenges." In *NATO's Post-Cold War Politics. The Changing Provision of Security,* hrsg. v. Sebastian Mayer. Houndmills and New York: Palgrave Macmillan, 107-124.

Missiroli, Antonio (2003). *From Copenhagen to Brussels. European defence: Core documents. Volume IV.* Paris: European Union Institute for Security Studies. www.iss.europa.eu/content/copenhagen-brussels-european-defence-core-documents-volume-iv.

Mitchell, Ellen (2022). *NATO activates response force for first time in history.* The Hill, zuletzt aktualisiert am 25. Februar. https://thehill.com/policy/defense/595876-nato-activates-response-force-for-first-time-in-history/.

Moharram, Mohamed Reda (1999). „Die Suezkrise 1956. Gründe – Ereignisse – Konsequenzen." In *Das Internationale Krisenjahr 1956. Polen, Ungarn, Suez,* hrsg. v. Winfried Heinemann und Norbert Wiggershaus. München: Oldenbourg, 197-218.

Moore, Rebecca R. (2014). „Partners, the Pivot, and Liberal Order" In *Cooperative Security: NATO's Partnership Policy in a Changing World,* hrsg. v. Trine Flockhart. Copenhagen: Danish Institute for International Studies, 73-86. https://pure.diis.dk/ws/files/58169/WP2014_01_NATO_tfl_web.pdf.

Moore, Rebecca R. und Damon Coletta (2017a). „Introduction: Alliance, Identity, and Geopolitics." In *NATO's Return to Europe. Engaging Ukraine, Russia, and Beyond,* hrsg. v. Rebecca R. Moore und Damon Coletta. Washington D.C.: Georgetown University Press, 1-18.

—, Hrsg. (2017b). *NATO's Return to Europe. Engaging Ukraine, Russia, and Beyond.* Washington D.C.: Georgetown University Press.

— (2024). „NATO and Partnerships." In *Routledge Handbook of NATO*, hrsg. v. John Andreas Olsen. London and New York: Routledge, 326-339.

Moravcsik, Andrew (1997). „Taking Preferences Seriously: A Liberal Theory of International Politics." *International Organization* 51 (4): 513-553.

— (1998). *The Choice for Europe: Social Purpose and State Power from Messina to Maastricht.* Ithaca (NY): Cornell University Press.

— (2001). „Constructivism and European Integration: A Critique." In *The Social Construction of Europe*, hrsg. v. Thomas Christiansen, Knud Erik Jørgensen und Antje Wiener. London et al.: Sage, 176-188.

Morgan, T. Clifton und Sally Howard Campbell (1991). „Domestic Structure, Decisional Constraints, and War: So Why Kant Democracies Fight?" *The Journal of Conflict Resolution* 35 (2): 187-211.

Morgenthau, Hans J. (1948). *Politics Among Nations. The Struggle for Power and Peace.* New York: Alfred A. Knopf.

Moustakis, Fotios (2003). *The Greek-Turkish Relationship and NATO.* London und Portland (OR): Frank Cass.

MSC (2025). *The U.S. in the World.* Rede von US-Vizepräsident Vance, 14. Februar. München: Münchner Sicherheitskonferenz, https://securityconference.org/msc-2025/agenda/event/the-us-in-the-world-2/, zuletzt aktualisiert am 14.02.25.

Mudde, Cas (2004). „The Populist Zeitgeist." *Government and Opposition* 39 (4): 541-563.

— (2007). *Populist Radical Right Parties in Europe.* Cambridge (UK): Cambridge University Press.

Mühling, Jens (2014). „Putins Blut-und-Boden-Rede." *Der Tagesspiegel*, 19.03.14.

Müller-Brandeck-Bocquet, Gisela (2009). „Frankreichs neue NATO-Politik: Hebel für eine Neuausrichtung des Bündnisses?" In *Die Außenpolitik der USA. Präsident Obamas neuer Kurs und die Zukunft der transatlantischen Beziehungen*, hrsg. v. Reinhard C. Meier-Walser. München: Hanns-Seidel-Stiftung, 361-374.

Müller, Harald (2008). „Der ‚demokratische Frieden' und seine außenpolitischen Konsequenzen." *Aus Politik und Zeitgeschichte* (43/2008): 41-46.

— (2011). *Ein Desaster. Deutschland und der Fall Libyen. Wie sich Deutschland moralisch und außenpolitisch in die Isolation manövrierte.* Frankfurt am Main: Hessische Stiftung Friedens- und Konfliktforschung. www.hsfk.de/publikationen/publikationssuche/publikation/ein-desaster-deutschland-und-der-fall-libyen/.

Müller, Harald und Annette Schaper (2003). *US-Nuklearpolitik nach dem Kalten Krieg.* Frankfurt am Main: Hessische Stiftung Friedens- und Konfliktforschung.

Müller, Jan-Werner (2016). „How to Think – and Not to Think – about Populism." *Comparative Politics Newsletter* 26 (2): 58-62.

Münger, Christof (2003). *Kennedy, die Berliner Mauer und die Kubakrise. Die westliche Allianz in der Zerreißprobe, 1961-1963.* Paderborn et al.: Ferdinand Schöningh.

Münkler, Herfried (2002). *Die neuen Kriege.* Reinbek bei Hamburg: Rowohlt.

Nabers, Dirk (2009). „Filling the Void of Meaning: Identity Construction in U.S. Foreign Policy After September 11, 2001." *Foreign Policy Analysis* 5 (2): 191-214.

Nachtwei, Winfried (2012). „Der Afghanistaneinsatz der Bundeswehr – Von der Friedenssicherung zur Aufstandsbekämpfung." In *Der Einsatz der Bundeswehr in Afghanistan. Sozial- und politikwissenschaftliche Perspektiven,* hrsg. v. Anja Seiffert, Phil C. Langer und Carsten Pietsch. Wiesbaden: VS Verlag für Sozialwissenschaften, 33-48.

Naidu, M.V. (2000). „The UN, NATO and Regional Conflicts: A Legal and Political Analysis." *Peace Research* 32 (1): 1-21.

NATO-PA (o. J.-a). *History.* NATO Parliamentary Assembly. www.nato-pa.int/content/history.

— (o. J.-b). *Functioning.* NATO Parliamentary Assembly. https://www.nato-pa.int/content/functioning.

NATO (1949a). *The North Atlantic Treaty.* NATO. Washington, D.C.

— (1949b). *The Strategic Concept for the Defence of the North Atlantic Area (D.C. 6).* NATO, zuletzt aktualisiert am 29.11.49. www.nato.int/docu/stratdoc/eng/a491129a.pdf.

— (1949c). *Strategic Concept for the Defence of the North Atlantic Area (D.C. 6/1).* NATO, zuletzt aktualisiert am 01.12.49. www.nato.int/docu/stratdoc/eng/a491201a.pdf.

— (1952). *NATO Strategic Guidance (MC 14.1).* NATO, zuletzt aktualisiert am 09.12.52. www.nato.int/docu/stratdoc/eng/a521209a.pdf.

— (1957). *Overall Strategic Concept for the Defence of the North Atlantic Treaty Organization Area (MC 14/2).* NATO, zuletzt aktualisiert am 23.05.57. www.nato.int/docu/stratdoc/eng/a570523a.pdf.

— (1968). *Overall Strategic Concept for the Defense of the North Atlantic Treaty Organization Area (MC 14/3).* NATO, zuletzt aktualisiert am 16.01.68. www.nato.int/docu/stratdoc/eng/a680116a.pdf.

— (1991). *Strategic Concept 1991.* NATO, zuletzt aktualisiert am 01.07.2022. www.nato.int/cps/en/natohq/official_texts_23847.htm.

– (1994). *Partnership for Peace: Framework Document.* NATO, zuletzt aktualisiert am 30.10.09. www.nato.int/cps/en/natolive/official_texts_24469.htm.
– (1996). *Final Communiqué – North Atlantic Council 3 June 1996.* NATO, zuletzt aktualisiert am 03.06.96. http://www.nato.int/docu/pr/1996/p96-063e.htm.
– (1997a). *Final Communiqué Ministerial Meeting of the North Atlantic Council held at NATO Headquarters, Brussels, on 16 December 1997.* NATO, zuletzt aktualisiert am 16.12.97. http://www.nato.int/docu/pr/1997/p97-155e.htm.
– (1997b). *Founding Act on Mutual Relations, Cooperation and Security between NATO and the Russian Federation signed in Paris, France.* NATO, zuletzt aktualisiert am 12.10.09. www.nato.int/cps/en/natohq/official_texts_25468.htm?selectedLocale=en.
– (1999). *Strategic Concept 1999.* NATO, zuletzt aktualisiert am 01.07.22. www.nato.int/cps/en/natohq/official_texts_27433.htm.
– (2000). *Supreme Allied Commander Europe (SACEUR).* NATO, zuletzt aktualisiert am 05.12.00. www.nato.int/cv/ace-k-p.pdf.
– (2001). *Invocation of Article 5 confirmed.* NATO, zuletzt aktualisiert am 03.10.01. www.nato.int/docu/update/2001/1001/e1002a.htm.
– (2003). *Financial and Economic Data relating to NATO Defence.* NATO, zuletzt aktualisiert am 14.06.10. www.nato.int/cps/en/natolive/news_20270.htm?mode=pressrelease.
– (2010). *Strategic Concept 2010.* NATO. www.nato.int/cps/en/natohq/topics_82705.htm.
– (2011a). *Factsheet: Operation UNIFIED PROTECTOR. Final Mission Stats.* NATO, zuletzt aktualisiert am 02.11.11. http://www.nato.int/nato_static/assets/pdf/pdf_2011_11/20111108_111107-factsheet_up_factsfigures_en.pdf.
– (2011b). *Factsheet: Operation UNIFIED PROTECTOR. Protection of Civilians and Civilian-Populated Areas & Enforcement of the No-Fly Zone.* NATO, zuletzt aktualisiert im Oktober 2011. http://www.nato.int/nato_static/assets/pdf/pdf_2011_10/20111005_111005-factsheet_protection_civilians.pdf.
– (2013). *NATO Archives Committee 2013 Historical Seminar „Forward Defence: NATO's Early Military Planning for Central Europe".* NATO. www.nato.int/nato_static/assets/pdf/pdf_archives/20140410_forward_defence_handout.pdf.
– (2014). *Wales Summit Declaration.* NATO, zuletzt aktualisiert am 05.09.14. https://www.nato.int/cps/en/natohq/official_texts_112964.htm.
– (2015a). *ISAF's mission in Afghanistan (2001-2014).* NATO, zuletzt aktualisiert am 01.09.15. www.nato.int/cps/en/natohq/topics_69366.htm.
– (2015b). *NATO and Libya.* NATO, zuletzt aktualisiert am 09.11.15. www.nato.int/cps/ic/natohq/topics_71652.htm.

– (2015c). *Mediterranean Dialogue.* NATO, zuletzt aktualisiert am 26.06.24. www.nato.int/cps/en/natohq/topics_60021.htm.
– (2016). *NATO – EU Relations.* NATO, zuletzt aktualisiert im Juli. www.nato.int/nato_static_fl2014/assets/pdf/pdf_2016_07/20160630_1607-factsheet-nato-eu-en.pdf.
– (2018a). *NATO's Enhanced Forward Presence.* NATO, zuletzt aktualsiert im Dezember. https://www.nato.int/nato_static_fl2014/assets/pdf/pdf_2018_12/20181205_1812-factsheet_efp_en.pdf.
– (2018b). *The NATO Command Structure.* NATO, zuletzt aktualisiert im Februar. https://www.nato.int/nato_static_fl2014/assets/pdf/pdf_2018_02/1802-Factsheet-NATO-Command-Structure_en.pdf.
– (2018c). *Trident Juncture 2018.* NATO, zuletzt aktualisiert am 29.10.18. www.nato.int/cps/en/natohq/157833.htm.
– (2019a). *Belgium, Czech Republic, Denmark take up NATO air-policing duties.* NATO, zuletzt aktualisiert am 03.09.19. www.nato.int/cps/en/natohq/news_168489.htm?selectedLocale=en.
– (2019b). *NATO an the INF Treaty.* NATO, zuletzt aktualisiert am 02.08.19. www.nato.int/cps/en/natohq/topics_166100.htm.
– (2021a). *Military organisation and structures.* NATO, zuletzt aktualisiert am 20.05.21. www.nato.int/cps/en/natohq/topics_49608.htm.
– (2021b). *Supreme Allied Commander Transformation (SACT).* NATO, zuletzt aktualisiert am 23.09.21. www.nato.int/cps/en/natohq/topics_50114.htm.
– (2021c). *NATO 2030 Factsheet.* Juni 2021. Brüssel: NATO Public Diplomacy Division. https://www.nato.int/nato_static_fl2014/assets/pdf/2021/6/pdf/2106-factsheet-nato2030-en.pdf.
– (2022a). *North Atlantic Cooperation Council (NACC).* NATO, zuletzt aktualisiert am 09.09.22. www.nato.int/cps/en/natolive/topics_69344.htm.
– (2022b). *Nuclear Planning Group (NPG).* NATO, zuletzt aktualisiert am 09.05.22. www.nato.int/cps/en/natohq/topics_50069.htm.
– (2022c). *NATO and Afghanistan.* NATO, zuletzt aktualisiert am 31.08.2022. www.nato.int/cps/en/natohq/topics_8189.htm.
– (2022d). *Resolute Support Mission in Afghanistan.* NATO, zuletzt aktualisiert am 30.05.22. www.nato.int/cps/en/natohq/topics_113694.htm.
– (2022e). *NATO Defence Planning Process.* NATO, zuletzt aktualisiert am 28.06.18. www.nato.int/cps/ua/natohq/topics_49202.htm.
– (2022f). *NATO 2022 Strategic Concept.* https://www.nato.int/cps/en/natohq/topics_210907.htm.

– (2022g). *NATO's eastern flank: stronger defence and deterrence.* NATO, zuletzt aktualisiert im Juni. https://www.nato.int/nato_static_fl2014/assets/pdf/2022/3/pdf/2203-map-det-def-east.pdf.
– (2022h). *Factsheet NATO's Foreward Presence.* NATO, zuletzt aktualisiert im November. https://shape.nato.int/resources/site16187/General/factsheets/221128-factsheet-efp_en.pdf.
– (2022i). *Infographic New NATO Force Model.* NATO, zuletzt aktualisiert am 29. Juni. https://www.nato.int/nato_static_fl2014/assets/pdf/2022/6/pdf/220629-infographic-new-nato-force-model.pdf.
– (2022j). *Madrid Summit Declaration.* NATO, zuletzt aktualisiert am 29. Juni. https://www.nato.int/cps/en/natohq/official_texts_196951.htm.
– (2023a). *Operation Sea Guardian.* NATO, zuletzt aktualisiert am 26.05.23. www.nato.int/cps/en/natohq/topics_136233.htm.
– (2023b). *Committees.* NATO, zuletzt aktualisiert am 03.08.24. www.nato.int/cps/en/natohq/topics_49174.htm.
– (2023c). *Relations with the Republic of Moldova.* NATO, zuletzt aktualisiert am 26.05.23. www.nato.int/cps/en/natohq/topics_49727.htm.
– (2023d). *Alliance Ground Surveillance (AGS).* NATO, zuletzt aktualisiert am 04.09.23. www.nato.int/cps/en/natolive/topics_48892.htm.
– (2023e). *AWACS: NATO's ‚eyes in the sky'.* NATO, zuletzt aktualisiert am 14.11.23. www.nato.int/cps/en/natolive/topics_48904.htm.
– (2023f). *Ballistic missile defence.* NATO, zuletzt aktualisiert am 26.07.23. www.nato.int/cps/en/natohq/topics_49635.htm.
– (2023g). *Collective defence and Article 5.* NATO, zuletzt aktualisiert am 04.07.23. www.nato.int/cps/en/natohq/topics_110496.htm.
– (2023h). *Operations and missions: past and present.* NATO, zuletzt aktualisiert am 10.07.23. www.nato.int/cps/en/natohq/topics_52060.htm.
– (2023i). *NATO Response Force.* NATO, zuletzt aktualisiert am 27. Juli. https://www.nato.int/cps/en/natohq/topics_49755.htm.
– (2023j). NATO's role in Kosovo. NATO, zuletzt aktualisiert am 20. November. https://www.nato.int/cps/en/natohq/topics_48818.htm.
– (2024a). *NATO agencies.* NATO, zuletzt aktualisiert am 19.06.2024. www.nato.int/cps/en/natohq/topics_66470.htm.
– (2024aa). *NATO's military presence in the east of the Alliance.* NATO, zuletzt aktualisiert am 8. Juli. https://www.nato.int/cps/en/natohq/topics_136388.htm.
– (2024ab). Steadfast Defender 24. NATO, Exercises, zuletzt aktualisiert am 8. März. https://www.nato.int/cps/en/natohq/222847.htm.

– (2024ac). *Washington Summit Declaration.* NATO, zuletzt aktualisiert am 10. Juli. https://www.nato.int/cps/en/natohq/official_texts_227678.htm.
– (2024ad). *The Secretary General's Annual Report 2023.* NATO, zuletzt aktualisiert am 14. März. https://www.nato.int/cps/en/natohq/opinions_223291.htm.
– (2024b). *Partnership programmes and tools.* NATO, zuletzt aktualisiert am 27.06.24. www.nato.int/cps/en/natohq/topics_80925.htm.
– (2024c). *Euro-Atlantic Partnership Council.* NATO, zuletzt aktualisiert am 03.07.24. www.nato.int/cps/en/natohq/topics_49276.htm.
– (2024d). *International Military Staff.* NATO, zuletzt aktualisiert am 21.05.24. www.nato.int/cps/en/natohq/topics_64557.htm?.
– (2024e). *International Staff.* NATO, zuletzt aktualisiert am 28.03.24. www.nato.int /cps/ic/natohq/topics_58110.htm.
– (2024f). *NATO Bodies.* NATO, zuletzt aktualisiert am 16.01.24. www.nato.int/cps/ en/natohq/141649.htm.
– (2024g). *North Atlantic Council.* NATO, zuletzt aktualisiert am 21.03.24. www.nato.int/cps/ic/natohq/topics_49763.htm.
– (2024h). *Allied Command Transformation.* NATO, zuletzt aktualisiert am 25.04.24. www.nato.int/cps/en/natohq/topics_52092.htm.
– (2024i). *NATO-Ukraine Council.* NATO, zuletzt aktualisiert am 13. Mai 2024. http s://www.nato.int/cps/en/natohq/topics_217652.htm.
– (2024j). *Funding NATO.* NATO, zuletzt aktualisiert am 10.07.24. www.nato.int/cp s/en/natohq/topics_67655.htm.
– (2024k). *Information on defence expenditures.* NATO, zuletzt aktualisiert am 18.06.24. www.nato.int/cps/en/natohq/topics_49198.htm.
– (2024l). *Istanbul Cooperation Initiative.* NATO, zuletzt aktualisiert am 26.07.24. w ww.nato.int/cps/en/natohq/topics_58787.htm.
– (2024m). *Member countries.* NATO, zuletzt aktualisiert am 11.03.24. www.nato.in t/cps/en/natolive/topics_52044.htm.
– (2024n). *Military Committee.* NATO, zuletzt aktualisiert am 21.05.24. www.nato. int/cps/en/natohq/topics_49633.htm.
– (2024o). *NATO-Russia Council.* NATO, zuletzt aktualisiert am 25.07.24. www.nato .int/cps/en/natohq/topics_50091.htm.
– (2024p). *Relations with Russia.* NATO, zuletzt aktualisiert am 25.07.24. www.nato.int/cps/en/natolive/topics_50090.htm.
– (2024q). *Relations with Ukraine.* NATO, zuletzt aktualisiert am 19.07.2024. www.n ato.int/cps/en/natolive/topics_37750.htm.
– (2024r). *Membership Action Plan (MAP).* NATO, zuletzt aktualisiert am 28.03.24. w ww.nato.int/cps/en/natolive/topics_37356.htm.

– (2024s). *NATO Organization.* NATO, zuletzt aktualisiert am 31.01.24. www.nato.int/cps/en/natohq/structure.htm.
– (2024t). *Partners.* NATO, zuletzt aktualisiert am 07.03.24. www.nato.int/cps/en/natohq/51288.htm.
– (2024u). *Partnership for Peace programme.* NATO, zuletzt aktualisiert am 28.06.24. www.nato.int/cps/en/natohq/topics_50349.htm.
– (2024v). *Relation with Bosnia and Herzegovina.* NATO, zuletzt aktualisiert am 30.01.24. www.nato.int/cps/en/natohq/topics_49127.htm.
– (2024w). *Signatures of Partnership for Peace Framework Document.* NATO, zuletzt aktualisiert am 07.03.24. www.nato.int/cps/en/natohq/topics_82584.htm.
– (2024x). *NATO Secretary General.* NATO, zuletzt aktualisiert am 18.08.23. www.nato.int/cps/ic/natohq/topics_50094.htm.
– (2024y). *The Substantial NATO-Georgia Package. Factsheet.* NATO, zuletzt aktualisiert im April. https://www.nato.int/topics/nlo-georgia/Factsheet-Georgia-Substantial-NATO-Georgia-Package-overview.pdf.
– (2024z). *NATO Mission Iraq.* NATO, zuletzt aktualisiert am 27. Mai. https://www.nato.int/cps/en/natohq/topics_166936.htm.
– (o. J.-a). *Brussels Treaty.* www.nato.int/ebookshop/video/declassified/doc_files/Brussels%20Treaty.pdf.
– (o. J.-b). *The Cold War. Defence and Deterrence.* NATO. www.nato.int/cps/fr/natohq/declassified_138256.htm.
– (o. J.-c). *NATO 2030: Making a Strong Alliance Even Stronger.* NATO. https://www.nato.int/nato2030/index.html.
– (o. J.-d). *What is NATO?* NATO www.nato.int/nato-welcome/index.html.
NATO ACO (2019). *JFC Norfolk formally activiated by NAC.* Allied Command Operations, zuletzt aktualisiert am 30.07.19. https://shape.nato.int/news-archive/2019/jfcnorfolk-formally-activated-by-nac.
– (2019). *JFC Norfolk formally activiated by NAC.* NATO, Allied Command Operations, zuletzt aktualisiert am 30.07.19. https://shape.nato.int/news-archive/2019/jfc-norfolk-formally-activated-by-nac.
– (2024a). *NATO Exercises.* NATO, Allied Command Operations, zuletzt aktualisiert am 29.07.24. https://shape.nato.int/nato-exercises.
– (2024b). *NATO Security Assistance and Training for Ukraine.* NATO, SHAPE, zuletzt aktualisiert am 11. Juli. https://shape.nato.int/news-archive/2024/nato-security-assistance-and-training-ukraine-nsatu-is-assisting-ukraine.
– (2024c). *Stand up of Allied Reaction Force marks a new era for NATO.* NATO, SHAPE, Newsroom, zuletzt aktualisiert am 1. Juli. https://shape.nato.int/news-archive/2024/stand-up-of-allied-reaction-force-marks-a-new-era-for-nato.

– (o. J.-a). *Operations.* NATO, Allied Command Operations. https://shape.nato.int/operations.

– (o. J.-b). *Command Group.* NATO, Allied Command Operations. https://shape.nato.int/about/leadership-staff/command-group.

– (o. J.-c). *Supreme Headquarters Allied Powers Europe.* NATO, Allied Command Operations. https://shape.nato.int/.

– (o. J.-d). *NATO's Operations 1949 – Present.* Allied Command Operations, zuletzt aktualisiert am 22.01.10. https://shape.nato.int/resources/21/NATO%20Operations,%201949-Present.pdf.

– (o. J.-e). *Former SACEURs.* NATO, Allied Command Operations. https://web.archive.org/web/20130225064157/http:/www.aco.nato.int/page61411944.aspx.

– (o. J.-f). *Cyber Defence.* NATO, Allied Command Operations. https://shape.nato.int/about/aco-capabilities2/cyber-defence.

NATO ACT (o. J.-a). *List of Supreme Allied Commanders Atlantic.* NATO, Allied Command Transformation. www.act.nato.int/list-of-supreme-allied-commanders-atlantic.

– (o. J.-b). *Our Work.* NATO, Allied Command Transformation. https://www.act.nato.int/our-work/.

NATO AIRCOM (o. J.). *Allied Air Command.* NATO. https://ac.nato.int/page5931922/-nato-air-policing.aspx.

NATO JFC Brunssum (o. J.). *Mission.* NATO. https://jfcbs.nato.int/page5815856.aspx.

NATO JFC Naples (o. J.-a). *KFOR.* NATO. https://jfcnaples.nato.int/kfor/about-us.

– (o. J.-b). *Mission.* NATO. https://jfcnaples.nato.int/page631257.aspx.

NATO JSEC (2019). *Joint Support and Enabling Command.* NATO. https://jsec.nato.int/.

Navari, Cornelia (2013). „Liberalisms." In *Security Studies. An Introduction*, hrsg. v. Paul D. Williams. London and New York: Routledge, 32-47.

Niedhart, Gottfried (2014). *Entspannung in Europa, Die Bundesrepublik Deutschland und der Warschauer Pakt 1966 bis 1975.* München: Oldenbourg.

Notin, Jean-Christophe (2012). *La vérité sur notre guerre en Libye.* Paris: Fayard.

Nötzel, Timo und Benjamin Schreer (2009). „Does a multi-tier NATO matter? The Atlantic alliance and the process of strategic change." *International Affairs* 85 (2): 211-226.

NSPA (o. J.). *Strategic Airlift Capability (SAC).* NATO Support and Procurement Agency. https://www.nspa.nato.int/about/namp/sac.

Nuti, Leopoldo, Frédéric Bozo, Marie-Pierre Rey und Bernd Rother, Hrsg. (2015). *The Euromissile Crisis and the End of the Cold War.* Stanford (CA): Stanford University Press.

– (2024). „NATO, Arms Control and Non-Proliferation." In *Routledge Handbook of NATO*, hrsg. v. John Andreas Olsen. London and New York: Routledge, 106-118.
Nye, Joseph S. (2003a). *Das Paradox der amerikanischen Macht. Warum eine Weltmacht Verbündete braucht.* Hamburg: Europäische Verlagsanstalt.
– (2003b). „U.S. Power and Strategy After Iraq." *Foreign Affairs* 82 (4): 60-73.
Nye, Joseph S. Jr. (2002). „The American National Interest and Global Public Goods." *International Affairs* 78 (2): 233-244.
O'Hanlon, Michael E. (2014). *NATO After Crimea. How the Alliance Can Still Deter Russia.* Foreign Affairs, zuletzt aktualisiert am 17.04.14. www.foreignaffairs.com/articles/baltics/2014-04-17/nato-after-crimea.
Obama, Barack (2011-11-17). *Remarks By President Obama to the Australian Parliament.* Canberra.
Ojanen, Hanna, Gunilla Herolf und Rutger Lindahl (2000). *Non-Alignment and European Secuity Policy. Ambiguity at Work.* Helsinki: Finnish Institute of International Affairs.
Oliker, Olga (2019). *The End of INF.* Valdai Discussion Club, zuletzt aktualisiert am 21.01.19. https://valdaiclub.com/a/highlights/the-end-of-inf/.
Olsen, Gorm Rye (2024). „The Rumours of the Crisis of Liberal Interventionism Are Greatly Exaggerated." *Politics and Governance* 12 (Special Issue *From Kabul to Kyiv: The Crisis of Liberal Interventionism and the Return of War*): https://doi.org/10.17645/pag.7352.
Onderco, Michal (2017). „Why nuclear weapon ban treaty is unlikely to fulfil its promise." *Global Affairs* 3 (4-5): 391-404.
– (2020). „Nuclear Ban Treaty: Sand or Grease for the NPT?" In *Non-Nuclear Peace. Beyond the Nuclear Ban Treaty*, hrsg. v. Tom Sauer, Jorg Kustermans und Barbara Segaert. Cham: Palgrave Macmillan, 131-148.
– (2021). *Networked Nonproliferation. Making the NPT Permanent.* Stanford (CA): Stanford University Press.
Onuf, Nicholas Greenwood (2013 [1989]). *World of our making: rules and rule in social theory and international relations.* Columbia: University of South Carolina Press.
Orlow, A. (1999). „Die Suezkrise: Ihre Rolle in der sowjetisch-amerikanischen Konfrontation." In *Das internationale Krisenjahr 1956. Polen, Ungarn, Suez*, hrsg. v. Winfried Heinemann und Norbert Wiggershaus. München: Oldenbourg, 219-233.
Ostermann, Falk (2015). „The end of ambivalence and the triumph of pragmatism: the renewal of Franco-British security and defence cooperation in the light of European and Atlantic defence policy traditions." *International Relations* 29 (3): 334-347.

— (2016). „The discursive construction of intervention: selves, democratic legacies, and Responsibility to Protect in French discourse on Libya." *European Security* 25 (1): 72-91.

— (2019a). „A New Defense Policy Yet to Come. Two Remarks on the Current State of CSDP." *Verfassungsblog. On Matters Constitutional*, 27.03.19. https://verfassungsblog.de/a-new-defense-policy-yet-to-come/

— (2019b). *Security, Defense Discourse and Identity in NATO and Europe. How France Changed Foreign Policy*. London and New York: Routledge.

— (2023). „Cohesion through identity." In *Research Handbook on NATO*, hrsg. v. Sebastian Mayer. Cheltenham und Northampton (MA): Edward Elgar, 400-414.

Ostermann, Falk, Florian Böller, Flemming Juul Christiansen, Fabrizio Coticchia, Daan Fonck, Anna Herranz-Surralles, Juliet Kaarbo, Kryštof Kučmáš, Michal Onderco, Rasmus Brun Pedersen, Tapio Raunio, Yf Reykers, Michal Smetana, Valerio Vignoli und Wolfgang Wagner (2020). „Voting on the Use of Armed Force: Challenges of Data Indexing, Classification, and the Value of a Comparative Agenda." In *Research Methods in Defence Studies. A Multidisciplinary Overview*, hrsg. v. Delphine Deschaux-Dutard. London and New York: Routledge, 170-188.

Ostermann, Falk und Bernhard Stahl (2022). „Theorizing Populist Radical-Right Foreign Policy: Ideology and Party Positioning in France and Germany." *Foreign Policy Analysis* 18"(3): orac006.

Overhaus, Marco (2009). *Die deutsche NATO-Politik. Vom Ende des Kalten Kriegs bis zum Kampf gegen den Terrorismus*. Baden-Baden: Nomos.

Owen, John M. (1994). „How Liberalism Produces Democratic *Peace." International Security 19 (2): 87-125.*

Paikin, Zachary (2023). „The war in Ukraine and the Dawn of Russian Revisionism: An English School Approach." *International Journal: Canada's Journal of Global Policy Analysis* 78 (4): 539-555

Palickova, Agata (2019). *15 countries, and counting, revoke recognition of Kosovo, Serbia says*. euractiv.com, zuletzt aktualisiert am 27.08.19. www.euractiv.com/section/enlargement/news/15-countries-and-counting-revoke-recognition-of-kosovo-serbia-says/.

Pannier, Alice (2017a). „From one exceptionalism to another: France's strategic relations with the United States and the United Kingdom in the post-Cold War era." *Journal of Strategic Studies* 40 (4): 475-504.

— *(2017b). Macron's ‚European Intervention Initiative': More Questions than Answers.* European Leadership Network, zuletzt aktualisiert am 23.11.17. www.europeanleadershipnetwork.org/commentary/macrons-european-intervention-initiative-more-questions-than-answers/.

Papenroth, Thomas (2004). *Der NATO-Mittelmeerdialog: Istanbul und danach.* Berlin: Stiftung Wissenschaft und Politik. www.swp-berlin.org/fileadmin/contents/products/aktuell/aktuell2004_28_ppr_ks.pdf.

— (2005). *Eine neue Rolle der NATO in der Mittelmeerregion?* Berlin: Stiftung Wissenschaft und Politik. www.swp-berlin.org/fileadmin/contents/products/arbeitspapiere/dp_ppr_natoimmittelmeer_ks.pdf.

Passarelli, Gianluca (2015). „Populism and the Lega Nord." In *The Oxford Handbook of Italian Politics,* hrsg. v. Erik Jones und Gianfranco Pasquino. Oxford: Oxford University Press, 225-235.

Paulauskas, Kęstutis (2024). „NATO and the Eastern Flank." In *Routledge Handbook of NATO,* hrsg. v. John Andreas Olsen. London and New York: Routledge, 289-301.

Pedlow, Gregory W. (1997). *NATO Strategy Documents 1949-1969.* Brussels: NATO.

Pennisi di Floristella, Angela (2020). „Security cooperation in and with Asia: towards a pragmatic turn in the EU's security policy?" *European* 29 (2): 170-188.

Peral, Luis (2009). „The EU Police Mission in Afghanistan (EUPOL Afghanistan)." In *European Security and Defence Policy. The First 10 Years (1999-2009),* hrsg. v. Giovanni Grevi, Damien Helly und Daniel Keohane. Paris: European Union Institute for Security Studies, 325-337.

Pesu, Matti und Tuomas Iso-Markku (2022). *Finland as a NATO Ally. First Insights into Finnish Alliance Policy.* FIIA Finnish Foreign Policy Paper 9, 15. Dezember. Helsinki: Finnish Institute of International Affairs. https://www.fiia.fi/en/publication/finland-as-a-nato-ally.

Peters, Dirk, Katja Freistein und Julia Leininger (2012). „Theoretische Grundlagen zur Analyse internationaler Organisationen." In *Handbuch Internationale Organisationen. Theoretische Grundlagen und Akteure,* hrsg. von Katja Freistein und Julia Leininger, München: Oldenbourg, 3-27.

Petersen, Friis Arne, Hans Binnendijk, Charles Barry und Peter Lehmann Nielsen (2010). „Implementing NATO's Comprehensive Approach to Complex Operations." In *NATO in Search of a Vision,* hrsg. v. Gülnur Aybet und Rebecca R. Moore. Washington D.C.: Georgetown University Press, 75-98.

Peterson Ulrich, Marybeth (2003). „The New NATO and Central and Eastern Europe: Managing European Security in the Twenty-First Century." In *Almost NATO. Partners and Players in Central an Eastern European Security,* hrsg. v. Charles Krupnick. Lanham (MD): Rowman & Littlefield, 17-46.

Phythian, Mark und David Strachan-Morris (2024). "Intelligence & the Russo-Ukrainian War: Introduction to the Special Issue." *Intelligence and National Security* 39 (3): 377–85.

Pifer, Steven (2017). „How to get Moscow back to compliance with the INF Treaty." *Order from Chaos,* 26.04.17. www.brookings.edu/blog/order-from-chaos/2017/04/26/how-to-get-moscow-back-to-compliance-with-inf-treaty/.

– (2023). „The US and Russia must re-assess their strategic relations in a world without New START." *Bulletin of the Atomic Scientists,* zuletzt aktualisiert am 13. Juni. https://thebulletin.org/2023/06/the-us-and-russia-must-re-assess-their-strategic-relations-in-a-world-without-new-start/.

Pillai, Helmi (2022). *A New Era of Finnish Foreign Policy Begins.* CER Insight, 19. Dezember. London, Brüssel und Berlin: Centre for European Reform. https://www.cer.eu/insights/new-era-finnish-foreign-policy-begins?mc_cid=2c141ff58a&mc_eid=f207619d65.

Plagemann, Johannes und Sandra Destradi (2019). „Populism and Foreign Policy: The Case of India." *Foreign Policy Analysis* 15 (2): 283-301.

Plehwe, Dieter (2016). „Alternative für Deutschland? Europäische und transatlantische Dimensionen des neuen Rechtsliberalismus." In *Die Alternative für Deutschland. Programmatik, Entwicklung und politische Verortung,* hrsg. v. Alexander Häusler. Wiesbaden: Springer VS, 53-66.

Pleyer, Severin (2023). „Die nukleare Teilhabe und nukleare Bedrohung Deutschlands." In *Deutschlands Verteidigungspolitik. Nationale Sicherheit nach der Zeitenwende,* hrsg. v. Malte Riemann und Georg Löfflmann. Stuttgart: Kohlhammer, 59-70

Poppe, Sandra, Thorsten Schüller und Sascha Seiler (2009). *9/11 als kulturelle Zäsur. Repräsentationen des 11. September 2001 in kulturellen Diskursen, Literatur und visuellen Medien.* Bielefeld: transcript.

Posen, Barry R. (1984). *The Sources of Military Doctrine: France, Britain, and Germany between the World Wars.* Ithaca (NY): Cornell University Press.

– (2014). *Restraint. A New Foundation for U.S. Grand Strategy.* Ithaca (NY) and London: Cornell University Press.

– (2018). „The Rise of Illiberal Hegemony." *Foreign Affairs* 97 (2): 20-27.

Pouliot, Vincent (2006). „The Alive and Well Transatlantic Security Community: A Theoretical Reply to Michael Cox." *European Journal of International Relations* 12 (1): 119-127.

– (2010). *International Security in Practice. The Politics of NATO-Russia Diplomacy.* Cambridge, New York et al.: Cambridge University Press.

– (2016). *International Pecking Orders. The Politics and Practice of Multilateral Diplomacy.* Cambridge (UK): Cambridge University Press.

Pradetto, August (1997). „Einleitung: Nationale Sicherheit, NATO-Osterweiterung und neue europäische Ordnung. Perzeptionen und Strategien maßgeblicher Akteure." In *Ostmitteleuropa, Rußland und die Osterweiterung der NATO: Perzeptionen und Strategien im Spannungsfeld nationaler und europäischer Sicherheit*, hrsg. v. August Pradetto. Opladen: Westdeutscher Verlag, 9-39.

— (2015). „R2P, der Regimewechsel in Libyen und die Nichtintervention in Syrien: Durchbruch oder Sargnagel für die Schutzverantwortung?" In *Schutzverantwortung in der Debatte. Die „Responsibility to Protect" nach dem Libyen-Dissens*, hrsg. v. Michael Staack und Dan Krause. Opladen, Berlin and Toronto: Barbara Budrich, 15-54.

Preble, Christopher (2005). „The Bush Doctrine and ‚Rogue' States." *Foreign Service Journal* (October): 25-30.

President of the United States (2002). *The National Security Strategy of the United States of America.* Washington D.C.

Prystrom, Janusz (1997). „Polen zwischen der NATO und Rußland: Bedrohungswahrnehmung und Sicherheitsstrategien." In *Ostmitteleuropa, Rußland und die Osterweiterung der NATO: Perzeptionen und Strategien im Spannungsfeld nationaler und europäischer Sicherheit*, hrsg. v. August Pradetto. Opladen: Westdeutscher Verlag, 101-128.

Pugnet, Aurélie (2024). *Sorge vor Trump: NATO erwägt 100-Millionen-Fonds für Ukraine und mehr Kontrolle.* Euractiv.com, zuletzt aktualisiert am 3. April. https://www.euractiv.de/section/eu-aussenpolitik/news/sorge-vor-trump-nato-erwaegt-100-millionen-fonds-fuer-ukraine-und-mehr-kontrolle/.

Putin, Vladimir (2022). *Address by the President of the Russian Federation*, zuletzt aktualisiert am 21. Februar. Moskau: Kreml. http://en.kremlin.ru/events/president/news/67828.

Raflik, Jenny (2011). „The Fourth Republic and NATO, 1946–1958: alliance partnership or idiosyncratic nationalism?" *Journal of Transatlantic Studies* 9 (3): 207-219.

Rat der Europäischen Union (2024a). *Die EU-Sanktionen gegen Russland im Detail*, zuletzt aktualisiert am 27. Juni. Brüssel: Europäische Union. https://europa.eu/!9VNjck.

— (2024b). *Timeline - EU sanctions against Russia*, zuletzt aktualisiert am 5. Juli. Brüssel: Europäische Union. https://europa.eu/!xfnctj.

Ratti, Luca (2013). „NATO–Russia Relations after 9/11: New Challenges, Old Issues." In *NATO beyond 9/11. The Transformation of the Atlantic Alliance*, hrsg. v. Ellen Hallams, Luca Ratti und Benjamin Zyla. Houndmills and New York: Palgrave Macmillan, 258-277.

Rauch, Andreas M. (2009). „Die sicherheitspolitische Bedeutung von UNPROFOR, IFOR, SFOR und EUFOR im Kontext des Balkan-Konflikts." In *Armee im Einsatz:*

Grundlagen, Strategien und Ergebnisse einer Beteiligung der Bundeswehr, hrsg. v. Hans J. Gießmann und Armin Wagner. Baden-Baden: Nomos, 300-308.

Ray, Michael (2023). *Strategic Arms Limitation Talks.* Encyclopaedia Britannica, zuletzt aktualisiert am 01.04.23. www.britannica.com/event/Strategic-Arms-Limitation-Talks.

Reichwein, Alexander (2011). „Ideologie und Außenpolitik: Die Neokonservativen und der 11. September." In *Die Welt nach 9/11. Auswirkungen des Terrorismus auf Staatenwelt und Gesellschaft*, hrsg. v. Thomas Jäger. Wiesbaden: VS Verlag für Sozialwissenschaften, 53-79.

– (2012). „The Tradition of Neoclassical Realism." In *Neoclassical Realism in European Politics: Bringing Power Back in*, hrsg. v. Aslan Toje und Barbara Kunz. Manchester: Manchester University Press, 30-60.

Reichwein, Alexander und Felix Rösch, Hrsg. (2021). *Realism. A Distinctively 20th Century European Tradition.* Cham: Springer.

Reif, Kingston (2018). *Trump to Withdraw U.S. From INF Treaty.* Arms Control Association, zuletzt aktualisiert im November 2018. www.armscontrol.org/act/2018-11/news/trump-withdraw-us-inf-treaty.

Reinold, Theresa (2010). „The responsibility to protect – much ado about nothing?" *Review of International Studies* 36 (Supplement S1): 55-78.

Reisinger, Heidi und Aleksandr Golts (2014). *Russia's Hybrid Warfare. Waging War below the Radar of Traditional Collective Defence.* Rome: NATO Defence College. www.ndc.nato.int/news/news.php?icode=732.

Rémy, Jean-Philippe (2011). „Sept mois de combats jusqu'à Tripoli." *Le Monde*, 28-29.08.11, 6-7.

Rhodes, James und Natalie-Anne Hall (2020). „Racism, nationalism and the politics of resentment in contemporary England." In *Routledge International Handbook of Contemporary Racisms*, hrsg. v. John Solomos. London and New York: Routledge, 284-300.

Riddervold, Marianne und Akasemi Newsome (2018). „Transatlantic relations in times of uncertainty: crises and EU-US relations." *Journal of European Integration* 40 (5): 505-521.

Riemann, Malte und Georg Löfflmann, Hrsg. (2023). *Deutschlands Verteidigungspolitik. Nationale Sicherheit in der Zeitenwende.* Stuttgart: Kohlhammer.

Ringsmose, Jens (2016). „NATO: a public goods provider." In *Theorising NATO. New perspectives on the Atlantic alliance*, hrsg. v. Mark Webber und Adrian Hyde-Price. London and New York: Routledge, 201-222.

Ringsmose, Jens und Sten Rynning (2011). „Introduction: Taking Stock of NATO's New Strategic Concept" In *NATO's New Strategic Concept: A Comprehensive*

Assessment, hrsg. v. Jens Ringsmose und Sten Rynning. Copenhagen: Danish Institute for International Studies, 7-22. www.econstor.eu/bitstream/10419/59845/1/656748095.pdf.

Risse-Kappen, Thomas (1994). „Ideas do not Float Freely: Transnational Coalitions, Domestic Structures, and the End of the Cold War." *International Organization* 48 (2): 185-214.

— (1996). „Collective Identity in a Democratic Community: The Case of NATO." In *The Culture of National Security. Norms and Identity in World Politics*, hrsg. v. Peter J. Katzenstein. New York: Columbia University Press, 357-399.

Risse, Thomas (1999). „Identitäten und Kommunikationsprozesse in der internationalen Politik – Sozialkonstruktivistische Perspektive zum Wandel in der Außenpolitik." In *Außenpolitischer Wandel in theoretischer und vergleichender Perspektive: Die USA und die Bundesrepublik Deutschland*, hrsg. v. Monika Medick-Krakau. Baden-Baden: Nomos, 33-60.

— (2003). „Beyond Iraq: The Crisis of the Transatlantic Security Community." *Die Friedens-Warte* 78 (2-3): 173-194.

— (2007). „Deutsche Außenpolitik und Identität." In *Handbuch zur deutschen Außenpolitik*, hrsg. v. Siegmar Schmidt, Gunther Hellmann und Reinhard Wolf. Wiesbaden: VS Verlag für Sozialwissenschaften, 49-61.

Rissman, Kelly (2023). *Trump finally reveals how he thinks he could end Russia's war in Ukraine in a day.* The Independent, zuletzt aktualisiert am 18. Juli. https://www.independent.co.uk/news/world/americas/us-politics/donald-trump-russia-ukraine-war-b2377077.html.

Ritchie, Nick (2014). „Waiting for Kant: devaluing and delegitimizing nuclear weapons." *International Affairs* 90 (3): 601-623.

— (2019). „Inventing nuclear disarmament." *Critical Studies on Security* 7 (1): 73-77.

Ritchie, Nick und Kjølv Egeland (2018). „The diplomacy of resistance: power, hegemony and nuclear disarmament." *Global Change, Peace & Security* 30 (2): 121-141.

Rittberger, Volker, Bernhard Zangl, Andreas Kruck und Hylke Dijkstra (2019). *International organization.* 3. Ausg. Basingstoke: Palgrave.

Roberts, Dan, Sabrina Siddiqui, Ben Jacobs und Spencer Ackerman (2016). *Donald Trump to Russia: hack and publish Hillary Clinton's ‚missing' emails.* The Guardian, zuletzt aktualisiert am 27.07.16. www.theguardian.com/us-news/2016/jul/27/donald-trump-russia-hillary-clinton-emails-dnc-hack.

Rohde, Achim (2020). *Irak.* Kriege und Konflikte, zuletzt aktualisiert am 24. September. Bonn: Bundeszentrale für politische Bildung. https://www.bpb.de/themen/kriege-konflikte/dossier-kriege-konflikte/54603/irak/.

Roloff, Ralf (2007). „Organisation für Sicherheit und Zusammenarbeit in Europa." In *Handbuch zur deutschen Außenpolitik*, hrsg. v. Siegmar Schmidt, Gunther Hellmann und Reinhard Wolf. Wiesbaden: VS Verlag für Sozialwissenschaften, 779-787.

Rösch, David J. (2016). „The Kids Are Alright: Neorealism and U.S. NATO Policy after the Cold War." PhD Thesis, Faculty of Economics and Social Sciences, Heidelberg University.

Rose, Gideon (1998). „Neoclassical Realism and Theories of Foreign Policy." Review von The Perils of Anarchy: Contemporary Realism and International Security, Michael E. Brown; Useful Adversaries: Grand Strategy, Domestic Mobilization, and Sino-American Conflict, 1947-1958, Thomas J. Christensen; Deadly Imbalances: Tripolarity and Hitler's Strategy of World Conquest, Randall L. Schweller; The Elusive Balance: Power and Perceptions during the Cold War, William Curti Wohlforth; From Wealth to Power: The Unusual Origins of America's World Role, Fareed Zakaria. *World Politics* 51 (1): 144-172.

Rosiny, Stephan und Thomas Richter (2016). „Der Arabische Frühling und seine Folgen." *Informationen zur politischen Bildung* (331): 68-81.

Ruggie, John Gerard (1998). „What Makes the World Hang Together? Neo-Utilitarianism and the Social Constructivist Challenge." *International Organization* 52 (4): 855-885.

Rühe, Volker (2011). „Deutschland im Abseits." *Frankfurter Allgemeine Zeitung*, 16.05.11, 7.

Rühl, Lothar (1997). „Die Zukunft des französischen Nuklearpotentials: Nationale Verfügungsgewalt, Einbettung in die NATO oder Europäisierung?" In *Die verhinderte Großmacht. Frankreichs Sicherheitspolitik nach dem Ende des Ost-West-Konflikts*, hrsg. v. Hans W. Maull, Michael Meimeth und Christoph Neßhöver. Opladen: Leske + Budrich, 129-148.

— (2011). „Die Abzugsperspektive." *In Zehn Jahre Deutschland in Afghanistan*, hrsg. v. Klaus Brummer und Stefan Fröhlich. Wiesbaden: VS Verlag für Sozialwissenschaften, 299-310.

Rühle, Michael (2013). „Reflections on 9/11: A View from NATO." In *NATO beyond 9/11. The Transformation of the Atlantic Alliance*, hrsg. v. Ellen Hallams, Luca Ratti und Benjamin Zyla. Houndmills and New York: Palgrave Macmillan, 54-66.

— (2023). „NATO's Fragile Rejuvenation" *Internationale Politik Quarterly*, zuletzt aktualisiert am 27. Oktober. https://ip-quarterly.com/en/natos-fragile-rejuvenation?mc_cid=792ef479e1&mc_eid=f207619d65.

— (2024). „Emerging Security Challenges." In *Routledge Handbook of NATO*, hrsg. v. John Andreas Olsen. London and New York: Routledge, 370-382.

Ruiz Palmer, Diego A. (2024). „NATO's Military Transformations, 1949-2024." In *Routledge Handbook of NATO*, hrsg. v. John Andreas Olsen. London and New York: Routledge, 79-92.

Ruohonen, Anna (2014). „Gendering NATO. A Feminist Analysis of a Military Organization." PhD, University of Lapland.

Russett, Bruce M., Thomas Risse-Kappen und John J. Mearsheimer (1990). „Back to the Future, Part III: Realism and the Realities of European Security." *International Security* 15 (3): 216-222.

Rynning, Sten (2015). „The false promise of continental concert: Russia, the West and the necessary balance of power." *International Affairs* 91 (3): 539-552.

– (2017). „Still Learning? NATO's Afghan Lessons beyond the Ukraine Crisis." In *NATO's Return To Europe. Engaging Ukraine, Russia, and Beyond*, hrsg. v. Rebecca R. Moore und Damon Coletta. Washington, D.C.: Georgetown University Press, 113-134.

– (2024). „NATO, 2014-2024." In Routledge Handbook of NATO, hrsg. v. John Andreas Olsen. London and New York: Routledge, 65-76.

Saakashvili, Mikheil (2019). *Russia's Next Land Grab Won't Be in an Ex-Soviet State. It Will Be in Europe.* Foreign Policy, zuletzt aktualisiert am 15.03.19. https://foreignpolicy.com/2019/03/15/russias-next-land-grab-wont-be-in-an-ex-soviet-state-it-will-be-in-europe-putin-saakashvili-sweden-finland-arctic-northern-sea-route-baltics-nato/.

Šabič, Zlatko (2013). „International Parliamentary Institutions: A Research Agenda." In *Parliamentary Dimensions of Regionalization and Globalization. The Role of Inter-Parliamentary Institutions*, hrsg. v. Olivier Costa, Clarissa Dri und Stelios Stavridis. London: Palgrave Macmillan, 20-41.

– (2016). „Parliamentary Diplomacy and the Congress: The Case of the Parliamentary Assembly." *The Hague Journal of Diplomacy* 11 (2-3): 235-252.

Said, Mohamed Kadry (2004). „Assessing NATO's Mediterranean Dialogue." *NATO Review.* https://www.nato.int/cps/fr/natohq/opinions_21330.htm?selectedLocale=en.

Saideman, Stephen M. und David P. Auerswald (2012). „Comparing Caveats: Understanding the Sources of National Restrictions upon NATO's Mission in Afghanistan." *International Studies Quarterly* 56 (1): 67-84.

Sakkov, Sven (2019). „A View from the Frontline: Estonian Experience" In *The Alliance Five Years after Crimea: Implementing the Wales Summit Pledges*, hrsg. v. Marc Ozawa. Rome: NATO Defence College, 47-57. https://www.ndc.nato.int/news/news.php?icode=1406#.

Sanger, David E. und Shear Michael D. (2025). „Trump Hints at Force to Seize Panama and Greenland." *The New York Times*, 8. Januar, 13.

Sarkozy, Nicolas (2011). *Conférence de presse du Président de la République à Bruxelles.* Paris: Présidence de la République.

Sarotte, Mary Elise (2014). *1989: The Struggle to Create Post-Cold War Europe.* Princeton (NJ) and Oxford: Princeton University Press.

Sauer, Tom (2015). „Deep cooperation by Belgian defence: absorbing the impact of declining defence budgets on national capabilities." *Defence Studies* 15 (1): 46-62.

Sauerbrey, Anna (2017). „Merkel und Trump. Am Ende der Hoffnung." *Der Tagesspiegel*, 29. Mai, 6.

Schake, Kori (2017). „Will Washington Abandon the Order? The False Logic of Retreat." *Foreign Affairs* 96 (1): 41-46.

– (2024). „The Threat Posed by Russia and China After the Ukraine War." In *NATO and the War in Ukraine. Strategic Integration and Military Interoperability*, hrsg. v. Janne Haaland Matlary und Rob Johnson. London: Hurst & Company, 90-100.

Scharpf, Adam A. (2020). *Dangerous Alliances: Populists and the Military.* Hamburg: GIGA German Institute of Global and Area Studies. www.giga-hamburg.de/en/publication/dangerous-alliances-populists-and-the-military.

Schattenberg, Susanne und Maike Lehmann (2014). „Perestrojka und Glasnost." *Informationen zur politischen Bildung* (323): 40-51.

Schieder, Siegfried (2017). „Institutionalismus in den Internationalen Beziehungen." In *Handbuch Internationale Beziehungen*, hrsg. von Carlo Masala und Frank Sauer, 2. Auflage, Wiesbaden: Springer VS, 176-214.

Schimmelfennig, Frank (2003). *The EU, NATO, an the Integration of Europe. Rules and Rhetoric.* Cambridge et al.: Cambridge University Press.

Schlaffer, Rudolf J. (2015). „Sicherheitspolitik und Streitkräfte 1955 bis 2015." In *Die Bundeswehr 1955 bis 2015: Sicherheitspolitik und Streitkräfte in der Demokratie. Analysen, Bilder und Übersichten*, hrsg. v. Rudolf J. Schlaffer und Marina Sandig. Freiburg im Breisgau, Berlin und Wien: Rombach, 7-152 (appendix 175-238).

Schleich, Caja (2016). *Inter-institutionelle Kooperation von EU und NATO: Ein Vergleich der Konfliktmanagementmissionen im Kosovo und in Afghanistan.* Wiesbaden: Springer VS.

Schmidt, Peter (1997). „Frankreichs neues Verhältnis zur NATO: Preisgabe oder Verwirklichung gaullistischer Prinzipien?" In *Die verhinderte Großmacht. Frankreichs Sicherheitspolitik nach dem Ende des Ost-West-Konflikts*, hrsg. v. Hans W. Maull, Michael Meimeth und Christoph Neßhöver. Opladen: Leske + Budrich, 113-128.

Schmitt, Olivier (2016). „The Reluctant Atlanticist: France's Security and Defence Policy in a Transatlantic Context." *Journal of Strategic Studies* 40 (4): 463-474.

Schneckener, Ulrich (2005). „Fragile Staatlichkeit als globales Sicherheitsrisiko." *Aus Politik und Zeitgeschichte* (28-29/2005): 26-31.

Schoch, Bruno (2013). *Die Libyen-Intervention: Warum Deutschlands Enthaltung im Sicherheitsrat falsch war.* Frankurt am Main: Hessische Stiftung Friedens- und Konfliktforschung. www.ssoar.info/ssoar/handle/document/45512.

Schöllgen, Gregor (2013a). *Deutsche Außenpolitik. Von 1815 bis 1945.* 2 Bd., Bd. 1. München: C.H. Beck.

– (2013b). *Deutsche Außenpolitik. Von 1945 bis zur Gegenwart.* 2 Bd., Bd. 2. München: C.H. Beck.

Scholz, Olaf (2022). *Regierungserklärung von Bundeskanzler Olaf Scholz am 27. Februar 2022.* Berlin: Die Bundesregierung. https://www.bundesregierung.de/breg-de/aktuelles/regierungserklaerung-von-bundeskanzler-olaf-scholz-am-27-februar-2022-2008356.

– (2023). „The Global Zeitenwende. How to Avoid a New Cold War in a Multipolar Era". *Foreign Affairs* 102 (1): 22-38.

Schori Liang, Christina, Hrsg. (2007). *Europe for the Europeans: The Foreign and Security Policy of the Populist Radical Right.* Aldershot: Ashgate.

Schrafstetter, Susanne (2010). *Die dritte Atommacht: Britische Nichtverbreitungspolitik im Dienst von Statussicherung und Deutschlandpolitik 1952–1968*, Bd. 79. Berlin: Oldenbourg.

Schreer, Benjamin (2014). „As good as it gets? Australia and NATO beyond Afghanistan" In *Cooperative Security: NATO's Partnership Policy in a Changing World*, hrsg. v. Trine Flockhart. Copenhagen: Danish Institute for International Studies, 88-110. https://pure.diis.dk/ws/files/58169/WP2014_01_NATO_tfl_web.pdf.

– (2019). „Trump, NATO and the Future of Europe's Defence." *The RUSI Journal* 164 (1): 10-17.

Schreer, Benjamin und Thomas Waldman (2019). „Strategy on autopilot. Resolute support and the continuing failure of Western strategy in Afghanistan." In *Terrorism and insurgency in Asia. A contemporary examination of terrorist and separatist movements*, hrsg. v. Benjamin Schreer und Andrew T.H. Tan. London and New York: Routledge, 58-71.

Schröder, Gerhard (2001). *Regierungserklärung von Bundeskanzler Gerhard Schröder.* Die Bundesregierung, zuletzt aktualisiert am 12.09.01. www.bundesregierung.de/breg-de/service/bulletin/bulletin-2000-bis-2009/regierungserklaerung-von-bundeskanzler-gerhard-schroeder-786090.

Schulz, Matthias und Thomas A. Schwartz, Hrsg. (2010). *The Strained Alliance. U.S.-European Relations from Nixon to Carter.* Washington and Cambridge (UK): Cambridge University Press.

Schuster, Jürgen und Herbert Maier (2006). „The Rift: Explaining Europe's Divergent Iraq Policies in the Run-Up of the American-Led War on Iraq." *Foreign Policy Analysis* 2 (3): 223-244.

Schweller, Randall L. (1994). „Bandwagoning for Profit: Bringing the Revisionist State Back". *International Security* 19 (1): 72-107.

Sedlmayr, Sebastian (2008). *Die aktive Außen- und Sicherheitspolitik der rot-grünen Bundesregierung 1998 – 2005.* Wiesbaden: VS Verlag für Sozialwissenschaften.

Seifter, Pavel und Vladimir Handl (1997). „Die Sicherheitspolitik der Tschechischen Republik." In *Ostmitteleuropa, Rußland und die Osterweiterung der NATO: Perzeptionen und Strategien im Spannungsfeld nationaler und europäischer Sicherheit,* hrsg. v. August Pradetto. Opladen: Westdeutscher Verlag, 43-76.

Sen, Ashish Kumar (2018). „#StrongerWithAllies: The day NATO stood with the United States." *New Atlanticist,* 11.09.18. www.atlanticcouncil.org/blogs/new-atlanticist/strongerwithallies-the-day-nato-stood-with-the-united-states/.

Senghaas, Dieter (1981). *Abschreckung und Frieden: Studien zur Kritik organisierter Friedlosigkeit.* 3. überarb. u. erw. Ausg. Frankfurt am Main: eva.

– (2004). *Zum irdischen Frieden. Erkenntnisse und Vermutungen.* Frankfurt am Main: Suhrkamp.

Seufert, Günter (2020). *Turkey Shifts the Focus of Its Foreign Policy. From Syria to the Eastern Mediterranean and Libya* Berlin: Stiftung Wissenschaft und Politik. www.swp-berlin.org/10.18449/2020C06/.

SFOR (2003). *Goodbye SFOR, hello EUFOR.* NATO, zuletzt aktualisiert am 02.12.04. www.nato.int/sfor/index.htm.

Sides, John, Michael Tesler und Lynn Vavreck (2017). „How Trump Lost and Won." *Journal of Democracy* 28 (2): 34-44.

Simon, Herbert A. (1983). *Reason in Human Affairs.* Stanford: Stanford University Press.

Simon, Jeffrey (2010). „The Future of the Alliance: Is Demography Destiny?" In *NATO in Search of a Vision,* hrsg. v. Gülnur Aybet und Rebecca R. Moore. Washington D.C.: Georgetown University Press, 201-218.

Simón, Luis (2024). „NATO's China and Indo-Pacific Conundrum." In *Routledge Handbook of NATO,* hrsg. v. John Andreas Olsen. London and New York: Routledge, 383-395.

Simonet, Loïc (2018). „The OSCE and NATO: Side by Side in a Turbulent World." In *OSCE Yearbook 2017,* hrsg. v. IFSH. Baden-Baden: Nomos, 279-313.

Simoni, Serena und Sebastian Harnisch (2019). „New politics of burden-sharing in NATO? Crisis, conflict and resilience in an era of populism." In *The politics of resilience and transatlantic order: enduring crisis?,* hrsg. v. Gordon Friedrichs,

Sebastian Harnisch und Cameron G. Thies. London and New York: Routledge, 71-89.
Sjöstedt, Roxanna (2007). „The Discursive Origins of a Doctrine. Norms, Identity, and Securitization under Harry S. Truman and George W. Bush." *Foreign Policy Analysis* 3 (3): 233-254.
Sloan, Stanley R. (2024). „NATO and the United States." In *Routledge Handbook of NATO*, hrsg. v. John Andreas Olsen. London and New York: Routledge, 211-222.
Smith, Martin A. (2017). „How NATO survived George W. Bush: an institutionalist perspective." *Journal of Transatlantic Studies* 15 (1): 61-76.
— (2023). „The NATO habit of consultation." In *Research Handbook on NATO*, hrsg. v. Sebastian Mayer. Cheltenham und Northampton (MA): Edward Elgar, 385-399.
Smith, Michael E. (2004). *Europe's Foreign and Security Policy. The Institutionalization of Cooperation.* Cambridge (UK) and New York: Cambridge University Press.
Snyder, Glenn H. (1961). *Deterrence and Defense. Toward a Theory of National Security.* Princeton (NJ): Princeton University Press.
Sperling, James und Mark Webber (2009). „NATO: from Kosovo to Kabul." *International Affairs* 85 (3): 491-511.
— (2019). „Trump's foreign policy and NATO: Exit and voice." *Review of International Studies* 45 (3): 511-526.
Spero, Joshua B. (2023). „Partnerships for Peace." In *Research Handbook on NATO*, hrsg. v. Sebastian Mayer. Cheltenham und Northampton (MA): Edward Elgar, 280-295.
Staack, Michael und Dan Krause, Hrsg. (2015). *Schutzverantwortung in der Debatte. Die „Responsibility to Protect" nach dem Libyen-Dissens.* Opladen, Berlin and Toronto: Barbara Budrich.
Stahl, Bernhard (2006). *Frankreichs Identität und außenpolitische Krisen. Verhalten und Diskurse im Kosovo-Krieg und der Uruguay-Runde des GATT.* Baden-Baden: Nomos.
Stahn, Carsten (2007). „Responsibility to Protect: Political Rhetoric or Emerging Legal Norm?" *The American Journal of International Law* 101 (1): 99-120.
Stark, Holger (2022). *Wir hätten es wissen müssen.* ZEIT online, zuletzt aktualisiert am 28. Februar. https://www.zeit.de/politik/ausland/2022-02/angriff-ukraine-geheimdienst-krieg-russland-anzeichen.
State Department (o. J.). *Treaty Between The United States of America and The Union of Soviet Socialist Republics on the Limitation of Strategic Offensive Arms (SALT II).* U.S. State Department Bureau of Arms Control, Verification, and Compliance. https://2009-2017.state.gov/t/isn/5195.htm.

Statista (2024). *Number of civilian casualties in Ukraine during Russia's invasion verified by OHCHR from February 24, 2022 to February 15, 2024.* Zuletzt aktualisiert im Februar. New York: Statista. https://www.statista.com/statistics/1293492/ukraine-war-casualties/.

Steffek, Jens und Leonie Holthaus (2018). „The social-democratic roots of global governance: Welfare internationalism from the 19th century to the United Nations." *European Journal of International Relations* 24 (1): 106-129.

Stein, Arthur A. (1990). *Why Nations Cooperate. Circumstance and Choice in International Relations.* Ithaca (NY) and London: Cornell University Press.

Stelzenmueller, Constanze und Joshua Raisher (2014). *Transatlantic Trends. Key Findings 2014*: German Marshall Fund of the United States.

Stengel, Frank (2023). „Bundeswehr und deutsche Gesellschaft: Die Berliner Republik zwischen Militarisierung und Normalisierung" In *Deutschlands Verteidigungspolitik. Nationale Sicherheit nach der Zeitenwende*, hrsg. v. Malte Riemann und Georg Löfflmann. Stuttgart: Kohlhammer, 139-153.

Stengel, Frank A., David B. MacDonald, and Dirk Nabers, Hrsg. (2019). *Populism and World Politics: Exploring Inter- and Transnational Dimensions.* Cham: Palgrave Macmillan.

Stephens, Philip (2024). „Europe shouldn't count on a Harris White House." The Financial Times, Opinion Geopolitics, zuletzt aktualisiert am 5. August. https://www.ft.com/content/0a9c5421-8e01-4280-b06a-2e8071c481ef.

Sterling-Folker, Jennifer (1997). „Realist Environment, Liberal Process, and Domestic-Level Variables." *International Studies Quarterly* 41 (1): 1-25.

Stockemer, Daniel (2019). „What is right-wing populism and how does it manifest itself? An analysis of the French National Front's Facebook posts and sympathizers' Facebook comments." *French Politics* 17 (3): 340-354.

Strachan, Hew (2005). „The lost meaning of strategy." *Survival 47* (3): 33-54.

Strand, Arne, Astri Suhrke und Nils Taxell (2016). *Country Evaluation Brief: Afghanistan.* Oslo: Norwegian Agency for Development Cooperation. www.cmi.no/publications/file/5982-country-evaluation-brief-afghanistan.pdf.

Suhrke, Astri (2006). *The Limits of Statebuilding: The Role of International Assistance in Afghanistan.* Bergen: Chr. Michelsen Institute. www.cmi.no/publications/2135-the-limits-of-statebuilding.

— (2013). „Statebuilding in Afghanistan: a contradictory engagement." *Central Asian Survey* 32 (3): 271-286.

Sundhausen, Holm (2008). „Der Zerfall Jugoslawiens und dessen Folgen." *Aus Politik und Zeitgeschichte* (32/2008): 9-18.

Swaine, Jon (2018). *Russians tried to hack Clinton server on day Trump urged email search.* The Guardian, zuletzt aktualisiert am 13.07.18. www.theguardian.com/us-news/2018/jul/13/russians-hillary-clinton-email-server-trump-indictment.

Sweijs, Tim und Tara de Klerk (2024). „The NATO 2022 Strategic Concept. Guiding, Aligning, Binding?" In *NATO and the War in Ukraine. Strategic Integration and Military Interoperability*, hrsg. v. Janne Haaland Matlary und Rob Johnson. London: Hurst & Company, 39-54.

Tagarev, Todor (2003). „Bulgarian Armed Forces and National Security Policy: Shaping the Security Environment in Southeastern Europe." In *Almost NATO. Partners and Players in Central an Eastern European Security*, hrsg. v. Charles Krupnick. Lanham (MD): Rowman & Littlefield, 119-156.

tagesschau (2021). *Letzte US-Truppen aus Afghanistan abgezogen.* Zuletzt aktualisiert am 31. August. https://www.tagesschau.de/ausland/asien/us-abzug-afghanistan-107.html.

Taggart, Paul (1998). „A Touchstone of Dissent: Euroscepticism in Contemporary Western European Party Systems." *European Journal of Political Research* 33 (3): 363-388.

Tama, Jordan, Joshua Busby, Craig Kafura, Joshua D. Kertzer und Jonathan Monten (2019). *Congress has NATO's back, despite Trump's unilateralism.* The Washington Post, zuletzt aktualisiert am 03.04.19. www.washingtonpost.com/politics/2019/04/03/congress-has-natos-back-despite-trumps-unilateralism/.

Tannenwald, Nina (1999). „The Nuclear Taboo: The United States and the Normative Basis of Nuclear Non-Use." *International Organization* 53 (3): 433-468.

Tarry, Sarah (2024). „NATO's Deterrence and Defence. Protecting the Future." In *Routledge Handbook of NATO*, hrsg. v. John Andreas Olsen. London and New York: Routledge, 358-369.

Taylor, Trevor (1997). „Großbritannien und die Erweiterung der NATO." In *Ostmitteleuropa, Rußland und die Osterweiterung der NATO: Perzeptionen und Strategien im Spannungsfeld nationaler und europäischer Sicherheit*, hrsg. v. August Pradetto. Opladen: Westdeutscher Verlag, 211-230.

Terriff, Terry (2013). „‚Déjà vu all over again'? 11 September 2001 and NATO Military Transformation." In *NATO beyond 9/11. The Transformation of the Atlantic Alliance*, hrsg. v. Ellen Hallams, Luca Ratti und Benjamin Zyla. Houndmills and New York: Palgrave Macmillan, 91-117.

Tertrais, Bruno (2007). *La France et la dissuasion nucléaire: concepts, moyens, avenir.* Paris: La documentation française.

Thakur, Ramesh (2006). *The United Nations, Peace and Security: From Collective Security to the Responsibility to Protect.* Cambridge (UK): Cambridge University Press.

The Guardian (2003). „Anger at Rumsfeld attack on ‚old Europe'." *The Guardian*, 24 January.

Thies, Wallace J. (2009). *Why NATO endures.* Cambridge (UK): Cambridge University Press.

Thomson, Catarina Matthias Mader, Felix Münchow, Jason Reifler und Harald Schoen (2023). „European public opinion: united in supporting Ukraine, divided on the future of NATO." *International Affairs* 99 (6): 2485–2500.

Thränert, Oliver (2019). „Rüstung außer Kontrolle: Die neue atomare Bedrohung." *Blätter für deutsche und internationale Politik* (2): 45-50.

Tilly, Charles (2002). *Stories, Identities, and Political Change.* Lanham (MD) et al.: Rowman & Littlefield.

Toje, Asle (2008). *America, the EU and Strategic Culture. Renegotiating the transatlantic bargain.* London and New York: Routledge.

Trebesch, Christoph, Arianna Antezza, Katelyn Bushnell, Pietro Bomprezzi, Yelmurat Dyussimbinov, Catarina, Chambino, Celina Ferrari, Andre Frank, Pascal Frank, Lukas Franz, Caspar Gerland, Ivan Kharitonov, Bharath Kumar, Ekaterina Rebinskaya, Christopher Schade, Stefan Schramm & Leon Weiser (2024). *The Ukraine Support Tracker: Which countries help Ukraine and how?* Kiel Working Paper, No. 2218. Kiel: Kiel Institut für Weltwirtschaft. https://www.ifw-kiel.de/topics/war-against-ukraine/ukraine-support-tracker/.

Tunç, Hakan (2009). „Preemption in the Bush Doctrine: A Reappraisal." *Foreign Policy Analysis* 5 (1): 1-16.

Tunsjø, Øystein (2015). „China's Rise: Towards a Division of Labor in Transatlantic Relations." In *Responding to China's Rise. US and EU Strategies*, hrsg. v. Vinod K. Aggarwal und Sara A. Newland. Cham et al.: Springer, 151-174.

Tuschhoff, Christian (1999). „Alliance Cohesion and Peaceful Change in NATO." In *Imperfect Unions. Security Institutions over Time and Space*, hrsg. v. Helga Haftendorn, Robert O. Keohane und Celeste A. Wallander. New York and Oxford: Oxford University Press, 140-161.

– (2014). „The Impact of NATO's Defence Planning and Force Generation on Member States." In *NATO's Post-Cold War Politics. The Changing Provision of Security*, hrsg. v. Sebastian Mayer. Houndmills and New York: Palgrave Macmillan, 194-211.

Umland, Andreas (2024). *Ukraine.* Bundeszentrale für politische Bildung, zuletzt aktualisiert am 24.06.24. www.bpb.de/internationales/weltweit/innerstaatliche-konflikte/216281/ukraine.

Ungaro, Alessandro Riccardo (2012). *Developments in and Obstacles to the US Pivot to Asia: What Alternatives for Europe?* Rome: Instituto Affari Internazionali. www.iai.it/sites/default/files/iaiwp1224.pdf.

United Nations (2001). *Resolution 1368 (2001) vom 12. September 2001.* New York: United Nations.

— (2011). *Resolution 1973.* New York.

— (2013). *Charter of the United Nations.* New York.

— (o. J.-a). *Treaty Banning Nuclear Weapon Tests in the Atmosphere, in Outer Space and Under Water.* http://disarmament.un.org/treaties/t/test_ban.

— (o. J.-b). *Treaty on the Non-Proliferation of Nuclear Weapons.* United Nations Office for Disarmament Affairs. http://disarmament.un.org/treaties/t/npt.

UNHRC (o. J.). Independent International Commission of Inquiry on Ukraine. Reports. Genf: United Nations Human Rights Council. https://www.ohchr.org/en/hr-bodies/hrc/iicihr-ukraine/index.

UNODA (o. J.). *Treaty on the Prohibition of Nuclear Weapons.* United Nations Office for Disarmament Affairs. http://disarmament.un.org/treaties/t/tpnw.

Vaïsse, Maurice (2009a). „La France et l'OTAN : une histoire." *Politique étrangère* 74 (4, Hiver): 861-872.

— (2009b). *La puissance ou l'influence? La France dans le monde depuis 1958.* Paris: Fayard.

Varwick, Johannes (2007). „Bundeswehr." In *Handbuch zur deutschen Außenpolitik*, hrsg. v. Siegmar Schmidt, Gunther Hellmann und Reinhard Wolf. Wiesbaden: VS Verlag für Sozialwissenschaften, 246-258.

Varwick, Johannes und Wichard Woyke (1999). *NATO 2000. Transatlantische Sicherheit im Wandel.* Opladen: Leske + Budrich.

Vasilopoulou, Sofia (2018). *Far Right Parties and Euroscepticism. Patterns of Opposition.* London and New York: Rowman & Littlefield.

Verbeek, Bertjan und Andrej Zaslove (2015). „The impact of populist radical right parties on foreign policy: the Northern League as a junior coalition partner in the Berlusconi Governments." *European Political Science Review* 7 (4): 525-546.

— (2017). „Populism and Foreign Policy." In *The Oxford Handbook of Populism*, hrsg. v. Cristóbal Rovira Kaltwasser, Paul Taggart, Paulina Ochoa Espejo und Pierre Ostiguy. Oxford and New York: Oxford University Press, 384-405.

Vestenskov, David und Hüseyin Yücel (2019). *Afghanistan: Status in Peace, Politics, and Resolute Support Mission.* Copenhagen: Royal Danish Defence College. https://www.fak.dk/globalassets/fak/dokumenter/publikationer/-policy-brief-2019---afghanistan-status-on-peace-politics-and-resolute-support-mission-.pdf.

Viola, Lora Anne (2017). „US-amerikanische Außenpolitik unter Trump und die Krisen der Globalisierung." *Zeitschrift für Außen- und Sicherheitspolitik* 10 (3): 329-338.

Voget, Bernhard und Axel von Hoerschelmann (2009). „Schon vergessen? Der KFOR-Einsatz der Bundeswehr." In *Armee im Einsatz. Grundlagen, Strategien und Ergebnisse einer Beteiligung der Bundeswehr*, hrsg. v. Hans J. Gießmann und Armin Wagner. Baden-Baden: Nomos, 309-318.

von Gersdorff, Gero (2009). *Die Gründung der Nordatlantischen Allianz*. München: Oldenbourg.

von Hlatky, Stéfanie (2010). „What, if anything, will France's reintegration imply for the alliance debate on nuclear weapons?" *European Security* 19 (1): 79-96.

— (2014). „Revisiting France's nuclear exception after its ‚return' to NATO." *Journal of Transatlantic Studies* 12 (4): 392-404.

von Hlatky, Stefanie und Andreas Wenger, Hrsg. (2015). *The future of extended deterrence: the United States, NATO, and beyond*. Washington D.C.: Georgetown University Press.

von Kielmansegg, Sebastian Graf (2012). „An der Nahtstelle der Friedensordnung – Bedeutung und Grenzen des Selbstverteidigungsrechts im System kollektiver Sicherheit." *Archiv des Völkerrechts* 50 (3): 285-317.

von Osten, Demian (2019). *Wer der Ukraine womit hilft*. tagesschau.de, zuletzt aktualisiert am 10.10.19. www.tagesschau.de/faktenfinder/ukraine-hilfsgelder-trump-faktencheck-101.html.

von Salzen, Claudia (2019). *Deutschland zahlt deutlich mehr – wie der neue Nato-Deal zustande kam*. Der Tagesspiegel, zuletzt aktualisiert am 28.11.19. www.tagesspiegel.de/politik/ein-kompromiss-fuer-trump-deutschland-zahlt-deutlich-mehr-wie-der-neue-nato-deal-zustande-kam/25280174.html.

Wæver, Ole (1995). „Securitization and Desecuritization." In *On Security*, hrsg. v. Ronnie D. Lipschutz. New York: Columbia University Press, 46-86.

— (2002). „Identity, communities and foreign policy: discourse analysis as foreign policy theory." In *European Integration and National Identity. The challenge of the Nordic States*, hrsg. v. Lene Hansen und Ole Wæver. London and New York: Routledge, 20-49.

— (2014). „Cooperative Security: A New Concept?" In *Cooperative Security: NATO's Partnership Policy in a Changing World*, hrsg. v. Trine Flockhart. Copenhagen: Danisch Institute for International Studies, 47-59. https://pure.diis.dk/ws/files/58169/WP2014_01_NATO_tfl_web.pdf.

Wagner, Wolfgang, Anna Herranz-Surrallés, Juliet Kaarbo und Falk Ostermann (2017). „The Party Politics of Legislative-Executive Relations in Security and Defence Policy." *West European Politics* 40 (1): 20-41.

— (2018). „Party politics at the water's edge. Contestation of military operations in Europe." *European Political Science Review* 10 (4): 537-563.

Wallander, Celeste A. (1999). *Mortal Friends, Best Enemies : German-Russian Cooperation after the Cold War.* Ithaca et al. (NY): Cornell University Press.

— (2000). „Institutional Assets and Adaptability: NATO After the Cold War." *International Organization* 54 (04): 705-735.

Wallander, Celeste A., Helga Haftendorn und Robert O. Keohane (1999). „Introduction." In *Imperfect Unions. Security Institutions over Time and Space*, hrsg. v. Helga Haftendorn, Robert O. Keohane und Celeste A. Wallander. Oxford and New York: Oxford University Press, 1-18.

Wallander, Celeste A. und Robert O. Keohane (1999). „Risk, Threat, and Security Institutions." In *Imperfect Unions. Security Institutions over Time and Space*, hrsg. v. Helga Haftendorn, Robert O. Keohane und Celeste A. Wallander. Oxford and New York: Oxford University Press, 21-47.

Walt, Stephen M. (1987). *The Origins of Alliances.* Ithaca (NY) and London: Cornell University Press.

— (1997). „Why Alliances Endure and Collapse." *Survival* 39 (1): 156-179.

— (2009). „Alliances in a Unipolar World." *World Politics* 61 (1): 86-120.

— (2023). „Friends in Need. What the War in Ukraine Has Revealed About Alliances." *Foreign Affairs*, zuletzt aktualisiert am 13. Februar. https://www.foreignaffairs.com/ukraine/friends-in-need-war-in-ukraine-alliances-stephen-walt.

Waltz, Kenneth N. (1979). *Theory of International Politics.* Boston (MA) et al.: McGraw-Hill.

— (1993). „The Emerging Structure of International Politics." *International Security* 18 (2): 44-79.

— (1996). „International politics is not foreign policy." *Security Studies* 6 (1): 54 – 57.

Watson, Darius E. (2017). „Rethinking the US Nuclear Triad." *Strategic Studies Quarterly* 11 (4): 134-150.

Webber, Mark (2009). „The Kosovo war: a recapitulation." *International Affairs* 85 (3): 447-459.

— (2013). „NATO after 9/11: Theoretical Perspectives." In *NATO beyond 9/11. The Transformation of the Atlantic Alliance*, hrsg. v. Ellen Hallams, Luca Ratti und Benjamin Zyla. Houndmills and New York: Palgrave Macmillan, 27-53.

Wehrbeauftragte (2024). *Jahresbericht 2023* (65. Bericht). Berlin: Deutscher Bundestag. https://dserver.bundestag.de/btd/20/105/2010500.pdf.

Wehrbeauftragter (2020). *Jahresbericht 2019 (61. Bericht).* Berlin: Deutscher Bundestag. https://dip21.bundestag.de/dip21/btd/19/165/1916500.pdf.

Weitz, Richard (2010). „Illusive Visions and Practical Realities: Russia, NATO and Missile Defence." *Survival* 52 (4): 99-120.

Welch Larson, Deborah (1985). *Origins of Containment. A Psychological Explanation.* Princeton (NJ) and Chichester: Princeton University Press.

Weldes, Jutta (1996). „Constructing National Interest." *European Journal of International Relations* 2 (3): 275-318.

Welt.de (2019). *Deutschland zahlt ab 2021 höheren Anteil an Nato-Kosten*, zuletzt aktualisiert am 28.11.19. www.welt.de/politik/deutschland/article203874044/Auf-Druck-von-Trump-Deutschland-zahlt-ab-2021-hoeheren-Nato-Beitrag.html.

Wendt, Alexander E. (1987). „The Agent-Structure Problem in International Relations Theory." *International Organization* 41 (3): 335-370.

— (1992). „Anarchy is what States Make of it: The Social Construction of Power Politics." *International Organization* 46 (2): 391-425.

— (1999). *Social Theory of International Politics.* Cambridge (UK) et al.: Cambridge University Press.

Western, Jon und Joshua S. Goldstein (2011). „Humanitarian Intervention Comes of Age: Lessons From Somalia to Libya." *Foreign Affairs* 90 (6): 48-59.

Wettig, Gerhard (2005). „Der Stillstand im Ringen um Berlin: Ein Motiv Chruschtschows für die Stationierung der Raketen auf Kuba?" In *Vor dem Abgrund. Die Streitkräfte der USA und UdSSR sowie ihrer deutschen Bündnispartner in der Kubakrise*, hrsg. v. Dimitrij Filippovych und Matthias Uhl. München: Oldenbourg, 1-9.

WEU (1992). *Petersberg Declaration.* Western European Union. www.cvce.eu/content/publication/1999/1/1/16938094-bb79-41ff-951c-f6c7aae8a97a/publishable_en.pdf.

White, Michael (o. J.). *Iraq Coalition Casualty Count.* icasualties.org. http://icasualties.org/.

Wike, Richard, Moira Fagan, Sneha Gubbala und Sarah Austin (2024). *Growing Partisan Divisions Over NATO and Ukraine.* Report, zuletzt aktualisiert am 8. Mai. Washington D.C.: Pew Research Center. https://www.pewresearch.org/global/2024/05/08/growing-partisan-divisions-over-nato-and-ukraine/.

Wikipedia (2024). *Supreme Allied Commander Europe.* Wikipedia, The Free Encyclopedia, zuletzt aktualisiert am 6. Juni, 15:14 UTC. https://en.wikipedia.org/w/index.php?title=Supreme_Allied_Commander_Europe&oldid=1227572667.

Williams, Michael C. (2007). *Culture and Security. Symbolic power and the politics of international security.* London and New York: Routledge.

Williams, Nicholas (2018). „NATO-EU Cooperation: Don't Forget Berlin Plus!" *European Leadership Network*, 26.03.18. www.europeanleadershipnetwork.org/commentary/nato-eu-cooperation-dont-forget-berlin-plus/.

Witte, Eric A. (2000). „Der Wiederaufbau des Kosovo: die ethnische Dimension." In *Kosovo: humanitäre Intervention und kooperative Sicherheit in Europa*, hrsg. v. Joachim Krause. Opladen: Leske + Budrich, 169-184.

Witting, Volker (2024). *Kommt die EU-Atombombe?* Deutsche Welle, zuletzt aktualisiert am 15. Februar. https://p.dw.com/p/4cPyH.

Wivel, Anders und T. V. Paul, Hrsg. (2019). *International Institutions and Power Politics. Bridging the Divide.* Washington D.C.: Georgetown University Press.

Wohlforth, William C. (1994). „Realism and the End of the Cold War." *International Security* 19 (3): 91-129.

— (2008). „Realism and foreign policy." In *Foreign Policy. Theories, Actors, Cases*, hrsg. v. Steve Smith, Amelia Hadfield und Tim Dunne. Oxford and New York: Oxford University Press, 31-48.

Wolff, Andrew T. (2017). „NATO's Enlargement Policy to Ukraine and Beyond: Prospects and Options." In *NATO's Return to Europe. Engaging Ukraine, Russia, and Beyond*, hrsg. v. Rebecca R. Moore und Damon Coletta. Washington D.C.: Georgetown University Press, 71-96.

Wright, Thomas (2019). *Trump's Foreign Policy Is No Longer Unpredictable.* Foreign Affairs, zuletzt aktualisiert am 18.01.19. www.foreignaffairs.com/articles/world/2019-01-18/trumps-foreign-policy-no-longer-unpredictable.

Wulf, Herbert (2011). „Frieden." In *Handbuch Frieden*, hrsg. v. Hans J. Gießmann und Bernhard Rinke. Wiesbaden: VS Verlag für Sozialwissenschaften, 138-148.

Yost, David S. (1984). *Die Zukunft atomarer Rüstungskontrolle in Europa. Von SALT zu START und INF.* Koblenz: Bernhard & Graefe.

Youngs, Richard (2022). *Autocracy Versus Democracy After the Ukraine Invasion: Mapping a Middle Way.* European Democracy Hub, zuletzt aktualisiert am 20. Juli. Brüssel: Carnegie Europe. https://carnegieendowment.org/research/2022/07/autocracy-versus-democracy-after-the-ukraine-invasion-mapping-a-middle-way?lang=en&center=europe.

ZEIT online (2019). *Russland vergibt offenbar 125.000 Pässe an Ostukrainer.* Die Zeit, zuletzt aktualisiert am 09.12.19. www.zeit.de/politik/ausland/2019-12/ukraine-konflikt-russischer-pass-donezk-luhansk.

— (2021). *Joe Biden besiegelt Wiedereintritt der USA in Klimapakt und WHO.* Die Zeit, zuletzt aktualisiert am 21. Januar. https://www.zeit.de/politik/ausland/2021-01/praesident-joe-biden-usa-unterschreibt-erlass-anordnung-klimapakt.

– (2022a). *Wie es zum Krieg in Europa kam.* Die Zeit, zuletzt aktualisiert am 25. Februar. https://www.zeit.de/politik/ausland/2022-02/russland-ukraine-invasion-krieg-chronik.
– (2022b). *Die Rede von Wladimir Putin im Wortlaut.* Die Zeit, zuletzt aktualisiert am 24. Februar. https://www.zeit.de/politik/ausland/2022-02/wladimir-putin-rede-militaereinsatz-ukraine-wortlaut.
Ziegler, Charles E. (2016). „Russia on the rebound: using and misusing the Responsibility to Protect." *International Relations* 30 (3): 346-361.
ZMSBw (o. J.). Vorwärtsverteidigung 1960 (Grafik 05181-08). Potsdam: Zentrum für Militärgeschichte und Sozialwissenschaften der Bundeswehr.
Zürcher, Christoph (2009). „Die Bundeswehr in Afghanistan (ISAF)." In *Armee im Einsatz: Grundlagen, Strategien und Ergebnisse einer Beteiligung der Bundeswehr,* hrsg. v. Hans J. Gießmann und Armin Wagner. Baden-Baden: Nomos, 328-339.
Zürn, Michael (2014). „The politicization of world politics and its effects: Eight propositions." *European Political Science Review* 6 (1): 47-71.
– (2018). *A theory of global governance: authority, legitimacy, and contestation.* Oxford: Oxford University Press.

Register

Sachregister

Personenregister

Abbildungsverzeichnis

Tabellenverzeichnis